宋人軼事彙編

五

周勛初 主編

葛渭君 周子來 王華寶 編

上海古籍出版社

宋人軼事彙編卷三十一

朱弁

1　朱弁，字少張，徽州人，學文頗工。早歲漂泊，游京洛間。晁以道爲學官於朝，一見喜之，歸以從女。弁以啓謝之云：「事大夫之賢者，以其兄子妻之。」又以李虛中之術，較量休咎，游公卿間。六飛在維揚，有薦之者，授修武郎、閤門宣贊舍人，副王正道倫出疆，被拘在朔庭。因正道之歸，實表於上……上覽之感愴，厚卹其家。《揮麈三録》卷三。

2　建炎二年正月，請使問安，補官借右武大夫、吉州團練使，充大金通問副使，寓北庭不屈。……後王倫復歸，獻公奉送徽考大行之文，有曰：「臣等猥以凡庸，誤蒙採擇。茂林豐草，被雨露於當年；絶黨殊鄰，犯風霜於將老。節上之旄盡洛，口中之舌徒存。歎馬角之未生，魂消雪窖；攀龍髯而莫逮，淚洒冰天。」上讀之感涕。《宋名臣言行録》續集卷五。《揮麈三録》卷三。《宋稗類鈔》卷三。

3　李任道編《雲館二星集》，以新安朱弁與宇文虛中同載。虛中仕金，而朱以死自守，朱見之不樂，自爲詩題其後曰：「絶域山川飽所經，客篷歲晚任飄零。詞源未得窺三峽，使節何容比二星。蘿蔦施松𢡟弱質，蒹葭倚玉怪殊形。齊名李杜吾安敢，千載公言有汗青。」《湧幢小品》卷十八。

張邵

1 歷陽張邵才彥，乃總得居士祁晉彥之兄也。建炎三年，自承奉郎上書賜對，假大宗伯奉使撻覽軍前，拘留幽燕者凡十五年。及和議成，紹興十三年，始與洪皓、朱弁俱還。……先是太母歸自北方，將發，得與天族別。淵聖偃卧車前，泣曰：「幸語丞相歸我，處我一郡足矣。」才彥時亦聞之，痛憤。至是，服中遺相書，謂彼雖欲留淵聖以堅和好，然所貪者金帛，實不難於還，宜亟遣使。因大忤之，悔已莫及，更爲好詞，上疏頌其靖康乞立趙氏，冀贖失言之罪。上方褒秦和戎之功，才彥遂自秘選躐進敷文待制，秦愈疑之。才彥居四明，杜門絶交不出，懼禍佯狂。初，出使未還，妻李卒於家已累年。至是妄言：「吾妻死非命。」且指總得爲辭。蓋是時，實由已病言，或出於狂易。抑亦安國得罪，冀以自免。語轉上聞，於是逮總得赴大理獄，鞫殺嫂事，因繫甚苦。其年十月，秦死，逼歲，安國叫閽……始得釋去。然因是總得亦病狂惑。《齊東野語》卷十三。

2 〔張邵使金〕至濰州，接伴天使至。有妓樂出迎，公曰：「二聖見在北方，某爲臣子所不忍聽。」遂止樂。凡三請，方赴宴。宴罷，遣妓四人來侍，公明燭竟夕危坐。《三朝北盟會編》卷二百二十二。

張祁

1 見張邵1。

2 張安國守撫州時，年未五十，其父總得老人在官。一日，老人在齋中索紅筆發書，有兩吏人來，聲哄拱立，總得問爲誰。對云：「書表司，適聞運使發書來祗應。」總得遣而去，卻呼安國來曰：「撫州書表司是伏事汝，我如何使，汝當伏侍我發書。」安國侍立，候總得修書，封題遣發乃退。《同話録》。《宋稗類鈔》卷四。

3 張晉彦才氣過人，然急於進取。子孝祥在西掖時，晉彦未老，每見湯岐公自薦。岐公戲之曰：「太師、尚書令兼中書令，是公合作底官職。餘何足道！」所稱之官，蓋輔臣贈父官也，意謂安國且大用耳。晉彦終身以爲憾。《老學庵筆記》卷一。《宋稗類鈔》卷六。

張孝祥

1 〔總得居士張祁晉彦〕爲小官時，嘗爲常子正同、胡明仲寅論薦。其後子正死，明仲斥久矣。紹興二十四年，總得之子安國由鄉薦得捷集英，考官置第七，秦塤爲冠。塤試浙漕、南宫，皆第一。先臚傳一夕，進御安國卷，紙既厚，筆墨復精妙，上覽之喜甚，擢爲首選，實以抑秦。秦不能堪，唶曰：「胡寅雖遠斥，力猶能使故人子爲狀元邪！」已而廷唱，上又稱其詩。安國詣謝，秦問學何書，曰：「顔書。」又曰：

「上愛狀元詩，常觀誰詩？」曰：「杜詩。」秦色莊，笑曰：「好底盡爲君占卻。」《齊東野語》卷十三。《堯山堂外紀》卷五十八。

2 高宗酷嗜翰墨。于湖張氏孝祥廷對之頃，宿酲猶未解，濡毫答聖問，立就萬言，未嘗加點。上訝一卷紙高軸大，試取閱之。讀其卷首，大加稱獎，而又字畫遒勁，卓然顔魯。上疑其爲謫仙，親擢首選。臚唱賦詩上尤雋永。張正謝畢，遂謁秦檜。檜語之曰：「上不惟喜狀元策，又且喜狀元詩與字，可謂三絶。」又叩以詩何所本，字何所法。張正色以對：「本杜詩，法顔字。」檜笑曰：「天下好事，君家都占斷。」蓋嫉之也。……天性倜儻，輕財好施，勇于爲義。爲政平易，民咸思之。唯嗜酒好色，不修細行。高宗嘗問以「人言卿贓濫」，孝祥拱笏再拜以對曰：「臣誠不敢欺君，臣濫誠有之，贓之一字，不敢奉詔。」上笑而寘之。人以爲誠非欺君者。《四朝聞見録》乙集。《佩文齋書畫譜》卷三十四引《江寧府志》。

3 〔張〕于湖，紹興甲戌狀，高宗謂爲謫仙人。《香祖筆記》卷五。

4 高宗覽婁陟明寅亮之議，垂意祖烈，詔擇秦支，並建二王邸，恩禮未有隆殺也。會連歲芝生太宮，百執事多進頌詩，張紫微孝祥時在館，獨獻文曰《原芝》：紹興二十四年，芝生於太廟楹，當仁宗、英宗之室，詔群臣觀瞻，奉表文德殿賀。既二年，芝復生其處，校書郎臣張孝祥作《原芝》曰……上得之喜，即擢爲南宮郎。於是内廷始漸有所別，迄于建儲云。《桯史》卷一。

5 紹興乙卯，張安國爲右史，明清與仲信兄在左，鄭舉善、郭世模從范、李大正正之、李泳子永多館於安國家。春日，諸友同游西湖，至普安寺。於窗户間得玉釵半股、青蚨半文，想是游人歡洽所分授偶遺之者。各賦詩以記其事，歸以録示安國。安國云：「我當爲諸公攷校之。」明清云：「淒涼寶鈿初分際，愁絶清光欲破時。」安國云：「仲言宜在第一。」俯仰今四十餘年矣，主賓六人俱爲泉下之塵，明清獨苟存於世，追懷如夢，黯而記之。《玉照新志》卷四。《南宋雜事詩》卷七。

6 張安國守臨川，王宣子解廬陵郡印歸次撫。安國置酒郡齋，招郡士陳漢卿會。適散樂一妓，言學作詩，漢卿語之曰：「太守呼爲『五馬』，今日兩州使君對席，遂成十馬。汝體此意，作八句。」妓凝立良久，即高吟曰：「同是天邊侍從臣，江頭相遇轉情親。瑩如臨汝無瑕玉，暖作廬陵有脚春。五馬今朝成十馬，兩人前日壓千人。便看飛詔催歸去，共坐中書秉化鈞。」安國爲之嗟賞竟日，賞以萬錢。《夷堅支志》乙卷六。《青泥蓮花記》卷十二。《宋稗類鈔》卷四。

7 見劉岑6。

8 張于湖知京口，王宣子代之。多景樓落成，于湖爲大書樓扁，公庫送銀二百兩爲潤筆。于湖卻之，但需紅羅百匹。於是大宴合樂，酒酣，于湖賦詞，命妓合唱甚懽，遂以紅羅百匹犒之。《癸辛雜識》續集下。《何氏語林》卷二十一。《佩文齋書畫譜》卷三。《宋稗類鈔》卷四。

9 舍人張孝祥知潭州，因宴客，妓有歌此〔陳濟翁《驀山溪》詞〕。至「金盃酒，君王勸，頭上宫花顫」，其首自爲之摇動者數四。坐客忍笑，指目者甚多，而張竟不覺也。《能改齋漫録》卷十七。

10 〔張于湖〕嘗舟過洞庭，月照龍堆，金沙盪射，公得意命酒，唱歌所自製詞，呼群吏而酌之，曰：「亦人子也。」其坦率皆類此。嘗慕東坡，每作爲詩文，必問門人曰：「比東坡何如？」門人以「過東坡」稱之。《四朝聞見録》乙集。

11 見王阮1。

12 〔張于湖〕烏江人，寓居蕪湖。捐己田百畝，匯而爲池，圜種芙蕖、楊柳，鷺鷗出没，煙雨變態。扁堂曰「歸去來」。《四朝聞見録》乙集。

13 〔張〕安國更八郡，有德愛，以當暑送虞雍公飲蕪湖舟中，中暑卒，年纔三十餘，士論惜之。《齊東野語》卷十三。

14 今世好神怪者，以公爲「紫府仙」。《四朝聞見録》乙集。《南宋雜事詩》卷二。

15 今南山慈雲嶺下，地名方家峪，有劉婕好寺。泉自鳳山而下，注爲方池，味甚甘美。上揭鳳凰泉三字，乃于湖張紫微孝祥所書。夏執中爲后兄，俗呼爲「夏國舅」，偶至寺中，謂于湖所書未工，遂以己俸刊所自書三字易之。孝宗已嘗幸寺中，識孝祥所書矣，心實敬之，及駕再幸，見于湖之扁已去，所易者乃執中所書，上不復他語，但詔左右以斧劈爲薪。幸寺僧藏于湖字故在，詔仍用孝祥書。《四朝聞見録》甲集。《南宋雜事詩》卷七。

16 宋女貞觀陳妙常尼，年二十餘，姿色出群，詩文俊雅，工音律。張于湖授臨江令，宿女貞觀，見妙常，以詞調之。妙常亦以詞拒。詞載《名媛璣囊》。後與于湖故人潘法成私通情洽，潘密告于湖，以計斷爲夫婦。即俗傳《玉簪記》是也。《南宋雜事詩》卷一引《古今女史》。《詞林紀事》卷十九。

王阮

1 王阮者，德安人，仕至撫州守，嘗從張紫微學詩。紫微罷荆州，侍總得翁以歸，偕之游廬山。暇日，出詩卷相與商榷，自謂有得。山南有萬杉寺，本仁皇所建，奎章在焉。紫微大書二章，其一曰：「老榦參天一萬株，廬山佳處著浮圖。祇因買斷山中景，破費神龍百斛珠。」其二曰：「莊田本是昭陵賜，更著官船載御書。今日山僧無飯吃，卻催官欠意何如？」阮得此詩，獨憮然不滿意，曰：「先生氣吞虹蜺，今獨少卑之，何也？」紫微不復言，送之江津。别去纔兩旬，而得湖陰之訃矣。紫微蓋於此絶筆。阮是時亦自有二十八字，曰：「昭陵龍去奎文在，萬歲靈杉守百神。四十二年真雨露，山川草木至今春。」紫微大擊節，自以爲不及。既而復過是寺，又題其碑陰曰：「碧紗籠底墨纔乾，白玉樓中骨已寒。淚盡當時聯騎客，黄花時節獨來看。」亦紆徐有味云。《程史》卷一。《堅瓠戊集》卷二。《宋詩紀事》卷五十二。

曹勛

1 紹興中，曹勛功顯使金國，好事者戲作小詞，其後闋曰：「單于若問君家世，説與教知，便是紅窗迴底兒。」謂功顯之父元寵，昔以此曲著名也。後大璫張去爲之子安世，以閤門宣贊爲副使，或改其語曰：「説與教知，便是中朝一漢兒。」蓋京師人謂内侍養子不閹者謂「漢兒」也。最後知閤門事孟思恭亦使北，或又改曰：「便是鹽商孟客兒。」謂思恭之父爲販鹺巨賈也。《夷堅支志》乙卷六。《宋詩紀事》卷四十。

王穀

1 紹聖中，有王穀者，文貞之孫，以滑稽得名。除知澤州，不稱其意，往别時宰章子厚，子厚曰：「澤州油衣甚佳。」良久，又曰：「出餳極妙。」穀曰：「啓相公，待到後，當終日坐地，披著油衣食餳也。」子厚亦爲之啓齒。穀之子倫也。《玉照新志》卷三。

王倫

1 王倫，字正道，三槐王氏之裔。……家貧無行，不能治生，爲商賈，好椎牛酤酒，往來京、洛，放意自恣，浮沉俗間，亦以俠自任，赒人之急，數犯法，幸免。聞士大夫之賢者，傾心事之。先人在京師，正道間亦款門。先人以其倜儻，待頗加禮。一日，從先人乞詩送行，云天下將亂，欲入廬山爲道士。宣和末，先人去國，不復相聞。正道少與孫仲益有布衣舊，仲益官中都，每周旋之。靖康末，李士美罷相就第，正道忽直造拜於堂下，士美問其所以，自言：「願隨相公一至禁中，有欲白於上。」士美曰：「方退閑，薦士非所預也。」正道自此日掃其門。會有旨，令前宰執赴殿廷議事，正道又拜而懇曰：「此倫效鳴之時也。」士美不得已，因攜之而入，倫自陳於殿下曰：「臣真宗故相王旦之孫也。有致君澤民之術，無路而不得進。宣和中嘗上書，言大遼不可滅，女真不可盟。果如臣言。今圍城既急，它無計策。臣謹當募死士數萬，願陛下侍上皇，挾諸王，奪萬勝門，決圍南幸。」欽宗忠之，慰勞甚厚，解所佩夏國寶劍以賜，且以片紙批曰：

「王倫事成日，可除尚書兵部侍郎。」倫既拜賜，翌日再對，自言：「已得豪俠萬餘，悉願效死，幸陛下勿疑即行。」時宰相何文縝已主和議，正道怒髮上衝冠，文縝斥曰：「若何人，敢至此耶！」正道曰：「爾何人，乃至此耶！」又曰：「萬一天子蒙塵，雖誅相公數百輩何益！」文縝怒，以謂狂生，言既不用，恐爲亂，請上誅之，且乞就令衛士執之，上意未決。正道懼無以自脱，時仲益在禁中，因求計仲益，仲益曰：「昨日所拜小戎文字在否？」正道腰間取御批以示之，仲益曰：「得此足矣。子但立於從班中，誰敢呵子？豈有無故就殿上擒一侍郎之理乎？」倫從其言，入厠侍臣之列，人果不敢前。翌日，文縝始畫旨送御史府，倫已得間出都矣。二聖北去，高宗即位於宋，倫走行在所，上書自伸前志，乞使沙漠，問二聖起居。自布衣拜五品，借侍從以往，制詞略云：「胄出公侯，資兼智勇。朕方俯同晉國，命魏絳以和戎；汝其遠慕侯生，御太公而歸漢。」經年始還，不用。久之，徽宗凶問至，起拜龍圖閣學士，爲梓宮奉迎使，浸登二府。凡三四往返，竟留虜中。倫雖無大過人，然膽大敢爲。既貴之後，凡往日故舊與夫屠販之友，悉以自隨而任以官。既拘於虜，虜人欲用爲留守，不從而殺之，褒卹甚厚。《揮麈後録》卷八。

2　見胡銓6。

3　王樞密倫初使金歸，一行官吏恩數甚厚。暨再使，争願隨往。倫至金，留不得還，欲發一官屬歸報，紛然請歸，倫於是皆不遣。方再使時，請云：「到金，有表歸，書倫名引筆出鉤外，則可歸；不出，則不歸矣。」惟秦丞相知之，其家人皆不知也。倫時以僉書出使，其家人仍在府第。倫死于金，朝廷祕其事，所以禮遇其家者如初。後其子弟因游觀作樂，秦相適聞之，呼樞密使府目謂曰：「樞密死矣，本欲更遷延以厚恩數，今已不可，須即日發哀云。」《獨醒雜志》卷五。

4 王淵以建炎三年僉書樞密院，死於苗、劉之難，骸骨不存。及事寧，詔令招魂以葬，官給其費，而子弟懦弱，久未得集。王倫以僉書樞密留守東京，死於虜。在其後十二年，尸柩不歸，亦俾招魂葬。其子居宜興，至紹興三十年，始克作墓。將以詰旦掩壙，姻戚畢會，天未明，乃已有置棺於中者。驚問之，則爲淵家所據矣。兩下争鬭，幾於兵刃相格。事聞於州縣，皆知曲在淵家，而其言曰：「彼此俱是勑葬，資於國力，用之何妨？」官司莫能決。淵故部將多顯貴，爲之道地，遂云：「淵既就窆，豈宜復徙？」但命倫子别卜地，而轉運司爲主辦，乃已。《夷堅三志》辛卷三。

宇文虚中

1 宣和將伐燕，用其降人馬植之謀，由登、萊航海以使于女真，約盡取遼地而分之，子女玉帛歸女真，土地歸我。議既定矣，宇文肅愍虚中在西掖，昌言開邊之非策，論事亹亹，王黼惡之。及童貫、蔡攸以宣威建臺，遂使之參謀，意欲溷以同浴，且窒其口。時有旨，兵興避事，皆從軍法。肅愍不得免，乃上書極諫曰……書下三省，黼讀之，大怒，捃以他事，除集英殿修撰，督戰益急，而北事始不可收拾矣。遼又有降將曰郭藥師，統其卒曰「常勝軍」，怙寵負衆，漸桀驁不可馴。肅愍憂之，力言于朝，請以恩禮，留之京師，盡使挈致家屬，居于賜第，緩急有用，只以單騎遣行，事畢即歸，以杜後患。亦弗聽。既而金人寒盟，藥師首叛，粘罕遂犯太原。肅愍以宣諭使事歸奏，徽祖見之，歎曰：「王黼不用卿封殖契丹以爲藩籬之議，是以有此。」是日，遂詔於榻前草詔罪己，大革弊政，其略曰：「百姓怨懟而朕不知，上天震怒而朕不悟。」令下，人心大悦。識者以比陸贄感泣山東之詔云。《程史》卷九。

2 宇文虛中以中書舍人爲童貫參謀官，盧溝河之敗，虛中走焉。及燕山奏功，歸爲翰林學士。宣和八年秋，復從貫以行。金人犯順，虛中同貫奔還，道君以爲資政大學士、京畿宣諭使。虜騎既逼都城，虛中走宿、亳間，至是聞虜和乃歸。上以爲簽書樞密院事。故京城爲之語曰：「一走而爲內翰，再走而爲大資，三走而爲樞密。」《三朝北盟會編》卷二百十五。

3 公嘗謂今上在兄弟中，英偉絶人，慮久留金人寨中，特建議親往奉迎，遂爲今日社稷大功。又慮兵久不退生變，二月七日又取旨説金酋趣其歸師。金酋許以四月十日爲期，公再三陳論，自辰至申，促至二月十日。二太子曰：「樞密不梢空，我亦不梢空，請公初十日早親來，看我退師。」……李綱之門人皆曰：「前日保京城之功，只説隴西公，今日卻歸宇文，須與掃了。」「掃了」之説，當時忌功語也。《三朝北盟會編》卷二百十五。

4 宇文虛中建炎二年爲祈請使使於金國，不得如所請，遂不肯還朝。……在沙漠聞劉豫任用張孝純，嘗寄詩與孝純，其斷句曰：「有人若問南冠客，爲道西山賦蕨薇。」《三朝北盟會編》卷一百四十九。

5 宇文虛中爲太上祈請使，遂留金。寄張孝純詩曰：「有人若問南冠客，爲道西山採蕨薇。」又詩云：「定鼎未應周命改，登牀合許宋人平。」又曰：「南冠終日囚軍府，北雁何時到上林。」久之，金人重其才藝，官以翰林學士，掌詞命。雖仕金，乃心不忘王室，以蠟丸密奏不一事。《南宋書》卷一。

6　宇文叔通久留金國不得歸，立春日，作《迎春樂》曲云：「寶幡綵勝堆金縷。雙燕釵頭舞。人間要識春來處。天際雁、江邊樹。　故國鶯花又誰主。念憔悴、幾年羈旅。把酒祝東風，吹取人歸去。」《碧雞漫志》卷二。

7　見吴激1。

8　資政殿大學士宇文虚中在雲中，聞將寇蜀，遣使臣相偁間行以造宣撫處置使張浚。且齎上所賜御封親筆押字爲信，兩旁細字，作道家符録隱語云：「善持正教，有進無退，魔力已衰，堅忍可對，虚受忠言，寧殞無悔。」「虚受忠言」者，蓋隱虚中之名也。《建炎以來繫年要録》卷五十八。

9　宇文虚中在虜作三詩，曰：「……人生一死渾閒事，裂眥穿胸不汝忘。」……所謂「人生一死渾閒事」云云，豈李陵所謂「欲一效范蠡、曹沫」之事？後虚中仕金爲國師，遂得其柄。令南北講和，太母獲歸，往往皆其力也。近傳明年八月間，果欲行范蠡、曹沫事，欲挾淵聖以歸。前五日爲人造變，虚中覺有警，急發兵直至虜主帳下，虜主幾不得脱，遂爲所擒。《北窗炙輠録》卷上。《宋詩紀事》卷三十八。

10　《金史》、《宋史》以宇文虚中之死爲自取，毫無褒詞，然施德〔操〕《北窗炙輠》云：「虚中作三詩有云：『人生一死渾閒事，裂眥穿胸不汝忘。』紹興十五年謀挾淵聖南歸，爲人告變。虚中急發兵，直至金主帳下，金主幾不能脱，事不成而誅。」按兩史皆不載此事，而但云以謗訕得罪，然百口全死，似必有他故，不止謗訕也。況淳熙初贈開府儀同三司，謚肅愍，開禧中又賜姓趙氏。觀宋之尊崇如此，則《北窗炙輠》之言必非虚妄。《隨園隨筆》卷二十三。

11〔王繪《紹興甲寅通和録》曰：接伴官李少監聿興〕云：「自古享國之盛，無如唐室。本朝目今制度，並依唐制，衣服官制之類，皆是宇文相公共蔡太學並本朝十數人相與評議。某等問蔡太學現任，荅曰敷文閣待制，他兒子蔡松年現在三太子處作令史。近來本朝又爲於燕山府用一萬貫錢買一所宅子，蔡太學云：『猶勝於他汴京宅子。』」又云：「丞相得宇文相公直是喜歡，嘗説道得汴京時歡喜，尤不如得相公時歡喜，如今直是通家往來，時復支賜，宅庫裏都滿也。」《三朝北盟會編》卷一百六十三。

張鈞

1 金國熙宗亶，皇統十年夏，龍見御寨宮中，雷雨大至，破柱而去。亶大懼，以爲不祥，欲厭禳之。左右或以爲當肆赦，遂召當制學士張鈞視草。其中有「顧兹寡昧」及「眇予小子」之言，文成奏御，譯者不曉其退託謙冲之義，乃曰：「漢兒彊知識，託文字以詈我主上耳。」亶驚問故，譯釋其義曰：「寡者，孤獨無親。昧者，不曉人事。眇爲瞎眼。小子爲小孩兒。」亶大怒，亟召鈞至，詰其説，未及對，以手劍剺其口，棘而醢之，竟不知譯之爲愚爲姦也。《桯史》卷十二。

褚承亮

1 金人天會中，皇子郎君破真定，拘境内進士，立試場。褚承亮，字茂先，宣和中已擢第，至此匿不出。軍中知其才，遂押赴安國寺對策，大抵以徽宗無道、欽宗失信爲問。舉人承風旨，極行詆毁，茂先詣主文劉侍中，云：「君父之過，豈臣子所宜言邪？」即揖而出。劉爲變色。後數日，復召茂先，問：「願附榜乎？」茂先堅不從。是時所考者七十二人，遂自號「七十二賢」。狀元許必仕至郎中官，一日出左掖門，墮馬適與石磑遇，碎首而死，餘無顯者。茂先後年七十餘，諡爲元真先生。《癸辛雜識》別集下。

蔡　靖

1　先是斡離不陷燕山，進兵南寇，留蔡靖在燕。……謂蔡公曰：「太學有事可以説及。」蔡公曰：「念靖南歸好。」斡離不大怒，頭面發赤，曰：「待與你商量些事都不肯商量，卻只要歸，好與蒙霜特姑。」蒙霜特姑者，棍子敲殺也。明日獨遷蔡公一家於皇城，衆皆爲公危之。……又兩日，復遷蔡公於高團練宅，巡邏呵衛之，乃謂蔡公曰：「太學，忠臣也。但安心將來和議了，便可隨肅王過去。」因自酌酒三盞與蔡公飲之，名曰「過琖」，厚禮也。《三朝北盟會編》卷四十五。

吴　激

1　宇文太學叔通主文盟時，吴深州彦高視宇文爲後進，宇文止呼爲小吴。因會飲酒間，有一婦人，宋宗室子，流落，諸公感歎，皆作樂章一闋。宇文作《念奴嬌》，有「宗室家姬，陳王幼女，曾嫁欽慈族。干戈浩蕩，事隨天地翻覆」之語。次及彦高，作《人月圓》詞云：「南朝千古傷心事，猶唱《後庭花》。舊時王謝，堂前燕子，飛向誰家。偶然相見，仙肌勝雪，雲鬢堆鴉。江州司馬，青衫淚濕，同是天涯。」宇文覽之，大驚，自是人乞詞，輒曰：「當詣彥高也。」《歸潛志》卷八。《堯山堂外紀》卷六十四。《詞苑叢談》卷八。《詞林紀事》卷二十。

2 先公在燕山，赴北人張總侍御家集。出侍兒佐酒，中有一人，意狀摧抑可憐，扣其故，乃宣和殿小宮姬也。坐客翰林直學士吳激賦長短句紀之，聞者揮涕。其詞曰：「南朝千古傷心地，還唱後庭花。舊時王謝，堂前燕子，飛向誰家。恍然相遇，仙姿勝雪，宮髻堆鴉。江州司馬，青衫濕淚，同是天涯。」激字彥高，米元章婿也。《容齋隨筆》卷十三。《貴耳集》卷上。

張孝純

1 張孝純守太原，幾年而破，爲虜執至粘罕前，逼命拜之。孝純曰：「未審帳上是何人也。」賊曰：「元帥也。」孝純曰：「元帥乃金國大臣，某乃大宋國大臣，豈有一國大臣拜一國大臣之禮？今事至此，惟有死爾，何相窘拜耶！」竟不拜，粘罕不能强之。因囚歸雲中……粘罕將避暑於白水泊，謂孝純曰：「公於此無治生事，俟某秋歸，當還公於鄉里。」又顧雲中留守高慶裔曰：「如有人欠孝純錢物，可督還之，以旦晚孝純歸鄉矣。」孝純初聞是語，不知其所以，蓋時粘罕與劉豫之議密定，外人莫知之也。至是粘罕遣人送孝純南歸，止云歸鄉而已。故奉使宇文虛中送孝純詩，有「閭里共驚新素髮，兒童重整舊斑衣」之句。……孝純既至河朔，欲由濟南歸徐，主者曰：「當與公共至東平節制使寨，某得回繳，公方可歸徐矣。」既行，則孝純之兄弟孝忠、孝立及諸姪鄉人竟遠迓之，孝純方喜慰之際，無何至汶上，豫已僭位，遽有拜相之命。《三朝北盟會編》卷一百九十三。《大金國志》卷六。《湖海新聞夷堅續志》前集卷一。

2 見趙德昭女孫1。

施宜生

1 施逵，字必達，建陽人。少負其才，有詩名。建炎間，早擢上第，爲潁州教官，秩滿而歸。時范汝爲爲寇，據建城，執逵而脅之，令書旗幟，遂陷賊黨。朝廷命韓世忠討之，城破，乃捕逵付軍帳，至臨安，送府獄，編隸湖外。離家之日，度此去必無生還，乃囑其妻令改適。其妻悲泣，鬻奩具所有以給行囊。及出獄，賂防送卒使緩其行。買一婢自隨，所至宿舍，縱其通淫。行至中途村舍，一夕，多市酒肉，令恣飲，中夜酣卧，手刃二卒及婢，乃變衣易姓名，竄於淮甸滁、黄間。後朝廷圖影重賞捕之甚急，逵乃爲僧，行入邊界山寺中。主僧見其執役惟謹，亦異顧之，疑其必非凡夫。一日，以事役其徒衆使出，獨留逵在，呼而問曰：「朝廷嚴賞捕亡命之人，若是汝，可以實告我，卻爲汝尋一生路脱去。不然，不獨汝身被戮，亦累及山門。」逵力諱拒。僧曰：「我觀汝面目，不是庸人，愛汝，故爾。」逵乃感泣下拜，悉露情悃。僧又恐其疑己，謂曰：「我即坐此，汝自往吾卧内，取一箱袱來。」預作一書，并白金數兩取出贈之，云：「可速入彼界，尋某寺僧某投之。」逵拜謝而去，遂至某寺。歲餘，主寺見其能書翰，甚喜之。逵於暇日，買虜庭舉業習之，易名宜生，舉進士，廷試《天子日射三十六熊》賦，云：「聖天子内敷文德，外揚武功，雲屯一百萬騎，日射三十六熊。」遂冠榜首，仕於金國。後爲中書舍人，入翰苑。紹興庚辰，逆亮謀犯淮，先遣逵爲賀正使，憑狐據慢。朝廷以尚書張燾爲館伴使，每以「首丘」「桑梓」之語動之，意氣自若。臨岐顧張曰：

「北風甚勁。」張因奏早爲備。……逵嘗卜葬地，卜者曰：「若近裹葬，三紀後可出侍從，子孫綿遠。近前，一紀年窮困，後方顯達，但不歸家鄉。」逵曰：「子孫富貴何預於我邪？」即從前葬。《西塘集耆舊續聞》卷六。

2 施宜生，福人也。少游鄉校，有僧過焉，與之言，引之虛堂下，風簷杲日，援手周視曰：「余善風鑒，子有奇相，故欲驗予術耳。歸，它日當語子。」又數年，過諸塗，宜生方躓場屋，不勝困，欲投筆，漫徵前説，以所向扣之。僧出酒一壺，與之藉草飲，復援其手曰：「面有權骨，可公可卿，而視子身之毛，皆逆上，且覆腕，然則必有以合乎此，而後可貴也。」時范汝爲訌建劍，宜生心欲以嚴莊、尚讓自期，而未脱諸口，聞其言大喜，杖策徑謁。干以祕策，汝爲恨得之晚，亟尊用之。亡何而汝爲敗，變服爲傭，渡江至泰。有大姓吴翁者，家僮數千指，擅魚鹽之饒。宜生傭其間，三年，人莫之覺也。翁獨心識之。一日，屏人問曰：「天下方亂，英雄鏟跡，亦理之常。我視汝非傭，必以實告，不然，且捕汝於官。」宜生不服，曰：「我服傭事惟恭，主人乃爾寘疑，請辭而已。」翁固詰之，則請其故。翁曰：「汝動作皆傭，而微有未盡同者。余日者燕客，執事咸餕，而汝獨孫諸儕，撤器有噫聲，若欲然不怡，此魚服而角也。我固將全汝，而何以文爲？」宜生驚汗，亟拜曰：「主寔生我，不敢匿。」遂告之繇。翁曰：「官購方急，圖形遍城野，汝安所逃？龜山有僧，可託以心，余交之舊矣。介以入北，策之良也。」從之，翁贐之金，隱之衲，至寺，服緇童之服以求納。主僧者出，儼然鄉校之所見也，啓緘而留之。餘數旬，持橈夜濟宜生于淮，曰：「大丈夫富貴命耳！予無求報心，天實命汝，知復如何！必得志，毋忘中國，逆而順，天所祐也。」虜法無驗不可行，遂

《堅瓠庚集》卷一。

殺一人於道，而奪其符，以至於燕。上書自言道國虛實，不見用，縻而致之黄龍。會赦得釋，因以教授自業。虜有附試畔歸之士，謂之歸義，試連捷。逆亮時有意南牧，校獵國中，一日而獲熊三十六，廷試多士，遂以命題，蓋用唐體。宜生奏賦曰：「聖天子講武功，雲屯八百萬騎，日射三十六熊。」亮覽而喜，擢爲第一。不數年，仕至禮部尚書。紹興三十年，虜來賀正旦，宜生以翰林侍講學士爲之使。朝廷聞之，命張忠定燾以吏部尚書侍讀，館之都亭。時戎盟方堅，國備大弛，而諜者傳造舟調兵之事無虛日，上意不深信。館者因以首丘風之，至天竺，微問其的。宜生顧其介不在旁，忽廋語曰：「今日北風甚勁。」又取几間筆扣之，曰：「筆來！筆來！」於是始大警。及高景山告釁，而我粗有備矣，宜生實先漏師焉。歸爲介所告，烹而死。宜生方顯時，龜山僧至其國，言于亮而尊顯之，俾乘驛至京，東視海舟，號「天使國師」，不知所終。僧蹤跡有異，淮人能言之。出入兩境如跳河，輕財結客，又有至術，髡而俠者也。《桯史》卷一。《宋稗類鈔》卷二。

3 建賊范汝爲……勢乃猖獗，建之士如歐陽穎士、施逵、吴琮者，善文章，多材藝，或已登科，皆望風往從之。……初，建人陸棠、謝尚有鄉曲之譽，賊聲言：「使二人來招我，吾降矣。」朝廷遣之。既而賊有二心，乃拘繫久之，歐陽輩又説之日益切，因循遂爲賊用。賊敗，歐陽穎士、吴琮先誅死，陸、謝、施逵以檻車送行在。至中途，逵謂二人曰：「吾輩至，必死。與其戮於市朝，且極痛楚，曷若早自裁？」二人曰：「何可得自死？」逵曰：「易爾。」乃密令人爲藥三元，小大形色俱相似，一乃無毒者。逵取無毒者服之，餘二人服即死。逵既至行在，歸罪於二人。理官無所考證，迄從末減，但編置湖南某州。中途又逃去，或爲道人，或爲行者，或爲人典庫藏，後迤邐望淮去。有喜其才者，以女妻之。住數月，復北走降虜，改名宜生。《朱子語類》卷一百三十三。《宋稗類鈔》卷二。

4 施宜生，邵武人，宋潁州教授。以罪北走，仕金，試《一日獲三十六熊賦》，擢第一。宜生改姓名「方人也」。《增訂全遼詩話》卷上。

5 施宜生北走降金，試《日射三十六熊賦》，擢高科，入翰林。庚辰年，來本朝奉使，舊與張燾子公同舍，因問張子公云：「記得崇化堂前步月時否？」子公答以「翰林想未忘情本朝耶」？《密齋筆記》卷四。

6 見韓彦古2。

郭奕

1 見張浚12。

2 張浚置司閬州，五路陷没。……浚入散關，過漫天坡。郭奕爲詩曰：「大漫天是小漫天，小漫天是大漫天。只因大小漫天後，遂使生靈入四川。」又有詩曰：「秦山未盡蜀山來，日照關門兩扇開。刺史莫嫌迎候遠，相公新送陜西回。」後奕罷宣司幹官，與通判不協，不赴任，寓普州賣蒸餅爲生，晏如也。《三朝北盟會編》卷一百四十五。

喻樗

2 趙、張二公相得，人固知，且並相。樗獨以謂：「且作樞使，同心同德，亦何不可，他日趙退則張繼之。説一般話，行一般事，用一般人，如此則氣道長。若同相，議論有不合，或當去位。則一番更政，必有參商，是賢者自相戾也。」已而其事亦稍如此。《宋名臣言行録》别集下卷四引《喻樗語録》。《宋稗類鈔》卷三。

1 見汪應辰2。

張九成

1 張子韶、凌季文俱武林人，少長同肄業鄉里。宣和末，居清湖中，時東西兩岸居民稀少，白地居多。二人夜同步河之西，見一婦人在前，衣粧楚楚。因縱步覘之，常不及焉。至空迥處，忽回顧二人而笑，真絶色也。方欲詢之，乃緩步自水面而東。二公驚駭而退。《玉照新志》卷三。

2 宋張九成初年貧寒，衣衾不備，有送襲衣者，卻不受，曰：「士處貧苦，正是做工夫時節。若不痛自砥礪，則貪心生，廉恥喪矣，工夫何在？」《昨非庵日纂》一集卷九。

3 紹興初，張子韶亦夢魁天下，比省試，類榜坐位圖出，其第一人則張九成也。公殊怏怏，及廷試唱名，亦冠多士。《老學庵筆記》卷九。《宋稗類鈔》卷二。

4 張子韶廷對時，欲寫至「豎刁聞於齊而齊亂，伊戾聞於宋而宋危」等語，諸璫在殿下者來竊窺之。子韶捲卷正色謂曰：「方欲言諸君，幸勿觀也。」皆慚恚而退。《獨醒雜志》卷六。

5 張子韶對策，至晡未畢，貂璫促之。子韶曰：「未也，方談及公等。」故其策曰：「閹寺聞名，國之不祥也。堯舜閹寺不聞於典謨，三王閹寺不聞於誓誥。豎刁聞於齊而齊亂，伊戾聞於宋而宋危。」《鶴林玉露》甲編卷五。

6 公射策集英殿，略曰：「……澄江瀉練，夜桂飄香。陛下享此樂時必曰：『西風淒動，兩宮得無憂乎？』」《宋名臣言行録》别集下卷九。

7 見李清照7。

8 張子韶僉書鎮軍判官，在僉廳究心吏事，胥曹建白不能有所欺。嘗大書於壁曰：「此身苟一日之閒，百姓罹無涯之苦。」《昨非庵日纂》一集卷一。

9 見晏安恭1。

10 張無垢九成爲狀元，次舉省元樊光遠，狀元汪應辰。上語九成曰：「二魁皆卿門人，深用嘉歎。」對曰：「夏侯勝以明經取青紫語門人，臣嘗鄙之，何敢復以此聳誘其徒！」《吹劍四録》。

11 〔張〕子韶又論劉豫事云：「彼劉豫者何爲者耶？素無勳德，殊乏聲稱，天下徒見其背叛君親，委身夷狄耳！黠雛經營，有同兒戲，何足慮哉！」間牒得之，傳以示豫。豫大不平。會其左右出其文，令榜於汴京通衢，召刺客欲刺子韶。或人以告，子韶未嘗爲之動。其事達上聽，他日子韶陛對，上語之曰：「劉豫牓卿廷策，謀以致害，非卿有守，豈能獨立不懼乎！」褒嘉久之。《獨醒雜志》卷六。

12 明清頃有沈必先日記，言奏事殿中，高宗云：「近有人自東京逃歸，聞張九成見爲劉豫用事，可怪！」必先奏云：「張九成在其鄉里臨安府鹽官縣寄居，去行闕無百里之遠，兩日前方有文字來，乞將磨勘一官回授父改緋章服。幸陛下裁之。」上云：「如此則所傳妄矣，可笑。不若便與一差遣召來。」蓋子詔廷試策流播僞齊，人悉諷誦，故傳疑焉。翌日，降旨除秘書郎。《揮塵三録》卷三。

13 張無垢在越上作幕官，不請供給錢；在館中進書，不肯轉官，人皆以爲好名之過。無垢曰：「既請月俸，又受供給，偶然進書，又便受賞，於我心實有不安，此亦本分事，何名之好！貪者往往不曾尋思，此心病也。心有病，人安得知？我知之，當自醫。別人既不自知病，反惡人醫病，猶婦人妬者，非特妬其夫，又且妬人之夫，其惑甚矣。」無垢此喻甚切。《鶴林玉露》乙編卷一。

14 見宋高宗81。

15 見釋宗杲3。

16 張無垢謫横浦，寓城西寶界寺。其寢室有短牕，每日昧爽，輒執書立窗下，就明而讀，如是者十四年。洎北歸，窗下石上，雙趺之跡隱然，至今猶存。《鶴林玉露》甲編卷一。《東山談苑》卷三。《宋稗類鈔》卷五。

17 張無垢貶南安，凡十有四年，寓處僧舍，未嘗出門户。其一話一言，舉足爲法，警悟後學宏矣。其甥于恕裒集《語録》十二卷，既已刊行，其間《論語絶句》，讀者疑焉。《清波雜志》卷九。

18 無垢先生謫居凡十四年，結門掃軌，動止有則，談經自樂，手不停披，歲久，庭磚足蹟依然。公題於柱曰：「予平生嗜書，老來目病，執書就明於此者十四年矣。倚立積久，雙趺隱然，可一笑也。」因自號「横浦居士」。《自警編》卷五。《宋名臣言行録》别集下卷九。

19 張子韶謫居南安，至則閉門謝客，以經史自娱，緼袍糲食，家人輩幾無以自存。親知聞之，争饋遺以奉，公皆謝遣之。《言行龜鑑》卷二。

20 張子韶謫居南安，多蔬食，間遇一肉，必薦家廟。《夷堅志補》卷十五。

21 張子韶曰：「予謫嶺下，居無與游，憂過之不聞，學之不進也。乃於書室中置夫子、顔子像，適有淵明、曲江、萊公、富鄭公、韓魏公、歐公、温公、余襄公、邵堯夫、二蘇、梁況之、王彦霖、范淳夫、鄒志全、劉器之、龔彦和、陳瑩中、黄魯直、秦少游、晁無咎、張文潛諸畫像，乃環列於夫子左右，晨朝瞻敬，心志肅然，其所得多矣。有一毫愧心，其見諸人也，若市朝之撻矣。」《自警編》卷二。

22 嚴陵王大卞赴曲江守，過南安，謁張先生子韶，從容言：「大卞頃在檢院，以羅彦濟中丞章去國，其後彦濟自吏書出守嚴，遂遷避於蘭溪。彦濟到郡，遺書相邀曰：『與君有同年之契，何爲爾？』不得已，復還。既見，密語云：『前此臺評，乃朱新仲所作，託造物之意以相授，一時失於審思，至今爲悔。』此事既往，今適守韶，而朱在彼，邂逅有弗愜，爲之奈何？」張揣其必將修怨，即云：「國光爲君子爲小人，皆在此舉。」王悚然曰：「謹受教。」至則降意彌縫，終二年，不見分毫形迹，蓋本自相善也。《容齋四筆》卷八。

23 公謫居南安，前步帥解潛亦謫居焉，病劇。公往省之，謂曰：「太尉平日所懷，亦有不足者否？」潛泣曰：「一生惟仗忠義，誓與敵死，以雪國恥而不肯議和，遂爲秦檜所斥。此心惟天知之。」公曰：「無愧此心足矣，何必天知。然人亦無不知者，但有遲速耳。」潛曰：「聞此言，心中豁然矣。」即逝，公壯之，因歎曰：「武人一念正氣，猶待人之決，況吾儕讀聖賢書，平日安可不正此心乎！」《宋名臣言行録》別集下卷九。

24 崑山周焕卿，與張子韶侍郎爲布衣交，相與之意極厚。焕卿有母喪，貧不能舉，及有妹未嫁。子韶自貶所專价賫錢銀供其費，書詞懇惻，讀之令人竦然生敬。……今録其書于後，以警薄俗云：「九成頓首：日俟車馬之來，乃杳然無耗，不勝瞻仰，即辰孝履多福。九成此間學生，例不受其束脯。有信州劉益秀才，在此多時，告以公未葬母及未嫁妹，許以二百千足助公。今付去半，則銀三挺、錢二十五千足，掩子内角子有九成親批『字紹祖』三字，及兩頭有『如此』二字，及封印全。遣去親隨兩人，便令歸也。發去此物時，已焚香對諸聖，願公無障難，幸見悉也。他節哀自重，不宣。九成再拜。」《中吴紀聞》卷五。

25 洪忠宣光弼北歸，没於中塗，輿櫬度嶺至南安，張子韶無垢往致奠，時尚未聞秦丞相死，祭文第云：「某年月日，具位某，謹以清酌之奠，昭告於某官之靈，嗚呼哀哉！」格固新奇，情亦傷愴。或謂無垢亦嘗占辭，凡竄易數四，終以積畏，亦恐反爲洪氏累，而不敢出，頗類竟達空函。《清波别志》卷中。《容齋隨筆》卷十五。

26 張子韶南安所居堂東廡短簷下，二燕各營巢，其一群雛皆長，已飛去。一巢數子待哺，終日而母不來，蓋爲物所搏也。張公憐其悲鳴，爲徙置空巢，意其同類認爲己子而飼之。已而一燕至，徘徊不入，去之。須臾，復啣一物如乳哺者，孤雛争接食，張望見頗喜。後二日至其所，則巢中寂然，視地上，皆折翅挺足，張口閉目，偃仆不動，細視之，皆有棘刺梗其喉舌，張歎息久之。《夷堅志補》卷四。

27 張子韶侍郎謫居大庾，得目疾。後爲永嘉守，中風，手足不能舉，目遂内翳。丐祠禄，還鹽官舊隱。紹興二十九年三月望夜，夢青衣人引至大寺，門金書牌八字，但記其二曰「開福」。一僧如禪刹知客，見張甚喜，延入坐。張問主僧爲誰，曰：「沈元用給事也。」張曰：「吾與沈先生久不相見，亟欲謁之。」命取公服，隨語即至。見沈再拜，沈答其半禮，勞苦如平生。且曰：「尊公在此。」命青衣導往方丈東小堂。其父母方對坐長嘯，張趨拜號泣。旁人叱曰：「此不是哭處。」復至法堂前，問曰：「何故無佛殿？」青衣曰：「此以十方法界爲佛殿。」張曰：「吾病廢，又失明，未知他日有眼可見佛，有口可誦經否？」曰：「侍郎何嘗不見佛，何嘗不誦經？」又行及門側，有小池清泠，外設欄楯，青衣曰：「八功德水也。」酌一杯飲之，涼徹肌骨。西廡一室極潔，中掛畫像，視之，乃張寫真。大駭曰：「何以得此？」青衣曰：「異日當主此地，然待公見玉帶了即來。」遂寤。遽召門人郎曄，使書其事，皆謂玉帶爲吉證。若疾愈，且大拜。至六月二日，兩疾頓除，即日出謁先墓，繼往所親家燕集，如是五日。偶與諸生讀江少虞所集《事實類苑》，至章聖東封丁晉公取玉帶事，怒曰：「丁謂真姦邪！雖人主物，亦以術取。」因不懌，廢卷而入。疾復作，不能言，翼日卒。《夷堅甲志》卷十九。

28 張公九成自爲士時，常遇至人，許以官爵，見玉帶則止。後張爲掄魁，又天下相望所屬，人謂至人之説且驗。會公與客共觀王欽若以計取上方解賜玉帶事，則撫掌大恚曰：「姦臣！姦臣！」聲漸微而公逝矣。《四朝聞見録》丙集。

29 張無垢請丁晉公玉帶事，忽悟而語其子曰：「昔夢人告我，見玉帶時來，吾其死矣。」是夕，得疾竟卒。《吹劍録》。

30 張無垢云：「余平生貧困，處之亦自有法。每日用度不過數十錢，亦自足，至今不易也。」《鶴林玉露》乙編卷五。

31 張子韶手執一扇過數夏，破即補之。一皮履，汗幣闕裂亦不易。頭上烏巾以疏布爲之，漬以墨汁，夏間汗出，或致墨汁流面亦不問。筆用秃筆，紙用故紙，以至衣服飲食皆不揀擇。或問子韶：「此是性耶？抑愛惜不肯妄用耶？」子韶曰：「汝且道我用心，每日在甚處？若一一自頭至足，理會此形骸，卻費許多工夫。我不被他使，且要我使他。世人往往以我爲鄙吝，以我爲迂僻，我見世人役役然爲此身所擾，自早至夜，應付他不暇，特可發笑。」《昨非庵日纂》一集卷九。

32 張九成以紹興壬子狀元及第，癸丑再娶浦江馬氏爲繼妻。馬先嫁義烏吴察，察早夭，生一子七歲，而姑龔氏撫之。馬再適二年而死。九成往謁龔氏，相見參拜。龔氏既歿，爲作墓志，備述馬氏再適之由，絶無隱諱。《書影》卷十。

33 宋狀元張九成告歸泉石，一日訪參喜禪師，曰：「汝來何故？」九成曰：「打死心頭火，特來參喜禪。」師以言探之曰：「緣何起得早，妻被别人眠。」九成怒曰：「無明真秃子，焉敢發此言。」師慰之曰：「輕輕撲一扇，爐中便起煙。」九成慚愧不已，遂去髮爲僧，號無垢子，大開禪宗。《堅瓠己集》卷一。

胡銓

1 羅欽若、李東尹與胡邦衡同在學舍，甚相得。他日同就試，欽若見邦衡試卷，問曰：「此欲何爲？」邦衡曰：「覓官也。」欽若因撫邦衡背，指示卷中一諱字，謂曰：「與汝一官。」邦衡改之，是牓遂中選。故邦衡有啓謝欽若，具述與一官之語。胡公既爲侍從，東尹亦仕至中大夫，欽若止正郎。嘗謂余曰：「頃在學舍，偶乏僕供庖，同舍不免自執烹飪。邦衡能操刀，東尹能和麪，某無能，但然火而已。今之官職小大，已定於此。」《獨醒雜志》卷六。

2 胡忠簡公爲舉子時，值建炎之亂，團結丁壯，以保鄉井。隆祐太后幸章貢，虜兵追至，廬陵太守楊淵棄城走。公所居曰薌城，距城四十里，乃自領民兵入城固守。市井惡少乘間欲攘亂，斬數人乃定。張牓責楊淵棄城之罪，募人收捕。淵懼，自歸隆祐，隆祐赦之，降勅書諭胡銓。事定，新太守來，疑公有他志，不敢入城。公笑曰：「吾保鄉井耳，豈有他哉！」即散遣民兵，徒步歸薌城。《鶴林玉露》甲編卷三。

3 胡忠簡乞斬秦檜之書，既具藁矣，遲疑未上。以示所親厚，其人畏懦，力止之曰：「公有老母，詎可爲此？」以其藁寸裂之。忠簡愈疑。有書吏楊其姓者，請間曰：「編修此書，外間已籍籍傳誦，廟堂計亦知之矣。今書上亦得罪，不上亦得罪。書上而得罪，其去光華。不上而得罪，其去曖昧，且其禍恐甚於不上也。」忠簡大悟，亟繕寫投進，乘夜潛詣逆旅，託其所親厚以老親妻子。其後□詞，猶以謄藁四傳爲其罪。《鶴林玉露》丙編卷五。

4 〔胡澹庵〕上高宗封事，是范左司璿作。范擬上，澹庵慮其親老，禍且不測，取以爲己意上之。《南宋雜事詩》卷一引《甘露園短書》。

5 公之上書也，都人喧騰，數日不定。上語檜曰：「朕本無黄屋心，今横議若此，據朕本心，惟應養母耳。」於是檜等乃擬昭州編管。時公妾孕臨月，遂寓湖上僧舍，欲少遲行，而臨安已遣人械送貶所。范如圭、方疇同見晏敦復爲公求援，敦復即往見守臣張澄曰：「銓論宰相，天下共知。祖宗朝言事官被謫，開封府必不如是。」澄愧謝曰：「即追還矣。」《宋名臣言行録》别集下卷十三。

6 胡忠簡公銓以樞掾「請誅秦檜以謝天下，請竿王倫之首以謝檜，斬臣以謝陛下」，高宗震怒，以爲訐特，欲正典刑。諫者以陳東啓上，上怒爲霽，遂貶胡儋耳。胡之州里，競傳公以誅死，獨有一卜者謂公命當階政府，必不死。又揭牓通衢，以驗他日，人皆目爲狂生。先是，敵入中原，朝廷議割四鎮，不決，敵騎奄至，欽宗亟引從臣入内問計，倫遂竄名綴從臣入直前，乞上早戒嚴。上驚問曰：「爾爲誰？」倫對上以「臣乃咸平宰相王旦孫」。上知爲旦孫，故寘不問。忠肅劉公珙以其才薦之高宗，故用以奉使。銓疾其從敵人貶號之議，故請斬之，非疾和議也。胡公南歸，孝宗嘉歎，置之經筵，欲大用之，惜其已老。以下諸本皆缺二十一字。公封事未達金廷，間者募以千金。及金得副本，爲之動色，益知本朝之有人，由是和議堅矣。《四朝聞見録》甲集。

7 胡澹庵上書乞斬秦檜，金虜聞之，以千金求其書。三日得之，君臣失色曰：「南朝有人。」蓋足以破其陰遣檜歸之謀也。乾道初，虜使來，猶問胡銓今安在。張魏公曰：「秦太師專柄二十年，只成就得一胡邦衡。」《鶴林玉露》甲編卷六。《東山談苑》卷八。《宋稗類鈔》卷三。《南宋雜事詩》卷一。

8 胡忠簡之貶，李似之侍郎彌遜書十事以贈：一曰有天命，有君命，不擇地而安之。二曰唯君子困而不失其所亨。三曰名節之士猶未及道，更宜進步。四曰境界違順，當以初心對治。五曰子厚居柳築愚溪，東坡居惠築鶴觀，若將終身焉。六曰無我方能作爲大事。七曰天將任之，必大有摧抑。八曰建立功名，非知道者不能。九曰太剛恐易折，須養以渾厚。十曰學必明心，記問辨説皆餘事。《賓退録》卷一。

9 胡澹庵既觸秦檜，竄海上，從三衢城外遵陸以兩夫肩籃輿而行。太守劉共父戲謂胡曰：「兩夫肩輿，甚似微服過宋也。」胡因題詩云：「別離如許每引領，邂逅幾時還著鞭。微服過宋我何敢，大國賜秦公不然。衰鬢凋零已子後，高名崒嵂方丁年。即看手握天下柄，山中宰相從雲眠。」《小草齋詩話》卷四。

10 澹庵胡先生于福州僉廳分扇，得一扇，畫古木間一人騎驢向西南行。初見似無思致，及有新興之命，方知畫爲先兆也。先生書一絶於陰云：「誰向生綃白團扇，畫將羈客據征鞍。南遷萬里知前定，壁上崖州莫怕看。」《藏一話腴》甲集卷下。《宋詩紀事》卷四十三。

11 澹庵胡先生謫新州，築室城南，名小桃源而圖之，且題詩其上云：「閒愛鶴立木，静嫌僧叩門。是非花莫笑，白黑手能言。心遠闊塵境，路幽迷水村。逢人不須説，自唤小桃源。」或者謂寓避秦之意。《藏一話腴》甲集卷上。

12 〔胡〕澹庵在謫所，因讀《離騷》，浩然有江湖之思，作《瀟湘夜雨圖》以寄興，自題一絶云：「一片瀟湘落筆端，騷人千古帶愁看。不堪秋著楓林港，雨闊煙深夜釣寒。」時紹興丁卯七夕也。後一百三十五年辛巳，此畫歸之苕溪趙子昂，余得一觀，詩與畫俱清麗可愛，結字亦端勁。世但見其詩文，而不知其尤長於墨戲，可謂「澹庵三絶」。《梅磵詩話》卷上。

13 見方滋5。

14 邦衡在新州，偶有「萬古嗟無盡，千生笑有窮」之句，新守亦訐其詩，云「無盡」指宰相，蓋張天覺自號「無盡居士」；「有窮」則古所謂「有窮后羿」也。於是再遷儋耳。《獨醒雜志》卷八。

15 澹菴胡公以攻和議謫新州，守臣張棣黨附秦檜，告公嘗賦詞云「欲駕巾車歸去，有豺狼當轍」，語言不遜，再謫吉陽軍。余觀公集中《次羅長卿韻懷親》詩云：「天乎自是非我孝，世間豈有人無親。索居誰念卜子夏，不死日飲抛青春。少年忽作老翁老，故鄉何似新州新。安得君來同夜話，寒爐自撥紅麒麟。」味詩起句，亦含諷意，不但賦詞也。《梅磵詩話》卷上。

16 秦檜嘗於一德格天閣下書趙鼎、李光、胡銓三人姓名。時鼎、光皆在海南，廣東經略使王鈇問右承議郎、知新州張棣曰：「胡銓何故未過海？」銓嘗賦詞云：「欲駕巾車歸去，有豺狼當轍。」棣即奏銓不自省循，與見任寄居官往來唱和……怨望朝廷，鼓唱前説，猶要惑衆殊無忌憚，於是送海南編管。《建炎以來繫年要録》卷一百五十八。

17 公徙吉陽軍。先是檜於一德格天閣下書趙鼎、李光、胡銓三人姓名，公時猶在新州。廣帥王鈇問知新州張棣曰：「胡銓何故未過海？」銓賦詞云：「欲駕巾車歸去，有豺狼當轍。」棣即奏公不自省循，語言不遜，公然怨望朝廷，於是送海南編管。命下，棣選使臣游崇部送，封小項筒。過海，公徒步赴貶所，人皆憐之。至雷州，守臣王趯廉得崇以私茗自隨，械送獄，且厚餉公。是時諸道望風捃摭流人，以爲奇貨，惟趯能與流人調護，海上無薪粲百物，趯輒津置之，其後卒以此得罪。《宋名臣言行録》別集下卷十三。

18 〔胡〕邦衡在新興，嘗賦詞云：「富貴本無心，何事故鄉輕別。空使猿驚鶴怨，誤薜羅風月。囊錐剛要出頭來，不道甚時節。欲駕巾車歸去，有豺狼當轍。」郡守張棣繳上之，以謂譏訕。秦愈怒，移送吉陽軍編管。棣乃擇使臣之刻核者名游崇管押，封小項筒過海。邦衡與其骨肉，徒步涉以瘴癘，路人莫不憐之。至雷州，太守王彥恭趯，雖不學而有識，適使臣者行囊中有私茶，彥恭遣人捕獲，送獄奏治，別差使臣護送，仍厚饟以濟其渡海之費，邦衡賴以少甦。彥恭繇此，賢士大夫推重之。《揮麈後録》卷十。《詞林紀事》卷九。《宋詩紀事》卷四十三。

19 〔胡澹庵〕在新州夢一媪立床前，曰：「吾黎母也。」覺而記之，不知所謂。後以忤秦檜謫朱崖，而黎姑山在瓊崖、儋萬之間，謁其廟，塑像宛然夢中人也。故李泰發送之詩云：「夢裏分明得黎母，生前定合到朱崖。」澹庵和詩云：「落網端從一念差，崖州前定復何嗟。萬山竹盡逢黎母，雙井渾疑到若耶。」《小草齋詩話》卷四。

20 紹興中，胡邦衡竄新州，再徙吉陽，吉陽即朱崖也。軍守張生，亦一右列指使，遇之亡狀，每旬呈，必令囚首詣廷下。邦衡盡禮事之，至作五十韻詩，爲其生日壽，性命之憂，朝不謀夕。是時，黎酋聞邦衡名，遣子就學，其居去城三十里，嘗邀至入山，見軍守者，荷枷絣西廡下，酋指而語曰：「此人貪虐已甚，吾將殺之，先生以爲何如？」邦衡曰：「其死有餘罪，果若此，足以洗一邦怨心。然既蒙垂問，切有獻焉。賢郎所以相從者，爲何事哉？當先知君臣上下之名分。此人固亡狀，要之爲一州主，所謂邦君也。欲訴其過，合以告海南安撫司，次至廣西經略司，俟其不行，然後訟於樞密院，今不應擅殺人也。」酋悟，遽釋之，令自書一紙引咎，乃再拜而出。明日，邦衡歸，張詣門悔謝，殊感再生之恩，自此待爲上客。邦衡以隆興初在侍從，録所作《生日》詩示仲兄文安公，且備言昔日事。《容齋三筆》卷一。

21 見方疇1。

22　胡澹庵十年貶海外，北歸之日，飲于湘潭胡氏園，題詩云：「君恩許歸此一醉，傍有梨頰生微渦。」謂侍妓黎倩也。厥後朱文公見之，題絶句云：「十年浮海一身輕，歸對黎渦卻有情。世上無如人欲險，幾人到此誤平生。」《鶴林玉露》乙編卷六。《堯山堂外紀》卷五十七。《昨非庵日纂》二集卷十三。《堅瓠丙集》卷四。《宋詩紀事》卷四十三。《詞林紀事》卷九。

23　紹興末，胡邦衡還朝，每與客飲，至勸酒，必冠帶再拜。朝士皆笑其異衆，然邦衡名重，行之自若。《老學庵筆記》卷七。

24　往年胡邦衡多髯，初除吏部郎官，或以「胡銓髯吏部」爲戲，莫能對者。《二老堂詩話》。《南宋雜事詩》卷七。參見周必大8。

25　隆興元年癸未歲五月三日晚，侍上於後殿之內閣……蒙賜金鳳箋、就所御玉管筆，并龍腦墨，鳳咮硯……旨唤内侍厨司滿頭花辦酒……上御玉荷杯，予用金鴨杯。初盞，上自取酒。令潘妃唱《賀新郎》，旨令蘭香執上所飲玉荷杯，上注酒顧予曰：「《賀新郎》者，朕自賀得卿也。酌以玉荷杯者，示朕飲食與卿同器也，此酒當滿飲。」予乃拜謝。上自以手扶謂予曰：「朕與卿，老君臣，一家人也，切不必事虛禮。」《賀新郎》有所謂「相見了、又重午」。旨謂予曰：「不數日矣。」又有所謂「荆江舊俗今如故」之説。上親手拍予背曰：「卿流落海島二十餘年，得不爲屈原之葬魚腹者，實祖宗天地留卿，以輔朕也。」予忽流涕，答曰：「小臣三遷嶺海，命出虎口，豈期今日再見天日！」上亦抆淚。……潘妃執玉荷杯，唱《萬年歡》，此詞乃仁宗親製。上飲訖……乃親唱一曲，名《喜遷鶯》，以酌酒。……上謂予曰：「朕昨苦嗽，聲音稍澁。朕每在宮，不妄作此，只是侍太上宴間，被上旨令唱。今夕與卿相會，朕意甚歡，故作此樂，卿幸勿嫌。」予答曰：「方今太上退閒，陛下御宇，政當勉志恢復，然此樂亦當有時。」上答曰：「卿頃霎不忘君，真忠臣也。雖漢之董、汲，唐之房、魏，不過是也。」食兩味鼎煮羊羔，胡椒醋子魚。上謂予曰：「子魚甚佳，朕每日調和一尾，可以喫兩日飯。蓋此味若以佳料和之，可以數日無餒腐之患。」予答曰：「陛下貴極天子，而節儉如此，真堯舜再生。」上謂予曰：「朕所爲非强，乃天性然。」因舉所服澹黃鋪茸繡鳳汗衫謂予曰：「朕此領汗衫，已著兩年，今計尚可得數年。」又舉所著皁羅鞋謂予曰：「朕此鞋，原是皇后做與太上皇著者，覺稍短，朕著得，及則今已三箇月矣。向侍太上時，見太上喫飯，不過喫得一二百錢物。朕於此時固已有節儉之志矣。此時秦檜方專權，其家人一二百錢物，方過得一日。太上每次排會內宴，止用得一二十千。檜家一次，乃反用數百千。太上與朕一領汗衫，著一兩年。檜家人一領汗衫，止著得數日即棄去。朕所以日夜切齒嘆息也。」又謂予曰：「太上近日賜朕真紅羅銷金團龍汗衫一領，太上親書一批與朕曰：『此領汗衫，乃吾著者，已十八年矣。但色佳，今賜吾兒，汝當念之。』朕藏此領汗衫甚謹。朕不輕著，只往德壽宮，及朔望臨朝，與大祭祀，則用此襯袞衣，乃太上生平所愛著者，是太上所賜朕者。」遂令貴妃取此領汗衫以示予。……上謂予曰：「卿向在海南時爲詩必多。」予答曰：「臣向居嶺海時，日率作詩十數首。初任福州僉判，以詩詞唱和得罪，故遷新州，居及新州，又以此獲譴，復徙吉陽軍。甚矣，詩詞能禍人也如此。今既蒙録用，靜思二十年前，爲之墮淚。」……予又奏曰：「夜已四鼓，玉體疲倦。」……上曰：「朕若與宦官女子酣飲徹旦，則不可；朕與胡侍讀相聚，雖夜以繼日，何害焉。」又與予同凭欄杆曰：「月白風清，河明雲淡，這樣樂處，惟朕與卿同享之。」頃聞天竺鐘聲，池畔柳中鵶噪矣。《經筵玉音問答》。

26　忠簡公翰墨甚佳，阜陵嘗問公曰：「卿寫字宛如卿爲人。」公答曰：「臣幼習顔真卿字，今自成一家。」上又曰：「朕前日侍太上於德壽宫，閣上治疊書畫，因得卿紹興戊午所上封書真本。太上與朕玩味久之，喜卿詞意精切，筆法老成，英風義氣，凛然飛動。太上自藏之，曰：『留爲後代式。』但其後爲秦檜之所批抹汚者。朕啓太上，令工逐行裁去裝揩。」《珊瑚網》。《經筵玉音問答》。《宋稗類鈔》卷一。《南宋雜事詩》卷七。

27　邦衡置酒出小鬟，予以官柳名之，聞邦衡近買婢名野梅，以爲對。周必大《省齋集鈔》詩題。

方　疇

1　弋陽方君耕道，謫居零陵。其友廬陵胡君邦衡自海外以書抵之曰：「公取《易·困卦》詳玩而深索之，則得所以處困之道矣。」耕道於是榜其齋曰「困齋」，自號曰「困叟」，其居閒而讀《易》則謂之「困交」。《南軒集》卷十二。《宋元學案》卷三十六。

王庭珪

1　〔王庭珪〕調衡茶陵丞……丞舊兼造船場。憲臺初與薦牘，久之，欲役船工造家具。庭珪卻其薦，憲怒甚，遂拂衣歸，年未五十。葺草堂於盧溪之上執經。來者屨滿户外，人不稱其官，曰盧溪先生。《宋史翼》卷七。

2 胡忠簡銓既以乞斬秦檜，擬新州之禍，直聲振天壤。一時士大夫畏罪箝舌，莫敢與立談，獨王盧溪廷珪詩而送之，今二篇刊集中，曰：「囊封初上九重關，是日清都虎豹閑。百辟動容觀奏牘，幾人回首愧朝班。名高北斗星辰上，身墮南州瘴海間。豈待它年公議出，漢庭行召賈生還。」「大厦元非一木支，欲將獨力拄傾危。癡兒不了官中事，男子要爲天下奇。當日姦諛皆膽落，平生忠義只心知。端能飽喫新州飯，在處江山足護持。」於是有以聞于朝者，檜益怒，坐以謗訕，流夜郎，時年七十。既而檜死，盧溪因讀韓文公《猛虎行》，復作詩寓意曰：「夜讀文公《猛虎詩》，云何虎死忽悲啼。人生未省向來事，虎死方羞前所爲。昨日猶能食熊豹，今朝無計奈狐狸。我曾道汝不了事，喚作癡兒果是癡。」蓋復前説也。尋許自便。《程史》卷十二。《娱書堂詩話》卷上。《宋名臣言行録》別集上卷十。《宋稗類鈔》卷二。《堅瓠戊集》卷二。《宋詩紀事》卷三十九。

3〔胡邦衡〕爲福州判官，諫議羅汝楫論其文過飾非，用惑群聽，除名編置新州。公往新州，其鄉人王廷珪者，棄官養志幾二十年，至是以詩送公，有云：「癡兒不了官中事，男子要爲天下奇。」又云：「百辟動容觀奏牘，幾人回首愧朝班。」邑大夫歐陽識使人訐之，除名編隸辰州。《宋名臣言行録》別集下卷十三。

4 詩獄興，郡守議收公，理掾汪公涓奮曰：「王公剛介勇於義，一紙書招之必來。」他掾變色云云。自請提禁卒挾巡尉捕公，守唯唯。他掾遂行，至則突入公家，公談笑就逮。家四壁立，惟《易解》鐍篋中。卒疑其貨也，挈以去。他日，公歎曰：「天厄吾書。」或謂今藏掾家云。《宋名臣言行録》別集上卷十。

5〔秦檜卒。〕王盧溪在夜郎，郡守承風旨，待以囚隸，至不免旬呈。適郵筒至，張燕公堂以召之，盧溪怪前此未之有，不敢赴。邀者係踵，不得已，趨詣，罷燕之明日，始聞其事，守蓋先得之矣。故盧溪既得自便之命，題詩壁間曰：「辰州更在武陵西，每望長安信息希。二十年興搢紳禍，一終朝失相公威。外人初説哥奴病，遠道俄聞逐客歸。當日弄權誰敢指，如今憶得姓依稀。」蓋志喜也。《桯史》卷十二。《西湖游覽志餘》卷四。《宋稗類鈔》卷二。《宋詩紀事》卷三十九。

6　王盧溪先生知時事阽危，無宦游意，學道著書，若將終身焉。胡忠簡嘗答以詩曰：「萬卷不移顔氏樂，一生無愧伯夷班。」可想見其人矣。壽皇之代，與朱晦庵同以詩人薦，敦召再三，踰年始至。壽皇一見契合，優詔獎之曰：「粹然純儒，凛有直節。」命直敷文閣，年九十有三。……其詩詞格力雄健，寄興高遠，不知其齒之宿也。嘗作《上元鼓子詞》。《宋名臣言行録》别集上卷十。《詞林紀事》卷八。

陳剛中

1　胡澹庵乞斬秦檜得貶，盧溪先生王廷珪，字民瞻，以詩送之曰：「癡兒不了公家事，男子要爲天下奇。」亦貶辰陽。太府寺丞陳剛中，字彦柔，以啓賀之云：「屈膝請和，知廟堂禦侮之無策；張膽論事，喜樞庭經遠之有人。身爲南海之行，名若泰山之重。」又云：「誰能屈大丈夫之志，寧忍爲小朝廷之謀。知無不言，願請尚方之劍；不遇故去，聊乘下澤之車。」亦貶安遠宰。盧溪晚年，孝宗召赴闕，除直秘閣，一子扶掖上殿，亦予官，壽踰九十。寺丞竟死安遠，無子，其妻削髮爲尼。幸不幸之不同如此。吉州吉水縣江濱有石材廟，隆祐太后避虜，御舟泊廟下。一夕，夢神告曰：「速行，虜至矣！」太后驚寤，即命發舟指章貢。虜果躡其後，追至造口，不及而還。事定，特封廟神剛應侯。寺丞南行，題詩廟柱云：「疏爵新剛應，論功舊石材。能形文母夢，還訝佞人來。海市爲誰出，衡雲豈自開。乞靈如見告，逐客幾時回。」卒不如其願，悲夫！《鶴林玉露》甲編卷三。《堯山堂外紀》卷五十七。《宋詩紀事》卷四十三。

廖　剛

1　廖尚書用中剛，崇寧初，以士人爲辟雍録，已而擢第。宣和中，復以命士爲録於太學。時蔡魯公方盛，用中嘗戲作詩寄所善者曰：「二十年前録辟雍，而今官職儼然同。何當三萬六千歲，趕上齊陽魯國公。」好事者傳以爲口實。《夷堅甲志》卷十。

2　見劉岑3。

3　廖尚書剛用中，嘗夢中作詩，其末句云：「家住五湖明月樓。」其後公薨，葬於沙縣二十五里交溪鳳山之下。其子遂建樓，以明月目之。張給事致遠賦詩云：「明月樓前可萬家，鳳山菴下日初斜。風流耆舊消沈盡，空睇寒江耿暮霞。」《能改齋漫録》卷十一。

晏敦復

1　晏公敦復平居靜默，似不能言者，立朝論事，則明目張膽，不畏强御。《言行龜鑑》卷二。

2　晏景初尚書請僧住院，僧辭以窮陋不可爲。景初曰：「高才固易耳。」僧曰：「巧婦安能作無麪湯餅乎？」景初曰：「有麫則拙婦亦辦矣。」僧慙而退。《老學庵筆記》卷三。《何氏語林》卷五。《宋稗類鈔》卷七。

3 見朱敦儒9。

4 見韓世忠34。

劉才邵

1 劉尚書美中，兄弟終鮮，父大中極憐之。大觀初，貢于鄉，將赴南宫試，大中令一老僕從行。至中塗，尚書一夕忽暴病而死。僕驚救甚至，越半日未蘇。逆旅主人皆勸之具棺斂，僕曰：「我主翁子五六人，死亡殆盡，今惟此爾。若又死，則是無天地也。且我何面歸見主翁！」於是以席藉地，置尚書於上，坐於其旁曰：「若是三日而不活，則誠死矣。」越再夕，尚書手足復動，醫救數日，疾平。遂入京師，次年中進士第。《獨醒雜志》卷七。《宋詩紀事》卷三十八。

2 劉尚書美中，嘗夜夢與一方士談禪，往復辨論宗乘中事甚詳。美中因問之曰：「仙家亦談佛耶？」方士曰：「仙佛雖二，理豈有二哉？」美中既寤，頗異其事，遂紀之以詩云：「北風吹雲肅天宇，蕙帳寒生月當户。頹然就枕睡思濃，夢魂悠悠迷處所。仙君勝士肯見臨，促席從容款陪語。自言本事清靈君，學佛求仙兩無阻。雲軿白日降瑶空，天衣飄飄就輕舉。方諸宫深雲海闊，金碧禪房隔煙雨。與君粗有香火緣，聊復東來相勞苦。方游崑閬還無期，君住世間須善爲。塵勞足厭何足厭，等是實相夫何疑。前身似是塵外人，端爲世緣縻此身。重聞妙語發深省，若更離塵佛亦塵。方平羽節何時來，道宫佛殿隨塵埃。未須苦説揚塵事，東海波聲政似雷。」美中以爲詩中皆紀其問答之語，故盡録之。《獨醒雜志》卷八。

鄧肅

1 鄧志宏有文行，與朱韋齋交好。一日，韋齋觴客，栟櫚以冠帶寓之，醉起，韋齋戲留以質紙筆。明日如約，韋齋受其筆還冠，而以紙少留帶，曰：「儻無千幅，竟不還也。」栟櫚爲寄一詩曰：「歸帽納毫真得策，索筆留帶計還疏。公如買菜苦求益，我已忘腰何用渠。閉户羽衣聊自適，推窗柿葉對人書。帝都聲價君知否，寄付新傳折檻朱。」其風流調笑，藹藹若此。《堯山堂外紀》卷五十六。《溪山餘話》。

潘良貴

1 見何㮚4。

2 潘良貴，字子賤，自少有氣節，崇觀間爲館職，不肯游蔡京父子間。使淮南，不肯與中官同燕席。靖康召對，力論時宰何㮚、唐恪誤國。未幾，言皆驗。建炎初，召爲右司諫，首論亂臣逆黨，當用重法以正邦典，壯國威，且及當時用事者奸邪之狀，大爲汪、黄所忌。書奏三日，左遷而去。復召爲右史。從臣向子諲奏事，高宗因與論筆法，言久不輟。子賤舉笏近前，厲聲曰：「向子諲以無益之言，久瀆聖聽！」叱之使下。左右皆膽落，由是又去國。晚年力量尤凝定，秦檜勢正炎炎，冷處一角，笑傲泉石。作《三戒説》，深以在得之規，痛自警勵。秦雖令人致語，亦不答。自少至老，出入三朝，而前後在官不過八百六十餘日。所居僅蔽風雨，郭外無尺寸之田。經界法行，獨以丘墓之寄，輸帛數尺而已。有《磨鏡帖》行於世，言讀書者，將以治心養性，如用藥以磨鏡也。若積藥鏡上，而不加磨治，未必不反爲鏡累，張禹、孔光是已。其大意如此，世以爲名言。子賤自號默成居士。《鶴林玉露》乙編卷五。《東山談苑》卷三。

3 向子諲陛對，日昃未退。公越班厲聲曰：「向子諲以無益之言，久勞聖聽！」叱之退者再焉。上驚而怒，欲抵公於法。中執法常同援公而排子諲，上怒欲併逐同。翌日，禮侍張九成侍講金華，因論其事曰：「臣聞良貴廷叱，向子諲甚懼，因就問之，良貴曰：『時暑甚，子諲久對，朝膳未進，而流汗津津，良貴恐勞聖躬，情迫於中，不覺聲之厲也。』」上曰：「良貴用心，又卻如此。」繼云：「二人莫平日不相能否？」九成曰：「臣舊不聞子諲名，曩任館職時，良貴爲少監，嘗指元帥府日録，問良貴以向子諲何如人，曰：『好士人。』今臣所居，與子諲相近，一日子諲過臣，云：『且得子賤在朝。』子賤，良貴字也。以此知二人初無不相得者。」上意稍解，二人卒俱罷。《宋名臣言行録》別集上卷八。

4 潘子賤待制良貴，以清德直節退居鄉閭，近二十年，所居弊屋數間，略無生事，然自得其樂。平昔無所好，談禪之外，亦喜爲詩。巖肖之先君光禄，靖康間爲京城守禦司屬官，嘗以守禦策獻之朝，而議者沮之。京城失守，督將士與虜戰，遂以身徇國。及歸葬日，公爲挽詩曰：「醜虜登城日，中華將士奔。人皆趨北闕，君獨死南門。秘計無人用，英聲有史存。秋原悲淚落，桂酒與招魂。」巖肖每一讀之，痛貫心膂。時爲挽詩者數十人，唯公詩事核而言簡也。又一日，從容侍公坐，公出所作詩文一帙相示，今唯記其《詠梅》詩一聯云：「九畹蕙蘭爲上客，千山桃李盡庸人。」句意清高多類此，其他不能盡記也。《庚溪詩話》卷下。《宋詩紀事》卷三十九。

向子諲

1 馬友犯長沙，向薌林捍之。不敵而潰，道遇友別將方舟而來。家人輩惶懼，知弗脱矣。賊指求薌林愛妾，妾聞命，無懼色，自語賊曰：「必欲我，當以車馬來。」賊許之，妾即盛飾以待。家人駭之，然猶謂其往可以紓難。頃刻，肩輿至，即奮而登。既過河，望賊舟不甚相遠，妾忽語輿卒，欲少止。群卒乃弛轎，妾一躍入水，急援之，已絶矣。賊相顧不發，薌林亦悠然而去云。《藏一話腴》甲集卷上。

2 見汪藻13。

3 見潘良貴3。

4 〔向伯恭〕立朝忠節，胡安國、張九成輩極嘉與之。晚忤秦檜意，乃致仕，卜築清江楊遵道故第。竹木池館，占一都之勝，又繞屋手植巖桂，顔其堂曰「薌林」。自詠云：「須知道、天教尤物，相伴老江鄉。」《汲古閣書跋》。《詞林紀事》卷八。

綦崇禮

1 駕幸平江，有旨：故鄒浩追復龍圖閣侍制。公當行詞推上所，以褒卹遺直之意。……同省舍人李正民見之曰：「此吏房詞頭，皆常常除目，不足騁辭。今君爲鄒草制，良可喜也。」及録黄具，公告假，李獨直，以己名行下。公戲之曰：「君固欲掛名道鄉公制，但恐潤色非工，反爲名累耳。」李笑曰：「人當知出君手，不知吾併得掠美，幸矣。」《宋名臣言行録》別集上卷七。

2 綦叔厚草《蜀將制》曰：「已失秦川之險，敢云蜀道之難。」辛炳爲中司，遽作彈文曰：「川猶未失也。」綦自辨其語，上曰：「朕知之矣，卿所言者，我能往，寇亦能往。」《苕溪漁隱叢話》後集卷三十六引《四六塵談》。

沈晦

1 沈元用，文通孫也，初名杰，家於秀之崇德縣。坐爲人假手，奏案至祐陵榻前，上閲之云：「名見《梁四公子傳》，此人必不凡，可從闊略。」時方崇道教故也。遂降旨，止令今後不得入科場而已。彷徨無所往。時外祖〔曾空青〕守秀城，舅氏宏父爲湖州司録，來省侍。妓長楊麗者，才色冠一時，舅氏悦之。席間忽云：「有士人沈念六者，其人文藝絶倫，不幸坐累，遂無試所，奈何！」宏父云：「審如若言，吾合牒門客一人，尚未有人。」翌日，訪舅氏，一見契合，易其名曰晦。是歲，漕司首送，明年，爲大魁，才數月即入館爲郎，奉使二浙，經由嘉禾。麗詫其徒曰：「我今日迺往庭參門生耶！」《玉照新志》卷三。

2 〔沈元用〕博覽强記，善綴文。宣和元年第一人及第，時將赴京師，過天長，夢身騎大鵬，摶風而上，因作《大鵬賦》以紀其事。及廷試策問象數，人艱於對，惟晦該通贍洽。天子覽而異之，遂擢居首選焉。《咸淳臨安志》卷六十六。《春渚紀聞》卷二。

3 沈元用未赴殿試時，忽觀賣故物擔上有舊書一小帙，問取視之，乃曆書也。沈以十餘錢買之以歸，且試觀之終篇。未幾，廷對策問曆數，元用素未始經意，殊惘然。因追思小書所記以對，不復遺忘。策成，與大問悉契，自謂神助，喜不自勝。已而唱名，果擢第一。《投轄録》。

4 沈晦元用，宣和間以代筆獲罪，既脱籍，遂中首選。時主司問《易》數，元用素留意，遂中第一人。有啓謝主文孫仲益。……劉方明昉謂予云：「宣和辛丑歲，當廷試，是時已備《易》數爲問。偶方臘爲亂，議者謂當求直言，徽宗因封祕問題，以待後舉。梁師成得之，以授沈，故沈有素備。」《能改齋漫録》卷十四。

5 潤帥沈晦嘗語人曰：「自古及今，天下秀才只有三個。孔大頭一個，王安石、蘇軾合一個，和晦乃三個也。」《可書》。

6 王繪《紹興甲寅通和録》曰：接伴官李少監名聿興云：「沈元用今在耶，不在？」元用謂沈晦字。某等云：「在。」又云：「見在甚處？」某等云：「在浙中，見任待制。」聿興云：「是同年。聿興曾在宋朝沈晦第三甲及第，後來卻再與本朝取應。」《三朝北盟會編》卷一百六十二。

劉一止

1 劉一止嘗爲《曉行》詞，盛傳於京師，號「劉曉行」。《直齋書録解題》卷二十一。《歷代詞話》卷六。《詞林紀事》卷九。

黄龜年

1 〔黄公龜年〕未第時，最貧素，自處澹如。應鄉貢。引保日，有考官某縣尉居簾内，見公丰姿秀發，驚喜曰：「有如此奇男子，安得出我門下。」既而預薦，尉喜甚，約妻以女。及中第日，尉已捐館。其妻挈累扶櫬，相遇於中途，黄哭之慟。命逆旅主人達情，請遂初約。夫人曰：「往事尚忍言之哉！無禄，縣尉清貧，死無餘資。吾攜百指，扶護而歸，衣衾斥賣殆盡。方以不達鄉井爲慮，那可復議孌先輩事？況黄甲少年，當結好鼎族。吾且行矣，善爲我辭。」黄垂涕曰：「嗚呼！吾許人以諾，死而負之，吾行將何歸？夫人不念死者言，乃作世俗夷虜語。苟遂吾志，秋毫自齎，不敢聞命也。」遂定婚於邂逅間，分攜慟哭而别。某氏從公歸，能執婦道，琴瑟在御，没齒無間言。公登從槖，夫人尚無恙。若公者，可謂有德有言者也。《游宦紀聞》卷四。

2 永福邑東有嶽宫，乃吴太博經創。大門内，建三清殿。上梁日，邑中諸寓公咸在。吴以書梁儷語，首逐給事黄公龜年。公即領略，立解手帕，濡墨作字云：「風馬雲車，儷百順鈎陳之衛；金枝玉葉，拱萬齡宸極之尊。」詞語鏗潤，筆法高古。太博初見公略不經思，復疑帛書非法，既而雙美，吴始大喜心服。歸語家人子姪輩曰：「吾邦山川之秀，有如此公者，操行過人數等，不獨詞翰可敬。」《游宦紀聞》卷四。《宋名臣言行録》别集上卷六。

程瑀

1 饒之浮梁縣有讖語云：「青山圓，出狀元。」邑人程瑀尚書在上庠，累爲優等，而尚未登第。嘗寄詩與鄉人云：「試問青山圓也未，不應久負壯圖心。」明年，公試上舍，爲第一人。《能改齋漫録》卷十一。

李彌遜

1 李子約撰生六子，長彌性，次彌倫、彌大，皆預鄉貢未第。子約議更其名，以須申禮部乃得易，先改第四子彌遠曰正路。正路年十六，入太學，夢人告曰：「李秀才，君已及第。」出片紙，闊二寸許，上有「彌遜」二字以示之。李曰：「我舊名彌遠，今爲正路，是非我。」其人曰：「此真郎君也，何疑之有？」辯論久之，方寤，頗喜。憚其父嚴毅，未敢白。以告母柳夫人，夫人爲言之，遂令名彌遜，而以似之爲字。後數年，兄似矩尚書主曹州冤句簿，子約罷兖簽就養。似之試上舍畢，亦歸侍旁。報牓者一人先至曰：「已魁多士。」索其牓，無有。但探懷出片紙，上書「李彌遜」三字，方疑未信，似之云：「五年前所夢豈非今日事乎？紙上廣狹，字之大小，無不同，但夢中不著姓耳。必可信。」已而果然。《夷堅甲志》卷六。

2 見胡銓8。

3 侍郎李彌遜，號普現居士。……至二十八歲，爲中書舍人。常入圓悟室。一日早朝回，至天津橋馬躍，忽有省，通身汗流。直造天寧，適悟出門，遥見便喚曰：「居士且喜大事了畢。」公厲聲曰：「和尚眼花作甚麽？」悟便喝，公亦喝。於是機鋒迅捷，凡與悟問答，當機不讓。公後遷吏部，乞祠禄歸閩連江，築庵自娱。忽一日示微恙，遽索湯，沐浴畢，遂趺坐，作偈曰：「謾説從來牧護，今日分明呈露。虚空撲倒須彌，説甚向上一路。」擲筆而逝。《五燈會元》卷十九。

張根

1 張知常在上庠日，家以金十兩，附致于公。同舍生因公之出，發篋而取之。學官集同舍檢索，因得其金。公不認曰：「非吾金也。」同舍生至夜，袖以還公。公知其貧，以半遺之。《能改齋漫録》卷十二。《自警録》卷四。《宋稗類鈔》卷三。

張燾

1 元符中，饒州舉子張生游太學，與東曲妓楊六者好甚密。會張生南宫不利，歸，妓欲與之俱，而張不可，約半歲必再至，若渝盟一日，則任其從人。張偶以親之命，後約幾月，始至京師。首訪舊游，其鄰僦舍者迎謂曰：「君非饒州張君乎？六娘每恨君失約，日託我訪來期於學舍，其母痛折之而念益切。前三日，母以歸洛陽富人張氏，遂偕去矣。臨發涕泣，多與我金錢，令候君來，引觀故居畢，乃僦後人。」生入觀，則小樓奥室，歡館宛然，几榻猶設不動，知其初去，如所言也。生大感愴，不能自持，跡其所向，百計不能知矣。作《雨中花》詞，盛傳於都下云。或云即知常之子子功燾也。其詞云：「事往人離，還似暮峽歸雲，隴上流泉。强分圓鏡，枉斷哀絃。曾記酒闌歌罷，難忘月底花前。舊攜手處，層樓朱户，觸目依然。從來嬾向，繡緯羅帳，鎮交比翼文鴛。誰念我，而今清夜，常是孤眠。入户不如飛絮，傍懷争及爐煙。這回休也，一生心事，爲爾縈牽。」《玉照新志》卷一。

2 公往朝拜陵寢，民夾道歡迎，遂入柏城，披荊履蘗，隨宜葺之而去。及還，奏言：「諸陵下澗水自兵興以來久涸，二使到日，水即大至。父老驚異，以爲中興之祥。」上問諸陵寢如何，公不對，惟言「萬世不可忘此賊」。上黯然。《宋名臣言行録》別集上卷三。

3 監察御史施廷臣擢侍御史，府丞莫將賜出身、超拜起居郎。皆上書，迎合者翻黄下吏部。公執奏曰：「故事，遷除未有如此之驟。」力詆兩人，引疾卧家。秦〔檜〕素厚公，命樓炤問疾，許直翰苑，公曰：「今日進退在我，遷官則在他人，某惟有去耳。」秦語人曰：「張子公守正，官職不能動也。」《宋名臣言行録》別集上卷三。

4 公外和内剛，臨時有仁者之勇。在蜀四年，尤著惠愛，百姓皆繪像以事。後帥李璆贊云：「公昔在蜀，千載一人。公今去蜀，千百其身。願公再來，以慰斯民。」《宋名臣言行録》別集上卷三。

5 見陸游7。

章誼

1 章誼宜叟侍郎有田在明州。紹興二年出租，預買絹三匹，三年增九匹，歎其賦重。從兄彦武在傍曰：「此作法自弊之過也。」初，宜叟爲大理卿，户部侍郎柳庭俊乃其妻兄，寓居章舍。一日會飲，酣醉晝寢，遂至暮不醒。柳弟來白：「明當進對。未有劄子。」柳驚起，即問章有何事可論，章戲曰：「方今財用窘匱，將天下官户賦役，同於編氓，此急務也。」柳大喜爲然。明日陛對，具陳此事，遂即施行。《雞肋編》

卷中。

2　章誼宜叟爲户部尚書，閉門謝客，雖交舊亦莫之接。有輕薄子一日留刺閽者，多與之錢，屬其必達。章視其銜，乃崖州司户參軍薛柳也，遂解門者至臨安府，人益以爲笑。《雞肋編》卷下。

仇　悆

1　仇泰然守四明，與一幕官極相得。一日問及：「公家日用多少？」對以「十口之家，日用一千」。泰然曰：「何用許多錢？」曰：「早具少肉，晚菜羹。」泰然驚曰：「某爲太守，居家不敢食肉，只是喫菜，公爲小官，乃敢食肉，定非廉士。」自爾見疎。《鶴林玉露》乙編卷五。《古事比》卷四十一。

洪　擬　黄叔敖

1　紹興中，在錢唐，八座止兩人，洪擬、黄叔敖也。每傳呼尚書，則市人相戲問：「是何顔色者？」《雞肋編》卷中。

孟　庾　高　衛　黎　確

1　高衛、黎確爲吏部侍郎，孟庾爲户部侍郎，髭髮皆白，而趨朝立班常相隨，時呼爲「三清」。孟年未老而早白，給事中洪擬戲之曰：「公乃借補老君也。」蓋是時文武官多借補者。高大忠在待漏舍，忽語黎、孟曰：「吾三人趨朝，當獨早於他官。」二公問其故，曰：「三老五更，自有故事，尚何疑乎？」《鷄肋編》卷上。

劉岑

1 劉季高侍郎，宣和間嘗飯于相國寺之智海院，因談歌詞，力詆柳氏，旁若無人者。有老宦者聞之，默然而起，徐取紙筆，跪於季高之前，請曰：「子以柳詞爲不佳者，盍自爲一篇示我乎？」劉默然無以應。而後知稠人廣衆中，慎不可有所臧否也。《卻掃編》卷下。《書影》卷三。《詞林紀事》卷四。

2 劉季高岑未達時，詹安世度帥中山，以貧甚，攜王履道書往謁之。既至彼館，勞甚至，酒食游戲，徵逐無虚日，而略無一語及他。時河北盜賊已充斥，留連逾月，季高興懷歸之念，因漫扣之，詹云：「足下之來何幹，度豈不能曉，其敢苦相挽留耶！」少刻，便令差將兵二百，防護行李，以濟大河，迺回。三日之間，餽釀稠疊，所得凡萬緡云。《揮麈三録》卷二。

3 劉岑季高閒居湖州，夢廖用中云：「剛與鄭顧道卻是同年。」時廖爲中丞，鄭望之侍郎領宫祠居上饒。後數月，劉得信州。到未久，廖以宫觀罷歸南劍，道由信上，鄭往謁之。初未相識，問之，乃同榜登第。是日用中赴州會，方坐，即云：「鄭顧道在此，某與之卻是同年。」與夢中所聞，略無少異。《雞肋編》卷下。

4 紹興以來，文散階皆帶左右字，以別有無出身。惟嘗犯贓者則去之。劉岑季高得罪秦氏，坐贓廢。

後復官，去其左字，季高署銜，不以爲愧也。孫覿仲益亦以贓罪去左字，但自稱晉陵孫某而已。至紹興末，復朝奉郎，乃始署銜。《齊東野語》卷二十。《老學庵筆記》卷一。《宋詩紀事》卷四十六。

5　劉岑，字季高，官至侍郎，高宗時爲從臣。未達時貧甚，用《選官圖》爲下飯，饑時以水沃飯，一擲舉一匙。如此苦淡。常云：「不曾爲小人事，下棋時未能不爲小人也。」能知人緩急，在朝凡受人所托事了，無書，但與來介云：「傳語官人，説事已了，不及作書。若得書，則事未了。」諸朋友多以不得書爲喜。帥維揚日，有一舊同官之子，以父未葬爲請。季高戚然興念，扣之買山幾何，甓甃幾何，緇黄不須問。其子歷歷具陳。曰：「此某之責，吾友且留相伴。」密使一親信人，賫數百緡往其家，買山辦具。終事兩月，親信人回，始與之説，喪已舉矣，子無慮。方遣其歸。季高與人説：「觀此子之氣太爽，得錢必不以親爲重，此一事不了，終爲吾輩累，不若留此而畢其事，先友之志酬矣。」吁！季高真急義人也。《貴耳集》卷中。

6　劉侍郎岑，字季高，居建康，中書舍人張孝祥，字安國，時爲帥，還往甚密。一日，安國忽具衣冠造季高，季高驚異未出，先令人問盛服而來何故。安國曰：「欲北面書法。」季高不辭讓，著道服而出。安國則令人扶季高，納拜者再。季高亦不辭讓，安國請曰云云，季高答曰云云，大意令安國學李邕書。《誠齋詩話》。

7　紹興末，謝景思守括蒼，司馬季思佐之，皆名伋。劉季高以書與景思曰：「公作守，司馬九作倅，想郡事皆如律令也。」聞者絶倒。《老學庵筆記》卷八。《五雜組》卷十六。《宋稗類鈔》卷六。

汪應辰

1 汪聖錫幼年與群兒聚學，有謁其師，因問能屬對者，師指聖錫。客因舉對云：「馬蹄踏破青青草。」聖錫應對曰：「龍爪拏開淡淡雲。」客大驚曰：「此子有魁天下之志。」聖錫年未冠，果廷試第一。《獨醒雜志》卷一。

2 汪聖錫應辰端明，本玉山縣弓手子。喻樗子材爲尉，嘗授諸子學。有兵在側，言某兒頗知讀書，可使侍筆硯。呼視之，狀貌偉然，不類常兒。問能屬對否？曰：「能。」曰：「馬蹄踏破青青草。」應聲曰：「龍爪拏開白白雲。」喻大驚異曰：「他日必爲偉器。」留授之學，且許妻以子。後從張橫浦游，學益進。年十八，魁天下。《齊東野語》卷一。《堯山堂外紀》卷六十。《堅瓠戊集》卷四。《南宋雜事詩》卷三。

3 汪聖錫本名洋，集英臚唱賜第，御筆更名應辰。或謂取王拱辰十八歲作大魁之義。《獨醒雜志》卷十。《堯山堂外紀》卷六十。

4 汪洋未唱第十日前，余於廣坐中見中貴石企及甫云：「外間皆傳汪洋作狀元，何也？」至考卷進御，洋在第二，魁乃黄中，以有官人，奏取旨，聖語云，科第本以待布衣之士。即以洋爲魁。《春渚紀聞》卷二。

5 明州趙敦臨爲太學生，政和戊戌年，詣二相公廟乞夢。夢云：「狀元今歲方生。」紹興乙卯，敦臨始登第。狀元乃汪聖錫，生於戊戌，時年十八矣。《夷堅甲志》卷十一。

6 汪聖錫爲祕書少監，每食罷會茶，一同舍輒就枕不至。及起，亦戲之曰：「宰予晝寢，於予與何誅。」衆未有言，汪曰：「有一對，雖於今事不切，然卻是一箇出處。」云：「子貢方人，夫我則不暇。」同舍皆合辭稱美。《容齋四筆》卷十五。《堯山堂外紀》卷六十。《堅瓠戊集》卷四。

7　見朱倬1。

8　淳熙中，王季海爲相，奏起汪玉山爲大宗伯知貢舉，且以書速其來。玉山將就道，有一布衣之友，平生極相得，屢黜於禮部，心甚念之。乃以書約其胥會于富陽一蕭寺。與之對榻，夜分密語之曰：「某此行，或者典貢舉，當特相牢籠。省試程文《易》義冒子中，可用三古字，以此爲驗。」其人感喜。玉山既知舉，搜《易》卷中，果有冒子内用三古字者，遂竟批上，置之前列。及折號，乃非其友人也，私竊怪之。數日，友人來見，玉山怒責之曰：「此必足下輕名重利，售之他人，何相負乃如此！」友人指天誓日曰：「某以暴疾幾死，不能就試，何敢漏泄於他人？」玉山終不釋然。未幾，以古字得者來謁，玉山因問之曰：「老兄頭場冒子中用三古字，何也？」其人泯默久之，對曰：「兹事甚怪，先生既問，不敢不以實對。某之來就試也，假宿于富陽某寺中，與寺僧閒步廡下，見室中一棺，塵埃漫漶，僧曰：『此一官員女也，殯于此十年矣，杳無骨肉來問，又不敢自葬之。』因相與默然。是夕，夢一女子行廡下，謂某曰：『官人赴省試，妾有一語相告，此去頭場冒子中可用三古字，必登高科，但幸勿相忘，使妾朽骨，早得入土。』既覺，甚怪之。遂用前言，果叨前列，近已往寺中葬其女矣。」玉山驚歎。《鶴林玉露》丙編卷二。《宋稗類鈔》卷二。

9　〔汪端明〕公以忠言直道，受知壽皇。自蜀還，爲天官兼學士，嚮柄用矣。近習多不悦之，朝夕伺間。一日，内宿召對，天顔甚喜，曰：「欲與卿欵語。」方命坐賜茶，汪奏：「臣適有白事。」上欣然問何事？時德壽宫建房廊於市廛，董役者不識事體，凡門闔輒題德壽宫字，下至委巷厠溷皆然。汪以爲非所以示四方，袖出劄子極言之。且謂：「陛下方以天下養，有司無狀，褻慢如此。天下後世，將以陛下爲薄於奉親，而使之規規然營間架之利，爲聖孝之累不小。」上事德壽謹，汪言頗過激。聞之，變色曰：「朕雖不孝，殆未至是。」汪曰：「臣愛陛下切至，不欲使陛下負此名，故及此。」上終不懌。奏畢，請退，上頷之，不復賜坐，自是眷頗衰。會德壽宫市蜀燈籠錦，詔求之，不獲。他日，上詣宫言其故，太上曰：「比已得之。」上問所從來，曰：「汪應辰家物也。」上還，即詔應辰與郡。蓋近習揣上意，因事中之，君臣之際，難哉！《齊東野語》卷一。

沈樞

1 壽皇議遣湯鵬舉使虜，沈詹事樞在同列，間發一語，操吴音曰：「官家好獃。」此語遂達于上，大怒，差四從官審責沈：「曾與不曾有此語？」對云：「臣有此語。」即日謫筠州。湯侍御史使虜，壽皇專差中貴眙眙等人，使回程先取國書，星夜以聞。壽皇得之，啓匣，元封不開，國書復回。湯以專對失職得謫，沈以先言有驗得歸。《貴耳集》卷上。

2 沈詹事持正以坐葉丞相論恢復，貶筠州。沈方售一妾，年十七八，攜與俱行，處筠凡七年。既歸，呼妾父母，以女歸之，猶處子。時人以比張忠定公詠。會稽潘方仲矩爲安吉尉，獻詩云：「昔年單騎向筠州，覓得歌姬共遠游。去日正宜供夜直，歸來渾未識春愁。禪人尚有香囊愧，道士猶懷炭婦羞。鐵石心腸延壽藥，不風流處也風流。」《談藪》。《梅磵詩話》卷中。《堯山堂外紀》卷五十九。《宋詩紀事》卷五十二。

3 沈持正名樞，紹興中參政。和議成，語同列云：「官家好呆。」上聞之，謫筠州。攜二鬟去，數年歸嫁，皆處子。《南宋雜事詩》卷三引《哼囈集》。

杜莘老

1 杜起莘自蜀入朝，不以家行。高廟聞其清脩獨處，甚愛之。一日因得對，褒諭曰：「聞卿出局，即蒲團、紙帳，如一行脚僧，真難及也。」起莘頓首謝。未幾，遂擢爲諫官。張真父戲之曰：「吾蜀人如劉韶美、馮圜仲及僕，蓋皆無妻妾，塊然獨處，與君等耳。君乃獨以此見知得拔擢，何也？當撾登聞鼓訴之。」因相與大笑而罷。《老學庵筆記》卷三。

宋煇

1 宋煇字元實，春明坊宣獻公之族子也，腯偉而黑色，無他才能。在揚州嘗掖高宗登舟渡江，故被記録，歷登運使，以殿撰知臨安府。士民皆詆惡之，目爲「油澆石佛」，甚者呼爲「烏賊魚」，謂其色黑，其政殘，其性愚也。又作賦云：「身衣紫袍，則容服之相稱；坐乘烏馬，因人畜以無殊。」仍謎以詈之曰：「臨安府城裏，兩個活畜生。一個上面坐，一個下面行。」以其常乘烏馬故也。……其在臨安，凡兩經遺火，焚一城幾盡。人謂府中有「送火軍」，故致回禄。《鷄肋編》卷中。

胡世將

1 蜀老言：紹興初，漕粟嘉陵，以餉邊。每一斛至軍中，計其費爲七十五斛。席大光、胡承公爲帥，始議轉船摺運，於是費十減六七。向非二公，蜀已大困矣。故至今蜀人謂承公爲「湖州鏡」。《老學庵筆記》卷六。

鄭剛中

1 紹興中，鄭亨仲爲川、陜宣撫副使，大會諸將於閬州。時吴武順璘、楊襄毅政、郭恭毅浩皆以節度使來會。亨仲坐堂上，吏贊客，亨仲遽興，日高猶不出。既而，政先執梃謁，亨仲乃受之。尋與璘、浩循階以客禮見。蓋璘時以右護軍都統制駐武興，浩以樞密院都統制駐漢陰，而政在漢中，實宣撫司都統制故也。十八年，始有旨並稱某州駐劄御前諸軍都統制，然詣宣威府悉趨庭焉。論者以鄭爲得體。《建炎以來朝野雜記》甲集卷八。

2 鄭亨仲剛中爲川陜宣撫，節制諸將，極爲尊嚴。吴璘而下，每入謁，必先堦墀，然後升廳就坐。忽璘除少保，來謝，語主閽吏，乞講鈞敵之禮。吏以爲白亨仲，亨仲云：「少保官雖高，猶都統制耳，倘變常禮，是廢軍容。少保若欲反，則取吾頭可矣，堦墀之儀不可易也。」璘皇恐聽命，人皆韙之。《揮麈三録》卷三。

3 鄭剛中之鎮蜀地，眷妓閻玉。忽民間遺火，延燒所居富春坊。鄭於火中獲一旗，上有改東坡《海棠》詩云：「火星飛上富春坊，天恣風流此夜狂。只恐夜深花睡去，高燒銀燭照紅妝。」鄭一見曰：「必道山公子也。」《堅瓠戊集》卷四。《清波雜志》卷八。

4 見秦檜63。

5 蜀人任子淵好謔。鄭宣撫剛中自蜀召歸，其實秦會之欲害之也。鄭公治蜀有惠政，人猶覬其復來，數日，乃聞秦氏之指，人人太息。衆中或曰：「鄭不來矣」子淵對曰：「秦少恩哉！」人稱其敢言。《老學庵筆記》卷二。《東南紀聞》卷一。《宋稗類鈔》卷六。《宋詩紀事》卷四十四。

6 有客自耒陽來，言鄭亨仲日以數十錢懸壁間，椒桂葱薑皆約以一二錢。曰：「吾平生貧苦，晚年登第，稍覺快意，便成奇禍。今學張子韶法，要見舊時虀鹽風味甚長久也。」《鶴林玉露》乙編卷五。

胡舜陟

1 秦相當國，桂帥胡舜陟謂古縣乃秦父舊治，諷縣立祠。令高登彦先也，爲太學生時屢上書，與陳東齊名。既登第，考試潮州，以論題策問忤秦相者，至是以爲不可祠。舜陟怒，借他事劾上，興獄逮捕。彦先母死舟中，而彦先航海投匭上書，乞納官葬母。秦素蓄憾，下彦先静江獄。比至，舜陟爲漕吕源發買馬事先下吏死。時人皆哀舜陟之非辜，而不知有天道焉。舜陟諂秦而死，彦先忤秦而生，亦可爲士大夫謬用其心者之戒。《後村詩話》後集卷一。《鶴林玉露》乙編卷二。《東山談苑》卷三。《宋稗類鈔》卷七。

胡仔

1 見賈收3。

葉宗諤

1 建炎初，高宗駐蹕維揚，虜騎忽至，六飛即日南渡，百僚竄身揚子江津。舟人乘時射利，停橈水中，每渡一人，必須金一兩，然後登船。是時葉宗諤爲將作監，逃難至江滸，而實不攜一錢，彷徨無措，忽覩婦人於其側，美而艷，語葉云：「事有適可者，妾亦欲淩江。有金釵二隻，各重一兩，宜濟二人。而涉水非女子所習，公幸負我以趍。」葉從之。且舉一釵以示篙師，肯首令前，婦人伏于葉之背而行。甫扣船舷，失手，婦人墜水而没。葉獨得逃生，悵然以登南岸。葉後以直龍圖閣帥建康。其家影堂中設位云：「揚子江頭無姓名婦人。」《揮麈後録》卷八。

王佐

1 見王公袞3。

2 吉之老宿嘗言：太守王佐任内，一夕譙樓第五更鼓聲不鳴，喚到鼓角子，供云：「是夜五更，見大蜈蚣蟲於鼓上，委不敢近前。」此時，王守正夢睡於此鼓。《湖海新聞夷堅續志》前集卷一。

3 王佐宣子雖以文魁天下，而吏才極高，壽皇深喜之。尹臨安日，禁戢群盜甚嚴，都城肅然。既而以治辦受賞增秩，告命甫下，置卧内，旦起忽失之。宣子知爲所侮，略不見之辭色。他日奏事畢，從容以白上曰：「鼠輩惡臣窮其姦，故爲是以沮臣爾。」上曰：「何以處之？」對曰：「臣若張皇物色，正墮其計中，惟有置之不問。異時從吏部求一公據足矣，今未敢請也。」上稱善。《齊東野語》卷九。

4 豐有俊，字宅之，四明人。登青樓，偶見小娼，疑故人女，累目之，女亦悟。酒罷，留宿，女羞澀，良久乃入曰：「豐官人識妾否？」詰之，果故人女。豐曰：「某所以留者，以坐間不敢問也。且各寢，必有以處汝。」娼遂退。豐與京尹有契，明日以白尹，且云：「某僅有錢百千，從公更貸二百千嫁之。」尹嘉其誼，即取入府，厚奩，具擇良士嫁焉。尹即王宣子佐也。《行營雜録》。

5 王佐宣子帥長沙日，茶賊陳豐嘯聚數千人，出没旁郡，朝廷命宣子討之。時馮太尉湛謫居在焉，宣子乃權宜用之。諜知賊巢所在，乘日晡放飯少休時，遣亡命卒三十人，持短兵以前，湛自率百人繼其後，徑入山寨。豐方抱孫獨坐，其徒皆無在者。卒覩官軍，錯愕不知所爲，亟鳴金嘯集，已無及矣，於是成擒，餘黨亦多就捕。宣子乃以湛功聞於朝，於是湛以勞復元官，宣子增秩。辛幼安以詞賀之，有云：「三萬卷，龍頭客，渾未得，文章力。把詩書馬上，笑驅鋒鏑。金印明年如斗大，貂蟬元自兜鍪出。」宣子得之，疑爲諷己，意頗銜之。殊不知陳後山亦嘗用此語送蘇尚書知定州云：「枉讀平生三萬卷，貂蟬當復坐兜鍪。」幼安正用此。《齊東野語》卷七。

6 見韓侂胄1。

王公袞

1 王公袞，字吉老，宣子尚書之弟。先墓在會稽西山，爲掌墓人奚泗所發。公袞訴之郡，杖之而已，公袞憤甚。奚泗受杖，詣公袞謝罪，公袞呼前，勞以酒，拔劍斬之，持其首詣郡。宣子時爲部郎，奏乞以己官贖罪。詔給舍集議。中書舍人張孝祥等議上，詔赦之，猶鐫一秩。當時公袞孝名聞天下，永嘉王十朋以詩美之。公袞性甚和，平居常若嬉笑，人謂之「笑面虎」。《談藪》。

2 王宣子尚書母，葬山陰獅子塢，爲盜所發。時宣子爲吏部員外郎，其弟公袞待次烏江尉，居鄉物色得之，乃本村無賴嵇泗德者所爲。遂聞於官，具服其罪，止從徒斷，黥隸他州，公袞不勝悲憤。時猶拘留鈐轄司，公袞遂誘守卒飲之以酒，皆大醉，因手斷賊首，朝復提之自歸有司。宣子亟以狀白堂，納官以贖弟罪。事下給舍議，時楊椿元老爲給事，張孝祥安國兼舍人，書議狀曰：……詔：「給舍議是。」其後，公袞於乾道間爲勑令所删定官。一日，登對。孝宗顧問左右曰：「是非手斬發冢盜者乎？」意頗喜之。未幾，除左司。公袞爲人癯甚。王龜齡嘗贈詩有云「貌若尫羸中甚武」者，蓋紀實也。《齊東野語》卷九。

3 王公袞吉老，會稽山陰人。紹興甲戌登進士第。仕至左司郎中。盜劫其母墓，獄成，盜不死，吉老手殺之，詣州自言。兄宣子請納所居官，以贖其罪。時梅溪王公十朋爲簽幕，賦詩以美之云：「臣子大節孝與忠，父母仇讎天下同。賢哉會稽王孝子，感慨有古烈士風。松楸一夕盜破冢，親獲鼠輩聞之公。

有司守法貸其命，孝子銜恨無終窮。誰謂書生膽如許，貌若尫羸中甚武。手斬凶人提髑髏，請死伸冤詣公府。君不見齊襄內行世所羞，《春秋》賢之緣復讎。又不見子胥鞭屍報父怨，太史爲之作佳傳。君今枕戈志已伸，更須移孝爲忠臣。他年當作傅介子，誓斬樓蘭雪國恥。」詩紀其實也。宣子名佐，以南省高選奉廷對魁天下。紹興間，因不附秦檜而斥。淳熙中，平潭寇有功，天子嘉之，官至八座。吉老風節亦如是。其王氏之二難歟！《梅礀詩話》卷上。

康執權

1　康待制執權，奉祠寓居永嘉。籍妓中有姓山者，頗慧麗，康時命之侑樽俎。一日，妓之父以事繫縣中，當坐罪，倡泣涕，歷求救於士大夫。康憫之，戲爲一絕云：「昔日緹縈亦如許，盡道生男不如女。河陽滿縣皆春風，忍使梨花偏帶雨。」明日，倡詣縣投狀，乞代父罪，且連此詩於狀前，邑宰一見，遂笑而釋之。《庚溪詩話》卷下。《堯山堂外紀》卷五十六。《宋詩紀事》卷四十八。

傅崧卿

1　見李綱3。

2　傅崧卿子駿，以都司奉使二浙，回行在所，時王唐翁、張全真爲參政。子駿既至堂中，諸公問以部使者郡太守治狀。子駿曰：「浙東提點刑獄王詡殊不職。」次欲啓知明州張汝舟，始悟適犯唐公諱矣，思所以避之。卒然曰：「明州張守尤無狀！」頃刻之間，二執政姓名俱及之。《揮麈後録》卷十一。

3 傳丈子駿奏事，誤稱名，退而移文閤門，請彈奏。閤門以殿上語非有司所得聞，不受，子駿乃自劾。詔放罪。《老學庵筆記》卷四。

4 歐陽文忠公雖作一二十字小柬，亦必屬藁，其不輕如此。今集中所見乃明白平易，若未嘗經意者，而自然爾雅，非常所及。東坡大抵相類，初不過爲文采爾。至黄魯直始專集取古人才語以叙事，雖造次間必期於工，遂以名家。士大夫翕然效之。《宋景文公刀筆集》，雖平文亦務奇險，至或作三字韻語。近傳崧卿給事以冰魄同舍，其柬辭云：「蓬萊道山，群仙所游。清異人境，不風自涼。火雲騰空，莫之能炎。餉以冰雪，是謂附益。」讀者莫解，或曰：「此靈棋也。」一坐大笑，而知其淵源亦自有自矣。《南窗紀談》。

何掄

1 何掄除祕書少監，未幾，以口語出守邛，謝啓曰：「雲外三山，風引舟而莫近；海濱八月，槎犯斗以空還。」《容齋三筆》卷八。

朱翌

1 待制公十八歲時，嘗作樂府云：「流水泠泠，斷橋斜路横枝亞。雪花飛下，全勝江南畫。白璧青錢，欲買應無價。歸來也，風吹平野，一點香隨馬。」朱希真訪司農公不值，於几案間見此詞，驚賞不已，遂書於扇而去，初不知何人作也。一日，洪覺範見之，扣其所從得，朱具以告。二人因同往謁司農公問之，公亦愕然。客退，從容詢及待制公，公始不敢對，既而以實告。《西塘集耆舊續聞》卷一。

2 朱新仲少仕江寧，在王彦昭幕中，有《代作春日留客》致語云：「寒食止數日閒，才晴又雨；牡丹蓋數十種，欲拆又芳。」皆《魯公帖》與《牡丹譜》中全語也。彦昭好令人歌柳三變樂府新聲，又嘗作樂語云：「正好歡娱，歌葉樹數聲啼鳥；不妨沈醉，拚畫堂一枕春酲。」又皆柳詞中語。《揮麈後録》卷八。《雲莊四六餘話》。《詞林紀事》卷九。

3 朱新仲待制翌，紹興二十八年守嚴州，夢至大山下，左右指云：「崑山也。」未幾，徙宣州。宣城獻地圖，有鄉名「崑山」者，謂前夢已應。又一歲，徙平江，崑山正其屬縣。在平江日，夢典謁報洪内翰來，亟出迎，則予仲兄也，時自翰林學士奉祠居鄉里。既坐，乃居東道，覺而異之。不兩月，新仲罷去，仲兄實踵其後。《夷堅丙志》卷十。

張擴

1 張彦實擴，番易人，子公參政大父行。有《東窗集》行於世。自知廣德軍秩滿造朝，除著作郎。秦會之當軸，其兄楚材爲祕書少監，約彦實觀梅於西湖。楚材有詩，彦實次其韻云：「天上新驂寶輅回，看花仍趁雪英開。折歸忍負金蕉葉，笑插新臨玉鏡臺。女堞未須飄角調，錦囊先喜助詩材。少蓬自是調羹手，葉底應尋好句來。」時楚材再婚，故及玉鏡臺事。會之見之，大稱賞，曰：「旦夕當以文字官相處。」遷擢左史，再遷而掌外制。楊原仲並居西掖，代言多彥實與之潤色。初亦無他，彥實偶戲成《二毫筆》絶句云：「包羞曾借虎皮蒙，筆陣仍推兔作鋒。未用吹毛强分別，即今同受管城封。」原仲以爲誚己，大怒，愬於會之，諷言路彈之。彥實以本官罷爲宫祠，謝表云：「雖造化之有生有殺，本亦何心；然臣下之或賞或刑，咸其自取。」屏居數年，求休致。《揮麈餘話》卷二。《咸淳臨安志》卷九十一。《西湖游覽志余》卷十。《堯山堂外紀》卷五十八。《宋詩紀事》卷三十七。

方滋

1 方務德侍郎，受知於張全真參政。後每經毗陵，必至報恩院張之祠堂祭奠，修門生之敬，祝文具在。《清波雜志》卷五。

2 秦會之當國，四方餽遺日至。方德帥廣東，爲蠟炬以衆香實其中，遣駛卒持詣相府，厚遺主藏吏，期必達，吏使俟命。一日，宴客，吏曰：「燭盡。適廣東方經略送燭一掩，未敢啟。」乃取而用之。俄而異香滿坐，察之，則自燭中出也。亟命藏其餘枚，數之，適得四十九。呼駛問故，則曰：「經略專造此燭供獻，僅五十條，既成，恐不嘉，試爇其一，不敢以他燭充數。」秦大喜，以爲奉己之專也，待方益厚。《齊東野語》卷八。《西湖游覽志餘》卷四。《何氏語林》卷二十九。《宋稗類鈔》卷四。

3 秦氏當國時，先忠宣公、鄭亨仲資政、胡明仲侍郎、朱新仲舍人，皆在謫籍，分置廣東。方務德爲經略帥，待之盡禮。秦對一客言曰：「方滋在廣部，凡得罪於朝廷者，必加意護結，得非欲爲異日地乎？」客曰：「非公相有云，不敢輒言。方滋之爲人，天性長者，凡於人唯以周旋爲志，非獨於遷客然也。」秦悟曰：「方務德卻是個周旋底人。」其疑遂釋。《容齋四筆》卷八。

4　〔方少師〕所交皆當世名士，在二廣八年，自趙忠簡公鼎、張忠獻公浚、洪忠宣公皓、李莊簡公光諸巨公，皆爲秦氏所擯斥，流散湖、廣，或在海外。秦方興羅織之獄，急進者睥睨遷客以爲奇貨。少師獨一一以時存省，饋遺濟其乏絕。不幸殁于煙瘴者，又爲津致北歸，旁觀者危之，曾弗之卹，竟亦不能害，此其最爲世所稱。《攻媿集》卷一百六。

5　胡澹庵謫嶺南，士大夫多淩蔑之，否則畏避之。方滋，字務德，本亦〔秦〕檜黨，待之獨有加禮，澹庵深德之。檜死，其黨皆逐。務德入京謀一差遣不可得，棲棲旅館。澹庵偶與王梅溪語及其事，梅溪曰：「此君子也。」率館中諸公訪之，且揄揚其美。務德由此遂晉用。《鶴林玉露》乙編卷二。《賢弈編》卷二。《堅瓠辛集》卷四。

6　方務德侍郎帥紹興，赴召，士人姚某以書投誠，其略曰：「某流落江湖二十年，兄弟異立，未能成家。重以場屋蹉跌，遂失身於倡館馬慧。歲月滋久，根深蒂結，生育男女，於義有不可負者。兼孑然一身，無所依倚，處性不能自立。萬一有叛此盟，終身廢棄，存亡或未可保。不於侍郎還朝之日得遂脱身從良，他日必困此門户中，不唯無以釋兒女之恨，而某亦從此銷縮。區區欲望矜憐，使魚鳶之屬，川泳雲飛，侍郎之德大矣。敢不下拜！」方書其後云：「姚某解元，文詞英麗，早以俊稱。杯酒留連，遂致於忘返。

露由衷之懇，不愧多言；遂成家之名，何愛一妓。韓公之於戎昱，既徇所求；奇章之望牧之，更宜自愛。」能從其請，可見寬厚之德，且引事切當。《清波雜志》卷八。《宋稗類鈔》卷四。

王　耀

1 見趙鼎20。

2 見胡銓17、18。

3 見秦檜72。

周三畏

1 大理寺卿周三畏，不肯勘問岳武穆，掛冠而去，不知所之。《南宋雜事詩》卷一引《樵書》。《樵書》二編卷九。

姚　岳

1 姚岳，字崧卿，京兆人。陝西陷没，岳避地入蜀。……紹興初解試，令陝右流寓進士盡作合格，及類省試亦如此，唯雜犯黜落一二人而已。岳爲榜首，由是陝右流寓進士二十餘人皆過省。岳飛爲湖北京西宣撫使，以身姓岳，母姓姚，一見姚岳大喜，遂辟爲屬官。及飛被罪，自謂非飛之客，且乞改岳州州名，士論鄙之。《三朝北盟會編》卷二百三十四。

王　喚

1 見秦熺1。

2 見韋賢妃5。

曹　泳

1 紹興乙亥十月二十二日，秦檜亡。翌日，曹泳勒停，安置新州。先是，二十一日車駕幸檜第視疾，時已不能言，懷中出一劄，乞以熺代輔政，上視之無語。既出，呼幹辦府問何人爲此，則答以曹泳，遂有是命。泳初竄名軍中，並緣功賞列得班行。嘗監黄巖酒税，秩滿到部，注某闕鈔上省。檜押勑，顧見泳姓名，問何處人？省吏對：「此吏部擬注，不知也。」命於侍右書鋪物色召見之，熟視曰：「公，檜恩家也。」泳恍然不知所答。則又曰：「忘之邪？」泳曰：「昏忘，實不省於何處遭遇太師？」檜入室，有頃，取小册示泳使觀之。首尾不記他事，但有字一行曰：「某年月日，某人錢五千，曹泳秀才絹二疋。」蓋微時，索游富人家得五千，求益不可。泳時爲館客，探囊中得二縑曰：「此吾束脩之餘也，今舉以遺子。」既別，不相聞。雖知檜貴震天下，不謂其即秦秀才也。泳曰：「不意太師乃能記憶微賤如此。」檜曰：「公真長者。」命其子孫出拜之。俾以上書易文資，驟用之至户部侍郎，知臨安府。與謝伋嘗有隙，台州之獄，泳有力焉。檜暮年頗有異志，泳實預其密謀。熺本檜妻黨王氏子，蠢騃。嘗燕親賓，優者進妓，熺於座中大笑絶倒，檜殊不懌。檜素畏内，妾嘗孕，逐之，生子爲仙游林氏子，曰一飛，以檜故，仕至侍郎兼給事中。其兄一鳴，弟一鶚，皆位朝列。泳嘗勸檜還一飛以補熺處，未果而檜死云。此事聞之謝伋之孫直。《中興遺史》所載則曹筠也，與此頗有異同，故詳載之。《齊東野語》卷十一。《西湖游覽志餘》卷四。

2 曹詠爲浙漕，一日坐客言徽州汪王靈異者。詠問「汪王」若爲對。有唐永夫者在坐，遽曰：「可對曹漕。」詠以爲工，遂愛之。《老學庵筆記》卷五。《宋稗類鈔》卷六。

3 曹武惠彬下江南，副帥欲屠城，曹力止之，曰：「此已降，不可殺。」曹後夢一神人告之曰：「汝能全江南一城人，帝命賜汝城中人爲汝子孫。」故其後繁盛，今雖湮微，猶應出兩府。曹泳景游嘗語此，兩府其自期耶？《清波雜志》卷七。

4 曹泳、湯思退輩，皆〔秦檜〕其晚年所信用者。曹凶狡之甚，秦之妻兒親黨，皆爲其所離間。秦信愛之如子，然皆在其籠絡中矣。……秦死，其妻兒銜之，泣訴於太上，謂秦時多事皆曹爲之，遂編直海外而死。曹妻亦自狡，要令一人軍將等去取曹喪，恐其不從，先教一婢子云：「你待我使其人不從，你便倒地作侍郎語云：『平日受我多少恩，你若不從，我即有禍及汝。』」及使其人，果有不肯從意。婢遂倒地如其言，其人拜告即請行。蓋曹平日詭怪，家習之也。《朱子語類》卷一百三十。《宋稗類鈔》卷二。

5 曹泳侍郎妻碩人厲氏，餘姚大族女，始嫁四明曹秀才，與夫不相得，仳離而歸，乃適泳。時尚武弁。不數年，以秦檜之姻黨易文階，驟擢至徽猷閣，守鄞。元夕張燈，州治大合樂宴飲，曹秀才攜衆來觀，見碩人服用精麗，左右供侍備極尊嚴，謂其母曰：「渠乃合在此中居，享如此富貴，吾家豈能留？」歎息久之。

泳日益顯，爲户部侍郎，尹京。檜之殂，泳貶新州而亡。碩人領二子取喪歸葬，二子復不肖，家貧蕩析，至不能給朝餔。趙德老觀文，亦厲氏婿，碩人從父妹也，憐其老且無聊，招置四明里第養之終身。碩人間出訪親舊，過故夫曹秀才家，門庭整潔，花竹蓊茂，顧侍婢曰：「我當時能自安于此，豈有今日？」因泣下數行。二十年間，夫妻更相悔羡，世態翻覆不可料如此。方泳盛時，鄉里奔走承迎惟恐後，獨碩人之兄厲德斯不然。泳帥越時，德斯爲里正，泳風邑官脅治百端，冀其祈己，竟不屈。檜之甫殂，乃遣介致書于泳，啓封乃《樹倒猢猻散賦》一篇。洎新州之行，又以十詩贈行，其一云：「斷尾雄鷄不畏犧，憑依掇禍復何疑。八千里路新州瘴，歸骨中原是幾時？」泳得詩憤極，然無如之何。《談藪》。《宋稗類鈔》卷六。《南宋雜事詩》卷四。《宋詩紀事》卷五十二。

曹筠

1 見秦檜10。

鄭億年

1 鄭相居中，京師人，族叔紳者，開酒肆，負官錢，禁錮開封府，其家窘甚，妻離去，改適張藴，女入端王府。元符末，徽宗即祚，鄭氏立爲妃，紳驟貴，居中亦進焉。……自崇寧、大觀以來，宰執子弟例作從官。居中長子曰修年，次子曰億年。億年思所以自别，假手於門館孫謙亨，獲與薦名。既赴大比試，居中在相位，差試官多其所親知。……引試日，億年、謙亨並案而坐，以便傳授。……既考校，〔莫〕儔、〔黄〕潁等日詣諸位，搜訪億年程文，既得之，即送知舉三公，拆號，億年名在第九。……建炎四年，虜騎渡江，億年被執北去。逆豫僭立，即臣事之，爲户部、吏部侍郎，户部尚書，遷除執政，尚書右丞、資政殿學士。紹興七年，虜既廢豫，以河南地來歸，億年召還。時宰秦檜者，王仲山之婿也，億年母即仲山親姊，檜子熺復聚修年之女，至是頗佑之。初至，除雜學士，繼欲復僞齊所授職名，參政李光榻前面折之，以爲不可，乃止。後數月，光罷政，億年竟復資政殿學士。《三朝北盟會編》卷二百二十引《秀水閒居録》。

程敦厚

1 程子山，紹興初爲史官，以狂躁得罪歸蜀。遷靖州，表謝曰：「爲其自作弗靖，故使謫居此邦。」人以能自狀也。《寓簡》卷八。

2 循王張俊妾封夫人，中書舍人程子山行詞，以「異姓王」對「如夫人」，朝士稱之。《誠齋詩話》。

3 見秦檜74。

4 〔程〕子山之居極壯麗，一夕大火，不遺寸椽。《齊東野語》卷十三。

毛　文

1 毛德昭名文，江山人。苦學，至忘寢食，經史多成誦。喜大駡劇談。紹興初，招徠直諫無所忌諱，德昭對客議時事，率不遜語，人莫敢與酬對，而德昭愈自若。晚來臨安赴省試，時秦會之當國，數以言罪人，勢焰可畏。有唐錫永夫者，遇德昭于朝天門茶肆中，素惡其狂，乃與坐，附耳語曰：「君素號敢言，不知秦太師如何？」德昭大駭，亟起掩耳，曰：「放氣！放氣！」遂疾走而去，追之不及。《老學庵筆記》卷一。

陸士規

1 陸士規，布衣工詩，秦檜喜之。嘗挾秦書干臨川守，餽遺不滿意，升堂嫚罵。守懼，以書白秦自解。秦怒陸甚，陸請見，不出。然猶令其子小相者見之，問其近作，陸誦其《黄陵廟》一絶云：「東風吹草緑離離，路入黄陵古廟西，帝子不知春又去，亂山無主鷓鴣啼。」小相入誦之。秦吟賞再四，即命請見，待之如初。《鶴林玉露》乙編卷一。《堯山堂外紀》卷五十八。《宋稗類鈔》卷五。《宋詩紀事》卷五十。

郭知運

1 見秦檜68。

2 見秦檜69。

施全

1 見秦檜65。

2 施全刺秦檜，或謂岳侯舊卒，非是。蓋舉世無忠義，這些正義忽然自他身上發出來。秦檜引問之曰：「你莫是心風否？」曰：「我不是心風。舉天下都要去殺番人，你獨不肯殺番人，我便要殺你！」《朱子語類》卷一百三十一。

張 聿

1 張津，字子問，紹興戊辰，自常州録事參軍歲滿赴吏部磨勘。同鋪有張聿從政者，建康人，罷夔路屬官來，亦有舉將五員，當改秩，而其一人嘗坐累，銓曹以薦章爲疑，方上省待報，未決可否也。聿憂之，幾廢寢食。忽見津至，審其姓名，大喜。鋪吏問所以然，曰：「昔年至蔣山謁寶公丐夢，夢神告曰：『汝身畔有水則改官。』寤而訊諸占夢，皆莫能測。今與宗人遇，而其名曰津，聿字加水，津字也。神告之矣，此吾所以喜也。」時秦丞相當國，以聿鄉里之故，爲下其事，適以是日得報，二人遂同班引見。津次當第三，聿班在四，而軍頭司誤易之。乃詣殿下，聿立於津上，正符身畔水之兆云。《夷堅乙志》卷四。

黄公度

1 黄公度，興化人。既爲大魁，郡人同登第者幾三十人。余一日於江路茶肆小憇，繼一士人坐側，因揖之，且詢其鄉里，云「興化落第人也」。余因謂之曰：「仙里既今歲出大魁，且登科之數，復甲天下，是可慶也。」其人歎息曰：「昔黄涅槃有讖語云：『拆了屋，换了椽，朝京門外出狀元。』初徐鐸振文作魁時，改建此門。近軍爲變，城門焚毁，太守復新四門，而此門尤增崇麗。黄居門外區市中，而左右六人同遇，雖一時盛事，亦皆前定，非人力所能較也。」《春渚紀聞》卷二。

2 知稼翁世居莆田，代多文人。先是，莆中有讖云：「拆卻屋，换卻椽，望京門外出狀元。」紹興八年，孫守益改創譙門，規橅雄偉，甫成，公果以文章魁天下。年四十有八，宅邊有大木，可蔽畝，忽仆。又自夢雷電震閃，旗幟殷赫，擁櫬而去。金書化字以示。迨屬纊之夕，果雷雨大作，人甚異之。《汲古閣書跋》。《詞林紀事》卷九。

3 紹興丁巳秋試揭榜，譙樓有紫氣光焰亘天，人異之。明年擢第十有六人，狀元黄公度，亞魁陳俊卿，參政龔茂良，果符前兆。《莆陽比事》卷二。

4 紹興戊午，黄師憲自莆田赴省試。初與里中陳應求約同行，以事未辦集，後數日乃登途，過建安，詣梨山李侯廟求夢。夢神告曰：「不必吾有言，只見陳俊卿，他所説者是已。」黄至臨安，方與陳會，即詢其得失。陳蓋未嘗至彼廟也，辭以不能辭。黄逼之不已，陳怒，大聲咄之曰：「師憲做第一人，俊卿居其次，足矣。」黄喜其與夢合，乃以告之。暨揭榜，如其説。《夷堅支志》戊卷六。

5 見陳俊卿1。

6 黄師憲魁省闈時，胡邦衡以樞密院編修官點檢試卷，得其程文，黄袖啓謝之，有「欲治之主不世出，大名之下難久居」之語。胡雖賞其駢儷精切，而訝「難久居」之句爲不祥。後胡獲罪來福州，黄致子魚紅酒爲餉。胡報以詩曰：「盈尺子魚來丙穴，一瓶女酒敵新州。」自言以子對女、丙對新爲工。蓋新興酒絶佳，閩人重之，故形於詩句。未幾，胡再謫新州，黄亦不至達官。《夷堅支志》戊卷九。

7　黄公度爲祕書省正字，貽書臺官，言者謂其譏訕時政，罷爲主管台州崇道觀，過分水嶺，有詩云：「嗚咽流泉萬仞峯，斷腸從此各西東。誰知不作多時別，依舊相逢滄海中。」及公歸莆，趙丞相鼎謫居潮陽，讒者傅會其説，謂公此詩指趙而言，將不久復偕還中都也。秦檜怒，令通判肇慶府。《宋詩紀事》卷四十五引《肇慶府志》。

姚宏

1　姚宏，字令聲，越人也。父舜明廷暉，嘗任户侍。令聲少有才名，吕元直爲相，薦爲删定官，以憂去。秦會之當國，屢求官，不報。張如瑩澄與令聲爲中表，令聲托爲扣之。秦云：「廷暉與某靖康末俱位柏臺，上書粘罕，乞存趙氏。拉其連銜，持牘去，經夕復見歸，竟不僉名。此老純直，非狡獪者，聞皆宏之謀也。」繇是薄其爲人。」如瑩以告令聲，令聲曰：「不然，先人當日固書名矣。今世所傳秦所上書，與當來者大不同，更易其語以掠美名，用此誑人。以僕嘗見之，所以見忌。」已而言達于秦。秦大怒，思有以害之。會令聲更秩，調知衢州江山縣。適當亢旱，有巡檢者自言能以法致雷雨，試之，果然。而邑民訟其以妖術惑衆，追赴大理，竟死獄中。初，令聲宣和中在上庠，有僧妙應者，能知人休咎，語令聲云：「君不得以令終，候端午日，伍子胥廟中見石榴花開，則奇禍至矣。」令聲初任監杭州税，任三載，足迹不敢登吴山。將赴江山，自其諸暨所居，趍越來訪師憲。既歸，出城數里，值大風雨，亟愒路旁一小廟中，見庭下榴花盛開，妍甚可愛，詢祝史，云：「此伍子胥廟。」其日乃五月五日，令聲慘然登車，未幾遂罹其酷。《揮麈後録》卷十一。《西湖游覽志餘》卷十四。

王蘋

1 震澤王蘋，少師事龜山。高宗宿聞其名，又以諸郎官力薦，駕幸吴門，起召賜對，以布衣賜進士出身，正字中祕。……王既入館，猶子誼年方十四歲，於書塾拈紙作御批曰：「可斬秦檜以謝天下。」爲僕所持，索千金。王之父不能從。族子謂之曰：「予金則返批，批返而後別議僕罪，千金可返也。」其父亦不能從，僕遂持以告有司。有司懼檜耳目，不敢隱，驛聞于朝。詔赴廷尉，獄具，伏罪當誅。檜閲其牘，審知年十四，翌日言之上。上赦其幼，編置象臺。能詩文，聚徒貶所。檜死得歸，治生産有緒。蘋本將階大用，以猶子故，旋以他事爲言者所列，坐廢于家云。《四朝聞見録》甲集。

陳鵬飛

1 禮部郎中永嘉陳鵬飛，秦檜子熺嘗從之游。在禮部時，熺爲侍郎，文書不應令，鵬飛輒批還之。熺浸不平。鵬飛説書崇政殿，因論《春秋》母以子貴，言《公羊》説非是。檜怒，謫惠州以殁。《直齋書録解題》卷二。《宋詩紀事》卷四十六。

吕廣問

1 廖剛爲中丞，建議令兩制舉士拔擢超用。時李光自江西帥作參政，有機宜吕廣問，欲加引用，廖與給事中劉一止、中書舍人周葵遂通薦之。李又求於秦相，欲置之文館，雖已許之，久而未上。乃以吕賀其執政啓以示秦，其中有云：「屈己以講和，而和未決；傾國以養兵，而兵愈驕。」丞相固已不樂；至「四方屬意，固異於前後碌碌無聞之人；百辟承風，尤在於朝夕赫赫有爲之際。」秦意愈怒，訖不與之，至争辯於上前。李由是罷，廖與周、劉亦被逐，及其門人，又成一黨。《雞肋編》卷下。

韓紃

1 韓紃，字子禮。……紹興八年任潭州判官，上書論和議之非。知州李昭祖得其副本申朝廷，得上旨：「韓紃小官，動摇國是，降官，編管循州。」告詞云：「守臣坐汝之罪，來上。」及到貶所，又爲將官韓京所招，舉家死。《雲麓漫鈔》卷八。

王縉

1 有故從官歸自金國，蓋嘗任僞庭，據吾京邑而爲之守者。過郡，公惡之，不爲禮。力求見，公面詰，愧之。而宰相秦檜與之親厚，歸而泣訴。檜怒，以公主管崇道觀。《宋名臣言行録》別集上卷六。

高登

1 高登，字彦先，漳浦名儒，志節高亮。少游太學，值靖康之亂，與陳東上書陳六賊之罪，且言金虜不可和狀。紹興間，對策鯁直，有司擬降文學，高宗不可，調静江府古縣令。時秦檜當國，檜父嘗宰是邑，帥胡舜陟欲立祠逢迎，彦先毅然不從。舜陟欲以危法中之，逮繫訊掠，迄無罪狀可指。校文潮陽，出「則將焉用彼相賦」，「直言不聞深可畏論」，策問水災。檜聞之大怒，謂其陰附趙鼎，削籍流容州，死焉。檜没，諸賢遭誣陷者皆昭雪，彦先以遠人下士，無爲言者。乾道間，梁克家始爲之請。傅伯壽、朱文公守漳，又連爲之請，皆格不下。《鶴林玉露》甲編卷六。

2 〔秦〕檜父嘗爲静江府古縣令，守帥胡舜陟欲爲檜父立祠於縣，以爲逢迎計。縣令高登，剛正士也，堅不奉命。舜陟大怒，文致其罪，送獄鍛鍊，備極慘毒，登幾不能堪。未數日，舜陟忽殂，登乃獲免。《鶴林玉露》乙編卷二。

3 見胡舜陟1。

趙逵

1 盤石趙逵，以紹興辛未魁集英之唱。後三年，以故事召歸爲校書郎。時秦檜老矣，怙權殺天下善類以立威，搢紳脅息。趙至，一見光範，檜適喜，欲收拾之。問知其家尚留蜀，曰：「何不俱來？」趙對以貧未能致，檜顧吏囁嚅語，有頃，奉黄金百星以出，曰：「以是助舟楫費。」趙出不意，力辭之。吏從以出。同舍郎或勸以毋怫檜意者，趙正色曰：「士有一介不取，予獨何人哉！君謂冰山足恃乎！」勸者縮頸反走。吏不得已歸，猶不敢以其言白。檜已不樂，居久之，語浸聞，檜大怒曰：「我殺趙逵，如獮狐兔耳，何物小子，乃敢爾耶。」風知臨安府曹泳，羅致其隸輩，而先張本于上曰：「近三館士不檢，頗多與宫邸通，臣將廉之，其醖禍不淺矣。」會得疾，十月而有絳巾之招。高宗更化，微聞其事。十一月，亟詔兼官朱邸，繼復召對，擢著作佐郎，謂之曰：「卿乃朕自擢，秦檜日薦士，曾無一言及卿，以此知卿不附權貴，真天子門生也。」又曰：「兩王方學詩，冀有以切磋之。」上意蓋欲以此破前謗。《桯史》卷三。

葉謙亨

1 秦檜既死，凶黨盡逐。館職葉謙亨因對，論程學一切擯棄非是。上曰：「趙鼎尚程頤，秦檜尚安石，誠爲偏曲，卿所言極當。」於是降旨行下。自檜專國柄，程學爲世大禁者凡十有二年，至是始解。《道命録》卷四。

錢諗

1 見趙子晝1。

任盡言

1 任元受事母盡孝，母老多疾病，未嘗離左右。元受自言：「老母有疾，其得疾之由，或以飲食，或以燥濕，或以語話稍多，或以憂喜稍過。盡言皆朝暮候之，無毫髮不盡，五臟六腑中事皆洞見曲折，不待切脈而後知，故用藥必效，雖名醫不迨也。」張魏公作都督，欲辟之入幕。元受力辭曰：「盡言方養親，使得一神丹可以長年，必持以遺老母，不以獻公。況能捨母而與公軍事耶？」魏公太息而許之。《老學庵筆記》卷三。《宋稗類鈔》卷三。

2 秦檜秉權寖久，植黨締交，牢不可破。高皇淵嘿雷聲，首更大化，懲言路壅蔽之弊，召湯元樞鵬舉於外，執法殿中，繼遷侍御史。時有選人任盡言者，居下僚，好慷慨論事，聞其除，亟以啓賀之，曰：……湯得之喜，袖以白上，天顏爲回，故一時公議大明，姦諛膽落，盡言其助也。任字元受，有集名《小醜》，楊誠齋爲之序，仕亦不大顯。《桯史》卷十三。

翁蒙之

1 見趙鼎23、24。

陳㮣

1 陳㮣待制，紹興中嘗從諸大將爲謀議官，頗好修養之方，且自以爲得道，嘗題其所居曰：「神仙多是大羅客，我比大羅超一格。」有輕薄續其後曰：「行滿三千我四千，功成八百我九百。」《庚溪詩話》卷下。《堯山堂外紀》卷五十八。《宋詩紀事》卷九十六。

余童

1 余童字端蒙，鄱之樂平人，由學省登紹興戊辰第。幼學已能文，同里項氏極愛重之，欲納爲婿，其意未決。余一日來訪，項謂曰：「偶得寫景句法云：『杜宇一聲春晝永，午夢驚殘。』子能對否？」余應聲云：「黄鸝百囀曉風清，宿酲消盡。」項大喜，即以女妻之。《游宦紀聞》卷一。

黄仁榮

1 先人任饒幕，與邵武黄堅叟爲代。一日，郡宴鄱江樓，黄作《木蘭花》詞上别乘，有「監郡風流懽洽」之語，亦貽怒缴申，郡牒問「風流懽洽」實跡，黄歷攷古今風流懽洽出處，辯答甚苦。《清波雜志》卷九。

徐康國

1 韓璜叔夏爲司諫，奉使江外回，赴堂白事。徐康國爲兩浙漕，亦以職事入謁中書。康國自謂踐揚之久，率多傲忽。既詣省，候于廊廡，以待朝退。一緑衣少年已先在焉，天尚未辨明，康國初不知爲叔夏也，貌慢之，偃然坐胡牀，雙展兩足于火踏子之上，目視雲霄，久之始問曰：「足下前任何處？」緑衣曰：「乍脱州縣。」時方事之殷，外方多以獻利害，得審察之命，因以求任使者。康國疑爲此等，易之，曰：「朝廷多事之際，隨材授官，乍脱州縣者，未易遽干要除。」有堂吏過，與之揖，康國且詫于緑衣曰：「此某中奉也，某在此，儻非諸公調護，亦焉能久安耶？」語未終，丞相下馬，遣直省吏致意康國曰：「適以韓司諫奉使回，得旨有所問，未及接見。」吏引緑衣以登，回首揖康國而趍。康國始知爲諫官，驚悵恐怖，脚蹙踏子翻空，灰火滿地，皇灼而退。是時有流言劉剛據金陵叛，剛知之，束身星馳，詣闕自明。適康國翌日再造，有黲袍後生武士復在焉。康國反前日之轍，先揖而問之曰：「適從何來？」武士曰：「來自建康。」康國遽問曰：「聞劉剛已反，公來時如何？」武士作色曰：「吾即劉剛，吾豈反者！想公欲反耳。」康國又慚而去。越數日，竟爲叔夏彈其「交結堂吏，臣所目覩」而罷。《揮麈後録》卷十一。

2 紹興初，韓叔夏璜以監察御史宣諭湖南歸，有旨令詣都堂白宰相。時朝廷草創，官府儀範尚疎略。兩浙副漕徐大夫者，素以簡倨稱，先在客次，視韓緑袍居下坐，殊不顧省，久之，乃問曰：「君從甚處至此？」韓曰：「湖外來。」徐曰：「今日差遣不易得，縱見得廟堂，亦何所濟？」少焉朝退，省吏從廡下過，徐見之，拱而揖曰：「前日指揮某事，已即奉所戒。」吏方愧謝，望見韓，驚而去。徐固不悟，繼復一人至，其語如前，俄亦趨避。而丞相下馬，直省官抗聲言「請察院」，徐大駭，急起欲謝過。燎爐在前，袖拂湯缾仆，衝灰蔽室，而不暇致一語。是日韓除右司諫，即具所見奏劾之，以爲身任使者，媚事胥徒，遂放罷。後數年，起知婺州。時劉立道大中爲禮部尚書，旦夕且秉政，其父不樂在臨安，來攝法曹於婺，因白事遲緩，徐責之曰：「老耄如此，胡不歸？」劉曰：「兒子不見容，所以在此。」徐瞠曰：「賢郎爲誰？」曰：「大中也。」遽易嗔爲笑曰：「君精采逼人，雖老而健，法掾非所處，教官虛席，勉爲諸生一臨之。」即以權州學教授。《夷堅丙志》卷十八。

韓璜

1 見徐康國1。

2 紹興中，王鈇帥番禺，有狼藉聲。朝廷除司諫韓璜爲廣東提刑，令往廉按。憲治在韶陽，韓纔建臺，即行部詣番禺。王憂甚，寢食幾廢。有妾故錢塘娼也，問主公何憂，王告之故。妾曰：「不足憂也，璜即韓九，字叔夏，舊游妾家，最好歡。須其來，强邀之飲，妾當有以敗其守。」已而韓至，王郊迎，不見，入城乃見，岸然不交一談。次日報謁，王宿治具於別館，茶罷，邀游郡圃，不許，固請，乃可。至別館，水陸畢陳，伎樂大作，韓踧踖不安。王麾去伎樂，陰命諸娼淡妝，詐作姬侍，迎入後堂劇飲。酒半，妾於簾內歌韓昔日所贈之詞，韓聞之心動，狂不自制，曰：「汝乃在此耶！」即欲見之，妾隔簾故邀其滿引，至再至三，終不肯出，韓心益急。妾曰：「司諫曩在妾家，最善舞，今日能爲妾舞一曲，即當出也。」韓醉甚，不知所以，即索舞衫，塗抹粉墨，踉蹡而起。忽跌于地，王亟命索轎，諸娼扶掖而登，歸船昏然酣寢。五更酒醒，覺衣衫拘絆，索燭覽鏡，羞愧無以自容。即解舟還臺，不敢復有所問。此聲流播，旋遭彈劾，王迄善罷。《鶴林玉露》乙編卷六。《西湖游覽志餘》卷十六。《識小録》卷四。《青泥蓮花記》卷十三。

王 鈇

1 見韓璜2。

范直方

1 范直方師厚，性極滑稽，嘗赴平江，會太守鄭滋德象問營妓之妍醜於師厚，師厚以王蕙、趙芷對。德象云：「趙芷非不佳，但面上顴骨高耳。」師厚云：「南方婦人，豈有無顴骨者？便是錢大王皇后，也少他那兩塊不得！」《軒渠録》。

林 復

1 林復，字端陽，括蒼人。學問材具，皆有過人者，特險隘忍酷，略不容物。紹熙中，爲臨安推官。有告監文思院常良孫贓墨事，朝廷下之臨安獄，久不得其情。上意謂京尹左右之，尹不自安。復乃挺身白尹，乞任其事。訖就煆煉成罪，當流海外，因寓客舶以往。中途遇盗，無以應其求。盗取常手足釘著兩船舷，船開，分其屍爲二焉。林竟以勞改官，不數年爲郎，出知惠州。時，常有姻家當得郡，憤其冤，欲報之，遂力請繼其後，林弗知也。既知惠，適有訴林在郡日，以酖殺人，具有其實。庾使徐安國亦按其家，有僭擬等物。於是有旨令大理丞陳樸追逮，隨所至致獄鞫問。及至潮陽，遇諸道間。搜其行李，得朱椅、黄帷等物，蓋林好祠醮所用者，乃就鞫於僧寺中。林知必不免，願一見家人訣别。既入室，亟探槖中藥，投酒中飲之。有頃，流血滿地，家人號泣，使者入視，則仰藥死矣，因具以復命。然其所服，乃草烏末及他一草藥耳。至三日，乃甦，即亡命入廣，其家以空柩歸葬。始就逮時，僮僕鳥散，行囊旁午道中。大姓潘氏者，爲收斂歸之，了無所失。其家與之音問相望者累年，至嘉定末始絶，竟佚其罰云。《齊東野語》卷一。

周 曼

1 周曼，衢州開化縣孔家步人，紹興二年以特奏名補右迪功郎，授潭州善化縣尉，待闕。有人以柬與之，往尋周官人家。曼怒曰：「我是宣教，甚唤作官人？看汝主人面，不欲送汝縣中喫棒。」又嘗夜至邑中靈山寺，以知事不出參，呼而捶之，曰：「我是國家命官，怎敢恁地無去就？」欲作狀解官，群僧禱之，且令其僕取賂，而已。曾乾曜有《醜奴兒》詞十三首，皆咏外州風物，其一云：「驀地厮看時。赤帕那、迪功郎兒。氣岸昂昂因權縣，廳子叫道，宣教請後，有無限威儀。　先自不相知。取奉著、剗地胡揮。甚時得歸京裏去，兩省八座，横行正任，卻會嫌卑。」今觀周所爲，則曾詞摹寫已大奈富貴矣。《雞肋編》卷上。

張登

1　紹興間，張登爲尤溪宰。視事之日，請邑之耆老人士相見，首問「天」字以何字對，皆曰「地」。又問「日」字以何字對，皆曰「月」。又問「利」字以何字對，皆曰「害」。張曰：「誤矣，人只知以利對害，便只管要尋利去，人人尋利，其間多少事！『利』字，只當以『義』字對。」因詳言義利之辯，一揖而退。《鶴林玉露》甲編卷三。

趙錫

1　趙君旣爲吉水宰，清澹醇古，有古循吏風，百姓呼爲「趙佛子」。……其母卒于官，貧無以殮，囊中之綿不能具一衣。郡守遺金十兩以爲歸資，君旣謀之婦，婦曰：「君所受金才十兩，他日郡帑之籍數寧止是，君奈何冒其名？」遂却不受。後得舊俸百餘千，乃歸。道茶陵，爲盜所邀，君旣曰：「我無他物，僅有銀數兩以獻，幸容我護喪歸葬。」盜熟視之，驚曰：「乃趙軍使耶！」羅拜謝罪，且曰：「我輩知軍使名，前有他盜，恐終不免。」送之出其境。君旣往嘗宰茶陵，其所至能感人如此。君旣名錫。《獨醒雜志》卷六。

龔明之

1　龔明之，字熙仲，崑山人。幼孤，鞠於祖母李氏。李嘗語之曰：「吾年三十歲時，得寒疾，困卧三日，夢緑袍判官告曰：『與汝七十七。』豈吾壽數至此邪！」崇寧中，李行年適滿所夢之數，遂病。病已革，龔愁窘不聊生，中夕，炷香於頂者七日，泣禱上帝，願減己壽五年以延李命。香未盡，聞腦中有爆烈聲，不爲動，哀懇益切。明日，李病尋愈，壽至八十三而終。龔游舉場蹭蹬，僅領鄉舉，晚以特恩殿試，策名前列。時已八十二歲，法不應任官。吴人在朝者列其行義，合詞薦之，得監南岳廟。淳熙五年，丐致仕，鄉人自趙再思左史以下二十人，又爲請於朝，覬增秩。參知政事錢師魏謂其無例，以爲難，吴仁傑曰：「公試與丞相敷陳，必能動上聽。」錢問其故，仁傑曰：「龔君頃以至行動上帝，是以知今日必能動人主。」因言其故，錢悚然敬聽。果得旨，遷宣教，即賜服緋。又四年乃卒。《夷堅志補》卷一。《宋詩紀事》卷五十。

莊綽

1 莊綽，字裕年，未甚老，而體極癯瘠，江析仲本呼爲「細腰宮院子」。《軒渠録》。《宋詩紀事》卷十四。

鄭昌齡

1 見秦檜56。

吴元美

1 見黄龜年2。

2 見秦檜70、71。

强𠜱　張澄

1　紹興初，予妻之祖强公叔章通守𠜱爲臨安録事參軍，時予祖母之弟陳公宗卿侍郎之淵爲府學教授，適學帑被盗，邏者夜搜溝中，而所盗金在焉。府學生黄其姓者立於傍，遂録送府，繫之獄。生自辨數，然蹤跡頗疑似。强公與府司户毛季中謀曰：「行之則汙辱士類，爲學校羞矣。」因引滕公作賦故事，言與府，乞俾之試。府主張公如瑩尚書澄許之，俾詣都廳試，以「取傷廉」爲題，生倉皇不成文，强公潛代爲之。其一聯云：「門人竊履，何傷孟子之賢；同舍誣金，始見直生之量。」張見之喜，即於賦後判云：「黄某盗金，情狀頗著；曹官試賦，文理稍佳。免送所司，押歸本學，聊從五等，薄示諸生。」遂以付學。陳公亦陰縱之。《梁溪漫志》卷十。

晏安恭

1　晏安恭爲越州教授，張子韶爲僉判。晏美髯，人目之爲晏鬍。一日，同赴郡集，晏最末至，張戲之曰：「來何晏乎？」滿座皆笑。《老學庵筆記》卷三。

王孝嚴　施士衡

1　吴興有王孝嚴行先居城西，俗稱王團練宅，蓋將種也。以鶡冠登壬辰科，沾沾自喜，以帶左字爲榮。時施士衡得求因忤魏道弼，坐贓失官。素負氣，殊以不帶左字爲恥，而有詔盡去之。鄉人嘲之曰：「快殺施得求，愁殺王行先。」《齊東野語》卷二十。

鄭伯熊

1 鄭伯熊爲黄巖尉，人呼爲「石蓮縣尉」，以其年少而堅不可磷也。《宋詩紀事》卷四十七引《赤城志》。

莫濟

1 莫濟宰錢塘，春暮，有一老兵醉入縣，咆哮無禮，不問其從來，杖而去之，即德壽宫幕士也。大璫奏知高廟，大怒，宣諭孝宗，莫濟即日罷。一年後，偶常州闕守，宰執奏：欲得有風力之人，可以整頓凋弊。孝宗云：「朕有一人，向曾打德壽宫幕士者，莫濟也。」即知常州。莫才作邑及年而得郡。孝宗不次用人如此。《貴耳集》卷上。

莫汲

1 吴興莫汲子及，始受世澤爲銓試魁，既而解試、省試、廷對，皆居前列，一時名聲籍甚。後爲學官，以語言獲罪，南遷石龍。地並海，子及素負邁往之氣，暇日，具大舟，招一時賓友之豪，泛海以自快。將至北洋，海之尤大處也，舟人畏不敢進。子及大怒，脅之以劍，不得已從之。及至其處，四顧無際。須臾，風起浪涌，舟掀簸如桔槔。見三魚，皆長十餘丈，浮弄日光。其一若大鮎狀，其二狀類尤異，衆皆戰慄不能出語。子及命大白連酌，賦詩數絶，略無懼意，興盡乃返。其一絶云：「一飆點破碧落界，八面展盡虛無天。柂樓長嘯海波闊，今夕何夕吾其仙。」《齊東野語》卷十八。《宋詩紀事》卷四十七。

劉洵直

1 劉洵直，字子浩，年十二喪父，十六喪母，已知苦學，篝燈几筵之旁，號慟輟即讀書，率至夜分。一夕，族父聞其哭聲甚哀，問之，答曰：「讀《馬周傳》，至其言少失父母，犬馬之養無所施，悲感不能自止。」諸父奇之。後登第，至平江倅。《莆陽比事》卷六。

黄　芻

1 黄芻季野，名士也。既登第，夢婦人素服，扇上題云：「恨君青袖短，誤妾白羅妝。」季野遂不肯婚。余大父著作與之友善，責以嗣續大義。陳魏公素重其人，以聶夫人女弟歸之。既娶，宛然夢中所見者。季野果夭，無子。大父葬之於吾家祖塋。《後村詩話》前集卷二。

陳用中

1 紹興初，有退相寓永嘉，獨陳用中彦才雖鄰不謁。及再相，有薦之者，止就部，注邑連江，戲作小詩云：「命賤安能比鉅公，偶然年月與時同。只因日上争些子，笑向連江作釣翁。」蓋其所生年、月、時適與時宰同，但日差異耳。《竹坡詩話》。《堯山堂外紀》卷五十八。《宋詩紀事》卷四十四。

李南金

1　李南金客於宣州，與一倡善。紹興十八年，秦棣爲郡守，合樂會客。李微服窺之，以手招所善倡與語，秦適望見，大怒，械送于獄，將案致其罪。同獄有重囚四人，坐劫富民財拘繫，吏受民賄，欲納諸大辟，鍛錬彌月，求其所以死而未能得。南金素善訟，爲吏畫策，命取具案及條令，反覆尋索，且代吏作問目，以次推訊，四囚不得有所言。獄具，皆杖死，吏果得厚賂，即爲南金作道地引贖出。《夷堅乙志》卷十五。

2　有良家女流落可嘆者，余同年李南金贈以詞曰：「流落今如許。我亦三生杜牧，爲秋娘著句。先自多愁多感慨，更值江南春暮。君看取、落花飛絮。也有吹來穿繡幌，有因風飄墮隨塵土。人世事，總無據。　佳人命薄君休訴。若説與、英雄心事，一生更苦。且盡尊前今日意，休記緑窗眉嫵。但春到、兒家庭户。幽恨一簾煙月曉，恐明年、雁亦無尋處。渾欲倩，鶯留住。」此詞淒婉頓挫，不減古作者。……南金自號三溪冰雪翁，尤工於詩。《鶴林玉露》丙編卷一。《詞苑叢談》卷三。《詞林紀事》卷十。

3　余同年李南金登第後，畫師以冠裳寫其真。南金題詩云：「落魄江湖十二年，布衫闊袖裹風煙。

如今各樣新裝束，典卻清狂賣卻顛。」雖一時戲語，然知紳裳之束縛，非韋布比，而加意檢束，亦自有味。《鶴林玉露》乙編卷二。《宋稗類鈔》卷五。

4　樂平士人李南金，紹興二十七年登科，纔唱名罷，歸旅舍，夢二女子執版歌詞以侑酒，曰：「君是園中楊柳，能得幾時青。趁金明春光尚好，尊酒賞閒情。它年歸去，强山陰處，一枕曉霞清。」覺而記其語，不曉强山爲何處。既調官，得光化軍教授，未赴，來謁提點坑冶李稙，獻新發鐵山，自督工烹鍊。……數日卒。《夷堅乙志》卷五。

趙九齡

1　紹興甲寅、乙卯間，劉麟導虜南侵，時車駕駐平江。有趙九齡者，策士也，請決淮西水以灌虜營，朝廷不能用。已而韓世忠得虜酋約戰書曰：「聞江南欲決淮西水以浸吾軍。」書到之明日，虜實退師。當時但以爲卻敵之功，殊不知九齡之力爲多。《雲麓漫鈔》卷七。

陸棠

1　一士人見龜山，容貌甚端莊，坐不動，每來必如是，以此喜之。一日，引入書院，久坐。忽報有客，龜山出接，士人獨坐，凝然不動如故。宅眷壁外窺之，大段驚異。士人別去，家人以實告，皆稱其如此好人，愈爲所取。後以女妻之，乃陸棠也。及范汝爲作亂，棠入其黨，見矯情飾貌之難信也。《朱子語類》卷一百三十三。

江暐　俞處俊

1　江彦明，吉之永新人。喜作詩，事母極孝。母嘗有疾，彦明攜筆硯坐牀下，進藥之餘，吟詩自遣，遂以詩名。嘗記其《晚春》詩云：「鬭草事空猶昨日，惜花心在又明年。」詞意婉美如此。新淦人俞師郝與彦明相友善，俱有詩聲，酬倡甚多。師郝有詩云：「叫月子規喉舌冷，宿花蝴蝶夢魂香。」尤爲彦明所稱賞。彦明名暐，崇、觀間，吉守嘗以八行薦于朝，不報。自號「轑陽居士」。師郝名處俊，登建炎龍飛乙科，不及禄而卒，人甚惜之。二人詩今多傳于江西。《獨醒雜志》卷六。

2　俞師郝嘗因重九日賦長短句云：「殘蟬斷鴈，政西風蕭索，夕陽流水。落木無邊幽眺處，雲擁登山屐齒。歲月如馳，古今同夢，惟有悲歡異。緑尊空對，故人相望千里。　追念淮海當年，五雲行殿，咫尺天顔喜。清曉臚傳仙仗裏，衣染玉龍香細。今日天涯，黄花零亂，滿眼重陽淚。艱難多病，少陵無奈秋思。」詞既出，邑人争歌之。或曰：「詞固佳，然其言太酸辛，何故？」師郝明年竟卒。其登科時在維揚，以重九日唱名，故詞中及之。《獨醒雜志》卷六。

劉旦

1　劉仲馮樞密之子旦，能詩，傅康伯嘗薦之。旦後過公墓，賦詩：「膺門昔忝登龍客，董墓今悲下馬人。」時多稱傳。《能改齋漫録》卷十一。《宋詩紀事》卷四十二。

林外

1 林外，字豈塵，泉南人。詞翰瀟爽，詼譎不羈，飲酒無算。在上庠，暇日獨游西湖，幽寂處得小旗亭，飲焉。外美風姿，角巾羽氅，飄飄然神仙中人也。豫市虎皮錢篋數枚藏腰間，每出其一，命酒家保傾倒，使視其數，酬酒直即藏去。酒且盡，復出一篋，傾倒如初。逮暮，所飲幾斗餘，不醉，而篋中錢若循環無窮者，肆人皆驚異之。將去，索筆題壁間曰：「藥爐丹竈舊生涯，白雲深處是吾家。江城戀酒不歸去，老卻碧桃無限花。」明日都下盛傳某家酒肆有神仙至云。又嘗爲《垂虹亭》詞，所謂「飛梁遏水」者，倒題橋下，人亦傳爲吕翁作。惟高廟識之曰：「是必閩人也，不然，何得以鎖字協埽字韻。」已而知其果外也。《齊東野語》卷十三。《西湖游覽志餘》卷十。《堯山堂外紀》卷五十八。《宋詩紀事》卷五十一。

2 紹興間，有題《洞仙歌》於垂虹者，不系其姓名，龍蛇飛動，真若不煙火食者。時皆喧傳，以爲洞賓所爲書。浸達於高宗，天顔輾然而笑曰：「是福州秀才云爾。」左右請聖諭所以然，上曰：「以其用韻，蓋閩音云。」其詞曰：「飛梁壓水，虹影澄清曉。橘里漁邨半煙草。歎今來古往，物是人非，天地裹，惟有江山不老。　雨巾風帽，四海誰知我？一劍横空幾番過。按玉龍、嘶未斷，月冷波寒，歸去也、林屋洞天無鎖。認雲屏煙障是吾廬，任滿地蒼苔，年年不掃。」久而知爲閩士林外所爲，聖見異矣。蓋林以巨舟仰而書於橋梁，水天渺然，旁無來跡，故世人益神之。《四朝聞見録》丙集。《詞林紀事》卷十。

任　淵

1 見鄭剛中5。

宋人軼事彙編卷三十二

胡安國

1 〔胡〕文定少時性最急，嘗怒一兵士，至親毆之，兵輒抗拒。無可如何，遂回入書室，作小册，盡寫經傳中文有寬字者於册上以觀玩。從此遂不性急矣。《朱子語類》卷一百一。《宋稗類鈔》卷八。

2 〔胡安國〕家世至貧，轉徙流寓，遂至空乏，然「貧」之一字，於親故間非惟口所不道，故亦手所不書。嘗戒子弟曰：「對人言貧者，其意將何求？汝曹志之。」《宋名臣言行録》外集卷十。《昨非庵日纂》一集卷十二。

3 文定作〔楊時〕先生墓志，載先生奏安石爲邪説之事。五峯問文定：「此章直似迂闊，何以載之？」文定曰：「此是取王氏心肝底劊子手段，何可不書？書之則王氏心肝懸在肉案上，人人見得，而詖淫邪遁之辭皆破矣。」《宋元學案》卷二十五。

4 〔胡安國〕子弟或近出宴集，雖夜已深猶不寢，必俟其歸，驗其醉否，且問所集何客，所論何事，有益無益。以是爲常。《宋名臣言行録》外集卷十。《賢弈編》卷二。

胡寅

1 胡致堂寅，字明仲，文定公安國之庶子也。將生，欲不舉。文定夫人夢大魚躍盆水中，急往救之，則已溺將死矣，遂抱以爲己子。少桀黠難制，父閉之空閣中，其上有雜木，過數旬，寅盡刻爲人形。安國曰：「當思所以移其心。」遂引置書數千卷於其上，年餘，悉能成誦，不遺一卷，遂爲名儒。及貴顯，不復爲本生母持服，爲右正言章夏所劾，會秦丞相亦惡之，遂謫新州安置。嘗於謫所著《讀史管見》數千萬言，極意譏貶秦氏。《齊東野語》卷六。《堯山堂外紀》卷五十七。案：數千萬言，「千」《宋史·胡寅傳》作「十」。

2 紹興乙卯夏大旱，車駕在臨安府，詔禁屠宰以禱雨。諫議大夫趙霈上言：「自來斷屠，止禁猪羊而不及鵝鴨，請并禁止。」中書舍人胡寅曰：「一疏無二百言，而用字以十數，況諫議乃及此乎？聞虜中統兵者號龍虎大王，脱或入寇，宜以鵝鴨諫議拒之。」時人以爲名對。《閒燕常談》。《鶴林玉露》乙編卷六。《西湖游覽志餘》卷二十一。

3 秦檜知公致仕之貧，因其往建州省覲世母，遺以白金。公報書曰：「願公修政任賢，勿替初志尊王，攘狄以開後功。」檜以爲譏己，始怒之。公嘗游嶽麓寺，大書壁間云：「是何南海之鰐魚，來作長沙之鵬鳥。」於是，帥臣劉正方欲捃撫張浚諸人之罪。劉且知潭州，潮陽人也，亦大怒，復訟公於檜。侍御史曹筠即奏公兄弟阿附趙鼎，私相朋比。公尋以李光通書，特落職名。《宋名臣言行録》別集上卷八。

4 《讀史管見》乃嶺表所作，當時並無一册文字隨行，只是記憶，所以其間有牴牾處。有好誦佛書者，致堂因集史傳中虜人姓名揭之一處，其人果收去念誦。此真戲也。《宋名臣言行録》别集上卷八。

5 朱文公云：頃年過七里灘，見壁間有胡明仲題詞刻石，拈出嚴公懷仁輔義之語，以勵往來士大夫，未嘗不爲之摩挲太息。然已不能盡記其語。後數十年，再過，因覓其石，則已不復存，意或者惡聞而毁之也。獨一老僧年八十餘，能誦其詞甚習，爲予道之，俾書之册。比予未久而還，則亦爲好事者裂去矣。因覽兩峰趙傻《醉筆釣臺樂府》偶記向所嘗見一詞，正與同調，并感胡公舊語，聊爲書此。〔詞曰〕「不見嚴夫子，寂寞富春山。空留千丈危石，高出暮雲端。想像羊裘披了，一笑兩忘身世，來插釣魚竿。肯似林間翮，飛倦始知還。中興主，功業就，鬢毛斑。馳驅一世人物，相與濟世艱。獨委狂奴心事，未羨凝兒鼎足，放去任疎頑。爽氣動星斗，終古照林巒。」《晦庵集》卷八十四。《堅瓠六集》卷三。

胡宏

1 見朱熹5。

高閌

1 見蔣璯1。

2 高抑崇閌，紹興中爲禮部侍郎，忤秦檜，以本官奉祠四明里中。疾篤丐休致，且以書愬於秦，覬復職名，庶幾禄及後人。蓋是時有制，雖侍從未復元職，格其賞延故也。述其窮困之狀，言極激切。秦覽書，初亦憐之，呼持書之僕來，詢其生計如何。而僕者强解事，迺爲夸大之語，妄增其産業以白於秦。秦怒云：「高抑崇死猶誑人如此。」竟寢其請。至秦亡，始追贖次對而獲卹典。《玉照新志》卷四。

劉子羽

1 薩里干入興元府，經略司劉子羽焚其城而遁。初，饒風關陷，子羽與吴玠謀守定軍山，玠憚之，遂西。子羽亦退屯三泉縣，從兵不及三百，與士卒同粗糲，至取草牙蘗食之，遺介書曰：「子羽誓死於此，與公訣矣！」時玠在興州之僊人關爲守備，得書而泣，其愛將楊政大呼軍門曰：「節使不可負劉待制，不然，政輩亦舍節使去。」玠乃從麾下，由間道與劉子羽會於三泉。《建炎以來繫年要録》卷六十三。

2 公在鎮江，會金復渝盟。公建議清野，盡徙淮東之人，於京口撫以威信，兵民雜居，無敢相侵擾者。既而敵騎久不至，樞使張浚視師江上以問公，公曰：「金人異時入寇，飄忽如風雨，今更遲回，是必有他意。」居頃之，金果復以和爲請，而使者乃植大旗舟，上書曰「江南撫諭」。公見之怒，夜以他旗易之。翌日，接伴使者見其有異，大懼，請之不得，至以語脅公。公曰：「吾爲守臣，朝論無所與，然欲揭此於吾州之境，則吾有死而已。」請不已，竟出境，乃還之。《宋名臣言行録》别集下卷十二。

3 見朱熹2。

劉子翬

1 中書舍人吕公居仁知公之深，嘗以小詩問訊，有「老大多材，十年堅坐」之句，世傳以爲實録。時國家南渡幾十年，謀復中原以攄宿憤，而未有一定之計，方且寤寐俊傑，與圖事功。吕公乃與同列曾公天游、李公似之、張公子猷三數人者，共列其行誼志業，以聞于朝，特詔詣闕。將行，屏山先生爲作《招劍》之文以祝之，其卒之亂曰：「寶劍來，奉君王。撫四夷，定八荒。時乎時，毋深藏！」其所望于先生者如此。《宋名臣言行録》外集卷十一。

2 〔劉〕子翬以蔭入仕，年甫四十六而卒。朱文公，其門人也。嘗謂朱曰：「吾少聞佛、老之説，歸讀吾書，然後知吾道之大，體用之全如此。於《易》得入德之門焉。作《復齋銘》、《聖傳論》，可以見吾志矣。」《直齋書録解題》卷十八。

3 〔先生〕學尤深于《易》。家有東西二齋，東以「復」名，西以「蒙」名。蒙齋之記有曰：「三代而下，《易》學廢矣！六國之士爲談説所蒙，兩漢之士爲章句所蒙，晉魏之士爲虚無所蒙，隋唐之士爲辭藻所蒙，皆處偏滯而不反。如波滚沙，反以自渾；如谷騰霧，反以自暝，初不知其豁然者常存也。今吾與二三子既知之矣，可不兢兢肅肅，以養其聖邪！」《宋名臣言行録》外集卷十一。

4 先生有復齋、蒙齋二琴，嗣子玶葆藏之。門人朱熹敬爲作銘。《宋名臣言行録》外集卷十一。

5 見朱熹4。

6 武夷有一狂者，爛醉詈及屏山先生劉彦冲，次日修書謝罪。先生不責其過，但於紙尾復之云：「蛇本無影，弓誤摇之。影既無之，公又何疑。」《螢雪叢説》卷上。

7 劉屏山葬其嫂熊氏，與其妻陸氏共刻一石，表諸隧道。《無用閒談》。

洪　皓

1 洪皓熙寧中游太學，十年不歸，其父作詩寄皓，曰：「太學何蕃且一歸，十年甘旨誤庭闈。休辭客路三千遠，須念人生七十稀。腰下雖無蘇子印，篋中幸有老萊衣。歸時定約春前後，免使高堂賦式微。」皓得詩即歸養。《讀書鏡》卷四。《西湖游覽志餘》卷二十一。《堅瓠丙集》卷二。《宋詩紀事》卷九十六引《蓉塘詩話》。

2 先君假禮部尚書爲奉使大金軍前……一日歸别，先君持太碩人，拜且泣。時長子适甫十三歲，遜以下皆襁褓呱呱。省别，行路不能仰視，先君弗予也。《盤洲集》卷七十四。《三朝北盟會編》卷二百二十一。

3 雲中至冷山行二日程，距虜都二百餘里……皆陳王悟室聚落，悟室使誨其子。……悟室嘗得獻取蜀策，持以問先君，先君歷陳古事梗之。悟室鋭欲吞中國，曰：「孰謂海大，我力可乾，但不能使天地相接爾。」先君曰：「兵猶火也，弗戢，將自焚。自古豈有四十年用兵不止者。」又數數爲言……悟室或應或不應，既大怒曰：「汝作和事官，卻口硬，謂我不能殺汝耶。」先君曰：「自分當死，顧大國無受殺行人之名，此去蓮花濼三十里，使之乘舟，一人蕩諸水，以墜淵爲言可也。」悟室義而止。《盤洲集》卷七十四。《三朝北盟會編》卷二百二十一。

4 徽宗以紹興乙卯歲升遐，時忠宣公奉使未反命，滯留冷山，遣使臣沈珍往燕山，建道場於開泰寺，作《功德疏》曰：「千歲厭世，莫遂乘雲之僊；四海遏音，同深喪考之戚。況故宮爲禾黍，改館徒饋於秦牢；新廟游衣冠，招魂漫歌於楚些。雖置河東之賦，莫止江南之哀。遺民失望而痛心，孤臣久縶惟歐血。伏願盛德之祀，傳百世以彌昌；在天之靈，繼三后而不朽。」北人讀之亦墮淚，爭相傳誦。其後梓宮南還，公已徙燕，率故臣之不忘國恩者，出迎於城北，搏膺大慟。虜俗最重忠義，不以爲罪也。《容齋三筆》卷八。

5 紹興丁巳，所在始歌《江梅引》詞，不知爲誰人所作，己未、庚申年，北庭亦傳之。至於壬戌，公在燕，赴張總侍御家宴，侍妾歌之，感其「念此情，家萬里」之句，愴然曰：「此詞殆爲我作！」既歸不寐，遂用韻賦四闋。時在囚拘中，無書可檢，但有《初學記》、韓、杜、蘇、白樂天集，所引用句語，一一有來處。北方不識梅花，士人罕有知梅事者，故皆注所出。……每首有一「笑」字，北人謂之「四笑《江梅引》」，爭傳寫焉。《容齋五筆》卷三。《詞林紀事》卷八。

6 〔洪〕皓留金時，以教授自給。因無紙，則取樺葉寫《論語》、《大學》、《中庸》、《孟子》傳之，時謂樺葉《四書》。《嘉慶一統志》卷六十九。

7 〔公〕在冷山，摘〔《春秋》〕褒貶微旨，作詩千篇。北人抄傳誦習，欲刻板於燕，公弗許。《宋名臣言行録》續集卷五。

8 适、遵邁登博學鴻詞科，宰臣以所試制詞進讀，上顧姓名，問曰：「是洪某子耶？父在遠能自立，此忠義報也。可與陞擢差遣。」故遵除秘書正字，适爲删定勑令官。《盤洲集》卷七十四《先君述》。

9 皇太后之歸也，過燕，先君冒禁朝焉。至陛對乞賜見，明日即詔入。慈寧殿已設簾，皇太后顧帘人曰：「我故識尚書矣。」命徹之。問勞優渥，語必稱尚書，賚予係道。東朝對外庭臣，唯先君一人。《盤洲集》卷七十四。《三朝北盟會編》卷二百二十一。

10 時秦檜留粘罕所，虜使之草檄諭降，有室撚者在軍知狀。先君與秦語及虜事曰：「憶室撚否？別時託寄聲。」秦色變。《盤洲集》卷七十四《先君述》。

11 洪忠宣自虜回，戲謂檜曰：「撻辣郎君致意。」檜大恨之。《鶴林玉露》甲編卷五。

12 秦〔檜〕謂适曰：「尊公信有忠節得上眷，但官職如讀書，速則易終而無味，要當如黄鐘大吕乃可。」《盤洲集》卷七十四。《三朝北盟會編》卷二百二十一。

13 高宗賜洪皓御銘盾制琴一，十三年十二月己巳上謂大臣曰：「古人琴制不同，名有所屬朕近出意作盾樣，以示不忘武備之意。」《玉海》卷一百十。《南宋雜事詩》卷一。

14 公責置英州。閩人倪詧爲守，老矣，内無奥主。聞知新州張棣以巧中胡銓遷客取使節，欲效之。即使兵馬都監俟其隙，捕公家奴置獄中，釀成其罪，未及發而詧死。事乃解。《宋名臣言行録》續集卷五。

15 西瓜本出塞外，自洪忠宣奉使歸，得其種，蒔之禁圃鄉囿。《南宋雜事詩》卷一。

16 吾鄉三洪，皆忠宣公皓之子也。兄弟連中詞科。紹興十三年，忠宣以徽猷學士直翰苑。紹興二十九年，其仲子文安公遵，始入西省。隆興二年，文惠公适繼之。乾道二年，文敏公邁又繼之。相距首尾二十二年。故景盧有謝表云：「父子相承，四上鑾坡之直；弟兄在望，三陪鳳閣之游。」二事實爲本朝儒林榮觀之盛。《游宦紀聞》卷二。《宋稗類鈔》卷二。

17 見唐介18。

洪适

1 三瑞堂，洪公弼爲寧海主簿時建。適以荷花、桃實、竹榦有連理之瑞，已而生适。故适以貳車行縣，題詩云：「久矣馳魂夢，今登三瑞堂。故山有喬木，近事話甘棠。展驥慚充位，占熊憶問祥。白雲留不住，極目是吾鄉。」《方輿勝覽》卷八。《宋詩紀事》卷四十五。

2 洪景伯兄弟應博學宏詞，以「克敵弓銘」爲題，洪惘然不知所出。有巡鋪老卒覘于案間，以問洪云：「官人欲知之否？」洪笑曰：「非而所知。」卒曰：「不然，我本韓世忠太尉之部曲，從軍日，目見有人以神臂弓舊樣，獻于太尉，太尉令如其制度製以進御，賜名『克敵』。」并以歲月告之。洪盡用其語，首云「紹興戊午五月大將」云云。主文大以驚喜，是歲遂中科目，若有神助焉。《揮塵三録》卷三。《群書類編故事》卷五。《南宋雜事詩》卷三。

3 洪氏遵試《克敵弓銘》，未知所出。有老兵持硯水密謂洪曰：「即神臂弓也。」凡制度、輕重、長短，無不語洪。有司以爲神。洪獨不記太祖即位之三年作神臂弓以威天下，何耶？《四朝聞見録》甲集。

4 文惠公頃游廣府，府帥方務德滋，因留攝幕屬，與其弟稚川同官。稚川名洪，胥吏倡優避其名，呼公爲「共通判」。《夷堅支志》甲卷四。

5　見湯思退6。

6　頃者先公太師以使事爲北方所留。紹興癸亥年，政地王次翁使至燕中，先公鬲垣墻與驛中人語，爲覘者所得，賴副留守高吉祥之力，脱縲紲而歸。予之出疆也，高之子嗣先相廷勞以先世之故，並轡殊從容，嘗諉其訪尋中原古刻。云：「北人所不好，市無粥碑者。」及道過真定，顧瞻名山，三歎而已。《隸釋》卷三。

7　乾道初年，張魏公以右相都督江淮，議者謂兩淮保障不可恃，公親往視之。會詔歸朝，未至而免相，文惠公當制，其詞曰：「棘門如兒戲耳，庸謹秋防；衮衣以公歸兮，庶聞辰告。」所謂兒戲者，指邊將也，而讀者乃以爲詆魏公。其尾句云：「春秋責備賢者，慨功業之惟艱；天子加禮大臣，固始終之不替。」所以悵惜之意至矣。《容齋三筆》卷八。

8　淳熙四年七月廿四夜，文惠公在鄉里，夢至一野寺，不見僧，而數羽人環坐。其一高吟曰：「六十方買妾，七十猶生兒。旁人掩口笑，老子知不知。」公生於丁酉，是歲本命年正六十有一矣，此客若有所諷也。而公清居累歲，未嘗蓄姬妾，即應聲答以五十六言云：「桑榆景迫鬢毛蒼，已過耆年去路忙。不把精神陪綺席，從他歌舞競新粧。掃除萬事身如夢，斷送一生性弗狂。賴有清風與明月，肯來相伴一爐香。」衆皆大笑，而高吟者有慙色。《夷堅支志》戊卷五。

9　洪文惠、文敏兄弟皆畏內，雖少年貴達，家有聲妓之奉，往往不能快意。王宣子知饒州，景伯家居喪偶，宣子弔焉。主人受弔已，延客至内齋，喚酒小酌。甫舉杯，群妾坌出，素妝靚態，黛色粉光，不異平日。謔浪笑語，酒行至無算。景伯半酣，握王手曰：「不圖今日有此樂。」賓主相顧一笑。後二十年，宣子謝事歸越，景盧來爲守，時已鰥居。暇日，宣子造郡齋，景盧留款，亦出家姬侑席，笑謂王曰：「家兄有言，不圖今日有此樂。」王爲絶倒。《談藪》。《堯山堂外紀》卷五十九。

洪　遵

1 見洪适2、3。

2 〔朱倬〕視師回至平江，洪遵景嚴爲守。時倬與〔陳〕康伯並相，遵以求入爲禱，倬唯唯，康伯曰：「進退近臣，當由上意，非某所敢知也。」及將内禪，康伯奏：「書詔方冗，翰苑獨員洪遵在近。」欲召之，倬惡其非出己，即曰：「不可。其弟邁新爲右史，今復召遵，此蘇軾與轍所以變亂元祐也。」上卒召遵副端。《齊東野語》卷十一。

3 見湯思退6。

洪　邁

1 紹興十五年三月十五日，予在臨安試詞科第三場畢出院，時尚早，同試者何作善伯明、徐搏升甫相率游市。時族叔邦直應賢、鄉人許良佐舜舉省試罷，相與同行。因至抱劍街，伯明素與名娼孫小九來往，遂拉訪其家，置酒於小樓。夜月如晝，臨欄凡炳兩燭，結花燦然若連珠，孫娼固黠慧解事，乃白坐中曰：「今夕桂魄皎潔，燭花呈祥，五君皆較藝蘭省，其爲登名高第，可證不疑。願各賦一詞紀實，且爲他日一段佳話。」遂取吴牋五幅置於桌上。升甫、應賢、舜舉皆謝不能，伯明俊爽敏捷，即操筆作《浣溪沙》一闋曰：「草草杯盤訪玉人，燈花呈喜坐添春，邀郎覓句要奇新。黛淺波嬌情脈脈，雲輕柳弱意真真，從今風月屬閑人。」衆傳觀歎賞，獨恨其末句失意。予續成《臨江仙》曰：「綺席留歡歡正洽，高樓佳氣重重。釵頭小篆燭花紅。直須將喜事，來報主人公。桂月十分春正半，廣寒宫殿葱葱。姮娥相對曲欄東。雲梯知不遠，平步揖東風。」孫滿酌一觥相勸曰：「學士必高中，此瑞殆爲君設也。」已而予果奏名賜第，餘四人皆不偶。《夷堅支志》景卷八。《堯山堂外紀》卷五十九。《堅瓠庚集》卷三。《詞苑叢談》卷六。《南宋雜事詩》卷七。《詞林紀事》卷九。

2　紹興辛巳，〔完顔〕亮既授首，葛王簒位，使來修好，洪景盧往報之。入境，與其接伴約用敵國禮，伴許諾。故沿路表章，皆用在京舊式。未幾，乃盡卻回，使依近例易之。景盧不可。於是扃驛門，絶供饋，使人不得食者一日。又令館伴者來言，頃嘗從忠宣公學，陽吐情實，令勿固執，恐無好事，須通一線路乃佳。景盧等懼留，不得已，易表章授之，供饋乃如禮。景盧素有風疾，頭常微掉，時人爲之語曰：「一日之饑禁不得，蘇武當時十九秋。傳與天朝洪奉使，好掉頭時不掉頭。」《鶴林玉露》丙編卷三。《堯山堂外紀》卷五十九。《識小録》卷四。《堅瓠癸集》卷三。《古謠諺》卷四十八。

3　洪景盧奉使，其父忠宣嘗薦之。景盧爲金困辱而歸，太學諸生作詞云：「洪邁被拘留，垂哀告彼酋。七日忍饑猶不耐，堪羞。蘇武曾禁十九秋。厥父既無謀，厥子安能解國憂。萬里歸來誇舌辨，村牛。好擺頭時不擺頭。」蓋洪好摇頭也。商務印書館本《説郛》卷三十一引《談藪》。《堅瓠癸集》卷三。《宋稗類鈔》卷六。

4 洪忠宣公以蘇武節爲秦檜所忌，孝宗憐之。其子邁以宏博中選，歷官清顯。孝宗有意大用，廉知其子弟不能遵父兄之教，恐居政府則非所以示天下，故特遲之。洪公每勸上早諭莊文，上爲首肯。間因左右物色洪公子政飲娼樓，上亟命快行宣諭洪公云：「也請學士時洪爲知制誥。教子。」快行言訖，無他詔。洪驚愕莫知其端，但對使唯唯奉詔，退而研其子所如往，方悟上旨，遂抗章謝罪求去。歸番陽，與兄丞相适酬唱觴詠于林壑甚適。偶得史氏瓊花，種之別墅，名曰「瓊野」，樓曰「瓊樓」，圃曰「瓊圃」。史氏欲祈公異姓恩澤，不從。史氏遂訐公以「瓊瑶者，天子之所居，非臣子所宜稱」。公不爲動，則伏闕進詞，詣臺訴事，因爲言者所列。《四朝聞見録》甲集。

5 中書舍人洪景盧知婺州，召至都下，而從臣未有虛位，孝宗除爲在京宫觀兼侍讀太府少卿。張抑字子儀，以啓賀之云：「珍臺閒館，冠皋伊之倫魁；廣厦細旃，論唐虞之聖道。」前兩句用揚雄賦全語，後兩句用王吉疏全語，皆西漢文章也。子儀舉示予，予驚歎擊節，以爲不減前輩。未幾，景盧入翰林爲學士，適梁叔子丞相以病辭位，孝宗愛重之，不欲聽其去。累辭，不得已，拜大觀文醴泉觀使兼侍讀，景盧當筆，麻制中全用此一聯。是日，朝士聽麻，皆稱之，不知其爲子儀語也。《誠齋詩話》。

6 洪景盧居翰苑日，嘗入直，值制詔沓至，自早至晡，凡視二十餘草。事竟，小步庭間，見老叟負暄花陰。誰何之，云：「京師人也，累世爲院吏，今八十餘，幼時及識元祐間諸學士，今予孫復爲吏，故養老於此。」因言：「聞今日文書甚多，學士必大勞神也。」洪喜其言，曰：「今日草二十餘制，皆已畢事矣。」老者復頌云：「學士才思敏捷，真不多見。」洪矜之云：「蘇學士想亦不過如此速耳。」老者復首肯咨嗟曰：「蘇學士敏捷亦不過如此，但不曾檢閱書册耳。」洪爲赧然，自知失言。嘗對客自言如此，且云：「人不可自矜，是時使有地縫，亦當入矣。」《齊東野語》卷十。《何氏語林》卷三十。《堯山堂外紀》卷五十九。《宋稗類鈔》卷六。

7　聞洪景盧學士嘗賜對於翠寒堂，當三伏中，體粟戰慄，不可久立。上問故，笑遣中貴人以北綾半臂賜之。《武林舊事》卷三。《西湖游覽志餘》卷三。《古事比》卷五十。

8　見周必大13。

9　淳熙十四年八月，在禁林日入侍至尊壽皇聖帝清閒之燕，聖語忽云：「近見甚齋隨筆？」邁竦而對曰：「是臣所著《容齋隨筆》，無足采者。」上曰：「噭有好議論。」邁起謝。退而詢之，乃婺女所刻，賈人販鬻于書坊中，貴人買以入，遂塵乙覽。《容齋續筆》自序。

10　孝宗從容清燕，洪公邁侍。上語以「宮中無事，則編唐人絶句以自娱，今已得六百餘首」。公對曰：「以臣記憶，恐不止此。」上問以有幾，公以五千首對。上大驚曰：「若是多耶？煩卿爲朕編集。」洪歸，搜閱凡踰年，僅得十之一二。至于稗官小説，神仙怪鬼，婦人女子之詩，皆括而湊之，迺以進御。上固知不迨所對數，然頗嘉其敏贍，亦轉秩賜金帛。《四朝聞見録》乙集。《南宋雜事詩》卷四。

11　見楊萬里6。

12　見曲端2。

13 見洪适9。

洪楀

1 夏巨源者，亦精於卜筮，居臨安中瓦。每來卜者，一卦率五百錢。紹熙三年冬，禹之自贛倅受代造朝，其子价侍行。既至，點檢勑誥文書，遺其一。雖遣僕還家訪尋，終不能自釋。乃同詣夏肆。夏書紙上曰：「事在千里外。」繼書一「食」字，一「堯」字，合而讀之，則「饒」字也。問曰：「是乎？」答之曰：「然。」曰：「文書見在，係一多口人收得，而鴛鴦爲看守。無足憂也。」其説茫洋無準的，固以爲妄。既而僕從饒州來，持所遺至。蓋向者打併行李時忘在外，小妾福安見之，价房中十篋，用「泥融飛燕子，沙暖睡鴛鴦」爲標貼，遂以置鴦篋内。既悟鴛鴦看守之語，而福字有口，田字又四口，所謂多口人者如是，亦神矣哉。《夷堅支志》丁卷五。

姚寬

1 予監台州杜瀆鹽場日，以蓮子試鹵。擇蓮子重者用之，鹵浮三蓮、四蓮，味重；五蓮，尤重。蓮子取其浮而直，若二蓮直，或一直一横，即味差薄。若鹵更薄，即蓮沉于底，而煎鹽不成。《西溪叢語》卷上。《能改齋漫録》卷十五。《湧幢小品》卷二。

吴曾

1 吴虎臣曾博聞强識，知名江西。爲舉子日，謁夢於仰山，欲知科第遲速。其夜，夢紅袖女子執板而歌，覺而不能省憶，但記一句曰：「尋春不是探花郎。」是後竟不第，而以獻書得官。《夷堅支志》乙卷二。

鄭樵

1 鄭樵，字漁仲，與族兄厚齊名，號「二鄭」。《莆陽比事》卷三。

2 興化夾漈溪，一夕白氣屬天，久而不滅，未浹旬，夾漈鄭樵以遺逸召。《莆陽比事》卷二。

王銍

1 紹興戊午，徽宗梓宫南歸有日，秦丞相當國，請以永固爲陵名，先人建言：「北齊叱奴皇后寔名矣，不可犯。且叱奴，夷狄也，尤當避。」秦大怒，幾蹈不測。後數年，卒易曰永祐。《揮麈録》卷一。

2 王性之記問該洽，尤長於國朝故事，莫不能記。對客指畫誦説，動數百千言，退而質之，無一語繆。予自少至老，惟見一人。方大駕南渡，典章一切掃蕩無遺，甚至祖宗謚號亦皆忘失，祠祭但稱廟號而已。又因討論御名，禮部申省言：「未尋得《廣韻》。」方是時，性之近在二百里内，非獨博記可詢，其藏書數百篋，無所不備，盡護致剡山，當路藐然不問也。《老學庵筆記》卷六。

3 王性之讀書，真能五行俱下，往往他人纔三四行，性之已盡一紙。後生有投贄者，且觀且捲，俄頃即置之。以此人疑其輕薄，遂多謗毀，其實工拙皆能記也。既卒，秦熺方恃其父氣燄熏灼，手書移郡，將欲取其所藏書，且許以官其子。長子仲信，名廉清，苦學有守，號泣拒之曰：「願守此書以死，不願官也。」郡將以禍福誘脅之，皆不聽。熺亦不能奪而止。《老學庵筆記》卷二。

4 近時傳一書，曰《龍城録》，云柳子厚所作，非也。乃王銍性之僞爲之。其梅花鬼事，蓋遷就東坡詩「月黑林間逢縞袂」及「月落參横」之句也。又作《雲仙散録》，尤爲怪誕，殊誤後之學者。又有李歜注杜甫詩及注東坡詩事。皆王性之一手，殊可駭笑，有識者當自知之。《墨莊漫録》卷二。

王明清

1 見張孝祥5。

2 紹熙癸丑歲，明清任簽書寧國軍節度判官，時括蒼蔣世修繼周，以獨座前資來爲郡守。宣城舊例，每發軍食，則幕職兵官俱集倉中。是歲十二月散糧，明清以私務入倉小緩，逮至其門，見諸君聯車而出，悉有倉黄之狀。詢之，曰：「通判周世修建議，欲以去歲舊粟支其半，群卒惡其陳腐，横梃於庭，出不遜語，欲入白黄堂矣。」且衆兵隨其後。明清亟止之云：「可復歸舊次。」一面令車前二卒長傳呼喻之云：「僉判適自府中來，已得中丞台旨，令盡支新米。」亟令專知吏往白史君，告以從權便宜之故。於是卒徒歡呼帖服，無敢譁者。不然亦幾殆焉。蔣守由此遂相論薦，然露章中不欲及也。《玉照新志》卷四。

聞人滋

1 嘉興人聞人茂德，名滋，老儒也。喜留客食，然不過蔬豆而已。郡人求館客者，多就謀之。又多蓄書，喜借人。自言作門客牙，充書籍行，開豆腐羹店。予少時與之同在勑局，爲刪定官。談經義滚滚不倦，發明極多，尤邃於小學云。《老學庵筆記》卷一。《宋詩紀事》卷五十七。

陳與義

1 陳與義，字去非，西洛人。河目海口，大耳聳峙，識者知其爲貴人也。《名賢氏族言行類稿》卷十一。

2 見葛勝仲1。

3 紹興三年七月，朱勝非以右僕射丁母憂，未卒哭，降起復制詞，吏部侍郎、權直學士院陳與義之文也。以「兹宅大憂」四字，令翰林學士綦崇禮帖改爲「方服私艱」，陳待罪而放。議者謂麻制中有「於戲，邦勢若此，念積薪之已然；民力幾何，懼奔駟之將敗。朕之論相，何可以不備；卿之圖功，亦在於攸終」。同列惡其言，故以「宅憂」疵之。《雞肋編》卷中。

4 陳與義赴湖州，乘馬朝拜，輒驚逸退走出門，未幾得宮祠以薨。《泊宅編》十卷本卷六。

葉夢得

1 贈太師葉助天祐，縉雲人，爲睦州建德尉。年壯無子，問命於日者黄某。黄云：「公嗣息甚貴，位至節度使，然當在三十歲以後。若速得之，亦非令器也。」天祐不樂。後官拱州，黄又至，令以《周易》筮之，得《賁卦》。黄曰：「今日辰居土，土加賁爲墳字，君當生子，但必有悼亡之戚。」果生男。數歲而晁夫人卒。其子即少藴也，既擢第，爲淮東提刑周穜婿。……紹興十六年，年七十，上章告老，自觀文殿學士除崇慶軍節度使。《夷堅甲志》卷八。

2 余少時苦上氣，每作輒不能卧，藥餌、起居須人乃能辦侍。先君官上饒，一日秋晚游鵝湖中，夕疾作，使令既非素所役，篋中適不以藥行。喘滿頃刻不可度，起吹燈，據案偶見一《易》册，取讀數十板，不覺遂平。自是每疾作，輒用此術，多愈于服藥。《石林避暑録話》卷二。

3 葉少藴左丞初登第，調潤州丹徒尉。郡守器重之，俾檢察征税之出入。務亭在西津上，葉嘗以休日往，與監官並欄干立，望江中有彩舫，儇亭而南，滿載皆婦女，嬉笑自若。謂爲貴富家人，方趨避之，舫已泊岸。十許輩袨服而登，徑詣亭上，問小史曰：「葉學士安在？幸爲入白。」葉不得已出見之，皆再拜致詞曰：「學士雋聲滿江表，妾輩乃真州妓也，常願一侍尊俎，愜平生心，而身隸樂籍，儀真過客如雲，無時不開宴，望頃刻之適不可得。今日太守私忌，郡官皆不會集，故相約絶江此來，殆天與其幸也。」葉慰謝，命之坐。同官謀取酒與飲，則又起言：「不度鄙賤，輒草具殽醖自隨，敢以一杯爲公壽。願得公妙語持歸，誇示淮人，爲無窮光榮，志願足矣。」顧從奴挈榼而上，饌品皆精潔，迭起歌舞。酒數行，其魁捧花牋以請，葉命筆立成，不加點竄，即今所傳《賀新郎》詞也。其詞曰：「睡起聞鶯語。點蒼苔、簾櫳畫掩，亂紅無數。吹盡殘花無人見，唯有垂楊自舞。漸暖靄、初回輕暑。寶扇重尋明月影，暗塵侵、尚有乘鸞女。驚舊恨，鎮如許。江南夢斷横江渚。浪黏天、蒲陶漲渌，半空煙雨。無限樓前滄波意，誰采蘋花寄取。但悵望、蘭舟容與。萬里雲帆何時到，送孤鴻、目斷千山阻。重爲我，唱《金縷》。」卒章蓋紀實也。《夷堅丁志》卷十二。

4 葉石林有《賀新郎》詞，首曰「曉起啼鶯語」。或疑其誤，頗詰之，石林曰：「老夫嘗考之矣，《禽經》云，流鶯不解語。」《黄嬭餘話》卷五。

5 蔡元長既刻黨籍碑，在朝無敢言者。其後再相，葉左丞從容謂之曰：「夢得聞天下有道，則庶人不議。今舉籍上書之人刻之于石，以昭示來世，恐非所以彰先帝之盛德也。」蔡大感悟，其後黨禁稍解。《卻掃編》卷中。《何氏語林》卷十九。

6 蔡京初欲以童貫爲陝西宣撫，取青唐，公聞，見京問之曰：「貫以八寶恩除節使，已非祖宗法令，今又以執政之任付之。青唐，朝廷所必欲得也，使成功則何以處之乎？」京有愧色。既得青唐，公又見京，問何以賞貫。京沉思未有以答。公曰：「節度使上惟有開府儀同三司，不識朝廷遂與之否？」京曰：「恐未至是。」公曰：「幸甚！外人以爲必進此官矣。某憂不能寐，前爲節使，某不當制，無可言。今若進使相，萬一某當制，決不敢命辭，然亦不敢逃謫，勢必過嶺。倘相公念之，得一善地足矣。」京笑曰：「公慮事每過，好相戾，此人亦何可犯，衆窺公者多，何不自畏禍。」公曰：「幸不至此則已，設或有之，今日言與他日言，其受禍一也。」《宋名臣言行録》别集上卷四。

7 童貫以左璫幸大觀間。緣開邊功，建武康節鉞，公言弗與，而莫敢攖也。其三年二月，將行復洮州賞，石林葉少藴在北門，微聞當遂爲使相，懼當視草，不能自免，出語沮之。蔡元長頗愧於衆論，丁酉鎖院，迺自檢校司空、奉寧節度，進司徒，易鎖鎮、洮而已。少藴黽勉奉詔，制出告廷，鄭華原素不樂少藴，摘語貫曰：「葉内翰欺公，至託王言以寓微風。」貫問其故，華原曰：「首詞有云：『眷言將命之臣，宜懋旌勞之典。』凡今内侍省差一小中官降香，則當曰將命；修一處寺觀，造數件服用，轉官則曰旌勞。公以兩府故事爲宣威，麻辭乃爾，是以黄門輩待公也。又其末云：『若古有訓，位事惟能。德因敵以威懷，于以制四夷之命；賞眡功而輕重，是將明八柄之權。』《尚書·周官》分明上面有『建官惟賢』一句不使，卻使下一句，謂公非賢爾。『眡功輕重』之語，亦以公之功止於如此，不足直醲賞也。」貫初垂涎儀同，已大失望，聞之頳面，徑揖起歸，質諸館賓，俾字字解釋，而已聽之，其言頗符，則大怒，泣訴于祐陵，納告榻上，竟不受。其年五月戊午，遂以龍學出少藴汝州，繼又落職，領洞霄祠。少藴時得君甚，中以陰事，始克去之。華原意以軋異己，不知適以張閹宦之威也。《桯史》卷四。

8 吾守蔡州方三十九，明年作堂于州治之西廡，名之曰不惑，吾以爲僭，然吾有志學焉者。《石林避暑録話》卷四。

9 余在許昌，歲適大水災傷，西京尤甚，流殍自鄧唐入吾境，不可勝計。余盡發常平所儲，奏乞越常制賑之，幾十餘萬人稍能全活。惟遺棄小兒，無由皆得之。一日，詢左右曰：「人之無子者，何不收以自畜乎？」曰：「人固願得之，但患既長或來歲稔，父母來識認爾。」余爲閲法例，凡因災傷遺棄小兒，父母不得復出。乃知爲此法者亦仁人也。夫彼既棄而不育，父母之恩則已絶，若人不收之，其誰與活乎？遂作空券數千，具載本法，印給内外廂界保伍，凡得兒者，使自言所從來，明書于券，付之，略爲籍記。使以時上其數，給多者賞，且分常平餘粟，貧者量授以爲資。事定，按籍給券凡三千八百人。皆奪之溝壑，置之襁褓。《石林避暑録話》卷一。

10 今列郡每夏歲支係省錢二百千，合藥散軍民，韓魏公爲諫官時所請也。爲郡者類不經意，多爲庸醫盜其直，或有藥而不及貧下人。余在許昌，歲適多疾，使有司修故事，而前五歲皆忘不及舉，可以知其怠也。遂併出千緡，市藥材京師，余親督衆醫分治，率幕官輪日給散，蓋不以爲職而責之，人人皆喜從事。此何憚而不爲乎！《石林避暑録話》卷一。

11 葉少藴既辭政路，結屋霅川山中。凡山中有石，隱于土者，皆穿剔表出之。久之，一山皆玲瓏空洞，挾策其間，自號石林山人。《五總志》。

12 葉氏石林，左丞葉少藴之故居，在卞山之陽，萬石環之，故名，且以自號。《癸辛雜識》前集。

13 葉少藴早年貴顯，退居石林累年，嘗以吟詠自娱。每遇風和日暖，輒以數婢子肩小車，且攜酒樽、食奩自隨，遇其意適處，即下車酌酒賦詩。有小吏稍慧，每使之檢書，薰染既久，亦能詩詞。《東南紀聞》卷一。

14 葉石林老日，以古銅鳩頭裝天台藤，又塗金兕觥，挾二物游山水間。《太平清話》卷下。

15 葉石林泛覽群籍，尤加意六經，每歲五月以後，天氣漸暑，不復概及他書，日誦六經一卷，謂之夏課。《東山談苑》卷六。

16 石林每夜必延諸子女兒婦列坐説《春秋》，聽者不悦，曰：「翁又請説《春秋》邪！」《野老記聞》。

17 石林作文必有格。昭慈上仙，石林入郡中制服，館於州北空相寺。方致思作慰表間，門人有見之者，方坐，復有謁者至，石林出迎接。案上有一編書，題云《文格十七》，啓之，乃唐人慰表十三篇，皆當時相類者。《野老記聞》。

18 靖康俶擾，中祕所藏與士大夫家者，悉爲烏有。南渡以來，惟葉少藴少年貴盛，平生好收書，逾十萬卷，寘之霅川弁山山居，建書樓以貯之，極爲華煥。丁卯冬，其宅與書俱蕩一燎。《揮麈後録》卷七。

19 葉少藴云：「某五十後不生子，六十後不蓋屋，七十後不作官。」然晚年以子舍之多，不免犯六十之戒，屋成而公死矣。《清波雜志》卷七。

汪藻

1 龍溪先生汪公藻，字彦章，吾郡之德興人。幼年已負文名。作詩云：「一春略無十日晴，處處溪雲將雨行。野田春水碧於鏡，人影渡傍鷗不驚。桃花嫣然出籬笑，似開未開最有情。茅茨烟暝客衣濕，破夢午雞啼一聲。」此篇一出，便爲詩社諸公所稱。晚年牢落，莫究所學。朱叔止題其墓云：「名高從者毀相隨，未免群兒著力擠。一日狼心萌偃月，十年豹霧隱愚溪。不逢華旦開昌運，終抱沈埋返故棲。已矣九原寧可作，蕭蕭古木亂蟬嘶。」亦爲諸公所稱。《游宦紀聞》卷三。

2　紹聖、元符間，汪内相彦章有聲太學。學中爲之語曰：「江左二寶，胡伸、汪藻。」伸字彦時，亦新安人，終符寶郎。《老學庵筆記》卷一。《何氏語林》卷十七。《宋詩紀事》卷一百。

3　汪彦章與王甫即黼字。太學同舍。甫貌美中空，彦章戲之爲「花木瓜」。及彦章罷符璽郎，甫正當國，以宣倅處之。宣州産花木瓜故也。《十駕齋養新餘録》卷下引周必大《游山録》。

4　〔公〕在江西，徐俯師川、洪炎、洪芻有能詩聲，自負無所屈。一日俯見公詩於僧壁，喈曰：「此我輩人也。」率二洪詣舍上謁。既去，公曰：「騷人墨客，撚鬚琢句，以自鳴其不平耳，烏足尚也。」至是數年，卒以大手筆稱天下。《宋名臣言行録》別集上卷七。

5　汪彦章爲豫章幕官，一日，會徐師川于南樓，問師川曰：「作詩法門當如何入？」師川答曰：「即此席間杯盤、果蔬，使令以至目力所及，皆詩也。君但以意翦裁之，馳驟約束，觸類而長，皆當如人意，切不可閉門合目，作鐫空妄實之想也。」彦章頷之。逾月，復見師川曰：「自受教後，準此程度，一字亦道不成。」師川喜謂之曰：「君此後當能詩矣。」故彦章每謂人曰：「某作詩句法得之師川。」《獨醒雜志》卷四。

6　大璫梁師成用事，小人朋附，目爲隱相。武人吴可者，師成許以能詩，至出入卧内。公罷符寶，可過公，致師成意曰：「聞名久矣，幸不鄙過我，禁從可拱而俟也。」公謝不往，客曰：「吾曹望隱相之門，如在天上，召而不往，何故？」公曰：「若使我與可輩爲伍耶！」《宋名臣言行録》別集卷七。《宋詩紀事》卷四十一。

7　見孫覿7。

8 靖康二聖北狩，皇屬畢遷，中原無主，惟高宗皇帝在外獨免。隆祐太后以書勸進，有曰：「獻公之子九人，惟重耳之獨在；漢家之厄十世，宜光武之中興。」此汪彦章詞也。《誠齋詩話》。《鶴林玉露》丙編卷三。

9 汪内相勸主上聽政表云：「漢家之厄十世，知光武之中興；獻公之子九人，念重耳之獨在。」蓋佳語也。或曰：「若移上句爲下句，則善不可加矣。」《隱窟雜志》。

10 汪彦章草赦書，叙軍興征斂，其詞云：「八世祖宗之澤，豈汝能忘；一時社稷之憂，非予獲已。」最爲精當。人以比陸宣公興元赦書。然議者謂自太祖至哲宗方七世，若并道君數之，又不應曰「祖宗」，彦章亦悔之。信乎文之難也。《老學庵筆記》卷四。

11 李綱罷相被謫，汪彦章行詞云：「朋黨罔上，有虞必去於驩兜；欺世盜名，孔子首誅乎正卯。」又云：「專殺尚威，傷列聖好生之德；信讒喜佞，爲一時群小之宗。」客有問彦章者曰：「内翰頃有啓賀伯紀拜相云：『孤忠貫日，正二儀傾側之中；凜氣横秋，揮萬騎談笑之頃。』又云：『士頌公冤，亟舉幡而集闕下；帝從民望，令免胄以見國人。』與今謫詞抑何反也？」彦章曰：「某此啓自直一翰林學士，渠不用我，故以後詞報之。」客又曰：「詞乃云：『乃傾家積，陰與賊通。』若行此言何從？」答曰：「某何從知得？但見渠兒子自虜中歸。」《誠齋詩話》。《鶴林玉露》乙編卷二。《宋稗類鈔》卷六。

12 見翁彦國2。

13 龍溪汪藻與薌林向子諲交游，情分甚厚。……汪爲湖州，納妾名娼周氏，而其妻不能容，汪置諸郡圃，時與之會。其妻瞰其往，即徑造其所而詬之。汪預戒十數卒布於道，俟其妻之來，則連聲大唱「喏」，其聲如雷，汪聞「喏」聲，即由他道以去。向平居，每議論慷慨，以功名自期，後知潭州，失守而歸。汪舉笏戲之曰：「君喜功名，今中興第一功也。」向答曰：「公喜佛，今十大弟子位也。」汪以是深怨之。《東南紀聞》卷一。

14 汪彦章視中書舍人韓公駒子蒼，前輩也。紹興初，韓寄寓臨川。汪來守郡，通啓曰：「承作者百年之師友，爲斯文一代之統盟。」别簡云：「僕知有公，而公不知有僕。藻老矣，願焚筆硯，以從公游。」蓋前輩相敬慕如此。《能改齋漫録》卷十四。

15 汪彦章在翰苑，屢致言者。嘗作《點絳唇》云：「永夜厭厭，畫簷低月山銜斗。起來搔首，梅影横窗瘦。好箇霜天，閒卻傳盃手。君知否，曉鴉啼後，歸夢濃如酒。」或問曰：「歸夢濃如酒，何以在曉鴉啼後？」公曰：「無奈這一隊畜生聒噪何！」《能改齋漫録》卷十六。《堯山堂外紀》卷五十六。《堅瓠癸集》卷三。

16 汪彦章在京師，嘗作小闋云：「新月娟娟，夜寒江静山涵斗。起來搔首，梅影横窗瘦。好箇霜天，閑卻傳杯手。君知否，亂鴉啼後，歸興濃如酒。」紹興中，彦章知徽州，仍令席間聲之。坐客有挾怨者，亟以納檜相指爲新製，以譏會之。會之怒，諷言者遷之於永。《玉照新志》卷四。

17 見秦熺4。

18 汪彦章舟行汴中，見岸傍畫舫有映簾而觀者，止見其額，有詞云：「小舟簾隙，佳人半露梅妝額。緑雲低映花如刻。恰似秋宵，一半銀蟾白。結兒梢朶香紅扐，鈿蟬隱隱摇金碧。春山秋水渾無迹。不露牆頭，些子真消息。」寄《醉落魄》。《苕溪漁隱叢話》前集卷五十九。《浩然齋雅談》卷下。《堯山堂外紀》卷五十六。

19 汪彥章藻嘗因其子恪赴廣西機宜，臨行訓之曰：「自吾父及汝三世矣，未嘗與人通家往還，如妻者，自娶以爲後嗣計，豈可以娛他人？」《坦齋筆衡》。

20 見李邴7。

孫覿

1 孫覿，字仲益。相傳東坡南遷時，一妾有娠不得偕往，出嫁吾常孫氏，比歸覓之，則仲益生六七齡矣。命名曰覿，謂「賣見」也。《堯山堂外紀》卷五十六。

2 元祐四年，東坡先生自翰苑出牧錢塘，道由毘陵之洛社。時孫仲益之父教村童於野市茅檐之下，仲益方七八歲，立於岸側。東坡望見，奇之，呼來前與語，果不凡，詢其所學，方爲七字對矣。與之題云「衡茅稚子璠璵器」，仲益隨聲應之云：「翰苑仙人錦繡腸。」大加賞歎，贈之以縑酒，囑其父善視之。後來果爲斯文之主盟。《玉照新志》卷一。《韻語陽秋》卷三。《宋詩紀事》卷三十八。《茶香室三鈔》卷十五。

3 孫仲益童子之年對東坡先生之句，始得之仲益之從子長文，云其家世居毗陵之洛社，蓋仲益之先人教村童於市中，東坡元祐四年自禁林出牧杭州時也。案仲益以辛酉生，是年八歲矣。《玉照新志》卷五。

4 東坡歸宜興時，道由無錫洛社，嘗至孫仲益家。仲益年在髫齔。坡曰：「孺子習何藝？」孫曰：「學對屬。」坡曰：「試對看。」徐曰：「衡門稚子璠璵器。」孫應聲云：「翰苑神仙錦繡腸。」坡撫其背曰：「真璠璵器也。」時天微雨，坡緋衣金帶，又命對曰：「雨濕紅袍蘇木氣。」仲益應聲曰：「風吹金帶荔枝香。」坡大奇之。《堯山堂外紀》卷五十六。

5 見王倫1。

6 孫覿辭免待制奏狀曰：〔靖康二年正月〕十四夜，中貴人劉當時傳旨召臣，臣亟往。方進晚餔，何㮚侍傍，命臣坐賜以卮酒，上輟食語臣曰：「卿作即事詩，須用三百字。」臣言：「車駕未有還期，臣等憂懣無聊，而三百字非立談可辦，容臣退思，以俟他日。」㮚曰：「聖情不悦，群臣當有以娱侍帝者，賦詩不足辭。」上曰：「以『歸』字爲韻。」而内侍輩持燭操筆研摘紙，趣臣應詔。臣不獲已，以絶句一首詩成進御。又令賦「回」字一篇。上大悦，復賜臣酒。《三朝北盟會編》卷七十四。

7 上在青城齋宫無聊，何㮚奏：「宜賦詩以遣興。」乃以孫覿、汪藻應制。上詩用「時」字韻，覿詩曰：「噬臍有愧平燕日，嘗膽無忘在莒時。」藻詩曰：「虜帳夢回驚日處，都城心切望雲時。」有以此達賊帥，酋見「在莒」之句，又斥其爲「虜帳」，因摭此爲名，遂遲留車駕。《三朝北盟會編》卷七十四。《宋詩紀事》卷三十八引吕本中《痛定録》。

8 上在虜寨宿郊宫，與二酋尚未相見。遣使議事索降表，上命孫覿草表，但言請和稱藩而已，使人齎草示粘罕，粘罕以爲未是。使人往來者數四，皆不中，而要四六對屬作降表。覿與吴幵互相推避不下筆。上曰：「事已至此，當卑辭盡禮，勿計空言。」促使爲之，於是覿、幵與何㮚共草成之……上覽訖，謂孫覿曰：「對屬甚切，非卿平昔閒習，安能及此。」《三朝北盟會編》卷七十一。

9 〔紹興元年〕禮部尚書兼侍讀秦檜參知政事。龍圖閣待制孫覿時知臨安府，以啓賀檜，有曰：「盡室航海，復還中州，四方傳聞，感涕交下。漢蘇武節旄盡落，止得屬國；唐杜甫麻鞵入見，乃拜拾遺。未有如公，獨參大政。」檜以爲譏己，始大怒之。《建炎以來繫年要録》卷四十二。《咸淳臨安志》卷八十九。《南宋雜事詩》卷一。

10 見劉岑4。

11 孫仲益每爲人作墓碑，得潤筆甚富，所以家益豐。有爲晉陵主簿者，父死，欲仲益作志銘，先遣人達意于孫，云：「文成，縑帛良粟各當以千濡毫也。」仲益忻然落筆，且溢美之。既刻就，遂寒前盟，以紙筆、龍涎、建茗代其數，且作啓以謝之。仲益極不堪，即以駢驪之詞報之，略云：「米五斗而作傳，絹千匹以成碑，古或有之，今未見也。立道旁碣，雖無愧詞；諛墓中人，遂成虚語。」《揮麈後録》卷十一。

12 孫仲益覩《鴻慶集》，太半銘志，一時文名獵獵起，四方争輦金帛請，日至不暇給。今集中多云云，蓋諛墓之常，不足吒。獨有武功大夫李公碑列其間，乃儼然一璫耳，亟稱其高風絶識，自以不獲見之爲大恨，言必稱公，殊不怍於宋用臣之論謚也。《桯史》卷六。

張元幹

1 見李綱7。

左 譽

1 左與言，天台之名士大夫也。……承平之日，錢塘幕府樂籍，有名姝張足女名濃者，色藝妙天下，君頗顧之。如「無所事，盈盈秋水，淡淡春山」與「一段離愁堪畫處，横風斜雨摇衰柳」及「堆雲翦水，滴粉搓酥」，皆爲濃而作。當時都人有「曉風殘月柳三變，滴粉搓酥左與言」之對，其風流人物可以想像。俶擾之後，濃委身於立勳大將家，易姓章，遂疏封大國。紹興中，君因覓官行闕，暇日訪西湖兩山間，忽逢車輿甚盛，中覩一麗人，褰簾顧君而顰曰：「如今若把菱花照，猶恐相逢是夢中。」視之，乃濃也。君醒然悟入，即拂衣東渡，一意空門，不復以名利關心。老禪宿德，莫不降伏皈依。《玉照新志》卷四。

董穎

1 饒州德興縣士人董穎，字仲達，平生作詩成癖，每屬思時，寢食盡廢，詩成，必徧以示人。嘗有警語云：「雲壑釀成千嶂雨，風蘋吹老一汀秋。」蒙韓子蒼激賞。徐師川爲改「汀」字爲「川」，汪彦章曰：「此一字大有利害。」目其文曰《霜傑集》，且製叙以表出之。然其窮至骨，他日入郡，爲人作秦丞相生日詩，窮思過當，遂得狂疾，走出，欲投江水。或爲遣人呼其子，買舟載以歸，歸數日而死。《夷堅乙志》卷十六。

張嵲

1 秦會之當國，決意講和，虜俄背盟，秦不知所措。張巨山嵲時爲司勳郎，爲代作自解之奏，略曰：……秦大喜，擢巨山爲右史，而不知所引皆誤也。時秘書省寓法慧寺，或大書于門云：「周任爲孔聖，太甲作成湯。」秦大怒，疑出于館職，相繼斥去。《賓退録》卷四。

2 〔秦檜〕力主和議，虜人以河南之地歸，未幾敗盟，大舉入寇。邊報既至，大恐不知所爲，顧盼朝士問以計策。時張巨山微誦曰：「德無常師，主善爲師；善無常主，協於克一。」檜心異之，衆人既退，獨留巨山，坐問適間之語。……召諸將爲戰攻之計，大喜，即命巨山爲奏稿，倉卒不子細，起頭兩句云：「伊尹告成湯曰：『德無常師，主善爲師。』孔子曰：『陳力就列，不能者止。』」遂急書進呈。會之復喜，遂播告天下，決策用兵。已而劉信叔順昌大捷，虜人遂退。檜復專其功，大喜，亟擢用巨山至中書舍人。有無名子作詩嘲之，一聯云：「成湯爲太甲，宣聖作周任。」《朱子語類》卷一百三十一。《宋稗類鈔》卷六。

3 秦會之丞相請先至江上，諭諸帥招討，其劄子云：「德無常師，主善爲師；善無常主，協於克一。此伊尹相湯，《咸有一德》之言也。」又其末云：「臣言如不可行，即乞罷免，以明孔聖陳力就列，不能者止之義。」誤以告「太甲」爲「相湯」；孔子引周任之言，直指爲孔聖。此乃中書舍人張嵲代作，當時朝士作詩譏之，事見《周益公詩話》。《潁川語小》卷下。《二老堂詩話》。

曾幾

1 見李綱3。

2 紹興末，曾茶山卜居於越，得禹跡寺東偏空舍十許間居之，手種竹盈庭，日讀書賦詩其中。公平生清約，不營尺寸之產，所至寓僧舍，蕭然不蔽風雨。公詩有曰：「手自栽培千箇竹，身常枕藉一牀書。」蓋寓居時所賦也。公年雖高，吟詠猶不輟。莆田趙仲白讀公詩集，有詩云：「茶山八十二癯仙，千首新詩手自編。吟到瘴烟因避寇，貴登從槖只栖禪。新於月出初三夜，淡比湯煎第一泉。咄咄逼人門弟子，劍南已見祖燈傳。」蓋山陰陸務觀實從公學詩，陸有《劍南集》行於世，故末及之。《梅磵詩話》卷中。

3 曾文清夙興誦《論語》一篇，終身未嘗廢。《老學庵筆記》卷一。《何氏語林》卷九。

4 見韓駒4。

朱敦儒

1 見劉野夫5。

2 朱敦儒，字希真，洛陽人，紹聖諫官勃之孫。靖康亂離避地，自江西走二廣。紹興二年，詔廣西宣諭明槖訪求山林不仕賢者，槖薦希真深達治體，有經世之才，静退無競，安於賤貧，嘗三召不起，特補迪功郎，後賜出身。歷官職郎官，出爲浙東提刑，致仕居嘉禾。詩詞獨步一世。秦丞相晚用其子某爲删定官，欲令希真教秦伯陽作詩，遂落致仕，除鴻臚寺少卿，蓋久廢之官也。或作詩云：「少室山人久挂冠，不知何事到長安。如今縱插梅花醉，未必王侯著眼看。」蓋希真舊嘗有《鷓鴣天》云：「我是清都山水郎，天教懶慢帶疏狂。曾批給露支風勅，累奏留雲借月章。詩萬首，醉千場，幾曾著眼看侯王。玉樓金殿慵歸去，且插梅花醉洛陽。」最膾炙人口，故以此譏之。淳熙間，沅州教授湯巖起刊《詩海遺珠》，所書甚略，而云：「蜀人武横詩也。」未幾，秦丞相薨，希真亦遭臺評。高宗曰：「此人朕用槖薦以隱逸命官，置在館閣，豈有始恬退而晚奔競耶？」其實希真老愛其子，而畏避竄逐，不敢不起，識者憐之。《二老堂詩話》。《堅瓠戊集》卷三。

《宋詩紀事》卷九十六。

3 朱希真居嘉禾，嘗有朋儕詣之。聞笛聲自煙波間起，問之，曰：「此先生吹笛聲也。」頃之掉小舟而至，則與俱歸。室中懸琴、筑、阮咸之類，平日所留意者，簷間畜珍禽，皆目所未睹。籃缶置菓實脯醢，客至挑取以奉客。其詩云：「青羅包髻白行纏，不是凡人不是仙。家在洛陽城裏住，卧吹鐵笛過伊川。」可想見其風致也。《堅瓠補集》卷五。《堯山堂外紀》卷五十八。《宋詩紀事》卷四十四引《澄懷録》陸放翁云。

4 〔朱〕希真有詞名，以隱德著。思陵必欲見之，累詔始至，上面授以鴻臚卿。希真下殿拜訖，亟請致其仕，上改容而許之。《四朝聞見録》丙集。

5 秦檜當國，有擕希真畫山水謁檜，檜薦於上，頗被眷遇。與米元暉對御輒畫，而希真耻以畫名，輒退避不居也。故常告親友曰：「吾非善畫者，所畫多出錢端回之手。」其實非也。《畫繼》卷三。《佩文齋書畫譜》卷五十一。

6 林子善家藏崔慤畫龜甚佳，朱希真作《贊》曰：「骨爲裘褐，氣爲餰饘。孰令汝壽？惟蟲知天。他日碧波蓮葉上，不知誰見小如錢。」《浩然齋雅談》卷上。

7 朱希真好作怪字，往往人多笑之。其小詞有云：「輕紅寫遍鴛鴦帶，濃緑争傾翡翠巵。」其怪字似不宜寫在鴛鴦帶上，則争傾翡翠巵恐未必然也。一日偶于江陰侯守坐上及之，坐客無不大笑。《甕牖閒評》卷五。

8 朱希真自謂：「加數年，吾書如鬼矣。」趙子固云：「書成鬼，當是楊風子鬼耳！」《研北雜志》卷下。

9 晏尚書景初作一士大夫墓志，以示朱希真。希真曰：「甚妙。但似欠四字，然不敢以告。」景初苦問之，希真指「有文集十卷」字下曰：「此處欠。」又問：「欠何字？」曰：「當增『不行于世』四字。」景初遂增「藏於家」三字，實用希真意也。《老學庵筆記》卷一。

康倬

1 康倬，字爲章，元祐名將識之子。少日不拘細行，游京師，生計既蕩析，遂偶一娼。始來，即詭其姓名曰李宣德，情意既洽，婦人者亦戀戀不忍捨。爲章謂曰：「吾既無室家，汝肯從我南下爲偕老之計乎？」娼大然之，橐中所有甚富，分其半以遺姥，指天誓日，不相棄背。買舟出都門，沿汴行裁數里，相與登岸，小酌旗亭。伺娼之醉，爲章解纜亟發，娼拗怒戟手於河滸，爲章弗顧也。娼既爲其所紿，倉皇還家。後數年，爲章再到京師，過其門，娼母子即呼街卒録之，爲章略無憚色。時李孝壽尹開封，威令凛然。既至府，爲章自言：「平時未嘗至都下，無由識此曹，恐有貌相肖者，願試詢之。」尹以問娼，娼曰：「宣德郎李某也。」爲章遽云：「已即右班殿直康倬也。」尹曰：「誠倬也，取文書來。」爲章探懷中，取吏部告示文字以呈之。尹撫案大怒曰：「信知浩穰之地，姦欺之徒何所不有。」命重杖娼之母子，令衆通衢，慰勞爲章而遣之。李尹自以謂益顯神明之政矣。爲章自此折節讀書，易文資，有名於世。後來事浸露，李尹聞之，嘗以語外祖曰：「僕爲京兆，而康爲章能作此奇事，可謂大膽矣。」與之，其子也。《揮麈餘話》卷二。

康與之

1 建炎中，大駕駐維揚，康伯可上《中興十策》：「一請皇帝設壇，與群臣、六軍縞素戎服，以必兩宮之歸。二請移蹕關中，治兵積粟，號召兩河。爲雪恥計，東南不足立事。三請略去常制，爲馬上治。用漢故事，選天下英俊，日侍左右，講求天下利病，通達外情。四請河北未陷州郡，朝廷不復置吏，詔土人自相推擇，各保鄉社。以兩軍屯要害，爲聲援。滑州置留府，通接號令。五請刪内侍、百司、州縣冗員，文書務簡實，以省財便事。六請大赦，與民更始。前事一切不問，不限文武，不次登用，以收人心。七請北人避胡挈郡邑南來以從吾君者，其首領皆豪傑，當待之以將帥，不可指爲盜賊。八請增損保甲之法，團結山東、京東西、兩淮之民，以備不虞。九請講求漢、唐漕運，江、淮道塗置使，以餽關中。十請許天下直言便宜，州郡即日繳奏，置籍親覽，以廣豪傑進用之路。」時宰相汪、黄輩，不能聽用，而伯可名聲由是益著。……然厥後秦檜當國，伯可乃附會求進，擢爲臺郎。值慈寧歸養，兩宫燕樂，伯可專應制爲歌詞，諛艷粉飾，於是聲名掃地，而世但以比柳耆卿輩矣。檜死，伯可亦貶五羊。《鶴林玉露》乙編卷四。《西湖游覽志餘》卷十。《宋詩紀事》卷四十四。《詞林紀事》卷九。

2 建炎中，駕駐維揚，康伯可上《中興十策》，名振一時。後秦檜當國，伯可乃附會求進，擢爲臺郎。檜生日，伯可壽以《喜遷鶯》詞云：「臘殘春早。正簾幕護寒，樓臺清曉。寶運當千，佳辰餘五，嵩岳誕生元老。帝遣阜安宗社，人仰雍容廊廟。盡總道、是文章孔孟，勛庸周召。　師表。方眷遇，魚水君臣，須信從來少。玉帶金魚，朱顔緑鬢，占斷世間榮耀。篆刻鼎彝將遍，整頓乾坤都了。願歲歲、見柳稍青淺，梅英紅小。」又嘗與檜對局格天閣下，檜戲曰：「此卒渡河，是爾將軍之疥癩。」伯可徐曰：「今皇御極，視公宰相如腹心。」檜大喜，撤棋酣飲，終日而罷。《堯山堂外紀》卷五十八。《西湖游覽志餘》卷十。《宋稗類鈔》卷五。《堅瓠癸集》卷三。

3 康與之在高皇朝，以詩章應制，與左璫狎。適睿思殿有徽祖御畫扇，繪事特爲卓絶，上時持玩流涕，以起羹牆之悲。璫偶下直，竊攜至家，而康適來，留之燕飲，漫出以示，康紿璫入取殽核，輒泚筆几間，書一絶于上曰：「玉輦宸游事已空，尚餘奎藻繪春風。年年花鳥無窮恨，盡在蒼梧夕照中。」璫有頃出，見之大恐，而康已醉，無可奈何。明日伺間扣頭請死，上大怒，亟取視之，天威頓霽，但一慟而已。《桯史》卷四。《娱書堂詩話》卷下。《詩人玉屑》卷十九。《堅瓠戊集》卷二。《宋稗類鈔》卷五。《宋詩紀事》卷十四。案：《貴耳集》卷上作曾覿詩，云「《桯史》所載康與之，非也」。

4 重九日，常有疏風冷雨。……康伯可在翰苑日，嘗重九遇雨，奉勅撰詞，伯可口占《望江南》一闋進云：「重陽日，四望雨垂垂。戲馬臺前泥拍肚，龍山會上水平臍。直浸到東籬。茱萸胖，菊蕊濕滋滋。落帽孟嘉尋箬笠，休官陶令覓蓑衣。兩個一身泥。」上爲之啓齒。《歲時廣記》卷三十五。《堯山堂外紀》卷五十八。

5 康伯可與蘇養直有溪堂之約，雪夜，作《采桑子》詞促之，曰：「馮夷剪破澄溪練，飛下同雲。着地無痕。柳絮梅花處處春。山陰此夜明如晝，月滿前村。莫掩溪門。恐有扁舟乘興人。」《堯山堂外紀》卷五十八。

6 〔秦〕檜死，與之坐罪流五羊。與之愛白雲山麓玉虹洞幽勝，築小屋，匾曰「順安」，以待游息。所著有樂府五卷，轉運使陶定序之以傳。《廣東通志》卷二百六十六。

陸升之

1 秦妙觀，宣和名倡也，色冠都邑，畫工多圖其貌，售於外方。陸升之仲高，山陰勝流，詞翰俱妙。晚坐秦黨，遂廢於家。嘗語明清曰：「頃客臨安，雨中見一老婦人，蓬頭垢面丐於市，藉檐溜以濯足，泣訴於升之曰：『官人曾聞秦妙觀名否？妾即是也。』雖掩抑困悴，而聲音舉措固自若也。多與之金而遣之去。」仲高言已，淚落盈襟，蓋自愴其晚年流落不偶，特相似爾。《玉照新志》卷二。

2 〔憲聖慈烈吴〕太后居中宫時，嘗臨《蘭亭》，山陰陸升之代劉珙春云：「内仗朝初退，朝曦滿翠屏。硯池渾不凍，端爲寫蘭亭。」刻吴琚家。《蘭亭考》卷二。《宋詩紀事》卷五十一。

李天才

1 李邦美過句容之村鄉，見酒肆粉壁明潔，題云：「青裙白面哄挑菜，茅舍竹籬疏見梅。」未及后聯，店翁怒曰：「我以此壁爲人塗污，方一新之，今爾又作俑也。」遂不書。有客續至，問翁，翁悔之。一日，李再過之，翁請足成。李笑取筆書云：「春事隔年無信息，一聲啼鳥唤將來。」往來知音皆愛之。《山房隨筆》。

許顗

1 僕年十七歲時，先大夫爲江東漕，李端叔、高秀實皆父執也，適在金陵。二公游蔣山，僕雖年少，數從杖履之後。在定林説元微之詩，引事皆有出處，屈曲隱奥，高秀實皆能言之，僕不覺自失。因思古人讀書多，出語皆有來處，前輩亦讀書多，能知之也。《彦周詩話》。

2 夢中賦詩，往往有之。宣和已亥，僕在洪州，宿城北鄭和叔家。夜夢行大路中，寒沙没足，其旁皆田苗丘隴。一婦人皂衣素裳行田間，曰：「此中無沙易行。」僕從之不能登，婦人援僕手登焉。月明如晝，彌望皆野田麥苗。婦人求詩，引僕藉草坐。有矮磚臺一，上有紙筆，僕題詩四句云：「閒花亂草春春有，秋鴻社燕年年歸。青天露下麥苗濕，古道月寒人迹稀。」拍筆磚上有聲，驚覺宛然記憶，是歲大病，後亦無他故。《彦周詩話》。《夷堅乙志》卷四。

3 見翟耆年1。

張表臣

1 余年十五時，感傷寒，至六七日，困重將斃，父母環而泣之。忽夢二皂持馬呼余乘之，自成武東北，道濟兖郡縣，直抵嶽祠。入西偏門，列諸曹院，至一所，見紫衣人據案云：「爾安得殺某？」命取鏡燭之，非是，遣余去。若一僧相引，巡觀諸院，因徒甚衆。既而復出廟門，二皂持馬在焉。已據鞍，於街東民居若茶肆者，覩胥吏十輩，内一人乃姑丈惠澤，字慎微，亟下馬揖之。渠已蔽身簾箔間，挽而出之，問何似，且云：「姑丈棄世數年矣，安得在此爲吏？」渠唯唯。叩之主何事，曰户案。「還知某之壽命有官禄否乎？」曰：「非某所司。然嘗竊見之，公有年在，他日當來作監河侯。」乃相别上馬，復遵舊塗歸焉。至城北，墮一池，颱然寤，汗出徧體，而疾去矣。嘗志之。豈余不偶于世，而將官于地下乎？今潦倒流離，從人貸粟，生不爲監河侯，而死乃爲之，可發一笑。《珊瑚鉤詩話》卷二。

2 靖康元年冬十一月，虜騎長驅薄王畿，無一障之阻。春，爲城下盟，歸渡大河，莫或邀擊。余竊料其知我無謀，審我無勇，必且再至。冬十月，作《將歸賦》，以書投胡少汲，欲求侍養。公以啓事見答曰：「伏承主簿秘書，寵以華牋，副之佳什，屬詞近古，陳義甚高。横槊賦詩，不廢軍中之樂；登高舒嘯，少賒社下之歸。祝頌之深，敷染奚既。」遂堅留在帥幕下。數日，淵聖手詔沓至，曰：「金人分兩道深入，必犯京師，卿可提所部兵，前來捍虜。」又曰：「金人分兩道深入，已渡大河，卿可將見在兵，速來赴援。」公即日出次于郊，不三四日，遇敵于杞，力戰敗績。余傷之以詩曰：「選將他年重，作師此日難。傷心閔東道，白首戴南冠。」《珊瑚鉤詩話》卷二。

3 李衛公鎮南徐，甘露寺僧有戒行，公贈以方竹杖，出大宛國，蓋公之所寶也。及公再來，問：「杖無恙否？」僧欣然曰：「已規圓而漆之矣。」公嗟惋彌日。余近在沿江攝帥幕，暇日與同僚游甘露寺，偶題近作小詞于壁間云：「樓横北固，盡日厭厭雨。欸乃數聲歌，但渺漠、江山烟樹。寂寥風物三五。過元宵，尋柳眼，覓花英，春色知何處。　落梅嗚咽，吹徹江城暮。脉脉數飛鴻，杳歸期、東風凝佇。長安不見，烽起夕陽間，魂欲斷，酒初醒，獨下危梯去。」其僧頑俗且聵，愀然謂同官曰：「方泥得一堵好壁，可惜寫了。」余知之，戲曰：「近日和尚耳明否？」曰：「背聽如舊。」余曰：「恐賢眼目亦自來不認得物事。壁間之題，謾圬墁之，便是甘露寺祖風也。」聞者大笑。《珊瑚鉤詩話》卷二。

陳之茂

1　見鄭后3。

謝伋

1　宣和間，掌朝廷牋奏者，朝士常十數人，主文盟者集衆長合而成篇，多精奇對而意不屬，知舊事者往往傚之。韓似夬樞密《謝故相儀國公賜世濟厚德御書碑額表》，令數客爲之，「報行」者前一段用伋所爲，第一段用胡承公作。《四六談塵》。

2　叔祖逍遥公初不入黨籍，朱震子發内相，以初廢錮，乞依黨籍例，命一子宦，伋代作謝啓云：「念昔先人，親逢命世。升掌傳道，自有淵源；刻石刊章，偶逃黨部。上元豐太常之第，奉建中宣室之咨。忤彼權臣，斥從常調。」《四六談塵》。

3　見秦檜24。

4　見劉岑7。

謝直

1〔謝希孟〕在臨安狎倡，陸氏象山責之曰：「士君子乃朝夕與賤娼女居，獨不愧於名教乎！」希孟敬謝，請後不敢。他日復爲倡造鴛鴦樓。象山聞之，又以爲言，謝曰：「非特建樓，且有記。」象山喜其文，不覺曰：「樓記云何？」即口占首句云：「自遜、抗、機、雲之死，而天地英靈之氣，不鍾于世之男子，而鍾于婦人。」象山默然。希孟一日在倡所，忽起歸興，遂不告而行。倡追送江滸，泣涕戀戀。希孟毅然取領巾，書一詞與之云：「雙槳浪花平，夾岸青山鎖。你自歸家我自歸，說着如何過。我斷不思量，你莫思量我。將你從前待我心，付與他人可。」《談藪》。《西湖游覽志餘》卷十六。《堯山堂外紀》卷六十。《堅瓠丙集》卷二。《宋稗類鈔》卷四。《詞林紀事》卷十一引《古今詞話》。

2〔謝〕希孟與鄉人陳伯益好相調戲，伯益面黑而狹，多髯，希孟入其書室，見寫真挂壁上，題云：「伯益之面，大無兩指，髭髯不仁，侵擾乎其旁而不已，于是乎伯益之面，所餘無幾。」此語喧傳，伯益病之而莫能報。希孟後避寧宗諱，改名直，字古民。伯益于是以兩句詠其名：「炊餅擔頭挑取去，白衣鋪上喝將來。」聞者笑倒。伯益又嘗寫真，衣皂道服，躡僧鞋。希孟贊之曰：「禪鞋俗人鬚鬢，道服儒巾面皮。秋水長天一色，落霞孤鶩齊飛。」《談藪》。《堅瓠丙集》卷二。《宋稗類鈔》卷四。《宋詩紀事》卷五十五。

3〔陳〕同甫之至台州，士子奔湊求見。黃巖謝希孟與同甫有故，先一日與樓大防諸公飲中山上以待之，賦詩有云：「須臾細語夾簾言，說盡尊拳并毒拳。」語已可怪。既而同甫至，希孟借郡中伎樂，燕之東湖。同甫在坐與官妓語，酒至不即飲，希孟怒，詰責之，遂相詈擊，妓樂皆驚散。明日有輕薄子爲謔詞，末云：「何時一樽酒，重與細論文。」一州傳以爲笑。《林下偶談》卷三。

吴説

1 壽星寺寒碧軒詩。東坡既賦《寒碧》之句，吴説能草聖，行書尤妙，嘗書坡句于寺之髹壁。高宗命使詔僧借入宫中，留玩者數日，復命還賜本寺。説字畫遭際聖君如此。《四朝聞見録》甲集。

2 吴傅朋説知信州，朝辭上殿，高宗云：「朕有一事，每以自慊。卿書九里松牌甚佳。向來朕自書易之，終不逮卿所書，當令仍舊。」説皇恐稱謝。是日降旨，令根尋舊牌，尚在天竺寺庫堂中，即復令張挂，取宸奎榜入禁中。説所書至今揭於松門。《揮麈後録》卷十。《四朝聞見録》丙集。《行都紀事》。

3 或問予曰：「今九里松一字門扁，吴説所書也，字何以用金？」予謂之曰：高宗聖駕幸天竺，由九里松以入，顧瞻有扁，翌日取入，欲自爲御書，黼黻湖山，命筆研書數十番，歎息曰：「無以易説所書也。」止命匠就以金填其字，復揭之于一字門云。《四朝聞見録》甲集。

4 席大光以母葬，碑銘皆數千言，屬吴傅朋書之。大光立于碑側，不數字必請傅朋甜偃，終日不能兼備。傅朋病之，至夜分潛起，秉燭而書。大光聞之起，立以文房玩好之物盡歸之，預儲六千緡而潤毫，或曰：「傅朋之貧脱矣。」未幾而大光死，傅朋歎曰：「吾之貧，分也；大光之死，由我也。」《貴耳集》卷下。《佩文齋書畫譜》卷三十四。

蔣璨

1 蔣宣卿待制璨，紹興中以善書著名，因救解岳侯，遂忤秦相，諷言者論罷，閑廢十年。一日，忽報有中使至其家，時秦尚當國，老幼驚惶，慮有不測，蔣神色不變，徐而言曰：「主上聖明，吾無大過咎，且既從罷免，縱有後命，不過符下州郡處分耳，亦何至遣中使？此必美意。不然，亦當任之。」既而中使納謁，具傳上旨，賜以香茶、湯藥、宫羅之屬，又頒下翰苑所撰《憲聖慈烈皇后之弟吴八郡王》，蓋神道碑，命蔣書之。蔣即奉敕，書以授中使而歸。憲聖及后族錫賚至數千緡縑帛文房之具。蔣久閑廢，頗窘匱，賴以少蘇。《負暄野録》卷上。

楊無咎

1 楊補之世家清江，所居蕭洲，有梅樹，大如數間屋，蒼皮斑蘚，繁花如簇。補之日臨畫之，大得其趣，間以進之道君。道君曰：「村梅耳。」因自署「奉勑村梅」。更作踈枝冷蘂，清意逼人，而道君北轅，不及見矣。南渡後，宫中以其梅張壁間，蜂蝶集其上，始驚怪，求補之，而補之已物故。《六研齋二筆》卷一。《南宋雜事詩》卷五。

2 楊無咎，字補之，號逃禪老人，又號清夷長者。清江人，後寓豫章。高宗朝，以不直秦檜，累徵不起。《書史會要》卷六。《圖繪寶鑑》卷四。

3 楊補之，子雲之後，自蜀而移家清江。善畫梅，秦檜求，竟不與也。《畫品》卷一。《六研齋筆記》卷三。

4 清江楊無咎補之……世所傳「江西墨楊」，即其人也。《直齋書録解題》卷二十一。

李唐

1 李唐初至杭，無所知者，貨楮畫以自給，甚困。有中使識其筆，曰：「待詔作也。」唐因投謁，中使奏聞，而唐之畫，杭人即貴之。唐嘗有詩曰：「雪裏煙村雨裏灘，爲之如易作之難。早知不入時人眼，多買胭脂畫牡丹。」《續書畫題跋記》卷一。《南宋雜事詩》卷五。《宋詩紀事》卷四十四。

2 予家舊有〔李〕唐畫《胡笳十八拍》，高宗親書劉商辭，每拍留空絹，俾唐圖畫。亦嘗見高宗稱題唐畫《晉文公復國圖》横卷，有以見高宗雅愛唐畫也。《畫繼補遺》卷下。《宋詩紀事》卷四十四。

趙廣

1 趙廣，合肥人，本李伯時家小史。伯時作畫，每使侍左右，久之遂善畫，尤工作馬，幾能亂真。建炎中陷賊。賊聞其善畫，使圖所擄婦人，廣毅然辭以實不能畫，脅以白刃，不從，遂斷右手拇指遣去。而廣平生實用左手，亂定惟畫觀音大士而已，又數年乃死。《老學庵筆記》卷二。《六研齋二筆》卷二。《佩文齋書畫譜》卷五十二。《宋稗類鈔》卷八。

蕭照

1 蕭照，濩澤人。頗知書，亦善畫。靖康中，流入太行爲盜。一日，掠至李唐，檢其行囊，不過粉奩畫筆而已。叩知其姓氏，照雅聞唐名，即辭賊，隨唐南渡，得以親炙。唐感其生全之恩，盡以所能授之。紹興中，補迪功郎、畫院待詔，賜金帶。《圖繪寶鑑》卷四。《西湖游覽志餘》卷十七。

2 孤山涼堂，西湖奇絶處也。堂規模壯麗，下植梅數百株，以備游幸。堂成，中有素壁四堵，幾三丈。高宗翌日命聖駕，有中貴人相語曰：「官家所至，壁乃素耶？宜繪壁。」亟命御前蕭照往繪山水。照受命，即乞上方酒四斗，昏出孤山，每一鼓即飲一斗，盡一斗則一堵已成畫，若此者四。畫成，蕭亦醉。聖駕至，則周行視壁間，爲之歎賞。知爲照畫，賜以金帛。蕭畫無他長，唯能使玩者精神如在名山勝水間，不知其爲畫爾。《四朝聞見録》丙集。

畢良史

1 〔畢〕良史，字少董，蔡州人。略知書傳，喜字學，粗得晉人筆法。少游京師，以買賣古器書畫之屬，出入貴人之門，當時謂之「畢償賣」。遭兵火後，僑寓於興國軍，江西漕運蔣傑喜其辯慧，資給令赴行在，遂以古器書畫之説動諸内侍，内侍皆喜之。上方搜尋古器書畫之屬，恨未有辯其真僞者，得良史甚悦。月給俸五十千，仍令内侍延請爲門客。又得束脩百餘千，良史月得幾二百千，而食客滿門，隨有輒盡。當時號爲「窮孟嘗」。有姓畢人合得文資恩澤，無宗族承受。良史邂逅得之，補文學。既得三京地，即擬官就禄於新復之地，留守司俾權知東明縣。良史到縣，乃搜求京城亂後遺棄古器書畫一應古今骨董，買而藏之。會金人敗盟，良史無所用心，乃教學，解《春秋》。及復得還歸，遂盡載所有骨董而到行在，上大喜。於是以解《春秋》改京秩，自此人號良史爲「畢骨董」。《三朝北盟會編》卷二百八。《六研齋二筆》卷四。《佩文齋書畫譜》卷三十四。

2 〔畢良史〕留北境三年，著《春秋正辭》、《論語探古》。有宋城哲夫、李師微願良，執經師之，宋執一卷書背立，且讀且止； 李執一卷書，向其師若有問者。而良史坐一榻上，後有二女奴，各有所執，而阿冬者坐其間，良史之季子也。女奴之髽者曰孫壽，冠者曰馬惠真。好事者寫爲《翻經圖》。《吴中舊事》。

3 畢少董命所居之室曰「死軒」。凡所服用，皆上古壙中之物，玉如彼含蟬是也。《研北雜志》卷下。《南宋雜事詩》卷一。

4 洪州娉婷市，五代鍾傳侍兒所居，後以名市，畢少董謂可對「温柔鄉」。《研北雜志》卷下。

黃振

1 見宋高宗98。

菊夫人

1 思陵朝，掖庭有菊夫人者，善歌舞，妙音律，爲仙韶院之冠，宫中號爲菊部頭。然頗以不獲際幸爲恨，即稱疾告歸。宦者陳源以厚禮聘歸，蓄於西湖之適安園。一日，德壽按《梁州曲》舞，屢不稱旨。提舉官關禮知上意不樂，因從容奏曰：「此事非菊部頭不可。」上遂令宣唤，於是再入掖禁，陳遂憾恨成疾。有某士者，頗知其事，演而爲曲，名之曰《菊花新》以獻之，陳大喜，酬以田宅金帛甚厚，其譜則教坊都管王公謹所作也。陳每聞歌，輒淚下不勝情，未幾物故。《齊東野語》卷十六。《西湖游覽志餘》卷二十三。

沈之才

1 見宋高宗99。

劉居中

1 劉居中，京師人，少時隱於嵩山，居山顛最深處，曰控鶴庵。初與兩人同處，率一兩月，輒下山覓糧，登陟極艱苦，往往躋攀葛藟，窮日力乃至。兩人不堪其憂，皆舍去，獨劉居之自若，凡二十年，遭亂南來。紹興間，嘗召入宫，賜沖静處士。《夷堅乙志》卷十三。

蘇雲卿

1 蘇翁者，初不知其何許人。紹興兵火末，來豫章東湖南岸，結廬獨居。待鄰右有恩禮，無良賤老穉，皆不失其懽心。故人愛且敬之，稱曰蘇翁，猶祖翁、婦翁云。身長七尺，美鬚髯，寡言笑。布褐草履，終歲不易。未嘗疾病，筋力數倍於人，食啖與人亦倍。巨鍤長柄，略與身等。披荆棘，轉瓦礫，闢廢地爲圃。或區或架，或籬且埒。應四時蔬菜，不使一闕。藝植耘芟，皆有法度，灌注培壅，時刻不差。雖隆暑極寒，土石焦灼，草木凍死，圃中根荄芽甲，滋鬱暢茂。以故蔬不絶圃，味視它圃蔬爲最勝。市鬻者，利倍而售速。每先期輸，直不二價，而人無異辭。晝爾治圃，宵爾織屨。屨堅韌，革舄可穿，屨不可敗。織未脱手，人争貿之以饋遠，號曰蘇公屨。薪米不至匱乏，且有餘羡。喜周急，人有貸假，隨力所及應之，負償一不經意。閉門高卧，或危坐終日，人莫測識。先是高宗南渡，急賢如飢渴。時張公浚爲相，馳書函金幣，且移書屬豫章漕及帥曰：「余鄉人蘇雲卿，管、樂流亞，遯跡湖海有年矣。近聞灌園東湖，其高風偉節，非折簡所能屈。幸親造其廬，爲我必致之。」漕、帥密諭物色，彼人曰：「此有灌園蘇翁者，無雲卿也。」漕、帥即相與變服爲游客，入其圃，翁運鋤不顧。二客前揖與語，翁良久問客何從來，乃延入室。土銼竹几，輝光溢然。地無纖塵，案上留《西漢書》一册。二客神融意消，恍若自失。默計曰：「此爲蘇雲卿也，必矣。」既而汲泉煮茗，意稍款接。客遂扣曰：「翁仙里何地？」徐曰：「廣漢。」客曰：「張德遠，廣漢人，翁當識之。」曰：「識之。」客遂泛問張公世系材品，翁歷歷陳叙，且曰：「不知張今何官？」蓋其初不料張公使其訪己，而欲致之也。二客遂笑謂翁曰：「某等備乏漕、帥，實非游者。張公今秉相權，今某等造廬，以禮致公，共濟大業。」出書函金幣於其案上。翁色遽變，喉中隱隱有聲，似怨張公暴己者。至是，始知翁廣漢人，即雲卿是已。然終不知雲卿其字邪，抑名邪？繼旌旗填委，堅請翁同載以歸。再三謝，不可，許詰朝上謁。越夕，遣吏迎伺，則扃户闃然。從他徑排闥入，惟書幣留案上，儼然如昨日。室空，而人不可得見矣。形迹遼絶，莫知所終。《游宦紀聞》卷三。《林下偶談》卷四。《宋稗類鈔》卷二。

2 蘇雲卿，廣漢人，隱東湖。張魏公爲相，使帥、漕挽其來。一夕遁去，不知所之。真文忠爲詩曰：「魏公孤忠如孔明，赤手能支天柱傾。蘇公高節如子陵，寸膠解使黄河清。等是世間少不得，問津耦耕各其適。後人未可輕雌黄，兩翁之心秋月白。」《困學紀聞》卷十八。

劉勉之

1 趙忠簡當國，以近臣薦，起處士劉致中，至則趙去，秦代之矣。劉報罷歸。尹少稷柬之云：「徒然五侍從，不辨一書生。」《後村詩話》前集卷二。

姚孝錫

1 姚孝錫，字仲純，豐縣人，登宣和六年第，調代州兵曹。金人寇雁門，州將恇怯議降，孝錫竟投牀大鼾，不與其議。既得脱去，遂往五臺薄移疾不仕，因家焉，時年方三十九。治生積粟至數萬石，遇饑歲，盡出以賑貧乏，鄉人德之。所居正據五臺之勝，亭榭數十，花木百畝。中歲，盡以家事付諸子，日與賓朋放浪山水詩酒間，自號醉軒。至八十三乃終。《齊東野語》卷十一。《宋詩紀事》卷三十九。

蔣瑎

1　慈溪蔣季莊，當宣和間，鄙王氏之學，不事科舉，閉門窮經，不妄與人接。高抑崇居明州城中，率一歲四五訪其廬。季莊聞其至，必倒屣出迎，相對小室，極意講論，自晝竟夜，殆忘寢食。告去則送之數里，相得歡甚。或問抑崇曰：「蔣君不多與人周旋，而獨厚於公，公亦惓惓於彼，願聞其故。」抑崇曰：「閲終歲讀書，凡有疑而未判，與所缺而未知者，每積至數十，輒一扣之，無不迎刃而解。」《容齋三筆》卷六。

王茂剛

1　王茂剛，居明之林村，在巖壑深處，有弟不甚學問，使顓治生以餬口，而刻意讀書，足跡未嘗妄出，尤邃於《周易》。沈焕通判州事，嘗訪之。其見趣絶出於傳注之外云。《容齋三筆》卷六。《延祐四明志》卷四。

周日章

1　周日章，信州永豐人。操行介潔，爲邑人所敬。開門授徒，僅有以自給，非其義一毫不取。家至貧，常終日絶食，鄰里或以薄少致饋。時時不繼，寧與妻子忍餓，卒不以求人。隆寒披紙裘，客有就訪，亦欣然延納。望其容貌，聽其論議，莫不聳然。縣尉謝生遺以襲衣，曰：「先生未嘗有求，吾自欲致其勤勤耳，受之無傷也。」日章笑答曰：「一衣與萬鍾等耳，儻無名受之，是不辨禮義也。」卒辭之。《容齋三筆》卷六。

顧主簿

1 顧主簿，不知何許人，南渡後寓於慈溪。廉介有常，安於貧賤，不蘄人之知。至於踐履間，雖細事不苟也。平旦起，俟賣菜者過門，問菜把直幾何，隨所言酬之。他飲食布帛亦然。久之人皆信服，不忍欺。苟一日之用足，則玩心墳典，不事交游。里中有不安其分、武斷强忮者，相與譏之，曰：「汝豈顧主簿耶？」《容齋三筆》卷六。

陸凝之

1 陸凝之，字永仲，號石室，餘杭人。丰神雋拔，論議倜儻，尤好爲詩。少年以計偕入汴郡，法從見之，疑其爲仙，邀陸雜坐，命相者某道人視之。道人于群官中指陸曰：「這官人只是秀才。」諸公因叩以科第，則曰：「且還山脩讀。」陸大不得意。道人臨别，揖贈以粒丹，曰：「緩急幸用之。」陸亦異其人，寘丹襦帶中。果報罷，垂翅南歸，舟循汴，風激浪怒，舟不能勝，亟抽帶中丹投舟外，風浪始帖息。陸舉手謝天，幸不葬魚腹。汴上有呼其姓名者，則道人也。丹粒炯然已在道人掌中，曰：「吾丹欲濟子之身，非濟舟用也。」陸方從道人再覓丹，汴流急，不得語，陸惘然而已。歸用其説，隱于大滌洞天之石室。人因以「石室」稱之。《四朝聞見録》乙集。《西湖游覽志餘》卷十五。《宋詩紀事》卷五十。

2 光堯退處北宫，思大滌雙逕之勝，先幸大滌，道流清宫以竢，時憲聖亦侍。……進主觀者，問以「山中頗有能詩客否」？觀師素憐陸，乃以陸對，進陸行卷。太上讀數首，太息曰：「布衣入翰林可也，歸當語大哥。」憲聖從旁贊曰：「太上只好休。既是山林隱士，必不要人知，他要官職做甚？看引得大哥定要他出山，卻是苦他。」太上深以爲然，遂不以語孝宗。《四朝聞見録》乙集。《宋詩紀事》卷五十。

張風子

1 張風子者，不知何許人。紹興中來鄱陽，止於申氏客邸，每旦出賣相，晚輒醉歸。與人言，初若可曉，忽墮莽眇中，不可復問。養一雞一畫眉，冬之夜，熾炭滿爐，自坐牀上，而置二蟲於兩旁，火將盡，必言曰：「向火已暖，可睡矣。」最善呼鼠，申媪以爲請，張散飯于地，誦偈數句，少頃，衆鼠累累而至，或緣隙鑽穴，蓋以百數，聚於前，攫飯而食。食罷，張曰：「好去，勿得齧衣服損器皿，群鳴跳踉。在東歸東，在西歸西，勿得亂行。苟犯令，必殺汝。」鼠默默引去，不敢出聲。或請除之，則用誦呪而遣往官食中，云：「法不許殺也。」目光紺碧如鏡，旋溺時直濺丈許乃墮。好歌《滿庭芳》，詞曰：「咄哉牛兒，心壯力壯，幾人能可牽繫。爲愛原上，嬌嫩草萋萋。只管侵青逐翠，奔走後、豈顧群迷。争知道，山遥水遠，回首到家遲。　牧童，能有智，長繩牢把，短稍高擕。任從它，入泥入水無爲。我自心調步穩，青松下、横笛長吹。當歸處，人牛不見，正是月明時。」《夷堅丙志》卷十八。

耿聽聲

1 耿聽聲者，兼能嗅衣物以知吉凶貴賤。德壽聞其名，取宫人扇百餘，雜以上及中宫所御，令小黄門持扣之。耿嗅至后扇云：「此聖人也，然有陰氣。」至上扇，乃呼萬歲。上奇之，呼入北宫，又取妃嬪珠冠十數示之。至一冠，奏曰：「此有尸氣。」時張貴妃薨，此其故物也。《齊東野語》卷十五。

2 見夏震1。

釋宗回

1 僧宗回者，累建法席，最後住南劍之西巖，道行素高。寺多種茶，回令人芟除繁枝，欲異時益茂盛，實無它心。有僧不得志於寺，詣劍浦縣訴云：「回慮經界法行，茶税或增，故爾。」縣知其妄，撻逐之。僧復告于郡，郡守亦素聞回名，不然其言，復撻之。僧不勝忿，詣漕臺言所訴皆實，而爲郡縣抑屈如此，乞移考它郡。漕使下其事于建州，州遣吏逮回。吏至，促其行，回曰：「幸寬我一夕，必厚報。」吏許爲留。回謂其徒曰：「是僧已再受杖，吾若往自直，則彼復得罪，豈忍爲此！吾不自言，則罪及吾，吾亦不能甘，不如去此。」僧徒意其欲遁，或有束裝擬俱去者。明旦，回命擊鼓升座，慰謝大衆畢，即唱偈曰：「使命來追不暫停，不如長往事分明。從來一個無生曲，且喜今朝調得成。」瞑目而化。時紹興十九年。《夷堅甲志》卷五。

釋慧蘭

1 和州光孝慧蘭禪師，不知何許人也，自號碧落道人。嘗以觸衣書七佛名，叢林稱爲「蘭布裩」。……建炎末，逆虜犯淮，執師見酋長，長曰：「聞我名否？」師曰：「我所聞者，惟大宋天子之名。」長恚，令左右以鎚擊之，鎚至輒斷壞。長驚異，延麾下敬事之。經旬，師索薪自焚，無敢供者。親拾薪成龕，怡然端坐。煙焰一起，流光四騰，虜跪伏灼膚者多。火絕，得五色舍利，併其骨而北歸。所執僧尼，悉得自便。和人至今咏之。《五燈會元》卷十二。

釋浄師

1 釋浄師，住杭州臨平廣嚴院，善草聖，圓熟有法。紹興初，被召作草。首書「名花傾國兩相歡」，帝不悦，賜罷。《書史會要》補遺。《南宋雜事詩》卷六引《游名山記》。

釋法一

1 僧法一、宗杲，自東都避亂渡江，各攜一笠。杲笠中有黄金釵，每自檢視。一伺知之。杲起奏厠，一亟探釵擲江中。杲還，亡釵，不敢言而色變。一叱之曰：「與汝共學了生死大事，乃眷眷此物耶！我適已爲汝投之江流矣。」杲展坐具，作禮而行。《老學庵筆記》卷三。《宋稗類鈔》卷二。

釋宗杲

1 見釋法一1。

2 〔張公子韶〕與徑山主僧宗杲爲莫逆交。時緇流之赴宗杲者二千餘衆，徑山雖巨刹，至無所容，宗杲更敞千僧閣以居之，而公往來其間。〔秦〕檜恐其議己，於是言者論公與宗杲謗訕朝政。《宋名臣言行録》别集下卷九。

3 大慧名妙喜。張公九成，字子韶，自爲士時已躭釋學，嘗與妙喜往來，然不過爲世外交。張公自以直言忤秦檜，檜既竄斥張公，廉知其素所往來者，所善獨妙喜，遂杖妙喜背，刺爲卒于南海。妙喜色未嘗動。後檜死，孝宗杲放還，復居徑山。有勸之去其墨者，妙喜笑拒不答。孝宗憐而敬之，寵眷尤厚，賜金鉢、袈裟，輿前用青蓋，賜號大慧。《四朝聞見録》甲集。

4 《江鄉志》末卷《雜記門》云：佛日大師宗杲，每住名山，七月遇蘇文忠忌日，必集其徒修供以薦。嘗謂張子韶侍郎曰：「老僧東坡後身。」張曰：「師筆端有大辯才，非老先生而何！」《賓退録》卷四。

釋宗昂

1 僧宗昂住會稽能仁寺。有故相寓寺中，已而復相，宗昂被敕住持。郎官馬子約題詩法堂壁間曰：「十年衰病卧林泉，鵷鷺群飛競刺天。黄紙除書猶到汝，固知清世不遺賢。」《老學庵筆記》卷四。

釋晞顔

1〔晞顔〕文藻高妙，後進愛慕。……嘗步菜畦，見墾掘殺傷之多，遂不復茹蔬，惟買海苔三百六十斤，日取一斤供粥飯。《補續高僧傳》卷二。《宋詩紀事》卷九十三。

陳吉老

1 陳吉老，淮人，業醫，名動京師。開封府有富人，祇一子，忽見正物皆以爲偏，凡几案書册之類，排設整齊，必更移令斜，自以爲直，以至書寫尺牘，莫不皆然。父母甚憂之，歷聘醫者皆不曉。人以吉老爲言，遂攜子致懇。既告退，獨留其子。父怪久不歸，遣人詢之，則曰已辦筵設矣。聲樂頗盛，酬勸無算，酣醉乃罷，置卧轎中，使人扛之，高下其手，常令傾側，展轉久之，方令登榻，安寢達旦，酒醒，遣之歸。前日斜側物皆理之使正，父母再三試之，病已脱然矣。媪厚爲之謝，且問治之方。吉老云：「令嗣無他疾，醉中嘗閃倒，有肝一葉搭在肺上不能下，今復飲之醉，則肺脹，展轉之則肝亦垂，目視自如舊矣。」後過南方。紹興中，名傾浙右。《雲麓漫鈔》卷五。

王繼先

1 余稚年入閩過福，聞有黑虎王醫師者，富甲一郡，問之，則繼先之别名也。繼先世業醫，其大父居京師，以黑虎丹自名，因號「黑虎王家」。及繼先幸於高宗，積官留後，通國稱爲醫師，雖貶猶得麗於稱謂焉。初，秦檜擅權而未張，頗賂上左右以固寵，繼先實表裏之。當其盛時，勢焰與檜挈大，張去爲而下不論也。諸大帥率相與父事，王勝在偏校，因韓蘄王以求見，首願爲養子，遂帥金陵軍。聞者爭傚，不以爲怪。檜欲貴其姻族，不自言，每請進繼先之黨與官，繼先亦乘間爲檜請，諸子至列延閣，金紫盈門。搀顧賕謝，攘市便腴，抑民子女爲妾侍，罪不可勝紀，而衣憑城社，中外不敢議者三十年。紹興辛巳六月，蜀人杜華老爲南牀，擬擊之而未發。會邊釁啓，繼先首輦重寶爲南遁計，都城爲之騷然。上聞之不樂。劉武忠錡帥京口，請以先發制人之策，決用兵。上意猶隱忍不決，亶欲以兵應。繼先素怯，猶幸和議之堅以竊安，因間言于上曰：「邊鄙本無事，蓋新進用主兵官，好作弗靖，欲邀功耳。各斬一二人，和可復固。」上不答，徐謂侍貂曰：「是欲我斬劉錡耶？」於是素軋其下而不得逞者，頗浸潤及之矣。逆亮索我大臣，廷遣徐嘉、張掄往聘，亮以非指，使諫議大夫韓汝嘉至盱眙止之，更令遣所索。奏至，上適在劉婕妤閣，當饋輟食，婕妤怪之，問諸侍貂而得其繇，進説寬譬，頗與繼先之言符，上大驚，問曰：「汝安得此？」婕妤不能隱，具以所聞對。遂益怒。丁未，詔婕妤歸別第。莘老遂上疏，列其十罪。初進讀，玉色猶怫然，莘老扣榻曰：「臣以執法事陛下，不能去一醫，死不敢退。」猶未許，因密言外議謂繼先以左道幸，恐謗議叢起，臣且不忍聽。上始變色首肯，罷朝，使宣旨曰：「朕以顯仁餌汝藥，故假爾寵，今言者如此，當不復有面目見朕，期三日有施行，其自圖之。」辛亥，遂詔繼先居于福，子孫勒停，都城田宅皆没官，奴婢之强鬻者從便。令下，中外大悦。《桯史》卷九。

2 王繼先以醫術際遇高宗。當高宗款謁郊宫，僅先期二日，有瘤隱於頂，將不勝其冠冕。上憂甚，詔草澤。繼先應詔而至，既視上，則笑曰：「無貽聖慮，來日愈矣。」既用藥，瘤自頂移於肩，隨即消，若未嘗有，上遂郊見天地。上嘗以瀉疾召繼先，繼先至則奏曰：「臣渴甚，乞先宣賜瓜而後静心診御。」上急召太官賜瓜。繼先先食之既，上覺其食瓜甘美，則問繼先：「朕可食此乎？」繼先曰：「臣死罪，索瓜固將以啟陛下食此也。」詔進瓜，上食之甚適，瀉亦隨止。左右驚，上亦疑，問繼先曰：「此何方也？」繼先曰：「上所患中暑，故瀉，瓜亦能消暑爾。」大率皆類此。其後久虚東宫，臺臣論繼先進藥無效，安置福州，因家焉。《四朝聞見録》丙集。

3 見宋高宗69。

4 醫官王繼先於宅傍創一别館，專以收蓄俳人。繼先則蓄臨安府名妓劉榮奴，其子悦道則蓄金盼盼，父子聚麀，傷風敗教。又令所買妓女時作歌舞。及聞淵聖皇帝升遐，舉家仍復燕飲，乃令妓女舞而不歌，舉手頓足爲戲，名爲啞樂。繼先又於湖州地名舊館别創大第，工畢之日，自都下載見錢二十萬貫，前往排垛，謂之「鎮宅錢」。《三朝北盟會編》卷二百三十。《南宋雜事詩》卷一。

5 〔王〕繼先於都城廣造第宅，多侵官司地分，如陶家巷寨屋、豐樂橋官地。……屋宇臺榭皆高廣宏麗，都人謂之「快樂仙宫」。《三朝北盟會編》卷二百二十。《南宋雜事詩》卷五。

6 紹興間，王繼先號王醫師，馳名一時。繼而得罪，押往福州居住。族叔祖宫教，時赴長沙倅，素識其人，適邂逅旅舍，小酌以慰薦之，因求察脈。王忽愀然曰：「某受知既久，不敢不告。脈證頗異，所謂脈病人不病者，其應當在十日之内，宜亟反轅，尚可及也。」因泣以别。時宫教康强無疾，疑其爲妄，然素信其術，於是即日回轅。僅至家數日而殂。《齊東野語》卷十八。

王　涇

1 見宋高宗69。

2 王涇亦頗宗〔王〕繼先，術亦有奇驗，然用藥多孟浪。高宗居北宫，苦脾疾，涇誤用瀉藥，竟至大漸。孝宗欲戮之市朝，憲聖以爲恐自此醫者不敢進藥，止命天府杖其背，黥海山。涇先懷金箔以入，既杖，則以傅瘡，若未嘗受杖者。後放還，居天街，猶揭榜於門曰「四朝御診王防禦」。有輕薄子以小楮帖其旁云：「本家兼施瀉藥。」王慙甚。《四朝聞見録》丙集。

詹　成

1 詹成者，宋高宗朝匠人，雕刻精妙無比。嘗見所造鳥籠，四面花版，皆於竹片上刻成宫室、人物、山水、花木、禽鳥，纖悉具備，其細若縷，而且玲瓏活動。求之二百餘年來，無復此一人矣。《南村輟耕録》卷五。

宋五嫂

1 宋五嫂者，汴酒家婦，善作魚羹，至是僑寓蘇堤。光堯召見之，詢舊淒然，令進魚羹，人競市之，遂成富媪。朱静佳六言詩云：「柳下白頭釣叟，不知生長何年。前度君王游幸，賣魚收得金錢。」《西湖游覽志餘》卷三。《武林舊事》卷三。

2 見宋孝宗27。

許叔微

1 許叔微，字知可，真州人。家素貧，夢人告之曰：「汝欲登科，須積陰德。」許度力不足，惟從事於醫乃可，遂留意方書。久之，所活不可勝計。復夢前人來，持一詩贈之，其詞曰：「藥有陰功，陳樓間處。堂上呼盧，喝六作五。」既覺，姑記之於牘。紹興壬子，第六人登科，用升甲恩如第五，得職官。其上陳祖言，其下樓材也。夢已先定矣。呼盧者，臚傳之義云。《夷堅甲志》卷五。

2 許叔微敬事白衣觀音，求登科第，夜夢觀音，謂之曰：「汝前生無恩德及人，如欲登第，以藥餌濟惠世人，必獲福報。」叔微敬信其言。將及二載，復夢觀音以偈贈之曰：「藥有陰功，陳樓間處。殿上呼臚，喝六得五。」其後以張九成榜中得第六名，以太學恩例陞第五名。《善誘文》。

3 〔張〕子韶榜中有許叔微，嘗夢有人告之曰：「汝無及第分。」……叔微曰：「行陰德可否？」其人頷首而去。叔微自此遂學醫，頗有得。無何，其鄉中大疫，叔微極力拯療之，往往獲全活者頗多。一夕，復夢其人唱四句云：「呼盧殿上，請何是主。王陳間隔，呼六爲五。」及是榜，子韶既魁，王郊第四人，陳祖吉第五人，叔微第六人。叔微又係該恩人，陞一名，遂得第五人恩例，所謂「王陳間隔，呼六得五。」其親切如此。「呼盧」者，傳臚之謂也。《北窗炙輠録》卷下。《古謡諺》卷六十二。

楊邁

1 里諺有「張果老撑鐵船」之語，以爲難遇不復可見也。鄉人楊元皐爲舉子時，嘗夢人告之曰：「子欲及第，除是撞着張果老撑鐵船。」元皐心甚疑之。紹興初，以鄉舉就吉州類試，一禪刹爲試院。元皐試畢，忽回顧壁間有畫一老人撑船，旁題云「此是張果老撑鐵船處」。元皐喜，以爲符夢中之言。牓揭，吉州之士中者六七人，元皐預其一。元皐名邁。《獨醒雜志》卷十。

黄豐 馮諤

1 邵武士人黄豐、馮諤，一鄉佳士也。同謁本郡福□王廟求夢，夢有「黄三元、馮尚書」之語，皆喜自負。其後，豐以應武舉作解頭，又連魁文解，竟不第。所謂「三元」乃如此。諤試南省，名在第二，廷對中甲科，爲臨安府教授，攝國子正。與同年林大鼐梅卿厚善。林驟得位至吏部尚書，薦諤自代，未及用，卒於官。所謂「尚書」乃如此。《夷堅丙志》卷十六。

陳脩

1 紹興間，黄公度榜第三人陳脩，福州人，解試《四海想中興之美賦》，第五韻隔對云：「葱嶺金堤，不日復廣輪之土；泰山玉牒，何時清封禪之塵。」時諸郡試卷多經御覽，高宗親書此聯於幅紙，黏之殿壁。及唱名，玉音云：「卿便是陳脩？」吟誦此聯，淒然出涕，問：「卿年幾何？」對曰：「臣年七十三。」問：「卿有幾子？」對曰：「臣尚未娶。」乃詔出内人施氏嫁之，年三十，貲奩甚厚。時人戲爲之語曰：「新人若問郎年幾，五十年前二十三。」《鶴林玉露》乙編卷六。《湖海新聞夷堅續志》後集卷二。《西湖游覽志餘》卷二。《堯山堂外紀》卷五十八。《堅瓠甲集》卷三。《宋稗類鈔》卷二。

方翥

1 方翥，興化人，解試《中興日月可冀賦》，一聯云：「佇觀僚屬，復光司隸之儀；忍死須臾，咸泣山東之淚。」亦經御覽，親筆録記。唱名日，特命加一資。《鶴林玉露》乙編卷六。

2 莆田方翥試南宫，第三場欲出納卷，有物礙其足，視之，則一卷子，止有前二篇，其文亦通暢，不解何以不終卷而棄於地也。翥筆端俊甚，以其緒餘足成之，併攜出中門，投之幕中，一時不暇記其姓名，翥既中第，亦不復省問。他年，翥爲館職，偶及試闈異事，因及之。偶有客在坐，同年也，默不一語。翼日，具冠裳造方，自叙本末。言：「試日，疾不能支。吾扶拽而出，所謂試卷者，莫記所在，已絕望矣。一旦榜至，乃在選中。恍然疑姓名之偶同，幸未嘗與人言。亟入京物色之，良是，借真卷觀之，儼然有續成者，竟莫測所以。今日乃知出君之筆，君，吾恩人也。」方笑謝而已。《齊東野語》卷五。《宋稗類鈔》卷二。

楊汝南

1 清漳楊汝南，少年時，以鄉貢試臨安。待捷旅邸，夜夢有人以油沃其首，驚而寤。牓既出，輒不利，如是者三，竊怪之。紹興乙丑，復與計偕，懼其復夢也，榜揭之夕，招同邸者告以故，益市酒殽，明燭張博具，相與劇飲，期以達旦。夜向闌，四壁咸寂，有僕曰劉五，卧西牖下，呻呼如魘。亟振而呼之醒，乃具言初以執炙之勤，視博方酣，幸主之不呼，竊就枕。忽有二人者扛油鼎自樓而登，倉皇若有所訪，顧見主之在坐也，執而注之，我怒而争，是以魘。汝南聞之大慟，曰：「二千里遠役，今復已矣！」同邸亦相與嘆咤，爲之罷博。及明，漫强之觀榜，而其名儼然中焉。視榜陳於地，黯若有迹，振衣拂之，油漬其上，蓋御史涖書淡墨，以夜倉猝覆燈盌，吏不敢以告也。《桯史》卷二。《宋稗類鈔》卷二。

胡克己

1 胡克己，字叔平，温州人。紹興庚申應鄉舉，語其妻曰：「吾夢棘闈晨啓，它人未暇進，獨先入坐堂上，今兹必首選。」妻曰：「不然。君不憶《論語》乎？《先進》者，第十一也。」暨揭榜，果如妻言。《夷堅甲志》卷四。

徐　履

1 徐履，南省第一人。時秦檜欲妻以女，因陽狂，廷對不答一字，乃附第五甲末。時人爲之語曰：

「殿榜若還顛倒挂，徐履依前作狀元。」終朝請郎。《紹興十八年同年小録》。

2 淳熙間，省元徐履，因功名之念太重，遂有心恙之疾。殿試，用卷子寫一枝竹，題曰：「畫竹一竿，送上試官。」朝廷亦優容之。以省元身後一官與其子。《貴耳集》卷下。

魯璩

1 紹興二十一年，秀州當湖人魯璩赴省試。第一場出，憶賦中第七韻忘押官韻，顧無術可取。次日，彷徨於案間，惘然如失。皂衣吏問知其故，言曰：「我能爲君盜此卷。然吾家甚貧，當有以報我。」丁寧至三四，璩許謝錢二百千，乃去。猶疑其不然。未幾，果取至，即塗乙以付之。詢其姓氏，曰：「某爲蔡十九郎，居於暗門里某巷第幾家。差在貢院，未能出。」且以批字倩璩達其家。璩試罷，持所許錢及書訪其家。妻見之，泣曰：「吾夫亡於院中，今兩舉矣，尚能念家貧邪？」是年璩登第，復厚恤之。《夷堅丙志》卷七。

王益

1 王益，字茂升，崇仁士人也。紹興庚申，與其兄茂謙盈祈夢于仰山廟，夢人語之曰：「君姓名不在張九成下。」覺而甚喜，謂異時科第巍峨，當如張公。既獲薦，以壬戌春赴省。是時貢闈在下天竺寺，暨入試，其設案處有前人題名「張九成」三大字，適當坐右，意必符昔夢，愈益喜。然是歲乃不利，蓋神所告但指坐次云。初，茂升父國光尚賓嘗夢室中挂巨榜，一人從旁言曰：「此君家子孫及第時賦題也。」杳茫髣髴，不可盡睹，僅識其末一「美」字，乃諭子弟，凡「美」字可作題目者皆當牢籠。又作《適堯舜文王爲正道論》，意若未愜，更易者數四。茂升蹭蹬，至丙子歲旦得開元一錢于道中，光潔可愛，私念曰：「吾今年當免舉，而以元日得錢，豈省場策問及此邪？」於是精考錢幣本末，廣爲之備。丁丑到省試，其賦曰《兼聽盡天下之美論》，題正昔日所作，策首篇問泉貨，遂登科。

《夷堅支志》乙卷二。

鍾炤之

1 鍾炤之，字彦炤，樂平湖圍人，長於詞賦。紹興己卯之春，夜讀書窗下，過三鼓，聞有吟哦詩句於外者曰：「霖作商巖雨，薰來舜殿風。」驚聽之，復誦至再。啓户視之，無人焉。以爲神物所告，謹志於策，祕不語人。至秋試，以「膏澤多豐年」爲詩題。鍾押「豐」字，用此二句入第五聯。考官讀之，擊節稱賞。批其側曰：「形容得膏澤意好。」竟置之巍級。《夷堅支志》癸卷一。《宋稗類鈔》卷二。《宋詩紀事》卷五十一。

辛炳 常同 魏矼 明縞 周綱

1 臨安府城中有寶積山，車駕駐蹕時，御史中丞辛炳、殿中侍御史常同、監察御史魏矼、明縞、周綱皆居其上，人遂呼爲「五臺山」。《雞肋編》卷中。《西湖游覽志餘》卷二十三。

張　紘

1　張紘善滑稽，紹興初爲金壇丞，適當物價踴貴，鵝每隻三千，野鳧每隻八百，戲爲詩云：「時見空中飛八百，每聞岸上叫三千。」《可書》。

向宗厚　王　佾

1　向宗厚履方，建炎末爲樞密院計議官。履方美髯而若滑稽之狀，裹華陽巾，纏足極彎，長於鈎距。同舍王佾公爲嘗戲語之曰：「君唐明皇時四人合而爲一，何邪？」向曰：「願聞之。」公爲曰：「君狀類黄幡綽，頭巾類葉法善，脚類楊貴妃，心腸似安禄山。」席間一笑，履方不懽。後程致道行其祠部員外郎告詞云：「汝佩服高古，操履甚恭。」又以戲之。《揮麈餘話》卷二。《南宋雜事詩》卷三。《茶香室三鈔》卷六。

張常先

1　紹興間，張叔夜之子常先，爲江西常平使者，有小官上啓，其自序處云：「叔夜粗疏，次山漫浪。」常先大怒曰：「我爺何曾粗疏？」《誠齋詩話》。

趙霈

1 見胡寅2。

韓之純　王訓

1 韓之純爲荆湖北路轉運判官，輕薄不顧士行，平日以「浪子」自名，喜嬉游娼家，好爲淫媟之語，又刺淫戲於身膚，酒酣則示人。人爲之羞，而不自羞也。……有贓敗失官人王訓者，居於鄂州南草市賣私酒起家，妻女婢妾皆娼妓，結託總漕。兩司屬官時復群飲於訓家，訓出群娼以奉之，污穢靡所不至。兩司公事，獨訓占斷，鄂州人呼訓家爲「淫窟」，又呼爲「關節塌坊」。之純爲總領司屬官時，常往來訓家。《三朝北盟會編》卷二百三十六。

張扶

1 紹興間，張扶少持繇右正言除太常卿。翌日，宰執奏太常卿班高，故事不除。改國子祭酒。時祭酒虚位亦久，前騶接呼，赴監供職。學前居民驚懼，曰：「官來捕私酒。」傳以爲笑。《清波雜志》卷六。

王獻臣

1 王彥國獻臣，招信人，居縣之近郊。建炎初，金人將渡淮，獻臣坐於所居小樓，望見一老士大夫彷徨阡陌間，攜一小僕，負一匣，埋於空迴之所。獻臣默識之。事定，往掘其地，宛然尚存。啓匣，乃白樂天手書詩一紙，云：「石榴枝上花千朵，荷葉杯中酒十分。滿院弟兄皆痛飲，就中大户不如君。」獻臣後南渡，寓居餘姚，嘗出以示余，真奇物也。《玉照新志》卷三。

宋人軼事彙編卷三十三

史浩

1 史丞相登科時，年恰四十矣。未策名之時，清貧特甚。嘗當歲除之夕，隨力享先，既罷，就寢，夢若在都城，二中貴人乘馬來，宣喚甚急，遂隨入大殿下。王者正坐，左右金紫侍立，容衛華盛。中貴引趨謁，稽首拜舞，類人間朝儀。殿庭兩旁，各設一案，金銀器皿，羅陳其上，晶熒奪目。未幾，殿上人傳呼，奉聖旨賜史某金器若干、銀器若干，凡四百七十件。史倥偬駭異，莫之敢承。兩青衣掖之使拜，乃跪謝而出。中貴復導之還，過巨川高橋，方陟數板，失足墜水，悸而寤。正旦日，以語其夫人。夫人笑曰：「昨夜大年節，民俗所重，我家尚無杯酒臠肉，虛度歲華，安得有金銀如是之富？真是姦鬼相戲侮耳！」史亦爲之解顔。已而擢紹興乙丑第。踰一紀，始充太學官。……際遇飛龍在天之恩，遂躋位輔相，窮富極貴三十餘年。計前後錫賚，正與夢中四百七十之數同。《夷堅甲志》卷六。

2 〔紹興〕十八年，史越王以餘姚尉攝昌國鹽監。三月望，偕鄱陽程休甫由沈家門泛舟風帆，俄頃而至。詰旦詣善財巖潮音洞。……公扳緣而上，忽見金色身照耀洞府，眉目了然，程所見亦同，唯公更見雙齒如玉雪。天將暮，有一長僧來訪，云：「公將自某官歷清要，至爲太師。」又云：「公是一好結果的文潞公，他時作宰相，官家要用兵，切須力諫。後二十年當與公相會於越。」遂辭去。送之出門，不知所在。乾道戊子，以故相鎮越。一夕，典客報有道人稱養素先生，言舊與丞相接熟，典客不肯通刺，疾呼欲入謁。亟命延之，貌粹神清，談論鋒起，索紙數幅，大書云：「黑頭潞相，重添萬里之風光；碧眼胡僧，曾共一宵之清話。」擲筆，不揖而行。公大駭，遍遣兵尋覓不復見。追憶補陀之故，始悟長身僧及此道人皆大士見身也。《寶慶四明志》卷二十。《湧幢小品》卷二十六。

3 小説稱史衛王浩爲尉時，至補陀見大士，云：「此文潞公後身，他時作宰相，官家要用兵，切須力諫。」其後浩兩授節鉞，遍歷三公，壽八十九。嘗曰：「吾口不言兵，後必有爲宰相者。」彌遠，乃其次子。《雨航雜録》卷上。《南宋雜事詩》卷三。

4 見宗高宗69。

5 見宋孝宗6。

6 劉蘊古，燕人也。逆亮將南寇，使之僞降以覘國，而無以得吾柄，乃以首飾販鬻，往來壽春，頗言兩國事，見淮賈，輒流涕曰：「予何時見天日耶！」因縱譚亮國虚實，以啗朝廷，自詭苟見用，取中原，滅大金，直易事耳。邊臣不疑，密以名聞，時兵釁已啓，詔許引接。至行都，首言其二弟在北，皆登巍科，惟己兩薦禮部而未第，因謀南歸，以成功名。當國者喜之，遂授迪功郎、浙西帥司，準備差遣，時紹興三十一年九月癸巳也。蘊古猶不厭意，日强聒于朝，辯舌泉涌，廷臣咸奇之。會亮誅，未得間以北，繼改京秩爲鄂倅。隆興初元三月，濠梁奏北方游手萬餘人，應募欲以營田，藴古聞而有請，願得自將以與虜角，毋使徒老耒耜間。左揆陳文正、參預張忠定、同知辛簡穆咸是之，次相史文惠獨不可，曰：「是必姦人，來爲虜間，國家隄防稍密，不得施其伎，欲姑以此萬人，藉手反國耳。」諸公雜然謂逆詐，文惠顧行首吏召之曰：「俟其來，嘗可見也。」相與坐堂中，俟久之，至，文惠迎謂曰：「昔樊噲欲以十萬衆，横行匈奴中，議者猶以爲可斬，子得萬烏合，何能爲？」藴古素謂廟議咸許，其來也，意得甚，卒聞此語，大駭失色。遽曰：「某意無他，此萬人家口皆不來，必不爲吾用。不如乘其未定，挾去爲一拍，事幸成，猶不可知耳。」文惠顧諸公曰：「已得之，通判之言是矣。此萬人固不留，獨不知通判盛眷，今在何所？」時藴古家在幽、燕，自知失言，内愒不得對，比茶甌至，戰灼不復能執，幾墮地，遂退。諸公猶不然，然迄得不遣。既踰月，張忠獻奏改倅太平州，往來都督府，禀議軍事。後數載，藴古私使其僕駱昂北歸，有告者，及搜所遺家訊，則皆刺朝廷機事也，乃伏其誅，於是始服文惠之先識焉。初，吴山有伍員祠，瞰闤闠，都人敬事之。有富民捐貲爲扁額，金碧甚侈。藴古始至，輒乞靈焉，妄謂有心諾，輟俸易牌，而刻其官位姓名于旁。市人皆驚，曰：「以新易舊，惡其不華耳。易之而不如其舊，其意果何在？」有右武大夫魏仲昌者，獨曰：「是不難曉。他人之歸正者，僥倖官爵金帛而已。藴古則真細作也。夫諜之入境不止一人，榜其名，所以示踵至者，欲其知已至耳。」聞者憮然不信，後卒如言。《桯史》卷十。

7 史浩，淳熙四年以少傅除保寧軍節度使，奉祠，賜第都下。明年二月，孝宗自德壽宫回幸佑聖觀，蓋舊建邸也。召公同宴，曰：「去此十七年，今得與卿爲豐沛故人之飲，可謂盛事，昔甘盤卻無此樂。」公曰：「臣何人，敢比甘盤？」上曰：「朕心術之正，學有自得，實由卿力，此他人所不能知也。」公頓首謝。《雲谷雜紀》卷四。

8 淳熙五年二月初一日，上過德壽宮起居，太上留坐冷泉堂，進泛索訖，至石橋亭子上看古梅。……上皇因言多日不見史浩，命内侍宣召。既至，起居訖，賜坐，并召居廣、鄭藻，初筵，教坊奏樂呈伎。酒三行，太上宣索市食，如李婆婆雜菜羹、賀四酪面、臟三猪胰胡餅、葛家甜食等數種。太上笑謂史浩曰：「此皆京師舊人。」各厚賜之。史起謝。又移宴静樂堂，盡遣樂工，全用内人動樂，且用盤架，品味百餘種，酒行無算。又宣索黄玉紫心葵花大盞，太上親自宣勸，史捧觴爲兩宮壽，時君臣皆已霑醉。小内侍密語史相公云：「少酌。」上聞之，曰：「滿酌不妨，當爲老先生一醉。」太上極喜，賜史少保玉帶一條、冰片腦子一金合、紫泥羅二十匹、御書四軸。史相謝恩而退。《武林舊事》卷七。《西湖游覽志餘》卷三。

9 〔史〕越王自草表，中自序云：「逡巡歲月，七十有三。」而未得所對。有客以今余大參父能四六爲薦者，越王召見，試以表中語，俾爲屬對。余應聲曰：「此甚易。以『補報乾坤，萬分無一』爲對足矣。」越王大加賞識。《四朝聞見録》甲集。

10 史直翁爲相，非無一善可稱，子爲權臣而掩其父之美。《困學紀聞》卷十五。

11 見陳康伯6。

12 道隆觀在州之南，奉嶽行祠，往宋敕觀額。建炎間，金人入境，以斧斫殿柱，爲血流。金人乃亟遁去。一境生靈，藉以全活。觀舊有金闕寥陽寶殿。前忠定史越王嘗賦《臨江仙》詞云：「試凭闌干春欲暮，桃花點點胭脂。故山凝望水雲迷。數堆青玉髻，千頃碧琉璃。我本清都閒散客，蓬萊未是幽奇。明朝歸去鶴齊飛。三山乘縹緲，海運到天池。」《大德昌國州圖志》卷七。《堅瓠乙集》卷二。案：《堅瓠集》云詞爲史彌遠作，誤。

葉顒

1　孝宗時，近習梁俊彦請税兩淮沙田，以助軍餉。上大喜，付外施行。葉子昂爲相，奏曰：「沙田者，乃江濱出没之地，水激於東，則沙漲於西；水激於西，則沙復漲於東。百姓隨沙漲之東西而田焉，是未可以爲常也。且辛巳兵興，兩淮之田租並復。至今未征，況沙田乎？」上大悟，即詔罷之。子昂退至中書，令人逮俊彦至，叱責之曰：「汝言利求進，萬一淮民怨咨，爲國生事，雖斬汝萬段，豈足塞責！」俊彦皇汗免冠謝，久乃釋之。《鶴林玉露》甲編卷六。

2　葉丞相顒與林安宅最厚，嘗有簡往來。丞相之子用林簡粘于壁，林後謁丞相，見之不樂而去。林後除察院，首章論丞相，由是去國。疏上，事以風聞。彼時君臣得以自通，葉抗章自辨。壽皇付棘寺窮究，林之所言，乃是葉衡丞相之事。林以誣罔得謫，葉再相。《貴耳集》卷上。

魏杞

1　史丞相直翁代魏丞相南夫爲餘姚尉，方受代，魏夢與史同至一處，皆稱宰相，而已所服乃緋衣，覺以告史，殊不曉服章之説。後十五年，史公爲右相，魏公以工部郎中輪對，宰相奏事退，即繼上殿，正著緋袍，恍憶所睹，殆與夢中無異，謂已應之矣。史去位三年，而魏拜右僕射，正踐其處。《夷堅乙志》卷十八。

陳俊卿

1 宋陳僕射俊卿，謁九仙祠問功名，夢仙曰：「前程在黄公度口。」陳過黄，語其故。黄曰：「我狀元，子榜眼。」陳曰：「君何尊己而卑人？」黄曰：「然則狀元爾，榜眼我。」紹興八年廷試，黄果狀元，陳榜眼。及謁御，高宗問曰：「卿土何奇，輒生二卿？」黄曰：「披錦黄雀美，通印子魚肥。」陳曰：「地瘦栽松柏，家貧子讀書。」高宗曰：「公不如卿。」即改俊卿爲狀元。《堅瓠續集》卷一。《南宋雜事詩》卷七。

2 見黄公度4。

3 莆田陳丞相作小朝士時，顯仁太后之喪，嘗代宰相《乞皇帝御殿表》云：「雖天道何言，四時自然成歲；然太陽不照，萬物何以仰瞻？」識者已知其有宰相器。《誠齋詩話》。

4 陳俊卿，紹興三十一年爲殿中侍御史。金人將渝盟，時舊臣惟張忠獻公浚謫居湘湖。俊卿乞起浚禦敵。内侍張去爲陰阻其謀，俊卿抗言去爲阻撓，請按軍法斬之，以作士氣。上爲愕然，曰：「卿可爲仁者之勇。」遂以浚知建康。敵兵渡河，俊卿受詔旨，措置浙西水軍，于是李寶始有膠西之捷。《莆陽比事》卷六。

5 正獻陳公道德風烈，爲阜陵名相第一。……築第有訝其門太庳。公曰：「異時使竈婢乳媪可開乃佳耳。」薦紳傳誦。……其示二子詩曰：「興來文字三杯酒，老去生涯萬卷書。遺汝子孫清白在，不須厦屋太渠渠。」《西山文集》卷三十六。《堅瓠補集》卷四。參見陳康伯5。

6 陳丞相應求知福州日，親故干謁者沓至，公設會，置五百貫於前曰：「有一聯，能對者即席奉送：三山出守，應求何以應其求。」獨一後生對云：「千里遠來，公使盡由公所使。」昔日州郡，各有公使錢庫供太守支用。《庶齋老學叢談》卷下。

7 陳俊卿篤於宗黨。有南園義莊，族之貧者，歲分遺有常數，女未嫁者給以資，不能葬者助其費。至今行之不改。《莆陽比事》卷六。

虞祺

1 故德陽縣男虞祺，字齊年，起陵州諸生中。初不知佛書也，每曰：「誠者天之道，思誠者人之道，其至則一也，吾知此而已。」當毒賦膹斂鞭箠馬牛其人之日，一漕夔，再漕潼，川民獨晏然倚以朝夕也。間屬微疾，凭几不言，忽顧坐客曰：「古佛俱來，吾亦歸矣。」男子允文旁立泣下。又笑曰：「人而爲佛，寧不可哉？」客異其非君平生之言，即之，已逝矣。明年，始有更生佛事。《邵氏聞見後録》卷二十八。

虞允文

1 虞并甫丞相仕未達，嘗調官臨安，攜所注《新唐書》以干秦丞相。書未上，會其同舟者竊得本以獻秦，并甫知之，乃更以它書爲贄。已而竊書者先去，疑并甫必怨己，遇士大夫輒詆之。并甫還知渠州，過夔，沈守約丞相爲帥，問并甫以同舟之爲人。并甫稱其美。守約屢詰之，并甫不變。守約曰：「是人毀君不容口，君毋爲過情。」并甫曰：「渠所長甚多，但差好駡耳！」守約太息，稱其長者。未幾，守約入參大政，白召并甫爲祕書丞，以至大用云。《建炎以來朝野雜記》甲集卷八。《吹劍四録》。

2 虞并甫，紹興二十八年自渠州守被召至臨安，憩北郭外接待院。因道中冒暑得疾，泄痢連月。重九日，夢至一處，類神仙居。一人被服如仙官，延之坐。視壁間有韻語藥方一紙，讀之數過，其詞曰：「暑毒在脾，濕氣連脚，不泄則痢，不痢則瘧。獨煉雄黄，蒸餅和藥，甘草作湯，服之安樂。別作治療，醫家大錯。」夢回，尚能記，即録之，蓋治暑泄方也。如方服之，遂愈。《夷堅甲志》卷十七。《游宦紀聞》卷一。

3 逆亮築臺江岸，刑白馬祭天，自執紅旗，麾諸軍渡江。行至中流，爲采石戰艦迎敵。時俊在舟中，令軍士以寸札弩射，虜人赴水者多，盡皆退走。亮知江岸有備，遂全軍過揚州。軍士奏凱，未及登岸，虞丞相允文以參贊軍事偶至采石，遂與王琪報捷于朝。《揮麈三録》卷三。

4 〔采石之役〕允文坐蛾眉臺中，戰灼幾不能止。《三朝北盟會編》卷二百三十八。

5 〔采石之戰〕允文撫勞將士，具捷聞朝廷。諸將環坐，見允文旁側樞府吏趨走甚恭。方愕詒，往往問起問吏：「舍人甚官職？」對：「此虞中書，朝廷侍從也。」諸將趨下拜曰：「曩意舍人是閤門宣贊爾，豈有文臣騎馬往來行陣乎？」允文執其手曰：「諸公何言？相與共安危，死生同之，期於破賊以報國家。」《采石瓜州斃亮記》。

6 虞雍公允文以西掖贊督議，既郤逆亮于采石，還至金陵，謁葉樞密義問于玉帳，留鑰，張忠定燾及幕屬馮校書方、洪檢詳邁在焉，相與勞問江上戰拒之詳。天風欲雪，因留卯飲，酒方行，流星警報沓至，蓋亮已懲前衂，將改圖瓜洲。坐上皆恐，謂其必致怨於我也。時劉武忠錡屯京口，病且亟，度未必可倚，議遣幕府合謀支敵。衆以雍公新立功，咸屬目，葉四顧久之，酌卮醪以前曰：「馮、洪二君雖參帷幄，實未履行陣，舍人威名方新，士卒想望，勉爲國家，卒此勳業，義問與有賴焉。」雍公受卮起立曰：「某去則不妨，然記得一小話，敢爲都督誦之。昔有人得一鼈，欲烹而食之，不忍當殺生之名，乃熾火使釜水百沸，横篠爲橋，與鼈約曰：『能渡此則活汝。』鼈知主人以計取之，勉力爬沙，僅能一渡。主人曰：『汝能渡橋甚善，更爲渡一遭，我欲觀之。』僕之此行，無乃類是乎！」席上皆笑。已而雍公竟如鎮江，亮不克渡而弑。自此簡上知，馴至魁柄。鼈渡，本諺語，以爲蟹，其義則同。《桯史》卷九。《何氏語林》卷五。《宋稗類鈔》卷六。

7 虞公允文在浙，先是，浙民歲輸身丁錢絹，細民生子即棄之，稍長即殺之。公聞之惻然，訪知江渚有荻場，其利甚溥，而爲勢家及浮屠所私，公令有司籍其數以聞，請以代輸民之身丁錢絹，以緡計者至一十三萬七千有奇，以疋計者一十六萬三千有奇。免符下日，諸州之民歡呼鼓舞，始知有父子生聚之樂。《言行龜鑑》卷七。

8 見楊萬里3。

9 見張栻3。

10 見宋高宗57。

11 虞丞相再撫蜀，壽皇以詩送之曰：「一德如公豈合閒，聊分西面欲憂寬。不辭論道虛台席，暫假宣威築將壇。風教已興三蜀静，干戈載戢萬方安。歸來尚想終霖雨，未許鄉人衣錦看。」其恩數之盛，自渡江以來，宰相去國所未有也。又用故事，賜家廟五室祭器，除其子公亮直祕閣。而給使費俊者，亦除閤門祇候，蓋非常典云。《建炎以來朝野雜記》乙集卷十二。

12　見趙雄7。

梁克家

1　梁鄭公克家未第時，爲潮州揭陽宰館客，寓縣治東齋。齋前有梅一株，忽于九月中盛開。嶺外梅著花，固早於江浙間，然必至冬方有之，邑人殊以爲異。時紹興二十八年也。邑士多賦詩，往往皆諂令君。梁公亦賦一篇云：「老菊枯殘九月霜，誰將先煖入東堂。不因造物于人厚，肯放南枝特地香。九鼎燮調端有待，百花羞澀敢言芳。看來冰玉輝相應，好取龍吟播樂章。」……明年還泉州，中解試首選。又明年廷對，魁天下。《梅磵詩話》卷中。《宋詩紀事》卷五十一。

曾懷

1　紹興初，先人爲丹徒簿。曾魯公丞相時簿領金壇爲僚，意好甚篤。後曾待浙西帥幹闕，權嘉禾新塍稅，復相邂逅，一日，語先人：「連夕夢有俾更名，云名更方貴。」曾元名偶有所避，改後名，蓋三十年前，已形於夢兆矣。自此參大政，再登宰席，一時僚舊無在者，深有推輓意。而先人故倦游，但欲廟令以俟老。平生往返書尺，束如牛腰，散失殆盡，獨餘許祠禄一帖。曾素善飲，每醉則命徹俎拭案，語客曰：

「請桌子喫一服感應元。」復各舉一大白方散。《清波雜志》卷十。

葉衡

1 葉相夢錫，嘗守常州。民有比屋居者，忽作高屋，屋山覆蓋鄰家。鄰家訟之，謂他日且占地。葉判曰：「東家屋被西家蓋，仔細思量無利害。他時折屋別陳詞，如今且以壁爲界。」《老學庵筆記》卷二。

2 葉丞相衡罷相，歸金華里居，不復問時事，但召布衣交，日飲亡何。一日，覺意中忽忽不怡，問諸客曰：「某且死，所恨未知死後佳否耳？」一士人在下坐，作而對曰：「佳甚！」丞相驚顧，問何以知之，曰：「使死而不佳，死者皆逃歸矣。一死不返，是以知其佳也。」滿坐皆笑。明年，丞相竟不起。《桯史》卷二。《東南紀聞》卷一。《五雜組》卷十六。《宋稗類鈔》卷六。

趙雄

1 趙雄微時最貧，母在，無以卒歲，夫婦對泣。次日掃除，拾銀一錠，重二十五兩，由此稍活。後入相，例賜白銀百錠。既受而缺一錠，將以詰守藏吏，夢左藏庫神告曰：「某年月日已先借用一錠。」覺而憶，正掃除得銀之月日也。《南宋雜事詩》卷一引《夢占類考》。

2 趙雄，字温叔，資州人。嘗以薦舉，待命逆旅且半年矣。沽斗酒以碗飲，就盤中手攫猪頭肉卷餅而食，勢若風雨。術士見其飲啖異人，奏之，孝宗亟召見，奇其狀貌，且壯其言，遂自小官驟用爲左史。時有太守姓息，朝辭，閤門吏曰：「官人可謂詫姓。」守曰：「春秋有息嬀，漢有息夫躬，非詫也。」温叔聞其語。守對罷，温叔奏事。上曰：「適有息其姓者朝辭，可謂詫也。」温叔即曰：「春秋有息嬀，漢有息夫躬，非詫也。」上喜曰：「卿該博如此。」《西湖游覽志餘》卷二十三。《堯山堂外紀》卷五十九。

3 蜀士尚流品，不以勢詘。乾道間，楊嗣清甲有聲西州，清議推屬。初試邑，有部使者，不欲名，頗以繡衣自驕，怒其不降意，誣劾以罪。趙衛公方爲左史，聞之，不俟車，亟往白廟堂曰：「譬之人家，市猫于鄰，卜日而致之，將以咋鼠也。鼠暴未及問，而首抉雕籠，以噬鸚鵡，其情可恕乎！」當國者問其繇，告以故，相與大笑，劾牘竟格不下。……至今蜀人談謔，以排根善類者爲猫噬鸚鵡。《桯史》卷八。

4 乾道庚寅歲冬十月，金國主遣金吾衛上將軍、兵部尚書耶律子敬來賀會慶節，起居舍人趙雄假翰林學士充館伴使。丁卯引見，戊辰上壽，庚午花宴，癸酉入辭，乙亥發行在，温叔與子敬並馬自驛中同行。子敬望吴山曰：「好一帶山。」温叔云：「聞燕京萬歲山極佳，不減南京否？」謂東京。子敬云：「與南京一般。」温叔云：「萬歲山乃天生基阯，或但人力所致耶？」子敬云：「皆人作也。」温叔云：「聞燕京宫苑壯麗。」子敬云：「極壯麗。」温叔云：「周回有幾里？」子敬云：「只宫室自有二十餘里，見在歲時亦常修造。」温叔云：「盛哉！」子敬云：「内翰異時來奉使，可以恣看。」温叔云：「甚願再相見。」又云：「北邊此時想極寒。」子敬云：「寒甚，不可忍。」温叔云：「此時正宜畋獵。」子敬云：「北邊此時正是畋獵時節。」温叔云：「大金皇帝亦嘗出獵否？」子敬云：「一年須兩三度出獵。」温叔云：「一度出獵用得幾日？」子敬云：「往往亦須旬日，或二十日、一月不定。」温叔云：「頗聞北邊多名鷹、獵犬。」子敬云：「此間有否？」温叔云：「此有，然亦難得極好者。」子敬云：「北邊亦是難得好者，好者只是禁中有之。」温叔云：「大金皇帝有幾個皇子？」子敬云：「煞多，有七個。」温叔云：「聞説越王甚英武。」子敬云：「煞勇猛可畏。」温叔云：「越王是長否？」子敬云：「是二。」子敬又云：「昨日押筵鄭樞密是簽書樞密院事否？」温叔云：「是也。」子敬云：「此間樞密使至簽書樞密院，是文官，是武官？」温叔云：「舊制文武通除。」子敬云：「本朝則專用武臣。」温叔云：「大金宰相今何姓？」子敬云：「兩人皆姓赫舍哩。」温叔云：「又有尚書令者行宰相事否？」子敬云：「在宰相之上。」温叔云：「大金今尚書令何姓？」子敬云：「姓李。」温叔云：「聞是貴戚？」子敬云：「是外戚。」温叔云：「今年幾何？」子敬云：「六十餘。」温叔云：「赫舍哩宰相年幾何？」子敬云：「年甚少，一員五十餘，一員四十餘。」子敬又云：「内翰貴鄉只在此間？」温叔云：「在川中。」子敬云：「煞遠。」温叔云：「亦不過數千里。」子敬云：「從襄陽路來否？」温叔云：「是也。」子敬云：「川中聞説民間煞富。」温叔云：「有富者，有貧者。」温叔云：「尚書仙鄉？」子敬云：「在北京，舊日大遼所謂中京者。」温叔云：「去燕京遠近？」子敬云：「二千餘里，直向北邊。」温叔云：「去黄龍府遠近？」子敬云：「甚近，纔五、七百里。」温叔云：「見説大金皇帝每歲避暑，常巡幸雲中，雲中是何處？」子敬云：「是西京。」温叔云：「西京、北京宫苑亦皆壯麗否？」子敬云：「皆不減南京。見今諸處亦不住修。蓋本朝法嚴，修蓋滅裂，有司得重罪。」舊例，館客者寒暄之外，勞問而已。至温叔始探賾虜中事宜以奏，上甚喜之。《建炎以來朝野雜記》乙集卷八。

5 趙温叔爲舍人，使北還，入見，上問：「朕何如葛王？」温叔奏曰：「臣觀葛王，望之不似人君，規模氣象不及陛下萬一，中原不日可復也。臣敢再拜賀。」上大悦。《建炎以來朝野雜記》甲集卷八。

6 見宋孝宗28。

7 虞公抵漢中，未踰年而没。上以屢趣師期而不應，甚銜之，凡宣撫使飾終之典，一切不用。後四年，門人趙温叔入相，數爲上言：「虞某有志恢復，不幸死不及事，嘗爲臣言：『吾老矣，功名當以相付，子其勉之！』」會上幸白石閲軍，温叔因奏：「昨日大閲十萬之軍，一一少壯。」上曰：「前此虞相行揀汰之法，今方見成效。只如采石一事，亦自奇絶。」明年夏四月，温叔因奏事從容言：「允文薨已久，未有以易其名者，惟陛下哀矜之。」上沈思良久，曰：「丞相雖允文所薦，後來皆朕自擢用。」温叔曰：「臣東蜀一布衣，未十年而待罪宰相，非陛下親擢，安得至此。然不遇允文，臣何由見陛下？」上曰：「卿可謂不背本矣。今欲何如，可具以進。」温叔退而擬入曰：「虞允文采石之功，未經顯賞，久在相位，實著勳勞，可特贈太師，謚忠肅。」上以筆抹去「久在相位，實著勳勞」八字。又改云：「虞允文舊於采石有勞，未曾顯録。」并易「太師」爲「太傅」。行下。上嘗謂大臣：「朝廷降指揮，如士人作文，須字字鍛煉乃可。」故前後批降，多經筆削云。《建炎以來朝野雜記》乙集卷八。

8 有蜀守當朝辭，素不能文，以爲憂。其家素事梓潼神，夜夢神謂之曰：「兩邊山木合，終日子規啼。」覺莫曉其故。會朝對，上問：「卿從峽中來乎？風景如何？」守即以前兩語對，上首肯再三。翼日，謂宰相趙雄曰：「昨有蜀人對者，朕問峽中風景，彼誦杜詩以對，三峽之景，宛在目中，可謂善言詩也。可與寺丞、寺簿。」雄退朝，召問之曰：「君何以能爾？」守不敢隱。雄曰：「吾固疑君不能及此，若留中，上再問，敗矣。不若歸蜀赴郡。」他日，上復問其人，雄對曰：「臣嘗以聖意語之，彼不願留。」上歎曰：「恬退乃爾，尤可嘉，可予憲節使。」其後神恃功爲祟，家遂索焉。《西湖游覽志餘》卷二十三。

9 皋陵在位，上庠月書前列試卷，時經御覽。辛丑大旱，七月私試，《閔雨有志乎民賦》。魁劉大譽，第六韻云：「雨暘固自於天，感召豈有所主。儻燮調得人，則斯可有節；而聚斂無度，則亦能不雨。此或未明閔之何補？不見商霖未作，相傳説於高宗；漢旱欲蘇，烹弘羊於孝武。」未幾，趙温叔罷相。《齊東野語》卷八。

10 〔孝宗時大旱〕有詔迎天竺觀音，就明慶寺請禱。有爲詩者曰：「走殺東頭供奉班，傳宣聖旨到人間。太平宰相堂中坐，天竺觀音卻下山。」〔趙〕温叔聞之，遂乞免。《堅瓠丙集》卷四。《宋稗類鈔》卷六。

11 趙温叔丞相形體魁梧，進趨甚偉，皋陵素喜之。且聞其飲啖數倍常人。會史忠惠進玉海，可容酒三升。一日，召對便殿，從容問之曰：「聞卿健啖，朕欲作小點心相請，如何？」趙悚然起謝。遂命中貴人捧玉海賜酒，至六、七，皆飲釂，繼以金柈捧籠炊百枚，遂食其半。上笑曰：「卿可盡之。」於是復盡其餘，上爲之一笑。其後均役南，暇日欲求一客伴食，不可得。偶有以本州兵馬監押某人爲薦者，遂召之燕飲，自早達暮，賓主各飲酒三斗，猪、羊肉各五觔，蒸糊五十事。趙公已醉飽摩腹，而監押者屹不爲動。公云：「君能尚飲否？」對曰：「領鈞旨。」於是再進數勺，復問之，其對如初。凡又飲斗餘乃罷。臨别，忽聞其人腰腹間砉然有聲，公驚曰：「是必過飽，腹腸迸裂無疑。吾本善意，乃以飲食殺人。」終夕不自安。

黎明，亟遣鈐下老兵往問，而典客已持謁白曰：「某監押見留客次謝筵。」公愕然延之，扣以夜來所聞。踼蹐起對曰：「某不幸抱饑疾，小官俸薄，終歲未嘗得一飽，未免以革帶束之腹間。昨蒙宴賜，不覺果然，革條爲之迸絶，故有聲耳。」《癸辛雜識》前集。《宋稗類鈔》卷四。《南宋雜事詩》卷一。

王　淮

1　見朱熹18。

2　見陳亮1。

3　壽皇問王季海曰：「『聾』字何以從『龍耳』？」對曰：「《山海經》云：『龍聽以角，不以耳。』」《鶴林玉露》甲編卷三。

4　大臣見百官，主賓皆用朝服。時伏暑甚，丞相淮體弱不能勝，至悶絶。上亟召醫疾，有間，復有詔，許百官以衩衣見丞相，自淮始。《四朝聞見録》甲集。

5　孝宗賜宴内朝，丞相王淮涕流於酒，已則復縮涕入鼻。時吴公琚兄弟亦預宴，上見其飲酒輒有難色，微扣左右知其故，後有詔滌爵。滌爵自淮始。《四朝聞見録》甲集。

周必大

1　余少時嘗夢至人家，其書室爲叢竹所蔽，殊不開爽，堂下皆古柳，鵶噪不止。夢中作詩云：「竹多翻障月，木老只啼烏。」意謂竹本清虛，延貯風月，今反窒塞如此。種木不棲鸞鳳，徒能集烏以聒耳，似譏其主人也。後數年，爲金陵教官，初入廨舍，則廳下及門外，古柳參天，鴉鳴竟日，廳傍小書室，叢竹蔽虧，恍如所夢。《二老堂詩話》。

2 紹興丙子六月，臨安火。先是，周必大任和劑局門官，適乳媪姚病甚，占之，其繇云：「藥不蠲疴，財傷官磨，困於六月，盍祈安和。」未幾，姚果卒。必大深以六月爲憂，迨晦日，以爲無恙矣，同僚舉酒相慶。宴畢而火隨作，所居在漾沙坑，與運屬王氏者連棟，王夜醉登圊，其婢插燈於壁首，焚必大之居，僅以身免。時臨安帥韓仲通知火自王氏，而王之妻弟馬舜韶方爲御史，畏不敢問，執必大及鄰比五十餘人皆下獄，奏行三省勘會。必大問獄吏曰：「失火延燒，在律云何？」吏曰：「當徒。」必大曰：「我以一身承之，以貸鄰比，罪居何等？」吏曰：「法止除籍爲民耳。」必大歎曰：「人果可救，吾何吝一官？且財傷官磨，占繇定矣。」遂自誣服，竟落職，依其婦翁王彥光於廣德。彥光前夕夢里人掃雪，云：「迎丞相。」明日，必大至，彥光歎曰：「失職子，寧應夢耶？」頃之，彥光强必大赴宏詞科，必大以未嘗經意辭，彥光激曰：「君懷安耳。」必大不得已，怏怏入行都，值秦檜死，高宗更化，湯鵬舉知貢舉，試法甚嚴，而必大首捷，馴登台輔，人謂救人陰德所至云。《西湖游覽志餘》卷二十五。《湖海新聞夷堅續志》前集卷二。

3 周益公以《交阯進馴象》首聯云：「效牽靈囿，備法駕之前驅。已見象爲有用。……惟益公説出象之步趨來庭之意云：「名應周郊之五路，克協馭儀；耳聞舜樂之八音，能參率舞。靡憚奔馳，幸舍鳶飛之跕跕；無煩教擾，俾陪舞獸之般般。」曲盡馴象生意，遂中首選。《玉海》卷二百三。

4 周益公與韓無咎同試詞科，試《交趾國進象表》，有「備法駕之前陳」，此無咎句也。益公止改「陳」字作「驅」字，遂中大科。「陳」字不切，「驅」字，象上有用。《貴耳集》卷上。

5 〔周必大〕試博學宏詞科。子充之如京師也，寓一班直家，其妻一日攜小册自外至，借觀，則鹵簿圖也，悉録記之。及入試，果以此命題，中詞科。歷官至宰相，封益國公。先是，子充試前，夢入冥，見一判官拷掠一捻胎鬼，指子充曰：「此人有陰德，當位宰相。貌陋如此，奈何？」鬼請爲作帝王鬚，官首肯，鬼起摩子充頰，爲之種鬚。及覺，猶隱隱痛，數日始定。子充罷相私居，一相士挾貴人見子充，適邂逅於門外，相者問：「相公何在？」子充進揖曰：「某前此待罪宰相。」相者曰：「何物宰相，貌陋如此！得非誑我耶？」子充氣愈和，色愈温，延入上坐。相者復請見宰相，子充答如初。子充起，相者亦起，請捋其鬚，曰：「帝王鬚，真宰相也。」子充大驚服，厚賮之。蓋前此種鬚之事，子充雖妻子至親，亦不以告也。《湖海新聞夷堅續志》前集卷二。《樵書》初編卷二。

6 百官殿門侍班幕次，臺諫皆設倚，餘官則各以交牀自隨。周益公自殿院除起居郎，徐淳立戲曰：「罰卻倚子矣。」《鶴林玉露》丙編卷二。

7 逆亮窺江，劉錡已病，亦同扞禦。未幾，亮殲，錡亦殂，特贈太尉。周益公行詞云：「岑彭殞而公孫亡，諸葛死而仲達走。雖成功有命，皆莫究於生前；而遺烈在人，可徐觀於身後。」讀者服其的切。益公常舉似謂楊伯子曰：「起頭兩句，須要下四句議論承貼。四六特拘對耳，其立意措詞，貴於渾融有味，與散文同。」《鶴林玉露》甲編卷二。

8 乾道七年秋，余爲禮部侍郎，一時長貳每會食，多戲舉詩對。或云：「『薔薇刺刺花奴手。』刺刺皆側聲，人謂難對。」余云：「鴻雁行行鳥跡書。」又云：「『半夏禹餘糧。』借雨爲禹，涼爲糧也。宜以何對？」余云：「長春佛見笑。」蓋藥名及花名也。吏部張津子問侍郎因云：「此雅對耳，更有通俗之句。如往年胡邦衡多髯，初除吏部郎官，或以『胡銓髯吏部』爲戲，莫能對者。」是時姚憲令則以司農少卿兼權户侍在坐，余謂令則君嘗爲浙憲，豈復遠使，欲借以趁對云：「姚憲遠提刑。」蓋借姚爲遥也。坐皆大笑。淳熙六年，吏部尚書兼侍講程大昌泰之講筵退，入部，同官問：「今日講何經？」泰之云：「《尚書》。」或又曰：「尚書講《尚書》，亦詩句也。」屬余對之，余曰「行者留行者」，坐中復大笑。《二老堂詩話》。

9 孝廟欲除張説簽書樞密事，在廷諸儒力爭。孝廟一日盛怒，與周益公言：「朕將用花臂膊者爲樞密使。」益公答云：「臣敢爲天下倡。」秘書省正字沈瀛當輪對，一奏札薦張説，反不稱旨，即自免。周益公後至宰輔，沈正字止如此。識見淺深，亦足以卜前程遠近。《貴耳集》卷中。

10 周益公參大政，朱文公與劉子澄書云：「如今是大承氣證，渠卻下四君子湯，雖不爲害，恐無益於病爾。」嗚呼！以乾、淳之盛，文公猶恨當國者不用大承氣湯，況下於乾、淳者乎！……益公初在後省，龍大淵、曾覿除閤門，格其制不下，奉祠而去，十年不用，天下高之。後入直翰林，覿以使事還，除節鉞，人謂公必不草制，而公竟草之。其詞云：「八統馭民，敬故在尊賢之上。」宜其不敢用大承氣湯也。《鶴林玉露》甲編卷二。

11 崔大雅在翰苑，夜值玉堂，忽有内降撰文字，秉燭視之，乃撰祭淋婆子文，恍然不知格式，又無舊案可據，甚以爲窘。忽思周丞相爲翰長，來早有朝見，使人邀過院中請問，云：「亦有故事，但如常式：皇帝遣某人致祭於牀婆子之神曰，汝典司牀簀云。」然則牀婆子名字與世俗同，而不可改也。《同話録》。

12 見宋孝宗25。

13 昔周益公、洪容齋嘗侍壽皇宴，因談肴核，上問容齋：「卿鄉里何所產？」容齋，番易人也。對曰：「沙地馬蹄鼈，雪天牛尾狸。」又問益公，公廬陵人也，對曰：「金柑玉版筍，銀杏水晶葱。」上吟賞。又問一侍從，忘其名，浙人也，對曰：「螺頭新婦臂，龜脚老婆牙。」四者皆海鮮也。上爲之一笑。《鶴林玉露》乙編卷五。《堯山堂外紀》卷五十九。《宋稗類鈔》卷七。

14 周益公長身瘦面，狀若野鶴，在翰苑多年。壽皇一日燕居，歎曰：「好一箇宰相，但恐福薄耳。」蓋疑其相也。一老璫在傍徐奏曰：「官家所歎豈非周必大乎？」上曰：「爾何知？」曰：「臣見所畫司馬光像，亦如必大清癯。」上爲之一笑。未幾，遂登庸，爲太平宰相，與聞揖遜之盛。出鎮長沙，退休享清閑之福十有餘年。《鶴林玉露》甲編卷五。

15 淳熙間，周益公子充久在禁苑。及除右揆，李巘子山當制，詞中有「三毋」之戒，公力辭不拜命。壽皇宣諭，令改之。《西塘集耆舊續聞》卷五。

16 王丞相欲進擬辛幼安除一帥，周益公堅不肯。王問益公云：「幼安帥材，何不用之？」益公答云：「不然，凡幼安所殺人命，在吾輩執筆者當之。」王遂不復言。《貴耳集》卷下。《昨非庵日纂》二集卷十一。

17 見來梓1。

18 見宋孝宗52。

19 見楊萬里5。

20 慶元間，周益公以宰相退休，楊誠齋以秘書監退休，實爲吾邦二大老。益公嘗訪誠齋于南溪之上，留詩云：「楊監全勝賀監家，賜湖豈比賜書華。回環自闢三三徑，頃刻能開七七花。門外有田供伏臘，望中無處不煙霞。卻慙下客非摩詰，無畫無詩只謾誇。」誠齋和云：「相國來臨處士家，山間艸木也光華。高軒行李能過李，小隊尋花到浣花。留贈新詩光奪月，端令老子氣成霞。未論藏去傳貽厥，拈向田夫野老誇。」好事者繪以爲圖，誠齋題云：「平叔曾過魏秀才，何如老子致元台。蒼松白石青苔徑，也不傳呼宰相來。」用魏野詩翻案也。《鶴林玉露》乙編卷五。《宋詩紀事》卷五十。

21 周益公退休，欲以「安樂直錢多」五字題燕居之室，思之累日，未得其對。一士友請以「富貴非吾願」爲對，公欣然用之。《鶴林玉露》乙編卷三。

22 周益公辭相歸，徜徉田里。日攜術者過十里外烏泥坑相地，見一農家住場曰：「此處山水環抱，將可爲樂丘乎？」言未幾，翁媪出迎曰：「夜來夢見婁至德佛來尋地，今日相公來，願以地獻。」公厚資別爲造屋。忽見二、三丈許有三所無主墓，左右者欲去之，公曰：「生有鄰，死亦如此。每年拜掃，當備酒三行、飲一盂、紙十束同祭。」仍鏤榜堂前，使子孫遵守。《湖海新聞夷堅續志》前集卷二。

23 周益公必大致仕後，出謁，道經巷陌間，遇一賣屨者，甚憐之。使問其命，則年、月、日、時與益公不差一字，於是取衣一襲賜之，俾食其家，廩之終身。其人更衣，受食一日，暴病而死。有知命者曰：其年五星聚江湖，益公生於舟中，故得鍾美，而業屨者不與焉。《東南紀聞》卷二。

24 周益公相兩朝。慶元間，以退傅居于吉，隱然有東山之望，當路忌之。時善類引去者紛紛，一皆指爲僞學。婺有吕祖泰者，東萊之别派也，勇義敢言，憤時事之日非，奮然投匭上書，力詆用事者，且乞以益公爲相。皂囊下三省，朝論雜然起，或以爲益公實頤指之，遂露章奏劾。且謂淳熙之季，王魯公爲首臺，益公嘗擠而奪之位，以身爲僞學標準，羽翼其徒，使邪説横流，以害天下。屏居田野，不自循省，而誘致狂生，扣閽自薦，以覬召用，乞加貶削。上不以爲然，言者益急，乃鐫一官爲少保，下祖泰于天府，杖而竄之。益公上表謝。……曰：「告老七年，宿愆故在，貶官一等，洪造難名。敢期垂盡之年，猶罹怙終之罪。中謝。伏念臣疏庸一介，際遇四朝。逮事高皇，已徧塵於臺省；受知孝廟，復久玷於機衡。不思勉效於同寅，乃敢與聞於異論，既肺肝衆所共見，豈口舌獨能自明。惟光宗興念於元僚，亦屢分於閫寄；肆陛下曲憐其末路，爰俾遂於里居。首將正於狐丘，巢忽危於燕幕。狂生妄發，姓名輒及於樵蘇；公議大喧，論罰蓋輸於薪粲。僅削司徒之秩，猶存平土之官。兹蓋恭遇皇帝陛下，崇德尚寬，馭民敬故。國皆曰殺，雖微可恕之情；耄不加刑，姑用惟輕之典。遂令衰朽，亦與生全。臣有愧積中，無階報上。省愆田里，視桑蔭之幾何；托命乾坤，比櫟材而知免。」初當路入浸潤，欲文致以罪，而難其重名，意或有辨論，乃寘於貶。及奏至，引咎紆徐，言正文婉，灑然消釋。既而東朝奉寶册，詔復其秩。《桯史》卷十一。

25 廬陵號多士，儒先名臣，今古輩出，里人圖所以尊顯風厲以垂無窮者。嘉泰四年八月，始爲堂，縣庠以祀三忠。時周益公在里居，春秋七十有九矣，是歲多不懌，稍謝碑版之請，不肯爲。一日，韋布款其門者百數，闔辭焉，弗可，乃强爲通。益公方卧，奮然起曰：「是當作。」即爲屬藁，文不加點而成，邑人愜望。四方聞其復秉筆，求者沓至，益公實病矣。其冬十月朔，遂薨，蓋絶筆焉。《桯史》卷十一。

26 周平園嘗出使，過池陽，太守趙富文彦博召飲。籍中有曹聘者，潔白純静，或病其訥而不頎，公爲賦梅以見意云：「踏白江梅，大都玉軟酥凝就。雨肥霜逗，癡騃閨房秀。莫待冬深，雪壓風欺後。君知否，卻嫌伊瘦，又怕伊僝僽。」酒酣，又出家姬小瓊舞以侑歡，公又賦一闋云：「秋夜乘槎，客星容到天孫渚。眼波微注，將謂牽牛渡。見了還非，重理霓裳舞。雖無悞，幾年一遇，莫訝周郎顧。」范石湖嘗云：「朝士中姝麗有三傑。」謂韓无咎、晁伯如家姬及小瓊也。禁中亦聞之。異時有以此事中傷公者，阜陵亦爲一笑。《齊東野語》卷十五。《詞林紀事》卷十。

27 周益公夫人妬，有媵妾，公盼之，夫人縻之庭。公過之，當暑，媵以渴告，公以熟水酌之。夫人窺於屏曰：「好箇相公，爲婢酌水。」公笑曰：「獨不見建義井者乎？」《韋居聽輿》。《堯山堂外紀》卷六十。《南宋雜事詩》卷七。《詞林紀事》卷十。

28 〔樓〕攻媿嘗問〔真〕文忠：「近看誰四六？」以益公對。攻媿曰：「渠只會説大話，如『奄有萬方，君臨兆姓』爾。」蓋王言只當作「多方庶姓」，與臣下表語不同。《四朝聞見録》乙集。

29 宋孝宗曾賜周必大洮河緑石硯，有御筆「洮瓊」二字。《談薈》。

30 周益公硯作八封形，自爲銘。《南宋雜事詩》卷三引《硯譜》。

31 周益公必大有鶴飛琖，注酒則鶴飛，乾則就滅。《説略》卷二十二。《南宋雜事詩》卷七。

辛次膺

1 見岳飛21、22。

2 辛參政企李守福州，有主管應天啓運宫内臣武師説，平日郡中待之與監司等。企李初視事，謁入，謂客將曰：「此特豎璫耳，待以通判，已是過禮。」乃令與通判同見。明日郡官朝拜神御，企李病足，必扶掖乃能拜。既入，至庭下，師説忽叱候卒退曰：「此神御殿也。」企李不爲動，顧卒曰：「但扶，自當具奏。」雍容終禮。既退，遂奏待罪。朝廷爲降師説爲泉州兵官云。《老學庵筆記》卷三。

3 上方勵精政事，公每以名實爲言，多所裨益，眷遇隆厚，呼其官不名。太上曰：「朕知卿如在家僧，名利聲色，人所好色，卿皆不好。」《宋名臣言行録》别集上卷六。

4 鄱陽守程邁，遺果實白金奩，公受果反金。邁遭白簡，公廉益著。《宋名臣言行録》别集上卷六。

王之望

1 近時〔《字説》〕此學既廢，予平生惟見王瞻叔參政篤好不衰。每相見，必談《字説》，至暮不雜他語。雖病，亦擁被指畫誦説，不少輟。《老學庵筆記》卷二。

錢端禮

1 錢處和參政好餌鼠。爲侍從居臨安，每日食畢，輒以大盆貯餘饌，三擊盆，則群鼠累累然來，食訖乃去，以爲常。洎遷政府，鼠復至，以其相距差近，不怪也。已而帥越、帥閩，繼挂冠歸里，鼠至如初。迨錢亡，乃不見。《談藪》。

林安宅

1 見葉顒2。

沈夏

1 沈夏，德清人，壽皇朝爲版曹貳卿。一日登對，上問版曹財用幾何，舍催者幾何，所用幾何，虧羡幾何，夏一一奏對訖，於所佩夾袋中取小册進呈，無毫髮差。上大喜，次日問宰臣曰：「侍郎有過政府例否？」梁克家奏云：「陛下用人，何以例爲？」遂特除僉書樞密院事。《癸辛雜識》別集下。

黄洽

1 見宋孝宗36。

曾覿

1 思陵偶持一扇，酒祐陵御筆，畫林檎花，上一鸜鴿，令曾覿進詩，云：「玉輦神游事已空，尚餘奎藻寫春風。年年花鳥無窮意，盡在蒼梧落照中。」思陵感動出涕。《桯史》所載康與之，非也。《貴耳集》卷上。《詞林紀事》卷十二。

2 〔曾覿〕孝宗潛邸人，怙寵依勢，世號「曾龍」者也。《直齋書録解題》卷二十一。

3 孝宗一日内宴，史〔浩〕與曾覿皆預焉。酒酣，一内人以帕子從曾乞詞。時德壽宫有内人與掌果子者交涉，方付有司治之。覿因謝不敢曰：「獨不聞德壽宫有公事乎？」遂已。《齊東野語》卷十一。

4 見宋孝宗26。

5 見宋孝宗30。

6 見宋孝宗60。

7 曾覿，字純甫，偶歸正官蕭鷓巴來謁。既退，復一客至，其所狎也。因問曰：「蕭鷓巴可對何人？」客曰：「正可對曾鶉脯。」覿以爲嫚己，大怒，與之絶。然「鷓巴」北人實謂之「札八」。《老學庵筆記》卷五。《五雜組》卷十六。《宋稗類鈔》卷六。《宋詩紀事》卷五十七。《詞林紀事》卷十二。

張説

1 見宋孝宗20。

2 見范成大4。

李顯忠

1 公之在母也，數日不能娩。有僧過門聞之，請觀之，曰：「所生乃男子，當以刀劍七、弓矢鎧甲各一，寘母左右，夜未半，雞鳴犬吠，乃生也。」果然。公生，立於蓐，火光燦然，一族異之。《宋名臣言行録》別集下卷十一。《悦生隨鈔》。

2 公智勇根於天性，自其兒時無他好，與鄉里同輩惟以馳射爲戲，不舍晝夜。夜則對燭一燈，人挾一矢射之，中者使不中者負而返。公常十中八九。一日行壽春道中，馬忽辟易，有虎自林間躍出。公背發一矢，中口貫頷於地，後騎争以戈斃之。《宋名臣言行録》別集下卷十一。

張詔

1 淳熙中，張詔君卿守歷陽，被旨介聘，一日，虜人持所繪祐、獻二陵象至館中，皆北地之服。君卿嘗識列聖御容，心知其試己也，即向之再拜。館客者問之，君卿曰：「詔雖不識其人，但見龍鳳之姿，天日之表，疑北朝祖宗也，敢不下拜！」虜人無語。孝宗聞而大喜之，由此驟用。《建炎以來朝野雜記》乙集卷十二。

劉儀鳳

1 兵部侍郎劉韶美儀鳳，蜀之普州人，性酷嗜書，喜傳録。初以禮部郎兼攝秘書少監，後即真，凡秘府書籍，傳寫殆遍。如國史之類，又置副本，親自校讐，至杜門絶交。遷兵侍，猶傳寫不已。張持國之綱爲副端，言其書癖至曠廢職事，以是罷歸蜀。蜀人闕壽卿者孫爲著作佐郎，以詩餞行曰：「公議久不作，世無公是非。祇因翻故紙，不覺蹈危機。東壁夢初斷，西山蕨正肥。十年成底事，贏得載書歸。」《庚溪詩話》卷下。《宋詩紀事》卷四十六。

2 劉韶美在都下累年，不以家行，得俸專以傳書。書必三本，雖數百卷爲一部者亦然。出局則杜門校讎，不與客接。既歸蜀，亦分作三船，以備失壞。已而行至秭歸新灘，一舟爲灘石所敗，餘二舟無他，遂以歸普慈，築閣貯之。《老學庵筆記》卷二。

胡元質

1 胡元質，字長文，長洲人。父珣，治生大穰，所親爲之，宰負金萬數，珣焚其書，待之如常。元質少穎悟，年未冠，游太學。紹興十八年進士高第。亦有隱行。初，旅泊行都，聞隣有貧士夜哭。問之，乃爲人責，償鬻其女，相與别。元質慨然垂橐予之。壽皇即政，以薦者入爲太學正。《吴郡志》卷二十七。

2 成都新繁有藏藝祖御容者，莫知始何年，令長交事匱護，畀付惟謹。淳熙間，胡給事元質制置四川，聞之，謂偏陬下鄙，非所宜有，命歸之府。議以爲乾德平僭僞，雖鑾輿不親幸，而耆定一方，實爲雋功，欲扳援章武端命故事，建殿以嚴毖奉。遂斥羨財鳩工，伐巨木千章，卜地築宫有日矣。僚寀或謂郡國私建宗廟，誼盍先以聞，俟報可。胡竦然，乃暫輟役，驛書請于朝廷。議果不以爲然，弗之許。胡大沮，念木石已具，且動觀瞻，不容已，會貢院敝甚，因撤而新之，既畢工，壯麗甲西州焉。《桯史》卷十。

3 胡給事既新貢院，嗣歲庚子適大比，乃侈其事，命供帳考校者，悉倍前規。鵠袍入試，茗卒饋漿，公庖繼肉，坐案寬潔，執事恪敬，誾誾于于，以鬯於文，士論大愜。會初場賦題出《孟子》「舜聞善若決江河」，而以「聞善而行沛然莫禦」爲韻。士既就案矣，蜀俗敬長而尚先達，每在廣場，不廢請益焉。晡後，忽一老儒擿禮部韻示諸生，謂沛字惟十四泰有之，一爲顛沛，一爲沛邑，注無沛決之義，惟它有霈字，乃從雨爲可疑。衆曰：「是。」鬨然扣簾請。出題者偶假寐，有少年出酬之，漫不經意，亶云：「禮部韻注義既非，增一雨頭無害也。」揖而退，如言以登于卷，坐遠于簾者，或不聞知，乃仍用前字。於是試者用霈沛各半。明日，將試《論語》，籍籍傳，凡用沛字者皆窘。復扣簾，出題者初不知昨夕之對，應曰：「如字。」廷中大讙，浸不可制，譟而入，曰：「試官誤我三年利害不細。」簾前闌木如拱，皆折，或入于房，執考校者一人毆之。考校者惶遽，急曰：「有雨頭也得，無雨頭也得。」或又咎其誤，曰：「第二場更不敢也。」蓋一時祈脱之辭。移時稍定，試司申鼓譟場屋，胡以不稱于禮遇也，怒，物色爲首者，盡繫獄，韋布益不平。既拆號，例宴主司以勞還，畢三爵，優伶序進。有儒服立于前者，一人，旁揖之，相與詫博洽，辨古今，岸然不相下。

因各求挑試所誦憶。其一問：「漢四百載，名宰相凡幾？」儒服以蕭曹而下枚數之，無遺，群優咸贊其能。乃曰：「漢相吾言之矣，敢問唐三百載名將帥何人也？」旁揖者亦詘指英、衛，以及季葉，曰：「張巡、許遠、田萬春。」儒服奮起爭曰：「巡、遠是也，萬春之姓雷，歷攷史諜，未有以雷爲田者。」揖者不服，撐拒滕口。俄一緑衣參軍，自稱教授，前據几，二人敬質疑，曰：「是故雷姓。」揖者大訴，袒裼奮拳，教授遽作恐懼狀，曰：「有雨頭也得，無雨頭也得。」坐中方失色，知其風己也。忽優有黄衣者，持令旗躍出稠人中，曰：「制置大學給事台旨，試官在坐，爾輩安得無禮。」群優亟斂容，趨下，喏曰：「第二場更不敢也。」俠戺皆笑，席客大慙，明日遁去。遂釋繫者。胡意其爲郡士所使，録優而詰之，杖而出諸境，然其語盛傳迄今。《桯史》卷十。

韓元吉

1 韓漕使元吉祖居京師之惠政坊，植桐于門，歲久，木大且異。人遂以「桐木韓氏」稱之。《藏一話腴》乙集卷上。

2 韓南澗元吉雖襲門蔭，而學問遠過于進士。孝宗謂「兩制之選，能者爲之。顧何擇于進士、任子？」嘗除韓權中書舍人。旋以稱職爲真，自以門蔭力辭，然恥于右之一字，微諷臺臣請進士去左，任子去右。上從之，至今著令云。時有士人朱游，頗任俠多記，閒因謁入語韓云：「中書誤了。以任子位中書，顧不榮于進士乎？削左右字則混然無别矣。」韓愕而悔其事云。《四朝聞見録》乙集。

3 見周必大26。

韓淲

1 韓淲，字仲止，上饒人，南澗尚書之子。以蔭補京官，清苦自持。史相當國羅致之，不少屈。一爲京局，終身不出，人但以韓判院稱。南澗晚年有宅一區，伏臘粗給，至仲止貧益甚，客至不能具胡牀，只木杌子而已。長沙吴某得廣東憲，還至京，擁迓吏甚盛，道候仲止，立馬久之，聽事闃寂無人。未幾，一老嫗啓户出，吏亟以刺狀授之。抵於地，徑入去。吴慚退，訪樟邱文卿，亦故舊也，色尚未和。……樟邱曰：「是非君所知，且相與共食。」食畢，與同往。」於是聯裾行至廳事，樟邱以杖叩屏者再，内徐問爲誰？樟邱自稱曰：「文卿。」復徐言：「吴某也在此。」仲止乃出，吴謝曰：「適候謁移時。」仲止笑曰：「松風吹耳，不聞喝道也。」時方暑，於是席地飲，極歡而去。次日，吴專狀遣吏送酒錢若干。仲止出問曰：「你官人交割了也？」吏錯愕曰：「本官方拜見，自此卻去上任。」仲止作色云：「便是近來官員不曾到任，先打動公使庫物色，韓某一生不會受此錢。」使吏領賫去。《東南紀聞》卷一。

王十朋

1 王龜齡詹事，記人説生前事，其略云：「予少時，有鄉僧每見必曰：『此郎嚴伯威後身也。』予訪諸叔父寶印大師，叔父曰：『嚴闍黎，汝祖母賈之兄也，博學工詩文，戒行修飭。汝父母昔以無子爲憂，政和壬辰正月吾師卒，汝祖夢吾師至，集衆花結成一大毬，遺汝祖曰：「君家求此久矣，吾是以來。」是月，汝母有娠。吾師眉濃黑而垂，目深而神藏，兒時能誦千言，喜作詩。人以汝眉目及趣好類之，故云。』」又《種蔬》詩云：「前身老闍黎，蔬氣端未除。」《愛日齋叢鈔》卷二。

2 王梅溪少時，有鄉僧每見必謂曰：「此郎，嚴伯威後身也。」王不曉所謂。既而訪諸叔父寶印大師，叔父曰：「嚴闍黎字伯威，汝祖母賈之兄，吾之舅氏，且法門之師也。博學工詩文，戒行修飭，有聲江浙間，爲士俗所推重。汝父母以無子爲憂，禱求甚力。至政和壬辰正月，師卒，汝祖一夕夢師至其家，手集衆花，結成一大毬，字汝祖而遺之曰：『孝祖，君家求此久矣，吾是以來。』忽不見。是月汝母有娠，至十月而汝生。師眉濃黑而垂，目深而神藏，兒時能誦千言，喜作詩。人以汝眉目及趣好類之，且符所夢。又謂師死之月，汝即受胎，故云。」王幼從學鹿巖，人有指其眉垂目藏而靳之者，表丈賈元達曰：「此子眉目類吾伯嚴闍黎，他日能文未可知。」王曰：「闍黎智慧，縱未脱輪回，當復生人間，世爲大善知識。胡爲於滅度之後，現此窮薄困苦之相？」王嘗寫字作文詒寶印叔父，叔父曰：「人言汝吾師也，文僅似之，字乃爾不同，何耶？」嚴闍黎尤工筆札，王頗拙於書，故云。因自嘲曰：「嚴闍黎，汝前生食蔬何多智，予今生食肉何許迂。」《湧幢小品》卷二十四。《堅瓠丁集》卷二。

3 〔王十朋〕嘗作《天台石梁》詩曰：「石橋未到已先知，入眼端如入夢時。僧唤我爲嚴首座，前身應寫石橋碑。」《堅瓠丁集》卷二。

4 天台有石橋碑，乃五百尊羅漢洞口也，王十朋詩云：「石橋未到神先到，日裏還同夢裏時。僧教我名劉道者，前身曾寫石橋碑。」《堯山堂外紀》卷六十。

5 王梅溪嘗讀書温州江心寺，寺中住持真歇了禪師知其爲龍種。是時寺前埂子山門屢築不就，將成，即有龍攪波濤潰之。一日，梅溪大醉，禪師進曰：「公能捨山門前一塊土乎？公必中狀元無疑矣。」就之乞書券，梅溪醉中戲書與之。其後禪師坐山門乘涼，有一老人拄杖而來，攜一童子索地，出券示之，泣而去。至今寺中寶藏其券焉。《柳南續筆》卷一。《茶香室三鈔》卷九。

6 王狀元未第時，醉墮沛河，爲水神扶出，曰：「公有三百千料錢，若死於此，何處消破？」明年遂登第。士有久不第者而效之，陽醉落河，亦爲水神扶出。士大喜曰：「我料錢幾何？」曰：「吾不知也。但有三百甕黄虀，無處消破耳。」《五雜組》卷十六。

7 王梅溪文學行義，著於鄉里。執經從之者，常百餘人。其所居之巷，有大井。一夕，井中如流星者千百，光彩上燭。又一夕，山下有白虹，長亘山，爛然如晝。未幾，入太學，遂魁天下，蓋文字之祥也。唱名之日，衛士亦皆歡舞，謂爲得人。翌日有旨，宫中不得以銷金爲飾，行其對策之言也。《鶴林玉露》丙編卷五。

8 王十朋寓居臨安，偶值乍寒，諸生有陳元佐、劉士宗各借以衣，童生謝偉、謝侃濟以衾，因作二詩以贈。《南宋雜事詩》卷一。

9 王十朋與胡憲、馮方、查籥、李浩爲太學五賢。《堯山堂外紀》卷六十。

10 王龜齡年四十七魁天下，以書報其弟夢齡、昌齡曰：「今日唱名，蒙恩賜進士及第，惜二親不見，痛不可言，嫂及聞詩、聞禮可以此示之。」詩、禮，其二子也。於十數字之間，上念二親，而不以科名爲喜，專報二弟，而不以妻子爲先，孝友之意皆在焉。《鶴林玉露》甲編卷六。

11 紹興二十七年，御筵進士四百二十六人，温州王十朋爲之首，其鄉人吴已正綴末。特奏狀元則福州李三英，例賜出身，附名正奏之後。已正有詩：「舉頭不忍看王十，回首猶欣見李三。」《二老堂詩話》。《堯山堂外紀》卷六十。

12 舊傳鄭獬牓進士周師厚者，策名居五甲末，纔壓一人曰陳傳。師厚戲爲語曰：「舉首不堪看鄭獬，回頭猶喜見陳傳。」紹興二十七年，永嘉王十朋魁多士，同郡吴已正爲殿，李三英以特奏名得出身，列於吴下。吴效前語曰：「舉頭不敢攀王十，伸脚猶能踏李三。」其歇後體殆若天成云。《夷堅乙志》卷一。

13 見王公衮3。

14 見方滋5。

15 見朱倬1。

16 王梅溪守泉，會邑宰，勉以詩云：「九重天子愛民深，令尹宜懷惻隱心。今日黄堂一杯酒，使君端爲庶民斟。」邑宰皆感動。《鶴林玉露》甲編卷三。《堯山堂外紀》卷六十。

17 王嘉叟題王龜齡詹事祠堂詩……自註云：「始予與龜齡别，嘗謂：『吾輩會合不可常，但令常留面目，異時可復相見。』龜齡再三擊節，後一見必誦此言。」《貴耳集》卷下。《剡溪野語》。

18 〔梅溪〕往來常與妓錢玉蓮善，約富貴納之。梅溪登第後，三年不還鄉，玉蓮爲人逼嫁，自沈於桑門江口。蜀人破堂和尚爲錢先生湘靈述之如此。《柳南續筆》卷一。

19《南窗閒筆》云：錢玉蓮，宋名妓，從孫汝權。某寺殿成，樑上題「信士孫汝權同妻錢玉蓮喜捨」。《聽雨增記》：孫汝權，乃宋朝名進士，有文集行於世。玉蓮，則王十朋之女也。十朋劾史浩八罪，乃汝權嗾之，理宗雖不聽，而史氏子姪怨兩人刺骨，遂作《荆釵記》，以玉蓮爲十朋妻，而汝權有奪配事，其實不根之謗也。《堅瓠丁集》卷二。

20 玉蓮者，王梅溪先生十朋之女，孫汝權，宋進士，與梅溪爲友，敦尚風誼。先生劾史浩八罪，汝權實慫恿之。爲史氏最切齒，遂妄作《荆釵傳奇》，謬其事以蔑之。《霞外攟屑》。《南宋雜事詩》卷一。

尹　穡

1 尹穡者，字少稷，嘗侍其父于桂官廨，故有《僊李銘》、《僊蹟記》，皆在栖霞洞中。龍隱亦有尹温叔所題字，云「子穡侍游」。温叔即其父也。穡後官殿中侍御史，歷遷諫議大夫，力主和議，論者多非之。《桂故》卷五。

2 少稷及接吕居仁、曾吉甫議論，在山中讀書二十年，名理極重。晚爲大坡，因符離之敗，攻張魏公父子，以附和議，遂爲公議所貶，甚可惜也。《後村詩話》續集卷三。《宋詩紀事》卷五十二。

3 尹穡，字少稷，博學工文，杜門讀書，不汲汲於仕進。諸公薦之，與陸務觀同賜出身。少稷言行有法，又通世務，時論翕然歸重。嘗論減年賞典，當與實歷對使。孝宗用其説，至今行之。後乃附麗湯思退，力排張魏公，以是除諫議，公論始薄之。厥後貶嶺南累年，蒙恩北歸。周益公素與之善，便道來訪。

謂益公曰：「某三十年閉户讀書，養得少名望，思之不審，所得於彼者幾何？而破壞掃地，雖悔何及！」悵然者久之。益公每舉以爲士大夫之戒。《鶴林玉露》丙編卷一。《何氏語林》卷三十。《宋稗類鈔》卷六。

4　尹少稷强記，日能誦麻沙版本書厚一寸。嘗於吕居仁舍人坐上記曆日，酒一行，記兩月，不差一字。《老學庵筆記》卷五。《宋稗類鈔》卷五。

木待問

1　永嘉林某詩注：江心孤嶼，中界一川，龍居焉。宋紹興間，木待問讀書於中，老僧知其爲龍，時以酒脯相邀，求施其地。公戲書一券與僧，因填之，遂建室殿。後公登孝宗隆興癸未狀元，以學士卒。龍復起，江心寺僧焚香讀書券乃止。每歲中元日必建道場，然後風雨以時。《茶香室三鈔》卷十九引《瑣語録》。

2　木尚書待問，癸未年爲狀元，孝宗問：「木姓出何代？」對曰：「容臣退思。」故永嘉有鬼魅魍魎之誚。《唾玉集》。

3　見甄龍友2。

4　永嘉木尚書待問，少從學於鄭敷文。敷文，大儒也，名伯熊，字景望。其弟名伯英，字景元，負氣尚義之士也，登甲科爲第四名，以母老不肯仕宦，奉岳祠養母。……敷文死，後木尚書造宅，侵鄭氏地界，景元不平，往與木詈詬而手擊之。景元亦大爲木之子弟所箠。明日，木訴之郡，逮景元。時景元待次教官，扶其母以出，木慚悚退縮而止。木素無聞望，止以大魁爲從官爾，因此事，永嘉人薄之。《林下偶談》卷四。《木筆雜鈔》。

張震

1 見杜莘老1。

2 見朱倬1。

3 隆興初，張真父自殿中侍御史除起居郎，孝宗玉音云：「張震知無不言，言皆當理。」令載之訓詞。大哉王言！真臺諫之金科玉條也。《鶴林玉露》丙編卷二。

4 張真甫舍人，廣漢人，爲成都帥，蓋本朝得蜀以來所未有也。未至前旬日，大風雷，龍起劍南西川門，揭牌擲數十步外，壞「南」字，爪迹宛然，人皆異之。真甫名震。或爲之説曰：元豐末，貢院火，而焦蹈爲首魁，當時語曰「火焚貢院狀元焦」，無能對者，今當以「雷起譙門知府震」爲對。然歲餘，真甫以疾不起。方未病時，府治堂柱生白芝三，諂者謂之玉芝。予按《酉陽雜俎》「芝白爲喪」，真甫當之。《老學庵筆記》卷六。

王希呂

1 學士院東閣窗下，甃小池，久無雨則涸。傍植金沙、月桂之屬，又有海棠、郁李、玉繡毬各一株。西偏植金橘，逼城，根枝不能大。花開時，香滿院，結實雖小而甘，浙中未易得也。王仲行詩云：「玉堂晝永晝風微，簌簌飛花落小池。徙倚幽欄憑問訊，夏鶯飛出萬年枝。」《宋詩紀事》卷五十三引《玉堂雜紀》。

2 王希吕仲衡知紹興郡，舉進士。有爲二試卷，異其名，皆中選。黠者不厭，譁然訴之。王呼其首問曰：「爾生幾何年，凡幾試矣？」衆謂憐其潦倒，則皆以老於場屋對。王曰：「曾中選否？」曰：「正爲累試皆不利也。」王忽作色曰：「爾曹累試不一得，彼一試而兩得，尚敢訴耶！」叱而出之。《齊東野語》卷八。《宋稗類鈔》卷一。

范端臣

1 魏南夫與范元卿充殿試官，同一幕。范好書大字，於是内諸司祗應者，皆以扇乞題詩。范各爲采杜公兩句，或行或草，隨其職分付之。仍爲解釋其旨，無不歡喜而退。儀鸞司云：「曉隨天仗入，暮惹御香歸。」翰林司云：「春酒杯濃琥珀薄，冰漿盌碧碼碯寒。」御龍直云：「竹批雙耳駿，風入四蹄輕。」衛士云：「雨拋金鎖甲，苔卧緑沉鎗。」鈞容部云：「銀甲彈箏用，金魚換酒來。」御厨云：「紫駝之峯出翠釜，水晶之盤行素鱗。」惟司圊者别日致，仍致請，魏公曰：「正恐杜詩無此句。」范執筆沉吟久之云：「端臣思得之矣。」遂書「雨洗娟娟凈，風吹細細香。」相與一笑。内侍傳觀，亦皆啓齒。《夷堅三志》己卷七。

范端杲

1 范元章向在魏明己館中。嘗赴省試，夢至大宫殿，手執文書，歷階而上。自顧其身，則挂緑衣，既而有衣皂褙者亦欲進，爲左右所卻，以爲無緑衣而不可進。范遂脱所衣緑袍與之，其袍内乃著粉青戰袍，旁有嘲之者，答云：「無笑！此乃銀青袍也。」及寤，雖喜衣緑之吉，又有脱袍之疑。既而中第，辭魏氏館。《癸辛雜識》續集上。

宋之瑞

1 孝宗喜占對，宋之瑞面對，上問以所居。之瑞對曰：「臣家于天台。」上又曰：「聞彼多名山勝刹，孰爲之冠？」之瑞對曰：「唯是萬年、國清。」上大加賞歎，之瑞遂階兩制云。《四朝聞見録》乙集。

王過

1 孝宗初臨御，萬機之餘，留心經術，無所不涉，百寮奏對，時有顧問，多致失措。有王過者，蜀人，著雋聲，猶在選調，宰相薦之上殿，孝宗驟問之，曰：「李融字若川，何謂？」過即對曰：「天地之氣，融而爲川，結而爲山。李融之字若川，如元結之字次山也。」上大喜，遂詔改舍人，官除密院編修。《坦齋筆衡》。《堯山堂外紀》卷五十九。

袁孚

1 見宋孝宗16。

芮燁

1　見宋孝宗15。

單夔

1　乾道間，有一媵隨嫁單氏，而生尚書夔，又往耿氏，生侍郎延年。及死，尚書、侍郎争葬其母，事達朝廷，壽皇云：「二子無争，朕爲葬之。」衣冠家至今爲美談。《貴耳集》卷下。

2　單夔以家貧祈郡，孝宗聖聽高遠，知其所至，從中大書御札云：「單夔知夔州。」後竟不赴，易守建寧。《四朝聞見録》丙集。

崔敦詩

1　周益公以内相將過府，壽皇問：「欲除卿西府，但文字之職，無人可代。有文士，可薦二人來。」益公以龐祐甫、崔敦詩薦。上問：「曾見他文字否？」公云：「二人皆有所業，内鐃歌甚好，可進來。」是年適郊祀，公即日進入。壽皇後與公言：「龐之文不甚温潤，崔之文頗得體。」崔自運司斛面官，除秘書省正字，兼翰林權直。權直自崔始。《貴耳集》卷上。

2　見周必大11。

程宏圖

1　自紹興講和以來，金使經由官私牌額，悉以紙覆之，蓋常年之例也。隆興間，金使往天竺山燒香，過太學門，臨安尹命官吏持紙往冪「太學」二字。有直學程宏圖者，襴幞立其下，曰：「太學，賢士之關，國家儲材之地，何歉於遠夷？」堅執不令登梯。吏以白於尹，尹以上聞，阜陵嘉歎久之，遂免。至今循之。宏圖後登第，上記其姓名，喜其有守，擢大理司直，遷丞而卒。宏圖，番陽人，詞翰亦佳，然使酒難近，人多忌之。《玉照新志》卷四。

甄龍友

1　甄龍友雲卿，永嘉人，滑稽辯捷，爲近世之冠。樓宣獻自西掖出守，以首春觴客。甄預坐，席間謂公曰：「今年春氣，一何太盛！」公問其故，甄曰：「以果奩甘蔗知之，根在公前，而末已至此。」公爲罰掌吏，衆訾其猥率。游天竺寺，集詩句贊大士，大書于壁云：「巧笑倩兮，美目盼兮，彼美人兮，西方之人兮。」孝廟臨幸，一見賞之，詔侍臣物色其人。或以甄姓名聞，曰：「是温州狂生，用之且敗風俗。」上曰：「惟此一人，朕自舉之。」甄時爲某邑宰，趣召登殿，上迎問曰：「卿何故名龍友？」甄罔然不知所對，既退，乃得之曰：「君爲堯舜之君，故臣得與夔龍爲友。」由是不稱旨，猶得郡倅。《談藪》。《齊東野語》卷十三。《西湖游覽志餘》卷二。《堯山堂外紀》卷五十九。《宋稗類鈔》卷五。

2　永嘉甄雲卿，字龍友，少有俊聲，詞華奇麗。而資性浮躁，於鄉人無不狎侮，木待問藴之爲尤甚。木生朝，爲詞賀之，末云：「聞道海壇沙漲也，明年。」蓋諺云：「海壇沙漲，温州出相。」明年者，俗言且待也。又嘗損益前人酒令曰：「金銀銅鐵鋪，絲綿紬絹綱，鬼魅魍魎魁。」蓋木以癸未魁天下也。《齊東野語》卷十三。《古謡諺》卷四十八。

3〔甄龍友〕嘗游僧舍，具饌延款。僧有雌雞久畜，甄請烹爲供。僧曰：「公能作頌，予當不靳也。」龍友援筆題曰：「頭上無冠，不報四時之曉；脚根欠距，難全五德之名。不解雄先，促張雌伏。汝生卵，卵復生子，種種無窮；人食畜，畜又食人，冤冤何已？若也解除業障，必須割去本根。大衆煎取波羅香水，先與推去頭面皮毛，次運菩薩慧刀，剳去心腸肝膽。咄，香水源源化爲霧，鑊湯滚滚成甘露。飲此甘露乘此霧，直入佛牙深處去，化生彼國極樂土。」僧笑曰：「雞死無憾矣。」乃烹以侑酒，盡歡而去。《西湖游覽志餘》卷二十一。《堯山堂外紀》卷五十九。《宋稗類鈔》卷五。

彭仲舉

1　乾道間，林謙之爲司業，與正字彭仲舉游天竺。小飲論詩，談到少陵妙處，仲舉微醉，忽大呼曰：「杜少陵可殺！」有俗子在鄰壁聞之，遍告人曰：「有一怪事，林司業與彭正字在天竺謀殺人。」或問所謀殺者爲誰，曰：「杜少陵也，不知是何處人。」聞者絶倒。《鶴林玉露》丙編卷二。

趙彦端

1 趙介庵名彦端，字德莊，宗室之秀。能作文，西湖賦《謁金門》：「波底夕陽紅緺。」阜陵問：「誰詞？」答云：「彦端所作。」「我家裹人也會作此等語。」喜甚。《貴耳集》卷上。《南宋雜事詩》卷五。《詞林紀事》卷十一。

2 見唐文若1。

3 見趙汝愚3。

蘇　諤

1 蘇伯昌初筮長安獄掾，令買魚飼猫，乃供猪襯腸。詰之，云：「此間例以此爲猫食。」乃一笑，留以充庖。同寮從而遂日買猫食。蓋西北品味，止以羊爲貴。《清波雜志》卷九。

胡　昉

1 隆興初，有胡昉者大言誇誕，當國者以爲天下奇才，力加薦引，命之以官。曾未數年，爲兩浙漕。一日語坐客云：「朝廷官爵，是買吾曹之頭顱，豈不可畏。」適聞人伯卿阜民在坐末，趍前云：「也買脱空。」胡默然。《揮麈三録》卷三。

丁常任

1 丁常任，毘陵人，淳熙間爲郎。冬至日，上殿奏對。玉音曰：「曉來雲物甚奇，卿曾見否？」常任實不曾見，即對曰：「豈惟臣見之，四海萬姓皆見之。」孝宗大喜曰：「卿對甚偉。」命除淮漕。《鶴林玉露》乙編卷一。《宋稗類鈔》卷五。

王質

1 張説之爲承旨也，朝士多趨之。王質景文、沈瀛子壽，始俱在學校有聲，既而俱立朝，物譽亦歸之。相與言：「吾儕當以詣説爲戒。」衆皆聞其説而壯之。已而，質潛往説所，甫入客位，而瀛已先在焉，相視愕然。明日喧傳，清議鄙之，久皆不安而去焉。《齊東野語》卷十一。《宋稗類鈔》卷二。

沈瀛

1 見王質1。

2 見周必大9。

李石

1 李知幾少時，祈夢于梓潼神。是夕，夢至成都天寧觀，有道士指織女支機石曰：「以是爲名字，則及第矣！」李遂改名石，字知幾。《老學庵筆記》卷二。

2 李石，字知幾。……知幾爲人豪邁，然亦褊急。爲小漕日，有石監庫者入謁，知幾視其刺，大怒。典謁吏以監庫稱之，乃已。及罷去，成都有十還之謡。石監庫還姓，其一也。在眉山日，郡博士欲戲之，因命題云：「予擊石拊石，百獸率舞。」知幾語之曰：「君乃欲痛箠石，令畜輩喜悦耶？」聞者以爲善謔。《建炎以來朝野雜記》乙集卷十二。

3 蜀士李知幾，名石，乾道中守眉州，姓石者改爲右。教官命書題，以「予擊石拊石，百獸率舞」，知幾曰：「君欲箠石，使畜輩笑耶？」《吹劍四録》。

姚述堯

1 姚進道在學士日，每夜必市兩蒸餅，未嘗食，明日輒以飼齋僕，同舍皆怪之。子韶問曰：「公所市蒸餅不食，徒以飼齋僕，何耶？」進道曰：「固也。某來時，老母戒某云：『學中夜間饑，則無所得食，宜以蒸餅爲備。』某雖未嘗饑，然不敢違老母之戒也。」市之如初。《北窗炙輠録》卷上。《南宋雜事詩》卷七。

2 進道嘗渡揚子江，遭大風浪，舟人皆號呼。進道乃徐顧一親□徐德立，遽以名呼之，曰：「周公保取吾□來。」德立强忍爲取之，曰：「姚某平生不爲不義事，江神倘有知乎？使吾言不虛，風浪即止。不爾，請就溺死。」俄而風霽。《北窗炙輠録》卷上。

梁介

1 梁子輔年且五十，中風，右臂不舉，乃習用左手。逾年，作字勝于用右手時，遂復起作郡。《老學庵筆記》卷二。

2 〔瀘州〕城上有來風亭，瞰二江合處，於納凉最宜，梁介子輔所作。子輔蓋得末疾於斯亭，竟以不起，亭名疑讖云。《吴船録》卷下。

彭演

1 無諸彭演西游鄂縣，宿甘泉店，閒步原野，忽有一少年引至一古官舍，甚宏壯，梁上有紅絲羯鼓絛數條垂於地，一老人杖而守之，演問：「此何處？」老人曰：「開元興慶宫也。來此者，二百年中十二人爾，去時莫不爲詩。請書一絶，可乎？」演爲詩曰：「長安宫闕半蓬蒿，塵暗虹梁羯鼓絛。惟有水天明月夜，一條空碧見秋毫。」《詩話總龜》前集卷四十八。《堯山堂外紀》卷五十八。

鮮于廣

1 隆興間，有揚州帥，貴戚也。宴席間語客曰：「諺謂『三世仕宦，方解著衣喫飯』。僕欲作一書，言衣帽酒殽之制，未得書名。」通判鮮于廣，蜀人，即對曰：「公方立勳業，今必無暇及此。他時功成名遂，均逸林下，乃可成書耳。請先立名曰《逸居集》。」帥不之悟。有牛簽判者，京東歸正官也，輒操齊音曰：「安撫莫信，此是通判罵安撫飽食煖衣，逸居而無教，則近于禽獸。是甚言語！」帥爲發怒赧面，而通判欣然有得色。《老學庵筆記》卷五。

唐堯封

1 唐仲友之父侍御堯封，孝廟時以禮部侍郎大司成除侍御，有直聲。嘗論錢尚書禮，左遷小龍場，及去國，同朝送之，館學爲空。孝宗知之，歎曰：「遂爲唐氏百年口實。」初入言路，錢迎問第一人，答以「方思之」。歸語仲友，仲友曰：「大人失言，當云此行正爲公來也。」《癸辛雜識》別集上。

唐仲友

1 金華唐仲友，字與正，博學工文，熟於度數。居與陳同甫爲鄰，同甫雖工文，而以强辯俠氣自負，度數非其所長。唐意輕之，而忌其名盛。一日，爲太學公試官，故出《禮記》度數題以困之。同甫技窮，見黜。既揭榜，唐取同甫卷示諸考官，咸笑其空疎。同甫深恨。唐知台州，大修學，又修貢院，建中津橋，政頗有聲，而私於官妓。其子又頗通賄賂。同甫訪唐於台州，知其事，具以告晦翁。時高炳如爲台州倅，才不如唐，唐亦頗輕之。晦翁時爲浙東提舉，按行至台，炳如前途迓而訴之。晦翁至，即先索州印，逮吏旁午，或至夜半未已，州人頗駭。唐與時相王季海爲鄉人，先密申於朝，嫌省避晦翁按章。及後季海爲改唐江西憲，而晦翁力請去職。《林下偶談》卷三。

2 朱晦庵按唐仲友事，或云吕伯恭嘗與仲友同書會，有隙，朱主吕故抑唐，是不然也。蓋唐平時恃才輕晦庵，而陳同父頗爲朱所進，與唐每不相下。同父游台，嘗狎籍妓，囑唐爲脱籍，許之。偶郡集，唐語妓云：「汝果欲從陳官人邪？」妓謝，唐云：「汝須能忍饑受凍乃可。」妓聞，大恚。自是陳至妓家，無復前之奉承矣。陳知爲唐所賣，亟往見朱。朱問：「近日小唐云何？」答曰：「唐謂公尚不識字，如何作監司？」朱銜之，遂以部内有冤獄，乞再巡按。既至台，適唐出迎少稽，朱益以陳言爲信，立索郡印，付以次官，乃摭唐罪具奏，而唐亦作奏馳上。時唐鄉相王淮當軸，既進呈，上問王，王奏：「此秀才争閒氣耳。」遂兩平其事。《齊東野語》卷十七。《青泥蓮花記》卷三。《宋稗類鈔》卷四。

3 唐仲友開席授徒，學者雲集。時婺中儒者吕祖謙與朱熹、張栻論性理之學，陳亮論經濟，唐仲友論經史。各持門户，不相上下。仲友自恃博學，輕侮朱子。守台日，陳亮至治所，仲友竊論曰：「晦庵尚不識字，如何作監司？」亮與朱子學雖不同，而交誼甚篤，泄言於朱子。而同官高文虎適誣以奸贓事，朱子遂以部内有冤獄，乞再巡按。既至台，仲友出迎少稽，朱子益以亮言爲信，立索郡符付次官，乃摭仲友罪具奏。章凡六上，而以污染嚴蕊爲首。《金華徵獻略》卷四。

嚴蘂

1 天台營妓嚴蘂，字幼芳，善琴弈歌舞、絲竹書畫，色藝冠一時。間作詩詞有新語，頗通古今。善逢迎，四方聞其名，有不遠千里而登門者。唐與正守台日，酒邊，嘗命賦紅白桃花，即成《如夢令》云：「道是梨花不是，道是杏花不是。白白與紅紅，別是東風情味。曾記，曾記，人在武陵微醉。」與正賞之雙縑。又七夕，郡齋開宴，坐有謝元卿者，豪士也，夙聞其名，因命之賦詞，以己之姓爲韻。酒方行，而已成《鵲橋仙》云：「碧梧初出，桂花纔吐，池上水花微謝。穿針人在合歡樓，正月露、玉盤高瀉。蛛忙鵲嬾，耕慵織倦，空做古今佳話。人間剛道隔年期，指天上、方纔隔夜。」元卿爲之心醉，留其家半載，盡客囊橐饋贈之而歸。其後朱晦菴以使節行部至台，欲摭與正之罪，遂指其嘗與蘂爲濫。繫獄月餘，蘂雖備受箠楚，而一語不及唐，然猶不免受杖。移籍紹興，且復就越置獄，鞫之，久不得其情。獄吏因好言誘之曰：「汝何不早認，亦不過杖罪。況已經斷，罪不重科，何爲受此辛苦邪？」蘂答云：「身爲賤妓，縱是與太守有濫，科亦不至死罪。然是非真僞，豈可妄言以汙士大夫，雖死不可誣也。」其辭既堅，於是再痛杖之，仍繫於獄。兩月之間，一再受杖，委頓幾死，然聲價愈騰，至徹阜陵之聽。未幾，朱公改除，而岳霖商卿爲憲，因賀朔之際，憐其病瘁，命之作詞自陳。蘂略不搆思，即口占《卜算子》云：「不是愛風塵，似被前緣誤。花落花開自有時，總賴東君主。去也終須去，住也如何住。若得山花插滿頭，莫問奴歸處。」即日判令從良。

繼而宗室近屬納爲小婦以終身焉。《齊東野語》卷二十。《夷堅志》卷十。《雪舟脞語》。《彤管遺編》别集卷十九。《青泥蓮花記》卷三。《堯山堂外紀》卷六十。《古今女史》卷十二。《詞苑叢談》卷六。《宋稗類鈔》卷四。《詞林紀事》卷十九。《金華徵獻略》卷四。

劉　朔

1 劉朔，字復之，與兄夙賓之齊名，時稱二劉。紹興乙卯，朔聚徒東巖院，一夕，夢青衣人攜文卷，上題「省元」二字。果繼其兄魁南省，號大小省元。《莆陽比事》卷二。

2 王參預帥閩，以貴倨御僚屬。正字劉公朔，時爲福清宰。初至，以法不當堦墀，令吏先白之，參預怒。劉公候客位，連日不得見，竟棄去，曰：「吾不妨教學子以活。」參預使吏覘之，則已過大義渡矣。不得已，使吏挽回，批報以省元特免堦墀，他不爲例。《林下偶談》卷三。《木筆雜鈔》卷下。

3 劉公在福清，每出，遇市巷小兒讀書者，必下車問其讀何書，爲解説訓誨之。市巷小兒皆相習爲士，而邑之士風特盛。《林下偶談》卷三。《木筆雜鈔》卷下。

張　甫

1 張冠之，名甫，號易足居士，有文集十卷。多從于湖交游，豪放飄蕩，不受拘羈。淳熙間，淮有三士，舒之張用晦，和之張進卿，真之張冠之也。《貴耳集》卷中。

唐仲俊

1 從舅唐仲俊，年八十五六，極康寧。自言少時因讀《千字文》有所悟，謂「心動神疲」四字也，平生遇事未嘗動心，故老而不衰。《老學庵筆記》卷四。

史 千

1 史伯彊，蜀人，豪於詩酒，議論激烈，有戰國氣象。隻身往來江湖間，上書不偶，布衣皮冠，自放浪而已。時時醉中罵坐，語皆不徒發。湯朝美與之友善，時時與錢數十百千，伯彊隨用。見人貧苦，即解衣，或借人錢物與之。……平日不肯妄與人過從，世不識者，多怪其好罵也。《澗泉日記》卷中。

來 梓

1 來子儀與周洪道實布衣交。洪道既爲樞使，子儀入都訪洪道。洪道館於嘉會門外表忠觀，欲因間薦之於上，特奏假。上問以爲何，洪道奏上以訪子儀。上首肯，不復問子儀爲誰。洪道與子儀置酒極歡，道故舊外，示以近詩。子儀盡卷，則笑曰：「周樞使詩也，非周洪道詩也。」洪道問所以然，子儀曰：「昔徐師川少年工詩，晚位樞府，浸以不逮於昔。人以爲向來自是徐師川詩，後來自是徐樞密詩。」洪道笑而容之。《四朝聞見録》丙集。《宋詩紀事》卷五十七。

鹿何

1 孝宗朝尚書郎鹿何年四十餘，一日，上章乞致其事。上驚諭宰相，使問其繇，何對曰：「臣無他，顧德不稱位，欲稍矯世之不知分者耳。」遂以其語奏，上曰：「姑遂其欲。」時何秩未員郎，詔特官一子，凡在朝者，皆詩而祖之。何歸，築堂扁曰「見一」，蓋取「人人盡道休官去，林下何嘗見一人」之句而反之也。何去國時，齒髮壯，不少衰，居二年，以微疾卒。《桯史》卷五。《貴耳集》卷上。

賴文政

1 淳熙間，江湖茶商相挺爲盜，推荆南茶駔賴文政爲首。文政多智，年已六十，不從曰：「天子無失德，天下無他釁，將以何爲？」群兇不聽，以刃脅之，黽勉而從。文政知事必不集，陰求貌類己者一人，曰劉四，以煎油糍爲業，使執役左右。辛幼安爲江西憲，親提死士與之角。困屈請降，文政先與渠魁數人來見，約日束兵。既退，謂其徒曰：「辛提刑瞻視不常，必將殺我。」欲遁去，其徒不可。則曰：「寧斷吾首以降，死先後不過數日耳。」其徒又不忍，乃斬劉四之首，使僞爲己首以出，而文政竟遁去，官軍迄不知其首級之僞也。《鶴林玉露》甲編卷二。

汪革

1 淳熙辛丑，舒之宿松民汪革，以鐵冶之衆叛，比郡大震。詔發江、池大軍討之。既潰，又詔以三百萬名捕。其年，革遁入行都，廂吏執之以聞，遂下大理。獄具，梟于市。……革未敗，天下謡曰：「有箇秀才姓汪，騎箇驢兒過江。江又過不得，做盡萬千趨蹡。」又曰：「往在祁門下鄉，行第排來四八。」首尾皆同，凡十餘曲，舞者率侑以鼓吹，莫曉所謂。至是始驗。革第十二，以四八合，其應也。《桯史》卷六。《古謡諺》卷六十二。

2 汪革僭據歙郡，與其妻巡行山川，堵築險要，以修四塞之固，出入張珍珠傘爲美觀。一日天驟大風，掣傘於雲表，良久墮下，珠悉迸落草間。因生草綴珠，至今人名爲珍珠傘。《閩小記》卷上。

宋人軼事彙編卷三十四

朱熹

1 朱韋齋，晦庵先生父也，酷信地理，嘗招山人擇地，問富貴何如，其人久之答曰：「富也只如此，貴也只如此，生箇小孩兒，便是孔夫子。」後生晦庵，果爲大儒。文公爲同安主簿日，民有以力强得人善地者，索筆題曰：「此地不靈，是無地理；此地若靈，是無天地。」後得地之家不昌。《堯山堂外紀》卷六十。《堅瓠丁集》卷二。

2 朱文公《與慶國卓夫人書》云：「五哥嶽廟，聞尊意欲爲五哥經營幹官差遣，某切以爲不可。人家子弟多因此壞卻心性，蓋其生長富貴，本不知艱難，一旦仕宦，便爲此官，逐司只有使長一人可相拘轄，又多寬厚長者，不欲以法度見繩。上無職事了辦之責，下無吏民窺伺之憂。而州縣守令，執反出己下，可以陵轢，故後生子弟爲此官者，無不傲慢縱恣，觸事懵然。愚意以爲可且爲營一稍在人下職事、喫人打罵差遣，乃所以成就之。若必欲與求幹官，乃是置之有過之地，誤其終身。」前輩愛人以德，至於如此。卓夫人乃少傅劉公子羽之妃，樞密共父之母，五哥即平甫，朱與劉蓋姻婭。初，文公之父韋齋疾革，手自爲書，以家事屬少傅。韋齋歿，文公年十四，少傅爲築室於其里，俾奉母居焉。少傅手書與白水劉致中云：「於緋溪得屋五間，器用完備，又於七倉前得地，可以樹，有圃可蔬，有池可魚，朱家人口不多，可以居。」文公視卓夫人猶母云。《鶴林玉露》甲編卷二。《宋稗類鈔》卷六。

3 晦庵省試，經題出「剛中而應」。連案者云：「此句凡七出。」先生嘿數止五出，乃據所記對義。及出院檢視，果只五出，乃悟同經者相忌。是年先生登科。《吹劍四録》。

4 朱子晚年書門符云：「佩韋遵考訓，晦木謹師傳。」上句謂韋齋先生，下句謂劉屏山也。朱子年十四，師事屏山，字之曰元晦，祝詞曰：「木晦于根，春乃曄榮；人晦于身，神明内腴。」故曰師傳。《茶餘客話》卷十。

5 考亭先生賦《武夷大隱屏》詩云：「甕牖前頭大隱屏，晚來相對静儀形。浮雲一任閒舒卷，萬古青山只麼青。」五峯胡氏得其詩而誦之，謂南軒張敬夫曰：「佳則佳矣，惜其有體而無用。」遂自爲詩以遺考亭先生，曰：「幽人偏愛青山好，爲是青山青不老。山中出雲雨太虚，一洗塵埃青更好。」胡公銓以詩薦先生于孝宗，召除武學博士，先生不拜。蓋先生之意，以爲胡公特知其詩而已。《四朝聞見録》甲集。

6 見胡銓22。

7 胡澹庵上章，薦詩人十人，朱文公與焉。文公不樂，誓不復作詩，迄不能不作也。嘗同張宣公游南嶽，唱酬至百餘篇。忽瞿然曰：「吾二人得無荒於詩乎？」……公嘗舉似所作絶句示學者云：「半畝方塘一鑑開，天光雲影共徘徊。問渠那得清如許，爲有源頭活水來。」蓋借物以明道也。又嘗誦其詩示學者云：「孤燈耽寒焰，照此一窗幽。卧聽簷前雨，浪浪殊未休。」曰：「此雖眼前語，然非心源澄静者不能道。」觀此，則公之所作又可概見矣。《鶴林玉露》甲編卷六。

8 晦翁與吕東萊同讀書雲谷，日夜鋭志著述。文公精神百倍，無少怠倦。東萊竭力從事，每至夜分，輒覺疲困，必息而後興。嘗自愧力之不及，爰詢文公夜坐時，書几下若有物抵其足，據踏良久，精神倍增。數歲後，一夕，文公忽見神人頭有目光百餘，云多目星現。嗣是後几下之物不至，而文公夜分亦必就寢。《湧幢小品》卷十六。

9 晦庵、象山二先生，不惟以書往復辨論無極，鵝湖倡和，尤見旨趣。象山詩云：「墟墓生哀宗廟欽，斯人千古最靈心。涓流積至滄溟水，拳石崇成太華岑。簡易工夫終久大，支離事業竟浮沈。欲知自下升高處，真僞先須辨古今。」晦庵次韻云：「德義風流夙所欽，别離三載更關心。偶扶藜仗過寒谷，又枉籃輿度遠岑。舊學商量加邃密，新知培養轉深沈。只愁説到無言處，不信人間有古今。」《庶齋老學叢談》卷二。《宋詩紀事》卷四十八。

10 朱紫陽嘗作一絶曰：「川源紅緑一時新，暮雨朝晴更可人。書册埋頭何日了，不如抛卻去尋春。」陸象山聞而喜之曰：「元晦至此覺矣。」《柳亭詩話》卷十四。

11 嘉、隆間，金陵沈越《聞見雜録》載：按江西時，過白鹿洞書院，内有諸葛孔明木刻小像，諸生焚香供之。詢其所以，皆云：「其來已遠，未知所由。」後觀《朱文公年譜》，言先生嘗作卧龍庵祀孔明，即其地。而木刻像乃文公所立，彼時門人言其微意有在。蓋朱子之意，以高宗南渡之後，偏安江左，委靡頽墜，不能振發恢復疆土以雪仇，故於孔明致意焉。《堅瓠餘集》卷四。

12 南康六老堂，因五老峯，祀宋守朱元晦，曰六老。《棗林雜俎》中集。

13 張南軒知星命，乃判朱晦翁「宦多禄少」四字。晦翁點首云：「老漢生平辭官文字甚多。」《太平清話》卷下。

14 見陳亮3。

15 見唐仲友2。

16 見嚴蘂1。

17 淳熙九年，晦庵爲浙東提舉。按台州唐仲友不法，丞相王淮與唐姻故，使察院陳賈彈之，侍郎鄭丙目爲僞學，遂以祠去。太學詩曰：「周公大聖猶遭謗，元晦真賢亦被譏。堪歎古今兩陳賈，如何都把聖賢非。」《吹劍四録》。

18 淳熙間，考亭以行部劾台守唐氏，上將寘唐于理。王〔淮〕與唐爲姻，乃以唐自辯疏與考亭章俱取旨，未知其孰是。王但微笑，上固問之，乃以「朱、程學，唐、蘇學」爲對。上笑而緩唐罪。時上方崇厲蘇氏，未遑表章程氏也，故王探上之意以爲解。考亭上書力辯以謂，至以臣得力于師友之學以中傷，不報。故終王之居相位，屢召不拜。考亭之子在，趨媚時好，遂階法從，視其父忤淮者異矣。予嘗與閩士同舟，相與歎息在之弗紹，且謂在盡根盡骨賣了武夷山。閩士謂予曰：「子之鄉蠹，只是賣了一座武夷山。我之鄉蠹，卻賣了三座山。」三座山，蓋指三山。鄉蠹，謂梁成大也。《四朝聞見録》乙集。

19 朱晦庵爲倉使時，某郡太守頗遭捃摭，幾爲按治，憂惶百端。未幾，晦庵易節他路，喜可知也。有寄居官署者因招守飲，出寵姬歌《大聖樂》，至末句云：「休眉鎖、問朱顔去了，還更來麽。」守爲之起舞也。《行都紀事》。

20 見胡紘1。

21 朱子帥潭，一日得趙丞相密報，已立嘉王爲今上，當首以經筵召。公閲過，藏簡袖中，秘其事，竟入獄取大囚十八人立斬之，才畢而登極赦至。人服其識量。此事甚奇，非中庸之道也。沈繼祖請殺朱子，朱子得朝報不語，散行庭中云：「我這頭，且暫戴在這裏。」移時又曰：「自古聖人不曾被人殺死。」蓋其自信如此，是聖賢本領。《茶餘客話》卷十。《木筆雜鈔》卷下。《林下偶談》卷三。

22 慶元初，趙子直當國，召朱文公爲侍講。文公欣然而至，積誠感悟，且編次講義以進。寧宗喜，令點句以來。他日，文公請問，上曰：「宫中常讀之，大要在求放心耳。」公因益推明其説曰：「陛下既知學問之要，願勉彊而力行之。」退謂其徒曰：「上可與爲善，若常得賢者輔導，天下有望矣。」然是時，韓侂胄自謂有夾日之功，已居中用事。公因進對面諫，又約吏部侍郎彭子壽請對，面發其姦。且以書白趙丞相，云當以厚賞酬其勞，勿使干預朝政。侂胄於是謀逐公。忽一日御批云：「朕閔卿耆老，當此隆冬，難立講，已除卿宫觀。」内侍王德謙徑遣付下，宰相執奏，臺諫給舍争留，皆不從。時子壽出護使客，回則公已去矣。《鶴林玉露》甲編卷三。

23 先是，考亭先生嘗勸〔趙〕忠定，既已用韓〔侂胄〕，當厚禮陳謝之，意欲忠定處以節鉞，居之國門外。

忠定猶豫未決而禍作。先生對門人曰：「韓，吾鄉乳母也，宜早陳謝之。」建俗用乳母乳其子，初不爲券，兒去乳，即以首飾羔幣厚遺之，故謂之陳謝。韓後聞其説，笑建俗而心肯之，故禍公者差輕。嘉定初，號爲更化，先生之子在，乃謂公嘗草數千言攻韓之惡，疏未上，門人蔡元定持耆以入，卜得《遯》卦，力止先生勿上。同時楊公誠齋之子長孺，謂其父因韓用兵，憂憤殊甚，遺書數千言，至以藁上。楊公既致爲臣而歸，雖不言事可也，誠有所論，何爲中輟？非二父之志也。元定蓋先生友，亦非門人。《四朝聞見録》乙集。

24 慶元間，朱熹以僞學之禁，避地至長溪。相其山川迴合，臨危不危，臨險不險，遂主於武曲朱氏，託宗人之分，爲題「文章華國，詩禮傳家」一聯於門。又爲一農家書「水雲長日神仙府，禾黍豐年富貴家」。皆有石刻。後爲一州取去。當宋、元之季，及嘉靖末倭亂，他縣殘破，州獨完，朱子之言驗矣。《長溪瑣語》。

25 慶元六年，公終于正寢。郡守傅伯壽以黨禁不以聞于朝，猶遣人以賻至，其家辭焉。時故舊莫敢致哀，陸公游僅以文祭云：「某有捐百身起九原之心，傾長河注東海之淚，路脩齒耄，神往形留。公殁不忘，庶其歆饗。」僅此六句，詞有所避而意亦至矣。《四朝聞見録》丁集。

26 孔應得云：朱晦庵之葬用懸棺法，術家云：「斯文不墜，可謂好奇。」《癸辛雜識》别集上。《韋居聽輿》。

27 朱子字元晦，一字仲晦，謚曰文。曾結草堂於建陽廬峯之雲谷，扁以悔庵，又號雲谷老人。既又創竹林精舍，更號滄洲病叟。晚因筮，遇《遯》之《同人》，更名遯翁。小名沈郎，小字季延。《茶餘客話》卷十。

28 朱子初居崇安五夫榜，讀書之室曰紫陽書堂，識鄉關常在目也。後築室建陽蘆峯之巔，號曰雲谷，其草堂曰晦庵，自號雲谷老人，亦曰晦庵，因自號晦翁。晚居考亭，作精舍曰滄洲，號滄洲病叟。最後號遯翁。《宋名臣言行録》外集卷十二。

29 門人以「考亭」號先生，世少知其然者。亭爲陳氏所造，本以寘其父之櫬，葬畢，因以爲祀塋之所，故曰「考亭」。其後，亭歸于先生，以「考亭」於己無所預，遂因陳姓易名曰「聚星」，參取《漢史》、《世説》陳元方事，事爲一段，段爲一圖，揭之於亭。而門人稱「考亭」之號已久，終不能遽易。故今稱先生皆以晦庵、晦翁，而考亭之稱亦並行云。先是，先生本字元晦，後自以爲元者乾，四德之首也，懼不足當，自易爲仲晦。《四朝聞見録》甲集、丙集。

30 宋本朱子《易學啓蒙》，序後題云「雲臺真逸」。《鈕非石日記》。《茶香室續鈔》卷四。

31 朱仲晦面有七星。《偃曝餘談》卷下。

32 朱文公有足疾，嘗有道人爲施鍼熨之術，旋覺輕安。公大喜，厚謝之，且贈以詩云：「幾載相扶藉瘦笻，一鍼還覺有奇功。出門放杖兒童笑，不是從前勃窣翁。」道人得詩徑去。未數日，足疾大作，甚於未鍼時。亟令人尋逐道人，已莫知其所往矣。公歎息曰：「某非欲罪之，但欲追索其詩，恐其持此誤他人爾。」《鶴林玉露》乙編卷五。《昨非庵日纂》一集卷二十。《堅瓠辛集》卷三。《宋稗類鈔》卷七。

33 見楊萬里12。

34 蔡元定之子沈，晦庵婿也。晦翁嘗訪沈不遇，其女出葱湯、麥飯，留飲食之。臨别，女謂以此二者簡褻不安。晦翁留詩曰：「葱湯麥飯兩相宜，葱養丹田麥療饑。莫謂此中滋味薄，前村猶有未炊時。」《堯山堂外紀》卷六十。《堅瓠丙集》卷三。

35　朱文公晚年，以野服見客，榜客位云：「滎陽吕公，嘗言京、洛致仕官與人相接，皆以閒居野服爲禮，而歎外郡之不能然。其旨深矣！某已叨誤恩，許致其事，本未敢遽以老夫自居，而比緣久病，艱於動作，遂不免遵用舊京故俗，輒以野服從事。然上衣下裳，大帶方履，比之涼衫，自不爲簡。其所便者，但取束帶足以爲禮，解帶足以燕居，且使窮鄉下邑，得以復見祖宗盛時京都舊俗如此之美也。」余嘗於趙秀仁處見其服，上衣下裳，衣用黄白青皆可，直領，兩帶結之，緣以皂，如道服，長與膝齊。裳必用黄，中及兩旁皆四幅，不相屬，頭帶皆用一色，取黄裳之義也。别以白絹爲大帶，兩旁以青或皂緣之。見儕輩則繫帶，見卑者則否。謂之野服，又謂之便服。《鶴林玉露》乙編卷二。

36　朱文公每經行處，聞有佳山水，雖迂途數十里，必往游焉。攜樽酒，一古銀杯，大幾容半升，時引一杯。登覽竟日，未嘗厭倦。又嘗欲以木作《華夷圖》，刻山水凹凸之勢，合木八片爲之，以雌雄筍相入，可以折，度一人之力，足以負之，每出則以自隨。後竟未能成。《鶴林玉露》丙編卷三。

37　陳季陸嘗挽劉韜仲諸公同往武夷訪晦翁朱先生，偶張體仁與焉。會宴之次，朱、張忘形交談風水，曰如是而爲笏山，如是而爲靴山，稱賞蔡季通無已。季陸遂難云：「蔡丈不知是世代攻於陰陽，方始學此？」晦翁又從而褒譽之：「乃祖乃父，明於龍脈，季通尤精。」季陸復辨之曰：「據某所見，嘗反此説。若儒者世家，故能成效。若日者世家，便不足取信於人。何者？公卿宰相，皆自其門而出，他人何望焉。」周居晦應聲曰：「他家也出官，出巡官。」陳嘗譬如燒金鍊銀之術，父可傳之於子，子可傳之於孫，孫何必教外人。古者人皇氏世，人有九頭，已無定形。未有百官，已有許多山了，不知何者爲笏山，何者爲靴山？」坐客皆笑。晦翁摇指向季陸道：「此説不可與蔡丈知。」僕親聞是語，故紀之以爲溺於陰陽者之戒。《螢雪叢説》卷上。

38 文公初卜劉夫人兆，因爲壽藏，嘗叩之名術者，有龍歸後唐之兆繇。一日，至麻沙鎮，睹一木牌自山溪販至者，問其所從來，以後唐龍鎮對，遂令導往，果得奇境。《葦居聽輿》。

39 晦翁中烏喙毒，頭涔涔，漸煩懑，遍體皆黑，幾至危殆。深山中又無醫藥，因思漢質帝「得水可活」之言，汲新水連飲之，大嘔而解。《湧幢小品》卷十六。

40 廖德明，字子晦，朱文公高弟也。少時夢謁大乾，夢懷刺候謁廟廡下，謁者索刺，出諸袖，視其題字云「宣教郎廖某」，遂覺。後登第，改秩，以宣教郎宰閩。請迓者及門，思前夢，恐官止此，不欲行。親朋交相勉，乃質之文公。公曰：「待徐思之。」一夕，忽叩門曰：「得之矣。」因指案上物曰：「人與器物不同，如筆止能爲筆，不能爲硯。劍止能爲劍，不能爲琴。故其成毁久速，有一定不易之數。惟人則不然，虚靈知覺，萬理兼該，固有朝爲跖而暮爲舜者，故其吉凶禍福，亦隨之而變，難以一定言。今子赴官，但當充廣德性，力行好事，前夢不足芥蔕。」子晦拜而受教。後把麾持節，官至正郎。《鶴林玉露》甲編卷三。《宋稗類鈔》卷五。

41 晦翁門人可考者三百三十八人，亡考者五十八人，得夫子十分之一。《湧幢小品》卷十六。

朱松

1 見鄧肅1。

2 朱晦庵生，其父松於晬日亦作詩：「行年已合識頭顱，舊學屠龍意轉疎。有子添丁助征戍，肯令辛苦更冠儒。」《疑耀》卷五。

朱浚

1 賈似道柄國時，浙漕朱浚每有劄子稟事，必稱「浚萬拜」，時人謂之「朱萬拜」。浚乃晦翁曾孫。後元兵入建寧，浚被執不降，曰：「豈有晦翁孫而失節者乎？」遂自殺。《堅瓠已集》卷三。《池北偶談》卷六。《餘冬序録》卷一引《姑蘇筆記》。《宋稗類鈔》卷二。《陔餘叢考》卷三十八。

2 〔朱浚〕酷嗜墨刻，人號之曰「朱古碑」。元兵至其家，浚曰：「豈有朱晦庵孫而失節者哉！」遂自縊死。《昭忠録》。

張栻

1 見張浚5。

2 南軒先生張栻，字敬夫，穎悟夙成。既長，往從胡公仁仲問河南程氏學。先生一見，知其大器，即以所聞孔門論仁親切之指告之。公退而思，若有得也，益自奮厲，直以古之聖賢自期，作《希顔録》一篇，早夜觀省。《言行龜鑑》卷一。《宋名臣言行録》外集卷十三。

3 南軒質責虞丞相并甫不當用張説，至以京、黼面斥并甫，并甫曰：「先丞相亦有隱忍就功名處，何相非之深也。」南軒曰：「先公固有隱忍處，何嘗用此等狎邪小人？」并甫拱手曰：「某服矣，某服矣。」《鶴林玉露》甲編卷六。

4 南軒先生赴静江，至羊樓橋市，方食，吏執名紙立於庭下。食畢，先生呼吏見客，曰：「已留名刺去矣。」曰：「吾無語，爾輒遣之，速請來。」市僅數家，一呼皆至，衣冠鄙陋，舉止周章。先生歷問其讀何書，各勉以學而退。宇文正甫曰：「此輩便不請見亦何害。」先生曰：「吾親卻不知某意。荒涼小市，有此三兩人已自難得。彼以儒名於一市，見一官員不得，將揶揄於市人矣。誘而進之，亦勸之之道。」《庶齋老學叢談》卷下。

5 南軒自桂帥入朝，以平日所著之書并奏議講解百餘册裝以進，方鋪陳殿陛間，有小黄門忽問左司：「甚文字許多？」張南軒斥之曰：「教官家治國平天下。」小黄門答云：「孔夫子道：『一言可以興邦。』」孝宗聞此言亦笑。《貴耳集》卷上。

6 〔南軒〕先生赴江陵，僮僕僅二人。及入境又悉遣歸，或問：「親隨止二人，今若遣回，恐官所不可無親僕。」先生曰：「到官所何患無人？若帶親僕，稍防閑不謹，便生事端。」《庶齋老學叢談》卷下。

7 張宣公帥江陵，道經澧，澧之士子十數輩，執文書郊迎。公喜見鬚眉，就馬上長揖，索其文觀之，乃舉劉郡守政績。公擲其文于地曰：「諸公之來，某意其相與講切義理之是非，啓告閭閻之利病，有以見教。今乃不然，是特被十隻冷饅頭使耳！」躍馬徑去，澧守上謁，亦不請見。《鶴林玉露》甲編卷四。

8 張敬夫帥荆州，庚子春疾甚，數丐免，不許。將死，自作遺表來上。邸吏以庶寮不得上遺表，卻之。

上迄不見也。其表曰：「再世蒙恩，一心報國。大命至此，厥路無由。猶有微誠，不能自已。伏望陛下親君子，遠小人，信任絶一己之偏，好惡公天下之見。永清四海，克鞏丕圖。臣死之日，猶生之年。」敬夫了然不亂如此，所謂古之遺忠矣。敬夫卒之四日，上聞知其疾病，乃拜右文殿修撰，奉祠。《建炎以來朝野雜記》甲集卷八。

9　公寢疾，微吟云：「舍瑟而作，敢忘事上之忠；鼓缶而歌，當盡順終之理。」疾革，定叟求教，公曰：「朝廷官爵，莫愛他底。」一朋友求教，力疾謂之曰：「蟬蜕人欲之私，春融天理之妙。」《宋名臣言行録》外集卷十三。

10　張南軒晚得奇疾，虚陽不祕，每歎曰：「養心莫善於寡慾，吾平生理會何事，而心失所養乎？」竟莫能治，逾年而卒。就殮，通身透明，臟腑、筋骨歷歷可數，瑩澈如水晶。自昔醫書不載此疾之症。《養痾漫筆》引《坦齋筆衡》。《玉芝堂談薈》卷十二。《古事比》卷十一。

11　見朱熹13。

12　見劉過7。

吕祖謙

1　紹興末，有韓慥者，賣卜於臨安之三橋，多奇中。庚辰春，曾侍郎仲躬、吕太史伯恭至其肆，則先一人在焉。問其姓，宗子也。次第談命，首言趙可至郡守，卻多貴子，不達者亦卿郎。次及曾，則曰：「命甚佳，有家世，有文學，有政事，亦有官職。只欠一事，終身無科第。」次至呂，問何幹至此，呂曰：「赴試。」曰：「去年不合發解，今安得省試？」曰：「赴詞科。」曰：「卻是詞科人，但不在今年詞科，別有人矣。後三年，兩試皆得之，且不失甲科。」復扣其何所至，沉吟久之曰：「名滿天下，可惜無福。」已而其言皆驗。《齊東野語》卷八。

2 東萊與唐悅齋同試宏詞，問唐：「路鼓在寢門裏，寢門外？」曰：「在門裏。」及試出檢視，始知爲其所治。既而悅齋中選，東萊語之曰：「只緣一個路鼓，被君掇在門裏。」《吹劍四録》。

3 東萊呂成公祖謙，娶後一月不出閨，人謂其色荒也。及出，乃成《左氏博議》一帖。《七修類稿》卷二十。

4 淳熙間，永嘉英俊如陳君舉、陳蕃叟、蔡行之、陳益之六七輩，同時並起，皆赴太學補試。芮國器爲祭酒，東萊爲學官，東萊告芮公曰：「永嘉新俊，不可不收拾。」君舉訪東萊，東萊語以一《春秋》題，且言破意。就試，果出此題。君舉徑用此破，且以語蕃叟。蕃叟，其從弟也。遂皆中榜。《林下偶談》卷四。《木筆雜鈔》卷下。

5 蔡行之本從止齋學，既以《春秋》爲補魁，止齋遂改爲賦以避之。東萊爲省試官，得一《春秋》卷甚工，東萊曰：「此必小蔡也，且令讀書養望三年。」以其草册，投之帳頂上。未幾，東萊以病先出院，衆試官入其室，見帳頂上有一草卷甚工，謂此必東萊所甚喜，而欲置前列者，遂定爲首選。《林下偶談》卷四。《木筆雜鈔》卷下。

6 孝宗命呂成公詮擇國朝文章，成公盡繙三館之儲，踰年成編，賜名《文鑑》。周益公承制譔序云：

「建隆、雍熙之際，其文偉；咸平、景德之際，其文博；天聖、明道之詞古；熙寧、元祐之詞達。雖體制互興，源流間出，而氣全理正，其歸則同。」成公爲此書，朱文公、張宣公殊不以爲然，謂伯恭無意思承當，此事便好截下，因以發明人主之學。昔温公作《資治通鑑》，可謂有補治道，識者尚惜其枉費一生精力，况《文鑑》乎？《鶴林玉露》甲編卷一。

7 東萊吕成公祖謙，集《皇朝文鑑》既成，孝宗錫名《文鑑》，除公直祕閣，暨賜御府金帛。成公謝表云：「既叨中祕清切之除，復拜御府便蕃之賜。」陳騤時爲中書舍人，執奏以爲此特編類之勞，恐賞太厚。上不悦陳。成公遂力辭帖職，上不從。《文鑑》之成，考亭先生見之，謂公去取未善，如得潘某人詩數篇，已寘選中，後有語公以潘佳處甚多，恐不止如所選，公遂併去之。《四朝聞見録》乙集。

8 東萊修《文鑑》成，獨進一本于上前，滿朝皆未得見，惟大璫甘昺有之。公論頗不與，得旨除直祕閣，爲中書陳騤所繳。載于陳之行狀。《貴耳集》卷上。

9 吕東萊嘗自言，少時性氣粗暴，後因病中讀《論語》，至「躬自厚而薄責于人」，忽然覺得意思一時平了，遂終身無暴怒。晦庵作其贊曰：「以一身備四氣之和，以一心涵千古之秘。」可謂得變化氣質之法矣。《言行龜鑑》卷一。

吕延年

1 林靖之共甫初筮越之民曹，嘗直議舍，同幕東萊吕延年後仲在焉。有婦人來投牒，吏無在者，林欲前受之，呂自後止之曰：「男女授受不親。」林竦然而止，每稱以誨子孫云。《癸辛雜識》别集上。

陸九韶

1　陸象山家于撫州金溪，累世義居。一人最長者爲家長，一家之事聽命焉。逐年選差子弟分任家事。或主田疇，或主租税，或主出納，或主厨爨，或主賓客。公堂之田，僅足給一歲之食。家人計口打飯，自辦蔬肉，不合食。私房婢僕，各自供給，許以米附炊。每清曉，附炊之米交至掌厨爨者，置曆交收。飯熟，按曆給散。賓至，則掌賓者先見之，然後白家長出見。款以五酌，但隨堂飯食，夜則卮酒杯羹，雖久留不厭。每晨興，家長率衆子弟致恭于祖禰祠堂，聚揖于廳，婦女道萬福于堂。暮，安置亦如之。子弟有過，家長會衆子弟，責而訓之。不改，則撻之。終不改，度不可容，則告于官，屏之遠方。晨揖，擊鼓三疊，子弟一人唱云：「聽聽聽聽聽聽聽，勞我以生天理定。若還惰懶必飢寒，莫到飢寒方怨命。虚空自有神明聽。」又唱云：「聽聽聽聽聽聽聽，衣食生身天付定。酒肉貪多折人壽，經營太甚違天命。定定定定定定定。」又唱云：「聽聽聽聽聽聽聽，好將孝弟酬身命。更將勤儉答天心，莫把妄思損真性。定定定定定定定，早猛省。」食後會茶，擊磬三聲，子弟一人唱云：「凡聞聲，須有省，照自心，察前境，若方馳騖速回光，悟得昨非由一頃，昔人五觀一時領。」乃梭山之詞也。近年朝廷始旌表其門閭。《鶴林玉露》丙編卷五。《賢弈編》卷二。《宋稗類鈔》卷四。

陸九淵

1　陸九淵，字子静，生有異禀……三四歲時，侍父賀行，遇事物，必致問。一日，忽問天地何所窮際，父笑而不答，遂深思至忘寢食。……初讀古書至「宇宙」二字，忽大省曰：「宇宙内事，即己分内事；己分内事，即宇宙内事。」又曰：「四方上下曰宇，古往今來曰宙。宇宙便是吾心，吾心即是宇宙。千萬世之前，有聖人出焉，同此心，同此理也。千萬世之後，有聖人出焉，同此心，同此理也。東海有聖人出焉，同此心，同此理也。西海有聖人出焉，同此心，同此理也。南海有聖人出焉，同此心，同此理也。北海有聖人出焉，同此心，同此理也。」《宋名臣言行録》外集卷十五。

2　陸象山少年時，常坐臨安市肆觀棋，如是者累日。棋工曰：「官人日日來看，必是高手，願求教一局。」象山曰：「未也，三日後卻來。」乃買棋局一副，歸而懸之室中。卧而仰視之者兩日，忽悟曰：「此《河圖》數也。」遂往與棋工對，棋工連負二局，乃起謝曰：「某是臨安第一手棋，凡來著者，皆饒一先。今官人之棋，反饒得某一先，天下無敵手矣。」象山笑而去。《鶴林玉露》丙編卷一。《西湖游覽志餘》卷二十六。

3　貴溪有山，先生登而樂之，結茅其上。山形如象，遂名曰象山，號象山翁。《宋名臣言行録》外集卷十五。

4　公與季兄復齋，講貫理學，號江西二陸。《宋名臣言行録》外集卷十五。

5　見朱熹9。

6　陸象山在荆門，上元不設醮，但合士民於公廳前，聽講《洪範》「皇極斂時五福」一段，謂此即爲民祈福也。《鶴林玉露》乙編卷三。

7〔陸九淵〕嘗夜與僚屬坐，吏白有老者訴甚急。呼問之，體戰，言不可解，俾吏狀之，謂其子爲群卒所殺。先生判翌日呈，僚屬難之。先生曰：「子安知不至是。」淩晨，追究其子，蓋無恙也。《慈湖遺書》卷五。

8見謝直1。《昨非庵日纂》一集卷十五。

袁燮

1公始遇象山于都城，一見即指本心，洞徹通貫……遂師事焉，而研精覃思，有所未合，不敢自信。居一日，豁然大明，因筆于書曰：「以心求道，萬別千差，通體吾道，道不在他。」此公自得之實也。慈湖楊公與公同師，造道亦同，而每稱公之覺爲不可及。《西山文集》卷四十七。《宋元學案》卷七十五。

2袁和叔云：「非木非石，無思無爲。」楊敬仲深愛其語，故銘其墓曰：「和叔之覺，人所未知。非木非石，無思無爲。」蓋以爲造極之語也。《鶴林玉露》乙編卷六。

3嘉定間，金虜交攻，廷臣有以和戰守三策爲言者。……是時胡榘侍郎專主和議，會入朝，四明袁燮侍郎與胡公廷争，專主戰守議，仍以笏擊胡公額，遂下侍從臺諫集議。後袁君以此辭歸，太學諸生三百五十四人作詩以送之。《白獺髓》。《宋詩紀事》卷九十六。

楊簡

1 慈湖楊公簡,參象山學猶未大悟,忽讀《孔叢子》,至「心之精神是謂聖」一句,豁然頓解。自此酬酢門人,叙述碑記,講説經義,未嘗舍心以立説。慈湖嘗爲館職,同列率多譏玩之,亦有見其誠實而不忍欺之者。《四朝聞見録》甲集。

蔡元定

1 蔡元定,字季通,博學强記,通術數。游朱晦翁門,極喜之。詹元善尤重之,薦其傳康節之學,命使定歷密院,創令赴行在。蔡雖不應命,人猶以聘君稱之。晦翁以道學不容于時,胡閎章疏並及蔡,謂之妖人,坐謫道州以死。蔡喜地理學,每與鄉人卜葬改定,其間吉凶不能皆驗。及貶,有贈詩者曰:「掘盡人家好丘隴,冤魂欲訴更無由。先生若有堯夫術,何不先言去道州?」《談藪》。《昨非庵日纂》二集卷十八。

2 見朱熹37。

3 慶元丙辰,御史沈繼祖奏:「朱熹剽竊張載、程頤之餘論,寓以喫菜事魔之妖術,以簧鼓後進,張浮駕誕,私立品題,收召四方無行義之徒,以益其黨伍,相與餐粗食淡,衣褒帶博……潛形匿跡,如鬼如蜮。其徒蔡元定佐之爲妖,乞送别州編管。」郡縣捕元定甚急,元定色不爲變,毅然上道。晦庵與諸所從游百餘人送别蕭寺,坐客感歎,有泣下者。晦庵視元定不異平時,因曰:「朋友相愛之情,季通不挫之志，可謂兩得之矣。」杖屨同其子沈行三千里，脚爲流血。至春陵，遠近從者日衆。或謂宜謝生徒，先生曰：「彼以學來，何忍拒之？若有禍患，亦非閉門塞竇所能避也。」貽書訓諸子曰：「獨行不愧影，獨寢不愧衾，勿以吾得罪故遂懈。」一日，謂沈曰：「可謝客，吾欲安静，以還造化舊物。」閲三日，卒于貶所。《宋名臣言行録》外集卷十七。《宋元學案》卷六十二。

4 晦庵書西山墓碣云：「嗚呼！有宋蔡季通父之墓。」效夫子之書延陵季子之墓也。《詩人玉屑》卷十九。

5 紹興辛巳，蔡元定在顯慶堂，推演後世子孫休咎，賦云：「顯慶堂將後世推，子孫紹復承吾書。四傳學業家還在，五世因貪人産除。纘俗流風六七代，繼興遺跡八九渠。數終輪奂猶有代，御史尹仁爲吹嘘。」厥後子沈集《書經傳注》，盛行於世，而孫模、杭輩相繼表揚，曾孫希仁以貪酷籍没。成化丙申，巡按御史尹仁入閩，夜夢一老人囑求棲身之地，叩其姓名，曰：「蔡某也。」及至建陽，訪蔡氏子孫，得其所傳家譜閲之，見西山推演後世詩中，預有姓名，不覺悚然，即捐俸爲建傳心堂。《湧幢小品》卷二十三。

李燔

1 南康屬邑曰建昌，修水經焉。元祐尚書李公擇常居其上，宗派皆承素業，以儒名。有曰敬子燔者，登進士第，爲禮部《易經》魁，授岳陽郡博士。其祖母黄氏死，敬子請解官，與諸叔俱行喪，義聲振一時。既復分教襄陽，武帥某者敬禮之，敬子獨不答。適郡有醮，敬子預坐間，言及歲薦事，寮屬咸起囁嚅，帥曰：「郡有賢儒爲師楷，詎可舍不薦，皇及其它。」敬子作曰：「燔之無功名念久矣，此決不敢當。」帥怒罷酒，然終欲牢籠之，敬子岸然弗屈。郡庠有檽星門，居營幕之左，昏夙啓閉之不時，軍士以爲病，請於前校官，削學地，置軍門。既數載矣，敬子顧必復之。軍吏讙呶不服，上之府帥，乘此欲擠之，文移頗侵學官。敬子解其意，一夕解印綬遁去，城闔以狀白帥，徑以聞，且劾擅去官守，有詔免所居官。敬子既歸，躬鋤耰，其樂不改，治廟祀，裁古今彝制爲通行，家事繩繩有法度。築室曰「耕讀」，以待學者，橫經其間，士争趨之，輿議亟稱其賢。嘉定辛未，詔除大理司直，朝路欣欣望其來，敬子力辭，且曰：「燔苟固丘園，非所學，特冒焉立朝，懼越其分，請得以幕議贊。」澄清之最，遂添差江西漕屬。方其居鄉時，士子向風，不遠千里至，晦庵朱先生在建陽，敬子實師承之，其源流蓋有自云。《程史》卷十五。

朱　震

1　朱震，字震之，安吉人。少好學，爲晦庵先生所賞，恬澹不仕。燈夕，里人招之不往，謝以詩曰：「賴有半窗知我月，已多一點讀書燈。」《湧幢小品》卷二十二。

廖德明

1　見朱熹40。

劉清之

1　四五歲讀李瀚《蒙求》，至「龔遂勸農，文翁興學」，誦不絶口，父母因語之曰：「此二君子教人讀書耕田也，人亦不過耕與學耳。」公聞之欣然，自是讀書勤甚。《宋名臣言行録》外集卷十四。

2　静春先生劉子澄，朱文公高弟也。病革，周益公往拊之曰：「子澄澄其慮。」静春開目微視曰：「無慮何澄？」言訖而逝。《鶴林玉露》丙編卷一。

劉光祖

1　簡池劉光祖，號後溪，朱文公高弟。平生好施，不顧家有無，來謁者皆周之。一日，晨坐暖閣，夫人方梳沐，有舊友來訪。公令夫人出閣，延士人者進，夫人遂挈妝具，偶遺金釵一。公適起入内，夫人從窗隙中見士人拾所遺金釵，入懷未穩。公將出，夫人掣公衣袖止之。少頃，公乃入。客退，問其故，夫人曰：「偶遺小釵，彼方收之，入未穩。士人以貧得之，可少濟，不欲遽恐之。」《瑞桂堂暇録》。《宋稗類鈔》卷三。

徐　逸

1　徐司户逸，字無競，天台人，號行溪，又曰抱獨子。少與朱文公爲友，公提舉浙東，常平日過天台訪其家，燃燈夜話，至鐘鳴而别。公嘗託無競作謝恩表，書云：「可放筆力稍低，使人見之，無假手之意也。」《稗史》。《宋詩紀事》卷五十七。

石斗文

1 〔石斗文〕與朱晦庵爲友，丞相史浩薦其學行，改樞密院編修。上書論朝政，言甚懇切，其曰：「朝廷辟如萬金之家，必嚴大門以司出入。一旦疑守者而創開便門，不知便門之私，乃復滋甚。」一時以爲名言，因目之曰「石大門」。《湧幢小品》卷十四。

石宗昭

1 石宗昭，字應之，新昌人，與兄斗文同問學于朱、吕、陸三氏之門。初爲象山所喜，復感于異説，而祭東萊之文以爲「石火電光，是區區者之不足恃」。象山見之，駭其迷繆，尋先生異時書問一束封之，題曰「石應之公案」。已而會于臨安，以公案示之，先生欲持去，象山曰：「不可。觀足下神思，今不能辦此。此書非吾相對剖决，亦長物耳。」以進士第授無爲軍教授，積官至侍從。象山謂高宗商曰：「觀應之容貌言論，與曩者判若二人，今遂居臺閣，益令人憐之耳。」《宋元學案》卷七十七。

陳孔碩

1 陳孔碩守贛，至仁王寺，見閣上有題絶句云：「不嫌夫婿醜，不畏住深村。但得一迴嫁，全勝不出門。」問誰所作，乃堂中一散僧也。即畀以一寺。既而不勝其任，遂以詩求去，云：「當初指望轉頭銜，轉得頭銜百不堪。何似仁王高閣上，倚樓時唱《望江南》。」陳在贛嘗作《望江南》數闋，膾炙人口，故末句云。《懷古録》卷上。

李燾

1 眉山秀出岷峨，屬丹稜者，李文簡燾實家焉。邑有山曰龍鶴，文簡讀書其上，命曰巽巖，因以自號，士大夫至今以爲稱。嘗自爲記曰：「子真子三卜居，乃得此山，負東南，面西北，其位爲巽，爲乾。蓋處己非乾健無以立，應物非巽順無以行。《易》六十四卦，仲尼掇其九而三陳之，起乎覆，止乎巽，此講學之序也。語曰：『可與共學，未可與適道；可與適道，未可與立；可與立，未可與權。』夫人各有所履，善惡分焉。惟能謙，可與共學，惟能復，可與適道。知所適而無以自立，則莫能久，故取諸常使久於其道，或損之，或益之。至於困而不改，若井未始隨邑而遷，則所以自立者成矣。雖然，吉凶禍福，横發逆起，有不可知，將合于道，其惟權乎！然非巽則權亦不可行，學而至于巽，乃可與權，此聖賢事業也。」文簡字仁父，一字子真，作記時，年二十四。《桯史》卷十二。

2 余嘗聞李雙溪獻可云：昔李仁甫爲《長編》，作木厨十杖，每厨作抽替匣二十枚，每替以甲子志之，凡本年之事，有所聞必歸此匣，分月日先後次第之，井然有條，真可爲法也。《癸辛雜識》後集。

3 見韓彦古3。

程大昌

1　淳熙丙申八月庚辰，德壽宫遣大璫張去爲至都堂傳旨，立翟貴妃爲今上皇后。明日午後，執政奏事，皇后歸姓謝氏。乙酉晚，快行家來宣鎖院。是日，侍講刑部侍郎程泰之已宿直，呼馬而出。予至内前，適與之遇，泰之揚鞭云：「留詩案上矣。」酉時，出自東華門，入對選德殿。……吏呈泰之詩云：「抖擻身章卻冒塵，褭蹏顧影也逡巡。鑾坡寓宿非其地，蓮燭操文自有真。字直由來同古語，位高兼復見今人。迎潮有諾無輕爽，季老當年不誘貧。」謂賜金也。予次韻戲之。《淳熙玉堂雜記》卷中。《宋詩紀事》卷五十。

程　覃

1　程覃乃文簡公之子，尹京日，有治聲。唯不甚知字，嘗有道民投詞牒乞執狀造橋，覃大書「昭執」二字。斯人見其誤，遂白之：「合是『照執』，今是『昭執』，乃漏四點爾。」覃取筆，忽於「執」字下加四點，乃爲「昭熱」。庠舍諸生作傳以譏之。《白獺髓》。《五雜組》卷十六。《宋稗類鈔》卷六。

2　鄭昭先爲臺臣，條當言事月，謂之月課。昭先純謹人也，不敢妄有指議，奏疏請京輦下勿用青蓋，惟大臣用以引車，旨從之。太學諸生以爲既不許用青蓋，則用皂絹爲短簷繖，如都下賣冰水擔上所用，人已共嗤笑。邏者猶以爲首犯禁條，用繩繫持蓋僕，併蓋赴京兆。時程覃實尹京，遂杖持蓋僕。翌日，諸生群起伏光範，訴京兆。時相戒閽者勿受謁。諸生至詣闕訴覃。覃亦白堂及臺自辨。諸生攻之愈急，至作爲《覃傳》云：「程覃，字會元，一字不識，湖徽人也。」「湖徽」者，覃本徽出，寓居于湖。俗諺以中無所有而敢于强聒，謂之「胡揮」。時相以爲：「前京兆趙師羼既因樗楚齋生罷去，亦諸生所訴也。既罷一京兆矣，其可再乎！且撻僕與撻生徒孰重孰輕？諸生得無太恣横！」堅持其議，不以諸生章白上。諸生計既屈，遂治任，盡出太學，賓綾卷于崇化堂，皆望闕遥拜而去。雲散霧裂，學爲之空。觀者驚惻，以爲百年所未嘗有。會永陽郡王楊次山本右庠經武諸生，偶遣餽舊同舍，介者寂無所睹，復持以歸，白王以兩學俱空。王遣二子往廉其事，具得實，因慈明啓于上。上即御批令學官宣諭諸生，亟就齋事，免覃所居官，仍爲農卿，諸生奉詔唯唯。……時即有輕薄子故爲一絶落韻詩云：「冠蓋如雲自古傳，易青爲皂且從權。中原多少黄羅繖，何不多多出賞錢。」《四朝聞見録》甲集。

陸淞

1 南渡初，南班宗子寓居會稽爲近屬，士家最盛，園亭甲於浙東。一時坐客，皆騷人墨客，陸子逸實預焉。士有姬盼盼者，色藝殊絶，公每屬意焉。一日，宴客偶睡，不預捧觴之列，陸因問之，士即呼至，其枕痕猶在臉。公爲賦《瑞鶴仙》，有「臉霞紅印枕」之句，一時盛傳之，逮今爲雅唱。後盼盼亦歸陸氏。《西塘集耆舊續聞》卷十。《詞林紀事》卷十一。

2 陸辰州子逸，左丞農師之孫，太傅公之玄孫也。晚以疾廢，卜築于秀野，越之佳山水也。公放傲其間，不復有榮念。對客則終日清談不倦，尤好語前輩事，纚纚傾人聽。《西塘集耆舊續聞》卷二。《宋詩紀事》卷五十八。

陸　游

1　陸放翁名游，字務觀。「觀」字係去聲。或云其母夢秦少游至而寤，遂生放翁，因以其字命名，而名爲字。《後村詩話》載史相力薦放翁，賜第，其去國自是臺評，王景文乃云：「直翁未了平生事，不了山陰陸務觀。」放翁見詩，笑云：「我字務觀，乃去聲，如何作平聲押了？」《梅磵詩話》卷中。《後村詩話》前集卷二。《堯山堂外紀》卷六十一。

2　《列子》曰：「務外游，不如務内觀。」陸游，字務觀，本此。《困學紀聞》卷二十。

3　陸務觀初娶唐氏，閎之女也，於其母夫人爲姑姪。伉儷相得，而弗獲於其姑。既出，而未忍絶之，則爲別館，時時往焉。姑知而掩之，雖先知挈去，然事不得隱，竟絶之，亦人倫之變也。唐後改適同郡宗子士程。嘗以春日出游，相遇於禹跡寺南之沈氏園。唐以語趙，遣致酒餚，翁悵然久之，爲賦《釵頭鳳》一詞，題園壁間云：「紅酥手，黄縢酒，滿城春色宫牆柳。東風惡，歡情薄，一懷愁緒，幾年離索。錯！錯！錯！　春如舊，人空瘦，淚痕紅浥鮫綃透。桃花落，閑池閣，山盟雖在，錦書難託。莫！莫！莫！」實紹興乙亥歲也。翁居鑑湖之三山，晚歲每入城，必登寺眺望，不能勝情。嘗賦二絶云：「夢斷香銷四十年，沈園柳老不飛綿。此身行作稽山土，猶吊遺蹤一悵然。」又云：「城上斜陽畫角哀，沈園無復舊池臺。傷心橋下春波緑，曾是驚鴻照影來。」蓋慶元己未歲也。未久，唐氏死。至紹熙壬子歲，復有詩，序云：「禹跡寺南，有沈氏小園。四十年前，嘗題小詞一闋壁間。偶復一到，而園已三易主，讀之悵然。」

詩云：「楓葉初丹槲葉黄，河陽愁鬢怯新霜。林亭感舊空回首，泉路憑誰説斷腸。壞壁醉題塵漠漠，斷雲幽夢事茫茫。年來妄念消除盡，回向蒲龕一炷香。」又至開禧乙丑歲暮，夜夢游沈氏園，又兩絶句云：「路近城南已怕行，沈家園裏更傷情。香穿客袖梅花在，緑蘸寺橋春水生。」「城南小陌又逢春，只見梅花不見人。玉骨久成泉下土，墨痕猶鎖壁間塵。」沈園後屬許氏，又爲汪之道宅云。《齊東野語》卷一。《西塘集耆舊續聞》卷十。《堯山堂外紀》卷六十一。《堅瓠乙集》卷二。《詞林紀事》卷十一。《宋詩紀事》卷五十二。

4 〔陸〕放翁少時，二親教督甚嚴。初婚某氏，伉儷相得，二親恐其惰於學也，數譴婦。放翁不敢逆尊者意，與婦訣。某氏改事某官，與陸氏有中外。一日通家於沈園，坐間目成而已。翁得年甚高，晚有二絶云：「腸斷城頭畫角哀，沈園非復舊池臺。傷心橋下春波緑，曾見驚鴻照影來。」「夢斷香銷四十年，沈園柳老不吹綿。此身行作稽山土，猶弔遺蹤一泫然。」舊讀此詩，不解其意，後見曾温伯，言其詳。温伯名黯，茶山孫，受學於放翁。《後村詩話》續集卷二。

5 陸游，字務觀，山陰人。名游，字當從觀平聲，至今謂觀去聲。蓋母氏夢秦少游而生公，故以秦名爲字而字其名。或曰公慕少游者也。……公紹興間已爲浙漕鎖廳第一，有司竟首秦熺，寘公于末。及南宫一人，又以秦檜所諷見黜，蓋疾其喜論恢復。紹興末，始賜第。學詩于茶山曾文清公，其後冰寒于水云。嘗從紫巖張公游，具知西北事。天資慷慨，喜任俠，常以踞鞍草檄自任，且好結中原豪傑以滅敵。自商賈、仙釋、詩人、劍客，無不徧交游。宦劍南，作爲歌詩，皆寄意恢復。書肆流傳，或得之以御孝宗。上乙其處而踳之，旋除删定官。或疑其交游非類，爲論者所斥。上憐其才，旋即復用。未内禪，一日上手批以出，陸游除禮部郎。上之除目，自公而止，其得上眷如此。公早求退，往來若耶、雲門，留賓款洽，以觴詠自娛。官已階中大夫，遂致其仕，誓不復出。韓侂胄固欲其出，落致仕，除次對，公勉爲之出。韓喜陸附己，至出所愛四夫人，擘阮琴起舞，索公爲詞，有「飛上錦裀紅縐」之語。又命公勺青衣泉，旁有唐開成道士題名。韓求陸記，記極精古，且以坐客皆不能盡一瓢，惟游盡勺，且謂挂冠復出，不惟有愧于斯泉，且有愧于開成道士云。先是，慈福賜韓以南園，韓求記于公。公記云：「天下知公之功而不知公之志，知上之倚公而不知公之自處。公之自處與上之倚公，本自不侔。」蓋寓微詞也。又云：「游老，謝事山陰澤中。公以手書來，曰：『子爲我作《南園記》。』豈取其無諛言、無侈辭，足以導公之志歟！」《四朝聞見録》乙集。

6〔陸〕放翁在朝日，嘗與館閣諸人會飲于張功父南湖園。酒酣，主人出小姬新桃者，歌自製曲以侑尊，以手中團扇求詩于翁。翁書一絶云：「寒食清明數日中，西園春事又匆匆。梅花自避新桃李，不爲高樓一笛風。」蓋戲寓小姬名于句中，以爲一笑。當路有恚之者，遽指以爲所譏，竟以此去。《浩然齋雅談》卷中。

7陸務觀以史師垣薦，賜第。孝宗一日内宴，史與曾覿皆預焉。酒酣，一内人以帕子從曾乞詞。時德壽宮有内人與掌果子者交涉，方付有司治之。覿因謝不敢曰：「獨不聞德壽宮有公事乎？」遂已。它日，史偶爲務觀道之，務觀以告張燾子宮。張時在政府，異日奏：「陛下新嗣服，豈宜與臣下燕狎如此。」上愧問曰：「卿得之誰？」曰：「臣得之陸游，游得之史浩。」上由是惡游，未幾去國。《齊東野語》卷十一。

8〔陸游〕紹興末召對，賜出身。隆興初，爲樞密院編修官，鄉用矣，坐漏泄省中語，阜陵以爲反復，斥遠之。後以夔倅入蜀，益自放肆，不護細行，自號放翁。《直齋書録解題》卷十八。

9 陸放翁少時調官臨安，得句云：「小樓一夜聽春雨，深巷明朝賣杏花。」傳入禁中，思陵稱賞，由是知名。《後村詩話》前集卷二。《堯山堂外紀》卷六十一。《宋詩紀事》卷五十三。

10 陸務觀，農師之孫，有詩名。壽皇嘗謂周益公曰：「今世詩人亦有如李太白者乎？」益公因薦務觀，由是擢用，賜出身爲南宮舍人。嘗從范石湖辟入蜀，故其詩號《劍南集》，多豪麗語，言征伐恢復事。其《題俠客圖》云：「趙魏胡塵十丈黄，遺民膏血飽豺狼。功名不遺斯人了，無奈和戎白面郎。」壽皇讀之，爲之太息。臺評劾其恃酒頽放，因自號「放翁」。作詞云：「橋如虹，水如空，一葉飄然煙雨中，天教稱放翁。」《鶴林玉露》甲編卷四。《詞林紀事》卷十一。

11 見楊萬里8。

12 嘉泰壬戌九月，陸放翁夢一故人相語曰：「我爲蓮花博士，鏡湖新置官也。我且去矣，君能暫爲之乎？月得酒千壺，亦不惡也。」遂以詩紀之曰：「白首歸修汗簡書，每因囊粟歎侏儒。不知月給千壺酒，得似蓮花博士無。」《詩人玉屑》卷十九。《堯山堂外紀》卷六十一。《宋詩紀事》卷五十三。

13 韓侂胄顓政，方修南園，欲得〔陸〕務觀爲之記，峻擢史職，趣召趣闕。務觀恥於附韓，初不欲出。一日，有妾抱其子來，前曰：「獨不爲此小官人地耶？」務觀爲之動，竟爲侂胄作記。由是失節，清議非之。《隱居通議》卷二十一。

14 韓平原南園既成，遂以記屬之陸務觀。務觀辭不獲，遂以其歸耕、退休二亭名，以警其滿溢勇退之意甚婉。韓不能用其語，遂致于敗。務觀亦以此得罪，遂落次對太中大夫致仕。外祖章文莊兼外制，行詞云：「山林之興方適，已遂掛冠；子孫之累未忘，胡爲改節？雖文人不顧于細行，而賢者責備于《春秋》。某官早著英猷，寖躋膴仕。功名已老，瀟然鑑曲之酒船；文采不衰，貴甚長安之紙價。豈謂宜休之晚節，蔽于不義之浮雲。深刻大書，固可追于前輩；高風勁節，得無愧于古人。時以是而深譏，朕亦爲之慨歎。二疏既遠，汝其深知足之思；大老來歸，朕豈忘善養之道。勉圖終去，服我寬恩。」《浩然齋雅談》卷上。

15 陸放翁一絶云：「老去元知世事空，但悲不見九州同。王師北定中原日，家祭無忘告乃翁。」忠憤之氣，落落二十八字間。林景曦收宋二帝遺骨，樹以冬青，爲詩紀之，復有歌《題放翁卷後》云：「青山一髮愁濛濛，干戈況滿天南東。來孫卻見九州同，家祭如何告乃翁。」每讀此，未嘗不爲滴淚也。《詩藪》雜編卷五。《東山談苑》卷八。

16 陸放翁宿驛中，見題壁云：「玉堦蟋蟀鬧清夜，金井梧桐辭故枝。一枕淒涼眠不得，呼燈起作感秋詩。」放翁詢之，驛卒女也，遂納爲妾。方餘半載，夫人逐之。妾賦《卜算子》云：「只知眉上愁，不識愁來路。窗外有芭蕉，陣陣黄昏雨。曉起理殘粧，整頓教愁去。不合畫春山，依舊留愁住。」《隨隱漫録》卷五。《宋稗類鈔》卷四。《宋詩紀事》卷八十七。

17 蜀娼類能文，蓋薛濤之遺風也。放翁客自蜀挾一妓歸，蓄之別室，率數日一往。偶以病少疏，妓頗疑之。客作詞自解，妓即韻答之云：「說盟說誓，說情說意，動便春愁滿紙。多應念得脫空經，是那箇先生教底？　不茶不飯，不言不語，一味供他憔悴。　相思已是不曾閑，又那得工夫呪你。」或謗翁嘗挾蜀尼以歸，即此妓也。《齊東野語》卷十一。《宋稗類鈔》卷五。

18　陸務觀作書巢以自處，飲食起居，疾痾呻吟，未嘗不與書俱。　每至欲起，書圍繞左右，如積槁枝，至不得行。　時引客觀之，客不能入，既入不能出。　相與大笑，遂名曰「書巢」。《史餘萃覽》。

陸子遹

1　溧陽宰陸子遹，放翁子也。　窘無所措，乃以福賢鄉圍田六千餘畝，獻時相史衛王，王以十千一畝酬之。　子遹追田主索田契，約以一千二畝，民衆相率投詞相府。　訴既不行。　子遹會合巡尉，持兵追捕，焚其室廬。　衆遂群起抵拒，殺傷數十人。　始則一豪婦爲之倡，勢既不敵，遂各就擒，悉寘囹圄，灌以尿糞，逼寫獻契，而一金不酬，就名福賢莊。　……劉漫塘遺之詩曰：「寄語金淵陸大夫，歸田相府意何如。　加兵殺僇非仁矣，縱火焚燒豈義歟。　萬口銜冤皆怨汝，千金酬價信欺予。　放翁自有閒田地，何不歸家理故書。」《吹劍四録》。

尤輝

1　許舍山中祖基乃買江氏敝居而新之者也。　東偏楠廳三間，壯偉高敞。　玉蝶梅四十二樹，環繞之。　待制公善書，書「環玉堂」三字於梁間。　後文獻公於紹聖元年畢漸榜登第，四十二歲而入玉堂，四十二樹之兆也。《萬柳溪邊舊話》。

2 文獻公末年雖遷居東帶河上，世祠猶在許舍山。一日守第人聞祠堂中哭聲甚高，明日開户視之，神主前大銅爐裂爲八塊。人以爲不祥，至八月廿八日，文獻公無疾而薨。《萬柳溪邊舊話》。

尤著

1 工部侍郎九龍公著，字少蒙，文獻公長子。生而右手六指，四歲時尚未能言。秋日從母張太夫人往東門回溪莊，途遇老僧，忽前抱公曰：「六指禪師，其生於此乎？又落富貴劫矣。」公曰：「别來安善。」相對而泣，自此能言。《萬柳溪邊舊話》。

尤袤

1 尤延之袤，自號錫山，胸中甚富，本朝典故討論尤博。凡朝廷議論，多所裁定。其與人談，貫穿今古，每一事引證數十，悉存根據，年月姓名，一字不差，士大夫目之曰尤書厨，言其該洽也。持節治郡，所至稱最，纖悉民隱，無所不達，黎庶目之爲尤蠟燭，言其以明破暗也。《坦齋筆衡》。

2 禮部尚書錫山尤袤延之，家有遂初堂，藏書爲近世冠。《直齋書録解題》卷十八。

3 楊廷秀因舉河魨所原起，古書未見有載叙者，以問尤延之。曰：左太沖《吴都賦》叙：「王鮪鯸鮐。」劉淵林註：「鯸鮐，魚。狀如科斗。大者尺餘，腹下白，脰微，背上青黑有斑文。性有毒，雖水獺大魚，不敢啖之。蒸煮食之肥美。」以是考之河魨，本原莫明白于此。廷秀檢視之，言無殊。因嘆曰：「廷之真書府也。人目爲厨，何以胸中著數萬卷書乎。予不及！予不及！」《坦齋筆衡》。

4 見楊萬里4。

范成大

1 石湖范參政初官到任參州，在客位，其同參者聞爲吴郡人，即云「猷子」，石湖先生聞之在懷。後因醵會日云「請猷子」。《白獺髓》。《詞林紀事》卷八。《南宋雜事詩》卷一。

2 紹興要盟之日……禮文之際，多可議者，而受書之儀特甚。逆亮渝平，孝皇以奉親之故，與雍繼定和好，雖易稱叔侄爲與國，而此儀尚因循未改，上常悔之。……時范石湖自南宫郎崇政説書，爲右史侍講，天意攸屬。明年，亟欲遂前事，且將先以陵寢爲詞，而使使者自及受書。……范遷起居郎、假資政殿大學士、左太中大夫、醴泉觀使兼侍讀、丹陽郡開國公，爲祈請使以行。上臨遣之曰：「朕以卿氣宇不群，親加選擇，聞外議洶洶，官屬皆憚行，有諸？」范對曰：「無故遣泛使，近於求釁，不執則戮。臣已立後，乃區處家事，爲不還計，心甚安之。」玉色愀然曰：「朕不敗盟發兵，何至害卿？嚙雪餐氈或有之，不欲明言，恐負卿耳。」范奏乞國書併載受書一節，弗許，遂行。虜遣吏部郎中田彦皋、侍御史元顔温迓焉。范知虜法嚴，附請決不可達，一不泄語，二使不復疑。至燕，乃夜蔽帷秉燭，密草奏，具言他日北使至，欲令親王受書，其辭云云。大昕而朝，遂懷以入，初跪進國書，隨伏奏曰：「兩朝既爲叔侄，而受書禮未稱。

昨嘗附元顔仲、李若川等口陳，久未得報，臣有奏劄在此。」搢笏出而執之，雍酋大駭，顧誶其宣徽副使韓鋼曰：「有請當語館伴，此豈獻書啓處耶？自來使者未嘗敢爾。」厲聲令綽起者三，范不爲動，再奏曰：「奏不達，歸必死，寧死於此。」雍酋怒，拂袖欲起，左右掖之坐。又厲聲曰：「教拜了去！」鋼復以笏抑范拜，范跪如初。雍酋曰：「何不拜？」范曰：「此奏得達，當下殿百拜以謝。」乃宣詔令納館伴處。范不得已，始袖以下，望殿上臣僚往來紛然。既而，虜太子謂必戮之以示威，其兄越王不可而止。頃之，引見如常儀，歸，館伴果宣旨取奏去。是日鋼押宴，謂范曰：「公早來殿上甚忠勤，皇帝嘉歎，云可以激厲兩朝臣子。」范唯唯謝。……十月，范還，虜之報章有曰：「抑聞附請之辭，欲變受書之禮，出于率易，要以必從。」上於是知其忠勤，有大用意。後八年，迄參大政云。《桯史》卷四。

3 淳熙中，范至能使北，孝宗令口奏金主，謂河南乃宋朝陵寢所在，願反侵地。至能奏曰：「兹事至重，合與宰相商量，臣乞以聖意諭之，議定乃行。」上首肯，既而宰相力以爲未可，而聖意堅不回。至能遂自爲一書，述聖語。至虜庭，納之袖中。既跪進國書，伏地不起。時金主乃葛王也，性寬慈，傳宣問使人何故不起。至能徐出袖中書，奏曰：「臣來時，大宋皇帝别有聖旨，難載國書，令臣口奏。臣今謹以書述，乞賜聖覽。」書既上，殿上觀者皆失色。至能猶伏地。再傳宣曰：「書詞已見，使人可就館。」至能再拜而退。虜中群臣咸不平，議羈留使人，而虜主不可。至能將回，又奏曰：「口奏之事，乞於國書中明報，仍先宣示，庶使臣不墮欺罔之罪。」虜主許之。報書云：「口奏之説，殊駭觀聽，事須審處，邦乃孚休。」既還，上甚嘉其不辱命。由是超擢，以至大用。至能在燕京會同館，守吏微言有羈留之議，乃賦詩曰：「萬里孤臣致命秋，此身何止一漚浮。提攜漢節同生死，休問羝羊解乳不。」《鶴林玉露》甲編卷一。《堯山堂外紀》卷六十。

4 石湖立朝多奇節。其爲西掖時，上用知閤門事、樞密都承旨張説爲僉書，滿朝譁然起争，上皆弗聽。范既當制，朝士或過問當視草與否，笑不應，獨微聲曰：「是不可以空言較。」問者不愜，又譁然謂范黨近習取顯位，范亦不顧。既而廷臣不得其言，有去者，范詞猶未下。忽請對，上意其弗繳，知其非以説事，接納甚温。范對久將退，乃出詞頭納榻前，玉色遽厲。范徐奏曰：「臣有引諭，願得以聞。今朝廷尊嚴，雖不可以下擬州郡，然分之有别，則略同也。閤門官日日引班，乃今郡典謁吏耳。執政大臣，倅貳比也。陛下作福之柄，固無容議，但聖意以謂有一州郡，一旦驟拔客將吏爲通判職曹官，顧謂何耶！官屬縱俛首，吏民觀聽，又謂何耶！」上霽威沉吟曰：「朕將思之。」明日，説罷。後月餘，范匄去，上曰：「卿言引班事甚當，朕方聽言納諫，乃欲去耶！」既而范竟不安於位，以集撰帥静江。明年春，説遂申命，實乾道八年也。《桯史》卷四。

5 壽皇欲除知閤張説簽書樞密院，在朝諸公力争，獨石湖不答，或者皆疑之。忽一日，壽皇語及張説，石湖奏云：「知閤如州郡典客，不應使典客便與知閤通判同列，何以令衆庶見？」壽皇感悟，遂寢此除。《貴耳集》卷上。

6 范石湖過萍鄉，道中乍晴，卧輿中困甚，小憩柳塘側，嘗賦《眼兒媚》云：「酣酣日脚紫煙浮，妍暖破輕裘。困人天色，醉人花氣，午夢扶頭。　春慵恰似春塘水，一片縠紋愁。溶溶曳曳，東風無力，欲皺還休。」詞意清婉，詠味之如在畫圖中。《詩人玉屑》卷二十一。

7　范成大帥廣西時，令諸猺團長納狀云：「某等已充山職，今當鈐束家丁，男行侍捧，女行把麻，任從出入。上有太陽，下有地宿，翻背者生兒成驢，生女成猪，舉家絶滅。不得對好翻非，不得偷寒送暖。上山同路，下水同船，男兒帶刀，一點一齊，同殺盜賊。不用此款者，並依山例。」「山例」者，殺戮也。自是帥事二年，諸猺無及省界者。《西園聞見録》。

8　范至能在成都，嘗求亭子名，予曰：「思鱸。」至能大以爲佳，時方作墨，即以銘墨背。然不果築亭也。《老學庵筆記》卷五。

9　志酒。八桂有端露，石湖用其法，釀於成都，名萬里春。今法具存。《黄氏日抄》卷六十七。

10　范至能有萬里春酒，又有雲霞酒。《南宋雜事詩》卷一。

11　文穆范公成大，晚歲卜築於吴江盤門外十里。蓋因闔閭所築越來溪故城之基，隨地勢高下而爲亭榭。所植多名花，而梅尤多。别築農圃堂對楞伽山，臨石湖，蓋太湖之一派，范蠡所從入五湖者也，所謂姑蘇前後臺，相距亦止半里耳，壽皇嘗御書「石湖」二大字以賜之。公作《上梁文》，所謂「吴波萬頃，偶維風雨之舟；越戍千年，因築湖山之歡」者是也。又有北山堂、千巖觀、天鏡閣、壽樂堂，他亭宇尤多。一時名人勝士，篇章賦咏，莫不極鋪張之美。乾道壬辰三月上巳，周益公以春官去國，過吴，范公招飲園中。夜分，題名壁間云：「吴臺、越壘，距門纔十里，而陸沉於荒烟野草者千七百年。紫薇舍人始創别墅，登臨得要，甲於東南。豈鴟夷子成功於此，扁舟去之，天閟絶景，須苗裔之賢者，然後享其樂邪？」爲擊節，而前後所題盡廢焉。《齊東野語》卷十。《吴中舊事》。《宋詩紀事》卷五十一。《詞林紀事》卷十。

12 范石湖云：淳熙己亥重九，與客自閶門泛舟，經横塘，宿霧一白，垂垂欲雨。至彩雲橋，氛翳豁然，晴日滿空，風景閑美，無不與人意會。四郊刈熟，露積如繚垣，田家婦子着新衣，略有節物。挂帆溯越來溪，源牧淵澄，如行玻璃地上。菱華雖瘦，尚可采。檥棹石湖，扣紫荆，坐千岩觀下，菊之叢中，大金錢一種已爛熳穠香，正午，薰入酒杯，不待轟飲，已有醉意。其傍丹桂二畝，皆盛開，多欒枝，芳氣尤不可耐。攜壺度石梁，登姑蘇後臺，躋攀勇往，謝去巾輿笻杖，石稜草滑，皆若飛步。山頂正平，有坳堂，蘚石可列坐，相傳爲吴故宫閒臺别館所在。其前湖光接松陵，獨見孤塔之尖。少北，點墨一螺爲昆山，其後西山競秀，縈青叢碧，與洞庭、林屋相賓。大約目力逾百里，具登高臨遠之勝。始余使虜，是日過燕山館，嘗賦《水調》，首句云「萬里漢家使」，後每自和，桂林云「萬里漢都護」，成都云「萬里橋邊客」。明年徘徊藥市中，頗歎倦游，不復再賦，但有詩云：「年來厭把三邊酒，此去休哦萬里詩。」今者幸甚，獲歸故園，偕鄰曲二三子，醻酢佳節于鄉山之上，乃復用舊韻。首句云：「萬里吴船泊，歸訪菊籬秋。」《澄懷録》卷下。《宋詩紀事》卷五十一。《詞林紀事》卷十。

13 范石湖每歲攜家泛湖賞海棠。《太平清話》卷下。

14 孫大雅謂宋孝宗欲相范致能，以其不知稼穡之艱，遂中止。致能因賦《田園雜興》詩六十首。詳見湯廷尉《公餘日記》。《柳亭詩話》卷二十二。

15 范文穆愛談虎事，嘗構一軒，榜曰「説虎」。《山堂肆考》卷二百十七。《南宋雜事詩》卷一引《清賞録》。《詞林紀事》卷八。

16〔范石湖〕所藏小峨眉，靈壁石也。煙江疊嶂，太湖石也。天柱峯，英石也。皆歸休時閒玩。《黄氏日抄》卷十七。《南宋雜事詩》卷一引《太平清話》。

楊萬里

1 楊誠齋爲零陵丞，以弟子禮謁張魏公。時公以遷謫故，杜門謝客。南軒爲之介紹，數月乃得見。因跪請教，公曰：「元符貴人，腰金紆紫者何限，惟鄒至完、陳瑩中姓名與日月争光。」誠齋得此語，終身厲清直之操。晚年退休，悵然曰：「吾平生志在批鱗請劍，以忠鯁南遷，幸遇時平主聖。老矣，不獲遂所願矣！」……孝宗嘗曰：「楊萬里直不中律。」光宗亦曰：「楊萬里也有性氣。」故其自贊云：「禹曰也有性氣，舜云直不中律。自有二聖玉音，不用千秋史筆。」《鶴林玉露》甲編卷一。《何氏語林》卷十九。《宋稗類鈔》卷六。

2 楊誠齋初欲習宏詞科，南軒曰：「此何足習，盍相與趨聖門德行科乎？」誠齋大悟，不復習，作《千慮策》，論詞科可罷曰：「孟獻子有友五人，孟子已忘其三。周室去班爵之籍，孟子已不能道其詳。亦安能中今之詞科哉！」晚年作詩示兒云：「素王開國道無臣，一牓春風放十人。莫羨牓頭年十八，舊春過了有新春。」《鶴林玉露》甲編卷三。

3 虞雍公初除樞密，偶至陳丞相應求閣子内，見楊誠齋《千慮策》，讀一篇，歎曰：「東南乃有此人物，某初除合薦兩人，當以此人爲首。」應求導誠齋謁雍公，一見握手如舊。誠齋曰：「相公且仔細，秀才子口頭言語，豈可便信？」雍公大笑，卒援之登朝。誠齋嘗言：士大夫窮達，初不必容心。某平生不能開口求薦。然薦之改秩者，張魏公也；薦之立朝者，虞雍公也。二公皆蜀人，皆非有平生雅故。《鶴林玉露》乙編卷四。《賢弈編》卷二。

4 尤梁溪延之，博洽工文，與楊誠齋爲金石交。淳熙中，誠齋爲秘書監，延之爲太常卿，又同爲青宫寮寀，無日不相從。二公皆善謔。延之嘗曰：「有一經句，請祕監對，曰：『楊氏爲我。』」誠齋應曰：「尤物移人。」衆皆歎其敏確。誠齋戲呼延之爲「蝤蛑」，延之戲呼誠齋爲「羊」。一日，食羊白腸，延之曰：「秘監錦心繡腸，亦爲人所食乎？」誠齋笑吟曰：「有腸可食何須恨，猶勝無腸可食人。」蓋蝤蛑無腸也，一坐大笑。厥後閑居，書問往來，延之則曰：「恙兒無恙？」誠齋則曰：「彭越安在？」誠齋寄詩曰：「文戈卻日玉無價，寶氣蟠胸金欲流。」亦以蝤蛑戲之也。延之先卒，誠齋祭文曰：「齊歌楚些，萬象爲挫。瓌偉詭譎，我倡公和。放浪諧謔，尚友方朔。巧發捷出，公嘲我酢。」《鶴林玉露》丙編卷六。《何氏語林》卷二十七。《堯山堂外紀》卷六十。《宋稗類鈔》卷六。

5 德壽丁亥降聖，遇丙午慶八十，壽皇講行慶禮上尊號。周益公當國，差官撰册文，讀册書，册擬楊誠齋、尤延之各撰一本，預先進呈。益公與誠齋鄉人，借此欲除誠齋一侍從，爲潤筆。册文壽皇披閲至再，即宣諭益公：「楊之文太聱牙，在御前讀時生受，不若用尤之文温潤。」益公又思所以處誠齋，奏爲讀册官。壽皇云：「楊江西人，聲音不清，不若移作奉册。」壽皇過内，奏册寶儀節及行禮官，讀至「楊某」，德壽作色曰：「楊某尚在這裏，如何不去？」壽皇奏云：「不曉聖意。」德壽曰：「楊某殿册内比朕作晉元帝，甚道理！」楊即日除江東漕。誠齋由是薄憾益公。《貴耳集》卷下。

6 高廟配享，洪容齋在翰苑，以呂頤浩、趙鼎、韓世忠、張俊四人爲請。蓋文武各用兩人，出於孝宗聖意也，遂令侍從議。時宇文子英等十二人以爲宜如明詔，而識者多謂呂元直不厭人望，張魏公不應獨遺。楊誠齋時爲祕書少監，上書争之，以欺、專、私三罪斥容齋，且言魏公有社稷大功五：建復辟之勳，一也。發儲嗣之議，二也。誅范瓊以正朝綱，三也。用吴玠以保全蜀，四也。卻劉麟以定江左，五也。於是有旨再令詳議。越數日，上忽諭大臣曰：「呂頤浩等配享，正合公論，更不須議。洪邁固是輕率，楊萬里亦未免浮薄。」於是二人皆求去，容齋守南徐，誠齋守高安，而魏公迄不得配食。誠齋詩云：「出卻金宮入梵宮，翠微緑霧染衣濃。三年不識西湖月，一夜初聞南澗鐘。藏室蓬山真昨戲，園翁溪友得今從。若非朝士追相送，何處冥鴻更有蹤。」又云：「新晴在在野花香，過雨迢迢沙路長。兩度立朝今結局，一生行客老還鄉。猶嫌數騎傳書札，賸喜千峰入肺腸。到得前頭上船處，莫將白髮照滄浪。」此去國時詩也，可謂無幾微見於顔面矣。其冢嗣東山先生伯子跋其《論配享書稿》云：「覆羹真得皂囊書，錦水元來勝石渠。但寶銀鈎并鐵畫，何須玉帶與金魚。」蓋苗、劉作亂時，矯隆祐詔貶竄魏公，高宗在昇暘宮方啜羹，左右來告，驚懼，羹覆於手，手爲之傷。既復辟，見魏公，泣數行下，舉手示公，痕跡猶存。《鶴林玉露》乙編卷一。《宋詩紀事》卷五十一、卷六十二。

7 紹興庚戌十月，倪文節公思爲中書舍人，楊文節萬里自大蓬除直龍圖閣，將漕江東，朝論惜其去，公留録黄欲繳奏。或以語楊，楊亟作簡止之，倪公答云：「賢者去國，公論以爲不然，既辱寵喻，不敢復繳，卻當別作商量也。」楊公即以所答簡餘紙復止之，云：「死無良醫，幸公哀我，得併別作商量之説免之，尤荷。公孫黑辭職，既而又使子爲卿，子產惡之。至愬至叩，不勝激切。」至以恩府呼之，其欲去之意可見也。然倪公竟入劄留之。……蓋二公相知極深也。後二十年，楊公已亡，倪公得其當時手簡，不忍棄之，遂自録所上之劄，及往來之書，裝潢成卷，親叙其事於後。攻媿樓公嘗跋之云：「東坡賦屈原廟，云『雖不適中，要以爲賢兮。』誠齋有焉。昌黎留孔戣，事雖不行，陳義甚高，誠齋有焉。」尤爲確論。亦可概想前輩去就之道，交情之誼也。《癸辛雜識》前集。案：紹興庚戌，應是「紹熙庚戌」。

8 楊廷秀在高安，有小詩云：「近紅暮看失燕支，遠白宵明雪色奇。花不見桃惟見李，一生不曉退之詩。」予語之曰：「此意古已道，但不如公之詳耳。」廷秀愕然問：「古人誰曾道？」予曰：「荆公所謂『積李兮縞夜，崇桃兮炫晝』是也。」廷秀大喜曰：「便當增入小序中。」《老學庵筆記》卷一。

9 廬陵楊誠齋萬里罷官家居，有相者挾周益公書來訪。誠齋粗衣短裳，方負日而捫虱。相者不識，曰：「吾挾丞相書來謁學士，煩爲傳達。」誠齋曰：「君何幹？」曰：「我善相。」誠齋曰：「就煩一相。」相者曰：「老□更爲主翁求兩年飯喫死矣，求相何爲？」誠齋取書以入，更衣而出。相者慚而退。《江湖紀聞》卷六。

10 見周必大20。

11 楊誠齋自祕書監將漕江東，年未七十，退休南溪之上。老屋一區，僅庇風雨。長鬚赤脚，纔三四人。徐靈暉贈公詩云：「清得門如水，貧唯帶有金。」蓋紀實也。聰明强健，享清閒之福十有六年。寧皇初元，與朱文公同召。文公出，公獨不出。文公與公書云：「更能不以樂天知命之樂，而忘與人同憂之憂，毋過於優游，毋決於遁思，則區區者，猶有望於斯世也。」然公高蹈之志，已不可回矣。嘗自贊云：「江風索我吟，山月唤我飲，醉倒落花前，天地爲衾枕。」又云：「青白不形眼底，雌黄不出口中。只有一罪不赦，唐突明月清風。」《鶴林玉露》甲編卷四。

12 晦庵先生與誠齋吟詠甚多，然頗好戲謔。劉約之丞盧陵，過誠齋，語及晦庵足疾，誠齋因贈約之詩云：「忠顯聞孫定不虚，西樞猶子固應殊。鸞停梧上遺風在，鶩進松間得句無。牘有老農歌贊府，未多薦墨送清都。晦庵若問誠齋叟，上下千峯不用扶。」晦翁後視詩笑云：「我疾猶在足，誠齋疾在口耳。」《詩人玉屑》卷十九引《柳溪吕炎近録》。《堯山堂外紀》卷六十。

13 見朱熹23。

14 〔楊〕誠齋父子視金玉如糞土。誠齋將漕江東，有俸給僅萬緡，留庫中，棄之而歸。東山帥五羊，以俸錢七千緡，代下户輸租。其家采椽土階，如田舍翁，三世無增飾。東山病且死，無衣衾，適廣西帥趙季仁餽纈絹數端，東山曰：「此賢者之賜也，衾材無憂矣。」史良叔守盧陵，官滿來訪，入其門，升其堂，目之所見，無非可敬可仰、可師可法者所得多矣，因命畫工圖之而去。《鶴林玉露》丙編卷四。《昨非庵日纂》卷二。

15 楊誠齋退休，名酒之和者曰「金盤露」，勁者曰「椒花雨」，嘗曰：「余愛椒花雨，甚於金盤露。」心蓋有爲也。《鶴林玉露》丙編卷四。《何氏語林》卷十八。《堯山堂外紀》卷六十。《宋稗類鈔》卷五。

16 楊誠齋立朝時，計料自京還家之裹費，貯以一篋，鑰而置之卧所。戒家人不許市一物，恐累歸擔，日日若促裝者。《鶴林玉露》乙編卷一。《南宋雜事詩》卷四。

17 初，誠齋先生楊公考校湖南漕試，同寮有取《易》義爲魁，先生見卷子上書「盡」字作「尽」，必欲擯斥。考官乃上庠人，力争不可。先生云：「明日揭牓，有喧傳以爲場屋取得箇『尺二秀才』，則吾輩將何顔？」竟黜之。《履齋示兒編》卷九。

18 楊誠齋在館中，與同舍談及晉于寶，一吏進曰：「乃干寶，非于也。」問之何以知之，吏取韻書以呈，「干」字下注云：「晉有干寶。」誠齋大喜曰：「汝乃吾一字之師。」《鶴林玉露》甲編卷三。《古事比》卷二十八。《宋稗類鈔》卷五。

19 昔傳江西一士，求見楊誠齋，頗以該洽自負。越數日，誠齋簡之云：「聞公自江西來，配鹽幽菽，欲求少許。」士人茫然莫曉，亟往謝曰：「某讀書不多，實不知爲何物？」誠齋徐檢《禮部韻略》「豉」字示之，注云：「配鹽幽菽也。」《齊東野語》卷九。

20 楊誠齋云：「無事可看韻書。」《姚氏殘語》。《鶴林玉露》乙編卷五。

21 王允文，字文伯，豐城人，乾道中進士。從象山游，尤爲彭子壽所知。嘗介之于楊誠齋，示以所作《虞雍公碑》，有「諒彼高宗」之語，先生引《詩》「諒彼武王」正之，誠齋謝曰：「一字之師也。」《宋元學案》卷七十七。

22 楊誠齋詩，一官一集，每一集必變。《瀛奎律髓》卷一。《南宋雜事詩》卷六。

23 見秦檜95。

24 古今書畫名家而得仙者……楊廷秀爲「蓮花博士」。《清河書畫舫》卷四上。

25 楊誠齋帥某處，有教授狎一官妓。誠齋怒，黥妓之面，押往謝辭教授，是欲愧之。教授延入，酌酒爲別，賦《眼兒媚》：「鬢邊一點似飛鴉，莫把翠鈿遮。三年兩載，千擱百就，今日天涯。楊花又逐東風去，隨分落誰家。若還忘得，除非睡起，不照菱花。」楊誠齋得詞，方知教官是文士，即舉妓送之。《貴耳集》卷下。

26〔楊誠齋〕爲監司時，循歷至一郡，郡守盛禮以宴之。而適初夏，有官妓歌葉少藴《賀新郎》詞以送酒，其中有「萬里雲帆何時到」，誠齋遽曰：「萬里昨日到。」太守大慚，即監繫官妓。《行都紀事》。《茶餘客話》卷十二。《南宋雜事詩》卷六。《詞林紀事》卷十。

27 楊誠齋夫人羅氏，年七十餘，每寒月黎明即起，詣厨躬作粥一釜，遍享奴婢，然後使之服役。其子東山先生啓曰：「天寒何自苦如此？」夫人曰：「奴婢亦人子也。清晨寒冷，須使其腹中略有火氣，乃堪服役耳。」東山曰：「夫人老，且賤事，何倒行而逆施乎？」夫人怒曰：「我自樂此，不知寒也。汝爲此言，必不能如吾矣！」東山守吴興，夫人嘗於郡圃種紵，躬紡緝以爲衣，時年蓋八十餘矣。東山月俸，分以奉母。夫人忽小疾，既愈，出所積券，曰：「此長物也，自吾積此，意不樂，果致疾。今宜悉以謝醫，則吾無事矣。」平居首飾止于銀，衣止于紬絹。生四子三女，悉自乳，曰：「饑人之子以哺吾子，是誠何心哉？」……誠齋、東山清介絶俗，固皆得之天資，而婦道母儀所助亦已多矣。《鶴林玉露》丙編卷四。《湖海新聞夷堅續志》前集卷一。《昨非庵日纂》一集卷九、卷十一。《宋稗類鈔》卷三。

楊長孺

1 見趙謐1。

2 東山先生楊長孺，字伯子，誠齋之嫡也。學似其父，清似其父，至骨鯁乃更過之。守霅川時，秀邸横一州，廷相擇而使之，蓋欲其拔薙。一日，秀王袖緘招府公。公念不欲往，又無辭以卻，於是往赴。張樂開宴，水陸畢陳，帷幕數重，列燭如晝，酒半少休。已而復坐，乃知逾兩日夕矣。歸即自劾云：「祗赴嗣秀王華會，荒酒凡兩日夜，曠廢職事，願罰俸三月，以懲不恪。」自是終其去，秀邸不敢復招，亦斂手不敢撓政。一日，幹辦府捉解爬松釵人，公據案判云：「松毛本是山中草，小人得之以爲寶。嗣王捉得太吃倒，楊秀才放得卻又好。」闔郡傳之以爲笑。《東南紀聞》卷一。

3 嘉定間，楊伯子爲湖州守，彈壓豪貴，牧養小民，治聲赫然，爲三輔冠。郡之士相與肖像祠于學宫，與工部尚書戴少望並祠。伯子意不悦，會除浙東庾節，將行，辭先聖先師禮畢，與教官諸生坐于講堂，命取所祠畫像來，題詩其上云：「面有憂民色，天知報國心。三年風月少，兩鬢雪霜深。更莫留形迹，何曾廢古今。不如隨我去，相伴老山林。」遂卷藏而行。當時士子有戲和其詩者，末句云：「可憐戴工部，獨樹不成林。」《鶴林玉露》乙編卷一。《堯山堂外紀》卷六十。《雨村詩話》卷十一。《宋詩紀事》卷六十二。

4 楊東山帥番禺日，漕倉市舶三使者皆閩浙人，酒邊各盛言其鄉里果核、魚蝦之美，因問東山鄉里何産，東山曰：「他無所産，但産一歐陽子。」三公笑且慚。《堯山堂外紀》卷六十。《鶴林玉露》乙編卷五。

5 楊伯子嘗爲余言：「士大夫清廉，便是七分人了。蓋公忠仁明，皆自此生。」伯子，誠齋冢嗣，號東山先生，清節高文，趾美克肖。其帥番禺，將受代，有俸錢七千緡，盡以代下户輸租。有詩云：「兩年枉了鬢霜華，照管南人没一些。七百萬錢都不要，脂膏留放小民家。」又《別石門》詩云：「石門得得泊歸舟，江水依依別故侯。擬把片香投贈汝，這回欲帶忘來休。」蓋晉吴隱之守五羊，不市南物，歸舟有香一片，舉而投諸石門江中，用此事也。其帥三山，不請供給錢，以忤豪貴劾去。《鶴林玉露》甲編卷四。

6 見楊萬里14。

7 見楊萬里27。

辛棄疾

1 党承旨懷英、辛尚書棄疾，俱山東人，少同舍。屬金國初遭亂，俱在兵間。辛一旦率數千騎南渡，顯於宋。党在北方，擢第，入翰林，有名，爲一時文字宗主。《歸潛志》卷八。《宋詩紀事》卷五十二。《詞林紀事》卷十一。

2 〔辛幼安〕少與泰安党懷英友善。肅慎氏既有中憂，誓不爲金臣子。一日，與懷英登一大丘，置酒曰：「吾友安此，余將從此逝矣。」遂酹別而去。既歸宋，宋士夫非科舉莫進。公笑曰：「此何有？只消青銅三百，易一部時文足矣。」已而果擢第。孝宗曰：「是以三百青銅博吾爵者。」才其爲，授觀文殿修撰。及議邊事，主和者衆，公曰：「昔齊襄公雪九世之恥，《春秋》韙之。況我與金人不同戴天仇邪？今日之計有戰伐而已。」時丞相侂胄當軸，與公議合。自是敗盟開邊，用兵於江淮間數年，公力爲居多。……今《文集》中壽南澗翁者，蓋侂胄也。初，公在北方時，與竹溪嘗游泰山之靈巖，題名曰「六十一上人」，碎辛字也。至元二十年，予按部來游，其石刻宛在。《玉堂嘉話》卷二。

3 蔡光工於詞，靖康間陷於虜中，辛幼安常以詩詞參請之。蔡曰：「子之詩則未也，他日當以詞名家。」故稼軒歸本朝，晚年詞筆尤高。《懷古録》卷中。

4 辛稼軒初自北方還朝，官建康，忽得癩疝之疾，重墜大如杯。有道人教以取葉珠，即薏苡仁也。用東方壁土炒黄色，然後水煮爛，入砂盆内研成膏，每用無灰酒，調下二錢即消。《游宦紀聞》卷五。

5 見王佐5。

6 辛帥之客舟販牛皮過此，掛江西安撫占牌，以簾幕蒙蔽船艙甚密，而守卒僅三數輩。初不肯令搜檢。既得此物，則持帥引來，云發赴浙東總所。見其不成行徑，已令拘没入官。昨得辛書，卻云軍中收買。勢不爲已甚，當即還之，然亦殊不便也。《朱文公大全集》別集卷六。

7 辛幼安《晚春》詞云：「更能消、幾番風雨，匆匆春又歸去。惜春長恨花開早，何况亂紅無數。春且住。見説道、天涯芳草迷歸路。怨春不語。算只有殷勤，畫簷蛛網，盡日惹飛絮。 長門事，準擬佳期又誤。娥眉曾有人妬。千金縱買相如賦，脈脈此情誰訴？君莫舞，君不見、玉環飛燕皆塵土。閑愁最苦。休去倚危欄，斜陽正在，煙柳斷腸處。」詞意殊怨。……愚聞壽皇見此詞，頗不悦，然終不加罪，可謂至德也已。《鶴林玉露》甲編卷一。《西湖游覽志餘》卷十。《詞苑叢談》卷三。

8 辛幼安在長沙，欲於後圃建樓賞中秋，時已八月初旬矣。吏曰：「他皆可辦，唯瓦難辦。」幼安命於市上每家以錢一百賃簷前瓦二十片，限兩日以瓦收錢，於是瓦不可勝用。《鶴林玉露》乙編卷六。《堯山堂外紀》卷五十九。《識小録》卷四。《宋稗類鈔》卷三。

9 辛稼軒帥湖南，有小官，山前宣勞，既上功級，未報而辛去，賞格不下。其人來訪，辛有詩別之曰：「青衫匹馬萬人呼，幕府當年急急符。愧我明珠成薏苡，負君赤手縛於菟。觀書到老眼如鏡，論事驚人膽滿軀。萬里雲霄送君去，不妨風雨破吾廬。」此篇悲壯雄邁，惜爲長短句所掩。上饒所刊辛集有詞無詩，惜無好事者搜訪補足之。《後村詩話》後集卷二。

10〔辛幼安〕在上饒，屬其室病，呼醫對脈，吹笛婢名整整者侍側，乃指以謂醫曰：「老妻病安，以此人爲贈。」不數日，果勿藥，乃踐前約。整整既去，因口占《好事近》云：「醫者索酬勞，那得許多錢物。只有一箇整整，也盒盤盛得。下官歌舞轉悽惶，賸得幾枝笛。覷著這般火色，告媽媽將息。」一時戲謔，風調不群。《清波別志》卷下。《逸老堂詩話》卷下。

11 見周必大16。

12 見陳亮4。

13 見陳亮5。

14 見劉過6。

15 見劉過7。

16 見劉過10。

17 辛稼軒守南徐，已多病謝客，予來筮仕委吏，實隸總所，例於州家殊參辰，旦望贄謁刺而已。余時以乙丑南宫試，歲前泣事僅兩旬，即謁告去。稼軒偶讀余通名啓而喜，又頗階父兄舊，特與其潔。余試既不利，歸官下，時一招去。稼軒以詞名，每燕必命侍妓歌其所作。特好歌《賀新郎》一詞，自誦其警句曰：「我見青山多嫵媚，料青山、見我應如是。」又曰：「不恨古人吾不見，恨古人、不見吾狂耳。」每至此，輒拊髀自笑，顧問坐客何如，皆歎譽如出一口。既而又作一《永遇樂》，序北府事，首章曰：「千古江山，英雄無覓，孫仲謀處。」又曰：「尋常巷陌，人道寄奴曾住。」其寓感慨者，則曰：「不堪回首，佛狸祠下，一片神鴉社鼓。憑誰問，廉頗老矣，尚能飯否？」特置酒召數客，使妓迭歌，益自擊節，徧問客，必使摘其疵，孫謝不可。客或措一二辭，不契其意，又弗答，然揮羽四視不止。余時年少，勇於言，偶坐于席側，稼軒因誦啓語，顧問再四。余率然對曰：「待制詞句，脱去今古軫轍，每見集中有『解道此句，真宰上訴，天應嗔耳』之序，嘗以爲其言不誣。童子何知，而敢有議？然必欲如范文正以千金求《嚴陵祠記》一字之易，則晚進尚竊有疑也。」稼軒喜，促膝亟使畢其説。余曰：「前篇豪視一世，獨首尾兩腔，警語差相似。新作微覺用事多耳。」於是大喜，酌酒而謂坐中曰：「夫君寔中予痼。」乃味改其語，日數十易，累月猶未竟，其刻意如此。《桯史》卷三。《宋稗類鈔》卷五。

18 崇安彭應期止，自號漫者，所爲詩皆清麗典雅，有《刻鵠集》。嘗謁辛稼軒，值其晝寢，題一絶於書齋云：「碁子聲乾案接塵，午窗詩夢煖於春。清風不動階前竹，誰道今朝有故人。」稼軒覺，而遣人追之，去已遠矣。《堅瓠庚集》卷一。

19 彭止詩筆甚高，嘗謁辛棄疾，值其晝寢，題一絶于齋而去。稼軒覺，遣人追之，延留累月。《宋詩紀事》卷六十三引《建寧府志》。

20 許同知爲宰時，以詞投稼軒，蒙賞音，即同出訪梅。夜歸，過一人家，禮席華盛，客尚未集。兩人就坐索飲，主人奉之甚謹。許曰：「貴人入宅。」稼軒曰：「決無好事。」諺云：「破家縣令，滅門刺史。」其家乃邑胥之魁，未幾果及禍。《密齋筆記》卷四。

21 呂漊即呂正己之妻，淳熙間，姓名亦達天聽。……舊京畿有二漕，一呂揩，一呂正己。揩家諸姬甚盛，必約正己通宵飲。呂漊一日大怒，逾牆相詈，揩之子一彈碎其冠，事徹孝皇，兩漕即日罷。今止除一漕，自此始。呂漊有女事辛幼安，因以微事觸其怒，竟逐之。今稼軒「桃葉渡」詞因此而作。《貴耳集》卷下。《南宋雜事詩》卷六。

22 幼安有二妾，曰田田，曰錢錢，皆因其姓而名之，並善筆札，嘗代幼安答尺牘。《堯山堂外紀》卷五十九。《詞林紀事》卷十一。

23 辛稼軒印曰「六十一上人」，又以破其姓文。《水東日記》卷七。《南宋雜事詩》卷一引《名跡録》。

24 見趙方2。

陳　亮

1 龍川陳氏亮，字同甫，天下士也。嘗圜視錢塘，喟然而歎曰：「城可灌爾。」蓋以城中地勢下於西湖也。亮奏書孝宗，謂：「吴、蜀，天地之偏氣也；錢塘，又吴之一隅也。一隅之地，本不足以容萬乘，鎮壓且五十年，山川之氣，發泄而無餘。故穀粟、桑麻、絲枲之利，歲耗于一歲，禽獸、魚鱉、草木之生，日微于一日，而上下不以爲異。」力請孝宗移都建鄴，且建行宫于武昌，以用荆襄，以制中原。上韙其議，使宰臣王淮召至都省問下手處。陳與考亭先生游，王素不喜考亭，故併陳而嫉之。陳至都省，不肯盡言，度縱言亦未必盡復于上。翌日，上問以亮所欲言者，王對上曰：「秀才説話耳。」上方鄙遠俗儒，遂不復召見。《四朝聞見録》乙集。《湧幢小品》卷九。

2 見唐仲友1、2。

3 吕東萊祖謙居于婺，以講學唱諸儒，四方翕然歸之。陳同父蓋同郡，負才頡頏，亦游其門，以兄事之。嘗於丈席間，時發警論，東萊不以爲然。既而東萊死，同父以文祭之……朱晦翁見之，大不契意，遺婺人書曰：「諸君子聚頭磕額，理會何事，乃至有此等怪論。」同父聞之不樂。它日，上書孝宗，其略曰：「今世之儒士，自謂得正心誠意之學者，皆風痺不知痛癢之人也。舉一世安於君父之大讎，而方且揚眉拱手以談性命，不知何者謂之性命乎？陛下接之而不任以事也，臣以是服陛下之仁。」意蓋以微風晦翁，而使之聞之，晦翁亦不訝也。《桯史》卷十二。

4 陳同甫名亮，號龍川。始聞辛稼軒名，訪之。將至門，遇小橋，三躍而馬三卻，同甫怒，拔劍揮馬首，推馬仆地，徒步而進。稼軒適倚樓，望見之，大驚異。遣人詢之，則已及門，遂定交。稼軒帥淮時，同甫與時落落，家甚貧。訪稼軒於治所，相與談天下事。酒酣，稼軒言南北之利害，南之可以并北者如此，北之可以并南者如此。且言錢塘非帝王居，斷牛頭之山，天下無援兵，決西湖之水，滿城皆魚鼈。飲罷，宿同甫於齋中。同甫夜思稼軒沈重寡言，醒必思其誤，將殺我以滅口，遂盜其駿馬而逃。月餘，同甫致書稼軒，假十萬緡以濟貧，稼軒如數與之。《養痾漫筆》。《唅囈集》。《西湖游覽志餘》卷二十三。《湧幢小品》卷九。《宋稗類鈔》卷四。

龍川陳亮既以書御孝宗，爲大臣所沮，報罷居里，落魄醉酒，與邑之狂士甲命妓飲于蕭寺，目妓爲妃。旁有客曰乙，欲陷陳罪，則謂甲曰：「既册妃矣，孰爲相？」甲謂乙曰：「陳亮爲左。」乙又謂甲曰：「何以處我？」曰：「爾爲右。吾用二相，大事其濟矣。」乙遂請甲位于僧之高座。二相奏事訖，降階拜甲，甲穆然端委而受。妃遂捧觴，歌《降黄龍》爲壽。妃與二相俱以次呼「萬歲」，蓋戲也。先是，亮試南宫，何澹校其文而黜之。亮不能平，徧語朝之故舊曰：「亮老矣，反爲小子所辱。」澹聞而銜亮，未有間。時澹已爲刑部侍郎。乙探知其事，遂不復告之縣若州，亟走刑部上首狀。澹即繳狀以奏，事下廷尉。廷尉，刑部屬也，笞亮無全膚，誣服爲不軌。案具，聞于孝宗，上固知爲亮，又嘗陰遣左右往永康，廉知其事。大臣奏入取旨，上曰：「秀才醉了胡説亂道，何罪之有？」以御筆畫其牘于地。亮與甲俱掉臂出獄。居無幾，亮又以家僮殺人于境外，適被殺者嘗辱亮父，其家以爲亮實以威力用僮。有司笞搒，僮氣絶復甦者屢矣，不服。讎家寘亮父于州圄，又囑中執法論亮情，重下廷尉。時王丞相淮知上欲活亮，以亮款所供嘗訟僮于縣而杖之矣。讎家以此尤亮之素計，持之愈急，王亦不能決。稼軒辛公與相婿素善，亮將就逮，亟走書告辛。辛公北客也，故不以在亡爲解，援之甚至，亮遂得不死。時考亭先生、水心先生、止齋陳氏俱與亮交，莫有救亮迹。亮與辛書，有「君舉吾兄，正則吾弟，竟成空言」云。《四朝聞見録》甲集。

6 陳龍川自大理獄出，赴省試。試出，過陳止齋，舉第一場《書》義破，止齋笑云：「又休了。」舉第二場《勉强行道大有功論》破云：「天下豈有道外之功哉？」止齋笑云：「出門便見『哉』，然此一句卻有理。」又舉第三場策，起云：「天下大勢之所趨，天地鬼神不能易，而易之者人也。」止齋云：「此番得了！」既而果中榜。《林下偶談》卷三。《木筆雜鈔》卷下。

7 龍川陳亮奏書阜陵，幾至大用，阨于卿相，流泊有年。光皇賜對，問以禮樂刑政之要，亮舉君道、師道以爲對。時諸賢以光皇久闕問安，更進迭諫。亮獨于末篇有「豈在一月四朝爲禮」之説，光皇以爲善處父子之間，故親擢爲第一。及發卷，首得亮，上大喜曰：「天下英才，爲朕所得。」命詞臣行亮制曰：「往贊侯藩，姑循近比；朕之待爾，豈止是哉！」蓋有意于大用也。《四朝聞見録》乙集。

8 陳同甫名亮，婺州人。紹熙癸丑大魁，作報家書云：「我第一，滕强恕第二，朱質第三，喬行簡第五。」是時，三魁與第五名皆婺人，盛哉！《湛淵静語》卷二。

9 紹熙癸丑，省元徐邦憲、狀元陳亮皆婺州人。《齊東野語》卷十六。

10 東陽陳同父資高學奇，跌宕不羈。常與客言，昔有一士，鄰於富家，貧而屢空，每羡其鄰之樂。旦日，衣冠謁而請焉。富翁告之曰：「致富不易也。子歸齋三日，而後予告子以其故。」如言復謁，乃命待於屏間，設高几，納師資之贄，揖而進之，曰：「大凡致富之道，當先去其五賊。五賊不除，富不可致。」請問其目，曰：「即世之所謂仁、義、禮、智、信是也。」士盧胡而退。同父每言及此，輒掀髯曰：「吾儒不爲五賊所制，當成何等人耶！」既魁癸丑多士，一命而卒。先一年，嘗以詿誤繫大理，光宗知其名，特詔赦之。是歲臚傳，有因廷策指時政之失，而及其事者，名亦在鼎甲，聯鑣入團司，同父見之不悦，終期集如始見云。《桯史》卷二。

11〔葉〕水心少與陳龍川游，龍川才高而學未粹，氣豪而心未平。水心每不以爲然也。作《抱膝軒》詩，鐫誚規責，切中其病。是時水心初起，而龍川已有盛名。龍川雖不樂，亦不怒，垂死猶託銘於水心曰：「銘或不信，吾當虚空中與子辯。」《林下偶談》卷二。《木筆雜鈔》卷上。

12見謝直3。

劉過

1劉過，字改之，襄陽人。雖爲書生，而貲産贍足。得一妾，愛之甚。淳熙甲午預秋薦，將赴省試。臨歧眷戀不忍行，在道賦《水仙子》一詞，每夜飲旅舍，輒使隨直小僕歌之。其語曰：「宿酒醺醺猶自醉，回顧頭來三十里。馬兒只管去如飛，騎一會，行一會，斷送殺人山共水。是則青衫深可喜，不道恩情拚得未。雪迷前路小橋横，住底是，去底是，思量我了思量你。」其詞鄙淺不工，姑以寫意而已。到建昌，游麻姑山，薄暮獨酌，屢歌此詞，思想之極，至於墮淚。二更後，一美女忽來前，執拍板曰：「願唱一曲勸酒。」即歌曰：「别酒未斟心先醉，忽聽《陽關》辭故里。揚鞭勒馬到皇都，三題盡，當際會，穩跳龍門三級水。天意令吾先送喜，不審君侯知得未。蔡邕博識爨桐聲，君背負，只此是，酒滿金杯來勸你。」蓋賡和元韻。劉以龍門之句喜甚，即令再誦，書之於紙，與之歡接。但不曉蔡邕背負之意。因留伴寢，始問爲何人，曰：「我本麻姑上仙之妹，緣度王方平蔡經不切，謫居此山，久不得回玉京。恰聞君新製雅麗，勉趁韻自媒，從此願陪後乘。」劉猶以辭卻之。然素深於情，長塗遠客，不能自制，遂與之偕東，而令乘小轎，相望於百步之間。迨入都城，僦委巷密室同處。果擢第，調金門教授以歸。過臨江，因游皂閣山，道士熊若水修謁，謂之曰：「欲有所言，得乎？」劉曰：「何不可者。」熊曰：「吾善符籙，竊疑隨車娘子，恐非人也，不審於何地得之？」劉具以告。曰：「是矣，是矣。俟茲夕與並枕時，吾於門外作法行持，呼教授緊抱同衾人，切勿令竄佚。」劉如所戒。喚僕秉燭排闥入，見擁一琴，頓悟昔日蔡邕之語。堅縛置于傍。及行，親自挈持，眠食不捨。及經麻姑，訪諸道流，乃云：「頃有趙知軍攜古琴過此，寶惜甚至。因搏拊之際，誤觸墮砌下石上，損破不可治。乃埋之官廳西邊，斯其物也。」遽發瘞視之，匣空矣。劉舉琴置匣，命道衆焚香誦經，呪泣而焚之，且作小詩述懷。《夷堅支志》丁卷六。

2　壽皇鋭意親征，大閲禁旅，軍容肅甚。郭某爲殿巖，從駕還内，都人昉見，一時之盛。〔劉〕改之以詞與郭云：「玉帶猩袍，遥望翠華，馬去似龍。擁千官鱗集，貂蟬争出，貔貅不斷，萬騎雲從。細柳營開，團花袍窄，人指汾陽郭令公。山西將，算韜鈐有種，五世元戎。旌旗蔽滿寒空，魚陣整，從容虎帳中。想刀明似雪，縱横脱矟，箭飛如雨，霹靂鳴弓。威撼邊城，氣吞胡虜，慘慘塵沙吹北風。中興事，看君王神武，駕馭英雄。」郭餽劉，亦踰數十萬錢。《游宦紀聞》卷一。《宋稗類鈔》卷五。

3　黄尚書由帥蜀，中閣乃胡給事晉臣之女。過雪堂，行書《赤壁賦》於壁間。〔劉〕改之從後題一闋，其詞云：「按轡徐驅，兒童聚觀，神仙畫圖。正芹塘雨過，泥香路軟，金蓮自拆，小小籃輿。傍柳題詩，穿花覓句，嗅藥攀條得自如。經行處，有蒼松夾道，不用傳呼。清泉怪石盤紆，信風景江淮各異殊。想東坡賦就，紗籠素壁，西山句好，簾捲晴珠。白玉堂深，黄金印大，無此文君載後車。揮毫處，看淋漓雪壁，真草行書。」後黄知爲劉所作，厚有饋貺。《游宦紀聞》卷一。

4 見宋光宗10。

5 劉過改之嘗游富沙，與友人吴仲平飲于吴所歡吴盼兒家，嘗賦詞贈之，所謂「雲一窩，玉一梭，淡淡衫兒薄薄羅，輕顰雙黛蛾」。盼遂屬意改之。吴憤甚，挾刃刺之，誤傷其妓，遂悉繫有司。時吴居父爲帥，改之以啓上之云：「韓擒虎在門，顧麗華而難戀；陶朱公有意，與西子以偕來。」居父遂釋之。然自是不復合矣。改之有「春風重到憑闌處，腸斷粧樓不忍登」，蓋爲此也。《浩然齋雅談》卷下。

6 嘉泰癸亥歲，〔劉〕改之在中都，時辛稼軒棄疾帥越，聞其名，遣介招之。適以事不及行，作書歸輅者。因倣辛體《沁園春》一詞，併緘往，下筆便逼真。其詞曰：「斗酒彘肩，醉渡浙江，豈不快哉！被香山居士，約林和靖，與蘇公等，駕勒吾回。坡謂西湖，正如西子，濃抹淡粧臨照臺。諸人者，都掉頭不顧，只管傳杯。白云天竺去來，圖畫裏，崢嶸樓觀開。看縱横二澗，東西水遶，兩山南北，高下雲堆。逋曰不然，暗香疏影，只可孤山先探梅。蓬萊閣，訪稼軒未晚，且此徘徊。」辛得之大喜，致餽數百千，竟邀之去。館燕彌月，酬唱亹亹，皆似之，逾喜。垂別，賙之千緡，曰：「以是爲求田資。」改之歸，竟蕩於酒，不問也。……余時與之飲西園，改之中席自言，掀髯有得色，余率然應之曰：「詞句固佳，然恨無刀圭藥，療君白日見鬼證耳！」坐中烘堂一笑。既而别去，如崑山，大姓某氏者愛之，女焉。《桯史》卷二。《詩人玉屑》卷二十一引《中興詞話》。《西湖游覽志餘》卷十。《堯山堂外紀》卷六十一。《堅瓠戊集》卷一。《詞苑叢談》卷七。《詞林紀事》卷十一。《宋稗類鈔》卷五。

7 辛稼軒帥浙東時，晦庵、南軒任倉憲使，劉改之欲見，辛不納。二公爲之地云：「某日公燕，至後筵便坐，君可來。門者不納，但喧争之必可入。」既而改之如所教，門外果喧嘩。辛問故，門者以告。辛怒甚，二公因言：「改之豪傑也，善賦詩，可試納之。」改之至，長揖。公問：「能詩乎？」曰：「能。」時方進羊腰腎羹，辛命賦之。改之對：「寒甚，欲乞巵酒。」酒罷乞韻，時飲酒手顫，餘瀝流於懷，因以「流」字爲韻，即吟云：「拔毫已付管城子，爛首曾封關内侯。死後不知身外物，也隨樽酒伴風流。」辛大喜，命其嘗此羹，終席而去，厚饋焉。席散，南軒邀至公廨，置酒語之曰：「先君魏公一生公忠爲國，功厄於命，來挽者竟無一篇得此意，願君有作以發幽潛。」改之即賦一絶云：「背水未成韓信陣，明星已隕武侯軍。平生一點不平氣，化作祝融峯上雲。」南軒爲之墮淚。……又云稼軒守京口時，大雪，帥僚佐登多景樓，改之敝衣曳履而前，辛令賦雪，以「難」字爲韻，即吟云：「功名有分平吴易，貧賤無交訪戴難。」自此莫逆云。《山房隨筆》。《堯山堂外紀》卷六十一。《堅瓠乙集》卷四。《陔餘叢考》卷二十四。《宋詩紀事》卷五十八。

8 廬陵劉改之過以詩鳴江西，厄於韋布，放浪荆、楚，客食諸侯間。開禧乙丑，過京口，余爲鑲幕庾吏，因識焉。廣漢章以初升之，東陽黄幾叔機，敷原王安世遇，英伯邁，皆寓是邦。暇日，相與蹠奇弔古，多見於詩，一郡勝處皆有之。不能盡憶，獨録改之《多景樓》一篇曰：「金焦兩山相對起，不盡中流大江水。一樓坐斷天中央，收拾淮南數千里。西風把酒閑來游，木葉漸脱人間秋。關河景物異南北，神京不見雙淚流。君不見王勃詞華能蓋世，當時未遇庸人耳。翩然落托豫章游，滕王閣中悲帝子。又不見李白才思真天人，時人不省爲謫仙。一朝放迹金陵去，鳳凰臺上望長安。我今四海游將徧，東歷蘇杭西漢沔。第一江山最上頭，天地無人獨登覽。樓高意遠愁緒多，樓乎樓乎奈爾何。安得李白與王勃，名與此樓長突兀。」以初爲之大書，詞翰俱卓犖可喜，囑余爲刻樓上，會兵事起，不暇也。《桯史》卷二。《堯山堂外紀》卷六十一。

9 劉改之過以詩名江左，放浪吴楚間，辛稼軒守京口，登多景樓。劉敝衣曳履而來，辛命賦雪，以「難」字爲韻。劉吟云：「功名有分平吴易，貧賤無交訪戴難。」遂上武昌作《唐多令》云：「蘆葉滿汀州，寒沙帶淺流。二十年、重過南樓。柳下繫船猶未穩，能幾日，又中秋。黄鶴斷磯頭，故人曾到否。舊江山、都是新愁。欲買桂花同載酒，終不似，少年游。」劉此詞，楚中歌者競唱之。《詞苑叢談》卷三引《山房隨筆》。

10 〔劉改之〕性疎豪好施，辛稼軒客之。稼軒帥淮時，改之以母病告歸，囊橐蕭然。是夕，稼軒與改之微服登倡樓，適一都吏命樂飲酒，不知爲稼軒也，命左右逐之。二公大笑而歸，即以爲有機密文書唤某都吏，其夜不至。稼軒欲籍其産而流之，言者數十，皆不能解，遂以五千緡爲改之母壽。請言於稼軒，稼軒曰：「未也。」令倍之，都吏如數增作萬緡。稼軒爲買舟於岸，舉萬緡於舟中戒曰：「可即行，無如常日輕用也。」改之作《念奴嬌》爲别稼軒云：「知音者少，算乾坤許大，著身何處。直待功成方肯退，何日可尋歸路。多景樓前，垂虹亭下，一枕眠秋雨。虚名相誤。十年枉費辛苦。不是奏賦明光，上書北闕，無驚人之語。我自匆忙天未許，贏得衣裾塵土。白璧堆前，黄金買笑，付與君爲主。蓴鱸江上，浩然明月歸去。」《詞苑叢談》卷七引《江湖紀聞》。《絶妙好詞箋》卷一。《詞林紀事》卷十一。

11 韓侂胄欲遣使議和而難其人。……廬陵布衣劉過亦任俠能辯，時留崑山妻舍。韓頗聞其名，諭錢參政象祖風崑山令以禮羈縻劉，勿使去。令輕於奉行，遂親持圓狀見劉，目之以奉使，別設供帳精舍以俟之。劉素號揮喝，喜不勝情，竭奩資以結譽。後朝廷既用方〔信孺〕、王〔柟〕，令小官也，不復敢叩錢。劉賓客盡落，竟鬱鬱以終云。《四朝聞見録》乙集。

12 劉龍洲過，太和人。嘉定間客京師，因争競到府。趙尹師羼素不喜士，將杖之。其儕輩扣槖使王方岩居間。王不得已，折簡於趙云：「劉過生平違越事不止此，要當使俗子治之，勿出吾曹手也。」趙忻然，即釋其罪。《東南紀聞》卷一。

13 見真德秀18。

張掄

1 張才甫太尉居烏戍，効遠公蓮社，與僧俗爲念佛會。御史論其白衣吃菜，遂賦《鵲橋仙》詞云：「遠公蓮社，流傳圖畫，千古聲名猶在。後人多少繼遺蹤，到我便、失驚打怪。　西方未到，官方先到，冤我白衣喫菜。龍華三會願相逢，怎敢學、他家二會。」《夷堅三志》己卷七。

2 紹興末，知閤門事張掄赴後殿起居，由隔門東沚道街趨下，霜滑失足，頓坐於地。在一司專治，閤門職主朝覲彈奏臣僚，若本司官則自舉劾。掄既放罪，高宗詔以階道高峻，令換作級道，于是前後殿諸階所，一切更新。《夷堅三志》辛卷七。《南宋雜事詩》卷六。

3 見宋孝宗26、27。

彭止

1 見辛棄疾19。

胡時可

1 辛稼軒觴客滕王閣，詩人胡時可通謁，閽人辭焉，呵詈愈甚。辛使前曰：「既稱詩人，先賦滕王閣，有佳句則預坐。」即題云：「滕王高閣臨江渚。」衆大笑。再書云：「帝子不來春已暮。鶯啼紅樹柳搖風，猶似當年舊歌舞。」乃相與宴，而厚賙之。《隨隱漫録》卷五。《宋稗類鈔》卷五。《宋詩紀事》卷六十三。

劉儗

1 盧陵在淳熙間，先後有二士，其一曰劉改之，余及識之，嘗書之矣。舊歲在里中，與張漕仲隆棟之子似仲游，因言劉叔儗詩句。叔儗，名儗，才豪甚，其詩往往不肯入格律。淳熙甲辰、乙巳間，余兄周伯持潮東庾節，待次，一日過仲隆，同登其家後圃快目樓。有詩楣間曰：「上得張公百八樓，眼高四海氣横秋。只愁笑語驚閶闔，不怕闌干到斗牛。遠水拍天迷釣艇，西風萬里襲貂裘。眼前不著淮山礙，望到中原天際頭。」周伯讀而壯之，問知其儗。居月餘，儗來謁仲隆，仲隆留之，因置酒北湖，招周伯曰：「詩人在此，亟踐勝約。」既至，一見如舊交。坐中以二詩遺周伯。其一曰：「昔年槌鼓事邊庭，公相身爲國重輕。四海幾人思武穆，百年今日見儀刑。筆頭風月三千字，齒頰冰霜十萬兵。天亦知人有遺恨，定應分付與中興。」其二曰：「已買湖山卜奠居，因君又復到康廬。十年到處看詩卷，一日湖邊從使車。南渡忠良知有種，中原消息定闕渠。從今便是門闌客，時出山來探詔除。」詩成，風簷展讀，大喜，遂約之入淛。明年，叔儗過會稽，留連累月，餉之緡錢甚夥。……叔儗後亦終韋布，詩多散軼不傳。《程史》卷六。

張　抑

1 見洪邁5。

俞國寶

1 見宋高宗67。

李獻可

1 〔李〕獻可六歲能詩，孝宗召入宮。時宮人正午睡，帝命爲詩，獻可即賦云：「御手指嬋娟，青春白晝眠。粉勻香汗濕，鬢壓翠雲偏。柳妒眉間緑，桃嫌臉上鮮。夢魂何處是，知繞帝王邊。」帝拊其背曰：「何不作我家兒。」命宮人繡御掌于背以賜歸。《宋詩紀事》卷五十五引《吉安府志》。

何簑衣　䚻道僧

1　姑蘇有二異人，曰何簑衣，曰䚻道僧，蹤跡皆奇詭。淳熙間名聞一時。……孝宗在位，忽夢有簑而跣，哭而來弔，問之，曰：「臣，蘇人也。」詰其故，則不肯言。寤以語左璫，時上意頗崇緇抑黄，弗深信也。居月餘，成恭后上仙，莊文繼即世。璫因進勉釋而及之，意欲以驗前定寬上心，上矍然憶昨夢，輟泣而歎。璫進曰：「臣微聞蘇有何姓者，類其人，它日固未敢言。」因道其所爲，上大驚，有詔諭遣，不至。上嘗燕居深念，以規恢大計，累年未有所屬，且坤儀虛位，圖所以膺佐餕承顏之重者，焚香殿中，默言曰：「何誠能仙，顧必知朕意。」遂授璫以香茗，曰：「汝見何，則致贄而已。問所以來，則曰：『陛下自禱，我不及知。』視其何以復命？」璫承命惟謹。何忽掉首吴音曰：「有中國人，即有蕃人，有日，即有月，不須問。」既趣之去，既復呼還曰：「所問者姓，我猶忘之，但言朱家例子，不可用也。」使者歸奏，上曰：「是能知我心。」遂賜號通神先生，築通神庵于觀之内，親御寶跗書扁以寵之。已而成肅正中宫，歸謝氏，蓋本朝故事。惟欽成本姓崔，後育任氏、朱氏，既而惟從朱姓，不復歸，上意嘗欲以爲比而未决也。北伐之議，亦少息焉。……䚻道僧者，實本郡人，爲兵家子，少有所遇，何舊與之友狎。不知幾何時髡而髽，曰似道似僧，故曰道僧。狀不慧，而言發奇中，與何頡頏。……何既不趨召，它日璫或薦道僧，上欲見之，何挽呼不使去，曰：「是將捉汝、縛汝、監汝、不容汝來矣。」道僧來見于内殿，不拜，所言不倫。上狎之，使出入勿禁，且命隨龍人元居實總管者館之。元懼其逃，猝無以應上命，果日使十人從之，所至不舍。踰年歸見何，何以杖訶逐之，至死，訖不與接一談。重華倦勤，復使召之，不肯就，邀守萬端，三年而致之。紹熙甲寅春，道僧入北内，坐榻前曰："今日六月也，好大雪。"侍璫咸笑，顧曰："爾滿身皆雪，而笑我狂耶！"相與罔測，亦莫以爲意。至季夏八日，而至尊厭代矣，縞素如言焉。二人勇於啗肉，食至十數斤，獨皆不飲酒，亦不言其所以然也。……道僧先數年卒。何，慶元間猶在，相傳百餘歲矣。《桯史》卷三。《夷堅志再補》。

袁宗善

1 平江道士袁宗善，曾遇異人，得驗狀法，遭際三殿，賜通真先生。壽皇一日使中貴持白紙三幅，默禱在内，令通真書來。中貴先排定資次，第一紙書"不可行"，第二紙書"無分"，第三紙書"真真"二字，奏呈壽皇。隔數月，皆驗。"不可行"要請陵寢，北報不從。"無分"，迺小劉娘子要册后，半年而殂。"真真"二字，迺受禪光宗，後來光宗有心疾，壽皇宣通真私問二"真"字，通真奏云："臣書先定，二真合成一字，即顛字。"壽皇大喜。《貴耳集》卷下。

孫守榮

1 見史彌遠17。

2 見賈似道33。

許翁翁

1　許翁翁，亳人，少嘗取隸軍籍，以功補官，遇異人，遂棄家人入襄漢山中學道，山上捕麕鹿如飛。乾道間來臨安，已年九十餘矣，雙眸炯然，飲啖異常，能針，出於方伎之外。史丞相苦脾氣痛，在經筵時，屢更醫矣，無效，聞許之名，招而使治之，一針而愈。自是聲動京師。好作詩，多言神仙劍術。嘗得其三詩：「九十餘年老古鎚，雖然鶴髮未雞皮。曾拖竹杖穿雲頂，屢靸藤鞋看海涯。志在鬼神欽仰處，心同天地未分時。匣中於越冰三尺，粲爛光輝說與誰。」「我疑麋鹿是前身，九十餘年作隱淪。飄瓦馭風離碧落，虛舟隨水到紅塵。無恩可報空磨劍，有道欲傳難得人。回首孤山無限好，不如歸去任天真。」「耳無風雨眼無花，九十餘年鬢始華。世味審知嚼素蠟，人情全似呷清茶。窮通偶耳非干志，進退因而熟處家。不得一生忠信力，卻歸山去卧烟霞。」後過常之宜興山間，不知所終。《雲麓漫鈔》卷一。《宋詩紀事》卷九十。

葉道人

1　老葉道人，龍舒人。不食五味，年八十七八，平生未嘗有疾。居會稽舜山，天將寒，必增屋瓦，補牆壁，使極完固。下帷設簾，多儲薪炭，杜門終日，及春乃出。對客莊敬，不肯多語。弟子曰小道人，極愿慤，嘗歸淮南省親。至七月望日，鄰有住菴僧，召老葉飯。飯已，亟辭歸。問其故，則曰：「小道人約今日歸矣。」僧笑曰：「相去二三千里，豈能必如約哉！」葉曰：「不然，此子平日未嘗妄也。」僧乃送之歸。及門，小道人者已弛擔矣。《老學庵筆記》卷三。

釋浄輝

1 孝宗幸天竺及靈隱，有僧浄輝者隨侍。上見飛來峯，問輝曰：「既是飛來，如何不飛去？」對曰：「一動不如一静。」又看觀音手持數珠，問曰：「何用？」曰：「念觀音菩薩。」問：「自念則甚？」曰：「求人不如求己。」孝宗大喜。《西湖游覽志餘》卷十四。《貴耳集》卷上。

蕭國梁

1 永福古有讖語曰：「天保石移，瑞雲來奇；龍爪花紅，狀元西東。」乾道間，福清天保瑞雲寺後石崖，横山而行，劃地成蹊。既而永邑東鄉石壁溪巖，松上産龍爪瑞花。其年蕭公國梁，果魁天下。次舉黄公定，臚唱第一。蓋瑞花生處，西之於蕭，東之於黄，各三十五里，此「狀元西東」之應也。又次舉鄭公僑，廷試復先多士。邑宰作詩云：「翀峯、鼅嶺與龍嶼，三處家山一壯哉。相去未逾一百里，七年三度狀元來。」蓋蕭公翀峯，鄭公鼅嶺，黄公龍嶼也。蕭公登科歲，第一人本丞相忠定趙公。故事，設科以待草茅士，凡預屬籍，掛仕板者，法當遜避。唱名日，陞蕭公爲榜首。故蕭公對御吟有「名傳玉階星辰曉；澤霑金枝雨露春」之句。其謝啓有云：「預飛龍之選，淮安論次以當先；無汗馬之勞，酇侯何功而居上。」蓋用宗室及蕭家事。至今膾炙人口。《游宦紀聞》卷四。《宋詩紀事》卷一百。

鄭僑

1　乾道五年，鄭僑以興化人擢進士第一。先三年則永福蕭國梁，後三年則黄定。二邑相距只介一山，福人歌之曰：「相距都墟無百里，七年三度狀元來。」《莆陽比事》卷二。

蕭軫　張任國

1　三山蕭軫登第榜下，娶再婚之婦。同舍張任國以《柳梢青》詞戲之曰：「掛起招牌，一聲喝采，舊店新開。熟事孩兒，家懷老子，畢竟招財。　當初合下安排，又不豪門買獃。自古道、正身替代，見任添差。」《古杭雜記》。《西湖游覽志餘》卷十六。《堯山堂外紀》卷五十八。

吴淑姬

1　湖州吴秀才女，慧而能詩詞，貌美家貧，爲富民子所據。或投郡訴其姦淫。王龜齡爲太守，逮係司理獄。既伏罪，且受徒刑。郡僚相與詣理院觀之。仍具酒，引使至席，風格傾一坐。遂命脱枷侍飲，諭之曰：「知汝能長短句，宜以一章自咏，當宛轉白待制爲汝解脱。不然危矣。」女即請題。時冬末雪消，春日且至，命道此景作《長相思》。捉筆立成，曰：「煙霏霏，雨霏霏。雪向梅花枝上堆，春從何處回。　醉眼開，睡眼開。疎影横斜安在哉，從教塞管催。」諸客賞歎，爲之盡歡。明日，以告王公，言其寃。王淳直不疑人欺，亟使釋放。其後無人肯禮娶。周介卿石之子買以爲妾，名曰淑姬。《夷堅支志》庚卷十。《青泥蓮花記》卷十二。

陶師兒

1 淳熙初，行都角妓陶師兒，與蕩子王生狎，甚相眷戀，爲惡姥所間，不盡綢繆。一日，王生拉師兒游西湖，唯一婢一僕隨之。尋常游湖者，逼暮即歸，是日王生與師兒有密誓，特故盤桓，比夜達岸，則城門鎖，不可入矣。王生謂僕曰：「月色甚佳，清泛不可。」再市酒殽，復游湖中，迤邐更闌，舉舟倦寢，舟泊净慈寺藕花深處。王生、師兒相抱，投入水中，舟人驚救不及而死。都人作「長橋月，短橋月」以歌之，其所乘舟，竟爲棄物，經年無敢登者。居無何，值禁煙節序，士女闐沓，舟發如蟻。有妙年者，外方人也，登豐樂樓，目擊畫舫紛紜，起夷猶之興，欲買舟一游。會日已停午，雖蓮舫漁艇，亦無泊岸者，止前棄舟在焉。人有以王、陶事告者，士人笑曰：「大佳大佳，政欲得此。」即具杯饌入舟，遍游西湖，盡歡而歸。自是人皆喜談，争求售之，殆無虚日，其價反倍於他舟。《西湖游覽志餘》卷十六。

王羽

1 王羽，宋乾道二年病革，夜半登樓，焚香叩天，祈母病愈，以利刀取腦調羹進食，繼有神人以火炬燭之，母病隨起，壽年至九十。《湖海新聞夷堅續志》前集卷一。

宋人軼事彙編卷三十五

留　正

1 見宋光宗11。

趙汝愚

1 隆興三年，趙丞相汝愚廷試第一。時外舅爲刑部侍郎，臚傳既歸，明清啟云：「適曾稱賀否？宗室魁天下，今日創見，可謂熙朝盛事，禮宜爲慶。」外舅擊節云：「班行中適無一人舉此，今無及矣。」太息久之。《玉照新志》卷四。

2 〔趙〕汝愚唱名時，洪文惠公适爲右相，侍立上側，奏言：「近歲宗子甚好學，前舉伯摅擢甲科，儒林以爲創見。今汝愚遂魁天下，可謂瞻前無鄰。本朝故事，科舉先寒畯，有官人退居第二。乞只依臚傳次序，勿令後來居上，以見麟趾之盛。」天顔有喜，良久曰：「姑循故事。」《雲谷雜紀》卷三。

3 趙忠定汝愚初登第，謁趙彦端德莊。德莊故餘干令，因家焉。故與忠定父兄游，語之曰：「謹毋以一魁寘胸中。」又曰：「士大夫多爲富貴誘壞。」又曰：「今日於上前得一二語獎諭，明日於宰相處得一二語褒拂，往往喪其所守者多矣。」忠定拱手曰：「謹受教。」《齊東野語》卷八。《宋稗類鈔》卷二。

4 趙汝愚初拜相，陳騤自參知政事除知樞密院。趙辭不受相印，乃改樞密使，而陳已供職累日。《容齋三筆》卷九。

5 見吴琚6。

6 寧宗既受禪，韓平原所望不過節鉞。知閤劉弼嘗從容告趙忠定曰：「此事侂胄不能無功，亦須分些官職與他。」忠定不答。由是漸有邪謀，迄逐衆君子。余友趙從道有詩云：「慶元宰相事紛紛，説着令人暗斷魂。好聽當時劉弼語，分些官職乞平原。」余亦作一篇云：「齋壇一鉞底須慳，坐見諸賢散似煙。不使慶元爲慶曆，也由人事也由天。」《鶴林玉露》丙編卷六。《宋稗類鈔》卷三。

7 汝愚嘗云：「夢孝宗授以湯鼎，背負白龍陞天。」又沈有開嘗在汝愚坐曰：「外間傳嘉王出判福州，許國公判明州，三軍士庶，已推戴相公矣。」又徐誼語人曰：「但得趙家一塊肉足矣。」蓋指魏王之子，徐國公柄也。樓鑰行辭免批答，有「親爲伯父，固非同姓之卿」之語。太學上書，乞尊汝愚爲伯父。周成子言「郎君不令」。田澹謂「寧宗非光宗子」。其説非一端。於是右正言李沐首疏其事，劾汝愚以「同姓居相位，非祖宗典故。方太上聖體不康之時，欲行周公故事。倚虚聲，植私黨，以定策自居，專功自恣」等事。遂罷汝愚相位，出知福州。既而臺臣合奏，罷郡與祠。《齊東野語》卷三。

8 貶趙〔忠定〕制詞，乃傅伯壽所草，韓〔侂胄〕亦先啗之以美官。詞曰：「屈氂與廣利妄議，武帝戮之于事聞之初； 林甫輔明皇不忠，肅宗誅之于論定之後。是皆宗室之爲相，卒蹈譴呵而寘刑。」蓋竊東坡懼呂惠卿之故智也。趙聽制，手持象簡，不知輕重云。《四朝聞見録》乙集。

9 趙忠定横遭遷謫，去國之日，天爲雨血，京城人以盆盎貯之，殷殷然。《四朝聞見録》甲集。《南宋雜事詩》卷一。參見周端朝2。

10 見趙鼎25。

11 宋趙汝愚〔題福州鼓山〕詩：「幾年奔走厭塵埃，此日登臨亦快哉。江月不隨流水去，天風常送海濤來。」朱文公摘詩中「天風海濤」字題扁，嚴次山有《水龍吟》題于壁。《山堂肆考》卷一百七十四。《堅瓠戊集》卷四。

12 見韓侂胄4。

13 〔趙〕忠定季子崇實，閒因與予商搉駢儷，以爲：「此最不可忽。先公居政地，閒以此觀人，至尺牘小簡亦然，蓋不特駢儷。或謂先公曰：『或出于他人之手，則難于知人矣。』先公曰：『不然，彼能倩人做好文字，其人亦不碌碌矣。』此先公掄才報國之一端也。」《四朝聞見録》甲集。

14 豐樂樓舊爲衆樂亭，又改聳翠樓，政和中改今名。淳祐間，趙京尹與籌重建，宏麗爲湖山冠。又甃月池，立秋千，梭門植花木，構數亭。春時游人繁盛，舊爲酒肆，後以學館致争，但爲朝紳同年會拜鄉會之地。林暉、施北山皆有賦。趙忠定《柳梢青》云：「水月光中，烟霞影裏，湧出樓臺。空外笙簫，雲間笑語，人在蓬萊。天香暗逐風回。正十里、荷花盛開。買個小舟，山南游遍，山北歸來。」吴夢窗嘗大書所賦《鶯啼序》于壁，一時爲人傳誦。《武林舊事》卷五。《詞林紀事》卷十。

15 慶元黨論之興，中書舍人陳傅良追削家居。嘉泰會赦，復官予祠。制詞曰：「日者宗相當國，凶愎自用，論者指爲大姦，似矣。盍亦考其所以然，蓋一妄庸人耳。何物小子，敢名元惡。而一時士大夫逐臭附炎，幾有二王、劉、李之號，朕甚憫之。」其詞蓋皆順時好，指趙忠定汝愚也。《四朝聞見録》丁集。

16 嘉定初，趙忠定賜謚曰忠愍。大臣死非其罪，故以「愍」易名。其家上疏自列，以爲子孫所不忍聞，改「愍」爲「定」，然没其實矣。家集欲以「慶元丞相」爲名，又以慶元亦有他相，故但曰《趙忠定集》。《四朝聞見録》丁集。

趙崇模

1 〔趙〕忠定去國，藥局趙師劭上書寧皇，請斬忠定以謝天下，蓋欲媚韓也。忠定之事既白，後溪劉左史光祖適帥荆、襄，辟公之子崇模爲機幕。劉公未知師劭事，先辟其弟某。崇模與危公稹爲同年，囑危草牋以謝劉公云：「今聞其弟之當來，欲使爲寮而並處。念交游之讎不同國，而況天倫？無羞惡之心則非人，是乖風教。故勝母之里不可入，追人之驛不可居。豈容同堂合席之至懽，乃有操戈入室之遺類？縱罪不相及，然水中之蟹且將避之；倘機或未忘，則海上之鷗不當下矣。竊謂父子之閒，寧閒于存没；賓主之際，則在于從違。且昔辱甄收，本見齒忠臣之後；若今惟苟合，是玷名惡子之中。得士如斯，在公焉用？」劉公得崇模牋，愕寘几上，即草檄勒回師劭弟。請斬忠定，師劭也，其弟固不預。崇模義不得與之同游。《四朝聞見録》甲集。

京鏜

1 近時京丞相仲遠，豫章人也，崛起寒微，祖父皆火化，無墳墓，每寒食則野祭而已。《鶴林玉露》丙編卷六。

2 思陵之喪，北人來弔，京仲遠以中書門下省檢正諸房公事充報謝使，步軍司計議官劉端仁副之。仲遠至汴京，北人循例賜宴，仲遠辭樂，北人不從，相持凡十日，竟撤樂，乃赴。上甚器之。及還朝，上諭大臣曰：「鏜此節可嘉。尋常人多言節義，須遇事乃見。」及進呈，遷秩。上曰：「鏜專對可嘉，當轉兩官。端仁亦比類。」周子充等言：「不必問轉官，在聖意除擢可也。」上曰：「只依例轉官，便與除擢。」又曰：「此事全是京鏜，若劉端仁所謂因人成事者，鏜則毛遂也。鏜除侍從，端仁亦當稍旌別，可令樞密院進擬，除環衛官。」於是詔京鏜將命執禮可嘉，爲朝請郎、權工部侍郎。劉端仁爲修武郎、左驍衛郎將。而武經大夫、京畿第二將、國信所通事田愿亦遷武節大夫。十五年六月壬辰也。後四十日，蜀帥趙子直以疾求去。上諭大臣曰：「汝愚召赴行在，京鏜人才磊落，可除待制、四川制置。」子直聞之，謂人曰：「鏜望輕資淺，豈可當此方面。」由是兩人有隙。《建炎以來朝野雜記》乙集卷十二。

3 光堯之喪，金虜來弔祭，京仲遠以檢正假禮部尚書爲報謝使，康元弼館伴。虜錫燕汴京，仲遠與郊勞使康元弼言，請免燕，不許。請撤樂，如告哀遺留使，亦不許。至期，虜促入席，傳呼不絕。仲遠曰：「若不撤樂，有死而已，不敢即席。」元弼等知不可奪，乃傳言曰：「請先拜酒果之賜，徐議撤樂。」仲遠方率其屬拜受。北典籤者連呼曰：「北朝燕南使，敢不即席！」聲甚厲，仲遠趨退復位，甲士露刃閉門，仲遠命左右叱曰：「南使執禮，何物卒徒，乃敢無禮！」排闥而出，元弼等以聞其主。仲遠留館俟命，賦詩曰：「鼎湖龍馭去無蹤，三遣行人意則同。凶禮强更爲吉禮，夷風終未變華風。設令耳與笙鏞末，只願身糜鼎鑊中。已辦淹留期得請，不辭築館汴江東。」越七日，竟獲免樂之命。既還，孝宗勞之曰：「卿能執禮，爲朕增氣，何以賞卿？」對曰：「虜畏陛下威德，非畏臣也。正使臣死於虜，亦常分也，敢覬賞乎！」上喜，謂宰相曰：「京鏜，今之毛遂也。」除權侍郎，以至大用。《鶴林玉露》甲編卷五。《娱書堂詩話》卷下。《海湖新聞夷堅續志》前集卷一。《堯山堂外紀》卷六十二。《宋稗類鈔》卷三。

4　歐陽子謚文忠，京丞相鏜以善事韓〔侂胄〕，亦謚文忠。後以公論，謂不宜以謚歐陽者謚鏜，改謚文穆。無名子作詩曰：「一在廬陵一豫章，文忠文穆兩相望。大家飛上梧桐樹，自有旁人説短長。」《四朝聞見録》甲集。《堯山堂外紀》卷六十二。《宋詩紀事》卷九十六。

謝深甫

1　謝深甫，台州人，家本寒微，父母賃舂以食。父之友某，招深甫教子，一夕賓主對飲，夜半酒渴，無從得水，窗前有梨方熟，遂登樹啖之，群犬環吠，深甫不敢下。主人夢黑龍蟠樹上，爲犬所吠驚覺。開户視之，見樹上有黑物，訶問何人，深甫曰：「我也。」逐犬，深甫下，主人奇之，遂妻以女。深甫始不過讀《兔園》耳，得妻後，始學作程文，領鄉薦。妻家亦貧，但稍稍自給，深甫草履赴省，宿於逆旅，明發，不頮面而遁。至曹娥渡，渡子必得若干乃載，深甫予之錢少，渡子不肯，曰：「不怕汝作轉運黥我。」深甫乃從他處渡。至嵊縣，宿古廟中，祝遇之厚，又飲以酒，深甫訝之。祝曰：「夜夢神告我，明日當有宰相來宿，必官人也。」深甫焚香祝曰：「若成名，當爲縣官，使廟貌一新。」果登第，遂注嵊縣主簿，修廟焉。後爲浙漕，至曹娥，召渡子謂曰：「今竟何如？」渡子伏地請罪，深甫笑曰：「吾豈果黥汝。」厚賜之使去，曰：「台州秀才往來，勿取渡錢也。」《西湖游覽志餘》卷二十二。《堅瓠秘集》卷一。

2 台州舊有謡云：「下渡沙漲出宰相。」至謝子肅爲相，果驗。《林下偶談》卷二。

韓侂胄

1 王宣子嘗爲太學博士，適一婢有孕而不容於内，出之女儈之家。韓平原之父同鄉，與之同朝，無子，聞王氏有孕婢在外，遂明告而納之。未幾得男，即平原也。《癸辛雜識》續集下。

2 紹熙間，有醫邢氏，精藝絶異。時韓平原知閤門事，將出使，俾之診脈，曰：「和平無可言，所可憂者，夫人耳。知閤回軺日，恐未必可相見也。」韓妻本無疾，怪其妄誕不倫，然私憂之。洎出疆甫數月，而其妻果殂。《齊東野語》卷十八。

3 韓平原傾趙子直，罷政遠竄，薨於古鄷。訃聞，有無名子作詩大書於朝天門下云：「兩手旋乾復轉坤，群邪何事肆流言。狼胡跋疐傷周旦，魚腹銜冤葬屈原。一死固知公所欠，孤忠猶賴史長存。九原若見韓忠獻，休説渠家末世孫。」《錢塘遺事》卷二。

4 韓侂胄用事，遂逐趙忠定。凡不附己者，指爲道學盡逐之。已而自知「道學」二字，本非不美，於是更目之爲僞學。臣僚之薦舉，進士之結保，皆有「如是僞學者，甘伏朝典」之辭。一時嗜利無耻之徒，雖嘗附於道學之名者，往往旋易衣冠，强習歌鼓，欲以自别。《齊東野語》卷十一。

5　見吴琚8。

6〔韓〕侂胄知上之信用王德謙也，陽與之爲義兄弟，相得懽甚。一日謂德謙曰：「哥哥有大勳勞，宜建節鉞。」王曰：「我閹官也，有此例乎？弟弟毋誤我。」侂胄曰：「已奏之上，行且宣麻矣。」王唯唯，以爲疑。何澹時爲中丞，侂胄密諭之曰：「德謙苦要節鉞，上重違之，已草制。中丞宜卷班以出。」翌日廷播，何悉知所教，繼即合臺疏德謙罪，乞行竄殛。德謙猶持侂胄袖以泣，曰：「弟弟誤我。」侂胄徐謂曰：「哥哥放心，略出北關數里，便有詔追，只俟罷了何中丞耳。」德謙猶信其説，拜而囑之，竟死貶所。何遂遷政府，侂胄蓋嘗許之也。德謙既逐，自此内批皆侂胄自爲之矣。《四朝聞見録》乙集。

7　慶元間，有宿儒，以文名入鼇掖爲承旨，朝議謂且大用。會韓平原有歸子曰葎，先鈐吴門兵時，出妾方娠，鬻當湖臣室魯氏，得男焉，葎也。既貴，無他子，遂以重幣請于魯而歸之。始至，而平原適有恩制當降麻，偶不詳知，遂於廷綸中，用魯公拜後事，意蓋指忠獻耳。有欲進者忌之，摘其語，謂含譏刺。平原讀之，見其姓之偶符，大怒，不踰月，遂去國，終其身不復用。《桯史》卷九。

8　韓平原在慶元初，其弟仰胄爲知閤門事，頗與密議，時人謂之大小韓。求捷徑者争趨之。一日内燕，優人有爲衣冠到選者，自叙履歷材藝，應得美官，而留滯銓曹，自春徂冬，未有所擬，方徘徊浩歎。又爲日者弊帽持扇過其旁，遂邀使談庚甲，問以得禄之期，日者厲聲曰：「君命甚高，但於五星局中，財帛宮若有所礙。目下若欲亨達，先見小寒，更望成事，必見大寒可也。」優蓋以寒爲韓，侍燕者皆縮頸匿笑。余憶慶元己未歲，如中都，道徽之祁門，夜憩客邸，見壁間一詩，漫味語意，乃天族之誠南宮者所作，其辭曰：「蹇衛衝風怯曉寒，也隨舉子到長安。路人莫作親王看，姓趙如今不似韓。」旁有何人細書八字，墨蹟尚新，但云「霍氏之禍，萌於驂乘」而已。《程史》卷五。《西湖游覽志餘》卷四。《堯山堂外紀》卷六十二。《堅瓠戊集》卷二。《宋稗類鈔》卷六。

9 嘉泰末年，平原公恃有扶日之功，凡事自作威福，政事皆不由内出。會内宴，伶人王公瑾曰：「今日政如客人賣傘，不油裏面。」《白獺髓》。《堅瓠乙集》卷四。

10 姑蘇地名韓墩，産梨爲天下冠，比之諸梨，其香異焉，中都謂之「韓墩梨」。後因光皇御諱，改爲「韓村梨」。至侂胄專國，餽之者不敢謂「韓村」，直曰「韓梨」。因此皆謂「韓梨」矣。《四朝聞見録》戊集。《南宋雜事詩》卷五。

11 〔韓〕侂胄有愛姬小故而出，錢塘知縣程松聞之，亟賂牙儈，以八百千市之。至則盛供帳舍之中堂，夫婦上食，事之甚謹。姬惶恐莫知所爲。居數日，侂胄意解，復召之，則知其事，大怒。松即上謁曰：「頃聞有郡守赴闕者，欲得斯人，懼遠方小吏不識事體，他日有誤鈞顔。某忝爲赤縣，職所當知，故爲王取之耳。」侂胄意稍解。姬既再入，侂胄尚未平，姬具言松所以謹待之禮。侂胄大喜，即日躐除太府寺丞，後兩旬遷監察御史，踰年擢右正言，數月遷右諫議大夫。既而滿歲未遷，殊怏怏，乃市一妾獻之，名松壽。侂胄遺問之曰：「奈何與大諫同名？」答曰：「欲使疵賤姓名常達鈞聽耳。」侂胄憐之，遂除同知樞密院事。《慶元黨禁》。《西湖游覽志餘》卷四。《堅瓠丁集》卷三。《宋稗類鈔》卷二。

12 韓侂胄卻生日賀儀，仰進奏官遍行關報。……時士大夫或獻紅錦壁衣，承塵地衣之屬，修廣高下皆與中堂等，蓋密量其度以爲之，又有獻紅牙果卓、珍珠搭幡。其後或遇侂胄生日，大臣以下皆排列所獻於天慶觀之廡下，都人競往觀焉。《續宋編年資治通鑑》卷十三。《南宋雜事詩》卷一。

13 丁巳歲，侂胄生辰，宰執侍從至四方牧守皆上禮爲壽。直寶文閣、四川茶馬獻紅錦壁衣、承塵地衣之屬，修廣高下皆與中堂等，蓋密量其度而爲之也。吏部尚書獻紅牙果卓十位，衆已駭之。權工部尚書獻真珠搭襠十副，光彩奪目，蓋大長公主奩中故物。司農卿兼知臨安府最後至，出小合，曰：「寒生無以爲獻，有少果核，姑侑一觴。」啓之，乃粟金蒲萄小架，上有大北珠百枚，衆皆慚沮。《慶元黨禁》。

14 《朝野雜記》所載韓平原送壽禮物，各列之天慶觀廊間，觀者爲之駭然。《癸辛雜識》後集。

15 高文虎之子似孫爲秘書郎，因其誕日，獻詩九章，每章用一「錫」字，侂胄當之不辭。《兩朝綱目備要》卷十。

16 寧宗恭淑后上仙，而曹氏爲婕妤。平原特以爲親屬，偶值真里富國進馴象至，平原語王公瑾曰：「不聞有真里富國。」公瑾曰：「如今有假楊國忠。」平原雖憾之，而無罪加焉。《白獺髓》。《南宋雜事詩》卷六。

17 〔婕妤曹氏〕姊妹，通籍禁中，皆爲女冠。賜號「虚無自然先生」者、「左右街道録」者，皆厚於韓侂胄，或謂亦與之暱。《朝野遺記》。《南宋雜事詩》卷六。

18 見趙師𢍰4。

19 侂胄所幸妾，同甘苦者爲三夫人，號「滿頭花」。新進者曰四夫人，至通宫籍，慈明嘗召入貌，賜坐以示優寵。四夫人者，即與慈明偶席，蓋駭也，慈明心銜之。迨韓爲鄭發所刺，諸婢皆遣還其父母，慈明特旨令京尹杖四夫人而遣之。《四朝聞見録》戊集。

20 南園，乃慈福所賜韓〔侂胄〕者，穿幽極深，凡三日而後徧。而掌園者金其姓，皆武爵之近上者。聽其滿口皆稱曰「師」、「王」。師謂太師，王謂郡王。韓居太室，三茅之旁，掃石壇以煆大丹，命余道人候火，人不得而見之，外疑其爲仙。《四朝聞見録》戊集。

21 〔韓侂胄南園〕中有亭曰「晚節香」，植菊二百種，亦取其祖詩句。《四朝聞見録》戊集。

22 韓侂胄閲古堂圖書，皆出于向冰若水鑒定。《研北雜志》卷上。

23 〔韓〕侂胄將舉兵，先以葉適直學士院，蓋借其名使草出師詔也。適喻其意，堅辭三四，不受，於是用李壁草之。《兩朝綱目備要》卷九。《筆塵》。《南宋雜事詩》卷一。

24 開禧兵端既啓，國用浸虧。侂胄上表，自請以家藏先朝錫予金器六千兩上之。寧皇優詔獎諭，仍允其請。天下皆笑韓之欺君。《四朝聞見録》戊集。

25 韓侂胄用兵既敗，爲之鬚鬢俱白，困悶莫知所爲。優伶因上賜侂胄宴，設樊遲、樊噲，旁有一人曰樊惱。又設一人揖問：「遲，誰與你取名？」對以「夫子所取」。則拜曰：「是聖門之高弟也。」又揖問噲曰：「爾誰名汝？」對曰：「漢高祖所命。」則拜曰：「真漢家之名將也。」又揖惱云：「誰名汝？」對以「樊惱自取。」又因郭倪，郭果敗，因賜宴以生菱進于桌。上命二人移桌，忽生菱墮地盡碎。其一人云：

「苦苦苦，壞了許多生菱，一作「靈」。只因移果卓。」《四朝聞見録》戊集。《湖海新聞夷堅續志》前集卷一。《南宋雜事詩》卷五。

案：郭果，疑爲「郭倬」。

26 韓用事歲久，人不能平，又所引用，率多非類，天下大計，不復白之上。有市井小人以片紙摹印烏賊出没于潮，一錢一本以售。兒童且誦言云：「滿潮都是賊，滿潮都是賊。」京尹廉而杖之。又有賣漿者，敲其盞以唤人曰：「冷底喫一盞，冷底喫一盞。」「冷」謂韓、「盞」謂斬也。亦遭杖。不三月，而韓爲鄭發所刺，及籍其家，得所收真聖語，末一句云「遭他羅網禍非輕」，又一句云「遠竄遐荒始得平」。韓嘗怪其言。《四朝聞見録》戊集。《古謡諺》卷六十二。

27〔韓侂胄〕一日過南園山莊，趙師𢍰偕行。至東村別墅，桑麻掩映，雞犬相聞……一牧童騎犢且行且歌曰：「朝出耕田暮飯牛，林泉風月兩悠悠。九重雖竊阿衡貴，争得功名到白頭。」師𢍰呵曰：「平章在此，誰敢唐突。」牧童笑曰：「吾但識山中宰相，安知朝内平章？」胄曰：「宰相何人？奈未識荆。」童曰：「公如欲見，枉駕草廬。」欣然而行，至，則竹籬茅舍，石磴藤牀，書畫琴棋，亦甚整潔，屏間有二律詩，其一曰：「病國妨賢主勢孤，生民無計樂樵蘇。僞名枉玷朱元晦，謀逆空污趙汝愚。羊質虎皮千載恥，民膏血脈一時枯。若知不可同安樂，早買扁舟客五湖。」其二曰：「定策微勞總是空，一時狐假處威風。不知積下滔天罪，尚欲謀成蓋世功。披露姦心愚幼主，彰聞惡德辱先公。玉津園内行天討，怨血空流杜宇紅。」胄閱畢，勃然變色。方欲促駕，童報曰：「主人至矣。」乃見一叟龐眉鶴髮，深衣幅巾，扶笻而來，年可七八旬，態度閒雅，自稱袁處士，揖胄進曰：「貴人光賁，有失祇迎，乞恕不恭之罪。」揖遜而坐。胄徐曰：「屏間之詩，何人所作？」處士答曰：「老朽寫懷，不意見讓於貴人也。」胄曰：「軍國重事，誰敢私議？」處士笑曰：「太師挾振主之威，操不賞之權，群小盈朝，國事日非，土崩瓦解，可立而待。雖欲建恢復之功，誠恐北方未可圖，而南方已騷動矣。愚意勢倒冰山，危如朝露，誠孔子所謂不在顓臾，而在蕭牆之内也。太師其審圖之。」胄面色如土，左右欲兵之。胄歎曰：「真諒士也！」扶而去之。《問奇類林》卷八。《古謡諺》卷五十三。

28　韓平原嘗爲南海尉，延一士人作館客，甚賢而文。既别，音問杳不通。平原當國，嘗思其人。一日，忽來上謁，蓋已改名登第數年矣。一見歡甚，館遇極厚。嘗夜闌酒罷，平原屏左右，促膝問曰：「某謬當國秉，外間議論若何？」其人太息曰：「平章家族，危如累卵矣，尚復何言！」平原愕然問故，對曰：「是不難知也。椒殿之立，非出於平章，則椒殿怨矣。皇子之立，非出於平章，則皇子怨矣。賢人君子，自朱熹、彭龜年、趙汝愚而下，斥逐貶死，不可勝數，則士大夫怨矣。邊釁既開，三軍暴骨，孤兒寡婦之哭聲相聞，則三軍怨矣。并邊之民，死於殺掠，内地之民，死於科需，則四海萬姓皆怨矣。叢是衆怨，平章何以當之？」平原默然久之，曰：「何以教我？」其人辭謝再三，固問，乃曰：「僅有一策，主上非心黄屋，若急建青宫，開陳三聖家法，爲揖遜之舉，則皇子之怨，可變而爲恩，而椒殿退居德壽，雖怨無能爲矣。於是輔佐新君，涣然與海内更始。曩時諸賢，死者贈恤，生者召擢。遣使聘虜，釋怨請和，以安邊境。優犒諸軍，厚恤死士，除苛解嬈，盡去軍興無名之賦，使百姓有更生之意。然後選擇名儒，遜以相位，乞身告老，爲緑野之游，則易危爲安，轉禍爲福，或者其庶幾乎？」平原猶豫不能決。欲留其人，處以掌故，其人力辭，竟去。未幾禍作。《鶴林玉露》乙編卷二。《西湖游覽志餘》卷四。

29 韓以春日宴族于西湖，用土爲偶，名曰黄胖，以線繫其首，累至數十人。游人以爲土宜。韓售之以悦諸婢，令族黨仙胄賦之云云，「一朝線斷他人手，骨肉皆爲陌上塵。」侂胄大不悦。仙胄家于會稽，以侂胄故，有官不仕。韓敗，竟保其族云。《四朝聞見録》戊集。

30 韓侂胄暮年，以冬月攜游西湖，畫船花輿，遍覽南北二山之勝，末乃置宴于南園，族子判院與焉。席間有獻牽絲傀儡爲土偶負小兒者，名爲迎春黄胖。韓顧族子：「汝名能詩，可咏此。」即承命一絶云：「脚踏虚空手弄春，一人頭上要安身。忽然綫斷兒童手，骨肉都爲陌上塵。」韓大不樂，不終宴而歸，未幾禍作。《談藪》。《西湖游覽志餘》卷四。《昨非庵日纂》二集卷八。《堯山堂外紀》卷六十二。《宋稗類鈔》卷六。《宋詩紀事》卷九十六。

31 韓侂胄看弄傀儡，令包道成作詩：「一人頭上又安人，脚踏空虚舞弄春。莫教綫斷兒童手，骨肉都爲陌路塵。」《吹劍四録》。

32 楊次山與皇后謀，俾王子榮王曮入奏，言「侂胄再啟兵端，謀危社稷」，上不答。皇后從旁力請再三，欲從罷黜，上亦不答。后懼事泄，於是令次山於朝行中擇能任事者。時史彌遠爲禮部侍郎、資善堂翊善，遂欣然承命。錢參政象祖嘗以諫用兵貶信州，乃先以禮召之。禮部尚書衛涇、著作郎王居安、前右司郎官張鎡，皆預其謀。議既定，始以告參政李壁。前一日，彌遠夜易服，持文書往來二參第。時外間籍籍有言其事者。一日，侂胄在都堂，忽謂李參曰：「聞有人欲變局面，相公知否？」李疑事泄，面發赤，徐答曰：「恐無此事。」而王居安在館中，與同舍大言曰：「數日之後，耳目當一新矣。」其不密如此。彌遠聞之大懼，然未有殺之之意，遂謀之張鎡。鎡曰：「勢不兩立，不如殺之。」彌遠撫几曰：「君真將種也，吾計決矣。」時開禧三年十一月二日，侂胄愛姬三夫人號「滿頭花」者生辰。張鎡素與之通家，至是，移庖侂胄府，酣飲至五鼓。其夕，周筠聞其事，遂以覆帖告變。時侂胄已被酒，視之曰：「這漢又來胡說。」於燭上焚之。初三日，將早朝，筠復白其事，侂胄叱之曰：「誰敢？誰敢？」遂升車而去。甫至六部橋，忽有聲諾於道旁者，問爲何人，曰：「夏震。」時震以中軍統制權殿司公事，選兵三百俟於此。復問：「何故？」曰：「有旨，太師罷平章事，日下出國門。」曰：「有旨，吾何爲不知？必僞也。」語未竟，夏挺、鄭發、王斌等，以健卒百餘人，擁其轎以出，至玉津園夾牆内，撾殺之。是夕之事，彌遠稱有密旨。錢參政欲奏審，史不許，曰：「事留，恐泄。」遂行之。是夕，史彷徨立候門首，至曉猶寂然，至欲易衣逃去。而宰執皆在漏舍以俟。既而侂胄前驅至，傳呼太師來。錢、李二公疑事泄，皆戰栗無人色。俄而寂不聞聲，久之，夏震乃至，白二公曰：「已了事矣。」錢參政乃探懷中堂帖授陳自强曰：「有旨，太師及丞相皆罷。」陳曰：「何罪？」錢不答，於是揖二公，遂登車去。是夕，使侂胄不出，則事必泄矣。二參繼赴延和殿奏事，遂以竄殛侂胄聞，上愕然不信。及臺諫交章論列，三日後，猶未悟其死。蓋此夕之謀，悉出於中宫及次山等，宫省事祕，不能詳也。遂下詔暴侂胄首開兵端等罪，官籍其家。而夫人張氏、王氏聞變，盡取寶貨碎之。其後二人皆坐徒斷。《齊東野語》卷三。《宋稗類鈔》卷一。

33 開禧間，慈明陰贊寧皇誅韓侂胄，出御批三。其一以授錢象祖、衛涇、史彌遠，其一以授張鎡，又其一以授李孝純。二批俱未發，獨象祖亟授殿巖夏震。震初聞欲誅韓，有難色，及視御批，則曰：「君命也，震當效死。」翌日，震遂遣其帳下鄭發、王斌，邀韓車於六部橋，徑出玉津園夾牆，用鐵鞭中韓陰乃死。韓裏軟纏，故難中。地名磨刀坑。……御批云：「已降御筆付三省，韓侂胄已與在外宮觀，日下出國門，仰殿前司差兵士三十人防護，不許疎失。」後有虎符印，蓋牙章也，文曰「如律令」，本漢制云。震以御筆建爲巨閣，刻之樂石，命其屬爲之記。初時，御筆皆侂胄矯爲，及是皆慈明所書。發、斌排韓車，語以「有御筆押平章出國門」。韓倉忙曰：「御筆我所爲也。」行至玉津，許鄭發以節度使，鄭不從。又曰：「我當出北關門，如何出候潮門？」又曰：「我何罪？」又語發以「何得無禮大臣」？鄭叱以國賊而鞭之，歸報震。震直趨省中。時錢象祖、陳自强猶在省，震至，錢不覺起而問之曰：「了事否？」震曰：「已了事。」象祖始誦言韓已誅，陳作而再拜錢，且辭象祖，乞以同寅故，保全末路。象祖許之。……先是，有告御批之謀於韓者，韓答以當以死報國。及告之者甚苦，告者即周筠。侂胄始與自强謀。自强薦林行可爲諫議大夫，欲於誅韓日上殿，一網盡掃象祖以下出國門，韓居中應之。幸韓不得入內，若韓用私人小車徑自和寧門入，斌、發必不覺，則謀韓者虀粉矣。然誅韓之計甚疎，王大受、趙汝談皆預始謀，至書所欲施行之事於掌，一有「記」字。幸不敗爾，敗則慈明、景憲殆哉。時寧皇聞韓出玉津園，亟用箋批殿司：「前往追回韓太師。」慈明持箋泣，且對上以「他要廢我與兒子」，又以「殺兩國百萬生靈，若欲追回他，我請先死」。寧皇收淚而止，慈明遂□箋云。《四朝聞見録》丙集。

34 或云韓信爲呂氏所殺，韓通爲杜后所殺，韓侂胄爲楊后所殺，韓震爲謝后所殺，四人皆將相，皆死於婦人之手，亦異矣。《癸辛雜識》前集。

35 韓平原被誅之夕，乃其寵姬四夫人誕辰，張功甫移庖大燕，至五更方散，大醉幾不可起。幹辦府事周筠以片紙入投云：「聞外間有警，不佳，乞關閤門免朝。」韓怒曰：「誰敢如此！」至再三，皆不從。乃盥櫛，取瑞香番羅衣一襲衣之，登車而往。旋即殿司軍已圍繞府第矣。是夕所用御前樂部伶官皆閉置於内，饑餓三日始放去。時趙元父祖母蘄國夫人徐氏，與其母安部頭皆在府中，目擊其事。其後斥賣其家所有之物，至於敗衣破絮亦各分爲小包，包爲價若干。時先妣母謾以數券得一包，則皆婦人弊鞋也。方恚恨以爲無用，欲棄之，疑其頗重，則内藏大北珠二十粒。蓋諸婢一時藏匿爲逃去之計，適倉惶遺之云耳。《癸辛雜識》後集。《西湖游覽志餘》卷四。《堯山堂外紀》卷六十二。《堅瓠癸集》卷三。

36 群婢放逐之時，韓門眷至有三數輩皆稱爲某妾某人父母者，蓋其宛轉而入皆爲父母。官中遂命願認爲父母者，聽除首飾衣服之外，不許以奩載出，金釵至滿頭，衣服至著數襲。市人利其物，而因可以轉貿其身，故相競相逐，願爲之父母。至有引群妾之裾、必欲其同歸者，亦足笑也。《四朝聞見録》戊集。《宋稗類鈔》卷二。

37 韓侂胄封平原郡王，而官至太師，一時獻佞過稱「師王」，晚年伏誅。錢伯通在政府，奉御筆施行。都下撰爲文言曰：「釋迦佛，中間坐。胡漢神，立兩旁。文殊普賢自鬬，象祖打殺師王。」象祖，乃伯通名也。《同話録》。《西湖游覽志餘》卷四。《堯山堂外紀》卷六十二。《宋稗類鈔》卷一。《宋詩紀事》卷一百。《古謡諺》卷七十。

38 韓〔侂胄〕敗，籍其家，卧内青紬帳後如用兵，用羅木自圍其寢，防刺也。《四朝聞見録》戊集。《南宋雜事詩》卷五。

39 右諫議大夫葉時、殿中侍御史黄疇若、監察御史章燮、余崇龜等上言侂胄專政無君，僭上不道，乞梟其首領，置之淮甸，積屍叢冢之間，以謝天下。三月二十六日乙未，詔臨安府遣東南第三副將尹明斲侂胄棺取其首，送江淮制置大使司。《慶元黨禁》。

40 開禧議和……迺薦王都廂柟代爲行人，王往返至四。虜有一伴使顔元者，問韓侂胄是甚麼人，答云：「魏公之孫，吴太后之肺腑，有擁佑之勳。」又問云：「宫裏如何信任他？不知去得他否？」王答云：「大臣去留，出自聖斷。」伴使就懷中取出本朝省劄：韓侂胄，軍怒已擊死。王爲之驚駭。《貴耳集》卷下。

41 王柟以出使在金虜帳。一日，金人呼柟問韓太師何如人？柟因盛稱其忠賢威略。虜徐以邊報示之曰：「如汝之言，南朝何故誅之？」柟窘懼不能對。於是無厭之求，難塞之請，皆不敢與較，一切許之，以爲脱身之計。及歸，乃以金人欲求侂胄函首爲辭，而葉時復有梟首之請，於是詔侍從兩省臺諫集議。先是諸公間亦有此請，上重於施行。至是，林樞密大中、樓吏書鑰、倪兵書思，皆以爲和議重事，待此而決，姦凶已斃之首，又何足惜？與其亡國，寧若辱國，而倪公主之尤力；且謂在朝有受其恩，欲爲之地者。蓋朝堂集議之時，獨章文莊良能於衆中以事關國體，抗詞力争。所謂欲爲之地者，指章也。葉清逸《聞見録》云：「良能首建議函首，王介以爲不可。」此非事實。於是遣臨安府副將尹明，斲侂胄棺，取其首，送江淮制置大使司，且以咨目諭諸路宣撫制置等以函首事。遂命許奕爲通謝使。王柟竟函首以往，且增歲幣之數。當時識者，殊不謂然。……至有題詩於侍從宅曰：「平生只説樓攻媿，此媿終身不可攻。」又詩曰：「自古和戎有大權，未聞函首可安邊。生靈肝腦空塗地，祖父冤讎共戴天。晁錯已誅終叛漢，於期未遣尚存燕。廟堂自謂萬全策，卻恐防胡未必然。」又云：「歲幣頓增三百萬，和戎又送一於期。無人説與王柟道，莫遣當年寇準知。」此亦可見一時公論也。明年，閤門舍人周登出使過趙州，觀所謂石橋者已具述其事。紀功勒銘，大書深刻橋柱矣。金主嘗令引南使觀忠繆侯墓，且釋云：「忠於爲國，繆於爲身。」詢之，乃韓也。《齊東野語》卷三。

42　金遣諭成使來。先是有旨，百官詣朝堂集議韓首事，樞密章良能建議，以爲姦凶已斃之首，又何足惜。時王忠簡公介抗議，以韓首固不足惜，而國體爲可惜。章以語侵公，公奮起曰：「今日敵要韓首，固不足惜。明日敵要吾輩首，亦不足惜耶？」會文節倪公思亦謂：「一侂胄臭頭顱，何必諸公争？」王議遂不勝。章竟呼省吏伸黄紙揭于象魏曰：「今據禮部侍郎倪思議到，姦凶已斃之首，又何足惜。」遂竟函韓首送金。諜者謂金既受韓首，謚之曰「忠繆侯」。《四朝聞見録》乙集。

43〔韓侂胄〕函首纔至虜界，虜中臺諫交章言韓侂胄忠于其國，繆于其身，封爲忠繆侯。將函首袝葬于魏公韓某墓下，仍劄報南朝。《貴耳集》卷下。

44　開禧之舉，韓侂胄無謀浪戰，固可罪矣。然乃至函其首以乞和。何也？當時太學諸生之詩曰：「晁錯既誅終叛漢，於期已入竟亡燕。」《鶴林玉露》乙編卷二。

45　劉淮見之，建陽人。賦詩雖爲韓而發，其實嘉定用事者良劑也。「寶蓮山下韓家府，鬱鬱沈沈深幾許。主人飛頭去和虜，緑户空墻歎風雨。九世卿家一朝覆，太師宜誅魏公辱。後來不悟有前車，突兀眼中觀此屋。」《四朝聞見録》戊集。《西湖游覽志餘》卷四。

46 丁卯和議，虜索首謀，函首予之。或爲樂府云：「寶蓮山下韓家府，主人飛頭去和虜。」高九萬吴山絶句云：「拂曉官來簿録時，未曾吹徹玉參差。旁人不忍聽鸚鵡，猶向金籠唤太師。」《後村詩話》前集卷二。《西湖游覽志餘》卷四。

47 嘗偕京倅吴公鋼入天竺，聞〔韓〕侂胄功德寺之勝，甲于諸刹，相與游焉。……其金碧晃耀，真天帝釋之所居。……丙寅冬，又同吴倅復游韓寺，則佛像已輿他所，而金碧木石俱空。登其母魏國夫人冢，旁有蘆束，淺土半露，問之，乃韓之屍，其首已送之金也。《四朝聞見録》戊集。

48 韓侂胄平原甲第，即瑞石北阜爲第，後開禧末罪逐，後改爲寺。監齋舍生有題二絶于壁曰：「掀天聲勢只冰山，廣厦空餘十萬間。若使早知明哲計，肯將富貴博清閒。」「花柳依然弄曉風，才郎袖手去無踪。不知郿塢金多少，争似盧門席不重。」《白獺髓》。《堅瓠甲集》卷四。

49 〔侂胄〕身隕之後，衆惡歸焉。然其間是非，亦未盡然。若《雜記》所載，趙師睪犬吠，乃鄭斗所造以報揵武學生之憤。至如許及之屈膝，費士寅狗竇，亦皆不得志抱私讎者撰造醜詆，所謂僭逆之類，悉無其實。李心傳蜀人，去天萬里，輕信紀載，疎舛固宜。而一朝信史乃不擇是否而盡取之，何哉？《齊東野語》卷三。

50 事有一時傳譌，而人競信之者。閲古之敗，衆惡皆歸焉。然其間率多浮誕之語，抑有乘時以醜名惡聲，以詆平日所不樂以甘心者，如犬吠村莊等事是也。姑以《四朝聞見録》所載一事言之。謂蜀帥獻沈香山，高五丈，立之南園凌風閣下。今慶樂園，即昔之南園也。所謂香山，尚巍然立於閣前，乃枯枿耳，初非沈香也。……余嘗戲賦絶句云：「舊事淒凉尚可尋，斷碑閑卧草深深。凌風閣下槎牙樹，當日人疑是水沈。」《齊東野語》卷五。

51〔韓侂胄〕善作水墨竹石，所畫大葉琅玕，自稱曰「太師竹」，卷軸上用「安陽開國」印記。《圖繪寶鑑》卷四。《居易録》卷二十七。《南宋雜事詩》卷六。

陳自强

1〔陳〕自强本太學諸生，嘗居韓氏館，實訓侂胄。憲聖女弟魏夫人，實侂胄母，見其舉止凝重，交游不妄，嘗器重之，謂侂胄曰：「他日得志必用之。」陳登科，爲光澤丞，其年已六十矣。主簿張彦清登科最早，而其年方盛，嘗玩侮之。楊開國圭，彦清之友也，嘗訪彦清，因以識自强，每敬陳，不敢狎，因私語陳曰：「子姑自重，以相法論之，不十年爲宰相矣。」自强以爲彦清諷圭玩己，而又以圭平日無狎語，姑信之。及自强爲丞，去官調闕，知韓已得柄，漫往候之。刺入，侂胄約以來日從官來見，當延接。自强不測其意，明日又漫往。侂胄于群從官中，前設褥，拜自强云：「許多時先生在何處？」翌日，從官即交章特薦入臺，不期年，遂拜相云。自朝廷以岳侯賜第爲太學，有善司聽者聞鼓聲，謂學中永無火災，亦不出宰相。久之，自强破讖而相。自是以諸生致宰相者相望矣。……彦清亦往候，自强憐其選調，欲薦之韓。其子語之曰：「爺不記光澤之事乎？」《四朝聞見録》戊集。

2　陳自强，丙辰夏以選人入都，欲求諸州學官闕，見執政皆不遂。其所居逆旅主人善拂茶，自强一日見其出，問所之，曰：「某爲儀同擊茶，月給十千，日三往府中，每往擊茶一甌而已，餘無事也。」自强太息曰：「我嘗權儀同先生。」主人曰：「官人求闕不遂，盍見儀同乎？」自强曰：「吾貧，旅費垂盡，聞見儀同所費不少，安能辦之？」主人曰：「俟語次試爲拈出。」旬餘無耗。一日，自强方悶坐，有直省官持呼召來者，約來日午後至府相見。自强莫知所謂。比至，則侍從官以次畢集。謁入，傳令先召知丞，侂胄命設褥於堂上，鄉之再拜，次召從官同坐，從官踧踖，莫敢居上者。侂胄徐曰：「先生老儒，殊可念。」坐客唯唯。明日，連章薦其才，遂除太學録。未踰年，遷博士。數月，轉國子。又數月，爲祕書郎。入館半歲，除右正言、右諫議大夫、御史中丞。入臺半月餘，遂秉政。繇選人至樞府，首尾四年。《慶元黨禁》。

3　行在太學造工之初，鳴鼓集飯。有劉耆者，山東來，目雙瞽，善聽聲，過之，問曰：「此何地？適聞鼓聲，官氣甚旺。」勞人以建太學語之，耆曰：「若如此，則不出宰相，永無火災。」所以自中興以來，六七十載，絶無鬱攸之驚，而未聞有爰立者。嘉泰中，高文虎爲祭酒，欲爲陳自强之奉，遂謂鼓壞，請更鞔之。未幾，自强正拜，遂以爲更鞔堂鼓，而自强破撲席之荒也，名其鞔鼓之所曰鞔鼓橋。《西湖游覽志餘》卷二十二。

4　陳自强本太學服膺齋生，既當國，齋中爲立碑，刻「魁輔」二大字。雷參政孝友時爲學官，作記稱頌以諂之，刻大字之下。陳敗，雷欲磨去，以泯其迹，諸生不從。一日，諸生赴公試，雷遣人亟磨去之。《林下偶談》卷三。《木筆雜鈔》卷下。《南宋雜事詩》卷六。

5 嘉泰之火，自强爲右揆，火及其府，主帑吏請筦鑰於自强。自强聞變，口呿而不能言。鑰在其衣帶間，吏不敢解。由是囊橐無孑遺者。自强移居都亭驛，平旦，百僚往省之，自强大言曰：「郭殿前號令可謂不肅。」衆謂救火無策，未敢對。自强徐言曰：「昨從渠假五十兵般檐仗，遂失去一金注椀。」衆愕而退。事定，侂胄謂群公曰：「丞相生事一委於火，可憐，須當少助之。」於是侂胄首遺萬緡，已而餽者踵至。諸道及列城皆有助，不數月得六十萬緡，遂倍所失之數。《慶元黨禁》。

6 有選人，家閩中，其父與〔陳〕自强有舊，入都求爲掌故。自强對衆厲聲曰：「外間豈不知近旨，見闕方除，此何可得？」衆爲之踧踖。後旬日，竟除掌故。或疑其由徑而得者，問之，徐曰：「丞相耳。」或曰：「丞相前日之語甚峻，何以回造化耶？」其人即坐側取一幅示之，乃自强答書也。略曰：「珍貺鼎至，光耀老目。」或問珍貺之名，曰：「書生安得珍玩，比所請不遂，適從王家肆中見金粟臺盞十具，重百星，以四千緡得而獻之耳。」聞者歎息而去。《慶元黨禁》。

7 臣寮雷孝友上言：……如陳自强者，昏老庸繆，本無寸長可取。徒以嘗假館于侂胄，由州縣小官，數年間汲引拔擢，以致陛下過聽，用爲次相。附阿充位，不恤國事，不遵聖訓。中書機務，唯唯聽命，一無可否。侂胄曰「兵當用」，自强亦曰「當用」；侂胄曰「事可行」，自强亦曰「可行」。每對客言：「自强受恩深，只得從順。」《四朝聞見録》戊集。

8 〔陳〕自强自出國門，每朝必朝服焚香，自云：「從天乞一日之命。」行至浦城，其族人陳政和爲宰，迎勞于郊，自强太息曰：「賢姪，賢姪，大丈夫切不可受人大恩。」雪涕而去。《四朝聞見録》戊集。

錢象祖

1 錢象祖嘗獻珠搭當於韓侂胄，迨其致仕，詞臣草詔，進封珍國公。《四朝聞見録》丙集。

2 見韓侂胄37。

何澹

1 孝宗將内禪，留正仲至自參知政事越次拜右揆，而周益公遷左揆。光宗登極，仲至以宫府舊僚爲上所厚，而益公適忤上旨。仲至引兵部侍郎何澹爲右諫議大夫，攻益公，罷之。王藺謙仲爲樞密使，素爲仲至所憚。後兩月，又攻謙仲，罷之，由是大爲清議所薄。既而澹有本生繼母喪，上疏自言不逮事，乞下給舍臺諫議。大學諸生喬嘉等移書責之，太常亦謂當申心喪，澹卒去位，時紹熙二年八月也。《道命録》卷七上。

程松

1 見韓侂胄11。

許及之

1 〔韓〕侂胄嘗值生辰，群公上壽，既畢集矣。許及之爲吏部尚書，適後至，閽人掩關拒之，及之大窘，會門鬧未及閉，遂俯僂而入。當時有「由竇尚書，屈膝執政」之語，傳以爲笑。《慶元黨禁》。《兩朝綱目備要》卷五。

2 許及之同知樞密院事。淳熙末，及之與薛叔似同擢補、遺，皆爲善類所予。黨事既起，叔似累斥逐，及之乃更遷給事中、吏部尚書。既而，踰二年不遷，乃間見侂胄，叙其知遇之意及衰遲之狀，不覺涕零，繼以屈膝。侂胄惻然，語之曰：「尚書才望，簡在上心，行且進拜矣。」不數日，遂有是除。《兩朝綱目備要》卷五。《古事比》卷三十五。

傅伯壽

1 見趙汝愚8。

2 傅伯壽爲浙西憲。韓侂胄用事，伯壽首以啓贄之曰：「澄清方効於范滂，跋扈遽逢於梁冀。人無恥矣，咸依右相之山；我則異歟，獨仰韓公之斗。首明趨向，願出鎔陶。」由是擢用至僉書樞密院事。韓敗，追三官，奪執政恩。《齊東野語》卷十三。《宋稗類鈔》卷二。

李壁

1 蜀中類試，相傳主司多私意與士人相約爲暗號，中朝亦或有之，而蜀以爲常。李壁季章、𡌴季永，同登庚戌科，己酉赴類省試。二公皆以文名一時，而律賦非所長。鄉人侯某者以能賦稱，因資之以潤色。既書卷，不以詩示侯，侯疑其必有謂。將出門，侯故少留，李遂先出，而侯踵其後。至納卷所，扣吏以二李卷子，欲借一觀，以小金牌與之。吏取以示，則詩之景聯皆曰：「日射紅鸞扇，風清白獸樽。」侯即於己卷改用之。既而皆中選。二李謝主司，主司問：「此二句，惟以授於昆仲，何爲又以與人？」李恍然不知所以。他日，微有所聞，終身與侯不協。《齊東野語》卷八。《堯山堂外紀》卷六十一。

2 李季章奉使北庭，虜館伴發一語云：「東坡作文，愛用佛書中語。」李答曰：「曾記《赤壁詞》云：『談笑間，狂虜灰飛煙滅。』所謂『灰飛煙滅』四字，乃《圓覺經》語，云：『火出木燼，灰飛煙滅。』」北使默無語。《貴耳集》卷下。《東皋雜録》。

3 李季章壁，巽巖尚書之仲子，蓋賢良公垕之弟。開禧初，韓（侂胄）欲興兵未有間，既遣張公嗣古出使覘敵。嗣古使還，大拂韓旨，因復遣壁。壁還，與張異詞，階是遷政府。後又預誅韓之謀。壁使金詩云：「天連海岱壓中州，煖翠浮嵐夜不收。如此山河落人手，西風殘照嬾回頭。」《四朝聞見録》戊集。《南宋雜事詩》卷五。《宋詩紀事》卷五十六。

4 開禧初，降詔興師，李公壁草起句云：「天道好還，蓋中國有必伸之理；人心助順，雖匹夫無不報之讎。」累詞殆將數百。予侍叔父貢士泳自浦城行至都之玉津園前，售摹詔而讀之。叔父曰：「以『中國』而對『匹夫』，氣弱矣。其能勝乎？」已而兵果大敗。《四朝聞見録》戊集。

衛涇

1 衛公涇，字清叔，吴門石浦人。先五世俱第進士，至公爲廷唱第一人。策中力陳添差贅員之弊，上敕授添差州僉幙。公即入劄廟堂，以爲「身自言而自爲可乎」？有旨待詔與僉幙正闕。公已赴越任，閒會親友玩牡丹，謂「第一花人尚貴之，吾亦宜自貴重可也」。先是廷唱一人任僉幕垂滿，必通書宰相爲謝，然後遇次榜廷唱敓召命，以某日降旨入修門。公以通書宰相非是，唯任其遲速可也。時王淮當國，殊以不通書爲訝，雖已降召命，而不與降入國門引入見指揮。公翺翔于江上六合塔下，幾三月不得見。適鄭公僑以吏郎召，與公遇塔下，鄭寒暄畢，即問曰：「清叔何爲在此？」公語之故。鄭引見畢，即直詣都省門面詰丞相。丞相情見詞屈，曰：「某幾乎忘了。」翌日，降旨趣公見。公既俱史相誅韓，旋用故智又欲去史。史爲景憲太子舊學，太子知其謀于内，遂以告史。御史中丞章良能彈公。良能，公所厚也。疏入猶未報，章用臺吏語，緘副疏以示公。公車至太廟下，得章所緘語，謂使云：「傳語中丞，我今即出北關矣。」史以公宿望，不敢貶置，唯秩以大闔，不復召矣。錢召文象祖以史故，于廣坐中及公云：「初謂衛清叔一世人望，身爲大臣，顧售韓侂胄螺鈿髹器。」然則公之罪亦微矣。《四朝聞見録》甲集。

2 〔衛涇〕取范文正之言，名其堂曰「後樂」……別號後樂居士。《姑蘇志》卷五十一。

3 浙右假山最大者，莫如衛清叔吴中之園，一山連亘二十畝，位置四十餘亭，其大可知矣。《癸辛雜識》前集。

樓鑰

1 攻媿樓公，天性豁達，與物無忤。初嘗與韓侂胄善，獨因草制，以天下公論不予韓，故寧罷去。韓心敬之，亦不以憾也。攻媿久廢，韓亦迫于公論，欲起而用之，風公之親戚，諭公之子弟，但求寒暄一紙書，即召矣。親戚具道韓意于公之子弟，從容以白，公欣然命具紙札。子弟又以白，公曰：「已具矣。」公引紙大書《顔氏家訓》子弟累父兄事。子弟自此不復敢言通韓書矣。《四朝聞見録》乙集。

2 陶隱居《清異録》載：開元時，高太素隱商山，起六逍遥館，各製一銘。其三曰《冬日初出》，銘曰：「折膠墮指，夢想負背，金鑼騰空，映檐白醉。」樓攻媿嘗取「白醉」二字以名閣，陳進道爲賦詩，攻媿次之云：「處世難獨醒，時作映檐醉。年少足裘馬，安知老夫味。天梳與日帽，且復供酒事。謫居幸三適，得此更慙愧。向來六逍遥，特書見清異。君家老希夷，相求諒同氣。曲身成直身，朝寒俄失記。醉中知其天，不飲乃同意。書生暫寄温，難語純綿麗。」《齊東野語》卷四。

3 見李邴7。

樓鏞

1 樓叔韶鏞初入太學，與同窗友厚善。休日……乃相率出城，買小舟沿葦行，將十里，舍舟陟小坡，行道微高下，又二里，得精舍，門徑絶卑小，而松竹花草楚楚然。友款於門，即有小童應客，主人繼出，乃少年僧，姿狀秀美，進趨安詳，殊有富貴家氣象。揖客曰：「久别甚思款接，都不見過，何也？……」便起推西邊小户入，華屋三間，窗几如拭，玩具皆珍奇。唤侍童進點心素膳三品，甘芳精好，不知何物造。撤器，命推窗，平湖當前，數十百頃，其外連山横陳，樓觀森列，夕陽返照，丹碧紫翠，互相映發。漁歌菱唱，隱隱在耳。騁望久之，僧以麈尾敲闌干數聲，俄有小畫舫傍湖而來，二美人徑出登岸，靚妝麗質，王公家不過也。僧命具酌，指顧間，觴豆羅陳，窮極水陸。左右執事童皆姣好。杯行，美人更起歌舞，僧與友謔浪調笑，歡意無間。樓神思惝恍，正容危坐，噤不敢吐一語。伺僧暫起，挈友臂扣所以，友愠曰：「子但飲食縱觀，何用知如許？」而觴十餘巡，夜已艾。僧復引客至小閣中，卧具皆備，曰「姑憩此」，遂去。壁外即僧榻，試穴隙窺，則徑擁二姬就寢。友醉甚大鼾，樓獨徬徨不寐，起如厠，一童執燭，密詢之：「此爲何地？」童笑曰：「官人是親戚，何須問？」樓反室，展轉通宵，時側耳聽聲，但聞鼻息齁齁而已。將曉……僧送之門，鄭重而别。由他徑絶湖而歸。樓惘惘累日，疑所到非人間。……其後出處參商，竟不克再諧。《談藪》。《南宋雜事詩》卷七。

雷孝友

1 見陳自强4。

2 見陳自强7。

章良能

1 外大父文莊章公，自少好雅潔，性滑稽。居一室必泛埽巧飾，陳列琴書，親朋或譏其齷齪無遠志。一日，大書素屏云：「陳蕃不事一室，而欲埽除天下，吾知其無能爲矣！」識者知其不凡。後入太學爲集正，嘗置酒，揭饌單於爐亭，品目多異。其間有大鵪卵者最奇，其大如瓜，片切飣飣大盤中，衆皆駭愕，不知何物。好事者窮詰之。其法乃以鳧彈數十，黄白各聚一器。先以黄入羊胞蒸熟，次復入大猪胞，以白實之，再蒸而成。嘗迎駕於觀橋，戲以書句爲隱語云：「仰觀天文，俯察地理，吾嘗終日不食，終夜不寢，以思無益，不如學也。」衆皆莫測，公笑云：「乃此橋華表柱木鸛爾。」其他善戲多類此。《齊東野語》卷十六。《宋稗類鈔》卷八。

2 湖州卜者牧羊子，識章文莊於未遇時。及仕再筮，皆不許其得禄，果連丁艱。既而曰：「今可仕矣，且不在外。」遂由掌故以致兩地。又嘗語醫者李亶父曰：「君當飯於省中。」鄉人傳以爲笑。後文莊貴，常招之胗脈，留與共飯於省閣，因舉舊話一笑。《癸辛雜識》别集上。

3 見鄧友龍1。

4 見韓侂胄41。

5 見韓侂胄42。

6 見陸游14。

7 吴興人談重元鼎少領鄉薦不第，晚就南廊，更數試，復不入等。章文莊兄弟皆與之同舍。嘉定戊辰，文莊兄弟在朝，談入京將更試，請曰：「二兄何以授我？」乃相與作備對數十付。已而文莊入爲考官，得談卷甚喜。所批稍高，編排當在上二等。已而曰：「名器不可以故人私之，但使脱助教足矣。」於是稍移向下。既而算計四等合放若干，而談之名適在末等之首，竟垂翅而歸。《齊東野語》卷十。

8 嘉泰間，文莊章公以右史直禁林。時宇文紹節挺臣爲司諫，指公爲謝深甫子肅丞相之黨，出知温陵。既而公入爲言官，遍歷三院，爲中執法。時挺臣以京湖宣撫使知江陵府，入覲，除端明學士，徑躋宥府。而挺臣懷前日之疑，次且不敢拜。文莊識其意，乃抗疏言：「公論出一時之見，豈敢以報私憾，乞趣紹節就職。」未幾，公亦登政地，相得甚驩。一日，宴聚，公出所藏玉杯侑酒，色如截虹，真于闐産也，坐客皆誇賞之。挺臣忽旁睨微笑曰：「異哉！先肅愍公虛中使金日，嘗於燕山獲玉盤，徑七寸餘，瑩潔無纖瑕，或以爲宣和殿故物，平日未嘗示人，今觀此色澤殊近似之。」於是坐客咸願快覩，趣使取之。既至，則玉色製作無毫髮異，真合璧也。蓋元爲一物，中分爲二耳。衆客驚詫，以爲干鎁之合不足多也。公因舉杯以贈挺臣，而挺臣復欲以盤奉公，相與遜讓者久之，不決。時李璧季章在坐，起曰：「以盤足杯者，於事爲順，僉書不得辭也。」公遂謝而藏之，以他物爲報。《齊東野語》卷十八。《宋稗類鈔》卷八。

9 章文莊參政與其兄宗卿，雖世家五馬，而清貧自若。少依鄉校，沈丞相該之家學相連，章日過其門。沈氏少年與客坐於廳事，時方嚴冬，二章衣不掩脛，沈哂之曰：「此人會著及時衣。」客儆之曰：「二章才學，鄉曲所推，不可忽也。」章亦微聞之。既而兄弟聯登第，駸駸通顯。沈氏之屋，適有出售者，宗卿首買之以居焉。宗卿滑稽善謔，與同舍聚話，吴棣調之曰：「鳥覆翼之。」翼之，宗卿字也。章若不聞，他語自若，良久，忽語衆曰：「頃與衆人會語正洽，俄聞惡臭，罔知所自。時舍弟達之亦在焉，久乃覺其自達之也，退而誚之曰：『吾弟！吾弟！衆皆在此説話，吾弟卻在此放屁。』」衆爲一笑。《癸辛雜識》別集上。

宇文紹節

1 見章良能8。

史彌遠

1〔史彌遠〕父丞相浩與覺長老道契，握手入堂奥，問之曰：「和尚好，我好？」覺見堂奥中簾幕綺羅，榮華富裕，粉白黛緑，環列左右，乃應答曰：「大丞相富貴好，老僧何好之有？」既而曰：「此念頭一差，積年蒲團工夫俱廢，未免墮落。」一日，浩坐廳上，儼然見覺長不揖突入堂内，使人往寺中請相見。人回報云：「覺長老坐化圓寂于法堂上。」頃間浩堂裏弄璋。浩默然自知，後以覺字爲彌遠小名。《三朝野史》。《西湖游覽志餘》卷五。《玉芝堂談薈》卷十。《堯山堂外紀》卷六十二。《堅瓠集》卷三。《宋稗類鈔》卷一。《宋詩紀事》卷九十六。

2〔史彌遠〕相兩朝二十六年，權震海内。時有人作詩規之曰：「前身元是覺闍黎，業障紛華總不迷。到此更須睜隻眼，好將慧力運金鎞。」《堯山堂外紀》卷六十二。《西湖游覽志餘》卷五。《堅瓠癸集》卷三。《宋稗類鈔》卷一。《宋詩紀事》卷九十六。

3 宋淳熙年間，史寺丞輪對，讀之半，正言先帝高宗某事，忽淚下，玉音問故，對曰：「思感先帝舊恩。」孝宗不覺亦淚下。寺丞至讀畢，淚下不已。退朝免冠，乃蜈蚣蟲頂齧之，頂肉腐矣。蓋其淚下，實爲頂痛。孝宗以爲忠，明日御批除吏部侍郎。頂瘡數月方愈。《湖海新聞夷堅續志》前集卷一。

4 見韓侂胄32。

5 見張鎡8。

6 嘉定間，寧皇賜史彌遠、趙師揆、楊次山等以玉帶，惟彌遠上所解賜，他皆取於内府。朝之仕者與四方之門生故吏，泛然啓賀。其賜帶，與趙、楊等混然無別。雖彌遠未嘗留意儷議，因覽衆啓畢，獨取一啓内「解賜」二字，曰：「此卻知彌遠是上解賜。」此啓紹翁爲人代作。《四朝聞見録》丙集。

7 嘉定初，吴畏齋帥成都，從行者多選人，類以京削繫念，伶知其然。一日，爲古冠服數人游於庭，自稱孔門弟子，交質以姓氏，或曰「常」，或曰「於」，或曰「吾」，問其所涖官，則合而應曰：「皆選人也。」固請析之，居首者率然對曰：「子乃不我知，《論語》所謂『常從事於斯矣』，即某其人也。官爲從事而繫以姓，固理之然。」問其次，曰：「亦出《論語》，『於從政乎何有』？蓋即某官氏之稱。」又問其次，曰：「某又《論語》十七篇所謂『吾將仕者』。」遂相與歎咤，以選調爲淹抑。有慫恿其旁曰：「子之名不見於七十子，固聖門下第，盍扣十哲而受教焉？」如其言，見顏、閔方在堂，群而請益，子騫蹙頞曰：「如之何？何必改。」兖公應之曰：「然，回也不改。」衆憮然不怡，曰：「無已，質諸夫子。」如之，夫子不答，久而曰：「鑽遂改火，急可已矣。」坐客皆愧而笑。《桯史》卷十三。

8 當史丞相彌遠用事，選人改官，多出其門。制閫大宴，有優爲衣冠者數輩，皆稱爲孔門弟子。相與言，吾儕皆選人，遂各言其姓曰：吾爲常從事，吾爲於從政，吾爲吾將仕，吾爲路文學。別有二人出曰：「吾宰予也。夫子曰：『於予與改。』可謂僥倖。」其一曰：「吾顏回也。夫子曰：『回也不改。』吾爲四科之首而不改，汝何爲獨改？」曰：「吾鑽故改，汝何不鑽？」回曰：「吾非不鑽，而鑽彌堅耳。」曰：「汝之不改，宜也，何不鑽彌遠乎？」《齊東野語》卷十三。

9 史彌遠爲相時，士夫多鑽刺得官。伶人俳優者，一人手執一石，用一木鑽鑽之，久而不入，其一人以物擊其手曰：「汝不去鑽彌遠，卻來鑽彌堅，可知道鑽不入事。」史公聽而不怒。《湖海新聞夷堅續志》前集卷一。

10 史彌遠初反韓侂胄所爲，時頗稱治。及濟王不得其死，論者紛起，遂專任憸壬以居臺諫，李知孝、梁成大等爲之鷹犬，搏擊善類。士流無耻者多以鑽刺進秩。宫宴時，有伶人執拳石，以大鑽鑽之，久而不入，歎曰：「鑽之彌堅。」一伶遽扑其首曰：「汝不去鑽彌遠，卻來鑽彌堅，可知道鑽不入也。」舉座齊栗。翌日，彌遠杖伶人而出之境。《堯山堂外紀》卷六十二。《西湖游覽志餘》卷五。《宋稗類鈔》卷六。

11 史同叔爲相日，府中開宴，用雜劇人作一士人，念詩曰：「滿朝朱紫貴，盡是讀書人。」旁一士人曰：「非也！滿朝朱紫貴，盡是四明人。」自後相府有宴，二十年不用雜劇。《貴耳集》卷下。

12 史相生朝，寺觀皆有厚饋，獨無準獻偈云：「日月兩條燭，須彌一炷香。祝公千載壽，地久與天長。」史大喜。《隋隱漫録》卷三。

13 宋史彌遠嘗作半閒亭，每治事畢，即入亭中打坐。有倿人上《糖多令》詞，大稱其意。其詞曰：「天上摘星班，青牛度關。幻出蓬萊新院宇，花外竹，竹邊山。軒冕倘來閒，人生閒最難。算真閒、不到人間。一半神仙先占取，留一半，與公閒。」《堅瓠丁集》卷四。案：此似誤。參見賈似道44。

14〔史〕彌遠出入宫禁，外議譁然，有詩曰：「往來與月爲儔侣，舒卷和天也蔽蒙。」蓋以雲譏彌遠也。彌遠爲相十七年，如真德秀、魏了翁者，皆遭斥逐。楊后之事，濟王嫉之，一日，書于几上曰：「彌遠當決配八千里。」左右以告彌遠，彌遠銜之。及寧宗疾革，廢濟王而立理宗。《錢塘遺事》卷二。《西湖游覽志餘》卷五。《堯山堂外紀》卷六十二。

15 見劉克莊2、3。

16 或言湖州以潘丙之事，改名安吉州，乃寓潘丙二字，史相之狡獪也。《癸辛雜識》續集上。

17 寶慶間，有孫氏子名守榮，善風角鳥占，其術多驗，號富春子。……後登史衛王之門，頗爲信用。一日，聞鵲噪，史令占之，云：「來日晡時，當有寶物至，然非丞相所可用者。今已抵關，必有所礙，而未入耳。」翌日，果李全以玉柱斧爲貢，爲閽者遲留，質之於府而後納。史嘗得李全書，置之袖間，未啟也。因扣云：「吾袖中書，所言何事？」對曰：「假破囊二十萬耳。」剥封，果然，史以此深忌之。後以他故，黥至遠郡死焉。《齊東野語》卷九。

18 史彌遠欲占育王寺地作墳，衆僧俯首，莫敢誰何。有一小僧曰：「我有一策阻之。」作偈云：「寺前一塊地，常有天子氣。丞相要作墳，不知主何意。」用是題於通衢，史意遂息。《堯山堂外紀》卷六十二。《堅瓠乙集》卷二。

19 李全擾淮時，史彌遠在廟堂，束手無策。有訛傳全軍馬渡江過行在，京師人民惶惶。彌遠夜半忽披衣而起，有愛寵林夫人者，見其起，可疑，亦推枕而起，相隨于後。忽見彌遠欲投池中，林夫人急扶住，泣告曰：「相公且少耐區處。」數日後，得趙葵捷書。《三朝野史》。《宋稗類鈔》卷六。《南宋雜事詩》卷五。

20 紹定三年，上飲宴過度，史彌遠卧病中。時人譏之曰：「陰陽眠燮理，天地醉經綸。」《宋季三朝政要》卷一。

21 紹定辛卯，臨安大火，九廟俱燬，獨丞相史彌遠賜第以殿司軍救撲而存。洪平齋《吴都城火》詩云：「九月丙戌夜未中，祝融漲燄連天紅。層樓傑觀舞燧象，綺峯繡陌奔燭龍。始從李博士橋起，三面分風十五里。崩摧洶洶海潮翻，填咽紛紛釜魚死。開禧回禄前未聞，今更五分多二分。大塗小撤禁不講，拱手坐視連宵焚。殿前將軍猛如虎，救得汾陽令公府。祖宗神靈飛上天，痛哉九廟成焦土。」末意規諷時宰甚切，聞之者足以戒。《梅磵詩話》卷中。《鶴林玉露》丙編卷二。《堅瓠丁集》卷一。《宋稗類鈔》卷三。

22 〔陳〕篔窗初入館，史相極傾慕。未幾，意嚮不合，語人曰：「陳壽老好一臺諫官，只太執耳！」後又遣所親諭，意欲以爲權直學士院。篔窗答云：「某不能以文字與人改，不可爲權直。」史聞之不樂。篔窗遂久不遷。蓋史當國，凡代言者必進藁本。史或手自塗抹，或令館人刪改。如辛卯火災，陳立道卓草《罪己求言詔》有云：「朕爲人子孫而不能保守宗廟，爲人父母而不能安全井邑。」儘有意味，史惡其太直不用，再具藁復不用，至三具藁復不付出。叩之，則曰：「令敷文竄改矣。」敷文，其子宅之也。陳但飲氣而已。《林下偶談》卷二。《木筆雜鈔》卷上。

23 袁彦純同知始以史同叔同里之雅，薦以登朝，尹京。既以才猷自結上知，遂繇文昌躋宥府，寖寖乎柄用矣。適誕辰，客有獻詩爲壽，云：「見説黄麻姓字香，且將公論是平章。十年舊學資猶淺，一紀中書老欲殭。刑鼎豈堪金鎖印，仙翁已在白雲鄉。太平宰相今誰是，惟有當年召伯棠。」刑鼎指薛，蓋以金科賜第。仙翁指葛，時已七十。舊學則鄭安晚也。此詩既傳，史聞惡之，旋即斥去。《癸辛雜識》前集。

24 史衛王挾擁立之功，專持國柄，然愛惜名器，不妄與人，亦其所長。嗣秀王師彌既爲嗣王，遂賜玉帶。其弟師貢亦已建節開府矣，亦覬望橫玉圍腰之寵，屢有營求，皆不許。其後婿竄於史親幸之姬，必欲得之。史知其意，命取所有玉帶於内擇其最佳者與之。姬喜，亟報之，殊不知非出君賜，又無閤門許令服繫關子，安可自擅服繫。其吝惜名器皆此類，亦可尚也。《癸辛雜識》別集下。

25 〔史〕忠獻當國日，待族黨加嚴。猶子嵩之子申，初官棗陽户曹，方需遠次，適鄉里有佃客邂逅致死者，官府連逮急甚，欲求援於忠獻，而莫能自通，遂夤緣轉聞，因得一見。留飯終席，不敢發一語。忽問：「何不赴棗陽闕？」以尚需次對，忠獻曰：「可亟行，當作書與退翁矣。」陳駭時爲京西閫。子申拜謝，因及前事，公曰：「吾已知之，第之官勿慮也。」公平昔嚴毅少言，遂謝而退。少間，公元姬林夫人因招之，公曰：「勿輕此子，異日當據我榻也。」其後信然。《齊東野語》卷十八。《宋稗類鈔》卷三。

26 趙葵南仲通判廬州日，翟朝宗方守郡，〔史忠獻〕公素不樂之，遂千堂易合入闕，俟呼召於賓廡候見者數十人，皆謝去，獨召兩都司及趙延入小閤會食，且出兩金盒，貯龍涎、冰腦，俾坐客隨意爇之。次至趙，即舉二合盡投熾炭中，香霧如雲，左右皆失色。公亟索飲送客，命大程官俾趙聽命客次，人皆危之。既而出劄知滁州，填現闕命之任。《齊東野語》卷十八。《宋稗類鈔》卷三。

27 米南宫五世孫巨秀，亦善醫，嘗診史相脈，語未發，史謂之曰：「可服紅丸子否？」米對以「正欲用此」，亦即愈。史病手足不能舉，朝謁遂廢，中書要務運之帷榻。米謂必得天地丹而後可。丹頭偶失去，歷年莫可訪尋。史病甚，召米於常州。至北關，登舟買飯，偶見有售拳石於肆者，頗異，米即而玩之，即天地丹頭也。……米因問厥值，售者謾索錢萬。米以三千酬直持歸，調劑以供史。史疑而未敢嘗。適有閽者亦病瘘，試服，即能坐起。又以起步司田帥之疾，史始信而餌，身即輕，遂内引。及史疾再殆，天地丹已盡，遂薨於賜第。《四朝聞見録》丙集。

28〔史〕彌遠死已久，一夕，其家聞叩門聲，曰：「丞相歸。」舉家駭匿。比入門，燈轎紛紜，升堂即席，子婦皆出羅拜，訊慰平生，歷歷囑家事，索紙筆題詩云：「冥路茫茫萬里雲，妻孥無復舊爲群。早知泡影須臾事，悔把恩仇抵死分。」《西湖游覽志餘》卷五。《堯山堂外紀》卷六十二。《昨非庵日纂》卷八。《堅瓠庚集》卷二。《宋稗類鈔》卷六。《宋詩紀事》卷九十九。

鄭昭先

1 見程覃2。

曾從龍

1 曾參預從龍赴省時，館於衢之順溪，題一絶云：「紅照西沈暫解鞍，偶然假館豈求安。新豐獨酌誰爲侶，坐對窗前竹一竿。」識者已躘之矣。是年竟至大魁，致身政府，至今其館扁爲「狀元」。《娛書堂詩話》卷上。《宋詩紀事》卷五十八。

羅點

1 羅點春伯爲浙西倉攝平江府。忽有故主訟其逐僕欠錢者，究問雖得實，而僕黠甚，反欲汙其主，乃自陳嘗與主饋之姬通，既而物色，則無有也。於是遂令僕自供姦狀，甚詳，因判云：「僕既欠主人之錢，又且汙染其婢。事之有無雖未可知，然其自供罪狀已明，合從姦罪定斷，徒配施行。所有女使，候主人有詞日根究。」聞者無不快之。《齊東野語》卷八。《宋稗類鈔》卷一。

倪思

1 見楊萬里7。

2 先生孤行一意，其在乾、淳間，不爲周益公所喜。趙忠定公嘗稱先生爲真侍講，而先生亦以事忤之。陳止齋、章茂獻皆其所不咸也。朱子入朝，君子傾心歸之，先生亦落落，人頗疑之。及其爲周、趙、朱三公制詞，極其奬許，乃知其無私。《宋元學案》卷四十。

3 見真德秀1。

4 見韓侂胄41、42。

5 嘉定初元，史忠獻彌遠拜右丞相，相麻，翰林權直陳晦之筆也。有「昆命元龜，使宅百揆」之語。時倪文節思知福州，即具申朝省，謂「昆命元龜」，此乃舜、禹揖遜授受之語，見於《大禹謨》，非僻書也。據《漢書》，董賢爲大司馬册文云「允執其中」，蕭咸謂此乃堯禪舜之文，非三公故事。今「昆命元龜」，與「允執其中」之詞何以異？若聖上初無是意，不知詞臣何從而援引此言，受此麻者，豈得安然而不自明乎？給舍臺諫，又豈得不辨白此事乎？竊見曩之詞臣，以聖之清聖之和褒舉韓侂胄，以有文事有武備褒譽蘇師旦，然亦未敢用人臣不當用之語。……史相得之甚駭，遂拜表繳奏，且謂當時惟知恭聽王言，所有制詞，會合取會詞臣，合與不合貼麻。時陳晦已除侍御史，遂具奏之。其詞内云：「……國初，趙普拜相，制曰：『詢于元龜，歷選群后。』又有甚的切者，唐元和中，裴度拜相，制曰：『人具爾瞻，天子賚予，昆命元龜，爰立作相。』云云。古人舉事無大小，未嘗不命龜，如《洪範》、《周禮》、《左傳》，皆可考也。今思乃以董賢册文『允執其中』爲比，以聖上同之漢哀云云。……」繼得旨：陳晦援證明白，無罪可待，倪思輕侮朝廷，肆言誣罔，可特降兩官。其後文節作辨析一狀甚詳，又專作一書曰《昆命元龜説》，備載始末。然一時公論，多以文節出位而言，近於忿激。而陳之論辨雖詳，終不若不用之爲佳也。此事葉靖逸雖載之《聞見録》，略甚，今因詳書本末云。《齊東野語》卷十六。《四朝聞見録》甲集。

6 倪文節爲吾鄉一代名流，常與秀邸爲鄰，頗有侵越地界之争。常爲之語云：「住場好，不如肚腸好；墳地好，不如心地好。」蓋有爲而發也。或議其有窖藏之僻，然余未敢以爲信。既而子孫有分析窖藏不平之訟，頗爲前人之辱，余始疑而終未敢以爲信也。後納一婢，乃自其孫所來，備言其事，云：「一日驟雨，屋舍漏水，壅不洩，遂呼圬者整之。得大篋於簷溜中舉下，視之皆黄白也。或窖於牆壁間，凡數處。以此興訟，數年不已，盡爲刻木輩所有，正不救子孫之貧也，悲夫！」《癸辛雜識》別集上。

陳晦

1 見倪思5。

2 見高文虎3。

黄由

1 見宋孝宗23。

2 僕自幼嘗聞鄉中長老言，「潮至夷亭出狀元」，不曉所謂。己亥、庚子，連歲大旱，鹹鹵之水，果至崑山境上，所謂夷亭末地。是時，黄由魁天下。次舉，鄉中又籍籍言潮水至夷亭，未以爲信也。甲辰歲，衛涇又魁天下。蘇之爲州，自本朝開國以來，未有占大魁者。《野客叢書》卷十三。

黄由妻胡氏

1 見劉過3。

2 見趙師睪7。

沈詵

1 户部尚書沈公詵，爲人寬厚。……致政歸苕溪，每值歉歲，公即發己家租米市中出糶，止依元價，公自當斛斗，每倍量與人。或以錢密寘米中，鄉人不識公，但云：「著青布衫道人，量得米好。」《葦航紀談》。

徐似道

1 竹隱徐淵子似道，天台人，名士也，筆端輕俊，人品秀爽。初官爲户曹，其長方以道學自高，每以輕脱目之。淵子積不能堪，適其長丁母憂去官，淵子賦《一剪梅》云：「道學從來不則聲，行也《東銘》，坐也《西銘》。爺娘死後更伶仃，也不看經，也不齋僧。　卻言淵子大狂生，行也輕輕，坐也輕輕。他年青史總無名，我也能亨，你也能亨。」能亨，鄉音也。《癸辛雜識》續集下。《堯山堂外紀》卷六十一。《堅瓠壬集》卷二。

2 〔徐〕淵子爲小蓬，朝聞彈疏，坐以小舟，載菖蒲數盆，翩然而去。道間争望，若神仙然。《貴耳集》卷上。《宋詩紀事》卷五十三。

3 寧皇立皇子洵，時上春秋猶盛。竹隱徐似道行制詞，内二句云：「爰建神明之胄，以觀天地之心。」真學士也，其意味悠長矣。《四朝聞見録》甲集。

4 徐淵子舍人，好以詩文諧謔。丁少詹與妻有違言，棄家居茶寮山，茹素誦經，日買海物放生，久而不歸。妻患之，祈徐譬解。徐許諾，出門見賣老婆牙者，買一巨籃餉丁，且作詞云：「茶寮山上一頭陀，新來學者麽。蝤蛑螃蟹與烏螺，知他放幾多。 有一物，似蜂窩，姓牙名老婆。雖然無奈得它何，如何放得它。」丁見詞大笑而歸。《說郛》卷三十一引《談藪》。《堯山堂外紀》卷六十一。《堅瓠丙集》卷二。《詞苑叢談》卷十一。

詹體仁

1 見劉德秀1。

曾撙

1 見劉德秀1。

周端朝

1 慶元間，趙忠定去國，太學生周端朝、張衜、徐範、蔣傳、林仲麟、楊宏中，以上書屏斥，遂得六君子之名。《齊東野語》卷二十。

2 趙忠定横遭遷謫，去國之日，天爲雨血，京城人以盆盎貯之，殷殷然。太學諸生上封事，叩麗正甚急，侂胄欲斬其爲首者，寧皇只從聽讀。當時同銜上者六人，世號爲「六君子」：曰周端朝，曰張衜，曰徐範，曰蔣傳、林仲麟、楊宏中。皆併出，惟周受禍略備。後至不能嗣，韓亦慘矣。初自廷尉聽讀衢州，已次半道，有旨再赴廷尉，周始自分必死。時憲聖在上，韓猶不敢殺士，故欲以計殺之。周竟不死，復聽讀永州，杜門教授生徒。後以韓誅放還，復籍于學，爲南宫第一人，自外入爲國子録。以女妻富陽令李氏子。親迎之夕，有老兵持諸生刺以入，周曰：「正用此時來見耶？爲我傳語，來日相見於崇化堂矣。」諸生不肯退，曰：「我爲國録身上事來，有書在此。」書入，乃備述李爲史氏云云，「恐他時先生官職駸駸，天下以爲出于李氏」。周愕甚，入則已奏樂行酒。周亟起，告女以故。女以疾遽，冀展日定情。李氏子惘然登車去。富陽令大怒，訴于臺，因劾周去。復入爲太學博士。《四朝聞見録》甲集。

余嶸

1　嘉定中，未嘗詔罷科目，凡以宏博應選者，有司承意，不敢以名聞。嘗用余嶸爲中書舍人，余素不習此。余表姪應子和鏞嘗試曾學有司，亦僅與申省文，得典誥體。時爲安吉宰，安吉去行都三日可達，余之草制，皆取之安吉。省吏趣請詞頭，余之左右必曉之曰：「安吉人未回。」《四朝聞見録》乙集。

胡衛

1　胡衛、盧祖臯在翰苑，草明堂赦文云：「江淮盡掃於胡塵。」太學諸生嘲之曰：「胡塵已被江淮掃，卻道江淮盡掃於。」又曰：「傳語胡盧兩學士，不如依樣畫胡盧。」《鶴林玉露》甲編卷四。

2　胡衛道三子，孟曰寬、仲曰定、季曰宕，蓋悉從宀。其後悼亡妻，俾友人作志，書曰：「夫人生三子，寬定宕。」讀者爲之掩鼻。蓋當時不悟爲語病也。《癸辛雜識》前集。

盧祖皋

1 見胡衛1。

趙　鞏

1 趙鞏監昇暘宫酒庫，虜使至，問：「趙夫子今何官？」館伴問：「何人？」曰：「趙鞏，其《皇帝清問下民賦》，吾州後生以爲矜式，呼趙夫子。」館伴曰：「今爲郎官。」即日除司封郎中。《吹劍録》。《南宋雜事詩》卷三。

柴中行

1 南溪柴先生中行，字與之。吾鄉前輩也。……初仕臨川推官，戊午秋大比，漕司前期取脚色，必欲書「委不是僞學」五字。公得文移，即具申云：「自幼習《易》，讀程伊川之書，以收科第。於新制，未委是與不是僞學？如以爲僞，不願考校。」漕難其報。後有譏之者，内臺欲加論列。何公澹在諫省曰：「其人所守不變，可罪之乎？」《游宦紀聞》卷九。

謝岳甫

1 布衣謝岳甫，閩士也。當光宗久缺問安，群臣苦諫，至比上爲夏、商末造，上益不悦。岳甫伏闕奏書，謂：「父子至親，天理固在。自有感悟開明之日，何俟群臣苦諫？徒以快近習離間之意。但太上春秋已高，太上之愛陛下者，如陛下之愛嘉王。萬一太上萬歲之後，陛下何以見天下？」書奏，上爲動，降旨翌日過宫。當是之時，岳甫名震于京，同姓宰相有欲誒上已駕即薦以代己者。……先是，岳甫嘗上書孝宗請恢復，不報。謝聚孫氏，孫已死，謝發其綫篋，乃謝所上書副本也。謝嘗以副本納要路，不知孫氏何自致之。謝益感愴。閩士林自知觀過，與謝同游于京學，以詩一絶爲紀其事，末二句云：「漢皇未下復讎詔，奈此匹夫匹婦何？」《四朝聞見録》甲集。

喻南强

1　初，當路欲排善類，指陳亮爲根，煅煉刺骨，罪且不測，門人畏其威焰，噤不敢出聲。南强義形辭色，貽書誚責，言：「先生無辜受罪，將賚恨入土，吾曹爲弟子，當怒髮衝冠，乃影響昧昧，是得爲士類邪！」復走東甌，見葉備陳寃狀。適曰：「子真義士也！」即秉筆爲作書數通。南强又持走越，袖見諸臺官，誦言無忌，卒直亮之寃。《文憲集》卷十。《宋元學案》卷八十九。

尹直卿

1　紹熙甲寅，光宗以疾不能過宫，吾郡尹德鄰初參太學，簾引詩題出「問寢龍樓曉」，德鄰詩云：「父母人皆有，儀刑自冕旒。問安趨燕寢，拂曉過龍樓。鶴駕嚴晨衛，鷄人徹夜籌。慈闈天語接，飛棟月華收。萬姓齊呼舞，三宫款獻酬。小儒憂國切，幾白九分頭。」學官擊節，一時傳誦。《鶴林玉露》乙編卷一。

胡紘

1 初，〔胡〕紘試宰，還謁〔趙〕忠定。同時見者，忠定同郡人某，亦趙氏。趙知忠定不事修飾，故易敝巾、垢衫、敗屣以見，且能昌誦忠定大廷對策。忠定於稠人中首與之語，且恨同姓同郡而曾未之識。次至紘進，自叙科第嘗階上游，冀歸裏列。忠定愀然曰：「若廟堂盡以前名用士，則或非前名與不由科第者何由進？」神色不接。紘未謁忠定，嘗迂道謁考亭先生于武夷精舍。先生待學子惟脱粟飯，至茄熟，則用薑醯浸三四枚共食。胡之至，考亭先生遇禮不能殊。胡不悦，退而語人曰：「此非人情，隻雞樽酒，山中未爲乏也。」道出衢，從太守覓舟，客次偶與水心先生遇，時猶未第。紘氣勢淩忽，若宿與之不合者，厲聲問先生曰：「高姓仙里？」先生應之曰：「永嘉葉適。」紘又詰之曰：「足下何幹至此？」先生對曰：「親病求醫。」紘笑，以手自摇紫窄帶，歎曰：「此所謂親病在牀，入山采藥。」先生憮然，莫知其所以見訝者。會太守素稔先生名，遂命典謁語胡小竢，先請葉學士。即水心。胡尤不平。《四朝聞見録》甲集。

劉德秀

1 劉德秀仲洪爲桂陽教官，考校長沙回，至衡山，遇湖南撫幹曾撙節夫，亦自零陵考校回。曾，晦翁上足而劉之素厚善者也。同宿旅邸，相得甚歡。劉謂曾曰：「倉司下半年文字，聞君已覓之，信否？」

曰：「不然。搏平生不就人求薦。」劉再三叩之，曾甚言所守端確，未嘗屈節于人。劉曰：「然則某欲得之，可乎？」曰：「君自取之，何與吾事？」劉至衡陽以告倉屬。倉屬曰：「長官已許曾節夫矣。」劉曰：「昨遇之于途，而曰未嘗覓文字于人。」倉屬曰：「不然。曾書可覆也。」取以示之，則詞極卑敬，無非乞憐之語。劉太息而去，曰：「此所以爲道學也歟！」及劉爲大理司直，會治山陵于紹興，朝議或欲他徙。丞相留公正會朝士議于其第，劉亦往焉。是早至相府，則太常少卿詹體仁元善、國子司業葉適正則先至矣。詹、葉亦晦翁之徒，而劉之同年也。二人方並席交談，攘臂笑語，劉至，顔色頓異。劉即揖之，叙寒温，葉猶道即日等數語，至詹則長揖而已。揖罷，二人離席默坐，凛然不可犯，劉知二人之不吾顧也，亦移席別坐。須臾，留相出，詹、葉相顧，厲聲而前曰：「宜力主張紹興非其地也。」乃升階力辯其非地。留相疑之曰：「孰能決此？」二人曰：「此有蔡元定者深于郭氏之學，識見議論無不精到，可決也。」劉知二人之意在蔡季通，則獨立階偶，默不發一語。留相忽顧之曰：「君意如何？」劉揖而進曰：「不問不敢對，小子何敢自隱？某少歷宦途，奔走東南湖湘、閩廣、江浙之間，歷覽盡矣。山水之秀，無如越地，蓋甲于天下者也，宅梓宫爲甚宜。且遷易山陵，大事也，況國步多艱，經費百出，何以堪此？」公慨然曰：「君言是也。」諸公復向趙汝愚第議之。至客次，二人忽視劉曰：「年丈何必爾耶？」劉對曰：「愚見如此，非敢異也。」既而劉辨之如初，易地之議遂格。劉因自念曰：「……曰曾，曰詹，曰葉，皆以道學自名，而其行事若此，皆僞徒也。謂之僞學何疑？」未幾，劉遷御史，于是悉劾朱氏之學者而盡逐之，僞學之名自此始。

《四朝聞見録》丁集。

高文虎

1 高文虎，字炳如，號爲博洽名儒。疾程文浮誕，其爲少司成，專以藏頭策問試士，問目必曰有某人某事者。士不能應，但以「也」字對「者」字，士之憤高也久矣。會京尹趙師羼奏請盡以西湖爲祝聖池，禁捕魚者，作亭池上甚偉，穹碑摩雲。高實爲記，其文有曰：「鳥獸魚鱉，咸若商歷以興。」既已鐫之石。石本流傳，殆不可掩，改「商」爲「夏」，隱然猶有刊跡。無名子作爲詞以譃之云：「高文虎，稱伶俐。萬苦千辛，作箇放生亭記。從頭没一句説著朝廷，盡把師羼歸美。這老子、忒無廉耻，不知潤筆能幾。夏王説不是商王，只怕伏生是你。」《四朝聞見録》戊集。《西湖游覽志餘》卷二十四。《堯山堂外紀》卷六十三。《堅瓠癸集》卷一。《宋稗類鈔》卷六。

2 宋宰相韓侂胄嘗改諸州後園蓮沼爲放生池，詞臣高文虎作記有云：「鳥獸魚鱉，咸若湯王所以基商。」後高作主司，出硬題困舉子。一科生以高用事誤，作一小詞嘲云：「高文虎，誇伶俐。萬苦千辛，作箇放生池記。從頭無一字説及朝廷，只把侂胄歸美。夏王道我不是商王，鳥獸魚鱉是你。」《玉堂嘉話》卷四。

3 高文虎作《西湖放生池記》，以「鳥獸魚鼈咸若」爲商王事，太學諸生爲譃詞，哂其誤。陳晦行史集賢制，用「昆命元龜」字，閩帥倪侍郎駮論之，陳累疏援引唐人及本朝命相制皆用此語。史擢陳臺端，劾倪，削秩罷去。或爲一聯云：「舍人舊錯夏商鼈，御史新争舜禹龜。」聞者絶倒。《後村詩話》續集卷一。《堅瓠丙集》卷四。《宋詩紀事》卷一百。

4 高疏寮一代名人，或有議其家庭有未能盡善者，其父嘗作《蘭亭博義叙》，疏寮後易爲《蘭亭攷》，且輒改翁之文，陳直齋嘗指其過焉。近得炳如親書與其妾銀花一紙，爲之駭然，漫書於此，云：「慶元庚申正月，余尚在翰苑，初五日成得何氏女，爲奉侍湯藥。又善小唱嘌唱，凡唱得五百餘曲，又善雙韻，彈得五六十套。以初九日來余家。時元宵將近，點燈會客，又連日大雪，余因記劉夢得詩『銀花垂院榜，翠羽撼條鈴』。王禹玉《和賈直孺内翰》詩『銀花無奈冷，瑶草又還芳』。蘇味道《元宵》詩『火樹銀花合，星橋鐵鎖開』。《群仙録》姚君上昇之日，天雨銀花，繽紛滿地。宋之問《雪中應制》詩『瓊章定少千人和，銀樹先舒六出花』。遂名之曰銀花。余喪偶二十七年，兒女自幼至長大，恐疎遠他，照管不到，更不再娶，亦不蓄妾婢，至此始有銀花，至今只有一人耳。余既老，不喜聲色，家務盡付之子，身旁一文不蓄，雖三五文亦就宅庫支。余不飲酒，待客致饋之類，一切不管。銀花專心供應湯藥，收拾緘護，檢視早晚點心，二膳亦多自烹飪，妙於調胹。縫補、漿洗、烘焙替換衣服，時其寒煖之節，夜亦如之。余衰老，多小小痰嗽，或不得睡，即徑起在地扇風爐，趣湯瓶，煎點湯藥以進。亦頗識字，助余看書檢閲，能對書劄。時余六十七歲焉，同往新安，供事三年，登城亭，覽溪山，日日陪侍，余甚適也。既同歸越，入新宅次家，親族以元宵壽予七十。時銀花年限已滿，其母在前，告某云：『我且一意奉侍内翰，亦不願加身錢。』舊約逐月與米一斛，亦不願時時來請。余甚嘉其廉謹，且方盛年，肯在七十多病老翁身傍，日夕擔負大公徒，此世間最難事，其淑静之美，雖士大夫家賢女有所不及也。丙寅春，余告以：『你服事我又三年矣，備極勤勞。我以面前洗漱等銀器約百來兩，欲悉與你。』對以不願得也。時其母來，余遂約以每年與錢百千，以代加年之直，亦不肯逐年請也。積至今年，凡八百千，余身旁無分文，用取於宅庫，常有推托牽掣，不應余求。……余謂服事七十七歲老人，凡十一年，余亦忝從官，又是知府之父，又家計盡是筆耕有之，知府未曾置及此也。況十一年間看承謹細，不曾有病伏枕，姑以千緡爲奩具之資，亦未爲過！但即未辦，候日後親支給。銀花素有盼盼燕子樓之志，而勢亦不容留。余勉其親，亦遲遲至今。今因其歸，先書此爲照。銀花自到宅，即不曾與宅庫有分文交涉，及妄有支用。遇寒暑本房買些衣著，及染物，余判單子付宅庫正行支破，銀花即無分毫干預。他日或有忌嫉之輩，輒妄有興詞，仰即此示之。若遇明正官司，必鑒其事情，察余衷素，且憫余叨叨於垂盡之時，豈得已哉！嘉定庚午八月丙辰押。」《癸辛雜識》别集下。

高似孫

1 程文簡著《演繁露》初成，高文虎炳如嘗假觀，稱其博贍。虎子似孫續古，時年尚少，因竊窺之。越日，程索回元書，續古因出一帙曰《繁露詰》，其間多文簡所未載，而辨證尤詳。文簡雖盛賞之，而心實不能堪。或議其該洽有餘，而輕薄亦太過也。《齊東野語》卷十九。

2 見吴琚6。

3 〔高似孫〕上韓侂胄生日詩九首，皆暗用「錫」字，爲時清議所不齒。晚知處州，貪酷尤甚。其讀書以隱僻爲博，其作文以怪澀爲奇。《直齋書録解題》卷二十。《南宋雜事詩》卷一。《宋詩紀事》卷五十五。

4 高疎寮守括日，有籍妓洪渠者，慧黠過人。一日，歌《真珠簾》詞，至「病酒情懷猶困懶」，使之演其聲若病酒而困懶者，疎寮極稱賞之。適有客云：「卿自用卿法。」高因視洪云：「吾亦愛吾渠。」遂與脱籍而去，以此得嘖言者。《癸辛雜識》續集上。《宋詩紀事》卷五十五。

蘇師旦

1　初，蘇師旦本平江書吏，韓氏爲戎副，籍之于廳。韓用事，師旦實爲腹心。韓知閤門事，猶在韓側立侍。迨冒節鉞，韓則曰：「皆使相也。」始乃與之均席。由是海内趨朝之士，欲造其門而不得見。蘇林者，子由之孫也。師旦以微賤附之爲族，林遂以兄事之。師旦嘗以窘乏求金于韓。韓不知其受諸將賄動以億萬，每輟俸金與之，謂其出于真誠。及江上諸將致敗，而邱公崈爲督視，廉知敗將之賂師旦尺牘往來俱存，因作書以遺韓。韓大怒，遂竄師旦于海上。嘉定初，下所編郡取師旦首級，郡守召至客次，師旦以韓念己，必復召用。已而赴市，則曰：「太師亦如是忍耶？」蓋不知韓已誅矣。遂籍其家，得金箔金二萬九千二百五十片，金錢六十辮，馬蹄金一萬五千七百二十兩，瓜子金五斗，生金羅漢五百尊，各長二尺五寸，金酒器六千七百三十兩，釵釧金一百四十三片，金束帶十二條，他物稱是。《四朝聞見録》戊集。《西湖游覽志餘》卷四。

2　陳自强在禁林，事師旦尤謹。有愛妾曰蠟梅，以秀慧聞于東南。師旦至其家，則三人參坐縱飲。未幾，師旦除帶御器械，遷知閤門事、樞密都承旨，幹辦皇城司，權勢日盛，乃自名蘇氏之出子。陳韡總蜀計，爲建景蘇樓於眉州市以悦之。《慶元黨禁》。

鄧友龍

1 鄧友龍，長沙人。嘗從張南軒游，自詭道學。既登朝，時論方攻僞學，因諱而晦其事。時外祖章文莊公爲學官，喜滑稽。嘗以祀事同齋宿，談謔之際，友龍不能堪，以語及之云云。章戲之曰：「若然，則又是道學矣。」友龍面發赤，大銜之。未幾入臺，章公由學士院補外。公本謝丞相客也。會友龍爲右史，而宇文紹節自右史代之，於是召文莊爲宗政少卿，友龍不能平，以嗾紹節。紹節甫供職，未及受告，首論其事，語侵謝，蓋亦見厭於韓矣。章命既寢，謝遂去國，而友龍亦出爲淮西漕，日久，謀復入。時金人方困於北兵，且其國歲荐飢，於是沿邊不逞之徒號爲「跳河子」者，時時剽獵事狀，陳説利害。友龍得之以爲奇貨，於是獻之於韓。韓用事久，思釣奇立功以自蓋，得之大喜。附而和者雖不一，其端實友龍發之也。《齊東野語》卷十一。

2 嘉泰中，鄧友龍使金，有賂驛吏夜半求見者，具言虜爲韃之所困，饑饉連年，民不聊生，王師若來，勢如拉朽。友龍大喜，厚賂遣之。歸告韓侂胄，且上倡兵之書，北伐之議遂決。其後王師失利，侂胄誅，友龍竄。《鶴林玉露》甲編卷四。

3 開禧用兵，鄧友龍、程松爲宣撫、宣諭使，板授其屬，謂之「宣幹」。時政府惟有陳自强居相位，民謡謂之「天上台星少，人間宣幹多」。《四朝聞見録》丙集。《宋詩紀事》卷一百。

趙師睪

1 見韓侂胄13。

2 〔韓〕侂胄妻早死，有四妾皆得郡封，所謂四夫人也。其次又十人，亦有名位。丁巳秋冬之間，有獻北珠冠四枚者，侂胄喜，以遺四夫人，其十人皆愠曰：「等人耳，我輩不堪戴耶！」侂胄患之。趙師睪時以列卿守臨安，微聞其事。侂胄入朝未歸，京尹忽遣人致餽，啓之，十珠冠也。十人者大喜，分持以去。侂胄歸，左右以告侂胄，未及有言，十人者咸來致謝。翌日，都市行燈，群婢皆頂珠冠而出。明日，語侂胄曰：「我曹夜來過朝天門，都人聚觀，直是喝采，郡王奈何不與趙大卿轉官耶？」翌日，又言之。於是有工部侍郎之命。《慶元黨禁》。《兩朝綱目備要》卷五。《西湖游覽志餘》卷四。《宋稗類鈔》卷二。

3 出湧金門入，柳洲，上有龍王祠。開禧中，帥臣趙師睪重塑五王像，冕旒珪服畢具。其中三像，一模韓侂胄像，一模陳自强像，一模師睪像。時韓、陳猶在，臺臣攻師睪者，惟於疏中及師睪自貌其像，不敢斥韓、陳云。《四朝聞見録》甲集。《居易録》卷八。《南宋雜事詩》卷七。

4 韓平原作南園於吳山之上，其中有所謂村莊者，竹籬茅舍，宛然田家氣象。平原嘗游其間，甚喜曰：「撰得絶似，但欠雞鳴犬吠耳。」既出莊游他所，忽聞莊中雞犬聲，令人視之，乃府尹〔趙師睪〕所爲也。平原大笑，益親愛之。太學諸生有詩曰：「堪笑明庭鴛鷺，甘作村莊犬雞。一日冰山失勢，湯燖鑊煮刀刲。」《鶴林玉露》乙編卷三。《兩朝綱目備要》卷五。《古杭雜記詩集》卷二。《西湖游覽志餘》卷四。《堯山堂外紀》卷六十二。《昨非庵日纂》二集卷八。《宋稗類鈔》卷二。《宋詩紀事》卷九十六。

5 趙從善尹臨安，宦寺欲窘之。一日，内索朱紅卓子三百隻，限一日辦。從善命於市中取茶卓一樣三百隻，糊以清江紙，用朱漆塗之，咄嗟而成。兩宫幸聚景園回，索火炬三千枝，限以時刻。從善命於娼家取竹簾束之，頃刻而辦。《鶴林玉露》乙編卷六。《識小録》卷四。《宋稗類鈔》卷三。

6 趙師羼尚書尹臨安日，有賊每於人家作竊，必以粉書「我來也」三字於門壁，雖緝捕甚嚴，久而不獲。「我來也」之名鬨傳，京邑不曰「捉賊」，但云「捉我來也」。一日所屬解一賊至，謂此即「我來也」，亟送獄鞫勘，乃略不承服，且無贓物可證，未能竟此獄。其人在禁，忽密謂守卒曰：「我固嘗爲賊，卻不是『我來也』，今亦自知無脱理，但乞好好相看，我有白金若干，藏於寶叔塔上某層某處，可往取之。」……卒從其計，得金大喜。次早入獄，密以酒肉與賊。越數日，又謂卒曰：「我有器物一甕，寘侍郎橋某處水内，可復取之。」卒曰：「彼處人鬧，何以取？」賊曰：「令汝家人以籮貯衣裳，橋下洗濯，潛掇甕入籮，覆以衣舁歸可也。」卒從其言，所得愈豐。次日，復勞以酒食。卒雖甚喜，而莫知賊意。一夜至二更，賊低語謂卒曰：「我欲略出，四更盡即來，決不累汝。」卒曰：「不可。」賊曰：「我固不至累汝，設或我不復來，汝失囚，必至配罪。而我所遺，儘可爲生。苟不見從，卻恐悔吝，有甚於此。」卒無奈，遂縱之去。卒坐以伺，正憂惱間，聞簷瓦聲，賊已躍而下。卒喜，復桎梏之。甫旦，啓獄户，聞某門張府有詞云：「昨夜三更被盜失物，其賊於府門上寫『我來也』三字。」師羼撫案曰：「幾誤斷此獄，宜乎其不承認也。」止以不合犯夜，從杖而出諸境。獄卒回，妻曰：「半夜後聞叩門，恐是汝歸，亟起開門，但見一人以二布囊擲户内而去，遂藏之。」卒取視，則皆黄白器也，乃悟張府所盗之物，又以賂卒。賊竟逃命。雖以趙尹之明特，而莫測其姦。《諧史》。《西湖游覽志餘》卷二十五。

7 黄子由尚書夫人胡氏，與可元功尚書之女也。俊敏强記，經史諸書略能成誦。善筆札，時作詩文亦可觀。於琴弈寫竹等藝尤精，自號惠齋居士，時人比之李易安云。時趙師羼從善知臨安府，立放生池碑於湖上，高文虎炳如内翰爲之作記，誤書「鳥獸魚鼈，咸若商曆以興」。既以鋟石分送朝行，夫人一誦，即知其誤。會炳如以藏頭策題得罪多士，而從善又以學舍張蓋毆人等，嘗斵其僕。諸士既聞其事，遂作小詞譏詆之：「作爲夏王道不是商王，這鳥獸魚鼈是你者。」乃胡氏首指其誤也。他日，胡氏殂，其婢竊物以逃，捕得之，送臨安府。從善銜之，遂鞫其婢，指言主母平日與弈者鄭日新通，所失物乃主母與之耳，因逮鄭繫獄黥之。未幾，子由以帷簿不修去國。事之有無固不可知，而從善之用心亦薄矣。後十餘年，從善死，其子希蒼亦死。其婦錢氏悍處，獨任一幹主家事。有老僕知其私，頗持之。錢氏與幹者欲滅其口，遂以他事繫官，竟斃於獄，且擅焚之。未幾，僕家聲其冤於憲臺。時林介持憲節方振風采，遂逮錢氏於庭，經營巨援，僅爾獲免，而幹者遂從黥籍。信人之存心，不可以不近厚，而報復之理，昭昭不容揜也如此。《齊東野語》卷十。

8 〔趙從善尚書子〕希倉公倅紹興日，令庖人造燥子茄子，欲書判食單，問廳吏「茄」字，吏曰：「草頭下著加。」即援筆書草下用家字，乃蒙字，郡人目曰「燥子蒙」。會稽郡治有賢牧堂，謂范文正公、趙清獻公、翟忠惠公、朱忠靖公、趙忠簡公、史越王、張毘陵守像，民祠之。從善嘗帥浙東日，使門吏諭耆宿經倉憲兩司陳乞，以州治賢牧堂增從善像。兩司一時奉承，從請既成，有郡士朱萬年題詩于堂曰：「師𢍰使衆作祠堂，要學朱張與鄭王。大家飛上梧桐樹，自有旁人説短長。」《白獺髓》。《雙槐歲鈔》。《堅瓠丁集》卷四。《南宋雜事詩》卷七。

9 宋太學生以詩譏趙師𢍰云：「堪笑明庭鴛鷺，甘作村莊犬雞。一日冰山失勢，湯剥鑊煮刀封。」及侂胄敗，或又贈之曰：「侍郎自號東牆，曾學犬吠村莊。今日不須摇尾，且尋土窟深藏。」《堅瓠丁集》卷四。《識小録》卷四。

10 趙帥本權臣之死黨，奴事蘇〔師旦〕、周〔筠〕，賄結貪相，姦回駔儈，暴虐貪殘，實小人之渠魁，其視善類不啻冰炭。當時譏之者曰：「姦邪誰不附韓王，師𢍰於中最不臧。手拾骰錢諛寵婢，身當傳酒舞齋郎。叩頭雅拜尊師旦，畫膝爲書薦自强。更有一般人不齒，也曾學狗吠村莊。」《兩朝綱目備要》卷十二。

11 韓侂胄嘗會從官于南園，京尹趙師𢍰預焉。師𢍰因撻右庠士，二學諸生群起伏闕，詣光範訴師𢍰。時史相當國，不欲輕易京尹，施行稍緩。諸生鄭斗祥輩遂撰爲師𢍰嘗學犬吠于南園之村莊，又舞齋郎以悦侂胄之四夫人，以是爲詩，以擠師𢍰于臺諫。雖師𢍰固附韓者也，亦豈至是？李秀巖心傳不諳東南事，非其所目擊，乃載其事于《朝野雜記》，諸生「犬吠」、「齋郎」之詩特詳焉。後又作史者當考。或謂有穿狗竇而入見韓者，亦非。《四朝聞見録》戊集。

劉三傑

1 劉三傑，衢人也，與韓氏有故，用爲太守，朝辭寧皇。劉有疣疾，傴僂扶陛檻以下，上目之震怒，手自批出：「劉三傑無君，可議遠竄。」韓爲上前救解，竟免所居郡，斥三秩云。《四朝聞見録》甲集。

郭倪

1 郭棣帥淮東，實築二城，〔郭〕倪從焉。……論議自負，莫敢攖者。一日，持扇題其上，曰：「三顧頻煩天下計，兩朝開濟老臣心。」意蓋以孔明自許。竊怪之，以爲少年戲劇，妄標置耳。嘉泰、開禧間，倪位殿巖，賓客日盛，相與慫恿，真以爲卧龍復出，遂逢當軸意，以興六月之師。吴衡守盱眙，過見之於揚，倪迎謂曰：「君所謂洗脚上船也。予生西陲，如斜谷祁山，皆陝隘，可守而不可出。豈若得平衍夷曠之地，掉鞅成大功，顧不快耶！」陳景俊爲隨軍漕先行，燕之。中席，酌酒曰：「木牛流馬，則以煩公。」衆咸笑之。余至泗，正暑，見其坐上客扇，果皆有此兩句，然後知所聞爲不誣也。〔郭〕倬既潰於符離，〔郭〕僎又敗於儀真，自度不復振，對客泣數行。時彭灋傳師爲法曹，好謔，適在坐，謂人曰：「此帶汁諸葛亮也。」傳者莫不拊掌。倪知而怒，將罪之，會罷去，遂止。《桯史》卷十五。《堯山堂外紀》卷五十七。《宋稗類鈔》卷六。《南宋雜事詩》卷七。

2 見韓侂冑25。

陳讜

1 韓侂胄爲相時，嘗招致水心葉適。已在坐，忽門外以有漫刺求見者，題曰「水心葉適候見」，坐中怳然。胄以禮接之。歷舉水心進卷中語，其客皆曰：「某少作也，後皆改之。」每誦改本，精妙逾之。遂延入書院飯焉，出一楊妃手卷令跋其後，索筆即書曰：「開元天寶間，有如此姝，當時丹青不及麒麟、凌煙，而及諸此。吁！世道判矣。水心葉某跋。」又出米南宫帖，即跋云：「米南宫筆迹盡歸天上，猶有此紙散落人間。吁！欲野無遺賢，難矣。」如此數卷，辭簡意足。一坐駭然。胄大喜，密語之曰：「自有水心在此，豈天下有兩子張耶？」其人笑曰：「文人才士，如水心一等，天下不可車載斗量也。今日某不假水心之名，未必蒙與進至此。」胄然之，爲造就焉。其人姓陳名讜，建寧人，後舉進士。《湛淵静語》卷二。《西湖游覽志餘》卷二十一。

2 莆陽陳讜，文人也。輸靈璧以壽韓，至刻金字于石，稱之曰「我王」。又有某人以「錫」字分題，如錫福、錫爵之類爲詩以獻。韓敗，有爲陳瘞石于地者。會搜地窖，鏗然有聲，則陳石也，遂爲言者所彈。陳《留題吴山三茅觀梅亭》詩，有「竹密不知雲欲雨，山高盡見水朝宗」之句，繼是未有能和者。翰墨本於顔、蔡，世以不得其字爲憾。獨附韓一節爲可恨。《四朝聞見録》乙集。

易祓

1 〔潭州〕三元坊：淳熙乙巳，上舍釋褐魁易祓，丁未，省元湯璹，狀元王容，皆邦人。《方輿勝覽》卷二十三。《堯山堂外紀》卷六十一。

2 易祓，字彦章，潭州人。以優校爲前廊，久不歸，其妻作《一剪梅》詞寄云：「染淚修書寄彦章。貪做前廊，忘卻回廊。功名成遂不還鄉。石作心腸，鐵作心腸。紅日三竿懶畫妝。虚度韶光，瘦損容光。不知何日得成雙。羞對鴛鴦，懶對鴛鴦。」《古杭雜記》。《西湖游覽志餘》卷十六。《堯山堂外紀》卷六十一。《堅瓠丁集》卷二。《宋稗類鈔》卷四。

3 彦章名祓，長沙人。寧宗朝狀元。以優校爲前廊，久不歸，其妻作《長相思》詞寄之云：「朝有時，暮有時。潮水猶知日兩回。人生長別離。　來有時，去有時。燕子猶知社後歸。君行無盡期。」《林下詞選》卷三。

4 蘇師旦將建節，學士顔棫、莫子純皆莫肯當制。易祓彦章爲樞密院檢詳文字，師旦爲都承旨，祓與之昵，欣然願任責，遂以國子司業兼兩制，竟爲師旦草麻，極其諛佞。至用前人舊對，所爲「有文事有武備，無智名無勇功」者，蓋以孔子比之，子房不足道也。既宣布，物論譁然。亟擢祓左司諫。諸生爲之語曰：「陽城毁裴延齡之麻，由諫官而下遷於司業。易祓草蘇師旦之制，由司業而上擢於諫官。」既而韓誅，蘇得罪，祓遂遠貶。《齊東野語》卷十一。《西湖游覽志餘》卷四。《堯山堂外紀》卷六十一。

龔頤正

1 〔龔〕頤正著《續稽古録》，盛言侂胄定策之動，由是擢兼資善堂小學教授，遷樞密院編修官。……及侂胄死，有詔毁其《續稽古録》焉。《建炎以來朝野雜記》乙集卷十二。

鄭棫

1 有鄭棫者，嘗第進士，自作《南園記》，併礱石以獻。韓〔侂胄〕以陸〔游〕《記》爲重，仆鄭石瘞之地。後韓敗，鄭竟免。《四朝聞見録》乙集。《香祖筆記》卷五。《隨園隨筆》卷二十七。《南宋雜事詩》卷五。

葉洪

1 〔葉〕洪，字子大，爲紹翁鄉人，且年少負才不羈。慶元間，疾侂胄而未有間，洪館於韓氏，即侂胄族子，蓋騃兒也。以后戚預内宴，洪代爲之書，徑入御寧宗，其最切至處云：「侂胄弄權不已，必至弄兵。」寧宗以示侂胄。侂胄迹所爲書則洪也，除名仕籍，編置邕管者十六年。嘉定初，盡復其官，并理編置年以爲實歷僉書邕管事。洪旋終於任。《四朝聞見録》丙集。

劉淮

1 見韓侂胄45。

敖陶孫

1 慶元初，韓侂胄既逐趙忠定，太學諸生敖陶孫賦詩於三元樓云：「左手旋乾右轉坤，如何群小恣流言。狼胡無地居姬旦，魚腹終天弔屈原。一死固知公所欠，孤忠幸有史長存。九原若遇韓忠獻，休説如今有末孫。」陶孫方書於樓之木壁，酒一再行，壁已不復存。陶孫知詩必已爲韓所廉，則捕者必至，急更行酒者衣，持煖酒具下。捕者與交臂，問以「敖上舍在否」？敖對以「若問太學秀才耶？飲方酣」。陶孫即亡命歸走閩。捕者入閩，逮之入都。至都，以書祈哀於韓，謂詩非己作，韓笑而命有司復其貫。陶孫旋中乙丑第，由此得詩名。《四朝聞見録》丙集。《西湖游覽志餘》卷四。《堯山堂外紀》卷六十二。《宋詩紀事》卷五十八。

2 趙忠定既以議者之言去國，善類多力争而逐，韓平原之權遂張，公議譁然，日有懸書北闕下者，捕莫知主名。太學生敖器之陶孫亦有詩其間，曰：「左手旋乾右轉坤，群公相扇動流言。狼胡無地歸姬旦，魚腹終天痛屈原。一死固知公所欠，孤忠賴有史長存。九原若遇韓忠獻，休説渠家末代孫。」一時都下競傳。既乃知其出於器之，平原聞之，亦不之罪也。器之後登進士第，今猶在選調中。《桯史》卷十五。《堅瓠戊集》卷二。

華岳

1 韓平原用事時，華岳子西爲武學生，嘗獻詩云：「漢地不埋王莽骨，唐天難庇禄山軀。」韓怒，羈管建寧。有詩號《翠微集》，大抵皆麤惡語。《浩然齋雅談》卷中。

2 華岳，字子西，右庠諸生，以武策擢第。爲人輕財好俠。未第時，以言語爲韓氏所貶，寘建寧圜土中。投啓建守傅公伯誠，傅公憐之，命出入毋繫。又以抵觸李守伯珍，名大異。復置圜土。有詩自號《翠微南征集》。韓誅，華放還，復籍于學，因擢第爲殿前司官屬。華鬱然不得志，有動摇大臣意。史命殿前卒圍其屋，逮岳，猶呼岳至庭下，曰：「我與爾有何怨尤，而欲相謀？」岳但對未嘗有是。史命拽之赴京兆獄。獄具，坐議大臣當死。史持牘奏寧皇。上知岳名，欲活之。丞相進而告上曰：「是欲殺臣者。」上曰：「教他去海南走一遭便了。」初以斬罪定刑，史對上曰：「如此，則與減一等。」上不悟，以爲減死一等，故可其奏。岳竟杖死于東市。岳倜儻似陳亮，惜乎不善用也。《四朝聞見録》甲集。

楊次山

1 見楊后1。

2 見韓侂胄32。

張鎡

1 張鎡功甫，號約齋，循忠烈王諸孫，能詩，一時名士大夫，莫不交游，其園池聲妓服玩之麗甲天下。嘗於南湖園中作駕霄亭於四古松間，以巨鐵絙懸之空半而羈之松身。當風月清夜，與客梯登之，飄摇雲表，真有挾飛仙、遡紫清之意。王簡卿侍郎嘗赴其牡丹會，云：「衆賓既集，坐一虚堂，寂無所有。俄問左右云：『香已發未？』答云：『已發。』命捲簾，則異香自内出，郁然滿坐。群妓以酒肴絲竹，次第而至。别有名姬十輩皆衣白，凡首飾衣領皆牡丹，首帶照殿紅一枝，執板奏歌侑觴，歌罷樂作乃退。復垂簾談論自如，良久，香起，捲簾如前。别十姬，易服與花而出。大抵簪白花則衣紫，紫花則衣鵞黄，黄花則衣紅，如是十杯，衣與花凡十易。所謳者皆前輩牡丹名詞。酒竟，歌者、樂者，無慮數百十人，列行送客。燭光香霧，歌吹雜作，客皆恍然如仙游也。」功甫於誅韓有力，賞不滿意。又欲以故智去史，事泄，謫象臺而殂。《齊東野語》卷二十。《西湖游覽志餘》卷十。《堅瓠庚集》卷一。《宋稗類鈔》卷二。《詞林紀事》卷十二。

2 梅花爲天下神奇，而詩人尤所酷好。淳熙歲乙巳，予得曹氏荒圃於南湖之濱，有古梅數十，散漫弗治，爰輟地十畝，移種成列。增取西湖北山别圃江梅，合三百餘本，築堂數間以臨之。又挾以兩室，東植千葉緗梅，西植紅梅，各一二十章，前爲軒楹，如堂之數。花時，居宿其中，環潔輝映，夜如對月，因名曰「玉照」。復開澗環繞，小舟往來，未始半月，舍去。自是客有游桂隱者，必求觀焉。頃者，太保周益公秉鈞，予嘗造東閤，坐定者首顧予曰：「『一棹徑穿花十里，滿城無此好風光。』人境可見矣！」蓋予舊詩尾句，衆客相與歆豔。於是游玉照者，又必求觀焉。值春凝寒，又能留花，過孟月始盛。名人才士，題詠層委，亦可謂不負此花矣。《齊東野語》卷十五引張鎡文。《西湖游覽志餘》卷十。《宋稗類鈔》卷二。

3 張約齋鎡喜延湖海之士。一日，午酌數杯後，命左右作銀絲供，且戒之曰：「調和好，又要有真味。」衆謂鱠也。良久，出琴一張，請琴師彈《離騷》，始知銀絲，琴弦也；調和好，調弦也；有真味，蓋取淵明「琴中有真味」之意也。《南宋雜事詩》卷五引《雲邁淡墨》。

4 放翁在朝日，嘗與館閣諸人會飲於張功甫南湖園，酒酣，主人出小姬新桃者，歌自製曲侑尊。《浩然齋雅談》卷中。《詞林紀事》卷十二。

5 張功甫豪侈而有清尚，嘗來吾郡海鹽，作園亭自恣。令歌兒衍曲，務爲新聲，所謂海鹽腔也。《南宋雜事詩》卷五引《紫桃軒雜綴》。《詞林紀事》卷十二。

6 張約齋功甫初建園宅，傭工甚衆。内有一人，貌雖瘠而神采不凡者，張頗異之。因訊其所以，則云本象人，以事至京，留滯無以歸，且無以得食，故不免爲此。張問其果欲歸否，答曰：「雖欲歸，奈無路途之費。」張曰：「然則所用幾何？」遂如數賙之。且去，不復可知其如何也。未幾，張以罪謫象州，牢落殊甚。一日，忽有來訪者，審則其人也。於是爲張營居止，且貸以資，使爲生計，張遂賴以濟。《癸辛雜識》後集。

7 見韓侂胄32。

8 〔張〕鎡始預史〔彌遠〕議誅韓〔侂胄〕，史以韓爲大臣，且近戚，未有以處。張謂史曰：「殺之足矣。」史退而謂錢〔象祖〕、衛〔涇〕曰：「鎡，真將種也。」心固忌之。至是，鎡賫伐自言，史昌言於朝：「臣子當爲之事，何爲言功？」遂諷言者貶鎡於雪，自是不復有言誅韓之功者矣。……鎡後以旨放還，因史變□法，又欲謀史，故貶置象臺。《四朝聞見録》丙集。

夏震

1　耿聽聲者，兼能嗅衣物以知吉凶貴賤。……夏震微時，嘗爲殿巖饋酒於耿，耿聞其聲，知其必貴，遂以其女妻其子，子復娶其女。時郭棣爲殿帥，耿謁之曰：「君部中有三節度使，他日皆爲三衙。」扣爲何人，則曰：「周虎、彭輅、夏震也。」《齊東野語》卷十五。

2　見韓侂胄33。

王介

1　見韓侂胄42。

方信孺

1　方信孺，字孚若，莆田人。……自道州擢爲轉運判官。父崧卿，先爲運判，甚有治聲，桂人祠之。及信孺至，大爲增繕，請吳獵記其事，莆田柯夢得撰迎、送神曲。其褒揚先漕如不及，人以爲篤孝。他日，於西山擇最勝處，創起館宇，期欲奉母偕隱其下。名所營曰「碧桂山林」，自爲之銘，其文今尚在山中。又愛琴潭水石，題以示志，曰：「吾何得此？爲菟裘之地，乃灘山雲崖，則親築軒於崖之陽，乘興獨往，往則必留。」曾語守軒僧子真曰：「先祠在永寧，去此不遠，庶幾神靈謂不肖孤在近，或喜得暫依也。」間屏騶從，小休軒下。伸紙濡毫，有所撰述，不移時，草具，當其得意處，望崖而歎曰：「平生方提刑以好山水聞，孰信茲山寓筆研哉！」《桂故》卷五。

2 韓侂胄欲遣使議和而難其人，欲用吴門王大受。大受謂敵人以首謀爲言，通軍前書，宜勿用平章銜，以丞相代之，謂陳自强。敵問首謀，則答以今已避位。蓋至計也。韓疑其建明漸廣，不能從。用薦者言，召蕭山縣丞方信孺假檢詳出使。信孺途間具知金欲先遣使于我，此其力已困，與敵反覆論辯，凡稱謂、歲幣、土地一如舊。敵多爲術以困方，然欲遂和，不敢殺也。方恐我急于賣和，别遣使命，過有所許，誑敵以「歸報所索可否而後復來」。敵許而津之。韓懼方遲留，果議别遣使。方歸語韓，韓欲再遣。方謂韓曰：「信孺既爲朝廷萬里行矣，初不憚死。今具得敵要領，即再往亦決不死，惟稍遲信孺行，敵必遣使來報且議。平章聽愚計。」韓疑其重于再往，遂用大受里人王枏以代方。枏詣金庭，惟貶號、割地不從其説。及再往，韓已誅。凡函韓首與易弟爲姪、增幣重寶，皆從之。……方之在敵中也，金元帥責我失信，擅起兵端。方折之曰：「爾失信，故我失信。」帥曰：「我何爲失信？」方徐謂曰：「我之用兵在某月日，爾之誘逆曦在某月日。以日月先後計之，是爾先誘我叛臣也。」敵服其探伺精的類若此，故語塞。金元帥頗能詩，索方聯句。敵以失蜀調方云：「儀秦雖舌辨，隴蜀已唇亡。」方即應之曰：「天已分南北，時難比晉唐。」《四朝聞見録》乙集。

3〔楊開國〕主嘗與方始屬，能言其與僞元帥辯難者甚至。方見元帥，元帥叱問之曰：「前日何故稱兵？今日何故求和？」詞色俱厲。公從容對以：「前日主上興兵復讎，爲社稷也；今日屈己求和，爲生民也。二者皆是也。」元帥笑而不復詰。開國乃文忠真公之外舅，嘗對真歎息云：「我輩更喫五十年飯，也不會如此應對。」《四朝聞見録》丙集。

畢再遇

1 畢再遇，兖州將家也，開禧用兵，諸將多敗事，獨再遇累有功，金人認其旗幟即避之。《北軒筆記》。

2〔畢〕再遇，臨安西溪人。淳熙間，以勇名于軍。精悍短小，蓋驍將也。開禧兵罷不支，再遇奮于行伍，年已六十，披髪戴兜鍪鐵鬼面，被金楮錢，建旗曰「畢將軍」。敵騎望其旗，已相顧愕視。再遇乘之，出入陣中，萬死莫敵。蓋先是敵中有畢將軍廟甚靈異，其後浸以不靈，其形又絶肖，且登其號于旗，敵兵以爲本國之神。湖海賊作，再遇爲淮東招撫使，建治于揚州，雖殺戮過當，而賊亦旋定。嘗延客高會，取賊肝胃烹而薦酒。又擒其魁，用火尺烙其背，爲棋笛琴絲之類。《四朝聞見録》戊集。

3 開禧用兵，諸將皆敗，唯畢再遇數有功。虜常以水櫃敗我，再遇夜縛藁人數千，衣以甲胄，持旗幟戈矛，儼立成行。昧爽，鳴鼓，虜人驚視，亟放水櫃。旋知其非真也，甚沮。乃出兵攻虜，虜大敗。又嘗引虜與戰，且前且卻，至于數四。視日已晚，乃以香料煮黑豆布地上，復前搏戰，佯爲敗走。敵乘勝追逐，其馬已飢，聞豆香，皆就食，鞭之不前，我師反攻之，敵人馬死者不勝計。又嘗與虜對壘，度虜兵至者日衆，難與争鋒，一夕拔營去，慮虜來相追，乃留旗幟於營，并縛生羊，置其前二足於鼓上，擊鼓有聲。虜不覺其爲空營，復相持竟日。及覺欲追，則已遠矣。近時沅州蠻叛，荆湖制司遣兵討之，蠻以竹爲箭，傅以毒藥，略著人肉血濡縷，無不立死。官軍畏之，莫敢前，乃祖再遇之智，裝束藁人，羅列焜燿。蠻見之，以爲官軍也，萬矢俱發，伺其矢盡，乃出兵攻之，直擣其穴，一戰而平。《鶴林玉露》乙編卷三。

4 畢再遇以老病致仕，始居於霅。有戰馬，號「黑大蟲」，駿駔異常，獨主翁能御之。再遇既死，其家以鐵絙羈之圉中。適遇嶽祠迎神，聞金鼓聲，意謂赴敵，於是長嘶奮迅，斷絙而出。其家慮傷人，命健卒十餘，挽之而歸。因好言戒之云：「將軍已死，汝莫生事累我家。」馬聳耳以聽，汪然出涕，喑啞長鳴數聲而斃。《齊東野語》卷七。《北軒筆記》。《宋稗類鈔》卷八。《南宋雜事詩》卷一。

周虎

1〔周〕虎，平江人。今有武狀元坊，則其家也。黄公由以進士第一人旌其坊爲「狀元」，故用「武」字以别之。虎倜儻有大將器，身兼文武，能賦詩，工大字。開禧間守和州，敵騎蔽野，居民、官軍無以爲食，城欲下者屢矣。其母夫人自拔首飾奩具，巡城埤，徧犒軍，使盡力一戰，命虎同士卒甘苦，與之俱攻圍以出戰。士卒感其誠意，遂以血戰，敵騎幾殲。上守城功歸于母，朝命封以「和國」，賜冠帔云。虎之居吴也，言者以爲韓黨，坐安置□州。虎既貧，不能將母以往。未幾，謫所聞訃，號慟，誓不復仕。放還，杜門托躄疾，屢召不起。雖舊所部候之，亦堅不與接，但喏于庭而去。《四朝聞見録》戊集。

吴曦

1 〔吴〕曦年十許歲時，其父挺嘗問其志，曦有不臣之語，其父怒，蹴之爐火中，灼其面，號「吴巴子」云。《鶴林玉露》乙編卷一。《宋稗類鈔》卷二。

2 吴曦出蜀入朝，多買珍異，孔雀四、華亭鶴數十，金魚及比目魚等，及作栗金臺盞遺陳自强者。《癸辛雜識》後集。

3 今中都有豢魚者，能變魚以金色，鯽爲上，鯉次之。……又別有雪質而黑章，的皪若漆，曰玳瑁魚，文采尤可觀。逆曦之歸蜀，汲湖水浮載，凡三巨艘以從，詭狀瑰麗，不止二種。惟杭人能餌蓄之，亦挾以自隨。《桯史》卷十二。

4 逆曦既用，賂蘇師旦，遂舉全蜀以授之。其在殿巖也，嘗命工圖畫上乘輿、鹵簿，卷軸甚詳。人問曰：「太尉何用此？」曦紿之曰：「把歸去，教孩兒男女看了消災滅罪。」及出北闕，遂焚香拜天于鵲首云：「且得脱身歸去。」其反狀已萌於此矣。《四朝聞見録》戊集。《南宋雜事詩》卷四。

5 逆曦未叛時，嘗歲校獵塞上。一日夜歸，笳鼓競奏，轔載雜襲。曦方垂鞭四視，時盛秋，天宇澄霽，仰見月中有一人焉，騎而垂鞭，與己惟肖。問左右，所見皆符，殊以爲駭，嘿自念曰：「我當貴，月中人其我也。」揚鞭而揖之，其人亦揚鞭，乃大喜，異謀繇是益决。《桯史》卷八。《東南紀聞》卷二。《昨非庵日纂》一集卷二十。《玉芝堂談薈》卷十九。《宋稗類鈔》卷二。

6 逆曦將叛前事之數月，神思昏擾，夜數躍起，寢中叱咤四顧，或終夕不得寢，意頗悔，欲但已。其弟睍力慫慂之，曰：「是謂騎虎，顧可中道下耶？」曦家素事梓潼，自玠、璘以來，事必禱，有驗。乃齋而請。是夕，夢神坐堂上，已被赭玉謁焉。因告以逆，且祈卜年之脩永，神不答，第曰：「蜀土已悉付安丙矣。」既寤大喜，謂事必遂。時安以隨軍漕在魚關驛，召以歸，命以爰立。安顧逆謀堅決，觸之且俱靡，惟徐圖可以得志，不得已諾之。猶辭相印，遂以丞相長史權知都省事授之。居踰月而成獲嘉之績，梓潼在蜀，著應特異。《桯史》卷三。

7 開禧逆曦既誅，僞內史安公丙函其首與僞服、宮號來。……其物袍僭黃，領僭赭；袍僭赭，領僭黃。宮號用黃絹折角爲四，文曰「出入殿門」。金授以印，鑄用金文曰「蜀王之印」。僅如今文思給院降式。曦自鑄塗金印文云「蜀國制敕之印」。《四朝聞見録》丙集。

8 見李順3。

柳虛心

1 開禧有柳虛心，過北境，問其在南作何官，答云：「發兩解，博不得一官。」北云：「爾今要作何官？」曰：「要做翰林學士。」北即授此官。凡嫚書之來，皆其筆也。《貴耳集》卷中。

李全

1 李全，淄州人，第三，以販牛馬來青州。在北永州牛客張介引至漣水。時金國多盜，道梗難行，財本寖耗，遂投充漣水尉司弓卒。因結群不逞爲義兄弟，任俠狂暴，剽掠民財，黨與日盛，莫敢誰何，號爲李三統轄。後復還淄業屠，嘗就河洗刷牛馬，於游土中蹴得鐵鎗桿，長七八尺。於是就上打成鎗頭，重可四十五斤。日習擊刺，技日以精，爲衆推服，因呼爲李鐵鎗，遂挾其徒横行淄、青間，出没抄掠。淄、青界内有楊家堡，居民皆楊氏，以穿甲製韡爲業。堡主曰楊安兒，有力强勇，一堡所服。亦嘗爲盜於山東，聚衆至數萬。有妹曰小姐姐，或云其女。其後稱曰姑姑。年可二十，膂力過人，能馬上運雙刀，所向披靡。全軍所過，諸堡皆載牛酒以迎，獨楊堡不以爲意。全知其事，故攻劫之。安兒亦出民兵對壘，謂全曰：「你是好漢，可與我妹挑打一番。若贏時，我妹與你爲妻。」全遂與酣戰終日，無勝負，全忿且慙。適其處有叢篠，全令二壯士執鈎刀，夜伏篠中。翌日再戰，全佯北，楊逐之，伏者出，以刀鈎止，大呼，全回馬挾之以去。安兒乃領衆備牛酒，迎歸成姻。《齊東野語》卷九。

2 〔李〕全身長八尺，手執鐵槍。其妻亦勇而有力，少爲群盜，在山東聚衆萬人，能飛馬植槍，深入一尺，令全飛馬而拔之。全不能拔，下馬屈服，遂爲夫婦。《大金國志》卷二十五。

3 趙南仲兄弟平李全日，參議官則全子才，有蔣山僧見全喜甚，曰：「逆全誅矣。」問其故，曰：「公之姓，賊名也；公之名，賊姓而少一乀。合姓名而觀，是倒懸李全而無左臂也。」其説果驗。《庶齋老學叢談》

卷一。

安丙

1 見吴曦6。

2 安子文與楊巨源、李好義合謀誅逆曦，旋殺巨源而專其功。久之，朝廷疑其跋扈，俾帥長沙。子文盡室出蜀，嘗自贊云：「面目皺瘦，行步蹉苴，人言託住半周天，我道一場真戲耍。今日到湖南，又成一話靶。」在長沙，計利析秋毫，設廳前豢豕成群，糞穢狼籍，肥腯則烹而賣之。罷鎮，梱載歸蜀。厥後楊九鼎在蜀，以刻剥致諸軍之怨，軍士莫簡倡亂，殺九鼎，剖其腹，實以金銀曰：「使其貪腹飽飫。」時子文家居，散財結士，生擒莫簡，剖心以祭九鼎，再平蜀難。《鶴林玉露》乙編卷四。《錢塘遺事》卷三。

趙善湘

1 趙清臣之父名不陋，使客吏整一漏處，呼而問之，答曰：「今次修了不漏。」遂黥客吏。《貴耳集》卷中。

王居安

1 方巖王侍郎江西破賊歸，小舟迫窄，自笑曰：「今爲摺疊侍郎矣。」《宋詩紀事》卷五十六引《北礀詩集》。

趙方

1 趙方，字彦仁，長沙人。少業儒，館於岳富人胡氏，奇形古貌，眼有大小。有相者爲其贊曰：「一眼大，一眼小，大者觀天地，小者視四表。」貧困不遇。一日辭館歸，就鄉舉，翁謂媪曰：「趙生雖貧，貴人也，吾女方擇婿，盍歸之？」媪大吼，翁再三譬曉，媪不得已，厚其裝資，妻之。其年領舉，次年歷官邊郡，名振華夏。《湖海新聞夷堅續志》前集卷二。

2 趙方，嘉定年間爲淮閫，威望表聳，金人相戒，不敢犯邊，皆以趙爺爺呼之。貌古怪，兩眼高低，一眼觀天，一眼觀地，人皆望而畏之，不敢仰視。一日浴湯，伏事祇窺見一巨蛇蟠于桶中，皆不敢漏泄。一夕，更鼓不鳴，詰朝申舉，當更軍人自分必死。及執覆，謂有巨蛇蟠于鼓，故不敢近。以故皆知謂蛇之精。鎮邊數年，一塵不驚。兩子六直閣、七直閣隨侍立，淮北人有「六隻角」、「七隻角」之呼，其威名已遠暢矣。後欲上武當山燒香，上真降筆曰：「襄陽趙方，欲上武當。酆都小卒，不請燒香。」方初登第作尉時，嘗訪辛稼軒，留三日劇談方略。辛喜之，謂其夫人曰：「近得一佳士，惜無可爲贈。」夫人曰：「我有絹十端尚在。」稼軒遂將添作贐儀，且奉以數書云：「諸監司覓文字。」趙極感之。後辛死，其子遇，趙作荆湖制置，適在幕下，僉屬謂趙以乃父曩疇之故，賜以提挈。不料待之反嚴，無時程督，幾不能堪，至與其母對泣。辛三年官滿，辭趙告歸，趙曰：「且可留一日。」即開宴，請其母夫人同來。樽前與其母子曰：「某三年非待令嗣之薄，吾受先公厚恩，正恐其恃此不留心職業故爾。今已爲經營，到諸監司，舉紙七狀皆足，並發放在省部訖。自即當奉少費，請直去改官。」辛母子方感謝無涯。《錢塘遺事》卷三。《湖海新聞夷堅續志》前集卷一、卷二。

3 趙忠肅開京西閫日，鄭忠定丞相清之初任夷陵教官，首詣臺參。鄭素癯瘁，若不勝衣，趙一見即異待之。延入中堂，出三子，俾執師弟子禮，跼蹐不自安，旁觀怪之。即日免衙參等禮以行，復命諸子餞之前途，且各出《雲萍録》書之而去。他日，忠肅問諸郎曰：「鄭教如何？」長公答曰：「清固清矣，恐寒薄耳。」公笑曰：「非爾所知。寒薄不失爲太平宰相。」後忠肅疾革，諸子侍側，顧其長嶷曰：「汝讀書可喜，然不過監司太守。」次語其仲范曰：「汝須開閫，終無結果。三哥葵甚有福，但不可作宰相耳。」時帳前提舉官趙勝，素與都統制扈再興之子不協，泣而言曰：「萬一相公不諱，趙勝必死於扈再興之手，告相公保全。」時京西施漕偶在旁，公笑謂施曰：「趙勝會做殿帥，扈再興安能殺之。」其後所言，無一不驗。《齊東野語》卷十八。《宋稗類鈔》卷三。

向滈

1 向豐之，宋后之裔也，才調絶高，貧窘則甚。有「人情甚似吴江冷，世路真如蜀道難」之句，誠齋楊少監奇之。一日，婦翁惡其窮，奪其妻以嫁别人。豐之聽其去，作《卜算子》小詞在其篋中，後和云：「三歲學言兒，四歲嬌癡女，説著行人也自愁，你自思量取。」聞之令人鼻酸。後其妻見其詞，毅然而歸，與之偕老。《湖海新聞夷堅續志》前集卷一。

張巨濟

1　張巨濟，字宏圖，福清人。嘉泰間，上書寧宗，以「慈懿欑陵今在湖曲。若陛下游幸，則未免張樂。此豈履霜露之義？」寧皇感悟其言，旌轉一秩，由此湖山遂無清蹕之聲，非特儉德云。御鵠至沈於波臣，黄洪詩云：「龍舟太半没西湖，便是先皇節儉圖。三十二年安静裏，櫂歌一曲在康衢。」《四朝聞見録》丙集。《西湖游覽志餘》卷二。《宋詩紀事》卷六十三。

施宿

1　施宿，字武子，湖州長興人。父元之，紹興張榜，乾道間爲左司諫。宿晚爲淮東倉曹，時有故舊在言路，因書遺以番葡萄。歸院相會，出以薦酒，有問，知所自，憾其不已致也。劾之無以蔽罪。宿嘗以其父所注坡詩刻之，倉司有所識。傅穉字漢孺，窮乏相投，善歐書，遂俾書之，鋟板以賙其歸。因摭此事，坐以贓私。《癸辛雜識》别集上。

周文謨

1　宋周文謨太守有愛姬善棋而絶色，史衛王以計取去，十年不見。一日，周謁衛王，忽見姬與衛王對局，四目相顧，驚喜不已，遂賦《念奴嬌》詞云：「棋聲特地，把十年心事，恍然驚覺。楊柳樓頭歌舞地，長記一枝纖弱。破鏡重圓，玉環猶在，鸚鵡言如昨。秦筝别後，知他幾换絃索。誰念顧曲周郎，樽前重見，千種愁難著。猶勝玄都人去後，空怨殘紅零落。緑葉成陰，桃花結子，枉恨東風惡。盈盈淚眼，見人欲下還閣。」《珊瑚網》卷十引郭天錫《手録詩雜記》。

陳傅良

1 止齋年近三十，聚徒於城南茶院，其徒數百人，文名大震。初赴補試，才抵浙江亭，未脱草屨，方外士及太學諸生迓而求見者如雲。吴琚，貴公子也，冠帶執刺，候見於旅邸，已昏夜矣。既入學，芮祭酒即差爲太學舉録，令二子拜之齋序。止齋辭不敢當，徑遁之天台山國清寺，士友紛然從之者數月。其時止齋有《待遇集》板行，人争誦之。《林下偶談》卷四。《岐海瑣談》卷一。

2 止齋陳氏傅良，字君舉，永嘉人。早以《春秋》應舉，俱門人蔡幼學行之游太學，以蔡治《春秋》浸出己右，遂用詞賦取科第。詞賦與進士詩爲中興冠，然工巧特甚，稍失《三元衡鑒》正體，故今學子詞賦之失，自陳始也。奏疏洞達其衷，經義敷暢厥旨，尤長于《春秋》、《周禮》。考亭視爲畏友，嘗謂門人曰：「以伯恭、君舉、陳同父合做一個，方纔是好。」《四朝聞見録》甲集。

3 見吕祖謙4。

4 止齋倅福州……有富人訴僕竊盜，僕辭連其主之女。止齋必欲逮女以問。諸寓公營救不獲，於是有傅良之謗。《林下偶談》卷四。《木筆雜鈔》卷下。

5 光宗撰《壽皇聖政録序》，祕監陳君舉所作也。《建炎以來朝野雜記》乙集卷十一。

6 見陳亮6。

7 見李后3。

蔡幼學

1 見吕祖謙5。

葉　適

1 見陳亮11。

2 見胡紘1。

3 水心本爲第一人，阜陵覽其策，發有「聖君行弊政，庸君行善政」之説。上微笑曰：「即是聖君行弊政耶？即是庸君行善政耶？」有司遂以爲亞。《四朝聞見録》乙集。

4 紹熙末年，光廟不過重華宫，諫者盈庭，中外洶洶。未幾，壽皇將大漸，諸公計無所出。水心時爲司業，御史黄公度使其婿大學生王棐仲温密問水心曰：「今若更不成服，當何如？」水心曰：「如此卻是獨夫也。」仲温歸以告黄公，公大悟，而内禪之議起於此。《林下偶談》卷三。《木筆雜鈔》卷下。

5 紹熙末，光廟有疾，嘉王之立，起於水心先生與徐子宜之謀。趙忠定令水心草詔，序孝廟大漸，所以立嘉王之故，云：「病無嘗藥之人，崩乏居喪之主。」忠定不肯用，别爲之。水心曰：「禍將作矣，吾當亟去！」蓋爲立君王事，不明言其故，必有小人造謗興讒以禍諸君子者。水心竟不言功，隨即去國。徐子宜本爲都司，以功進從官，未幾，侂胄果造謗，忠定貶死，而子宜亦遠竄，水心既不言功受賞，亦不因功受禍。若水心，可謂知幾卓識之君子矣。《林下偶談》卷四。

6 見劉德秀1。

7 見陳讜1。

8 開禧間，廟堂欲以水心直北門，水心辭不能，且云：「某作一詔書，當用十日半月，恐不及事。」蓋是時國論已非，水心正慮墮此二者，故設辭耳。《林下偶談》卷二。《木筆雜鈔》卷上。

9 見韓侂胄23。

10 水心作《汪參政勃墓志》，有云：「佐佑執政，共持國論。」執政蓋與秦檜同時者也。汪之孫浙東憲綱不樂，請改，水心答云：「凡秦檜時執政，某未有言其善者，獨以先正厚德，故勉爲此，自謂已極稱揚，不知盛意猶未足也。」汪請益力，終不從。未幾，水心死，趙蹈中方刊文集未就，門下有受汪囑者，竟爲除去「佐佑執政」四字。《林下偶談》卷二。《木筆雜鈔》卷上。

11 葉水心并陳同甫、王道甫共作一墓志，二人者同稱並列，執古御今，都無此例。《無用閒談》。

12 水心於歐公四六，暗誦如流，而所作亦甚似之。……水心與篔窗論四六，篔窗云：「歐做得五六分，蘇四五分，王三分。」水心笑曰：「歐更與饒一兩分可也。」水心見篔窗四六數篇，如《代謝希孟上錢相》之類，深歎賞之。《林下偶談》卷二。《木筆雜鈔》卷上。

13　水心與篔窗論文至夜半……因問篔窗：「某文如何？」時案上置牡丹數瓶，篔窗曰：「譬如此牡丹花，他人只一種，先生能數十百種。」蓋極文章之變者。《林下偶談》卷三。《木筆雜鈔》卷上。

姜　夔

1　姜堯章學詩于蕭千巖，琢句精工。……堯章自號白石道人。潘德久贈詩云：「世間官職似樗蒲，采到枯松亦大夫。白石道人新拜號，斷無繳駁任稱呼。」時黄巖老亦號白石，亦學詩於千巖，詩亦工，時人號「雙白石」云。《鶴林玉露》丙編卷二。《堯山堂外紀》卷六十一。《宋詩紀事》卷五十三。

2　姜堯章夔居苕溪，與白石洞天爲鄰。潘轉翁字之曰「白石道人」，且畀以詩曰：「人間官爵似樗蒲，採到枯松亦大夫。白石道人新拜號，斷無繳駁任稱呼。」堯章報以長句，其詞云：「南山仙人何所食，夜夜山中煮白石。世人唤作白石仙，一生費齒不費錢。仙人食罷腹便便，七十二峯生肺肝。真祖只在南山南，我欲從之不憚遠，無方煮石何由軟。佳名錫我何敢辭，但愁自此長苦飢。囊中只有轉庵詩，便當掬水三嚥之。」《詩人玉屑》卷十九。《堯山堂外紀》卷六十一。

3　姜堯章自題畫像云：「鶴氅如煙羽扇風，賦情芳草緑陰中。黑頭辦了人間事，來看淩霜數點紅。」其風致如此。《研北雜志》卷下。案：前人辨明此詩爲姜夔題范成大畫像，見夏承燾《白石道人行實考》。

4　小紅，順陽公青衣也，有色藝。順陽公之請老，姜堯章詣之。一日授簡徵新聲，堯章製《暗香》、《疏影》兩曲，公使二妓肄習之，音節清婉。堯章歸吴興，公尋以小紅贈之，其夕大雪，過垂虹，賦詩曰：「自琢新詞韻最嬌，小紅低唱我吹簫。曲終過盡松陵路，回首煙波十四橋。」堯章每喜自度曲，吹洞簫，小紅輒歌而和之。堯章後以疾故，蘇石挽之曰：「所幸小紅方嫁了，不然啼損馬塍花。」宋時，花藥皆出東西馬塍。西馬塍，皆名人葬處。白石没後葬此。《研北雜志》卷下。《堯山堂外紀》卷六十一。《宋詩紀事》卷五。

5 慶元丙辰冬，姜堯章與俞商卿、銛朴翁、張平甫，自封禺同載，詣梁溪，道吴淞，既歸，各得詩詞若干解，鈔爲一卷，命之曰《載雪録》。《浩然齋雅談》卷中。

6 慶元間，有士人姜夔，上書乞正奉常雅樂，京仲遠丞相主此議，送斯人赴太常，同寺官校正。斯人詣寺，與寺官列坐，召樂師賫出大樂，首見錦瑟，姜君問曰：「此是何樂？」衆官已有謾文之歎，正樂不識樂器。又令樂師曰：「語云『鼓瑟希』，未聞彈之。」衆官咸笑而散去，其議遂寢。《白獺髓》。《南宋雜事詩》卷一引《宙合編》。

7 姜堯章從奉常議樂，以彈瑟之語不合，歸番陽。過吴，見陸務觀談其事，務觀曰：「何不憶『二十五弦彈夜月』之詩乎？」堯章聞之，不覺自失。《研北雜志》卷下。《詞林紀事》卷十三。

8 白石道人姜堯章氣貌若不勝衣，而筆力足以扛百斛之鼎。家無立錐，而一飯未嘗無食客。圖史翰墨之藏，充棟汗牛。襟期洒落，如晉宋間人。《藏一話腴》甲集卷下。

9 《滿江紅》舊調用仄韻，多不協律。如末句云「無心撲」三字，歌者將「心」字融入去聲，方諧音律。予欲以平韻爲之，久不能成。因泛巢湖，聞遠岸簫鼓聲。問之舟師，云「居人爲此湖神姥壽也」。予因祝曰:「得一席風徑至居巢,當以平韻《滿江紅》爲迎送神曲。」言訖,風與筆俱駛,頃刻而成。末句云「聞佩環」,則協律矣。書以緑牋,沈于白浪。辛亥正月晦也。是歲六月,復過祠下,因刻之柱間。《白石道人歌曲》卷五。

10 姜堯章嘗寓吴興張仲遠家。仲遠屢出外,其室人知書,賓客通問,必先窺來札。性頗妒,堯章戲作《百宜嬌》以遺仲遠云:「看垂楊連苑,杜若侵沙,愁損未歸眼。信馬青樓去,重簾下,娉婷人妙飛燕。翠尊共款,聽艷歌、郎意先感。便攜手、月地雲階裏,愛良夜微煖。無限風光疎散。有暗藏弓履,偷寄香翰。明日聞津鼓,湘江上、催人相還解春纜。亂紅萬點,悵斷魂、煙水遥遠。又争似相攜,乘一舸,鎮長見。」仲遠歸,竟莫能辨,則受其指爪損面,至不能出外去。《絶妙好詞箋》卷二引《耆舊續聞》。《詞林紀事》卷十三。

11 趙子固目姜堯章爲書家申、韓。《研北雜志》卷下。《佩楚軒客談》。《何氏語林》卷十八。《佩文齋書畫譜》卷三十五。

12〔姜堯章〕有「白石生四屧」之印,又有「鷹揚周郊」、「鳳儀虞廷」印,甚奇,蓋宗姓名二字。《雲煙過眼録》卷上。《水東日記》卷七。

史達祖

1〔蘇〕師旦既逐,韓〔侂胄〕爲平章,事無決,專倚省吏史邦卿,奉行文字,擬帖撰旨,俱出其手。權炙縉紳,侍從柬札,至用申呈。時有李姓者嘗與史游,于史几間大書云:「危哉邦卿,侍從申呈。」未幾,致黥云。《四朝聞見録》戊集。《居易録》卷八。

2 史達祖邦卿，開禧堂吏也。當平原用事時，盡握三省權，一時士大夫無廉恥者，皆趨其門，呼爲梅溪先生。韓敗，達祖亦貶死。善詞章，多有膾炙人口者。李和父云，其詩亦間有佳者。《浩然齋雅談》卷上。

戴復古

1 戴式之嘗見夕照映山，峯巒重疊，得句云：「夕陽山外山。」自以爲奇，欲以「塵世夢中夢」對之，而不愜意。后行村中，春雨方霽，行潦縱横，得「春水渡傍渡」之句，以對，上下始相稱。然須實歷此境，方見其奇妙。《歸田詩話》卷中。

戴復古妻

1 戴石屏先生復古未遇時，流寓江右。武寧有富家翁愛其才，以女妻之。居二三年，忽欲作歸計。妻問其故，告以曾娶。妻白之父，父怒。妻宛曲解釋，盡以奩具贈夫，仍餞以詞云：「惜多才，憐薄命，無計可留汝。揉碎花牋，忍寫斷腸句。道傍楊柳依依，千絲萬縷，抵不住、一分愁緒。捉月盟言，不是夢中語。後回君若重來，不相忘處，把杯酒、澆奴墳土。」夫既别，遂赴水死。《南村輟耕録》卷四。《堯山堂外紀》卷六十一。《彤管遺編》後集卷十三。《詩女史》卷十二。《宋稗類鈔》卷三。《詞林紀事》卷十九。

趙師秀

1　水心之門：趙師秀紫芝，徐照道暉，璣致中，翁卷靈舒，工爲唐律，專以賈島、姚合、劉得仁爲法，其徒尊爲「四靈」。《林下偶談》卷四。《宋詩紀事》卷六十三。

2　杜小山耒嘗問句法於趙紫芝，答之曰：「但能飽喫梅花數斗，胸次玲瓏，自能作詩。」《梅磵詩話》卷中。

余儔

1　余儔，字季倫，號癡齋，吾鄉詩人也。章泉先生雅愛之。作書，使袖訪韓仲止，及門，候謁甚久。將命者出，扣所由來，久猶未出。余題二詩壁間云：「謁入久不出，兀坐如枯荄。蒼頭前致詞，問我何因來。士節久彫喪，人情易嫌猜。本無性命憂，不去安待哉。」其二云：「名聞由昔者，禮進合欣然。古有不屑教，意令加後鞭。尚書八座貴，吏部一燈傳。驚代文章伯，曾容賈浪仙。」已乃拂袖去。仲止見詩，遣人追之，余竟不返。《游宧紀聞》卷一。《宋詩紀事》卷五十九。

梁楷

1　梁楷，東平相羲後。嘉泰年，畫院待詔賜金帶，不受，掛於院內，嗜酒自樂，亦號「梁風子」。《珊瑚網》卷三十。《南宋雜事詩》卷四引《圖畫寶鑑》。

馬遠

1　見江萬里3。

2　評畫者謂〔馬〕遠畫多剩水殘山，不過南渡偏安風景耳。又世稱「馬一角」。《珊瑚網》卷二十九。

3　〔馬遠〕子麟，能世家學，然不逮父。遠愛其子，多於己畫上題「麟」字，蓋欲其章也。《西湖游覽志餘》卷十七。

王公瑾

1　見韓侂胄9。

2　見韓侂胄16。

章康

1　章雪崖，平江隱君子也。不曾見晦翁，而時時有書問道，晦翁答書見存。有時常高聲云：「世紛如何汩没得自家！」所以見其胸中之所存也。《脚氣集》。

葛天民

1　葛天民，字無懷，後爲僧，名義銛，字樸翁。其後返初服，居西湖上，一時所交皆勝士。有二侍姬，一曰如夢，一曰如幻。一日，天大雪，方擁爐煎茶，忽有皂衣者闖户，將大璫張知省之命，招之至總宜園。清坐高談竟日，雪甚寒劇，且覺腹餒甚，亦不設杯酒，直至晚，一揖而散。天民大恚，步歸，以爲無故爲閹人所辱。至家則見庭户間羅列奩篚數十，紅布囊亦數十，凡楮幣、薪米、酒殽，甚至香茶適用之物，無所不具。蓋此璫故令先怒而後喜，戲之耳。《癸辛雜識》别集上。《西湖游覽志餘》卷二十三。《宋稗類鈔》卷四。

葛長庚

1　一人以《十八學士卷》獻豪貴，甚賞之，許以百金。及閱，畫中人止得十七，卻還之。其人持卷泣於途，遇白玉蟾問以故。玉蟾舉筆題其上曰：「臺閣崢嶸倚碧空，登瀛學士久遺踪。丹青想出忠良手，不畫當年許敬宗。」詩字皆佳，仍獲百金。《堅瓠甲集》卷一。

王克明

1　王大受之父克明，號名醫，遇病雖數證，亦只下一藥，曰：「此病之本也，本除而餘病去矣。」《四朝聞見録》丙集。

徐邦憲

1　見陳亮9。

蘇大璋

1　三山蘇大璋顒之，治《易》有聲。戊午鄉舉，夢爲第十一人，數爲人言之，以爲必如夢告。既試，將揭榜，同經人訴於郡，謂其自許之確如此，必將與試官有成約，萬一果然，乞究治之。及申號至第十一名，果《易》也。帥攜此狀入院，遍示考官，謂：「設如此言，諸公將何以自解？不若以待補首卷易之。」衆皆以爲然。既拆號，則自待補爲正解者，大璋也。由正解而易爲待補者，乃投牒之人也。次年，蘇遂冠南宮。《齊東野語》卷八。《宋稗類鈔》卷二。

羅相　張次賢

1　嘉定中，察院羅相上言，越州多虎，乞行下措置，多方捕殺。正言張次賢上言，八盤嶺乃禁中來龍，乞禁人行。太學諸生遂有「羅擒虎，張尋龍」之對。《鶴林玉露》乙編卷六。《西湖游覽志餘》卷二十一。

張日新

1 嘉定間，宇文紹節爲樞密，樓鑰爲參政。宇文卧病，王醫師涇投藥而斃，史直翁帥宰執往祭之，命南宫舍人李師普爲文，末句曰："云誰過歟？醫師之罪。"相府書吏張日新寫至於此，執白衛王曰："既是誤投藥劑，豈可謂之醫師？只當改作庸醫之罪。"衛王首肯之。又，嘉定初，玉堂草休兵之詔，有曰："國勢漸尊，兵威已振。"日新時在學士院爲筆吏，仍兼衛王府書司，密白衛王曰："國勢漸尊之語，恐貽笑於夷狄，不當素以爲弱也。"衛王是其説，遂道意於當筆者，改曰："國勢尊隆，兵威振勵。"蓋胥吏亦有識義理，文字之不可不檢點也如此。《癸辛雜識》别集下。

余天錫

1 見宋理宗4。

薛極　胡榘　聶子述　趙汝述

1 理宗立，史彌遠獨相九年，最用事者，薛極、胡榘、聶子述、趙汝述，時號四木。《宋季三朝政要》卷一。

2 嘉定間禁止青蓋事，蓋起於鄭昭先無以塞月課。前録載其事。太學諸生與京兆辨，時相持之不下。薛會之極、胡仲方榘，皆史〔彌遠〕所任也。諸生伏闕言事，以民謡謂胡、薛爲"草頭古，天下苦"，象其姓也。謂「虐我生民，莫匪爾極」，象其名也。薛不安其位，力乞去。時相謂曰：「彌遠明日行，則尚書今日去。」薛不能不留。《四朝聞見録》丙集。

梁成大

1 初，〔史〕彌遠欲去魏了翁、真德秀，諭意有人敢言真德秀者，即除察院，無人忍言之。適梁成大參部聞之，日坐茶肆中，毀真公不直一錢。或以告彌遠，彌遠喜，遂擢用之，自小邑令除察院，首劾真德秀。尋以成大守建寧，毀其所建宏詞坊，可以捃摭者無所不至，遂躐取禁從，爲彌遠鷹犬。嘗貽書所親曰：「真德秀，乃真小人；魏了翁，乃僞君子。此舉大快公論。」中外藉藉，目之爲「梁成犬」，識者非之。《宋季三朝政要》卷一。

2 寶慶初，當國者欲攻去真西山、魏鶴山，朝士莫有任責，梁成大獨欣然願當之。遂除察院，擊搏無遺力。當時太學諸生曰：「大字傍宜添一點，曰『梁成犬』。」《鶴林玉露》丙編卷二。

3 見真德秀13。

宋人軼事彙編卷三十六

鄭清之

1 鄭安晚丞相未貴時，賦《冬瓜》詩云：「翦翦黄花秋後春，霜皮露葉護長生。生來籠統君休笑，腹内能容數百人。」宰相器寬，已於此詩見之。《梅磵詩話》卷中。

2 鄭丞相清之，在太學十五年，殊困滯無聊。乙亥歲，甫升舍選，而以無名闕，未及奏名，遂仍赴丁丑省試。臨期，又避知舉袁和叔親試别頭，愈覺不意。及試，《青紫明主恩》詩押「明」字。短晷逼暮，思索良艱。漫檢韻中，有頳字可用，遂用爲末句云：「他年蒙渥澤，方玉帶圍頳。」歸爲同舍道之，皆大笑曰：「緑衫尚未能得着，乃思量繫玉帶乎？」已而中選，攀附驟貴，官至極品，竟此賜，遂成吉讖。《齊東野語》卷八。《西湖游覽志餘》卷二十二。《堯山堂外紀》卷六十二。

3 見趙方3。

4 鄭清之，字德源，號青山，又號安晚，爲穆陵之舊學。端平初相，聲譽翕然。及淳祐再相，已耄及之，政事多出其姪孫太原之手，公論不與。……辛亥冬，祈雪，得雷電大作，而清之薨於位，恩數極厚。

明年，傅端林彬之按太原公受賄賂竊取相權，凡所以誤故相者，皆太原之罪，乞罷其閤職，勒守故相之墓，上從之。初，清之之重來也，有作詩譏之云：「一劄未離丹禁地，扁舟已自到江干。先生自號爲安晚，晚節胡爲不自安。」及其薨也，又有詩云：「光範門前雪尺圍，火雲燒盡曉風吹。堪嗟淳祐重來日，不似端平初相時。里巷誰爲司馬哭，番夷肯爲孔明悲。青山化作黄金塢，可惜角巾歸去遲。」《癸辛雜識》別集下。

5　淳祐丁未，鄭清之再相，鄭震登門罵曰：「端平敗相，何堪再壞天下。」被執，女子俱下獄。京尹趙與簒縱之。《南宋雜事詩》卷四引《清雋集傳》。

6　〔鄭〕安晚當國時，一日退朝後，諸公造見，延之□□。時適秋晚，見一葉墜於金魚池中，風吹不定，因命諸公賦詩。其間律絶古體皆有之，多不愜其意，獨華谷嚴粲坦叔止得一句云：「風池行落葉。」安晚再三稱賞。次日有中舍之除。《梅磵詩話》卷中。

7　安晚鄭公私居青田。府鹿食民稻，犬噬殺之，府囑守黥犬主。幕官擬云：「鹿雖帶牌，犬不識字。殺某氏之犬，償鄭府之鹿，足矣。」守從之。《隨隱漫録》卷五。《宋稗類鈔》卷一。

8　國朝金之俊《游洞庭西山記》云：「自鄭涇灣東行數武，爲金家嶺，稍東爲東明山，有宋宰相鄭廉夫諱清之之墓，古松二株，狀如虬龍干霄。又東爲疃里山，五義女墓在焉，即廉夫孫女，曰貞，曰素，曰淑，曰雅，曰新。德祐乙亥九月，金人濟江，自以美質，恐爲人所亂，豫築一大壙，因事亟，丙子二月八日，五女并生藏之。《茶香室四鈔》卷二十。

喬行簡

1 喬孔山平章，東陽人，未第時，每夜提瓶，沽油四五文，藏於青布褙袖中歸，然燈讀書。本縣周押司日見而揶揄之，故觸瓶污衣。孔山及第，不十年，爲浙東帥，本縣夏綱絲綿至，判云「排軍押出本縣押司周某，限幾日」。一邑驚駭何謂，其人自分必死，輕則黥籍。及至，呈到狀，公不判，亦無語；旬日再呈，亦然；月餘又呈，公令押出。公曰：「周押司無恙否？」周再拜告，乞免性命，公但指其座云：「此座，是秀才都有分來坐得，今後休欺凌窮秀才。」送一千貫壓驚，放之。《庶齋老學叢談》卷下。

2 文忠真公奉使金廷，道梗不得進，止于盱眙。奉幣反命，力陳奏疏，謂敵既據吾汴，則幣可以絶。朝紳三學主真議甚多，史相未知所決。喬公行簡爲淮西漕，上書廟堂云云，謂「强韃漸興，其勢已足以亡金。金，昔吾之讎也，今吾之蔽也。古人唇亡齒寒之轍可覆，宜姑與幣，使得拒韃。」史相以爲行簡之爲慮甚深，欲予幣猶未遣，太學諸生黄自然、黄洪、周大同、家檟、徐士龍等，同伏麗正門，請斬行簡以謝天下。《四朝聞見録》甲集。

3〔嘉熙三年〕喬行簡用元祐故事，平章軍國重事。李宗勉左丞相。史嵩之入奏，就拜右丞相。嵩之獨當國，一時正人如杜範、游侣、劉應起、李韶、趙汝騰等皆以不合逐去。三相當國，時論謂喬失之泛，李失之狹，史失之專。然宗勉清謹守法，號賢相。《宋季三朝政要》卷二。

4 喬平章爲左相，時已年八十餘，因榜府門曰「七十者，許乞致仕」。爲一輕薄子書一詩于右曰：

「左相門前有指揮，小官焉敢不遵依。若言七十當致仕，八十公公也合歸。」因是卷榜而入。《貴耳集》卷上。

5 喬文惠行簡，嘉熙之末，自相位拜平章軍國重事，年已八袠矣，時皆以富貴長年羡之。而公晚年子孫淪喪，況味尤惡，嘗作《上梁文》云：「有園有沼，聊爲卒歲之游；無子無孫，盡是他人之物。」又《乞歸田里表》云：「少、壯、老，百年已踰八袠；祖、子、孫，三世僅存一身。」聞者憐之。《齊東野語》卷五。

崔與之

1 宋丞相崔與之，號菊坡，理宗朝入相。歸蜀建造府第，極其壯麗。里中有豪商姓李，亦從而倣之，就倩崔府造屋匠人，一依崔府繩墨尺寸不差，造屋一所。落成之日，崔相親登其門借觀，李商大喜。既歸，崔相喚匠人來，問曰：「汝與某人竪此居，好則好矣，則少兩枝梁。」匠人云：「此一依相府規模，不知少兩枝梁在何處？」崔相曰：「一枝是没思量，一枝是没酌量。」《湖海新聞夷堅續志》前集卷一。

2 宋季崔丞相與之，號菊坡。至八世，其家有菊數本，皆一蔕兩蕊，人咸異之。《徐氏筆精》卷七。

李宗勉

1 先君子於紹定四年辛卯，出宰富春，九月到任。……壬辰歲，余實生於縣齋。其時李文清方閑居於邑中，其家强幹數十，把握縣道，難從之請，蓋無虚月。先人惟理自循，不能一一盡奉其命也，以此積怨得罪焉。邑有官妓曰蔡閏，爲文清所盼，每欲與之脱籍而未能。一日，酒邊曰：「此妓，某未塵忝時，已見其在籍中矣。」意欲言其係籍已久矣。先子因顧蔡曰：「汝入籍幾何時？今幾歲矣？」蔡不悟，直述所以。攷之則李公登科之歲，此妓方生十年耳。李不覺面發赤，以爲先子有意於相窘，其實出於無心也，於是銜之。及入臺，先子已滿去，乃首章見劾焉。《癸辛雜識》後集。

2 見喬行簡3。

史嵩之

1 見史彌遠25。

2 近者己亥歲，史之爲京尹，其弟以參政督兵於淮。一日内宴，伶人衣金紫，而幞頭忽脱，乃紅巾也。或驚問曰：「賊裹紅巾，何爲官亦如此？」傍一人答云：「如今做官底，都是如此。」於是褫其衣冠，則有萬回佛自懷中墜地。其旁者云：「他雖做賊，且看他哥哥面。」《齊東野語》卷十三。

3 理宗朝，喬行簡拜平章事，史嵩之作相專政。時人語云：「橋老無人度，松枝作棟梁。」《古杭雜記詩集》卷四。《宋詩紀事》卷一百。

4 理宗朝，史嵩之當國，往往以深刻得罪公論。鹺之商運，自昔而然。嵩之悉從官鬻，價值低昂聽販官自定。其各州縣别有提領，考其殿最，以辦多爲優。於是他鹽盡絶，官擅其饒，每一千錢重有賣至三千足錢者。深山窮谷，數百里之錢，無不輻輳。收到見錢，就充糴本，順流而下，撥赴邊州。廟堂會計糴運到邊，每一軍斛止計本錢，十七界會一道。時江西十七界百五十錢，可不謂之深刻乎？有無名子以詩嘲之曰：「萬舸千艘滿運河，人人盡道相公鹺。相公雖是調羹手，傳説何曾用許多。」《東南紀聞》卷一。

5 淳祐初年，喬行簡拜辨章，李宗勉爲左相，史嵩之督視荆、襄，就拜右揆。既而二公皆去位，嵩之獨運化權。癸卯，長至雷，三學生上書攻之。明年，徐霖伏闕上書，疏其罪。是歲仲冬，嵩之父彌忠殂于家，不即奔喪，公論沸騰。未幾，御筆嵩之復起右丞相，於是三學士復上書，將作監徐元杰、少監史季温、右史韓祥皆有疏，言其不可。於是范鍾拜左，杜範拜右，盡逐嵩之之黨全淵、濮斗南、劉晉之、鄭起潛等。當時又爲詩誚之者曰：「嵩之乃父病將殂，多少憸人盡獻諛。元晉甘心持溺器鄭，良臣無耻扇風爐施。起潛秉燭封行李鄭，一薦隨司出帝都陳。天下好人皆史黨，不知趙鼎有誰扶。」嵩之之從弟宅之，衛王之長子也，與之素不咸。遂入劄聲其惡，且云：「先臣彌遠晚年有愛妾顧氏，爲嵩之强取以去。乞令慶元府押顧氏還本宅，以禮遣嫁，仍乞置嵩之於晉朱挺之典。」及丙午冬，終喪，御筆史嵩之候服闋日，除職，與宫觀。於是臺臣章琰、李昂英及學校皆有書疏交攻之。御筆始有史嵩之特除觀文殿大學士，許令休致。《癸辛雜識》别集下。

6 丞相史嵩之當國，正懷持禄顧位之心，而適憂去。欲以起復要君，遲遲吾行，有所待耳。昨馬光祖爲淮總，許堪爲許浦都統，時方多事，兵財重寄，不欲驟更數易，遂有起復之命。往往史欲援例，而三學叩閽，有民謡十七字詩曰：「光祖爲總領，許堪爲統制，丞相要起復，援例。」縷縷萬言，莫不切至。玉音有曰：「朕決不用史嵩之矣！」《湖海新聞夷堅續志》前集卷一。

7 史嵩之丁父彌忠憂，詔起復右丞相兼樞密使。……太學生黄愷伯、金九萬、孫翼鳳、何子舉等百四十四人上書，曰：「……近畿總餉，本不乏人，而起復未卒哭之馬光祖。京口守臣，豈無勝任，而起復未經喪之許堪。」故里巷爲十七字謡也，曰：「光祖爲總領，許堪爲節制。丞相要起復，援例。」《宋季三朝政要》卷二。《宋詩紀事》卷一百。

8 淳祐間，史嵩之入相，以二親年耄，慮有不測，預爲起復之計。時馬光祖未卒哭，起爲淮東總領。許堪未終喪制，起爲鎮江守臣。里巷爲十七字謡曰：「光祖做總領，許堪爲節制，丞相要起復，援例。」《堯山堂外紀》卷六十二。《堅瓠癸集》卷三。

9 史嵩之丁父憂，淳祐詔使起復，士論大譁，揭牓太學齋廊云：「丞相朝入，諸生夕出。諸生朝出，丞相夕入。」《燼餘録》甲編。《東山談苑》卷三。

10 見徐元杰1。

史宅之

1 史宅之，字子仁，號雲麓，彌遠之子也。穆陵念其擁立之功，思以政地處之，然思不立奇功，無以壓人望。會殿步司獄蘆蕩以爲可以開爲良田，裨國餉。時宅之爲都司，遂創括田之議，一應天下沙田、圍田圩、没官田等併行撥隸本所，名「田事所」。仍辟官分往江、浙諸郡，打量圍築。時淳祐丁未，鄭清之當國時也，遂以宅之爲提領官，右司趙與膺爲參詳官，計院汪之埜爲檢閱，趙與峕、謝獻子並爲主管文字。諸郡又各差朝士，分任其事。怨嗟滿道，死於非命者甚衆。分司安吉州榷轄毛遇順毅然不就；分司嘉禾奏院王疇刻剥太過，刑罰慘酷，詞訴紛然，隨即汰去。行之期年，有擾無補。朝廷亦知其不可行。乃以趙與膺爲浙西憲司嘉禾提領江浙田事，陳綺爲淮西餉置司會陵提領江淮田事，宅之遂除副樞。於是劉垣、趙汝騰、黄自然皆力陳其不可，皆以罪去。後一年，宅之終於位，趙與膺死於嘉禾，王疇、盛如杞，次第皆殂。其後應於官田，遂併歸安邊所，令都司提領焉。《癸辛雜識》别集下。

2 史宅之以簽書樞密院事領財計，建議括浙西圍田及湖蕩爲公田，置田事所，選差官屬。其嗜利亡恥者，經營争往……一路騷動，怨嗟沸騰。及次年結局，一水滲没，顆粒不收。是年科舉，平江府出《人情聖王之田賦》，有榜於簾前曰：「民怨已極，聖主不知。括天下之田也，咈人情而宅之。」又有詩曰：「朝廷結局收虚數，官吏歸裝載實錢。傳語簽書史雲麓，閻王來括爾心田。」其冬，宅之死，年四十五。《吹劍四録》。

史守之

1 仲父彌遠當國，先生心弗善也，作《升聞録》以寓規諫。退居月湖之陽，遂以朝奉大夫致仕，寧宗御書「碧沚」二字賜之。彌遠甚畏之，每有所作，輒戒其家，勿使十二郎知之。《宋元學案》卷七十四。《南宋雜事詩》卷一引《寧波志》。

杜範

1 杜成己爲相，以爲宰相日見賓客，疲神妨務，無益於事，乃不復見客。但設青櫃於府門，有欲言利害者投之。越旬日，并櫝撤去。有題一聯于府門者曰：「杜光範之門，人將望而去矣；撤暗投之櫝，我且卷而懷之。」《鶴林玉露》丙編卷五。

趙范

1 趙忠肅公方，開閫荆襄日久，軍民知其威聲。端平甲午冬，朝廷以其子范武仲爲荆湖制置大使，鎮襄陽，蓋欲其紹世勳，作藩屏也。至郡，則以王旻、樊文彬、李伯淵、黄國弼數人爲腹心，朝夕酣狎，了無上下之序。民訟邊備，一切廢弛。且諸將不能協濟，反自相忌嫉。而一時幕府，又袖手坐觀成敗而已。……先是郡廳相對，有雅歌樓，雄麗特甚。一日，趙方坐衙，忽覩樓中妓女人物，雜遝宴飲。趙怒，以爲僚屬置宴，略不避忌。亟遣人覘之，則樓門扃鐍甚嚴，凝塵滿室，識者已疑其不祥。章叔恭時爲倅，一夕，坐中堂閲案牘，至夜分，忽若有人自後呼之曰：「快去！快去！此地不久也。」心疑之而未深信，越月而亂作。《齊東野語》卷五。

2 趙文昌名范，弟丞相葵。凡姓范者皆曰花，因此易姓者號花范。有屬官范癸者，稱花癸。《吹劍四録》。

3 趙武仲在楚，趙倡家初至，問其何來，答曰：「因求得一碗飯方到此。」趙怒及其已名，又及其父名，立斬之。《貴耳集》卷中。

趙　葵

1 趙葵父爲蒲圻尉，鄰人夢南嶽神降其家，乃生葵。《玉芝堂談薈》卷五。

2 見史彌遠26。

3 趙南仲以誅李全之功見忌於趙清臣，史揆每左右之，遂留於朝。其後恢復事起，遂分委以邊閫。赴鎮之日，朝紳置酒以餞。適有呈緣竿伎者，曹西士賦詩云：「又被鑼聲送上竿，這番難似舊時難。勸君着脚須教穩，多少傍人冷眼看。」未幾，師果不競。《齊東野語》卷八。《宋稗類鈔》卷六。

4 趙南仲丞相入汴日，嘗經宿境，見奇石，不忍舍。其後治圃溧水第，因語曩事。時趙邦永在傍，退即負之而來，儼然昔所見也。蓋當時意公喜，即令人舁置，轉江而歸焉。公猶憶其左趾闕如，視之果然。適一匠睨而噩歎曰：「異哉！當年所失，某適得之。」取而脗合，渾然天成。公異其事而銘之。《浩然齋雅談》卷中。

5 趙邦永，本姓李，李全將也。趙南仲愛其勇，納之，改姓趙氏。入洛之師，實爲統軍。嘗過靈壁縣，道旁奇石林立，一峯巍然，嶒崒秀潤。南仲立馬旁睨，撫玩久之。後數年家居，偶有以片石爲獻者，南仲因詫諸客以昔年符離所見者。邦永時適在旁，聞語即退。纔食頃，數百兵舁一石而來，植之庭間，儼然馬上所見也。南仲駭以爲神，扣所從來，則云：「昔年相公注視之際，意謂愛此，隨命部下五百卒輦歸，而未敢獻。適聞所言，始敢以進。」南仲爲之一笑。《齊東野語》卷五。《宋稗類鈔》卷二。

6 趙南仲丞相溧陽私第常作圈，豢四虎於火藥庫之側。一日，焙藥火作，衆砲儵發，聲如震霆，地動屋傾，四虎悉斃，時盛傳以爲駭異。《癸辛雜識》前集。

7 見馬光祖7。

8〔淳祐三年〕召〔趙〕葵欲除右相，葵到京，言者謂宰相須讀書人，葵知之，乃逕出國門，上表辭相位，曰：「霍光不學無術，每思張詠之語以自慚；后稷所讀何書，敢以趙抃之言而自解。」歸領鄉郡。《宋季三朝政要》卷二。

9〔趙葵〕除拜右相，葵屢上辭免，而朝旨促赴闕益急。後葵到京，時以宰相須用讀書人劾之。葵已知之矣，乃徑出國門，疾馳而歸，題《南鄉子》壁間云：「束髮領西藩，百萬雄兵掌握間。召到廟堂無一事，遭彈。昨日公卿今日閒。拂曉出長安，莫待西風割面寒。羞見錢塘江上柳，何顏。瘦僕牽驢過遠山。」……歸領鄉郡，推心愛民，一鞭不妄施。暇日過嶽麓精舍，舍長劉某年差長，將坐，揖曰：「相公主席。」公摇手曰：「這裏説甚相公？」竟就賓席，取酒盡歡而去。《錢塘遺事》卷三。

10 長沙茶具，精妙甲天下。每副用白金三百星或五百星，凡茶之具悉備，外則以大縷銀合貯之。趙南仲丞相帥潭日，嘗以黄金千兩爲之，以進上方，穆陵大喜，蓋内院之工所不能爲也。《癸辛雜識》前集。《宋稗類鈔》卷七。

11 宋趙葵嘗避暑水亭，有詩云：「水亭四面珠闌遶，簇簇游魚戲萍藻。六龍畏熱不敢行，海水煎徹蓬萊島。身眠七尺白蝦鬚，頭枕一片紅瑪瑙。」六句已成，葵遂睡去，有侍婢續云：「公子猶嫌扇力微，行人正在紅塵道。」《小草齋詩話》卷四。《堅瓠丁集》卷四。《南宋雜事詩》卷七。《宋詩紀事》卷六十五。

12 趙葵同知樞密院，朝罷歸私第，而諸姬不見。葵往訪之，乃群聚摘青梅。有一姬善詩賦，葵責令賦詩，云：「柝聲默報早春回，滿院春風繡户開。怪得無人理絲竹，緑陰深處摘青梅。」《南宋雜事詩》卷七引《古今女史》。《宋詩紀事》卷八十七。

謝方叔

1 謝集賢一疏自解云：「臣自班行，叨塵相位，一命已上，皆出親擢。賦性僻介，素不與内侍往還，應干文字，悉由通進司投進。自知潔其身，而袖手旁觀之人，往往察臣之所避而趨之。比者〔洪〕天錫又論二璫。恭聞聖訓，以爲争田伐木皆王樠舊事。臣費盡心力，上則忠告陛下，量作處分，下則彌縫事體，安恤人言。不謂下石之人，撰造言語，鼓弄宦寺，曰『天錫攻汝，相君之意也，相君許其弟除朝士而嗾之也。』既誣臣以教天錫攻内侍之事，又誣臣以啓陛下遷天錫之説，必欲醜詆臣於不可辨白之地。但臣分量已盈，歸老山林，正其時矣。從此爲宰相者，必將共宦寺結爲一片，天下皆在籠絡中矣。惟望陛下早正右席之拜，使臣亟釋重負，退延殘生，實出保全之賜。」御筆慰之曰：「但安素志，奚足深辨。」越數日，除天錫太常少卿，而君疇已在汶上矣。《齊東野語》卷七。

2 謝方叔罷相歸豫章，一日以琴一張、丹藥一爐獻上，蓋以舊學故也。賈似道疑其有覬望再相之意，令全臺劾之，以爲不當誘人主爲聲色之好，欲謫遠郡。賴呂文德以己官職贖丞相之罪，遂得免。論者曰：「專權忌能，賈固不能無罪； 居閑貢獻，謝亦有以取之也。」《宋季三朝政要》卷四。《湖海新聞夷堅續志》前集卷一。

3 謝方叔惠國，自寶祐免相歸江西寓第，從容午橋泉石，凡一紀餘。咸淳戊辰，朝會慶壽，爲子姪親友所誤，萃先帝宸翰爲巨帙，曰《寶奎録》，侑以自製丹砂、金器、古琴之類以進。當國者以爲意媒進，嗾言官後省交攻之，削其封爵，奪其恩數，且劾其姪常簿章，婿江州倅李鉦、客匠簿呂圻，至欲謫之遠外，禍且不測。荆閫呂武忠文德，平時事公謹，書緘往來，必稱恩府，而自書爲門下使臣。至是一力回護，幸而免焉。壬申正月，公燕居無他，忽報雙鶴相繼而斃，公喟然嘆曰：「鶴既仙化，余亦從此逝矣。」於是區處家事，凡他人負欠文券，一切焚之。沐浴朝衣，焚香望闕遥拜，次詣家廟祝白，招親友從容叙别，具有條理。遂大書偈曰：「罷相歸來十七年，燒香禮佛學神仙。今朝雙鶴催歸去，一念無慙對越天。」瞑目静坐，須臾而逝。遺表來上，特旨盡復元官，恩數贈恤加厚焉。《齊東野語》卷七。《堯山堂外紀》卷六十一。

董槐

1 見丁大全1。

2 見丁大全4。

丁大全

1 丁大全，鎮江府金壇人。少出爲某寺行者，不律，長老撻以竹篦，歸咎伽藍，竟黥其面。神托夢主僧，哀祈湔洗。僧呼其前，責令揩拭，神復求謝，以故主僧加敬，待以客禮。久之還俗，處潘宅館，聯捷鄉書，既第，愈驕傲，人以「丁風子」目之。後至拜相，寶祐年間事也。董槐矩堂與丁氣味不合，董入相，丁在臺劾之，差數十人各持木棍，夜半扣府中，纔出，達入乘轎，急擡到大理寺前放轎，欲以此恐之。須臾，仍出北關門外，撇轎於地，發喊而散。矩堂徐步入接待寺，於是去國。即此舉措，非風而何！續丁入相，全臺論列，三學叩閽，舉民謡有「恨無漢劍斬丁公」之語，於是罷相南行。嘗語人曰：「自能談命，我不入臺則已，入臺則過府，過府則正拜。中間須南行一遭，而後再秉鈞軸。」始料固得，終爲捉月之歸，其能預知乎！《湖海新聞夷堅續志》前集卷一。

2 丁大全爲長溪主簿，因旱，令人以銀瓶乞水於百丈龍潭。既出，乃一瓦瓶，歸告大全。疑之，復自以銀瓶投入，復得瓦瓶。因祝之曰：「神龍有靈，幸示異相。」龍乃露爪水面，取水歸，果得大雨。大全後爲相，奏封龍王，建亭題詩，有「龍從百丈潭中起，雨向九重天上來」之語。《長溪瑣語》。

3 〔寶祐三年〕六月，丁大全除司諫，陳大方除正言，胡大昌除侍御，時目大全、大方、大昌爲「三不吠犬」。《宋季三朝政要》卷二。《古杭雜記》。《南宋雜事詩》卷六。

4 董槐罷相，時丁大全爲監察御史，奏槐章未下，先調臨安府隅兵百餘人，挺刃圍其第，以臺牒驅迫出之。時有詩云：「空使蜀人思董永，恨無漢劍斬丁公。」《宋季三朝政要》卷二。《古杭雜記詩集》。《宋詩紀事》卷九十六。

5 見董宋臣2。

6 開慶己未，丁大全因貂璫董宋臣得相，不愜人望。江西路分繆萬年作《釘》詩刺之云：「頑礦非銅鋼樣堅，寒坑纔離急趨炎。十來鎚打隨成器，一得人拈即逞尖。不怕斧敲惟要人，全憑鑽引任教嫌。休言深去難抽彼，自有羊蹄與鐵鉗。」丁見之大怒，繆竟以此科罪配化州。後丁果召庚申之變。《湖海新聞夷堅續志》後集卷二。《隱居通議》卷十。《堅瓠己集》卷三。

7 鎮江有讖云：「老虎逐鹿走，狀元出京口，丞相背後走。」寶祐戊午春，虎逐一鹿，自甘露寺後入城，突入故將李顯忠家。諸孫皆勇悍，攢槍拒之，鹿死，虎復從故道出城遁去。次年，三邑舉人入京赴省，集飲豐樂樓下，中間傑作者，醉中踴躍，自謂必應此讖。時丞相丁大全聞而惡之，意謂狀元應讖，丞相當走矣。丁，鎮江人也。陰囑省闈官吏，默識三邑試卷，皆不取。及揭曉，悉遭黜落。時丁之氣焰薰灼，邦人敢怒而不敢言。是年冬，丁罷相，出判鄉郡，繼而遭劾，代之守鎮江者乃焦炳炎，嘗爲武舉狀元，與丁素有深憾。到郡未幾，適丁有謫居之命。焦遣勇將數十輩押發，如捕强盜，丁狼狽就道，是知「狀元出，丞相走」，讖應乃如此。《東南紀聞》卷一。

8 〔丁〕大全，鎮江人，藍色鬼貌，小官時爲戚里婢婿。《宋季三朝政要》卷三。《錢塘遺事》卷四。

吴柔勝

1 宛陵吴勝之柔勝，淳熙辛丑得雋於南宫，將赴廷對，去家數十里，有地名曰朱唐，舟行之所必經。里之士夜夢有語之者曰：「吴勝之入都，至朱唐而反矣。」起而告諸人，時吴有親在垂白，意其或尼於行也，私憂之，既而無他。集英賜第，乃在第三甲，上曰朱端常，聯之者曰唐稟，始悟所夢。里士怒曰：「吴勝之登科，何與我事，鬼乃侮我耶！」《桯史》卷二。《宋稗類鈔》卷二。

吴潛

1 宋丞相吴潛、吴淵居雲川，未第時，日侍其父讀書。食後徜徉門外，見一道人來訪，問曰：「先生有何術？」道人曰：「能墨。」戲曰：「得非梅竹乎？」曰：「非，可將小甕磨墨來，爲作小筆戲。」吴欣然從之。道人遂以椶箒滲墨刷一小壁，俟乾，腰下出銅篦劃開，引二吴來觀。中有五色祥雲，覆以寶殿，屏上金裝吴潛字，隨掩去。後潛大魁，登相位。《湖海新聞夷堅續志》後集卷一。

2 王臞軒清舉到省，道經建陽，謁夢蓋竹廟。夢至王者居，有五百人列坐，而虛其四。臞軒未至，有呼者曰：「官人位在此。」王既坐，舉首見席端乃一僧，王負氣怒甚，左右曰：「此陳憍如尊者。」遂寤，及廷唱，大魁乃吴潛也。《癸辛雜識》別集上。

3 見劉震孫1。

4 〔景定元年〕七月，貶吴潛建昌軍，尋徙潮州。潛爲人豪雋，其弟兄亦無不附麗。有譏於上者曰：「外間童謡云：『大蜈蚣，小蜈蚣，盡是人間業毒蟲。夤緣攀附有百尺，若使飛天能食龍。』」《宋季三朝政要》卷三。《錢塘遺事》卷四。《古杭雜記詩集》卷三。《西湖游覽志餘》卷五。《堅瓠癸集》卷三。《宋稗類鈔》卷二。《宋詩紀事》卷一百。《古謡諺》卷八十八。

5 吴履齋爲人豪雋，在相位，其兄弟多以附麗登庸。賈似道與隙，遂爲飛謡於上曰：「大蜈公，小蜈公，盡是人間業毒蟲。夤緣攀附百蟲叢，若使飛天能食龍。」語聞，謫循州中毒死。後似道遭貶，時人顯壁云：「去年秋，今年秋，湖上人家樂復憂。西湖依舊流。吴循州，賈循州，十五年間一轉頭。人生放下休。」《堯山堂外紀》卷六十二。

6 詔〔賈〕似道移司黄州。黄在鄂上流中間，乃北騎往來之衝要。似道聞命，以足頓地曰：「吴潛殺我矣。」疑移司出潛意，故深憾之，遣武人劉宗申爲循守以毒潛。潛鑿井卧榻下，自作井銘，毒無從入。一日，宗申開宴，以私忌辭；再開宴，又辭；不數日，移庖，不得辭；遂得疾，以五月卒于循州。《宋季三朝政要》卷三。

7 見賈似道68。

8 〔吴潛〕安置循州，壬戌五月十八日卒。捐館之夕，作詩云「伶俜七十翁，間關四千里」……又自銘其棺云：「生于霅川，死于龍水。大布深衣，緇冠素履。藉以紙衾，覆以布被。一物不將，斂形而已。其人伊誰？履齋居士。」翁嘗好老莊，善延方外友，與客談及死生事，曰：「某只消一箇倏然而逝。」時但以爲戲言。及至循，相國者所遣人迫翁已甚，翁處之裕如。作詩及銘之夕，忽空中雷聲轟然，翁形在而神去矣。先是，潛入相，以方甫、胡易簡爲腹心，二人輕儇，人嘲之曰：「甫易簡方。」上議立度宗爲太子，公意不欲，緩其事。上不悦，北軍退，即罷政，而似道由軍中入相，諷臺臣劾公罪，貶循州。先是詔似道移司黄州，黄在鄂下流，中間乃北騎往來之衝要。似道聞命，以足頓地曰：「吴潛殺我！」疑移司出潛意，故深憾之。《錢塘遺事》卷四。

9　宣城涇縣有琴高山、琴高溪，俗傳控鯉而升之所。每歲三月中，有小魚數十萬，一日來集，亦傳以爲投藥滓所化。至今人待此日，盡網之，曝以爲乾，味甚美。吴履齋嘗賦詩和人韻云：「仙人藥苗化爲魚，身雖纖細味豐腴。土人涉溪如採荇，以布爲網猶恐疏。不比吴王耽嗜鱠，松江千古留腥滓。好似春茶槍與旗，俯視銀條不足數。人生所樂在家鄉，何必定食河之魴。琴高仙游不可躡，自向崑崙朝玉皇。玉皇一笑倚天末，乞與五湖任囊括。扁舟煙雨歸去來，卧聽魚槎聲濊濊。」《吴禮部詩話》。《宋詩紀事》卷六十一。

陳貴誼

1　陳正甫，諱貴誼，以詞學中等。嘗考潘子高詞卷，六篇俱精博，惟《集賢院記》偶不用李林甫註《六典》書目事，陳以此爲疑而黜之，然心服其文。當其寓直玉堂，凡常行詞，皆屬潘擬稿。潘性至密，惟予知之。陳索潘文，晷刻不差，且遣皂衣立門以俟。陳每餽潘酒富甚，嘗與予共酌于糧料院之雲根云。《四朝聞見録》乙集。

金　淵

1　金淵叔參預日，一日，奏事下殿，與臺臣劉應弼邂逅。忽所持笏鏗然有聲，視之，有紋如綫，上下如一，若墜於地者，殊不可測。甫退朝，則劉彈章已民出。《齊東野語》卷十二。

蔡杭　余晦

1 余晦，字養明，四明人，小有才，趙與簹之罷京尹，晦實繼之，此壬子四月也。後一月，上庠士人與市人有競，以不能奉學舍之意。既而齋生有嬎於齋中者，遂命總轄輩入齋看驗，遂肆諸生之怒。時祭酒蔡杭入奏，三學捲堂伏闕上書，直攻晦爲僕。及晦轎出，將白堂，則諸生攔截於路，欲行打辱，於是晦即絶江以避之，遂以理少罷職，而杭亦除宗少府而去。京庠復上書留蔡，而太博黄邦彦、武博戴艮齋復劾晦而留杭，皆不報。未幾，晦知鄂州，杭以貳卿召。或有詩獻蔡云：「九曲灣頭是釣灘，先生何事放漁竿。長江流水滔滔去，落日西風陣陣寒。好把丹心裨聖主，休將素節换高官。想於獻納論思際，應説今來蜀道難。」後杭徑除僉樞，或有譏之云：「不因同舍之捲堂，安得先生之過府。」《癸辛雜識》别集下。

馬天驥

1 馬方山天驥，龍游人，家貧好學，行供衢庠，宿齋課業，學鄰郡之射圃。一日有箭射於齋中石榴樹上，馬曰：「吾甲子石榴木，今秋必發薦。」衆哂之。是年果預計偕，一舉及第，御試第二名。《庶齋老學叢談》卷四。

林存

1 見趙抃45。

董宋臣

1 董宋臣，始爲小黄門，稍進東頭供奉官，極善逢迎。……理宗一日歎曰：「宫女翠花俱敝矣。」宋臣不數日即進翠花數千枝，蓋先鋪翠葉，匣貯以待上命。正月十四夜，蔣安禮進竹絲燈，其明過於栅子燈，上大喜。宋臣奏曰：「明日臣亦獻此燈。」安禮退而笑曰：「吾經年乃成，豈一夕可辦？」時有廣商販布竹至杭，宋臣即買數匹，剪以爲燈，頃刻而成，細而且薄，安禮駭服。《西湖游覽志餘》卷二。

2 〔董〕宋臣日進用事，内侍之勢益張。丁大全作相，與宋臣表裏，復以廟堂之力助之，有司奉行惟謹。修内司十百爲曹，望青采斫，雖勛舊之冢，亦不免焉。一日，内宴雜劇，一人專打鑼，一人朴之曰：「今日排當，不奏他樂，丁丁董董不已，何也？」曰：「方今事皆丁董，吾安得不丁董？」《西湖游覽志餘》卷二。

3 巨璫董宋臣迎逢上意，起梅堂、芙蓉閣，奪豪民田，引倡優入宫，招權納賄，無所不至，人以「董閻羅」目之。時閻妃怙寵，馬天驥、丁大全用事，有無名子書八字於朝門云：「閻馬丁當，國勢將亡。」《宋季三朝政要》卷二。《宋詩紀事》卷一百。

4 當理宗時，禁苑漸頽，賞荷池宴，但張蓋設屏扆於烈日中，上意爲不然。〔董〕宋臣默會意，不日而成一亭於池傍。再宴，上大喜。未幾，冬月賞梅，園又有一亭，上意不樂，諭宋臣曰：「前所造荷亭，朕不以爲較，今復有此亭，半年之間，勞民動衆如此。」宋臣奏曰：「此梅亭，即前之荷亭也。」上問其故，宋臣奏曰：「此乃拆卸摺疊之亭。」上愈稱賞之。《西湖游覽志餘》卷二。

5 見宋理宗10。

孟珙

1 寶祐中，孟無庵珙開閫荆、襄。嘗單馬出巡，見漢江一漁者，狀貌奇偉，提巨鱗，避於道左。無庵問其姓名與年庚，則年月日時皆與己同，異之。邀之俱歸，欲命以官，漁者不願，曰：「富貴貧賤，各有定分。某雖與公相年庚同，然公相生於陸，故貴。某生於舟，則水上輕浮，故賤。某日以漁爲活自足，若一日富貴，實不能勝，必致暴亡。」再三强之，不可而去。孟悵然久之，曰：「吾不如也。」《湧幢小品》卷二十五。《堅瓠餘集》卷二。

2 孟珙，號無庵，兄弟中第四，故稱四孟。機略沈鷙，世罕能及。嘗攻大金，公統兵四萬，至蔡州滅之，由是威名浸盛。爲荆湖制帥，善御衆，得士卒心。……性好佛，夜則趺坐。召偏裨以下五七十人，施氈褥，俱席地，自上而下各舉一話，或目前事，或市井笑謔事，無不可言者。言有可笑，輒相與大噱。惟不得訐人陰私。于是上下之情無不通者，軍中私密，外間詭詐，皆入其耳。……兄璟稱三孟，嘗知鄂州，性寬厚。弟十孟，知岳陽。……理宗朝稱邊帥者，必曰「諸孟」云。《錢塘遺事》卷三。

3 孟珙，字璞玉，號無庵，隨州人。任四川宣撫使兼京都制使師。創南陽書院，以處襄漢流寓之士；竹林書院，以處四川流寓之士。每日見客，雖數十百人，一一接談，凡有投獻，並入袖中。客退，以所投獻文書令館客逐一朗讀而諦聽之，可行者付出，不可行者賸之行囊。嘗自作《無庵贊》云：「老拙愛游戲，忙裏放癡憨。正當恁麼持，無處見無庵。混沌庵之基，大朴庵之梁。大始庵之柱，大極庵之枋。西儀庵之户，三才庵之房。四象庵之壁，八卦庵之窗。白雲庵之頂，清風庵之牆。誰人運斤斧，大匠曰羲黄。明月爲伴侣，萬古共如常。欲知我富貴，秋水接天長。水雲不到處，一片玉壺光。」臨發又頌云：「有生必有滅，無庵無可説。踢倒玉崑崙，夜半紅日出。」《湖海新聞夷堅續志》前集卷一。《湧幢小品》卷二十二。《堅瓠癸集》卷一。

4 姚叔祥《見只編》云：……又有宋人《嘗后圖》，一婦人裸跣，爲數人擡捽。人皆甲冑帶刀，有嚙唇與乳及臂與股者，至有以口銜其足者。惟一大將露形近之，更一人掣之不就。又有持足帛履襪袒衣相追逐者，計十有九人。上有題云：「南北驚風，汴城吹動。吹出鮮花紅董董，潑蝶攢蜂不珍重。棄雪拚香，無處着這面孔。一綜兒是清風鎮的樣子，那將軍是報粘罕的孟珙。」此指宋、元滅金事也。但珙不至穢褻至此。……不知據何野史而作也。《椎書》二編卷九。

崔福

1 崔福，故群盜也。嘗爲官軍所捕，會夜大雪，方與嬰兒同榻，兒寒夜啼，不得睡覺。捕者至，因以故衣擁兒口，兒得衣，身煖啼止，遂得逸去。因隸籍軍伍，累從陳子華捕賊，積功至刺史、大將軍。後從陳往江西，留南昌。既而子華易閫金陵，兼節制淮西，而崔仍留洪。時倅攝郡，一日，倅與郡僚宴滕王閣，崔怒其不見招，憾之。適至府治前，民有立牌訴冤者，崔乃擕其人，直至飲所，責以郡官不理民事。嗾諸卒盡碎飲器，官吏皆奔逸竄去，莫敢嬰其鋒。子華知之，遂檄還建康。《齊東野語》卷十三。

呂文德

1 〔呂〕文德，安豐人，魁梧勇悍，常鬻薪城中。趙葵於道旁見其遺履，長尺有咫，訝之。或云：「安豐鬻薪人也。」遣使訪其家，值文德出獵，暮負虎鹿各一而歸。留吏一宿偕見。趙留之帳前，在邊立功，遂至顯宦。《宋季三朝政要》卷一。

2 呂文德起土豪，〔賈〕似道始結之，爲大將，官至保傅。然文德愚鄙小民，不識字，每佯癡，好無禮士大夫。似道既入相，文德寫醜語罵，似道不敢怒。至郡，不肯禮先聖祭先聖，每云：「不曾教我識字。」《南宋雜事詩》卷三引《黄氏日鈔》。

3 見劉整3。

彭大雅

1 宋寧宗朝，彭大雅最豪傑而極貧者也。有富豪每資以金穀，待以飲饌，隨其所需，略無厭倦，大雅甚感之。一日，富者打死一鄰人，方倉皇間，大雅奮然出曰：「每荷公解衣推食，方有急難，而無人向前，此事無害，我自去擔當。」不使富者知之，入詞於官云：「此事是某，願下獄與供折官司。」遂收之。適其年科舉，州府監出大雅入貢院就試，是秋發解，次春登科，榮授官職，而此事不復問矣。《湖海新聞夷堅續志》前集卷二。

2　彭大雅守重慶時，蜀已殘破。大雅披荆棘，冒矢石，竟築重慶城，以禦利閬、蔽夔峽，爲蜀之根柢，自此支吾二十年，大雅之功也。然取辦促迫，人多怨之。大雅微時，有富民資以金穀，待以飲饌，隨其所需，略無厭倦。一日，富民毆死一鄰人，大雅奮然以身當之，自入詞於官，曰：「此事是某，願下獄供析。」富民賴之免。適其年大比，太守憐其才，俾之就試，是秋領舉，併釋之。次年登科，官至朝郎，出爲四川制置，甚有威名。識者謂其義氣滿胸，前程遠大，已見於此矣。其築重慶也，委幕僚爲記，不愜意，乃自作之曰：「某年某月某日，守臣彭大雅築此，爲國西門。」謁武侯廟，自爲祝文曰：「大國之鄉，不拜小國之大夫。今大雅拜矣，非拜公也，拜公之八陣圖，拜公之《出師表》也。」其文老成簡健如此，聞者莫不服之。後不幸遭敗而卒，蜀人懷其恩，爲之立廟。《宋季三朝政要》卷二。《錢塘遺事》卷三。

3　彭大雅知重慶，大興城築，僚屬諫不從，彭曰：「不把錢作錢看，不把人作人看，無不可築之理。」既而城成，僚屬乃請立碑以紀之，大雅以爲不必。但立四大石于四門之上，大書曰：「某年某月，彭大雅築此城，爲西蜀根本。」《三朝野史》。《雪舟脞語》。

4　張于湖代爲和州守，設廳題梁云：「宋乾道丁亥正月朔旦，郡守胡昉新作黄堂，其綏靖和民，千萬年，永無斁。」詞翰奇偉，至今猶存。彭大雅帥蜀，築重慶城，幕客、門士各撰記誦，俱不當其意。雅乃自記十七字，云：「大宋嘉熙庚子，制臣彭大雅城渝，爲蜀根本。」大字深刻之，諸人歎服。……文本不工，然吐辭超勝，以少少勝多多，暗合于湖，想見豪氣。《姑蘇筆記》。

曹豳

1 見趙葵3。

洪咨夔

1 洪平齋新第後，上衛王書，自宰相至州縣，無不捃摭其短，大概云：「昔之宰相，端委廟堂，進退百官。今日之相，招權納賄，倚勢作威而已。凡及一職，必如上式。」末俱用「而已」二字。時相怒，十年不調。洪有《桃符》云：「未得之乎一字力，只因而已十年閒。」《船窗夜話》。《稗史》。《南宋雜事詩》卷三。《宋詩紀事》卷六十一。

2 寶慶初元，洪舜俞爲考功郎，應詔言事，詞旨剴切。真西山謂陳正甫曰：「讀洪考功封事，某殊有愧色。」其封事中論臺諫失職云：「月課將臨，筆不敢下，稱量議論之異同，揣摩情分之厚薄，可否未決，吞吐不能。其相率勇往而不顧者，恭請聖駕款謁景靈宫而已。」臺臣摘以爲言，謂衹見宗廟，此重事也，而洪某乃言「款謁景靈宫而已」，詞語嫚易，有輕宗廟之意。遂遭罷黜，仍鐫三官。舜俞有詩云：「不得之乎成一事，卻因而已失三官。」《鶴林玉露》乙編卷二。《五雜組》卷十六。

3 見史彌遠21。

徐 瑄

1 永嘉徐瑄，字漢玉。治周成子獄，無所枉，自知必得罪，束擔俟命。忽夢神人驅之使去，答曰：「吾分宜去，不待驅逐，但未知當往何所？」神曰：「汝得嚴州。」覺與家人言：「夢真妄耳。吾得罪必南遷，安得在畿乎？」已而謫道州，又徙象州。行至來賓縣，得《圖經》視之，唐嚴州也。歎曰：「吾其不返乎？」果終焉。《齊東野語》卷八。案：徐瑄，底本作「徐宣」，據别本及《鶴山集》卷八十六《徐公墓志銘》改。

胡夢昱

1 〔寶慶間，〕大理評事廬陵胡夢昱季晦，應詔上書，引晉申生爲厲，漢戾太子，及秦王廷美之事，凡萬餘言，訐直無忌，遂竄象州。翁定、杜豐、胡炎，皆有詩送之。翁云：「應詔書聞便遠行，廬陵不獨説邦衡。寸心只恐孤天地，百口何期累弟兄。世態浮雲多變換，公朝初日合清明。危言在國爲元氣，君子從來豈顧名。」杜云：「廬陵一小郡，百歲兩胡公。論事雖小異，處心應略同。有書莫焚稿，無恨豈傷弓。病愧不遠别，寫詩霜月中。」胡云：「一封朝奏大明宫，吹起廬陵古直風。言路從來天様闊，蠻煙誰使徑旁通。朝中競送長沙傅，嶺表争迎小澹翁。學館諸生空飽飯，臨分憂國意何窮。」竟殁於貶所。《齊東野語》卷十四。

2 近時，大理評事胡夢昱以直言貶象郡，過桂林，帥錢宏祖欲害之。未及有所施行，亦暴亡。《鶴林玉露》乙編卷二。《宋稗類鈔》卷七。

牟子才

1 牟存叟端明守當塗日，郡圃有脱靴亭，以謫仙采石得名，存叟繪以爲圖。又以山谷崇寧初守當塗，方九日而罷，蓋坐嘗作《荆州承天院塔記》，轉運判官陳舉承執政趙挺之風旨，摘其間數語以爲幸災謗國，除名謫宜州，遂作《返棹》一圖以爲對。各繫以贊，未幾流傳中都。時相丁大全、内侍董宋臣聞而惡之，遂捃摭其在都日餽遺過客錢酒等物，並指爲贓。下所居郡，監逮甚嚴。自此朝紳結舌，馴致開慶之禍焉。《齊東野語》卷十。

2 見宋理宗10。

3 牟存齋桂亭曰「天香第一」。《癸辛雜識》别集下。

趙涯

1 理宗初郊，行事之次，適天雷電以風，黄壇燈燭皆滅無餘，百執事顛沛離次。已而風雨少止，惟子階一陪祠官，雖朝衣被雨淋漓，而儼然不動。理宗甚異之，亟遣近侍問姓名，則趙涯也。時爲京局官，未幾，除監察御史。《齊東野語》卷二十。

洪天錫

1　近世敢言之士……曰温陵洪公天錫君疇一人而已。方寶祐間，宦寺肆横，簸弄天綱，外閫朝紳，多出門下，廟堂不敢言，臺諫長其惡，或餌其利，或畏其威，一時聲燄，真足動摇山嶽，回天而駐日也。乙卯元正，以公爲御史，公來自孤遠，時莫知爲何如人。首疏以正心格君爲説，且曰：「臣職在憲府，不惟不能奉承大臣風旨，亦不敢奉承陛下風旨。」固已聳動聽聞矣。次月，囊封言：「古今爲天下患者三：宦官也，外戚也，小人也。謹按入内内侍省東頭供奉官幹辦内東門司董宋臣，宦寺之貪黠者也。並緣造寺，豪奪民田，密召倡優，入褻清禁，先是，正月内呼營妓數輩入内祗應。摟攬番商，大開賄賂。不斥宋臣，必爲聖德之累。將作監謝堂，外戚之貪黠者也。狠愎之性，善於凌物，攫拏之狀，旁若無人。不曰『以備中殿宣索』，則曰『當取教旨豁除』。椒德令芳，天下備頌，不去一堂，必爲宫闈之累。集英殿修撰、知慶元府厲文翁，小人之無忌憚者也。神皋流毒，屢玷抨彈，藉衣錦威，行攫金術。今又移其剥越者剥鄞矣！然民敢怨而不敢言者，以其依憑邸第耳。不去文翁，必爲王邸之累。臣恐社稷之憂，不止累陛下，累宫闈，累王邸而已。乞將宋臣逐出，堂姑予祠，文翁罷黜，臣雖九隕不悔。」疏上兩日不報，君疇徑出江干待罪。於是中書牟子才存叟、右史李昂英俊明，交章留之，乞行其言。乃令堂自陳乞祠，除職予郡，宋臣自乞解罷，令首尾了日解職，文翁别與州郡差遣。仍命臺臣吴燧勉回供職。……公在閩閫日，嘗書桃符云：「平生要識瓊崖面，到此當堅鐵石心。」蓋其剛勁之氣，未嘗一日少沮也。《齊東野語》卷七。

洪天驥

1 洪天驥，字逸仲，少有異質。……母疾甚，剔股肉，雜湯藥以進，疾遂愈。然終身不以語人。《宋史翼》卷十七。

趙汝騰

1 理宗淳祐戊申，工書趙汝騰有劄，言黃濤阿媚舊相。濤中省辯白。司諫陳垓、御史蔡榮連章按劾，二人章内言汝騰之過言。謗之者作詩曰：「汝騰元是杜鵑兒，身著金章口是非。自道長安春色好，聲聲卻只勸人歸。」《古杭雜記詩集》卷三。

2 趙汝騰嘗語於人曰：「丞相吾能詆之，給舍、臺諫吾能譏刺之。」有詩曰：「若要差除好，更兼言職牢。宰執與臺諫，從頭罵一遭。」《古杭雜記詩集》卷三。

3 見徐霖1。

徐元杰

1 〔史〕嵩之之起復也，匠監徐元杰攻之甚力，遂除起居舍人、國子祭酒，仍攝行西掖。未幾暴亡，或以爲嵩之毒之而死，俾其妻申省。以爲口鼻拆裂，血流而腹脹，色變青黑，兩臂皆起黑泡，面如斗大，其形似鬼，欲乞朝廷主盟，與之伸冤。侍御鄭寀率臺諫共爲一疏，少司成陳振孫、察官江萬里並有疏。遂將醫官、人從、厨子置獄，令鄭寀督之，竟不得其情，止以十數輩斷遣而已。徐霖上書力詆寀不能明此獄之冤，不報，竟去。寀奏疏乞留霖，亦不報。先是侍御史劉漢弼盡掃嵩之之黨，至此亦以暴疾亡，或者亦謂嵩之有力，然皆無實跡也。朝廷遂各賜田五頃，楮幣五千貫，以旌其直。黄濤之試館職也，對策歷數史嵩之之惡，至是除宗正少卿，於對疏乃言元杰止是中暑之證，非中毒也。於是僉議攻之。而元杰之子直諒投匭扣閽，力辨此説，濤遂被劾去。《癸辛雜識》別集下。

章鑑

1 章藝齋鑑宰德清時，雖槐古馬高，尤喜延客，然飲食多不取諸市，恐旁緣以擾人。《山家清供》。《宋詩紀事》卷六十二。

尹焕

1 梅津尹涣惟曉未第時，嘗薄游苕溪籍中，適有所盼。後十年，自吴來霅，艤舟碧瀾，問訊舊游，則久爲一宗子所據，已育子，而猶掛名籍中。於是假之郡將，久而始來。顔色瘁赧，不足膏沐，相對若不勝情。梅津爲賦《唐多令》云：「蘋末轉清商，溪聲供夕涼。緩傳杯、催唤紅妝。焕綰烏雲新浴罷，拂地水沉香。歌短舊情長，重來驚鬢霜。悵緑陰、青子成雙。説着前歡佯不采，颺蓮子，打鴛鴦。」《齊東野語》卷十。《詞林紀事》卷十二。

2 尹梅津焕無子，螟蛉羅石二姓名一，越人爲之語曰：「梅津一生辛勤，只辦得食籮一擔。」《癸辛雜識》別集上。《古謡諺》卷六十二。

鄭雄飛

1 鄭慥堂先生不信佛，老亦不廢施斛。《脚氣集》。

焦炳炎

1 〔焦炳炎〕理宗朝爲諫官，論奏累數百章。時宰主括田議，遠近騷動。炳炎痛疏其害，復面奏懇惻，涕淚俱下。上爲動容，然未有寢命，炳炎論愈力。時宰語人曰：「焦生非攻括田，實攻我也。」炳炎聞之，不爲變，争之益力，必報寢而後已。《兩浙名賢録》卷五十四。《宋史翼》卷十六。

2 見丁大全7。

李劉

1 〔李〕劉嘗從真德秀游，丐詞科文字，留飲書室。指竹夫人爲題曰：蘄春縣君祝氏可衛國夫人。劉援筆立成，末聯云：「於戲，保抱攜持，朕不忘乙夜之寢；展轉反側，爾尚形四方之風。」德秀擊節歎賞。嘉熙己亥四月，誕皇子告廟祝文，劉以學士當筆，以四柱作一聯云：「亥年巳月，無長蛇封豕之虞；

午日丑時，有歸馬放牛之兆。」時方有蜀警，人咸賞其中的。《宋詩紀事》卷六十一引孫雲翼《李梅亭先生小傳》。《鶴林玉露》甲編卷四。

陳耆卿

1 見葉適12。

2 見葉適13。

3 見史彌遠22。

劉震孫

1 劉震孫長卿，號朔齋。知宛陵日，吳毅夫潛丞相方閒居，劉日陪午橋之游，奉之亦甚至。嘗攜具開宴，自撰樂語一聯云：「入則孔明，出則元亮，副平生自許之心；兄爲東坡，弟爲欒城，無晚歲相違之恨。」毅夫大爲擊節。劉後以召還，吳餞之郊外，劉賦《摸魚兒》一詞爲別，末云：「怕綠野堂邊，劉郎去後，誰伴老裴度。」毅夫爲之揮淚。繼遣一价，追和此詞，併以小匳侑之，送數十里外。啓之，精金百星也。前輩憐才賞音如此，近世所無。《齊東野語》卷二十。《庶齋老學叢談》卷三。

2 朔齋在吳日，有小妓善舞撲蝴蝶者，朔齋喜而納之矣。鄭潤父霖來守蘇，蓋舊游也。因燕集扣其人，知在劉處，亟命逮之。隸輩承風，徑入堂奧，竊取以去。劉大不能堪。未幾鄭殂，劉復取之以歸。時淳祐己酉也。《癸辛雜識》別集上。

3 魏鶴山之女，初適安子文家，既寡，謀再適人。鄉人以其兼二氏之撰，争欲得之，而卒歸於〔劉〕朔齋。以故不得者嫉之，朔齋以是多嘖言。晚喪偶於建寧。王茂悅橚自臺歸霅，繼而朔齋亦以口語歸，王輅之近郊。既而皆有伉儷之慽，語相泣也。王告別歸舟，得疾，竟至不起。王，劉所愛也。劉歸吴中，未幾亦逝。二人皆蜀之雋人，識者無不惜之。時戊辰、己巳之間也。《癸辛雜識》別集上。

陳郁

1 庚申八月，太子請兩殿幸本宮清霽亭賞芙蓉、木犀。韶部頭陳盼兒捧牙板歌「尋尋覓覓」一句，上曰：「愁悶之詞，非所宜聽。」顧太子曰：「可令陳藏一譔一即景快活《聲聲慢》。」先臣再拜承命，五進酒而成，二進酒數十人已群謳矣。天顔大悦，於本宮官屬支賜外，特賜百疋兩。詞曰：「澄空初霽，暑退銀塘，冰壺雁程寥寞。天闕清芬，何事早飄巖壑。花神更裁麗質，漲紅波、一奩梳掠。涼影裏，算素娥仙隊，似曾相約。閒把兩花商略，開時候、羞趁觀桃堦藥。緑幕黄簾，好頓膽瓶兒著。年年粟金萬斛，拒嚴霜、綿絲團幄。秋富貴，又何妨、與民同樂。」明年，四月九日，儲皇生辰，令述《寶鼎現》，俾本宮内人群唱爲壽。上稱得體。《隨隱漫録》卷二。

2 姑蘇守臣進蟹，應制程奎草批答云：「新酒菊天，惟其時矣。」上曰：「茅店酒旗語，豈王言耶！令陳藏一擬聞。」先臣援筆立成，略曰：「内則黄中通理，外則戈甲森然。此卿出將入相，文在中而横行匈奴之象也。」上乃悦。《隨隱漫録》卷三。

3 見賈似道15。

袁　樵

1 寶慶丙戌，袁樵尹京，於西湖三賢堂賣酒。有人題壁曰：「和靖東坡白樂天，三人秋菊薦寒泉。而今滿面生塵土，卻與袁樵課酒錢。」《古杭雜記》。

馬光祖

1 〔馬光祖〕尹京之日，不畏貴戚豪强，庭無留訟，頗得包孝肅公尹開封之規模。福王府訴民不還房廊屋錢，光祖判云：「晴則雞卵鴨卵，雨則盆滿鉢滿。福王若要屋錢，直待光祖任滿。」《三朝野史》。《西湖游覽志餘》卷二十五。《堯山堂外紀》卷六十三。《堅瓠癸集》卷三。

2 裕齋馬樞密判臨安府，榮邸解偷山賊，逼令重罪。鞫之，乃拾墳山之墜松者。判云：「松毛落地是草，村人得之是寶。大王穩便解來，即時放了。」《隨隱漫録》卷五。

3 馬光祖，字華父，號裕齋，吏事强敏，風力甚著，前後麾節，皆有可觀。乙卯尹京，内引一劄云：「自後宣諭旨揮，容臣覆奏；戚里諸托，容臣繳進。」下車之後，披剔弊蠹，風采一新，時號名尹。未幾，有倉部郎中師應極之子，夜飲於市，碎其酒家器。詰朝，尹車過門，泣訴其事，光祖即償所直，追逮一行作鬧僕從，仍牒問師倉郎。蓋光祖時領版曹，以倉部爲所屬，故牒問，殊不思京師無牒問朝士之理。師乃時相之私人，乃執縛持牒之卒，恣肆凌辱，又率諸曹郎官白堂，乞正體統。朝廷遂劄漕司，追出被打酒家，反加黥配。應極之子帖然無它，於是光祖威風頓挫，百事退縮。初，顔帥尹京之時，遇三學應有訟牒，必申國子監俟報，方與施行。學舍已不能堪。及光祖尹京，又創爲一議，應學舍詞訟，須先經本監用印保明，方許經有司。學舍尤怒之，作爲小詩曰：「幾年貪帥毒神京，虎視國家三學生。休道新除京尹好，敢將書鋪待司成。」未幾，察官朱應元劾李昂英，太學作書譏之，有云「何不移其劾昂英者劾光祖」等語，光祖愈不安。既而辟客參議薛垣以蹤跡詭秘罷，於是光祖力丐外任，出守留都焉。《癸辛雜識》别集下。

4 馬光祖尹京之日，有士人踰牆偷人室女，事覺到官，勘令當廳面試，光祖出《踰牆摟處子》詩，士人秉筆云：「花柳平生債，風流一段愁。踰牆乘興下，處子有心摟。謝砌應潛越，韓香許暗偷。有情還愛欲，無語强嬌羞。不負秦樓約，安知漢獄囚。玉顔麗如此，何用讀書求。」光祖判云：「多情多愛，還了平生花柳債。好個檀郎，室女爲妻也不妨。傑才高作，聊贈青蚨三百索。燭影摇紅，配取媒人是馬公。」遂令女子歸生爲妻，且厚贈之。《誠齋雜記》。《三朝野史》。《西湖游覽志餘》卷二十五。《堯山堂外紀》卷六十二。《堅瓠甲集》卷四。《宋稗類鈔》卷四。

5 馬裕齋光祖之再尹京也，風采益振，威望凜然。大書一榜，揭之客次，大意謂僚屬自當以職業見知，並從公舉，若挾貴挾勢，及無益儷語以屬者，不許收受，違者則先斷客將。於是客之至者，掌客必各點檢銜袖，惟恐犯令得罪。余時爲帥幕，一日以公事至，見有薛監酒方叔在焉。薛雖進納，出入福邸貴家甚稔，余因扣其何爲，薛笑而不見答，覘袖間則有物焉。余指壁間文曰：「奈何犯初條乎！」薛笑曰：「非惟犯初條，將併犯所戒矣。」既而速客僚屬白事畢，薛出袖中函書，馬公顰蹙不語。既而又出儷卷，傍觀皆悚懼，而典客面無人色，謂受杖必矣。及退，乃寂然無所聞。又旬日，余復以事至，則薛又在焉。余因扣其所投何如，薛笑曰：「已荷收録矣，余袖中乃謝啓也。」扣其所主，則南陽貴人也。以是知人不可無勢，以馬公峻峭壁立，亦不能不爲流俗所移，況他人哉！《癸辛雜識》後集。

6 〔寶祐六年〕馬光祖、向士璧自捐軍費。《宋季三朝政要》卷二。

7 馬華父光祖知高沙日，戍軍叛，華父撫諭不從，遂藏身後圃亂荷中獲免。其家人散走藏匿，華父之妻則匿於都吏之家，遂爲所污。趙信國自維揚提兵至郡討叛，令王克仁入城撫諭，遂誅首謀者百餘人。趙遂繫吏者，纏以麻絙，漬之以油，用大竿稱於通衢而燃之。華父慚怒，以趙爲彰其家醜，遂搆大怨。其後華父開江閫，遂辟王容之子某爲溧水令，俾覘趙過，將甘心焉。趙公知之，遂首以外執政一削舉之，且爲宛轉料理改秩。馬知其故，遂劾去之。其後建清溪諸賢祠，凡仕於江淮者皆在祀列，獨信國之父忠肅公方不得預焉。《癸辛雜識》續集下。

8 開慶間，馬華父制置江閫日，嘗于青溪建祠以祀先賢，斷自吴泰伯以下，凡四十一人，皆嘗仕若居若游于此獲與焉。蓋華父之祖亦嘗仕于昇故也。祠成，命馮可遷贊之。其贊馬公末語，有「爾祖其從與享」之句。或摘以爲譏，華父遂去乃祖之祀焉。或謂劉子澄清叔與華父有宿憾，授意于馮云。《浩然齋雅談》卷上。

留元剛

1 見真德秀7。

2 留〔元剛〕以使酒任氣，爲言者屢以聞，然該敏貫洽，近代相門子弟未有也。……先是，永嘉劉錫祖父掩據羲之墨池且百年，後爲世僕所發，公斷其廬，得池于劉卧内，劉氏遂衰。其臨政操斷皆類是，故謗者亦不恕。嘗得方巖王公簡復士人周儀甫書云：「納去茂潛書，雖儀甫不待老夫之囑。茂潛永嘉之政，若干將、莫邪新發于硎，切不可干之以私。」又云：「近來墨池事最偉。」《四朝聞見録》甲集。

林興宗

1 宋嘉平寶紹間，叛將李全駐兵淮東之山陽，驕悍難制，戕許國，逐姚翀，殺命士苟夢玉、杜來，士大夫視山陽，不啻如蛇鄉虎落。時莆人林興宗景復授法曹以往，時論壯之。安晚鄭公在瑣闥餞行，有詩云：「淮海轅門立奇士，要看左袒爲劉時。」蓋勉其盡節也。景復到任後，改淮安令。辛卯春，全破通泰，犯揚州，爲王師掩擊，殪城下。其妻楊姑姑懼朝廷必討，遂掃衆盡俘執南官北去。景復羈囚山東凡十年，挺節無所污，安晚餞詩可無負矣。信菴趙公遣間物色，捐金資得之以反，縣國印與告身俱存。趙公奏乞旌擢以勸盡節者，朝廷録用，官至曲江守。景復北地詩有「最是北來少許料，地寒難得見梅花」，又有「形容變盡頭如雪，不改當時一寸心」之句，江湖間多稱之。《梅磵詩話》卷下。

楊叔昉

1 寶慶丙戌，莆陽境内小民張氏至孝，家貧養母。嘗有所適，歸而母亡，張追慕不已，既祥而不除，欲喪之終其身。太守楊叔昉聞而哀之，賜以錢酒，且書其門曰：「何必讀書，只此便是讀書；何必爲學，只此便是爲學。」《癸辛雜識》後集。

胡穎

1 胡石壁穎爲憲日，嘗出巡部。適一尉格目忘書名，胡大怒，遂批銀牌云：「縣尉不究心職事，至於格目亦忘署名，可見無狀。」追問。尉亦狡者也，遂作一狀，録憲狀判於前而空「署」字，以黄覆之。及就逮投狀，胡見益怒云：「汝尚敢侮我如此。」遂索元批銀牌觀之，則有「署」字，蓋一時盛怒中所書，忘其廟諱也。於是徑不敢問而遣之。《癸辛雜識》後集。

陳詵　陸叡

1 湘人陳詵登第，授岳陽教官。夜踰牆與妓江柳狎，頗爲人所知。時孟之經守岳，聞其故。一日，公燕，江柳不侍，呼至杖之，文其眉鬢間以「陳詵」二字，仍押隸辰州。妓之父母詣學官咎詵云：「自岳去辰八百里，且求資糧。」陳且泣且悔，罄其所有，及資衣物，得千緡，以六百贈柳，餘付監押吏卒，令善視。且以詞餞别云：「鬢邊一點似飛鴉，休把翠鈿遮。二年三載，千攔百就，今日天涯。楊花又逐東風去，隨分入人家。要不思量，除非酒醒，休照菱花。」柳將行，會陸雲西以荆湖制司幹官霈檄至岳，與陳有故。將至，陳先出迎，以情告陸，陸即取空名制幹劄，填陳姓名，檄入制幕。既而並迎陸入，即開宴。陸曰：「聞籍中有江柳者善謳，誰是也？」孟即呼至，柳花鈿隱眉間所文。飲間陸戲語孟曰：「能以柳見予否？」孟曰：「唯命。」陸笑曰：「君尚不能容一陳教官，豈能與我？」孟因叙詵之過，陸歎慨。既而終席，陸呼柳問其事，柳出詵送别詞，陸大嗟賞，而再登席，陸舉詞示孟，且誚之曰：「君試目此作，可謂不知人矣。今制司檄詵入幕，將若之何？」孟求解於陸，並召詵同宴。明日列薦詵，且除柳名。陸遂將詵如江陵，見之闐公秋壑，俾充幕僚。《説庫》本《山房隨筆》。《青泥蓮花記》卷八。《宋稗類鈔》卷四。

姚鏞　趙東野

1 姚鏞爲吉州判官，以平寇論功，不數年擢守章貢。爲人踈雋，喜作詩，自號雪蓬。嘗令畫工肖其像：騎牛於磵谷之間。索郡人趙東野題詩，東野題云：「騎牛無笠又無簑，斷隴横岡到處過。暖日暄風不常有，前村雨暗卻如何。」蓋規切之也。居無何，忤帥臣，以貪劾之。時端平更化之初，施行特重，貶衡陽，人皆服東野之先見。《鶴林玉露》丙編卷六。《堯山堂外紀》卷六十一。《宋稗類鈔》卷六。《宋詩紀事》卷六十二。

黄　炳

1　嘉熙間，江西峒丁反，吉州萬安宰黄炳鳩兵守備。一日五更，探報寇且至，炳亟遣巡尉領兵迎敵，衆皆曰：「枵腹奈何？」炳曰：「第速行，飯即至矣。」炳乃率吏輩，擕竹籮木桶沿市民之門曰：「知縣買飯！」時人家晨炊方熟，皆有熱飯熟水，厚酬其直，負之以行。於是士卒皆飽餐，一戰破寇，由此論功，擢守臨川，兼庾節。《鶴林玉露》乙編卷六。《宋稗類鈔》卷三。

王克謙

1　王克謙，號茂林，無子。後知永嘉，命立修竹爲子，時已二十，乃戊戌生，本姓林氏，正合茂林二字，非偶然也。《癸辛雜識》續集上。

蕭　㒟

1　江西古喻蕭太山，好奇之士也。名其堂曰堂堂堂，亭曰亭亭亭。越陳持節某提舉江西日，蕭延飲，遍歷亭館，次觀其匾。至洞，公戲之曰：「此何不曰洞洞洞。」蕭爲不懌。《稗史》。

徐霖

1 徐霖，字景説，號經畋，三衢人，爲南省第一人。首伏闕詆史嵩之，不報。嵩之謂人曰：「朝廷大比所費不知其幾，合天下士僅得一省元，乃是狂生，可以爲世道歎。」於是虚名頓增。未幾，有徐元杰之獄，上書攻鄭寀不明此寃，徑去國。寀上疏留之，於是傳旨俾宰執留之，又令左司尹焕面留，又令姚希得傳旨勉諭，毅然不從而去。往往沽激太過，人亦薄之。其居衢也，於所居畫諸葛武侯像，終日與之對坐，論天下事。諸閹畏其吻，競致金帛，皆受之。其回字有云：「承惠兼金束帛，足見尊賢崇道之意。」趙汝騰時爲從官，上疏力薦，至比之爲范文正公，屢有召命，皆不就。及除著作郎，則翻然而來，舉止顛怪，妄自尊大。凡士子之來受教，皆拜庭下，霖危坐受之，不發一語，瞑目坐移時，豁然而起。有黠者俟其瞑目，亦效之；俟其躍然而起，亦起從之。霖曰：「汝已得道矣。」夏月，京府命工搭蓋松棚，適一匠者袒服破綻，見其二子，霖竟牒天府云：「某人受役而不主一，合從重撻。」隨行一童，廳吏或以果餌與之，霖適見，併廳吏解天府，謂某吏壞其太極，都城無不傳以爲笑。甚至醉而入經筵，自稱爲宗師，及兼宰士，則妄有更改。未幾對輪，竟論乞劾罷臺諫，於是御筆有云：「徐霖以庶官而論臺諫、京尹，要朕必行，事關紀綱，前所未有。昨以去余晦爲是，今乃疏蔡杭爲奸，言及朝士，親填姓名，懷情不一，首鼠兩端，可與在外差遣。」尚遲回不去，趙汝騰往視，趣其出關。蓋霖之無忌憚，皆汝騰成其狂，至目汝騰爲太宗師，己爲小宗師，遞相汲引。霖既去，汝騰亦不自安，遂自補外。未幾，察官蕭泰來數其十二狂，不可治郡，於是聲名掃地矣。《癸辛雜識》别集下。

2 見留夢炎2。

3 見留夢炎3。

趙以夫

1 金陵帥闔趙以夫過衢州，訪祕書徐霖。相見後，覿面大慟，左右見者駭然，不知所哭何事。元來哭世道艱險，小人在朝，君子在野，生民不見太平之治。以夫與霖俱懷嫠婦之憂，故也。《三朝野史》。

秦九韶

1 秦九韶，字道古，秦鳳間人。年十八，在鄉里爲義兵首，豪宕不羈。嘗隨其父守郡，父方宴客，忽有彈丸出父後，衆賓駭愕，莫知其由。頃加物色，乃九韶與一妓狎，時亦抵筵，此彈之所以來也。既出東南，多交豪富，性極機巧，星象、音律、算術，以至營造等事，無不精究。邇嘗從李梅亭學駢儷、詩詞、游戲、毬馬、弓劒，莫不能知。性喜奢好大，嗜進謀身，或以曆學薦於朝，得對有奏藁，及所述教學大略。與吴履齋交尤稔。吴有地在湖州西門外，地名曾上，正當苕水所經入城，面勢浩蕩，乃以術攫取之。遂建堂其上，極其宏敞，堂中一間横亘七丈，求海桄之奇材爲前楣，位置皆自出心匠。凡屋脊兩翬搏風，皆以塼爲之。堂成七間，後爲列屋，以處秀姬、管絃。製樂度曲，皆極精妙。用度無算，將持鉢於諸大閫，會其所養兄之子與其所生親子妾通，事泄，即幽其妾，絶其飲食而死。又使一隸偕此子以行，授以毒藥及一劍，曰：「導之無人之境，先使仰藥；不可，則令自裁；又不可，則擠之於水中。」其隸僞許而送之所生兄之寓鄂渚者，歸告事畢。已而寖聞其實，隸懼而逃，秦并購之。於是罄其所蓄自行，且求其子及隸，將甘心焉。語人曰：「我且齎十萬錢如揚，惟秋壑所以處我。」既至，遍謁臺幕，洪恕齋勳爲憲，起而賀曰：「比傳令嗣不得其死，今君訪求之，是傳者妄也。可不賀乎？」秦不爲答。久之，賈爲宛轉得瓊州，行未至，怒迓者之不如期，取馭卒戮之。至郡數月罷歸，所攜甚富。己未透渡，秦喜色洋洋然，既未有省者，則又曰：「生活皆爲人攬了也。」時吳履齋在鄞，亟往投之，吳時將入相，使之先行曰：「當思所處。」秦復追隨之。吳旋得謫，賈當國，徐摭秦事，竄之梅州。在梅治政不輟，竟殂於梅。其始謫梅離家之日，大堂前大楣中斷，人謂不祥。秦亡後，其養子復歸，與其弟共處焉。余嘗聞楊守齋云：「往守霅川日，秦方居家，暑夕與其姬好合於月下。適有僕汲水庭下，意謂其窺己也，翌日遂加以盜名，解之郡中。且自至白郡，就欲黥之。」楊公頗知其事，以其罪不至此，遂從杖罪斷遣。秦大不平，然匿怨相交如故。楊知其怨己，每闞其亡而往謁焉。直至替滿而往別之，遂延入曲室，堅欲苛留。楊力辭之，遂薦湯一盃，皆如墨色，楊恐甚，不飲而歸。蓋秦向在廣中多蓄毒藥，如所不喜者必遭其毒手，其險可知也。《癸辛雜識》續集下。

趙孟奎

1 趙暨守衢日，所任都吏徐信，興建佑聖觀，歛民財甚夥。未幾，詹寇作，信以致寇抵罪而死。然民之詣祠如故，特太守不復往。趙孟奎春谷始至，以典祀亦往致敬。已而得堂帖，從前守陳蒙所申，命加毁拆。民投牒求免，而主祀祠黄冠遇大蛇於道，謂神所憑，率民以禱，曰：「果神也，蓋詣郡。」遂以蛇至倅廳，以白郡。趙曰：「此妖也。」以黄冠爲惑衆，械繫於獄，繼取蛇貯以大缶，加封閉焉。三日獄成，黄冠坐編置，而戮蛇於市，人咸狀之。《癸辛雜識》後集。

2 趙春谷梅亭曰「東風第一」。《癸辛雜識》别集下。

真德秀

1 真文忠公，建寧府浦城縣人，起自白屋。先是，有道人於山間結菴，煉丹將成。忽一日入定，語童子曰：「我去後，或十日、五日即還，謹勿輕動我屋子。」後數日，忽有扣門者，童子語以師出未還。其人曰：「我知汝師死久矣！今已爲冥司所録，不可歸。留之無益，徒臭腐耳。」童子村樸，不悟爲魔，遂舉而焚之。道者旋歸，已無及。繞菴呼號云：「我在何處？」如此月餘不絶聲，鄉落爲之不安。適有老僧聞其説，厲聲答之曰：「你説尋『我』，你卻是誰？」於是其聲乃絶。時真母方娠，忽見道者入室，遂産西山。幼穎悟絶人。家貧，無從得書，往往假之他人及剽學里儒，爲舉子業。未幾登第，初任爲延平郡掾。時倪文節喜奬借後進，且知其才，意欲以詞科衣鉢傳之。每假以私淑之文，輒一二日即歸，若手未觸者。文節殊不平，曰：「老夫固不學，然賢者亦何所見，遽不觀耶？」西山悚然對曰：「先生善誘後學，何敢自棄。其書皆嘗竊觀，特不敢久留耳。」文節謾扣一二，皆能成誦，文節始大驚喜。於是與之延譽於朝，而繼中詞科，遂爲世儒宗焉。《齊東野語》卷一。《宋稗類鈔》卷一。

2 真西山乃草庵和尚後身，見《癸辛雜識》。《説略》卷五。《堅瓠續集》卷四。《古事比》卷十一。

3 真德秀，字希元，本姓慎，避孝宗諱，改姓真。《氏族大全》卷四。《堯山堂外紀》卷六十。《五雜組》卷十三。《南宋雜事詩》卷一。《詞林紀事》卷十一。

4 〔真〕文忠始於舉子，命字之義非得於師友，故始字曰實夫。後鄉曲有輕薄子曰：「只恐秀而不實。」故易曰景元。《四朝聞見録》丙集。

5 文忠真公字景元，〔樓〕攻媿從容叩公曰：「何以謂之景元？」公對以「慕元德秀，故曰景元。」攻媿曰：「誤矣。」取《毛詩》「高山仰止，景行行止」註文以示公，曰：「景，明也。詩人以明行對高山，則景不可以訓慕。」遂爲公易曰「希元」。然天下稱「景元」已久，至今亦未有稱爲「希元」者。《四朝聞見録》甲集。《鶴林玉露》乙編卷五。

6 真西山未第時，將會試於行都。道吾栝，約友人鄭達道同祈夢於梓潼廟下。入謁於神，遂擊其鼓，題詩於上曰：「大叩則大應，小叩則小鳴。我來一叩動天地，四海五湖聞其聲。」是夜得吉夢，其年果中。《草木子》卷四上。《西湖游覽志餘》卷二十二。《堯山堂外紀》卷六十。

7 真文忠公、留公元剛字茂潛，俱以宏博應選。時李公大異校其卷，於文忠卷首批云「宏而不博」，于留卷首批云「博而不宏」，申都臺取旨。時陳自强居廟堂，因文忠妻父善相，識文忠爲遠器，力贊韓氏，二人俱寘異等。是歲，毛君自知爲進士第一人，對策中及「朝廷設宏博以取士，今謂之宏而不博，博而不宏，非所以示天下，然猶寘異等，何耶？」至文忠立朝，時御史發其廷對日力從臾恢復事，且其父閲卷，遂駁寘五甲，勒授監當，後廟堂授以江東幹幕。終文忠之立朝，言者論之不已，後終不得起。《四朝聞見録》甲集。

8 文忠真公嘗與趙公汝談相晤，趙公啓文忠曰：「當思所以謀當路者，毋徒議之而已。」文忠答以「公爲宗臣，固當思所以謀。如某不過朝廷一議事之臣爾。」趙公自失。《四朝聞見録》甲集。

9 真西山鎮温陵。春，講武，帳前將官王大受被甲三重，發百矢皆中帖。西山韙之，補充正將。後月餘，忽海寇猖獗，令大受將五百卒以擒之，獲趙某等三渠魁及從百餘輩。大受歸，傷重而没。趙，宗子也，始皆疑西山未易處。閲數日，獄成，西山引諸囚入教場，縛二渠魁于中，掩其心，令諸軍射箭如猬，而賊未死。或斬或捶，次第而畢，惟置趙于旁觀之。次陵遲二渠魁，且以心肝祭大受。訖，補其二子以指使，又配其二女以良婿。賞罰兼行，士民驚服，皆以爲趙可生也。事畢，西山呼趙而問之，趙稱宗室不絶。西山曰：「宗室爲賊首，則非宗室矣，宜正以王法。」决交脊二百，而卒衆無敢嘩，大略似誅少正卯時也。一時爲詩歌者百數，獨長溪丞王奕世一絶云：「憑陵海若玩波神，怙恃乾坤不殺身。刀鋸未加先自殞，陸梁未有白頭人。」西山大喜，薦之于朝。《藏一話腴》甲集卷上。

10 〔真〕西山初守泉南，士民愛之如父母。後帥隆興，頗抑强扶弱，謗譽幾相半。改帥潭，士民愛之復如泉南。後西山退居，書於册云：「洪之政駁，任氣爲之也。湘之政醇，任理爲之也。」《林下偶談》卷二。《木筆雜鈔》卷上。

11 真西山帥長沙，宴十二邑宰於湘江亭，作詩曰：「從來官吏與斯民，本是同胞一體親。既以脂膏供爾禄，須知痛癢切吾身。此邦素號唐朝古，我輩當如漢吏循。今日湘亭一杯酒，便煩散作十分春。」《鶴林玉露》甲編卷三。

12 真西山帥長沙，郡人爲立生祠。一夕，有大書一詩于壁間者，其辭云：「舉世知公不愛名，湘人苦欲置丹青。西天又出一活佛，南極添成兩壽星。幾百年方鍾間氣，八千春願祝脩齡。不須更作生祠記，四海蒼生口是銘。」《鶴林玉露》乙編卷四。《湖海新聞夷堅續志》後集卷二。《堅瓠丙集》卷二。《宋詩紀事》卷九十六。

13 紹定之末，史相薨，聖上親政，即日梁成大、李知孝出國門。西山在泉，聞之喜甚，曰：「二凶去矣，閩特犬豕，越乃虺蛇。」蓋梁閩人，李越人也。《林下偶談》卷四。《木筆雜鈔》卷下。

14 真西山負一時盛名，豈西山真欲愛名于天下，天下自聞名而起敬耳。及史同叔之死，天下之人皆曰：「真直院入朝，天下太平可望。」及其入朝，前譽小減。省試主文，爲輕薄子作賦曰：「誤南省之多士，真西山之餓夫。」都下諺曰：「若要百物賤，須是真直院。及至喚得來，攪做一鑊麵。」《貴耳集》卷下。

15 真文忠負一時重望，端平更化，人徯其來，若元祐之涑水翁也。是時楮輕物貴，民生頗艱，意謂真儒一用，必有建明，轉移之間，立可致治。於是民間爲之語曰：「若欲百物賤，直待真直院。」及童馬入朝，敷陳之際，首以尊崇道學，正心誠意爲第一義，繼而復以《大學衍義》進。愚民無知，乃以其所言爲不切於時務，復以俚語足前句云：「喫了西湖水，打作一鍋麪。」市井小兒，囂然誦之。士有投公書云：「先生紹道統，輔翼聖經，爲天地立心，爲生民立命。愚民無知，乃欲以瑣瑣俗吏之事望公。雖然，負天下之名者，必負天下之責。楮幣極壞之際，豈一儒者所可挽回哉？責望者不亦過乎！」公居文昌幾一歲，洎除政府，不及拜而薨。《癸辛雜識》前集。《西湖游覽志餘》卷二十一。《堯山堂外紀》卷六。《宋稗類鈔》卷六。《宋詩紀事》卷一百。

16 真文忠初謚也，謚議未上，有疑其太過者，欲以王梅溪之謚謚公。公之子志道以「政府祭公文，皆謂公無愧于歐陽，未嘗比予父以梅溪也」，政府無復辨，竟用初謚云。《四朝聞見録》甲集。

17 有士人投啓事於真西山，以「爵齒德」對「師尚父」，又用「運籌帷帳之中」，館客哂之。西山曰：「師尚父謂可師、可尚，可爲人父；《漢書》言『帷幄』，《史記》作『帷帳』，不可哂也。」《湛淵静語》卷一。

18 龍洲劉改之詩云：「退一步行安樂法，道三個好喜歡緣。」真西山喜誦之。《鶴林玉露》丙編卷四。

19 〔真西山〕越山新居成，名其齋曰「學易春」，貼子云：「坐看吴越兩山色，默契羲文千古心。」《氏族大全》卷四。《堯山堂外紀》卷六十。

20 姚文公燧爲翰林學士承旨日，玉堂設宴，歌妓羅列，中有一人，秀麗閒雅，微操閩音。公使來前，問其履歷。初不以實對，叩之再，泣而訴曰：「妾乃建寧人氏，真西山之後也。父官朔方時，禄薄不足以給，侵貸公帑無償，遂賣入娼家，流落至此。」公命之坐，乃遣使詣丞相三寶奴，請爲落籍。丞相素敬公，意公欲以侍巾櫛，即令教坊檢籍除之。公得報，語一小史曰：「我以此女爲汝妻，女即以我爲父也。」史忻然從命。《南村輟耕録》卷二十二。

魏了翁

1 〔魏〕鶴山先生母夫人方坐蓐時，其先公晝寢，夢有人朝服入其卧内，因問爲誰，答曰：「陳了翁。」

覺而鶴山生，所以用其號而命名。陳瑩中前三名登第，後兩甲子，鶴山中第亦第三名，其出處風節相似處極多。在東南時，有了翁家子孫，必異遇之。《貴耳集》卷下。

2〔魏〕了翁弱冠苦羸疾，因過汴河上，遇道人，云：「他日聲名滿天下。」又謂公曰：「曾讀《左氏》否？左氏諸大戰反覆熟讀，有快意處，便是得藥。」公如其言，誦之旬日間，氣體頓壯。《密齋筆記》卷三。

3端平間，真西山參大政，未及有設施而罷。魏鶴山督師，亦未及有設施而罷。臨安優人裝一儒生，手持一鶴，別一儒生與之邂逅。問其姓名，曰：「姓鍾名庸。」問所持何物，曰：「大鶴也。」因傾蓋歡然，呼酒對飲。其人大嚼洪吸，酒肉靡有孑遺，忽顛仆于地，群數人曳之不動。一人乃批其頰大駡曰：「説甚《中庸》、《大學》，喫了許多酒食，一動也動不得。」遂一笑而罷。或謂有使其爲此以姍侮君子者，京尹乃悉黥其人。《鶴林玉露》丙編卷三。《湖海新聞夷堅續志》前集卷二。《西湖游覽志餘》卷二十一。《堯山堂外紀》卷六十。《宋稗類鈔》卷六。

林希逸

1林竹溪希逸字肅翁，又號鬳齋，福清人。乙未，吴榜由上庠登第，凡三試，皆第四。是歲真西山知舉，莆田王邁實之亦預考校。西山欲出《堯仁如天賦》立説，堯爲五帝之盛，仁爲四德之元，天出庶物之首，西山以此題爲極大。實之云：「題目自好，但矮些箇。」西山默然。林居與王隔一嶺，素相厚善，省試前，林衣弊衣邀王車，密扣題意。王告以必用聖人以天下爲一家，要以《西銘》主意，自第一韻以後皆與議定，首韻用三極一家，次韻云「大聖人之立極，合天下爲一家」，四韻堯宅禹宫，大鋪叙《西銘》。至是西山局於無題可擬，乃謂實之曰：「日逼，無題奈何？」王以位下辭避，西山再四扣之不已，王久之若不得已，乃以前題進，并題韻之意大略，西山擊節。至引試日，題將揭曉，循例班列拈香，衆方對越，聞王微祝云：「某誓舉所知，神其鑒之。」是時鄉人林彬之元質亦在試中，上請，以鄉音酬答，亦授以意，亦預選云。《癸辛雜識》後集。

柴　望

1 先子向寓杭，收拾奇書。太廟前尹氏書肆中，有彩畫《三輔黄圖》一部，每一宫殿繪畫成圖，極精妙可喜，酬價不登，竟爲衢人柴望號秋堂者得之。《癸辛雜識》續集下。

柴蒙亨

1 柴蒙亨，長台人……以神童聞。……端平二年，初赴省。嘗從幸六和寺，上指塔云：「一塔七層八面，萬佛千燈。」蒙亨即應聲曰：「孤舟雙槳片帆，五湖四海。」《兩浙名賢録》卷四十六。

劉克莊

1 寶慶間，李知孝爲言官，與曾極景建有隙，每欲尋釁以報之。適極有春詩云：「九十日春晴景少，百千年事亂時多。」刊之《江湖集》中。因復改劉子翬《汴京紀事》一聯爲極詩云：「秋雨梧桐皇子宅，春風楊柳相公橋。」初，劉詩云：「夜月池臺王傅宅，春風楊柳太師橋。」今所改句，以爲指巴陵及史丞相。及劉潛夫《黄巢戰場》詩云：「未必朱三能跋扈，都緣鄭五欠經綸。」遂皆指爲謗訕，押歸聽讀。同時被累者，如敖陶孫、周文璞、趙師秀，及刊詩陳起，皆不得免焉。於是江湖以詩爲諱者兩年。其後史衛王之子宅之，婿趙汝楳，頗喜談詩，引致黄簡、黄中、吴仲孚諸人，洎趙崇龢進《明堂禮成》詩二十韻，於是詩道復昌矣。《齊東野語》卷十六。

2　寶慶初，史彌遠廢立之際，錢唐書肆陳起宗之能詩，凡江湖詩人皆與之善。宗之刻《江湖集》以售，劉潛夫《南岳稿》與焉。宗之詩有云：「秋雨梧桐王子府，春風楊柳相公橋。」哀濟邸而誚彌遠，本改劉屏山句也。或嫁爲敖臞庵器之作。言者併潛夫《梅詩》論列，劈《江湖集》板。二人皆坐罪，而宗之流配。於是詔禁士大夫作詩。如孫花翁季蕃之徒改業爲長短句。彌遠死，詩禁始開。潛夫爲《病後訪梅》詩云：「夢得因桃卻左遷，長源爲柳忤當權。幸然不識桃并柳，也被梅花累十年。」此可備梅花大公案也。《瀛奎律髓》卷二十。《宋詩紀事》卷六十六。《詞林紀事》卷十四。

3　渡江以來，詩禍殆絶。唯寶、紹間，《中興江湖集》出，劉潛夫詩云：「不是朱三能跋扈，只緣鄭五欠經綸。」又云：「東風謬掌花權柄，卻忌孤高不主張。」敖器之詩云：「梧桐秋雨何王府，楊柳春風彼相橋。」曾景建詩云：「九十日春晴景少，一千年事亂時多。」當國者見而惡之，並行貶斥。景建，布衣也，臨川人，竟謫春陵，死焉。《鶴林玉露》乙編卷四。

4　劉克莊潛夫嘗賦《梅花百詠》，其間有云：「春風謬掌花權柄，卻忌孤高不主張。」當國者以爲譏己，遂以煩言去國。其後又作《訪梅》詩云：「夢得因桃數左遷，長源爲柳忤當權。幸然不識桃并柳，卻被梅花累十年。」《浩然齋雅談》卷中。

5　予少時有《落梅詩》，爲李定、舒亶輩箋註，幾陷罪罟，後見梅花輒怕，見畫梅花亦怕。《後村集》卷九十九。《古事比》卷五十一。

6　近楊平舟棟以樞掾出守莆田，劉克莊潛夫、弟希仁，俱以史官里居。郡集，寓公王曜軒邁戲之云：「大編修，小編修，同赴編修之會。」後村曰：「欲屬對不難，不可見怒。」王願聞之，乃云：「前通判，後通判，但聞通判之名。」蓋王凡五得倅而不上云。王又嘗調後村云：「十兄，二十年前何其壯，二十年後何其不壯。」劉應之曰：「二畫，二十年前何其遇，二十年後何其不遇。」此善謔也。《齊東野語》卷十七。《堯山堂外紀》卷六十一。

7　後村居鄉，不爲鄉人所與。父老傳其後村舍側有一井，汲其醫病輒愈，後村塞之。他事刻薄多類此。《居易録》卷三。

8　近時豫章嘗於孺子亭賣酒，劉潛夫題詩云：「孺子亭前插酒旗，游人哪解薦江離。白鷗欲下還飛起，曾見當年解榻時。」帥聞之，亟令住賣。《鶴林玉露》乙編卷五。《堯山堂外紀》卷六十一。

9　劉後村嘗爲吴恕齋作文集序云：「近世貴理學而賤詩賦，間有篇詠，率是語録、講義之押韻者耳。」《癸辛雜識》續集下。

王邁

1 王邁，字實之，號臞庵，莆陽人，丁丑第四人及第。劉後村贈之詞云：「天壤王郎，數人物、方今第一。談笑裏，風霆驚坐，雲煙生筆。落落元龍湖海氣，琅琅董相天人策。」其重之如此。《詞品》卷四。《堯山堂外紀》卷六十一。《詞苑叢談》卷六。

2 余在星沙，以廉、仁、公、勤四事勉僚屬，王實之作《跋陳復齋爲王實之書四事箴》遺予，嘗揭之幕府之壁，與同僚共警焉。今復齋陳公師復又爲大書此本。實之之箴明厲峻切，讀者已知悚畏。《真西山文集》卷三十四。

3 理宗端平，興化王邁以召試館職，除秘省正字，後因投憲府副篇，遭論褫職，理宗亦以狂生稱之。後敘官復職，謝宰執啓有曰：「設有建明，又必以狂生斥，無補成敗，徒重爲詔子。雖其與仁宗之言柳三變令其且去填詞，三變遂自名云『奉旨填詞柳三變』，無以異也。」邁嘗賦《沁園春》上方大琮壽，末因以自喻。其詞曰：「三數年來，臺省好官，都做一回。雖有向前，未做底官職，不妨猛省，直恁歸來。甲第新成，名姬初買，脆管繁絃十二釵。細看來，這狂生無用，削盡官階。　狂生真箇狂哉，發生氣、元來猶未灰。有龍鱗鳳翼，不能攀附，牛蓑漁具，早已安排。爛煮園蔬，熟煨山芋，白髮蒼顏窮秀才。更有麽，狂生無着處，押去瓊崖。」《古杭雜記詩集》卷一。

4 見林希逸1。

5 庚子辛丑歲，先君子佐閩漕幕，時方壺山大琮爲漕，臞軒王邁實之與方爲年家，氣誼相好。用此，實之留富沙之日多，而壺山資給亦良厚，然亦僅資一時飲博之費耳。籍中有吳宜者，王所狎也。一日，三司燕集，大合樂於公廳。吳方舞遍，實之被酒，直造舞筵，擕之徑去，旁若無人，一座爲之愕然。壺山起謝曰：「此吾狂友王實之也。」時以爲奇事。實之，莆人，登甲科，甚有文名，落魄不羈。爲正字日，因輪對，及故相擅權。理宗宣諭曰：「姑置衛王之事。」邁即抗聲曰：「陛下一則曰衛王，二則曰衛王，何容保之至耶？」上怒不答，徑轉御屏，曰：「此狂生也。」邁後歸鄉里，自稱「勑賜狂生」。嘗有詩云：「未知死所先期死，自笑狂生老更狂。」又賦《沁園春》曰：「狂如此，更狂狂不已，押赴瓊厓。」《齊東野語》卷四。《宋詩紀事》卷六十一。

6 見劉克莊6。

曾極

1 見劉克莊1。

陳起

1 見劉克莊2。

潘牥

1 富沙人紫巖潘牥庭堅，亦以豪俠聞。與〔王〕實之不相下。庭堅初名公筠，後以詔歲乞靈南臺神，夢有持方牛首與之，遂易名爲牥。殿試第三人。跌宕不羈，傲侮一世。爲福建帥司機宜文字日，醉騎黄犢，歌《離騷》於市，人以爲仙。嘗約同社友劇飲於南雪亭梅花下，衣皆白。既而盡去寬衣，脱帽呼嘯。酒酣客散，則衣間各濃墨大書一詩於上矣。衆皆不能堪。居無何，同社復置酒瀑泉亭。行令曰：「有能以瀑泉灌頂，而吟不絶口者，衆拜之。」庭堅被酒豪甚，竟脱巾髽髻，裸立流泉之衝，且高唱《濯纓》之章。衆因謬爲驚歎，羅拜以爲不可及，且舉詩禪問答以困之，潘氣略不懾，應對如流，然寒氣已深入經絡間矣。歸即卧病而殂。《齊東野語》卷四。《徐氏筆精》卷五。《宋詩紀事》卷六十五。

2 〔潘〕庭堅才高氣勁，讀書五行俱下，終身不忘。作文未嘗視草，尤長於古樂府。年六七歲時，嘗和人詩云：「竹纔生便直，梅到死猶香。」識者已知其不永。其論巴陵一疏，至今人能誦之，以此終身坎壈焉。劉潛夫志其墓云：「公論如元氣兮，入人之肝脾。有一時之榮辱兮，有千載之是非。昔在有周兮，觀孟津之師。於扣馬之諫兮，曰扶而去之。彼八百國之同兮，不能止一士之異。嗚呼！此所謂世教兮，所謂民彝。」正謂此也。《齊東野語》卷四。《宋詩紀事》卷六十五。

3 潘牥，字庭堅，號紫巖，有鶴字紫卿。《佩楚軒客談》。

嚴粲

1　見鄭清之6。

李演

1　禮部劉郎中莘老言，昔年鄆州進士李矩赴公試，問同人李演云：「堯舜如何，可以對天地否？」演對云：「似此疑惑事，切不可用。」聞者無不大噱。《文昌雜録》卷一。

李彭老　李萊老

1　秋厓李萊老，與其兄篔房競爽，號龜溪二隱。《浩然齋雅談》卷下。

方岳

1　近世方巨山名岳，或謗其爲南仲丞相幕客，趙父名方，乃改姓爲万。既而又爲邱山甫端明屬，邱名岳，於是復改名爲方山。《齊東野語》卷四。

2　賈師憲淳祐己酉歲爲湖廣總領。時方岳巨山知南康軍。一日，總所綱運經從星江。押綱軍卒，驕悍繹騷，市民横遭其禍者甚衆。巨山大不能堪，遂擒數輩斷治之。賈公聞之，移文詰問，且追本軍都吏，巨山於是就判公牒云：「總領雖大，湖廣之尊；南康雖微，江東列郡。當職奉天子命來牧是邦，初非總領之幕客，亦非湖廣之屬郡。軍無紀律，騷動吾民，國有常刑，合從斷遣，此守臣職也，於都吏何與焉！牒報。」賈公得牒，不勝其憤，遂申朝廷，乞行按劾，於是朝廷俾岳易邵武以避之。去郡日，有士人作大旗，書一詩以送之，曰：「秋厓秋壑兩般秋，湖廣江東事不侔。直到南康論體統，江西自隔兩三州。」《齊東野語》卷四。《湛淵静語》。

3〔方岳〕自謂秋崖，名所居堂宇曰「歸來館」。岳氣貌清古，音如鐘。《宋史翼》卷十七。

楊纘

1 楊纘，字嗣翁，號守齋，又稱紫霞，本鄱陽洪氏，恭聖太后姪楊石之子麟孫早夭，遂祝爲嗣。時數歲，往謝史衛王，王戲命對云：「小官人當上小學。」即答云：「大丞相已立大功。」衛王大驚喜，以爲遠器。公廉介自將，一時貴戚無不敬憚，氣習爲之一變。洞曉律吕，嘗自製琴曲二百操。又常云：「琴一絃，可以盡曲中諸調。」當廣樂合奏，一字之誤，公必顧之。故國工樂師，無不嘆服，以爲近世知音無出其右者。任至司農卿，浙東帥，以女選進淑妃，贈少師。所度曲多自製譜，後皆散失。《浩然齋雅談》卷下。

2 楊纘繼翁大卿倅湖日，七夕夜，其侍姬田氏及使令數人，露坐至夜半，忽有一鶴西來，繼而有鶴千百從之，皆有仙人坐其背，如畫圖所繪者。綵霞絢粲，數刻乃没。楊卿時已寢，姬急報，起而視之，尚見雲氣紛郁之狀。《癸辛雜識》前集。

3　余向登紫霞翁門，翁妙於琴律，時有畫魚周大夫者善歌，每令寫譜參訂，雖一字之誤，翁必隨證其非。余嘗扣之，云：「五凡工尺，有何義理？而能暗通默記如此，既未按管色，又安知其誤耶？」翁嘆曰：「君特未深究此事耳！其間義理之妙，又有甚於文章，不然安能强記之乎？」《癸辛雜識》後集。

4　往時余客紫霞翁之門。翁知音妙天下，而琴尤精詣。自製曲數百解，皆平淡清越，灝然太古之遺音也。復考正古曲百餘，而異時官譜諸曲，多黜削無餘，曰：「此皆繁聲，所謂鄭衛之音也。」……翁往矣！回思著唐衣，坐紫霞樓，調手製閒素琴，作新製《瓊林》、《玉樹》二曲，供客以玻瓈瓶洛花，飲客以玉缸春酒，笑語竟夕不休，猶昨日事。《齊東野語》卷十八。

5　近代楊守齋精於琴，故深知音律，有《圈法周美成詞》。與之游者，周草窗、施梅川、徐雪江、奚秋崖、李商隱。每一聚首，必分題賦曲。但守齋持律甚嚴，一字不苟作，遂有《作詞五要》。《詞源》卷下。

6　端、淳間，薦紳四絶：楊嗣翁琴，趙中父棋，張温夫書，趙子固畫。嗣翁號守齋，即之字温夫，子固號彝齋。《佩楚軒客談》。《南宋雜事詩》卷一。

黄蛻

1　見謝后6。

釋法辨

1 宋慶之寓永嘉時，遇詔歲，鄉士從之結課者頗衆。適逢七夕，學徒醵飲，有僧法辨者在焉。辨善五星，每以八煞爲説，時人號爲辨八煞。酒邊一士致仙扣試事，忽箕動，大書「文章伯降」，宋怪之，漫云：「姑置此，且求一七夕新詞如何？」復請韻，宋指辨云：「以八煞爲韻。」意欲困之也。忽運箕如飛，大書《鵲橋仙》一闋云：「鸞輿初駕，牛車齊發，隱隱鵲橋咿軋。尤雲殢雨正歡濃，但只怕、來朝初八。霞垂彩幔，月明銀燭，馥郁香噴金鴨。年年此際一相逢，未審是、甚時結煞。」亦警敏可喜。《齊東野語》卷十六。

張防禦

1 杭醫老張防禦向爲謝太后殿醫官，革命後，猶出入楊駙馬家，言語好異，人目爲「張風子」。然其人尚義介靖，不徇流俗，其家影堂之上作小閣，奉理宗及太后神御位牌，奉之惟謹，以終其身焉。可謂不忘本者矣。《癸辛雜識》續集下。《志雅堂雜鈔》卷上。《南宋雜事詩》卷五。

邵澤

1 時邵澤同廷對，有中貴人巡按，見邵澤所磨京墨甚佳，擬求之，澤與無吝色。中貴曰：「主上三日前御苑中方建一亭，命名曰定一。上曰：「『若人用此立説，取爲狀元。』」邵得其説，揮毫如飛。中貴見其文字，回奏曰：「陛下三日前方建定一亭，士人用此立説。」上大喜，於是搜求此卷，遂得邵澤，欲寘首選。時已取周坦爲狀元，群臣賀曰：「喜陛下今日得周、邵。」於是澤爲榜眼。《宋季三朝政要》卷一。《湖海新聞夷堅續志》前集卷一。

方逢辰

1 淳祐十年，以盛暑非臨軒之時，改用三月。初，省試中秋日，廷試九月六日。唱名狀元嚴州方夢魁，賜名逢辰。右足跛，左目瞽。第四名川人楊潮，南省元泉州陳應雷，皆瞽一目。……盧仝詩：「孰謂人面上，一目偏可去。」方魁及同榜方登、方吉，皆唐詩人缺唇處士方干之後。《吹劍四録》。

周震炎

1 開慶元年，周震炎等及第，出身有差。時公主方選尚，丁大全欲用新進士爲駙馬，因命考官私寘震炎爲第一，倡太平狀元之説，以媚上。震炎草茅士，年幾三十矣。恭謝日，公主於内窺之，不悦，事遂寢。丁大全敗，震炎降第五甲出身。《宋季三朝政要》卷三。

2 宋理宗開慶元年，太平州人周震炎附丁大全，及省試得雋，大全竊御題示之，即豫構數千言，大全力薦，遂擢第一。既唱名，大全進賀曰：「此太平狀元也。」上大悦。公卿向嘗見其在大全私第執役如奴隸，物議喧駭而不敢言。是年大全敗，追奪震炎恩例，降名五甲。《雙槐歲鈔》卷十。

繆萬年

1 見丁大全6。

方大猷

1 楊駙馬賜第清湖，巨璫董宋臣領營建之事，遂拓四旁民居以廣之。其間最逼近者，莫如太學生方大猷之居。璫意其必雄據，未易與語。一日，具禮物往訪之。方延入坐，璫未敢有請，方遽云：「今日內轄相訪，得非以小屋近牆欲得之否？」璫愕不復對，方徐曰：「內轄意謂某太學生，必將梗化，所以先蒙見及，某便當首獻作倡。」就案即書契與之。璫以成契奏知，穆陵大喜，視其直數倍酬之。方作表謝，有云：「普天之下，莫非王土；一毫以上，悉出君恩。」自此擢第登朝，皆由此徑而梯焉。《齊東野語》卷十八。《宋稗類鈔》卷二一。

彭晉叟

1 彭晉叟，福州侯官人，亦有學，文亦奇，肄業京庠，每試多居首選。胡穎爲浙西憲政，尚猛厲，物情不安，彭因僞作臺章以脅之，有尼僧爲之表裏，使以藁示之曰：「得之臺中，行且止矣。」胡懼，就致禱，約以獲免當以數萬爲謝。已而月課不及，胡遂作臺長，江古心書歷述所聞以謝之。古心下京府名捕，時政放堂試，賦題出「王言如絲」，彭爲首冠。破云：「王妙心緯，言關化機，於未布以先謹，如有絲之至微。」揭曉之際，彭已寘理，乃以次名代之。獄成，黥隸貴州，久之宛轉自如，得至靜江。適當詔歲入貢闈，爲編欄，遇都吏一子於場中，日授三卷，得預薦送。吏深德之，未有以報，乃爲之謀曰：「經幹潘公提，汝鄉人也，盍往歸之？」彭以呈面爲難。又命之作劄，吾當爲通。潘見其辭藻粲然，亟令來見，深愛其才，而革面無策，爲之重嘆，曰：「吾當思一策以處。」既數日，乃曰：「得其説矣。」使具戎服，介之經帥府，時姚橘洲希得領桂管，因從容爲地，且令修一儷語爲贄。彭退思數日，未能措詞，乃往見潘求教。潘爲之思有頃，附髀曰：「吾已得一聯矣，曰：『失邯鄲之步，爲吾黨羞；借荆州之階，以軍禮見。』」使緒成之，且爲點定，約日道之以前。橘洲庭見之，彭趨進入拜如彝，乃以贄上。橘洲觀之喜甚，詳詢始末，留之書院。授以文選，使分類之，以觀其能否，未幾書成，橘洲益喜，使諸子師之。資身之計漸裕，旋得勇爵，納妾有家，繼得兩子。橘洲入爲文昌，兼夕拜，使與俱行，繳駁之章多出其手。復出入無間，輒登市樓，恣肆無忌，爲人指目。聞於當路，於是逮治填配，押回元隸所，橘洲亦以此去國。彭後與黎峒通，爲具舟楫，盡室以行，莫知所之。《癸辛雜識》別集上。

2 姚橘洲尹臨安，時吴履齋拜相，姚語諸客作啓賀之，商量起句，彭晉叟云：「轉鴻鈞，運紫極，萬化一新。自龍首，到黄扉，百年幾見。」《山房隨筆》。《堅瓠己集》卷二。

李霜涯

1 宋嘉熙庚子，歲大旱，杭之西湖爲平陸，茂草生焉。李霜涯作謔詞云：「平湖百頃生芳草，芙蓉不照紅顛倒。東坡道，波光瀲灧晴偏好。」管司捕治，遂逃避之。《山居新話》。

趙師恕

1 趙季仁謂余曰：「某平生有三願：一願識盡世間好人，二願讀盡世間好書，三願看盡世間好山水。」……季仁曰：「觀山水亦如讀書，隨其見趣之高下。」《鶴林玉露》丙編卷三。

徐信

1 衢之常山有道院，三月三日上真誕辰，道侶雲集，吏魁徐信主此會。有一道人䦨得如意袋三，寄留徐家，約以四月八日合會復至以取，且贈以詩云：「一方眼目共推尊，禍福無門卻有門。夜半或傳人一語，明朝推背受皇恩。」徐大刻之石，及期，道人不至。未幾，詹峒作梗，誘其罪於徐，夜半省劄下，竟伏極刑。《癸辛雜識》續集下。

詹　玉

1　駙馬楊震有十姬，皆絶色，名粉兒者尤勝。一日，招〔詹〕天游玉宴，盡出諸姬佐觴。天游屬意於粉兒，口占一詞云：「淡淡青山兩點春，嬌羞一點口兒櫻。一梭兒玉一窩雲。白藕香中見西子，玉梅花下遇昭君。不曾真箇也銷魂。」楊遂以粉兒贈之，曰：「請天游真箇銷魂也。」《詩詞餘話》。《堯山堂外紀》卷六十八。《堅瓠庚集》卷二。

毛惜惜

1　嘉熙間，高沙卒榮全據城叛，郡守馬公光祖聞變逃匿，僅以身免。有營妓毛惜惜者，全召之佐酒，惜惜怒之曰：「汝本朝廷健兒，何敢反耶？惟有死耳，不能爲反賊行酒。」全以刀裂其口，立命臠之，罵至死不絶聲。時臨川陳藏一在城中，目擊其事，作詩有「食禄爲臣無國士，捐身罵賊有官奴」之句。三山潘庭堅聞之，謂天壤間有如此奇特事，亦有詩云：「恨無匕首學秦女，向使裹頭真杲卿。」見潘公吟稾。《梅磵詩話》卷中。

徐　蘭

1　淳祐間，吴妓徐蘭擅名一時。吴興烏墩鎮有沈承務者，其家巨富，慕其名，遂駕大舟往游焉。徐知其富，初至則館之別室，開宴命樂，極其精腆。至次日，復以精縑製新衣一襲奉之。至于輿臺各有厚犒，如此兼旬日，未嘗略有需索。沈不能自已，以白金五百星并綵縑百匹饋之。凡留連半年，糜金錢數百萬而歸。於是徐蘭之聲，播於浙右，豪俠少年，無不趨赴。其家雖不甚大，然堂館曲折華麗，亭榭園池，無不具。至以錦纈爲地衣，乾紅四緊紗爲單衾，銷金帳幔，侍婢執樂音十餘輩，金銀寶玉器玩、名人書畫、飲食受用之類，莫不精妙，遂爲三吴之冠。《癸辛雜識》續集下。

陳彦章妻

1 宋嘉熙戊戌，興化陳彦章混補試中。次年正月往參大學，時方新娶，其妻作《沁園春》以壯其行，詞曰：「記得爺爺，説與奴奴，陳郎俊哉。笑世人無眼，老夫得法，官人易聘，國士難媒。印信乘龍，夤緣叶鳳，選似揚鞭選得來。果然是，西雍人物，京樣官坯。送郎上馬三杯，莫把離愁惱別懷。那孤燈隻硯，郎君珍重，離愁別恨，奴自推排。白髮夫妻，青衫事業，兩句微吟當折梅。彦章去，早歸則個，免待相催。」一時傳播，以爲佳話。《湖海新聞夷堅續志》後集卷二。

宋人軼事彙編卷三十七

賈似道

1 隆國黄夫人，湖州德清縣人。……秦齊國夫人胡氏，亦同邑人，相去纔數里。賈涉濟川以制置，少日，舟過龜溪，見婦人浣衣者，偶盼之，因至其家。問夫何在，曰：「未歸。」語稍洽，調之曰：「肯相從乎？」欣然惟命。及夫還，扣之，亦無難色，遂攜以歸。既而生似道。未幾去，嫁爲民妻，似道少長，始奉以歸。性極嚴毅，似道畏之。當景定、咸淳間，屢入禁中，隆國至同寢處，恩寵甚渥。年至八十有三。上方賜祕器及冰腦各五百兩，賻銀絹四千兩疋，命中使護葬，帥漕供費，凡兩輟朝，賜謚柔正，又賜功德寺及田六千畝，可謂盛極矣。《齊東野語》卷十五。《宋稗類鈔》卷一。

2 〔賈〕似道母兩國夫人胡氏者，錢唐鳳口里人。賈涉至鳳口，見而悦之，戲曰：「汝能從我乎？」婦曰：「有夫，安得自由？待其歸，君自爲言。」夫歸，欣然賣與。嘉定癸巳，涉爲萬安丞，似道在孕，不容於嫡，縣宰陳履常者，涉與之通家往來，以情告之，遂相與謀。陳宰令其妻過丞廳，諸妾環侍。談話間，因語丞妻以乏使令，欲借一妾。涉妻云：「惟所擇用。」陳妻遂指似道之母，涉妻幸其去，忻然許之，即隨軒以歸縣衙。及八月八日，似道生於縣治，賈丞校事他郡，歸詣於宰，方始知之，終不以入涉家。後去任，雖攜似道歸鄉，而其母竟流落，嫁爲石匠妻。及似道鎮維揚，訪得其母，偕石匠來見。似道使石匠往江上興販，計沉之江，子母方得聚會。享富貴四十年。咸淳十年，以壽終。似道歸越治葬，太后以下及朝士貴戚，設祭饌以相高爲競，有累至數丈者，裝祭之次，至擷死數人。送葬者值水潦，不問貴賤，没及腰膝，不得遂便，雖度宗山陵，無以加此。《西湖游覽志餘》卷五。《古杭雜記》。

3 徐謂禮嘗涉獵袁、李之書，自詫閱人貴賤多奇中。與賈師憲丞相爲姻聯，賈時年少，荒於飲博，其生母胡夫人苦之。因扣徐曰：「兒子跌宕若此，以君相法言之，何如？」徐曰：「夫人勿多憂，異日必可作小郡太守。」母喜而記其言。他日，賈居相位，徐以親故求進，久之不遂。賈母爲言之，賈不獲已，答曰：「徐親骨相寒薄，止可作小郡太守耳。」遂以上饒郡與之，以終其身，蓋深銜前言也。然師憲日常馳馬出游湖山，小憇棲霞嶺下。忽有布裘道者瞪視曰：「官人可自愛重，將來功名不在韓魏公下。」賈意其見侮，不顧而去。既而醉博平康，至於破面。他日復遇道者，頓足驚歎曰：「可惜！可惜！天堂已破，必不能令終矣。」其後悉驗。《齊東野語》卷十七。《西湖游覽志餘》卷五。《何氏語林》卷二十三。《宋稗類鈔》卷七。

4 賈似道，嘉熙戊戌以其姊貴妃之故，得赴廷對。是時貴妃在大内。廷對之日，節次當事人供奉湯藥飲食。自庚申入相之後，躐拜平章，聯科必嚴過省及覆試之禁，或爲詩末聯云：「戊戌若還嚴覆試，如今安得有平章。」其意甚當。《錢塘遺事》卷四。

5 公太學出身，治書義號「鐵腳鷄」，决事判筆如飛。有蕭某者，吉州老儒，曾攝邑簿，二子儒業，行槖稍厚。晚納一婦，艷而黠，一日攜其貲同奸夫逃去，隨獲之。公已斷罪遣離，蕭簿復令二子陳詞，乞留其婦。公判云：「甑已破矣，視之何益？阿範之所爲如此，蕭某不得以爲妻，士俊兄弟得以爲母乎？恐是此狀出於蕭某之意，遣其子有請。果爾，真是日暮途遠，倒行而逆施者矣，蕭某非愛其身，士俊兄弟非愛其父。門示。」《庶齋老學叢談》卷下。

6 〔賈〕似道開閫日，有桃符一聯云：「笑迎珠履三千客，坐擁貔貅百萬兵。」人皆稱羡，一客獨嘆曰：「若是，則客居主位矣，何不曰『坐擁貔貅兵百萬，笑迎珠履客三千』？」賈大喜，厚贈之。《西湖游覽志餘》卷五。《堯山堂外紀》卷六十。

7 公自江陵易閫兩淮，方三十歲。有餞以詞者，後云：「握虎符、持玉節、佩金魚。三十正當方面，此事世間無。寄語東淮父老，奪我詩書元帥，於汝抑安乎。早早歸廊廟，天下盡歡娱。」亦當時之豪傑也。隨行銀數十萬兩，黄金數萬兩，皆其所蓄。沿淮巡警犒賞過半，如城海州，城通州，城寶應，朝廷科降不足，皆捐助之。惜乎拜相之後，恃功固位，怙寵專權，度宗待以師相，言聽計從，凡勛名相軋者，皆忌害之，子孫至於流離丐貸。不能防滿，不知歸老，以致亡國殺身。《庶齋老學叢談》卷下。

8 東淮飛蝗，公令驅逐過江。或曰：「朝廷恐有言語。」公曰：「無慮。」是日西北風大作，蝗皆入江矣。邦人至今神之。《庶齋老學叢談》卷下。

9 見羅椅1。

10 賈師憲景定庚申自江上凱旋歸朝，遂拜少師，賜玉帶。及入朝之日，馬蹶而墜，碎其帶焉，人人皆知爲不祥。《癸辛雜識》續集下。

11 理宗庚申，賈似道初入相。有人作詩云：「收拾乾坤一担擔，上肩容易下肩難。勸君高着擎天手，多少傍人冷眼看。」《古杭雜記》。《堯山堂外紀》卷六十二。《宋稗類鈔》卷六。《宋詩紀事》卷九十六。

12 見吴潛 5。

13 見吴潛 6。

14 似道欲行富國强兵之策。是時劉良貴爲都曹尹天府，吴勢卿餉淮東，入爲浙漕，遂交贊公田之事，欲先行之浙右，候有端緒，則諸路仿行之。於是以官品限田，立回買、派買之目，民間騷然，有爲詩云：「襄陽累載困孤城，豢養湖山不出征。不識咽喉形勢地，公田枉自害蒼生。」其後，又立推排打量之法，白没民産，有人作詩云：「三分天下二分亡，猶把山川寸寸量。縱使一丘添一畝，也應不似舊封疆。」又有作《沁園春》詞云：「道過江南，泥墻粉壁，右具在前。述何縣何鄉里，住何人地，佃何人田。氣象蕭條，生靈憔悴，經界從來未必然。惟何甚，爲官爲己，不把人憐。　思量幾許山川，况土地分張又百年。西蜀巉巖，雲迷鳥道，兩淮清野，日警狼煙。宰相弄權，奸人罔上，誰念干戈未息肩。掌大地，何須經理，萬取千焉。」樞密使文及翁作《百字令·詠雪》以譏之云：「没巴没鼻，煞時間做出，漫天漫地。不問高低併上下，平白都教一例。鼓弄滕六，招邀巽二，只憑施威勢。識他不破，至今道是祥瑞。　最苦是鵝鴨池邊，三更半夜，誤了吴元濟。東郭先生都不管，挨上門兒穩睡。一夜東風，三竿紅日，萬事隨流水。東皇笑道，山河原是我的。」《西湖游覽志餘》卷五。《錢塘遺事》卷五。《堯山堂外紀》卷六十二。

15 賈相當國，陳藏一作《雪詞》譏之，詞曰：「没巴没鼻，霎時間、做出漫天漫地。不論高低併上下，平白都教一例。鼓動滕六，招邀巽二，一任張威勢。識他不破，只今道是祥瑞。卻恨鵝鴨池邊，三更半夜，誤了吴元濟。東郭先生都不管，關上門兒穩睡。一夜東風，三竿暖日，萬事隨流水。東皇笑道，山河元是我的。」《錢塘遺事》卷四。

16 成化初，邢公宥爲郡守……以郡中久荒，陂蕩起税，民心頗怨。有以舊詩刺之曰：「量盡沙邊到水邊，只留滄海與青天。漁舟若返閒洲渚，爲報沙鷗若浪眠。」邢聞之以爲劉廷美所作。……此詩乃宋人刺賈似道者。《寓圃雜記》卷六。

17 賈相當國，造金銀見錢關子。……其關子之制，上黑印如品字，中紅印三相連如目字，下兩傍各一小長黑印，宛然一「賈」字也。銀關之上，列爲寶蓋幢幡之狀，目之曰「金旛勝」，以「今代麒麟閣何人第一功」爲號。大兵下江南，如入無人之境，人以爲讖，信然。《錢塘遺事》卷五。《宋季三朝政要》卷三。

18 似道令人販鹽百艘，至臨安賣之。太學生有詩云：「昨夜江頭長碧波，滿船都載相公鹺。雖然要作調羹用，未必調羹用許多。」《西湖游覽志餘》卷五。《堯山堂外紀》卷六十二。《北窗瑣語》。《堅瓠甲集》卷三。《宋稗類鈔》卷六。《宋詩紀事》卷九十六。

19 景定三年正月，詔以魏國公賈似道有再造功，命有司建第宅家廟，賈固辭，遂以集芳園及緡錢百萬賜之。園故思陵舊物，古木壽藤，多南渡以前所植者。積翠回抱，仰不見日，架廊疊磴，幽眇逶迤，極其營度之巧。猶以爲未也，則隧地通道，抗以石梁。旁透湖濱，架百餘楹。飛樓層臺，涼亭燠館，華邃精妙。

前揖孤山，後據葛嶺，兩橋映帶，一水橫穿，各隨地勢以構築焉。堂榭有名者曰蟠翠、古松。雪香、古梅。翠岩、奇石。倚繡、雜花。挹露、海棠。玉蘂、瓊花荼蘼。清勝，假山。已上集芳舊物。高宗御扁「西湖一曲」、「奇勳」。理宗御書「秋壑」、「遂初容堂」。度宗御書「初陽精舍」、「熙然臺」、「砌臺」。山之椒曰無邊風月、見天地心。水之濱曰琳琅步、歸舟、早船。通名之曰後樂園。四世家廟，則居第之左焉。廟有記，一時名士擬作者數十，獨取平舟楊公棟者刊之石。又以爲未足，則於第之左數百步瞰湖作別墅，曰光祿閣、春雨觀、養樂堂、嘉生堂。千頭木奴，生意瀟然，生物之府，通名之曰養樂園。其旁則廖群玉之香月鄰在焉。又於西陵之外，樹竹千挺，架樓臨之，曰秋水觀、第一春、梅思、剡船亭，則通謂之水竹院落焉。後復葺南山水樂洞，賜園有聲在堂、介堂、愛此、留照、獨喜、玉淵、漱石、宜晚，上下四方之宇諸亭，據勝專奇，殆無遺策矣。《齊東野語》卷十九。《宋稗類鈔》卷二。《宋詩紀事》卷六十六。

20 〔賈〕似道既占湖山之勝，作半閒堂，延羽流，塑已像其中。《宋季三朝政要》卷四。《南宋雜事詩》卷二。

21 賈秋壑梅亭曰「第一春」。《癸辛雜識》別集下。

22 〔賈〕似道敗後，有題其養樂園曰：「老壑曾居葛嶺西，游人誰敢問蘇堤。勢將覆餗不回首，事到出師方噬臍。廢圃久無人作主，敗垣惟有客留題。算來只有孤山耐，依舊梅花片月低。」養樂者，以其奉母而樂也，其賜第正在蘇堤、葛嶺、孤山之近，游人常盛。自賈據此，有游騎過其門，必爲偵事者察報，每爲所羅織，有官者被黜，有財者被禍。逮世變而後已。有人題葛嶺二詩云：「當年誰敢此經過，相國門前衛士多。諸葛功名猶未滿，周公事業竟如何。雕梁雨蠹藏狐鼠，花礎雲蒸長薜蘿。萬死莫酬亡國恨，空留遺跡在山阿。」又云：「樓臺突兀妓成圍，正是襄樊失援時。王氣暗隨檀版歇，江聲流入玉簫悲。姓名不在功臣傳，家廟徒存御賜碑。誤國誤民還自誤，滿庭秋草露垂垂。」《山房隨筆》。《宋稗類鈔》卷一。

23 賈師憲當國日，卧治湖山，作堂曰半閒，又治圃曰養樂，然名爲就養，其實怙權固位，欲罷不能也。每歲八月八日生辰，四方善頌者以數千計。悉俾翹館謄考，以第甲乙，一時傳頌，爲之紙貴，然皆諂詞囈語耳。偶得首選者數闋，戲書於此。陳合惟善《寶鼎現》詞云：「神鼇誰斷，幾千年再、乾坤初造。算當日、枰棋如許，争一着、吾其衽左。談笑頃，又十年生聚，處處邠風葵棗。江如鏡，楚氛餘幾，猛聽甘泉捷報。天衣細意從頭補，爛山龍、華蟲黼藻。宫漏永、千門魚鑰，截斷紅塵飛不到。街九軌，看千貂避路，庭院五侯深鎖。好一部、太平六典，一一周公手做。赤舄繡裳，消得道斑爛衣好。儘龐眉鶴髮，天上千秋難老。甲子平頭纔一過，未説汾陽考。看金盤、露滴瑶池，龍尾放班回早。」廖瑩中群玉《木蘭花慢》云：「請諸君着眼，來看我，福華編。記江上秋風，鯨鯢漲雪，雁徼迷煙。一時幾多人物，只我公，隻手護山川。争覩階符瑞象，又扶紅日中天。因懷，下走奉櫜鞬，磨盾夜無眠。知重開宇宙，活人萬萬，合壽千千。鳧鷖太平世也，要東還赴上是何年。消得清時鍾鼓，不妨平地神仙。」陸景思《甘州》云：「滿清平世界，慶秋成，看看斗三錢。論從來活國，論功第一，無過豐年。辨得閒民一飽，餘事笑談閒。若問平戎策，微妙難傳。玉帝要留公住，把西湖一曲，分入林園。有茶爐丹竈，更有釣魚船。覺秋風、未曾吹着，但砌蘭、長倚北堂萱。千千歲，上天將相，平地神仙。」奚滅倬然《齊天樂》云：「金飈吹浄人間暑，連朝弄涼新雨。萬寶功成，無人解得，秋入天機深處。閒中自數，幾心酌乾坤，手斟霜露。護了山河，共看元影在銀兔。而今神仙正好，向青空覓個，沖澹襟宇。帝念群生，如何便肯，從我乘風歸去。夷游洞府，把月杼雲機，教他兒女。水逸山明，此情天付與。」從橐《陂塘柳》云：「指庭前、翠雲金雨，霏霏香滿仙宇。一清透徹渾無底，秋水也無流處。君試數，此樣襟懷，頓得乾坤住。閒情半許，聽萬物氤氳，從來形色，每向静中覷。琪花路，相接西池壽母，年年弦月時序。荷衣菊佩尋常事，分付兩山容與。天證取，此老平生，可向青天語。瑶巵緩舉，要見我何心，西湖萬頃，來去自鷗鷺。」郭應酉居安《聲聲慢》云：「捷書連晝，甘灑通宵，新來喜沁堯眉。許大擔當，人間佛力須彌。年年八月八日，長記他三月三時。平生事，想秪和天語，不遣人知。一片閒心鶴外，被乾坤繫定，虹玉腰圍。閶闔雲邊，西風萬籟吹齊。歸舟更歸何處是，天教家在蘇堤。千千歲，比周公，多箇綵衣。」且侑以儷語云：「綵衣宰輔，古無一品之曾參；衮服湖山，今有半閑之姬旦。」所謂三月三者，蓋頌其庚申蘋草坪之捷，而歸舟乃舫齋名也。賈大喜，自仁和宰除官告院。既而語客曰：「此詞固佳，然失之太俳，安得有著綵衣周公乎？」《齊東野語》卷十二。《西湖游覽志餘》卷五。《宋稗類鈔》卷二。

24 賈似道以八月八日生辰。庚申鄂渚兵退，實似道許以歲幣，而後班師，時三月三日也。似道乃誣以己功，躐拜相位。有因其生日，賀以詞曲，甚逢其意，遂至超遷大僚，其警聯云：「年年八月八日，長記他三月三時。」《古杭雜記詩集》卷四。

25 賈平章始生之日，錢唐宰郭應酉以詞賀之，並頌其母。序語云：「……今有半閒之姬旦。」蓋賈有所生之母朝命封兩國，賜號「賢壽」。《佩韋齋輯聞》。《南宋雜事詩》卷一引《黄氏日鈔》。

26 賈師憲當柄日，尤喜苕溪之鯿魚，趙與可因造大盤，養魚至千頭，復作機使灌輸不停，魚游泳撥刺自得，如在江湖中，數舟上下遞運不絶焉。《癸辛雜識》後集。《南宋雜事詩》卷一引《貴耳集》。

27 嘗聞有閫帥餽師憲三十皮籠，扃鐍極嚴，誤留寄他家。《癸辛雜識》後集。

28 〔李芾〕嘗尹臨安，有能名。一日，因置水桶防虞，以油飾外，有請并油其内者，芾歎曰：「今日如何由得内。」賈似道方顓制弄權，事多不從中，復聞芾譏己，大怒，嗾言者論擊，遂被重劾，列之贓籍，坐廢十年。《昭忠録》。

29 賈秋壑會客食鱉，一客不食鱉，問之則曰：「奉祀真武。」秋壑曰：「真武之龜，不可以爲鱉也。龜鱉不辨，何以治民？」客乃求郡者也，遂不與郡。座客同戲之曰：「鰻與鰍鱓皆不可食，象真武之蛇也；蔗筍亦不可食，象真武之旗竿也。」滿座皆笑，秋壑亦笑。《席上腐談》卷上。

30 賈似道柄國久，有故人於堂召見，相與款密，時月之初七日也。賈爲設饌，客筯不爲舉，問所以然，以齋七爲告。賈默顧左右，具素餔以易。退後屢謁不納，踰月始見，扣以陶鑄，則曰：「兄自有斗神，何必我？」竟不與缺。其人快快而歸。《湖海新聞夷堅續志》前集卷一。

31 省吏屠節嘗出知道州。太守省劄，其本房書吏以避賈相之名，遂書作某人知舂陵州事。賈見之大怒，批出云：「二名不偏諱，臨文不諱，皆見於《禮經》。今屠節乃敢擅改州名，可見大無忌憚，使不覺察，豈不相陷？」決欲黜之。《癸辛雜識》續集下。

32 故老言賈相當國時，内後門火，飛報已至葛嶺，賈曰：「火近太廟，乃來報。」言竟，後至者曰：

「火已近太廟。」賈乘兩人小肩輿，四力士以鎚劍護轎。里許即易轎人，倏忽至太廟。臨安府已爲具賞犒，數勇士陛轎離地五六尺，前樹皂纛，列箭手，皆立具於呼吸閒。賈下令肅然，不過曰：「火到太廟斬殿帥。」令甫下，火沿太廟八風，兩殿前卒肩一卒，飛上斬八風板落，火即止。驗姓名，轉十官，就給金銀賞與。賈才局若此類，亦可喜。《遂昌雜録》。《宋稗類鈔》卷二。

33　宋末有富春子，能風角鳥占之術，名聞賈秋壑。一日，賈招之，叩以來日飲食之事。富寫而封之。明日，賈作宴於西湖舟中。至晚，賈行立於船頭，自歌「月明星稀，烏鵲南飛」之句。座客廖瑩中乃言：「此時日已暮，可以富所書觀之。」拆封，諸事不及，唯有「月明星稀，烏鵲南飛」八字，衆皆驚賞。《山居新話》。《西湖游覽志餘》卷十九。《堯山堂外紀》卷六十二。

34　賈似道當國，一日，退居湖山，有蜀僧襤褸徘徊，賈問之曰：「汝爲何僧？」對曰：「某詩僧也。」似道見湖中有漁翁，遂命賦之。僧請韻，賈以天字爲韻。僧應口對曰：「籃裏無魚欠酒錢，酒家門外繫漁船。幾回欲脱簑衣當，又恐明朝是雨天。」賈喜，厚贈之。《西湖游覽志餘》卷十四。《草木子》卷四上。《堯山堂外紀》卷六十二。《堅瓠甲集》卷四。

35　穆陵晚年苦足弱，一日經筵，宣諭賈師憲曰：「聞卿有長生酒甚好，朕可飲否？」賈退，遂修制具方併進，亦不過用川烏、牛膝等數味耳。內轄李忠輔適在旁，奏曰：「藥性涼燥未可知，容臣先嘗，然後取旨進御。」嫉之者轉聞於賈，賈深銜之，而未有以發也。先是北關劉都倉，家富無嗣，嘗立二子。劉先死，長者欲逐其後立子，於是託其所親檢詳所吏劉炳百萬緡，介謝堂節使，轉求聖旨下天府逐之，至是已涉數歲，賈始知之，時咸淳初年也。遂嗾其出子，以爲李忠輔僞作聖旨，訟之於官，詞雖不及謝，而謝甚窘懼，於是以實訴之於賈，賈笑曰：「節度無慮。」越日，則忠輔追毁還謫之命下，以實非其罪也，蓋師憲借此以報其嘗藥之忿耳。《齊東野語》卷十八。

36 閩人馬都録者，號静齋，以道法際遇度宗。賈平章以海味進，謝后令啖之，洩瀉不止，馬進符水飲之而愈。后召馬賜與之，馬呆戇，因謝恩自致其言曰：「臣上告佛佛，繼今他人進飲食，不可造次供御。」言出口，而賈顧已知之。甫出禁門，即下臨安府獄，面刺雙旗，押赴酆都寨。《遂昌雜録》。《南宋雜事詩》卷一。

37 〔賈〕似道益自專，上稱之曰「師臣」，通國稱之曰「師相」、曰「元老」。《宋季三朝政要》卷四。

38 一日，壑翁招碧梧馬廷鸞、西磵葉夢鼎行令，舉一令要一物與人，得物者還以一聯詩。秋壑曰：「我有一局，付與棋師，棋師得之，予我一聯詩：『自出洞來無敵手，得饒人處且饒人。』」碧梧曰：「我有一釣竿，付與漁翁，漁翁得之，予我一聯詩：『夜静水寒魚不餌，滿船空載月明歸。』」西磵曰：「我有一張犂，付與農夫，農夫得之，予我一聯詩曰：『但存方寸地，留與子孫耕。』」似道不悦而罷。《錢塘遺事》卷三。《西湖游覽志餘》卷五。《堯山堂外紀》卷六十二。

39 賈似道之爲相也，學舍纖悉，無不知之。雷宜中長成均也，直舍浴堂久圮，遂一新之。或書其壁云：「碌碌盆盎中，忽見古罍洗。」雷未之見也。一日見賈，語次忽云「碌碌盆盎中」，雷恍然不知所答，深用自疑。久之入浴堂見之，乃悟。《癸辛雜識》别集上。《南宋雜事詩》卷五。

40 賈相患舉人猥衆，御史陳伯大請置士籍……復試之日，露索懷挾。辛未榜李鈁孫者，少時戲雕摩睽羅於股間，搜者視之駭曰：「此文身者。」事聞被黜。《宋季三朝政要》卷四。《南宋雜事詩》卷五。

41　御史陳伯大奏立士籍，似道毅然行之。凡應舉及免舉人，州縣給曆一道，親書年貌世系，及所肄業於曆首，執以赴舉，過省參對筆跡異同，以防僞濫。時人有詩譏之云：「戎馬掀天動地來，襄陽城下哭聲哀。平章束手全無策，卻把科場惱秀才。」又有爲《沁園春》詞云：「國步多艱，民心靡定，誠吾隱憂。歎浙民轉徙，怨寒嗟暑，荆襄死守，閱歲經秋。虜未易支，人將相食，識者深爲社稷羞。當今亟，出陳大諫，箸借留侯。　迂闊爲謀，天下士如何可籍收。況君能堯舜，臣皆稷契，世逢湯武，業比伊周。政不必新，貫宜仍舊，莫與秀才做盡休。勸吾元老，廣四門賢路，一柱中流。」又詞云：「士籍令行，條件分明，逐一排連。問子孫何習，父兄何業，明經詞賦，右具如前。最是中間，娶妻某氏，試問於妻何與焉。鄉保舉，那當著押，開口論錢。　祖宗立法於前，又何必更張萬萬千。算行關改會，限田放糴，生民雕瘁，膏血俱朘。只有士心，僅存一脈，今又艱難最可憐。誰作俑，陳堅伯大，附勢專權。」《西湖游覽志餘》卷五。《癸辛雜識》別集下。《堯山堂外紀》卷六十一。《堅瓠辛集》卷二。《宋稗類鈔》卷六。

42　元兵南侵，至鄂州，拜〔賈〕似道左丞相，御之。會理宗崩，似道請和，元人許之，兵解，遂上表以肅清聞。帝以其有再造功，寵用日盛，似道乃使門客廖瑩中、翁應龍等撰《福華編》，以紀鄂功。賜第葛嶺，大小朝政，就決館中，宰執充位而已。當時爲之語曰：「朝中無宰相，湖上有平章。」《西湖游覽志餘》卷五。《宋詩紀事》卷一百。

43　大石佛寺。考舊史，秦始皇東游入海，纜舟於此石上。後因賈平章住裏湖葛嶺，宋大内在鳳凰山，相去二十餘里。平章聞朝鐘響，即下湖船，不用篙楫，用大錦纜絞動盤車，則舟去如駛。大佛頭，其繫纜石椿也。《西湖夢尋》卷一。

44〔賈似道〕日坐葛嶺，取舊宫人及娼尼淫戲無晝夜，惟故博徒得闌入，人無敢窺其第者。嘗與群妾踞地鬭蟋蟀，所狎客撫其背曰：「此平章軍國重事耶？」嘗作半閒亭，以停雲水道人，每治事畢，則入亭中打坐。有佞人上《糖多令》詞，大稱其意。其詞曰：「天上謫星班，青牛度關。幻出蓬萊新院宇，花外竹，竹邊山。 軒冕儻來閒，人生閒最難。算真閒、不到人間。一半神仙先占取，留一半，與公閒。」《西湖游覽志餘》卷五。《古杭雜記詩集》卷二。《堯山堂外紀》卷六十二。《宋稗類鈔》卷二。《詞林紀事》卷十八。

45《西湖志》曰：《宋元遺事》載張淑芳者，理宗選妃日，賈似道匿爲己妾。即德祐太學生《百字令》内所指新塘楊柳也。有題壁云：「山上樓臺湖上船，平章高卧嬾朝天。羽書莫報樊城急，新得蛾眉正少年。」淑芳亦知必敗，營别業以遯迹焉。木棉之役，自度爲尼，鮮有知者。《古今詞話》卷上。

46賈似道居西湖之上，嘗倚樓望湖，諸姬皆從。適二人道裝羽扇，乘小舟由湖登岸。一姬曰：「美哉二少年！」似道曰：「爾願事之，當令納聘。」姬笑而無言。逾時，令人持一合，喚諸姬至前曰：「適爲某姬受聘。」啓視之，則姬之頭也，諸姬皆戰慄。《錢塘遺事》卷五。《西湖游覽志餘》卷五。

47賈相當國，東閣之客十餘人，陳淳祖乃其一也。淳祖端莊不通關節，内人多惡之。一日，賈諸姬有争寵者密竊一姬鞋，遣人置於淳祖坐下，淳祖目不妄視，不知下有此物。蓋其姬欲併中二人也。賈入館内，忽目有所睹，知其爲某姬之物，心疑之，蓋齋後有曲徑而至齋後門。令其叩門，百端挑誘，淳祖不答，繼以大怒，欲即申報平章，賈方知其無他。遂就府堂起獄勘問，盡得其情。由此極器淳祖，後有知南安軍之命。《湖海新聞夷堅續志》前集卷一。《南宋雜事詩》卷一引《警心録》。

48 陳容，字公儲……賈秋壑招致賓幕，無何，醉輒狎侮之。賈不爲忤。《圖繪寶鑑》卷四。

49 賈似道有異志，有一術士能拆字，賈以策畫地作「奇」字與之拆，術者曰：「公相之志不諧矣！道立，又不可。道可，又立不成。」公默不語，禮而遣之。恐泄其事，使人害諸途。《草木子》卷四上。《西湖游覽志餘》卷五。《堯山堂外紀》卷六十二。

50 上一日問似道曰：「襄陽之圍三年矣，奈何？」對曰：「北兵已退去，陛下得臣下何人之言？」上曰：「適有女嬪言之。」似道詰問其人，誣以他事賜死。自是邊事無人敢對上言者。《宋季三朝政要》卷四。

51 咸淳癸酉春，賈相連奏，乞出視師，且謂：「諸閫欲爲敗闕張本，每遣客游談，不曰無財力，則曰無兵力，不知臣之科錢招軍，悉有實狀，可以按覆。」奏罷歸府，合目静坐。忽夢有男子團面方口突然而入，賈相叱之曰：「爾何人敢至此？」答曰：「我金主也，相公早間入奏太激，天下事不由相公，皆由我。相公好好做三年，我六年後亦不復顧人間事。」言訖，賈相且怒且醒，因與所親言之，漫不可曉。三年而賈相罷，六年而錢禁行。乃知男子，錢神也。《錢塘遺事》卷六。

52 咸淳末，賈似道以太傅平章軍國重事，禁天下婦女不得以珠翠爲飾。時行在悉以琉璃代之，婦人行步皆琅然有聲。民謡曰：「滿頭多帶假，無處不琉璃。」假，謂賈；琉璃，謂流離也。《佩韋齋輯聞》卷三。《南宋雜事詩》卷二。《古謡諺》卷四十八。

53 賈似道當國，京師亦有童謠云：「滿頭青，都是假。這回來，不是耍。」蓋時京妝競尚假玉，以假爲賈，喻似道之專權。而丙子之事，非復庚申之役矣。因記似道貶時，有人題壁：「去年秋，今年秋，湖上人家樂復愁，西湖依舊流。吴循州，賈循州，十五年間一轉頭，人生放下休。」《東南紀聞》卷一。《西湖游覽志餘》卷二十三。《堅瓠己集》卷二。

54 宋之末年，有狂士人于市井賣小兒學書字本，一貫三張，每遇人問，即隨口成詩，亦張山人之類。時賈似道專政，每遭面罵，亦無如之何。《閒居録》。《茶香室四鈔》卷三。

55 〔賈〕似道又嘗齋雲水千人，其數已足，有一道士，衣裾襤褸，至門求齋。主者以數足，不肯引入，道士堅求不去，不得已，於門側齋焉。齋罷，覆其鉢於案而去。衆將鉢力舉之，不動，啓於似道，自往舉之，乃有詩二句云：「得好休時便好休，收花結子在綿州。」始知真仙降臨而不識也。其曰「綿州」者，蓋木綿庵之兆云。《西湖游覽志餘》卷二十六。《堯山堂外紀》卷六。《昨非庵日纂》一集卷八。

56 賈似道齋雲游道人於西湖道堂，齋辦，衹候平章未至。忽有一婦人抱一子至，曰：「平章設齋，豈不及我？」既與一分，持以遺子。乃頓子於齋堂桌上，復入求齋。衆厭之，又慮平章將至，萬一見婦人在此，豈不獲責，急取與之。未及，平章至，左右叱之去，無及。婦人抱子趨避小閣子，遺糞桌上，不暇揩拭，用鉢盂蓋覆。俟平章展拜後，衆欲除之，舉鉢不起，婦人亦不見，衆以爲怪。平章命左右併力撤之，亦不可得，於是焚香設拜，鉢乃舉，得片紙，有詩二句云：「得好休時便好休，收花結子在綿州。」衆以勉其退閒，而不知綿州之意。後德祐誤國遭貶，卒於漳州木綿庵，方應其讖。《湖海新聞夷堅續志》前集卷一。《堅瓠己集》

卷二。

57 賈師憲甲戌歲《寒食日絶句》云：「寒食家家插柳枝，留春春亦不多時。人生有酒須當醉，青冢兒孫幾箇悲。」明年師潰身殞，遂成惡讖。《浩然齋雅談》卷中。《三朝野史》。

58《寒食》詩云：「寒食家家插柳枝，戀春春亦不多時。兒孫只解花前醉，青冢能消幾箇悲。」此賈秋壑平章於德祐元年寒食上母墳回，至集賢堂所作。豈非亡國之讖。《詩話雋永》。

59 見汪立信1。

60 賈師憲平章，德祐乙亥正月十六日，親總大軍，督師江上，禡祭於北關外，而大帥之旗，適爲風所折，識者駭之，而一時游幕之賓，反傅會爲吉讖。《齊東野語》卷七。

61 賈似道出師敗走，有人爲詩曰：「丁家洲上一聲鑼，驚走當年賈八哥。寄語滿朝諛佞者，周公今變作周婁。」蓋時媚似道爲周公云。《磯園稗史》卷三。

62 德祐元年乙亥正月，賈平章似道督府出師時，平昔愛將已有叛去者，賈聞之，氣大餒。臨行，與殿帥韓震、京尹曾淵子約曰：「或江上之師設有蹉跌，即邀車駕航海至慶元，吾當帥師至海上迎駕，庶異時可以入關，以圖興復。」且留其二子於震家，使倉卒可以隨駕。時省吏翁應龍，實知其謀。至二月二十日，督府潰師於魯港，翁應龍得罪下獄，翁謂曾尹曰：「平章出師時，分付安撫道甚麽來？如今卻來罪應龍，何也？」於是淵子語塞，而震亦不自安。會似道以蠟書至韓，趣爲遷避，其間有云：「但得趙家一點血，即有興復之望。」震得之，即具申狀，親擕蠟書白堂、白臺，陳丞相宜中遂奏之太后，宫中爲之震動。時都民、戚里、官府往往皆欲苟安，疑惑撼摇，目之爲賊。宜中本爲似道所引，至是與編修官潘希聖謀，一反賈政，專以圖守爲説。震不察其意，乃堅持遷避之策。三月朔日，宜中召震會議於第五府，先已差天府增級顧信等數人以擬之，及震至，門闔，即以鐵撾擊其首。韓曰：「相公不當如此。」陳答曰：「此奉聖旨。」韓猶以坐椅格之，遂折其足脛而斃之。遂自后門舁出，揭其首於朝天門。省吏劉應韶即以黄榜自牕楹中遞出張挂，慰諭一行將士，謂罪止誅其首。《癸辛雜識》前集。

63 賈秋壑德祐乙亥八月生日，建醮青詞云：「老臣無罪，何衆議之不容；上帝好生，奈死期之已迫。適值垂弧之旦，預陳易簀之辭。竊念臣際遇三朝，始終一節。爲國任怨，但知存大體以杜私門；遭時多艱，安敢顧微軀而思末路。屬醜虜貪狼之犯順，率驕兵悍將以徂征。用命不前，致成酷禍；措躬無所，惟有後圖。衆口皆詆其非，百喙難明此謗。四十年勞悴，悔不爲留侯之保身；三千里流離，猶恐置霍光于赤族。仰慚覆載，俯愧劬勞。伏願皇天厚土之鑑臨，理考度宗之昭格。三宫霽怒，收瘴骨于江邊；九廟闡靈，掃妖氛于境外。」此時已無廖、王諸客矣，豈似道所自爲耶？《三朝野史》。《西湖游覽志餘》卷五。《宋稗類鈔》卷六。

64 官籍賈似道第果子庫，糖霜凡數百甕，官吏以爲不可久留，難載帳目，遂輦棄湖中，軍卒輩或乘時竊出，則他物稱是可想矣。「胡椒八百斛，領軍鞋一屋」，不足多也。《齊東野語》卷十六。《古事比》卷四十二。《宋稗類鈔》卷二。

65 賈師憲柄國日，嘗夢金紫人相迎逢，旁一客謂之曰：「此人姓鄭，是能制公之死命。」時大璫鄭師望方用事，意疑其人，且姓與夢合，於是竟以他故擯逐之。及魯港失律，遠謫南荒，就紹興差官押送，則本州推官沈士圭，攝山陰尉鄭虎臣也。鄭，武弁，嘗爲賈所惡，適有是役，遂甘心焉。賈臨行，置酒招二人，歷言前夢，且祈哀徼芘云：「向在維揚日，襄、鄧間有人善相，一日來，值其跣卧，因歎惜再三。私謂客曰：『相公貴極人臣，而足心肉陷，是名候形，恐異時不免有萬里行耳。』是知今日竄逐之事，雖滿盈招咎，蓋亦有數存焉。」及抵清漳之次日，泣謂押行官曰：「某夜來夢大不祥，纔離此地，必死無疑，幸保全之。」遂連三日，逗遛不行，而官吏追促之。離城五里許，小泊木綿菴，竟以疾殂。或謂虎臣有力焉。先是，林僉樞存孺父爲賈所擯，謫之南州，道死於漳。漳有富民，蓄油杉甚佳。林氏子弟欲求，而價窮不可得，因撫其木曰：「收取，收取，待留與賈丞相自用。」蓋一時憤恨之語耳。至是，郡守與之經營，竟得此物以斂，可謂異矣。《齊東野語》卷十九。《宋稗類鈔》卷一。

66 秋壑在朝，有術者言：「平章不利姓鄭之人。」因此每有此姓爲官者，多困抑之。武學生鄭虎臣登科，輒以罪配之，後遇赦得還。秋壑喪師，陳静觀諸公欲置之死地，遂尋其平日極仇者監押，虎臣遂請身爲之，乃假以武功大夫押其行。虎臣一路凌辱，至漳州木綿庵，病泄瀉，踞虎子欲絶。虎臣知其服腦子求死，乃云：「好教作只恁地死。」遂趯數下而殂。《山房隨筆》。《宋稗類鈔》卷一。

67 似道嘗夢術者言，平章不利姓鄭人，故朝士鄭姓者，多摧抑之。武學生鄭虎臣，素見憎於似道，廷議遂以虎臣爲押送官。似道瀕行，置酒飲虎臣，言前夢，且祈哀庇，虎臣微笑而已。途中備加窘辱。及抵清漳，似道泣曰：「夜夢不祥，離此恐無生理。」漳守趙分如者，似道門客也，宴虎臣，欲請似道偶坐，虎臣不許，似道亦固讓不敢當，口稱天使唯謹。分如察虎臣有殺似道意，挑之曰：「天使今日押團練至此，想無生理。曷令速殞，無受許多苦惱。」虎臣笑曰：「便是這物事受得許多苦惱，好死不死。」明日，促之行，離城五里，小憩木綿庵。似道知不可免，乃服腦子，踞虎子欲絕。虎臣曰：「好教衹恁地死。」大捶數下而殂。《西湖游覽志餘》卷五。

68 履齋吴相循州安置，以賈似道私憾之故。未幾，除承節郎劉宗申知循州。劉，江湖士，專以口舌嚇迫當路要人，貨賄官爵。士大夫畏其口，姑厚饋彌縫之，其得官亦由此。守循之除，似道欲其殺吴相。宗申至郡，所以捃摭履齋者無所不至，隨行吏僕以次病亡，或謂置毒所居井中，故飲水者皆患足軟而死，履齋亦不免。似道遭鄭虎臣之辱，其時趙介如守漳，賈門下客也，宴虎臣於公舍。介如欲客似道，似道不可，以讓虎臣，口口稱天使惟謹。虎臣不讓，似道遂坐於下。介如察其有殺賈意，命館人啓鄭，且以辭挑之。於時似道衣服飲食皆爲鄭減抑，介如作錦衣等饋之。見其行李輜重，令截寄其處，伺得命放回日取之。其館人語鄭云：「天使今日押練使至此，度必無生理，曷若令速殞，免受許多苦惱。」鄭云：「便是這物事，受得這苦，欲死而不死。」未幾，遂殞。趙往哭，鄭不許。趙固争，鄭怒云：「汝欲檢我邪?」趙云：「汝也宜得一檢。」然未如之何。趙經紀棺斂且致祭，其辭云：「嗚呼！履齋死循，死於宗申。先生死閩，死於虎臣。嗚呼！」云云。《山房隨筆》。《宋稗類鈔》卷一。

69《桐江集·木綿怨序》云：賈似道南竄，猶擕所謂王生、沈生者自隨。二生，天下絶色也。木綿庵既殂，二生再展入北。後南還，善事貴人，巧伎藝，拙女功，願再鬻人爲妾。《南宋雜事詩》卷二。

70　宋文憲公云：「賈似道三朝宰輔，一旦敗亡，朝野俱勿之恤。惟承天主僧彬木禪火焚遺體，接其仲子歸葬會稽之附之崗。」仁恩斷江禪師《經似道墓》詩有云：「權握三朝位三事，祇應知己是僧彬。」《樵書》二編卷十。

71　賈秋壑敗師亡國，後有人刺以詩曰：「深院無人草已荒，漆屏金字尚輝煌。只知事去身宜去，豈料家亡國亦亡。理考發身端有自，鄭人應夢果何祥。卧龍不肯留渠住，空使晴光滿畫牆。」又云：「事到窮時計亦窮，此行難倚鄂州功。木綿庵上千年恨，秋壑堂中一夢空。石砌苔稠猿步月，松庭葉落鳥呼風。客來未用多惆悵，試向吴山望故宫。」又《傷西樓》詩云：「檀版歌殘陌上花，過牆荆棘刺簷牙。指麾已失鐵如意，賜予寧存玉辟邪。破屋春歸無主燕，壞池雨産在官蛙。木綿庵外尤愁絶，月黑夜深聞鬼車。」有人和云：「榮華富貴等浮花，膂力難爲國爪牙。漢世只知光擁立，唐朝誰識杞奸邪。綺羅化作春風蝶，弦管翻成夜雨蛙。縱有清漳人百死，碧天難挽紫雲車。」《山房隨筆》。《西湖游覽志餘》卷五。《堅瓠甲集》卷四。《宋稗類鈔》卷一。《宋詩紀事》卷九十六。

72　家之巽志行爲演福寺作觀音殿碑，所得幾何？乃大罵賈相以示高。殊不知其寺常住贍僧田一萬三千畝，乃賈相所捨也。其碑具銜云：「前朝奉大夫秘書省校書郎兼國史編修官實録院檢討官。」殊不知此二兼職，非卿監不可也，意者欲愚庸髠，眩俗眼，以爲榮耳。碑成，打造遍送當路。其後官司打勘，没官田土，則賈相所捨寺中萬三千畝，正在數中。省官呼釋髠問之，云：「賈似道既捨許多田與寺中，不知寺中呼之爲何稱？」曰：「大檀越也。」曰：「寺中亦感激他否？」曰：「大衆仰食於此田，安得不感激？」曰：「既是如此，何乃刻碑毀罵邪？」旣無以應之。《癸辛雜識》續集下。

73 賈似道乃父涉開閫淮東，爲國宣勞。似道閫帥兩淮，効父之故智，閫才有餘，相才不足。自當軸以來，收蓄古銅器、法書、名畫、玉器珍寶、金銀貨泉，用譚玉辨驗。以元老之尊，就與賤倡潘稱心褻狎。貪財好色，一至於此。《三朝野史》。《南宋雜事詩》卷六、卷五。

74 〔賈似道〕令陳振、譚玉、趙與楠等，廣收奇器異寶。聞余玠有玉帶，發塚取之。劉震孫有玉鈎桶本安丙家物，不獻，罷去。建多寶閣，日一登玩。《宋季三朝政要》卷四。《宋稗類鈔》卷二。

75 吴興向氏，后族也。其家三世好古，多收法書、名畫、古物，蓋當時諸公貴人好尚者絶少，而向氏力事有餘，故尤物多歸之。其一名士彪者，所畜石刻數千種，後多歸之吾家。其一名公明者，騃而誕，其母積鏹數百萬，他物稱是，母死專資飲博之費。名畫千種，各有籍記，所收源流甚詳。長城人劉瑄，字囦道，多能而狡獪。初游吴毅夫兄弟間，後遂登賈師憲之門。聞其家多珍玩，因結交，首有重遺。向喜過望，大設席以宴之，所陳莫非奇品。酒酣，劉索觀書畫。則出畫目二大籍，示之，劉喜甚，因假之歸，盡録其副。言之賈，賈大喜，因遣劉誘以利禄，遂按圖索駿，凡百餘品皆六朝神品。遂酧以異姓將仕郎一澤公明，稛載之，以爲謝焉。……景定中，其祖若水墓爲賊所劫，其棺上爲一槅，盡貯平日所愛法書、名畫甚多。時董正翁楷爲公田，分得其《蘭亭》一卷，真定武刻也。後有名士跋語甚多，其精神熠熠，透出紙外，與尋常本絶異，正翁極珍之。然尸氣所侵，其臭殆不可近，雖用沈腦薰焙，亦不能盡去。或教之以檀香能去尸氣，遂作檀香函貯之。然付之庸工裝潢，頗爲裁損，所謂金龜八字云。《癸辛雜識》後集。

76 似道留心書畫，家藏名蹟多至千卷。其宣和、紹興秘府故物，往往乞請得之。《清河書畫舫》卷五上。《南宋雜事詩》卷一、卷五。

77 〔《神仙起居法》思陵故物〕標綾上有曲脚封並「悦生」葫蘆印，是嘗入賈氏，蓋似道柄國時，御府珍秘多歸私家。《清河書畫舫》卷五上。

78 宋賈師憲所藏書畫，皆有古玉一字印，相傳是「封」字。又謂之屈角封，乃「長」字也。……「悦生」葫蘆印。都元敬云：「賈相似道所用，悦生，乃其堂名也。」《清河書畫舫》卷四上。《閒居録》。《南宋雜事詩》卷一。

79 崔白《五雀圖》，賈氏悦生堂物，其間一印云「賢者而後樂此」。《雲煙過眼録》卷上。

80 賈秋壑得一碔砆石枕，光瑩可愛。賈秋壑欲刻《蘭亭》，人皆難之。忽一鐫者曰：「吾能蹙其字法，縮成小本，體制規模，當令具在。」賈甚喜。既成，此刻果然宛如定武本而小耳，缺損處皆全，亦神乎技也。今所傳於世者，又此刻之諸孫也，世亦稱「玉枕蘭亭」。《至正直記》卷一。《南宋雜事詩》卷二。

81 賈師憲以所藏定武五字不損肥本禊帖，命婺州王用和翻開，凡三歲而後成，絲髮無遺，以北紙古墨摹榻，與世之定武本相亂。賈大喜，賞用和以勇爵，金帛稱是。又縮爲小字，刻之靈壁石，號「玉板蘭亭」。其後傳刻者至十餘，然皆不逮此也。於是其客廖群玉以淳化閣帖、絳州潘氏帖二十卷，並以真本書丹入石，皆逼真。又刻小字帖十卷，則皆近世如盧方春所作《秋壑記》，王茂悦所作《家廟記》、《九歌》之類。又以所藏陳簡齋、姜白石、任斯庵、盧柳南四家爲小帖，所謂世綵堂小帖者。世綵，廖氏堂名也。其石今不知存亡矣。《癸辛雜識》後集。《西湖游覽志餘》卷五。《宋稗類鈔》卷二。

82 賈師憲常刻《奇奇集》，萃古人用兵以寡勝衆，如赤壁、淝水之類，蓋自詫其援鄂之功也。又《全唐詩話》乃節唐《本事詩》中事耳。又自選《十三朝國史會要》。諸雜説之會者，如曾慥《類説》例，爲百卷，名《悦生堂隨抄》，板成未及印，其書遂不傳。其所援引，多奇書。廖群玉諸書，則始《開景福華編》，備載江上之功，事雖誇而文可采。……九經本最佳，凡以數十種比校，百餘人校正而後成，以撫州萆抄紙、油烟墨印造，其裝褫至以泥金爲籤，然或者惜其删落諸經注爲可惜耳，反不若韓、柳文爲精妙。又有《三禮節》、《左傳節》、《諸史要略》及建寧所開《文選》諸書。其後又欲開手節《十三經注疏》，姚氏注《戰國策》、注《坡詩》，皆未及入梓，而國事異矣。《癸辛雜識》後集。《志雅堂雜鈔》卷下。《宋稗類鈔》卷二。

葉夢鼎

1 葉丞相夢鼎，宋淳祐戊申知袁州，仁慈廉謹，任滿得替，士民攀轅卧轍以留之，旗幟甚盛。於内綵旗有一聯云：「關節一毫無地入，公廉兩字只天知。」隨從吏人插於歸舟，過袁河口大江中，忽大風掣去。衆見在空中飛舞，卻不知墜何所。此豈非「公廉只天知」之驗歟！《湖海新聞夷堅續志》後集卷二。

2 見賈似道38。

3 台州士人陳夢協，平生隱居不出仕。宋咸淳中，偶遇商人浮海，求從之，以縱觀覽。一日，遭颶風，漂至海中一山下。見山上喬松不可以萬計，望山巔只露些子樓閣，岸側有小茅庵，榜以「雪溪」兩字。檐下坐一老人，旁侍小童。陳與長揖，老人問曰：「汝何人而至此？」陳具以實告，老人曰：「既住天台，今葉夢鼎安樂否？」陳答曰：「已拜相。」老人曰：「煩拜意，亟投黄扉之榮，早尋緑野之樂。更踰十數年，宋鼎移矣，恐有後患。」陳曰：「先生是何神仙？」老人曰：「止可與言舊日同舍生，今主海上雪溪。」與茶一甌，撫手曰：「快循岸去，便可尋船。」陳歸，不敢與他人言，密以告葉。後葉罷相歸鄉，朝廷再召不赴者，以此信知大事神仙知之久矣！《湖海新聞夷堅續志》後集卷一。

江萬里

1　江丞相古心，淳祐辛丑知吉州，遇上元，喜放燈，與民同樂。適大雨作，有士人投詩云：「隱隱雷聲天鼓吹，熒熒燈火夜星辰。風流太守明如鏡，何用姮娥作主人。」古心喜而厚贈之。《湖海新聞夷堅續志》後集卷二。

2　江古心知吉州兼提舉，就任，改除江西漕使，舟經臨江慧力寺前，風濤大作，舟人大恐，請燒香許願。古心以胡牀坐於船頭，索紙筆書一詩，云：「萬里爲官徹底清，舟中行止甚分明。如今若有虧心事，一任碧波深處沉。」詩纔投江，旋即風恬浪静，徑至洪都。《湖海新聞夷堅續志》後集卷二。

3　理宗朝，有待詔馬遠畫《三教圖》。黄面老子則跏趺中坐，猶龍翁儼立於傍，吾夫子乃作禮於前。此蓋内璫故令作此，以侮聖人也。一日傳旨，俾古心江子遠作贊，亦故以此戲之。公即贊之曰：「釋氏趺坐，老聃傍睨。惟吾夫子，絶倒在地。」遂大稱旨。其辭亦可謂微而婉矣。《齊東野語》卷十二。《堅瓠甲集》卷一。

馬廷鸞

1 樂平鵝塘在潭水濱，其地萬山壁立，五水環聚。遇晚，舟楫皆泊其前，如戈戟然。廖金精瑀有記云：「龍尾掃天上，龍頭水底眠。有人能葬此，山河屬半邊。」宋度宗時，丞相馬翔仲廷鸞卜以葬母，請乩仙降筆云：「我是鵝塘真土地，丞相請我來問地。識地之人未曾生，得地之人未了未。」翔仲猶欲留以自葬。神復書云：「丞相好生多事，吾去矣。」翔仲遂不敢用其地。未了者，疑以「未」字上一畫加「了」字，則成李字也。未者，言識地得地者時尚未生也。《堅瓠庚集》卷一。

2 見賈似道38。

3 咸淳甲戌之夏，丞相番陽馬公廷鸞字翔仲，以翻胃之疾，乞去甚苦，凡十餘疏始得請，則疾已棘矣。以暑甚病危，不可即途，遂出寓於六和塔。余受公知，間日必出問之。時公偃卧小榻，素無姬妾，止一村僕煮藥其傍。嘗淒然謂余曰：「吾家素貧，少年應南宫之試，止草履襆被而已。一日道間餒甚，就村居買螺螄羹，泡蒲囊中冷飯食之，遂得此疾。既無力治藥，朋友憐之者以二陳湯服之，良愈。是歲竊冒省魁。後爲兩制日，疾復作，醫者復以丁香草果飲，亦三兩服即愈。因念前疾之所以不死者，蓋有後來之功名故也。今承乏廟堂，分量極矣，過矣。今疾復作而衆藥不效，勢無生理必矣。所恨者時事日異，無以報國，爲不滿耳。」因泣下數行。然賈師憲終疑其託疾引去欲相避者，因奏知自出關訪問之，其實覘之也。及見其骨立羸然，乃始驚曰：「碧梧乃真病也！」次日奏聞，以大觀文知鄉郡，以榮其歸，且特賜東園祕器，以爲沿途緩急之備。公即日輿疾以歸，及還番陽，疾乃安，閲月而全愈。未幾，以吴堅爲相。是冬北軍渡江，督府軍潰，而國墮以亡矣。使公不病，病不亟，則位不可釋，位不可釋則奉璽狩北之責，公實居之。今乃以疾而歸，歸而疾愈，安處山林，著書教子者，凡十四年而後薨。此非天相吉德，曲爲之庇，安能若是哉！《癸辛雜識》後集。

包恢

1 包宏齋恢致仕後，歸作園於南城，題桃符云：「日短暫居猶旅舍，夜長宜就作祠堂。」年八十七薨。《癸辛雜識》别集上。

2 宏齋先生包恢，年八十有八，爲樞密陪祀登拜郊臺，精神康健。一日，賈似道忽問曰：「包宏齋高壽，步履不艱，有衛養之術，願聞其略。」恢答曰：「有一服丸子藥，乃是不傳之祕方。」似道欣然欲授其方，恢徐徐笑曰：「恢喫五十年獨睡丸。」滿座皆哂。《三朝野史》。《西湖游覽志餘》卷二十五。

陳宜中

1 陳宜中之先爲吏，每以利物爲心，日計所及，以錢投火缶中，一錢爲一事，久而不可勝計，人多德之。嘗負官錢在圄，屬其孫往貸於葛宣義。葛居外沙，資累鉅萬，宿夢黑龍繞其廳柱，覺而異之，夙興未頮，徑至彷徨，若有所伺，家人呼之不顧。果有小兒來，年可十許歲，問爲誰，曰：「陳某孫。」又問來故，以實對。又問所需幾何，曰：「百千。」如數付之。陳既出，詣葛謝，葛曰：「汝肯以此見與否？」陳曰：「寒賤下吏，勢分遼絶，非所敢聞。」葛勉使就學，許以捐助，未幾，以長女許之。既而陳游上庠，上書攻丁大全，南遷數年。賈相牢籠，置之倫魁。陳在南日，葛以往江心寺設水陸供，盡室以往，獨長女居守。葛巨富，是夕寇夜至，遂席捲以去，長女亦被獲以往。至是尋盟，乃以幼女歸之。陳後以文昌出守七閩，遇巧節，諸吏各有所獻。陳妻忽識一柈，似其家物，審是果也。因語陳，陳乃召吏扣所從來，云海巡所遺也。亟發兵圍其寨，盡俘諸校，寘於理，悉得其情，正葛寇也。事已脗合，以次伏誅，無漏網者。葛女已有二子，初猶隱不言，其妹爲言委曲，執手相哭，乃斃其二雛焉。《癸辛雜識》别集上。

2 開慶間，丁大全用事，以法繩多士，陳宜中與權、劉黼聲伯、黃鏞器之、林則祖興周、曾唯師孔、陳宗正學，亦以上書得謫，號六君子。至景定初，時相欲收士譽，悉上春官，并擢高第，時議或有異論。既而林則祖、陳宗先死，曾屢遭黜。三公者，相繼召試，居言路，出藩入從。咸淳癸酉間，聲伯自海閫召爲從官翰苑，與權自閩帥擢秋官居鎖闥，器之起家知廬陵兼倉節。是歲六月，正言郭閶劾器之云：「虚名多足以誤世，實德乃可以服人。」又云：「黃鏞偶儕六士，遂得虚名，昨守吴門，怪狀百出。愧士不敢謁學，畏軍不敢閲武。暨綰郡符，復兼庾節，怪誕仍不可枚數矣。」越宿，陳與權入奏曰：「朝廷建官，本欲兼收實用；臣子事上，豈容徒竊虚名。倘公議有及於斯，雖頃刻難安於位。比觀諫坡造膝之抨彈，斥去廬陵治郡之無狀，一皆公論，何預孤蹤。但首發虚名之誤世，上係國家；而明指六士以修言，已形辭色。蓋亦謂忝論思之數，將使自知進退之謀，欲乞特畀閑廩，以穆師言。」詔不允，云：「虚名誤世，辭氣若過於抑揚；　實德服人，指意則有所歸重。援是求去，非朕攸聞。」劉聲伯亦一再上疏求去，不允。郭不自安，乞罷言職者亦再，云：「真言無忌者諫之職，何敢容私；　囀喉觸諱者語之窮，安能逆料。惟兹吉守，舊有直聲，惜其預六士之稱，不能終譽如此。今指其兩郡之政，謂之非虛名可乎？二臣何見，相繼引嫌。實自實，虛自虛，人品固難於槩論；　聞所聞，見所見，事理委無以相干。」亦不允其請。而陳疏至四五，且引書牘之嫌。御批云：「卿以不必疑之言，而申必欲去之請，如國體何？前詔謂虛名實德，各有所指，蓋盡之矣。書牘引嫌，勿書可也，何以去爲。」於是侍御陳堅節夫、豸官陣過聖觀共爲一疏，乞申諭三臣，各安職守。而黄户書萬石、陳兵書存、常户侍楙、曹禮侍孝慶、倪刑侍曹、高工侍斯得、李右史珏、文左史復之共爲一疏調停之，久而方定。知大體者，殊不然之。《齊東野語》卷二十。

3　陳宜中、曾唯、黄鏞、劉黻、陳宗、林則祖，皆以甲辰歲史嵩之起復上書，倡爲期之論。一時朝紳如盧越、徐霖、元杰、趙無墮皆和之，時人號爲六君子。既貶旋還，時相好名，牢籠宜中爲倫魁，餘悉擢巍科，三數年間皆致通顯。然夷考其人平日踐履，殊有可議者，然同聲合黨，孰敢攖其鋒。郭方泉闓在臺日，嘗疏黄鏞之罪，因論虛名之弊。時宜中在政府，黻在從班，競起攻之，闓爲之出臺。及鏞知盧陵，文宋瑞起義兵勤王，百端沮之，遂成大隙。既而北兵大入，則如黄、如曾數公，皆相繼賣降。或言其前日所爲皆僞也。於是有爲之語云：「開慶六君子，至元三搭頭。」宋之云亡，皆此輩有以致之，其禍不止於典午之清談也。《癸辛雜識》續集上。《古謡諺》卷六十二。

4　見賈似道62。

留夢炎

1 留中齋所生，粗獲也。其父暮坐於庭，其獲過於前，兩目燦然如金，光采射人。問爲誰，左右以獲對。後生中齋……或者謂乃蝦蟆精，身頗充肥，中齋如之，其子叔子亦如之。《庶齋老學叢談》卷下。

2 留忠齋夢炎、徐經畋霖在衢校，俱受之於俞教任禮。俞善濮斗南，俞以二人屬之，徐魁南宮，留亦中選。每同詣濮，又同寓邸，而徐日湎於酒，無所聞知。時穆陵書「后乂」「克艱」二語以錫丞相史嵩之，謝表及記，皆濮所爲。留刺知之，不以語徐，遂以自擬對策，遂冠多士云。《癸辛雜識》後集。

3 淳祐甲辰，省元徐霖、狀元留夢炎，皆三衢人。一時士林歆羡，以爲希闊之事。時外舅楊彦瞻以工部郎守衢，遂大書狀元坊以表其閭，既以爲未足，則又揭雙元坊以誇大之，鄉曲以爲至榮。《齊東野語》卷十六。

4 文文山中狀元，一相者潛瞰歸曰：「某處立者大貴，末座年少者大兇。」立者留夢炎，末座即文山也。《茶餘客話》卷十八。

5 三衢留中齋，甲辰大魁。文山宋瑞，丙辰大魁。中齋作相，身享富貴三十年，仕北爲尚書。文山纔登第，丁父憂，仕途亦坎坷。乙亥糾義兵勤王，終以罔功，患難中倚之爲重。雖云爲相，黄扉之貴，萬鍾之奉，無有也。江西羅秋壹詩云：「嚙雪蘇卿受苦辛，庾公老作北朝臣。當年龍首黄扉客，猶是衡門一樣人。」中齋物色將羅織之，亟歸而免。《山房隨筆》。《堅瓠己集》卷二。

6 文天祥有「黄冠故鄉」之言。王積翁欲合宋臣等十人，請釋天祥爲道士。留夢炎不可，云：「天祥出，復號召江南，置吾輩十人于何地！」事遂已，而天祥終有柴市之殉。孔公天胤曰：「兩浙有夢炎，兩浙之羞也。」蓋夢炎衢州人，與天祥俱宋狀元，而不同如此。歷明朝數百年，凡留氏子姓赴考，責令書一呈結曰：「並非留夢炎子孫。」方許入試。《樵書》二編卷九。

7　見趙孟頫7。

8　中齋自北歸，過嚴陵，就養於其子府判者。何潛齋遺之詩曰：「昆明灰劫化塵緇，夢裏功名黍一炊。鍾子不將南操變，庾公空抱北臣悲。歸來眼底湖山在，老去心期浙水知。白髮門生憐未死，青山留得裹遺屍。」《雪舟脞語》。《樵書》二編卷九。

文及翁

1　蜀人文及翁登第後，期集游西湖。一同年戲之曰：「西蜀有此景否？」及翁即席賦《賀新郎》云：「一勺西湖水，渡江來、百年歌舞，百年酣醉。回首洛陽花世界，煙渺黍離之地。更不復、新亭墮淚。簇樂紅妝摇畫舫，問中流、擊楫何人是。千古恨，幾時洗。　余生自負澄清志，更有誰、磻溪未遇，傅巖未起。國事如今誰倚仗，衣帶一江而已。便都道、江神堪恃。借問孤山林處士，但掉頭、笑指梅花蕊。天下事，可知矣。」《古杭雜記》。《錢塘遺事》卷一。《西湖游覽志餘》卷二十三。《堯山堂外紀》卷六十二。《堅瓠辛集》卷二。

2　見賈似道14。

3　文本心典淮郡，蕭條之甚，《謝賈相啓》中云：「人家如破寺，十室九空；太守若頭陀，兩粥一飯。」《山房隨筆》。

尤焴

1 莊定公築圃臨安之西湖……宋度宗游湖上，幸其堂，御筆題楹間曰：「五世三登宰輔，奕朝累掌絲綸。」《萬柳溪邊舊話》。《南宋雜事詩》卷二。

廖瑩中

1 廖瑩中，字群玉，號藥洲，邵武人。登科，爲賈平章似道之客。嘗除大府丞知某州，皆以在翹館不赴。於咸淳間，命善工翻刻《淳化閣帖》十卷，《絳帖》二十卷，皆逼真。仍用北紙佳墨模拓，與元本並行於時。嘗撰《福華編》以紀鄂功，雖誇張過實，然其文古雅頗奇可喜。瑩中嘗爲園湖濱，有世彩堂、在勤堂、芳菲徑、紅紫莊、桃花流水之曲、緑蔭芳草之間。《宋稗類鈔》卷二。

2 見賈似道81。

3 見賈似道82。

4 宋廖瑩中群玉以賈相入幕之賓，例行推賞外，別賜上金百兩。廖以之鑄盤匜爲飲器，楊平舟棟爲作古篆，銘于器云：「皇帝御極之三十七年，國有大功，一相禹胼。曰余瑩中，與隨旆旃。余寔手扶，余後手牽。曰公何之，敵脅是穿。奇勝草坪，受降馬前。公一何勇，敵一何恐。余汔濟黄，公飯余共。挽漢倒江，盡洗羶湩。既清夷矣，公歸余從。内金惟精，上賞惟重。文昌孫子，是寶是用。誰其銘之，史臣楊棟。」《浩然齋雅談》卷中。《宋稗類鈔》卷二。

5　賈師憲還越之後，居家待罪，日不遑安。翹館諸客悉已散去，獨廖群玉瑩中館于賈府之别業，仍朝夕從不捨。乙亥七月一夕，與賈公痛飲終夕，悲歌雨泣，到五鼓方罷。廖歸舍不復寢，命愛姬煎茶以進，自於笈中取冰腦一握服之。既而藥力不應，而業已求死，又命姬曰：「更欲得熱酒一杯飲之。」姬復以金杯進酒，仍於笈中再取片腦數握服之。姬覺其異，急前救之，則腦酒已入喉中矣，僅落數片於衣袂間。姬於是垂泣相持，廖語之曰：「汝勿用哭我，我從丞相，必有南行之命，我命亦恐不免。年老如此，豈復能自若？今得善死矣。吾平生無負於主，天地亦能鑒之也。」於是分付身後大槩，言未既，九竅流血而斃。《癸辛雜識》後集。《西湖游覽志餘》卷五。《宋稗類鈔》卷二。《詞林紀事》卷十七。

翁孟寅

1　翁孟寅賓暘嘗游維揚，時賈師憲開帷閫，甚前席之。其歸，又置酒以餞，賓暘即席賦《摸魚兒》云：「捲西風、方肥塞草，帶鈎何事東去。月明萬里關河夢，吴楚幾番風雨。江上路，二十載、頭顱凋落今如許。涼生弄麈。歎江左夷吾，隆中諸葛，談笑已塵土。　寒汀外，還見來時鷗鷺。重來應是春暮。輕裘峴首陪登眺，馬上落花飛絮。拚醉舞，誰解道、斷腸賀老江南句。沙津少駐。舉目送飛鴻，幅巾老子，樓上正凝佇。」師憲大喜，舉席間飲器凡數十萬，悉以贈之。《浩然齋雅談》卷下。

羅椅

1 羅椅，字子遠……以李之格薦登賈師憲之門。久之，賈惡其不情，心薄之。時在江陵，值庚申透渡之事，遂去賈往維揚，依趙月山日起，遂青鞋破褙、蓬頭垢面，儼然一貧儒也。月山得其銜袖之文甚喜，遂延之教子，賓主極相得。未幾，師憲移維揚，月山仍參閫幕。一日話間云：「兒輩近得一師，善教導，蓋廬陵羅兄也，才美可喜，但一貧可念也。」師憲先廉知爲子遠，紿月山云：「好秀才能教子弟，極難得，願見其人。」月山遂拉子遠出見之，師憲爲之絶倒。月山茫然問所以，師憲曰：「此江西羅半州也，其家富豪十倍於我輩，執事高明，乃爲所欺耶！」月山甚慚。子遠知蹤跡已露，遂告别而去。既而登丙辰第，以秉義郎换文林，爲江陵教，又改潭教。潭之士聞其來，先懷輕侮之意，乃至首講《中庸》，亹亹可聽，諸生乃無語。及宰贛之信豐，登畿爲提轄榷貨務，賈師憲既知其平生素詭詐，不然之，久而不遷。至度宗升遐，失於入臨，於是臺評論罷而去。《癸辛雜識》續集上。

王槦

1 王槦，字茂悦，號會溪。初知郴州，就除福建市舶。其歸也，爲螺鈿卓面屏風十副，圖賈相盛事十項，各係之以贊，以獻之。賈大喜，每燕客，必設於堂焉。行將有要除，而茂悦殂矣。「度宗即位」、「南郊慶成」、「鄂渚守城」、「月峽斷橋」、「鹿磯奏捷」、「草坪決戰」、「安南獻象」、「建獻嘉禾」、「川獻嘉禾」、「淮擒孛花」。以上十事，制作極精。《癸辛雜識》别集下。

2 見劉震孫3。

鄭虎臣

1 鄭虎臣，宅在鶴舞橋東，居第甚盛，號鄭半州。四時飲饌，各有品目。《姑蘇志》。《南宋雜事詩》卷六。《宋詩紀事》卷六十五。

2 見賈似道66。

3 見賈似道67。

4 見賈似道68。

5 十月，至漳州木綿庵，虎臣曰：「吾爲天下殺似道，雖死何憾！」遂拘其子與妾於别館，即厠上拉其胸殺之。陳宜中至福州，捕虎臣，斃于獄。《山堂肆考》卷一三八。《古事比》卷四十。

龔孟鍈

1 癸酉歲，慶元秋試，兩浙運司幹官臨川龔孟鍈爲考官。龔道出慈溪，忽夢有人以杯湯飲之，且作「四」字於掌中。曉起，便覺目視曉曉。及入院發策，第一道中誤以一祖十三宗爲十四宗。於是士子大閧，徑排試官房舍，悉遭箠辱，至有負笈而逃者，龔偶得一兵負去而免。劉制使良貴親至院外撫諭，遂權宜以策題第二道爲首篇，續撰其三，久之始定。於是好事者作隔聯云：「龔運幹出題疏脱，以十三宗作十四宗；劉制使下院調停，用第二道爲第一道。」龔後爲計使所劾。明年秋，度宗賓天，於是十四宗之語遂驗。《齊東野語》卷十七。《西湖游覽志餘》卷二十二。《堯山堂外紀》卷六十一。《宋稗類鈔》卷二。

楊安宇　李珏

1 漢嘉布衣楊安宇者，狂生也，自詭知兵，獻言於朝，遂送機速房看詳。都司許自書擬本房，知其狂妄，遂侮笑之。安宇不勝其憤，遂上書痛詆自書短，且謂其操鄉音穢談，一時傳以爲笑。會奉口有米局之變，京尹吴益區處失當，於是左史李珏自經筵直前論之，吴遂斥出。時好事者爲之語曰：「左史直前論大尹，草茅上疏詆都司。」《齊東野語》卷十七。《癸辛雜識》别集下。

丁野堂

1 丁野堂，名未詳，住廬山清虚觀。善畫梅竹，理宗因召見，問曰：「卿所畫者，恐非宫梅。」對曰：「臣所見者，江路野梅耳。」遂號「野堂」。《圖繪寶鑑》卷四。《南宋雜事詩》卷五。

陳　容

1 見賈似道48。

2〔陳所翁〕詩文豪壯，善畫龍，得變化之意，潑墨成雲，噀水成霧，醉餘大叫，脱巾濡墨，信手塗抹，然后以筆成之。或全體，或一臂一首，隱約不可名狀者，曾不經意而皆得神妙。《圖繪寶鑑》卷四。《宋詩紀事》卷六十五。

李　璀

1 咸淳戊辰，龍飛狀元興化陳文龍，同郡李璀太學貫道齋内舍，係第三甲正奏名。唱名後，乞以本身致仕，合得恩例，盡以回贈父母。上書畢，辭先取及三魁同舍，出錢唐門，脱緑袍掛門上，泛舟而去。時三魁同舍皆送别，璀有詩云：「人言學古思入官，我謂學易而官難。平生透出夢覺關，本來面目只儒酸。吾親不俟若爲觀，不如歸去卧林間。殿前三策罄忠肝，多謝皇恩天地寬。戲衫卸了白衣還，扁舟飛過子陵灘。前修亦有逋與摶，聖世待之俱寬閒。何物种放大厚顔，山鬼移文伐其奸。此行無復出閩山，休音息影谷之盤。今朝釃酒酹雲壇，便向錢唐門掛冠。」《錢塘遺事》卷六。《西湖游覽志餘》卷二十二。

2 莆田李璀君瑞，號天隱，咸淳戊辰繇上庠舍選登第。即挂冠不仕，申尚書省，乞以合得官回贈其親，遂賦詩而歸。……按國史，紹興初，第士臨邛李僑以禄不及養，願以官回贈。淳熙初，策士昌元王昂既賜第，調潼川户曹，自言不願仕，上嘉之，特改承務郎致仕。嘉定間，眉人史公亮、史天應援故事有請，上并從之。宋朝三百年間，新進士即日挂冠者，惟李僑、王昂、史公亮、史天應、李璀五人而已。余與君瑞爲同年生，故喜而書之。《梅磵詩話》卷下。

范天順　朱富

1　荆、湖制司申：武功大夫帶右領衛將軍范天順，乃同張順、張貴運送軍需衣襖等物前進襄陽，留存在城守禦，立功尤多。城降之際，時在所守地，仰天大呼曰：「好漢誰肯降賊，死時也做大宋忠義鬼。」於二月二十七日就地分屋内自縊身死。右武大夫、湖北總管司馬統制朱富亦係續遣前往襄城戰禦，轉調過樊城，任責東北最緊地分。今年正月十一日，賊攻樊城，朱富拒敵死戰至二更，以身中鎗刀，不能支持，爲賊所得，義不受辱，就戰樓内觸柱，數四不死，遂投身赴火而歿。《癸辛雜識》别集下。案：朱富，《宋史》卷四百五十作「牛富」。

劉　整

1　襄陽遭端平甲午叛軍之禍，悉煨於火。直至淳祐辛亥，李曾伯爲江陵制帥，始行修復。時賈似道開兩淮制閫，心忌其功，嘗密奏於朝，謂孤壘綿遠，無關屏障。至開慶透渡之際，穆陵猶憶此語，欲棄襄陽而保鄂，而似道乃謂在今則不可棄矣。先是蜀將劉整號爲驍勇，庚申保蜀，整之功居多。呂文德爲策應大使，武臣俞興爲蜀帥，失禩孫爲蜀帥，既第其功，則以整爲第一。整恃才桀傲，兩閫皆不喜之，乃降爲下等定功。整不平，遂詬問禩孫其故，朱云：「自所目擊，豈敢高下其手？但扣之制密房，索本司元申一觀，則可知矣。」整如其説，始知爲制策二司降而下之，意大不平，大出怨詈之語。俞興聞之，以制劄呼之稟議，將欲殺之。整知不可免，叛謀遂決。遂領麾下親兵數千人，投北獻策，謂攻蜀不若攻襄，無襄則無淮，無淮則江南可唾手下也。遂爲鄉導，併力築堡，斷江爲必取之計，此咸淳丙寅、丁卯歲也。俞興父子致禍之罪莫逃，遂俱遭貶謫。《癸辛雜識》別集下。

2　咸淳戊辰，北兵圍襄陽。攻襄陽，劉整之計也。整，宋驍將，號鐵猢猻。己未，大兵渡江，止遷蹕之議，丞相吴潛也。盡守臣之力者，帥臣向士璧也。奏斷橋之功者，曹世雄其一，而整次之。似道功賞不明，殺潛、殺士璧、殺世雄，整守瀘州，懼禍及己，遂叛。《錢塘遺事》卷六。

3　吕文德復瀘州。文德號「黑灰團」。〔劉〕整叛，遂獻言：曰：「南人惟恃一黑團，可以利誘也。」乃遣使獻玉帶於文德。《宋季三朝政要》卷三。

吕文焕

1　諸吕家於江州，仕宋累朝，窮富極貴，中外鼎盛。及北兵至，自文焕而下，相率納款，無一人抗節報國。其後有題詩於琵琶亭者，一日吕老見之揮淚。其詩曰：「老大蛾眉負所天，尚留餘韻入哀弦。江心正好看明月，卻抱琵琶過別船。」語意深婉，信佳句也，且有關於世道。或云燕五峯右丞偕龍麟洲謁吕文焕，酒酣，命麟洲賦詩，以琵琶亭爲題，麟洲賦此譏之，吕老納賄請改。既而好事者流傳。《隱居通議》卷十。

2　吕文焕游潯陽琵琶亭，龍麟洲見之，吕令賦詩。麟洲即席爲詩曰：「老大娥眉負所天，忍將離怨寫哀絃。夜深正好看秋月，卻抱琵琶過別船。」吕見之大慙，蓋譏其負宋而降元也。《草木子》卷四。《堅瓠甲集》卷一。

夏貴

1〔夏左丞〕爲兩淮咨議。一日,出至市橋,有老嫗攔馬陳詞,視之大駭。嫗有夫,與公同姓名,爲金山水軍統制,下海不歸,人言公是也。俾之隨馬至家,公令子孫眷屬咸出,引此嫗認之,即拜謝曰:「老婦誤聽,早間衝馬,已知不是。欲收狀不能,甘伏罪。」公憐其情而厚贈之。秋壑聞之,笑謂公曰:「此嫗幸遇咨議而得錢物,此厚德也。」《庶齋老學叢談》卷四。

2 北軍未渡之時,守把統制官王順欲栅沙武口及沌口。以此二處江水極深,難於用工,遂用披搭敝舟百余隻,載沙石沉之。繼以石節土囊壓下,就用檣竿打爲樁栅,不兩日即辦。蓋長江之險,此二處最爲要害故也。夏貴乃以爲不然,遣人盡去樁栅,欲縱北船入口,然后與戰。順極以爲憂,請披搭船三百隻,左右前後皆置棹。先棹以迎之,俟彼船出口子,即以鐵猫兒罥定,復回棹拽其船以歸。蓋口子既小,自不容并進,不過盡入吾穽中乃已。夏老復忌其功,不以爲然。及北船盡出之后,散漫大江之中,守兵僅能與未去口子者相拒,而餘舟皆已飛渡滸、廣矣。《癸辛雜識》續集上。

3 有刺夏金吾貴云:「節樓高聳與雲平,通國誰能有此榮。一語淮西聞養老,三更江上便抽兵。不因賣國謀先定,何事勤王詔不行。縱有虎符高一丈,到頭難免賊臣名。」人謂北兵既至,許貴淮西一道與之養老,故戢兵不戰。《山房隨筆》。《堅瓠乙集》卷四。

4 至元丙子春,淮西閫夏貴歸附大元,宣授中書左丞。至元己卯薨。有人贈詩云:「自古誰不死,惜公遲四年。聞公今日死，何似四年前。」又有人弔其墓云：「享年八十三，何不七十九。嗚呼夏相公，萬代名不朽。」《三朝野史》。

范文虎

1 至元丙子，北兵入杭，廟朝爲墟。有金姓者，世爲伶官，流離無所歸。一日，道遇左丞范文虎，向爲宋殿帥時，熟其爲人，謂金曰：「來日公宴，汝來獻伎，不愁貧賤也。」如期往，爲優戲作諢云：「某寺有鐘，寺奴不敢擊者數日，主僧問故，乃言：『鐘樓有巨神，神怪不敢登。』主僧亟往視之，神即跪伏投拜，主僧曰：『汝何神也？』答曰：『鐘神。』主僧曰：『即是鐘神，如何投拜？』」衆皆大笑。范文虎不懌，其人亦不顧。《稗史》。《西湖游覽志餘》卷六。

洪起畏

1 瑞州高安縣旌義鄉鄭千里者，有女定二娘。己酉秋，千里抱疾危甚，女刲股和藥，疾遂瘥。至次年，女出汲水之次，忽雲涌於地，不覺乘空而去。人有見若紫雲接引而昇者，於是鄉保轉聞之縣，縣聞之州，乞奏於朝，立廟旌表以勸孝焉。久之未報，然鄉里爲立仙姑祠，禱祈輒應，遠近翕然，趍之作會，幾數千人。明年苦旱，里士復申前請。時洪起畏義立爲宰，頗疑其有他，因閱故牒，密遣縣胥廉其事。適新建縣有闞氏者雇一婢，來歷不明，且又旌義人，因呼牙儈訊，即所謂鄭仙姑也。蓋此女初已定姻，而與人有姦而孕，其父丑之，遂宛轉售之傍邑，乃設爲仙事以掩之，利其施享之入，以爲此耳。《癸辛雜識》前集。

2 洪起畏知京口日，乃北軍入境之初，嘗大書揭榜四境曰：「家在臨安，職守京口，北騎若來，有死不走。」其後舉郡以降。或爲人改其末句云：「不降則走。」《癸辛雜識》續集下。

3 臨安洪起畏前宋爲浙西憲，獲到海寇十四人，將坐以法。隔夜夢一神人曰：「第四人海東伯，將來有大事業，毋殺之。」翌早，引至庭下，問其姓名，果海東伯也。憲釋其罪。洪憲垂老，隱晦不仕。歸附後，洪有幹者爲管軍千户，一日招憲飲，俄報管軍萬户船至，千户延入，作大茶飲，憲亦預坐。憲因把盞酒，至萬户前。目視之，曰：「官人非舊日浙西提刑乎？」洪曰：「是。」萬户跪拜，謂其徒曰：「是我前生父母，若不遇此恩人，安能有今日富貴！」掖憲中坐，把盞周密，問勞浹洽，歷言危苦之狀。萬户且戒千户曰：「提刑固汝之舊主，是我之恩人，宜善看覷，候我五日後來。」至期，果裝數船，帶妻子俱來，命左右掖憲，老小羅拜，盡以數船遺憲。又與保奏授官職勾當，將理任而亡。《湖海新聞夷堅續志》前集卷二。

蹇材望

1 蹇材望，蜀人，爲湖州倅。北兵之將至也，蹇毅然自誓必死，乃作大錫牌，鐫其上曰：「大宋忠臣蹇材望。」且以銀二笏鑿竅，併書其上曰：「有人獲吾尸者，望爲埋葬，仍見祀，題云：『大宋忠臣蹇材望。』此銀所以爲埋瘞之費也。」日繫牌與銀於腰間，只伺北軍臨城，則自投水中，且遍祝鄉人及常所往來者。人皆憐之。丙子正月旦日，北軍入城，蹇已莫知所之，人皆謂之溺死。既而北裝乘騎而歸，則知先一日出城迎拜矣，遂得本州同知。《癸辛雜識》續集上。

劉袌然　陸威中

1 德祐之亡也，奉表等文，皆無肯任其責者。閩人劉袌然毅然自詭，遂以豐儲倉所檢察除太常丞翰林，權宜使之秉筆焉。其表云：「正月日，宋國主臣謹百拜奉表于大元尊兄皇帝陛下：臣昨嘗專遣侍郎柳岳、正言洪雷震捧表馳詣闕庭，敬申卑悃，伏計已徹聖德。臣眇然幼沖，遭家多難。權臣似道背盟誤國，臣不及知，至勤興師問罪，宗社阽危，生靈可念。臣與太皇日夕憂懼，非不欲遷避以求苟全，實以百萬生靈之命，寄臣一身。今天命有歸，臣將焉往？惟是世傳之鎮寶，臣不敢愛，謹奉太皇命戒，痛自貶損，削去帝號，併以兩浙、福建、江東西、湖南北、二廣、兩淮、四川見存州郡，謹悉奉上於聖朝，爲宗社生靈祈哀請命。伏望聖明垂慈，念祖母太皇耄及，卧病數載，臣煢煢在疚，情有足矜。不忍臣三百餘載宗社，遽至墜絶，曲賜裁處，特與存全。實拜皇帝陛下再生之賜，則趙氏子孫，世世有賴，不敢弭忘。臣無任瞻天望聖激切屏營之至！」……時丙子二月也。袌然既隨入北，死於燕京。繼此行省奉表稱賀，求能爲表文者，有士人陸威中，亦閩人，欣然承命。其中一聯云：「《禹貢》之别九州，冀爲中國；《春秋》之大一統，宗亦稱臣。」自負得意。時行省在舊秘書省，威中候報於省前茶肆中，假寐案間。既呼之，則死已，可畏哉！《癸辛雜識》别集下。

潛説友

1 潛説友，縉雲人，甲辰得第，咸淳庚午尹京，凡四年。後因誤捕賈公私秫事去，語之同傳者吴元真，踰年起家守吴，聞北師至，計無所出。適時宰欲以金銀往舒城犒軍，會舒已下，不得進，寄吴門郡庫。潛因移爲撒花用，偕表同往。北師既退，自以全城爲功，未幾朝廷知其事，遂罷去。文天祥實代之。後從二王入閩，二王入廣，留守閩中，更反覆隨之向背，末乃復爲北守。所共事王積翁因衆軍支米不得，王以言激之曰：「潛意也。」遂罹剖腹之酷，王復作文以祭之。《癸辛雜識》别集上。

宋人軼事彙編卷三十八

文天祥

1 予以五月二日子時生，大父夢予騰紫雲而上，命名雲孫，既長，朋友字曰天祥。後以字貢於鄉，字之者改曰履善。理宗覽對策，見其名曰：「此天之祥，乃宋之瑞也。」朋友遂又字之曰宋瑞。《文山集》卷二十一。《南宋雜事詩》卷七引《夢占類考》。

2 宋《寶祐四年登科録》，第一甲第一名文公天祥，第二甲第一名謝公枋得，第二甲第二十七人陸公秀夫，忠節萃於一榜，洵千古美談。《筠廊二筆》卷下。《南宋雜事詩》卷五。

3 歐陽巽齋爲朱門世嫡，其弟子爲文山。徐徑畈爲陸氏世嫡，其弟子爲疊山。二公爲宋之大忠，其生平未嘗有語録行世，故莫知其爲朱、陸之私淑者。文山尤不羈，留情聲色，而孰知其遠有源流也。《結埼亭集》外編卷四十七。

4 文時學昔爲祕書郎日，有金鉤相士，朝省會日擠於廳吏輩入省中，遍閲諸館職，繼而扣之云：「左偏坐二人，一月皆當補外。末坐一少年，最不佳，官雖極穹，然當受極刑。」扣其何以知之，云：「頂有拳髮，此受刑之相也。凡人若具此相，無得免者。」蓋文宋瑞時爲正字，居末坐也。……又嘗見宋瑞自云：「平生凡十餘次夢中見髑髏滿前後無數，此何祥也！」《癸辛雜識》續集下。《茶香室叢鈔》卷三。

5　文山天祥守宣城日，偶夜默坐於静室，止存燈一檠而已。略似睡間，忽神出於泥丸，玩弄久之，復從元處入。公平昔未嘗學仙，出神豈常人哉！忽然有此。《湖海新聞夷堅續志》前集卷二。

6　文山曾遭某人彈章，後爲交代，某官通啓云：「率爾而言，聊責《春秋》之備；所過者化，何傷日月之明。」文山回云：「人生何處不相逢，豈宜著意；世事轉頭皆是夢，便可忘言。」《庶齋老學叢談》卷四。

7　臨安將危時，文天祥語幕官曰：「事勢至此，爲之奈何？」客曰：「一團血。」文曰：「何故？」客曰：「公死，某等請皆死。」文笑曰：「君知昔日劉玉川乎？與一娼狎，情意稠密，相期偕老，娼絶賓客，一意於劉。劉及第，授官，娼欲與赴任，劉患之，乃紿曰：『願與汝俱死，必不獨行也。』乃置毒酒，令娼先飲，以其半與劉，劉不復飲矣。娼遂死，劉乃獨去。今日諸君得無效劉玉川乎？」客皆大笑。《西湖游覽志餘》卷六。《宋稗類鈔》卷三。

8　宋將亡，文文山見真州樹紋生「天下趙」三字，心大喜，以爲是「蟲食葉，公孫病已立」之徵，卒不應。《隨園隨筆》卷二十八。

9　〔文〕丞相兵敗于吉之空坑，有石大如數間屋，忽然自山頂落，當路徑，元兵望而大驚，稍卻，公乃得脱去。《湧幢小品》卷二十。

10　空坑敗潰……夫人與佛生、柳小娘、環小娘、顔孺人、黄孺人皆爲俘虜……至元帥所，已失佛生，必有愛其後秀，養爲己子矣。《文山集》卷二十一。

11〔文〕丞相既俘，其夫人歐陽氏爲大將軍將校所執。將逼而辱之，夫人曰：「吾有死耳，義不以潔白之軀辱於賤卒。夫，吾天也。夫既執，尚安所顧藉哉，夫不負國，我獨安忍負夫也。」遂自剄死。丞相聞之，哭而祭之。《宋遺民録》卷十。

12文丞相既敗，元人獲置舟中，既而挾之蹈海。厓山既平，復踰嶺而北。道江右，作《酹江月》二篇，以別友人，皆用東坡赤壁韻。其曰「還障天東半壁」，曰「地靈尚有人傑」，曰「恨東風不借世間英物」，曰「只有丹心難滅」，其於興復，未嘗不耿耿也。《渚山堂詞話》卷二。

13賈餘慶、劉岊相繼降元。一日，留遠亭夜集，北人然火亭前，聚諸公列坐行酒。賈有名風子，滿口駡坐，毀宋朝人物無遺，以此獻佞。北人惟亹亹笑。劉數奉以淫褻，諸酋專以爲笑具。於舟中取一村婦至亭中，使薦劉寢，據劉交坐。諸酋又嗾婦抱劉以爲戲。文山不勝悲憤，口占刺之。刺賈云：「甘心賣國罪滔天，酒後猖狂詐作顛。把酒逢迎酋虜笑，從頭駡坐數時賢。」刺劉云：「落得稱呼浪子劉，樽前百媚佞旃裘。當年鮑老不如此，留遠亭前犬也羞。」《堯山堂外紀》卷六十三。《堅瓠癸集》卷三。《文山集》卷十八。

14文信國被執北行，次信安，館人供帳甚盛。信國達旦不寐，題詞於壁，調寄《南樓令》。詞曰：「雨過水明霞，潮迴岸帶沙。葉聲寒、飛透窗紗。懊恨西風吹世換，又吹我、落天涯。　寂寞古豪華，烏衣又日斜。説興亡、燕入誰家。只有南來無數雁，和明月、宿蘆花。」《堅瓠補集》卷三。《詞苑叢談》卷七。《詞林紀事》卷十四。案：此詞一説鄧剡作。

15　方〔天祥〕過南安，時遣人告墓，以弟壁之子陞爲嗣。又寄弟詩曰：「親喪君自盡，猶子自吾兒。」《南宋雜事詩》卷七引《書繫》。

16　宋文文山《指南後録》云：從者七人，或逃、或死、或逐，今僅存一人，曰劉榮。按劉榮爲文山從者，世罕知之。又有孫禮，文山命其馳歸，以文告祖禰，以詩别諸友。而孫禮竟不曾往，則其人不足道也。《茶香室續鈔》卷四。《指南後録》卷一。

17　宋丞相文文山被執至燕京，聞軍中之歌《阿剌來》者，驚而問曰：「此何聲也？」衆曰：「起於朔方，乃我朝之歌也。」文山曰：「此正黄鐘之音也，南人不復興矣。」《至正直記》卷一。

18　見汪元量3。

19　見王昭儀3。

20　文信國既赴義，是日大風揚沙，天地盡晦，咫尺不辨。自後連日陰晦，宫中皆秉燭，群臣入朝亦列炬前導。世祖悔之，贈公太保、中書平章事、廬陵郡公，隨設壇致祭。丞相孛羅行初奠禮，忽狂飈旋地起，吹沙滾石，不能啓目。俄捲其神主於空中，隱隱雷鳴，如聞怒聲，天色愈暗。乃奏改前宋少保、右丞相、信國公，天復開霽。《堅瓠續集》卷三。

21　張毅父先生千載，廬陵人，而宋丞相文公友也。公貴顯時，屢以官辟不就。江南既内屬，公自廣還，過吉州城下，先生來見，曰：「今日丞相赴北，某當偕行。」既至燕，寓于公囚所側近，日以美饌餽。凡三載，始終如一。且潛製一櫝，公受刑日，即以藏其首。復訪求公之室歐陽氏於俘虜中，俾出焚其屍。先生收拾骸骨，襲以重囊，與先所函櫝南歸，付公家葬之。後公之子忽夢公怒云：「繩鋸髮斷。」明日啓視，果有繩束髮。其英爽尚如此。《南村輟耕録》卷五。《宋遺民録》卷七。《宋稗類鈔》卷三。《茶香室續鈔》卷四。

22 宋丞相文公天祥，其事載在史册，雖使三尺之童，亦能言其忠義。翰林學士徐威卿先生世隆有詩挽之曰：「大元不殺文丞相，君義臣忠兩得之。義似漢王封齒日，忠如蜀將斫顔時。乾坤日月華夷見，嶺海風霜草木知。只恐史官編不盡，老夫和淚寫新詩。」《南村輟耕録》卷四。《雪舟脞語》。《三朝野史》。

23 平江趙昇卿之姪總管號中山者云：近有親朋過河間府，因憩道傍，燒餅主人延入其家，内有小低閣，壁帖四詩，乃文宋瑞筆也。漫云：「此字寫得也好，以兩貫鈔換兩幅與我如何？」主人笑曰：「此吾傳家寶也，雖一錠鈔一幅亦不可博。咱們祖上亦是宋民，流落在此。趙家三百年天下，只有這一箇官人，豈可輕易把與人邪？文丞相前年過此與我寫的，真是寶物也。」斯人樸直可敬如此，所謂公論在野人也。《癸辛雜識》續集下。

24 江南十義士，舁柩藁都城小南門外五里道旁，志其處。大德三年，繼子陞至都順城門内，見石橋織綾人婦，公舊婢緑荷也，爲陞語劉牢子，乃引致柩處，大小二僧塔。其大塔，小石碑，刻「信公」二字柩塔南石址焉。至元二十年，歸葬廬陵。《帝京景物略》卷一。

25 世傳吉州泰和縣贛江濱黄土潭有神物棲其間。歲亢旱，邑民禱雨澤焉。自公之生，潭沙清淺。公殁之歲，潭近居民夢神物歸，騶從甚盛，即而視之，乃公也。……公家居，當暑月，喜溪浴，與弈者周子善，於水面以爲枰，行弈決勝負，他人久浸不自堪，皆走，惟公愈久愈樂，忘日早暮，或取酒炙就飲啖。是應神物出世，没而爲神，自其常也，潭是後深黑不可測矣。《文山集》卷二十一。《湧幢小品》卷二十。

26 公平生嗜象棋，以其危險制勝奇絶者命名，自「玉層金鼎」至「單騎見敵」，爲四十局勢圖，悉識其出處始末。玉層，公所居山名也。《湧幢小品》卷二十。《文山集》卷二十一。《茶餘客話》卷十九。《南宋雜事詩》卷一。

27 文信國緑端蟬腹硯，修廣各三寸餘，受墨處微凹，底圓而凸，象蟬腹。沿左邊至頂，刻謝皋羽銘，其文曰：「文山攀髯之明年，疊山流寓臨安，得遺研焉。憶當日與文山象戲，譜玉躉金鼎一局，石君同在座右。」銘曰：「洮河石，碧于血，千年不死萇宏骨。」款識「皋羽」二字，行書。隨園舊藏，以贈曾賓谷，吴山尊嘗爲賦詩紀事。《雪橋詩話》續編卷七。

28 元至元庚辰五月，文璧自惠州入覲，右丞相貼木兒不花曰：「此人是文天祥弟。」帝曰：「那個是文天祥？」博羅對曰：「即文丞相。」上嗟歎久之，曰：「是好人也。」次問璧，右丞相奏：「是將惠州城子歸附底。」帝曰：「是孝順我的。」當時有詩云：「江南見説好溪山，兄也難時弟也難。可惜梅花各心事，南枝向暖北枝寒。」《堯山堂外紀》卷六十三。

29 文文溪璧，文山胞弟也，仕宋爲惠州知州。宋亡降元，有譏之者曰：「江南見説好溪山，兄也難時弟也難。可惜梅花各心事，南枝向暖北枝寒。」又《輟耕録》載：至元間，文山有子出爲郡教授，行數驛而卒。士子作詩悼之，閩人翁某一聯云：「地下修文同父子，人間讀史各君臣。」獨爲絶唱，然考文山次子佛生、環生，皆被執道死。惟長子道生奔循州，次年八月復亡，家屬皆盡。遺命以璧子陞爲後。《七修類藁》亦載文山寄璧詩，有「親喪君所盡，猶子是吾兒」之句，爲教授者或其人歟。《堅瓠甲集》卷二。

30 文文山公少時作新居上梁文，有「抛梁南，説與山人住水南。江上梅花都是好，莫分枝北與枝南」。公殉節後，其弟文溪仕元爲縣令，或貽詩譏之，有「南枝向暖北枝寒」之句，前語遂成一讖。《堅瓠補集》卷二。

文天禎

1 文天禎，丞相天祥兄也。寶祐間鄉舉，署廣濟學諭。……宋亡，天祥死節，天禎不仕，寓廣濟五里橋東，家世業儒。《宋史翼》卷三十四引《湖廣通志》。

陸秀夫

1 宋衛王即位海上，秀夫爲首相。時播越海濱，庶事疏略，每朝會，秀夫獨儼然正立如治朝，雖流離中，猶日書《大學》章句以勸講。及厓山兵潰，秀夫先驅其妻子入海，即負帝同溺。或畫爲圖者，石田林景熙賦詩云：「紫宸黄閣共樓船，海氣昏昏日月偏。平地已無行在所，丹心猶數中興年。生藏魚腹不見水，死抱龍髯直上天。板蕩純臣有如此，流芳千古更無前。」《歸田詩話》卷中。

2 《名勝志》云：嘉靖末，潮州郡守葉元玉，得陸秀夫遺譜於其裔孫陸大策處，兵燹之餘僅存一葉。又云墓在澚山青徑口。又云公四子有曰繇者，好漁獵被逐，遂家于海濱島山。及崖山之變，秀夫盡驅妻子入海，而此支僅存。其後子孫散處郡境，大策嘗訪其族人于海邊沙岡。耆老引大策入左畔青麻園，指其地曰：「此學士館遺址也。」其蓮花石磉約丈許，天井階闌，次第如故。《樵書》初編卷一。

3 崖山舊有石，勒云：「元大將張弘範滅宋于此。」嘉靖中，督學陳塏磨去之，改曰「宋少帝及其臣陸秀夫死國于此」，並篆文丞相《正氣歌》，立碑于五坡嶺。《湧幢小品》卷二十。

張世傑

1 張世傑之戰海上也，嘗與祥興之主約曰：「萬一事不可爲，則老臣必死於戰，有沉香一株，重千餘兩，是時當焚此香爲驗，或香煙及御舟，可即遣援兵。或不然，宜速爲之所，無墮其計中也。」及厓山之敗，張儼然立船首，焚香拜天曰：「臣死罪，無以報國，不能翊運輔主，惟天鑒之。」尚有將佐三十餘人，亦立其後，如此者凡一晝夜，從者亦聳立不少動。既而北軍擁至，篙師亦皆以小舟逃去，風起浪湧，舟遂沉，溺者甚衆。《癸辛雜識》續集下。

2 「曾聞海上鐵斗膽，猶見雲中金甲神。」乃陸樞密君實挽張郢州世傑詩也。張公擁德祐、景炎、祥興於海上，各擁兵南北岸。一夕大風雨，皆不利，張舟覆而薨。翌早獲屍，棺殮焚化。其膽如斗大，而焚不化，諸軍感慟，忽雲中見金甲神人，且云：「今天亡我，關係不輕，後身當出恢復矣。」《山房隨筆》。《余子說史》卷九。《宋稗類鈔》卷三。

汪立信

1 咸淳年間，汪紫原立信，于衰危之際，以書抵賈相，陳三策。一謂内地何用乎多兵，宜盡抽之以過江。……二謂久拘使者在京湖何益，不如遣使偕行，啗以厚利，緩其師期。……三謂若此兩説不可行，惟有準備投拜。其意蓋以激賈行二説也。賈得書大怒曰：「瞎賊敢爾妄語。」迄諷臺諫罷紫原，歸金陵。不數月北兵渡江，九江以下皆失守，乃以端明招討起公，則已無席地矣。紫原以家囑愛將金明，而令金明以子從之。過淮時，賈出督相遇，拊紫原背而哭曰：「端明，端明，某不用公言，遂至此！」紫原對云：「平章，平章，今日瞎賊更説得一句否？」賈問紫原何説，對曰：「今江南無一寸趙家地，某去尋一片趙家土上死，也要死得分明。」後抵高郵，適巴延丞相駐蹕紫原之家，有告以紫原曾獻三策于賈者。丞相驚歎：「江南有這般人，這般話，若遂用之，吾安得至此？」即尊禮其家老小，甚至欲發兵迎取之。金明不敢告以在高郵，而密价以報。紫原拊案大哭曰：「吾猶幸得在趙家地上死也。」竟大慟而絶。時人有詩曰：「厚我藩垣長彼貪，不然銜璧小邦男。廟堂從諫真如轉，竟用先生策第三。」《錢塘遺事》卷四。《宋季三朝政要》卷四。《宋詩紀事》卷九十六。

陳文龍

1 陳丞相文龍，咸淳初爲太學生。是年學中引放，公試之，日適奔馳弗及。既至公闈，則試者畢入，已扃鑰絶關矣。公既弗得入，亟陳於當國者，賈師憲特筆送入試。已而同舍生忌公才名，幸其不試；又以爲此賈相送至，有司必觀望私取，則有妨同進，競白於監試者，卒不啓關。公以此終不得試，惟以一啓謝廟堂，當時傳誦。未幾，公擢戊辰進士第一，敭歷清要。景炎死節，卒爲名臣云……此啓既上，賈師憲嘉其材，餽以瓊花露百瓶，蓋揚州名酒也。《隱居通議》卷二十一。

2 上試進士，賜陳文龍以下及第，出身有差。文龍元名子龍，唱第日賜今名。《宋季三朝政要》卷四。

3 度宗戊辰龍飛榜，其年省元胡躍龍、狀元陳文龍。於時有出對者曰：「龍飛取士，省元龍、狀元龍。」而其時殿帥則范文虎，步帥則孫虎臣。有對之者曰：「虎賁得人，殿帥虎、步帥虎。」可謂的對矣。《古杭雜記詩集》卷四。《齊東野語》卷十七。《堯山堂外紀》卷六十三。《堅瓠癸集》卷一。

4 陳文龍志忠，興化人，度宗朝狀元也。德祐末，歸守本州。北兵入閩，不屈，生縛之至杭，病卒于杭之苗兒橋巷。初，文龍入太學，累試不入格。太學守土之神，岳侯也。一夕，夢神請交代，意必老死于太學，常悒悒不樂。既而赴廷對第一，仕宦日顯，前夢不復記矣。及守鄉州，又夢神通書，閱書，前面曰交代，後書年月「至元」，心甚慢之。未幾，國亡城陷，家殘身俘，至杭，幽於太學之側。《三柳軒雜識》。《西湖游覽志餘》卷六。《堯山堂外紀》卷六十三。《宋詩紀事》卷七十五。

李芾

1 見賈似道28。

趙昴發

1 〔元兵〕破池州。趙昴發，蜀人，以倅權守。兵至，與妻子訣，其妻曰：「爾能盡忠，吾獨不能爲忠臣之婦乎？寧相從於地下。」昴發大喜，具冠裳，大書十六字於倅廳春臺上，曰：「君不可負，臣不可降。夫妻俱死，節義成雙。」遂俱縊而死。學有二士哭其屍曰：「生爲大宋人，死爲大宋鬼。何以洗此汚，清溪一泓水。」明日，伯顔丞相領兵入城，見而憐之，具衣衿葬焉。《宋季三朝政要》卷五。《湖海新聞夷堅續志》前集卷一。《古謡諺》卷十五。

2　德祐乙亥春二月，元兵至池州，通判權州趙卯發嬰城守御，度不能支。有弟在他州，卯發裂衣書一詩寄之，曰：「城池不高深，無財又無兵。惟有死報國，來生作弟兄。」又題於壁曰：「國不可負，城難已降。夫婦俱死，節義成雙。」遂與其妻雍氏俱縊。《昭忠録》。《宋詩紀事》卷七十九。

3　乙亥正月，大兵破饒州，遂至池州。時池州無守臣，蜀人趙昴發爲池州倅，權州事。措置備禦等官謂昴發曰：「州不可守，不如棄之。」昴發曰：「吾守土臣也，豈可偷生避死也者。」大兵至，留詩其第，夫婦遂自經而死。時人語之曰：「臣爲君死，妻爲夫亡。」《錢塘遺事》卷七。《古謡諺》卷十七。

周彦榮

1　〔周彦榮〕守節死於毘陵。昔在閩、廣時，有許夫人者聚兵立山寨甚盛，周每至其寨往來，許悦之，因嫁焉。遂闢諸山寨，最後至一寨，遇伏，前值水坎，周躍馬過之，許馬弱，墮坎，遂爲所烹。周遂據其所有云。《癸辛雜識》續集下。

謝公緒

1 謝公緒……謝太后侄也。三宫北行，公投安溪死，門人葬於鄉之金龍山。明太祖吕梁之捷，神顯靈，遂敕封金龍四大王，立廟於黄河之上。《南宋雜事詩》卷二引《金龍山聖跡記》。

家鉉翁

1 宋季，參政家公鉉翁於杭將求一容貌才藝兼全之妾，經旬餘，未能愜意。忽有奚奴者至，姿色固美，問其藝，則曰：「能温酒。」左右皆失笑，公漫爾留試之。及執事，初甚熱，次略寒，三次微温，公方飲。既而每日並如初之第三次，公喜，遂納焉。終公之身，未嘗有過不及時。歸附後，公攜入京。公死，囊橐皆爲所有，因而巨富，人稱曰「奚娘子」者是也。《南村輟耕録》卷七。《西湖游覽志餘》卷十六。

2 元兵南下，次高亭，宋朝納降。吴堅爲左相，家鉉翁爲參政，與賈餘慶、劉岊爲祈請使北行。文天祥詩云：「當代老儒居首揆，殿前陪拜率公卿。」又云：「程嬰存趙真公志，賴有忠良壯此行。」前謂吴，後謂家也。至北，鉉翁抗節不屈，拘留河間。世祖崩，成宗即位，始賜衣服，遣還鄉里，年逾八十矣。林景熙有詩送之云：「瀕死孤臣雪滿顛，冰氈齧盡偶生全。衣冠萬里風塵老，名節千年日月懸。清唳秋荒遼海鶴，古魂春冷蜀山鵑。歸來親舊驚相問，禾黍離離夕照邊。」可謂不負文山所期矣。《歸田詩話》卷中。

謝枋得

1 謝君直先生枋得，號疊山，信州弋陽人。宋景定甲子，江東漕闈校文，發策問：「權姦誤國，趙氏必亡。」忤賈似道，貶興國軍。三年，遇赦得還。天兵南下，郡城潰，家入閩。至元二十三年，御史程文海、承旨留夢炎等交薦，累召不赴。二十六年春正月，福建行省參知政事魏天祐復被詔旨，集守令戍將，迫蹙上道。臨行，以詩別常所往來者曰：「雪中松柏愈青青，扶植綱常在此行。天下豈無龔勝潔，人間不獨伯夷清。義高便覺生堪捨，禮重方知死甚輕。南八男兒終不屈，皇天上帝眼分明。」夏四月，至京師，不食死。《南村輟耕録》卷二。

2 江東謝枋得率鄧傳二千人舉義，擢兵部架閣科，降招軍錢，給義兵米。〔賈〕似道打算招軍錢並徵所得米，枋得自償萬楮，餘無所償，乃上書賈相云：「千金爲募徙木，將取信於市人；一卵而棄于城，豈可聞於鄰國。」乃得免。《錢塘遺事》卷四。《宋四六話》卷九。

3 天兵南下時，疊山謝先生率衆勤王，潰散而遁。兵至上饒，拘謝母，必欲得其子。母曰：「老婦今日當死，不合教子讀書，知禮義，識得三綱五常，是以有今日患難。若不知書，不知禮義，不識三綱五常，那得許多事。老婦願得早死。」且語言雍容，略無愁歎之意。主者無如之何，遂釋之。《庶齋老學叢談》卷二。

4 〔元至元〕二十五年夏四月，徵故宋江西招諭使謝枋得。初，枋得遁入建陽，時程鉅夫至江南訪求人才，薦宋遺士三十人，枋得亦在列。枋得方居母喪，遺書鉅夫曰：「大元制世，民物一新；宋室孤臣，只欠一死。枋得所以不死者，九十三歲之母在堂耳。罪大惡極，天不憖厥命，而奪其所恃以爲命，枋得自今無意人間事矣。當執事薦士時，豈知枋得有母之喪，衰絰之服不可入公門。稽之古禮，子有父母之喪，君命三年不過門，所以教天下之孝也。」《宋史紀事本末》卷一百九。《宋元學案》卷八十四。

5　德祐丙子，元師入信州，謝枋得乃變姓名入建寧山。至元中，御史程文海等交薦，累召不赴。行省參政魏天祐復被旨，集守令戍將迫蹙上道。臨行，以詩別常所往來者，曰：「雪中松柏愈青青，扶植綱常在此行。天下豈無龔勝潔，人間何獨伯夷清。義高便覺生堪舍，禮重方知死甚輕。南八男兒終不屈，皇天上帝眼分明。」蔡正孫和云：「山色愁予渺渺青，平生心事杜鵑行。霜饕雪虐天終定，歲晚江空水自清。肩上綱常千古重，眼前榮辱一毫輕。離明坤順文箕事，此是先生素講明。」時士友詩盈几。張叔仁詩云：「打硬修行三十年，如今證驗作儒仙。人皆屈膝甘爲下，公獨高聲罵向前。此去好憑三寸舌，再來不直一文錢。到頭畢竟全清節，留取芳名萬古傳。」枋得會其意，甚稱之，至燕不食而死。《堯山堂外紀》卷六十三。《堅瓠辛集》卷二。

6　謝枋得，字君直，因蘇東坡有「溪上青山三百疊」之句，故號疊山。《堅瓠辛集》卷二。

7　謝疊山，字君直，妻李節婦，以君直故，與二子繫金陵獄。一將官欲納之，李紿曰：「爾能脱我械繫，乃可議此。」將以爲然，禱上下，釋其獄。李即具湯沐，約翼日出。是夕，伺二子熟寐，解衣帶自經死，藁葬城東壕。二子放還。後數年，子定之復往裹骨歸葬。《珊瑚網》卷十引郭天錫《詩文雜記》。《宋詩紀事》卷七十六。

鄧剡

1 鄧中齋先生諱剡，字光薦，宋丞相信國公客也。宋亡，以義行著，其所賦《鷓鴣詞》，有曰：「行不得也哥哥，瘦妻弱子羸牸駝。天長地闊多網羅，南音漸少北音多。肉飛不起可奈何，行不得也哥哥。」其意可見。其所贊文丞相像有曰：「日煌煌兮疏星曉寒，氣英英兮晴雷殷山。頭碎柱兮璧完，血化碧兮心丹。嗚呼！孰謂斯人，不在世間。」《遂昌雜録》。《南村輟耕録》卷五。《堯山堂外紀》卷六十三。《宋稗類鈔》卷三。

謝翱

1 謝翱，字臯羽，福之長溪人。……宋亡，文天祥被執以死，翱悲不能禁。隻影行浙水東，逢山川池榭，雲嵐草木，與所别處及其時適相類，則徘徊顧盼，失聲哭。嚴有子陵臺，孤絶千丈。時天涼風急，翱挾酒以登，設天祥主荒亭隅，再拜跪伏，酹畢，號而慟者三，復再拜起，悲思不可遏，乃以竹如意擊石，作楚歌招之，曰：「魂朝往兮何極，暮歸兮關水黑。化爲朱鳥兮，有咮焉食。」歌闋，竹石俱碎。聞者爲傷之。《宋遺民録》卷二。《西湖游覽志餘》卷八。《堯山堂外紀》卷六十三。《宋稗類鈔》卷三。

2 〔謝臯羽〕名會友之所曰汐社，期晚而信。集同好名氏作《許劍録》，取吴季子意。《宋詩紀事》卷七十八。

3 〔翱〕志益汗漫，浩不可御，視世間無足當其意者，獨好佳山水，遇即恣游，倦輒訪隱流方鳳、吴思齊輩，歌吟取適。……臨殁，囑其家曰：「愼收吾骨，與韶卿、子善。」已而鳳與思齊果至，與方幼學葬之子陵臺南。初，翱以朋友道喪，作《許劍録》未就，鳳等復爲作許劍亭於墓右，其徒吴貴，祠翱月泉書院。《西湖游覽志餘》卷八。《宋遺民録》卷二。

劉辰翁

1 〔劉辰翁〕其人好怪，父喪七年不除，以此釣名。《勤有堂隨筆》。

2 劉會孟嘗作月詩，六言，云：「霓裳聲裏一擲，如今是第幾輪。赤壁黄樓都在，古今多少愁人。」爲人所訐，幾殆。《癸辛雜識》别集上。

3 元人張孟浩贈須溪詩云：「首陽餓夫甘一死，叩馬何曾罪辛巳。淵明頭上漉酒巾，義熙以後爲全人。」蓋宋亡之後，須溪竟不出也，與伯夷、陶潛何異。《識小録》卷四。

趙孟僩

1 趙孟僩，宋之宗室，年十七，及冑舉，文天祥辟爲參謀。天祥北去，居吴，依親友以居。越十年，爲道士，名道淵，居松江北道堂。又五年，爲僧，名順昌，因自號三教遺逸，改道堂爲本一庵。臨終手辭以訣，有曰：「文山之客，千古忠貞。」《湧幢小品》卷二十。

王炎午

1 王炎午，字鼎翁，安福人，爲上舍生。會文山舉義兵，乃杖策謁見。尋以母憂家居。而文山被執，先生爲生祭文以速其死。《宋元學案》卷八十八。

2 王炎午謁軍門，勸天祥毁家産供給軍餉，以倡士民助義之心。又請購淮卒參錯戎行，以訓江廣烏合之衆。天祥嘉納，目爲小范老子。《宋史翼》卷三十四引《江西通志》。

3 〔王炎午〕以生祭文丞相得名。……晚以書干姚參政、貫學士，自比於爨下之焦尾，若惟恐其不已知者。志父之墓，又必於當世顯者。《居易録》卷十二。

滕　堺

1 汪幼鳳云：星崖常命其兄子舜父求文丞相遺墨，舜父得所書《過金陵驛》詩以歸，日懸于堂，焚香拜泣。又過西湖拜岳將軍墓，有「相對含悲石翁仲，老哀無淚落秋風」之句。《宋詩紀事》卷八十。

孟文龍

1 〔孟文龍〕始自咸淳以來被命主昭慈祀事。元兵壓吴，文龍奮激，有賈勇三軍之氣，與守臣議不合，遂返哭昭慈之廟。後平章史弼等薦起之，文龍致書曰：「文龍未死，慙負神明。群公相國以忠孝，文龍爲群公起，將何以令今之事君者？敢以死辭。」遂止。《姑蘇志》卷五十四。

周泰

1 宋末，國子學正周泰，臨安人。元兵至，糾衆抗之不克，而志益奮，名其子曰「思岳」、「思李」、「思文」，謂武穆、忠節、信國也。《湧幢小品》卷十四。

許月卿

1 〔許月卿〕召試館職，罷歸。未幾，復召，而元軍已下錢塘。先生深居一室，但書「范粲寢所乘車」數字，五年不言而卒。《宋元學案》卷八十九。

2 官軍下新安，明年下錢塘，公深居一室，但書「范燦寢所乘車」數字，於是不言，五年而卒。疊山嘗書其門曰：「要看今日謝枋得，便是當年許月卿。」《新安文獻志》卷六十六。《宋史翼》卷三十四。

唐珏

1 吳興王筠庵先生國器，示余所藏《唐義士傳》，讀之，不覺令人泣下，謹録之。傳曰：……唐君名珏，字玉潛，會稽山陰人。家貧，聚徒授經，營滫瀡以養其母。歲戊寅，有總江南浮屠者楊璉真珈，怙恩横肆，勢燄爍人，窮驕極淫，不可具狀。十二月十有二日，帥徒役頓蕭山，發趙氏諸陵寢，至斷殘支體，攫珠襦玉柙，焚其胔，棄骨草莽間。唐時年三十二歲，聞之痛憤。亟貨家具，得白金百星許，執券行貸，得白金又百星許。乃具酒醪，市羊豕，邀里中少年若干輩，狎坐轟飲。酒且酣，少年起請曰：「君儒者，若是，將何爲焉？」唐慘然具以告，願收遺骸共瘞之。衆謝曰：「諾。」中一少年曰：「發丘中郎將，眈眈餓虎，事露奈何？」唐曰：「余固籌矣。今四郊多暴骨，取竄以易，誰復知之？」乃斲文木爲匱，復黄絹爲囊，各署其表曰某陵某陵，分委而散遣之，菴地以藏，爲文而告。詰旦，事訖來集，出白金羡餘酬，戒勿泄。越七日，總浮屠下令裒陵骨，雜置牛馬枯骼中，築一塔壓之，名曰鎮南。杭民悲戚，不忍仰視，了不知陵骨之猶存也。禍淫不爽，流傳京師，上達四聰，天怒赫赫，飛風雷號令，捽首禍者北焉。山陰人始有籍籍傳唐事者。由是唐之義風，震動吴越，聲生勢長，若胥江掀八月之濤。名雖高，困固自若。明年己卯後上元兩日，唐出觀燈歸，忽坐殞息奄奄，若將絶者。良久始蘇，曰：「吾見黄衣吏持文書來告曰：『王召君。』導我往，觀闕巍峩，宫宇靚麗，殆非人間。有一冕旒坐殿上，數黄衣貴人逡巡降揖曰：『籍君掩骸，其有以報。』唐乃陛謁，造王前。王謂曰：『汝受命窶且貧，兼無妻若子，今忠義動天，帝命錫汝伉儷、子三人、田三頃。』拜謝降出，遂覺，罔不知其何也。」踰時，越有治中袁俊齋至，始下車，爲子求師。有以唐薦者，一見，置賓館。一日問曰：「吾渡江，聞有唐氏瘞宋諸陵骨，子豈其宗耶？」左右指君曰：「此是已。」袁大駭，拱手曰：「君此舉，豫讓不能抗也。」曳之坐，北面而納拜焉。禮敬特加，情款益篤。叩知家徒四壁，惻然嗟矜，語左右曰：「唐先生家甚寒，吾當料理，使有妻有田以給。」左右逢迎，爰諏爰度。不數月，二事俱愜，聘婦偶故國之公女，負郭食故國之公田，所費一一自袁出。人固奇唐之節，而又奇唐之遇，兩高之，曰：「二公真義士。」義士爾後獲三丈夫子，鼎立頎頎。凡夢中神所許，稽其數，無一不合。咄咄怪事乃如此。唐葬骨後，又於宋常朝殿掘冬青樹，植於所函土堆上，作《冬青行》二首曰：「馬箠問髐形，南面欲起語。野麕尚純束，何物敢盜取。餘花拾飄蕩，白日哀后土。六合忽怪事，蜕龍挂茅宇。老天鑒區區，千載護風雨。」又曰：「冬青花，不可折，南風吹涼積香雪。遥遥翠蓋萬年枝，上有鳳巢下龍穴。君不見犬之年羊之月，霹靂一聲天地裂。」復有夢中詩四首曰：「珠亡忽震蛟龍睡，軒弊寧忘犬馬情。親拾寒瓊出幽草，四山風雨鬼神驚。」「一抔自築珠丘土，雙匣親傳竺國經。只有春風知此意，年年杜宇哭冬青。」「昭陵玉匣走天涯，金粟堆寒起暮鴉。水到蘭亭轉嗚咽，不知真帖落誰家。」「珠凫玉雁又成埃，班竹臨江首重回。猶憶年時寒食節，天家一騎奉香來。」……此雲溪羅先生有聞所撰也。《南村輟耕録》卷四。《堯山堂外紀》卷六十三。《西湖游覽志餘》卷六。《東南紀聞》。《宋詩紀事》卷七十九。《詞林紀事》卷十七。參見林景曦1。

2 元世祖二十一年甲申，桑哥爲相，與江南浮屠總攝楊輦真珈相表裏，嗾僧嗣古妙高上言：「欲毁宋諸，實利其徇寶也。」明年乙酉正月，桑哥矯制可其奏，於是發諸陵，又哀諸帝遺骼建白塔於杭故宫，曰鎮南，以厭勝之。截理宗頂以爲飲器。未幾，髡胡事敗，飲器亦籍入於官，以賜帝師。發陵時，義士唐珏玉潛雷門先生，與尚書省架閣林景熙竊痛之。陰相躬拾不盡遺骨，葬別山中，植冬青爲識，遇寒食則密祭之。珏後獲黄袍引兒報德之夢，果生子琪，爲名儒。羅雲溪爲傳其事。謝翱爲託穸詞，作《冬青引》曰：「冬青樹，山南垂，九日靈禽居上枝。白衣種年星在尾寅月也，根到九泉護龍髓。恒星晝殞夜不見，七度山南與鬼戰。願君此心慎勿移，此樹終有開花時。山南金粟光離離，白衣人拜地下起。」「靈禽啄粟枝上飛」，解者曰：「謂應在庚金鼠甲木也。」元運絶於甲辰，已開先於貞白之詩。「宋烏啄粟於甲木，又開先於晞髮」之句。此豈偶然之作哉！輿鬼託枯骨之靈，靈禽託宋烏之子，果天意耶？人事也。《津逮祕書》本《南村輟耕録》華亭彭瑋跋。《宋稗類鈔》卷三。

林景曦

1　宋太學生東嘉林景曦，字霽山。當時楊總統發掘諸陵寢時，林故爲杭丐者，背竹籮，手持竹夾，遇物即以夾投籮中。林鑄銀作兩許小牌百十，繫腰間，賄西番僧曰：「餘不敢望收其骨，得高宗、孝宗骨，斯足矣。」番僧左右之，果得高、孝兩廟骨，爲兩函貯之，歸葬於東嘉。其詩有《夢中作》十首，其一絶曰：「一抔未築珠宫土，雙匣親傳竺國經。只有春風如此意，年年杜宇哭冬青。」又曰：「空山急雨洗巖花，金粟堆寒起暮鴉。水到蘭亭更哽咽，不知真帖落誰家。」又曰：「橋山弓劍未成灰，玉匣珠襦一夜開。猶記去年寒食日，天家一騎捧香來。」七首尤凄然，則忘之。葬後，林於宋常朝殿前，掘冬青樹一株，植於兩函土堆上。又有《冬青花》一首曰：「冬青花，冬青花，花時一日腸九折。隔江風雨清影空，五月深山落微雪。移來此種非人間，曾識萬年觴底月。」後忘之。又一首有曰：「君不見羊之年馬之月，霹靂一聲山石裂。」《遂昌雜録》。《南村輟耕録》卷四。《西湖游覽志餘》卷六。參見唐珏1。

鄧牧

1 錢唐鄧牧心牧，性高潔，宋亡，與葉杰山俱隱大滌山。所居有超然館，或數日不食，一食兼人。清夜放游，不避豺虎，白晝危坐，則客至不起。吳真人奉詔徵之，不赴。《玉几山房聽雨録》卷上。

鄭思肖

1 鄭所南先生思肖，福州連江人。宋太學上舍，應博學宏詞科，剛介有立志。會天兵南，叩闕上疏，犯新禁，衆争目之，由是遂變今名。曰肖，曰南，義不忘趙，北面它姓也。隱居吳下，一室蕭然，坐必向南。歲時伏臘，望南野哭，再拜而返，人莫識焉。誓不與朔客交往，或於朋友坐上見有語音異者，便引去。人咸知其狷潔，亦弗爲怪。工畫墨蘭，不妄與人。邑宰求之不得，聞先生有田三十畝，因脅以賦役取，先生怒曰：「頭可斫，蘭不可畫。」嘗自寫一卷，長丈餘，高可五寸許，天真爛熳，超出物表，題云：「純是君子，絶無小人。深山之中，以天爲春。」過齊子芳書塾云：「此世但除君父外，不曾别受一人恩。」《寒菊》云：「禦寒不藉水爲命，去國自同金鑄心。」《南村輟耕録》卷二十。《宋詩紀事》卷八十。

2 所南，字憶翁……初諱某，宋亡，乃改今名思肖，即思趙。「憶翁」與「所南」皆寓意也。又著《大無工十空經》一卷，「空」字去「工」而加「十」，宋也。寓爲《大宋經》。自題其後曰：「臣思肖嘔三年血方能書此。」畫蘭不畫土，人詢之，則曰：「地爲番人奪去，汝不知耶？」題鄭子書塾曰：「此世只除君父外，不曾輕受別人恩。」題畫菊云：「寧可枝頭抱香死，何曾吹墮北風中。」《宋遺民録》卷十三。《宋詩紀事》卷八十。

3 閩人鄭所南先生……宋亡，遂客吴下。聞其有田數十畝，寄之城南報國寺，以田歲入寺，爲祠其祖禰。遇諱日，必大慟祠下，而先生併館穀於寺焉。先生自宋亡，誓不與北人交接，於朋友坐間，見語音異者，輒引起。人知其孤僻，故亦不以爲異。其上世本業儒者也，而先生於佛、老兩教，則皆喜其説，有祭鬼法。平日喜畫蘭，疏花間葉，不求甚工。其所自賦詩以題蘭，皆險異詭特，蓋所以輸寫憤懣云。《遂昌雜録》。

4 鄭所南每遇歲時伏臘，輒野哭，南向拜，聞北語必掩耳亟走。嘗題書塾云：「不知今日月，但夢宋山川。」題寒菊云：「寧可枝頭抱香死，何曾零落北風中。」《堯山堂外紀》卷六十三。

5 〔所南〕坐卧不向北，扁其室曰「本穴世界」，以「本」字之「十」置下文則大宋也。《宋遺民録》卷十三。

6 鄭所南嘗著《大無工十空經》卷。「空」字去「工」，而加「十」，寓爲大宋，造語奇澀。自書其後云：「當有巨眼識之。」《南宋雜事詩》卷六引《寶顔堂筆記》。《姑蘇志》卷五十五。

7 〔鄭思肖〕精墨蘭，自更祚後，爲蘭不畫土根，無所凴藉，或問其故，則曰：「地爲番人奪去，汝猶不知耶？」《宋遺民録》卷十三引盧熊《蘇州府志》。

8 鄭所南善墨蘭，獨不畫土，人問其故？答曰：「土爲番人奪去。」題詩其上云：「一國之香，一國之殤。懷彼懷王，於楚有光。」《堯山堂外紀》卷六十三。

9 貴要者求〔所南〕其蘭，尤靳弗與。庸人孺子頗契其意者，則反與弗計，然亦不畫土，人詢之，則曰：「一片中國地爲夷狄所得，吾忍畫邪？」凡平日所作詩，多寓於宋，若《題鄭子封書塾》曰：「天垂古色映柴門，千古傳家事具存。此世只除君父外，不曾重受别人恩。」譏宋之臣子復仕於元也。《宋遺民録》卷十三引佚名《宋鄭所南先生傳》。

10〔所南〕有田三十畝，邑宰素聞其精墨蘭，不妄與人，因給以賦役取之。公怒曰：「頭可得，蘭不可得。」宰奇而釋之。《宋遺民録》卷十三。

11 趙子昂才名重當世，公惡其宗室而受元聘，遂與之絶。子昂數往俟之，終不得見，歎息而去。《宋遺民録》卷十三。

12 天目本中峯，禪林之白眉，聞公名，欲見未果。偶會於孝子梅應發家，一見各默不語，坐久之，本忽云：「所南何不説法？」曰：「兩眼對兩眼，無法可説。」及别去，本又云：「博學老子。」公即曰：「世法和尚。」《宋遺民録》卷十三。

13〔所南〕疾亟時，屬其友唐東嶼曰：「思肖死矣，煩爲書一位牌，當云『大宋不忠不孝鄭思肖』。」語訖而絶。《宋遺民録》卷十三。

14 宋既亡，鄭所南改名思肖，隱居長洲之承天寺，終身不娶，時時向南慟哭，爰作《心史》，沉于寺之狼山房井中。歷四百餘年，至崇禎戊寅仲冬，僧浚眢井，而其書始出。鐵函重匱，錮以堊灰，啓之則楮墨猶新，有《咸淳》、《大義》、《中興》等集，《久久書》及雜文。《堅瓠丁集》卷四。

15 所南先生當宋社既墟，無策自奮，著《心史》六萬餘言，鐵函重匱。外著「大宋鐵函經」五字，内題「大宋孤臣鄭思肖百拜書」十字，沈於吴門承天寺眢井中。崇禎戊寅冬，寺僧達浚井得之。《宋稗類鈔》卷三。

16〔所南〕有妹爲比丘，名普西。《宋遺民録》卷十三。

汪元量

1　汪元量，字大有，錢唐人。當度宗時，以善琴出入宫掖。元兵入城，賦詩云：「錢唐江上雨初乾，風入端門陣陣酸。萬馬亂嘶臨警蹕，三宫灑淚濕鈴鑾。童兒剩遺追徐福，癘鬼終須滅賀蘭。若説和親能活國，嬋娟應是嫁呼韓。」又曰：「西塞山前日落處，北關門外雨連天。南人墮淚北人笑，臣甫低頭拜杜鵑。」「亂點傳籌殺六更，風吹庭燎滅還明。侍臣奏罷降元表，臣妾簽名謝道清。」頃之，從三宫北去，留滯燕京。時有王清惠、張瓊英，皆故宫人，善詩，相見輒涕泣。元量嘗和清惠詩云：「愁到濃時酒自斟，挑燈看劍淚痕深。黄金臺迥少知己，碧玉調高空好音。萬葉秋聲孤館夢，一窗寒月故鄉心。庭前昨夜梧桐雨，勁氣瀟瀟入短襟。」世皇聞其善琴，召入侍，鼓一再行，駸駸有漸離之志，而無便可乘也，遂哀懇乞爲黄冠。世皇許之。瀕行，與故宫人十八人釃酒城隅，鼓琴叙别，不數聲，哀音哽亂，淚下如雨。張瓊英送之詩云：「客有黄金共璧懷，如何不肯贖奴回。今朝且盡穹廬酒，後夜相思無此杯。」元量既還錢唐，往來彭蠡間，風踪雲影，倏無寧居，人莫測其去留之跡，遂傳以爲仙也，人多畫像祀之。《西湖游覽志餘》卷六。《南村輟耕録》卷五。《宋遺民録》卷十一。《堯山堂外紀》卷六十三。《宋稗類鈔》卷三。《堅瓠戊集》卷三。

2　汪元量，字大有，爲詩感慨有氣節，嘗以善琴受知紹陵。宋亡，從三宫北去，留燕甚久。時故宫人王清惠、張瓊英皆善詩，相見輒共涕泣。或至文文山鋃鐺所，作《拘幽十操》。文山倚歌和之。元祖聞其名，召入鼓琴，一再行乞爲黄冠，歸錢塘。既歸，往來匡廬、彭蠡間，莫測其去留之跡，自號水雲子。《宋史翼》卷三十五引《錢塘縣志》。

3 庚辰中秋日，水雲慰予因所，援琴作《胡笳十八拍》，取予疾徐，指法良可觀也。琴罷，索予賦胡笳詩，而倉卒中未能成就。水雲别去，是歲十月復來。予因集老杜句成拍，與水雲共商略之，蓋囹圄中不能得死，聊自遣耳，亦不必一一學琰語也。水雲索予書之，欲藏於家，故書以遺之。浮休道人文山。《文天祥全集》卷五。

4 文丞相被執在獄，汪上謁，且勉丞相必以忠孝白天下。予將及歸死江南，乃歸舊宫人會者十八人，釃酒城隅與之别，援琴鼓再行。《宋遺民録》卷十一引謝翱《續琴操哀江南四章》前記。

5 水雲以善琴供奉，國亡隨三宫入燕。久之，請爲黄冠南歸。藏有賜硯，背刻「天錫永寶」四字，八分書。右刻「水雲」二篆字。左刻楷書絶句云：「斧柯片石伴幽閑，堪與遺民共號頑。試憶當年承賜事，墨痕如淚盡成斑。」《南宋雜事詩》卷六。《宋詩紀事》卷七十八。《詞林紀事》卷十七。三書皆引《改蟲齋筆疏》。

吕徽之

1 吾鄉吕徽之先生，家仙居萬山中，博學能詩文，問無不知者。而安貧樂道，常逃其名，耕漁以自給。一日，攜楮幣詣富家易穀種，值大雪，立門下，人弗之顧。徐至庭前，聞東閣中有人分韻作雪詩，一人得滕字，苦吟弗就，先生不覺失笑。閣中諸貴游子弟輩聞得，遣左右詰之，先生初不言。衆愈疑，親自出見。先生露頂短褐，布韈草屨，輒侮之，詢其見笑之由。先生不得已，乃曰：「我意舉滕王蛺蝶事耳。」衆始歎伏，邀先生入坐，先生曰：「我如此形狀，安可厠諸君子間。」請之益堅，遂入閣。衆以「藤」、「滕」二字請先生足之。即援筆書曰：「天上九龍施法水，人間一鼠嚙枯藤。鶖鶬聲亂功收蔡，蝴蝶飛來妙過滕。」復請黏雲字韻詩。又隨筆寫云：「萬里闕河凍欲含，渾如天地尚函三。橋邊驢子詩何思，帳底羔兒酒正酣。竹委長身寒郭索，松埋短髮老瞿曇。不如乘此擒元濟，一洗江南草木慚。」寫訖，便出門，留之不可得，問其姓字亦不答。皆驚訝曰：「嘗聞呂處士名，欲一見而不能，先生豈其人邪？」曰：「我農家，安知呂處士爲何如人？」惠之縠，怒曰：「我豈取不義之財，必易之。」刺船而去。遣人遥尾其後，路甚僻遠，識其所而返。雪晴，往訪焉，惟草屋一間，家徒壁立，忽米桶中有人，乃先生妻也，因天寒故坐其中。試問徽之先生何在，答曰：「在溪上捕魚。」始知真爲先生矣。至彼，果見之，告以特來候謝之意。隔溪謂曰：「諸公先到舍下，我得魚，當換酒飲諸公也。」少頃，攜魚與酒至，盡歡而散。《南村輟耕録》卷八。《昨非庵日纂》一集卷十九。《堅瓠丁集》卷三。《宋詩紀事》卷八十一。

2〔呂徽之〕與陳剛中治中遇於道。治中策蹇驢，時猶布衣，見先生風神高簡，問曰：「得非呂徽之乎？」曰：「然，足下非陳剛中乎？」曰：「然。」握手若平生歡，共論驢故事。先生言一事，治中答一事，互至四十餘事。治中止矣，先生曰：「我尚記得有某出某書，某出某傳。」又三三十餘事。治中深敬之。《南村輟耕録》卷八。《宋稗類鈔》卷五。

石余亨

1　石余亨，字成己，新昌人也。石氏世爲講學家，先生守先緒，以咸淳進士官明、衢二州。見宋且亡，棄去，隱沃洲，自號休休翁。丙子之亂，轉徙萬山，歎曰：「吾家累世傳正學，至予身益窮。然不死于盜賊，得奉遺體以從先人于九原，幸矣！」又號遯翁，且爲銘曰：「膠膠乎，申申乎！將久存以瘁予形乎？寧亟歸以全吾真乎？悲夫！」《宋元學案》卷七十七。

龔　開

1　〔龔〕聖予嘗與陸秀夫同居廣陵幕府。宋亡，潛居深隱，立則沮洳，坐無几席。一子名浚，每令俯伏，就其背按紙作《唐馬圖》，風騣霧鬣，豪骭蘭筋，備盡諸態。一持出，人輒以數十金易之，藉是不饑。然竟以無所求而死。居吴之日，高郵龔璛爲忘年友，時人謂之「楚兩龔」，以比漢之兩龔。《宋詩紀事》卷八十引吴萊《桑海遺録序》。《宋遺民録》卷十引《姑蘇志》。

2　淮海龔翠岩先生開寓吴門日，一僧權道衡者，頗聰慧，識道理，先生與之游。偶市肆鬻漢印一顆，權嘗酬價，歸取鏹，先生適見，主人以實告，遂用十五緡買之，語諸女。女曰：「大人乃亦奪人所好。」先生驚悟，即持送權。遇諸道，權曰：「先生愛而收藏，奚以贈。」曰：「在彼猶在此也。」權固辭曰：「在彼猶在此也。」相讓久之，沉諸淵而别。《南村輟耕録》卷九。

3　見宋江1。

梁棟

1　梁棟，字隆吉，鎮江人，登第，嘗授尉，與莫子山甚稔。一日，偶有客訪子山，留飲，作菜元魚爲饌，偶不及棟，棟憾之，遂告子山嘗作詩有譏訕語，官捕子山入獄。久之，始得脱而歸，未幾病死。余嘗挽之云：「秦邸獄成盃酒裏，烏臺禍起一詩間。」紀其實也。後十年，棟之弟投茅山許宗師爲黄冠，許待之厚。既而棟又欲挈妻孥而來，許不從，棟遂大罵之。許不能堪，遂告其曾作詩云「浮雲暗不見青天」，指以爲罪。於是捕至建康獄，未已病死。《癸辛雜識》續集上。《宋詩紀事》卷七十五。

2　宋末士人梁棟隆吉先生有詩名，以其弟中砥爲黄冠，受業三茅山，嘗往還，或終歲焉。一日，登大茅峯題壁賦長句，有云：「大君上天寶劍化，小龍入海明珠沉。」「安得長松撑日月，華陽世界收層陰。」隆吉先生每恃己才，藐忽衆人。衆人多憾之，且好多言。一黄冠者與隆吉有隙，訴此詩于句容縣，以爲謗訕朝廷，有思宋之心。縣上于郡，郡達于行省，行省聞之都省，直毁屋壁，函致京師，捄梁公繫于獄。不伏，但云：「吾自賦詩耳，非謗訕也。」久而不釋。及禮部官擬云：「詩人吟詠情性，不可誣以謗訕。倘使是謗訕，亦非堂堂天朝所不能容者。」于是免罪放還江南。《至正直記》卷二。《宋詩紀事》卷七十五。

莫 崙

1 莫子山暇日山行，過一寺，頗有泉石之勝，因誦唐人絶句以快喜之云：「終日昏昏醉夢間，忽聞春盡强登山。因過竹院逢僧話，又得浮生半日閑。」及叩其主僧，庸僧也，與語略不相入，屢欲舍去。僧意以爲檀施，苛留作午供，鬱鬱久之，殆不自堪，因索筆，以前詩錯綜其詞而書於壁曰：「又得浮生半日閑，忽聞春盡强登山。因過竹院逢僧話，終日昏昏醉夢間。」《湛淵静語》卷一。《宋詩紀事》卷七十五。

2 見梁棟1。

韓希孟

1 岳州破時，韓氏爲游卒所掠，以獻諸主將。韓知必不免，乘間赴水死。越三日，有得其屍，於練裙中題五言長句曰：「宋未有天下，堅正臣禮秉。開國百戰功，每陣惟雄整。及侍周幼主，臣心常烱烱。帝曰卿北伐，山戎今有警。死狗莫擊尾，此行當繫頸。即日辭陛行，盡敵心欲逞。陳橋忽兵變，不得守箕潁。禪讓法堯舜，民物普安静。有國三百年，仁義道馳騁。未改祖宗法，天胡肆大眚。細思天地理，中有幸不幸。天果喪中原，大似裂冠衽。君誠不獨活，臣實無魏丙。失人焉得人，垂戒當耿耿。江南無謝安，塞北有王猛。所以戎馬來，飛渡巴陵境。大江限南北，今此一舴艋。本期固封疆，誰謂如畫餅。烈火燎昆岡，不辨金玉礦。妾本良家子，性僻守孤梗。嫁與尚書兒，銜署紫蘭省。直以才德合，不棄宿瘤癭。初結合歡帶，誓比日月昺。鴛鴦會雙飛，比目願常並。豈期金石堅，化作桑榆景。旌頭勢正然，蚩尤氣先屏。不意風馬牛，復及此燕郢。一方遭劫虜，六族死俄頃。退鷁落迅風，孤鸞弔空影。簪堅折白玉，缾沉斷青綆。一死空冥府，憂心長炳炳。意堅志不移，改邑不改井。我本瑚璉器，安肯作溺皿。志節匪轉石，氣噎如吞鯁。不作燔火然，願爲死灰冷。貪生念麴蛾，乞憐羞虎穽。借此清江水，葬我全首領。皇天如有知，定作血面請。願魂化精衛，填海使成嶺。」此詩，士大夫多稱道之。韓名希孟，年十有八，魏公五世孫，襄陽賈尚書之子瓊之婦。《南村輟耕録》卷三。《宋詩紀事》卷八十七。

徐君寶妻

1〔岳州徐君寶妻某氏〕被虜來杭，居韓蘄王府。自岳至杭，相從數千里，其主者數欲犯之，而終以巧計脱。蓋某氏有令姿，主者弗忍殺之也。一日，主者怒甚，將即强焉。因告曰：「俟妾祭謝先夫，然後乃爲君婦不遲也，君奚用怒哉！」主者喜諾，即嚴妝焚香，再拜默祝，南向飲泣，題《滿庭芳》詞一闋于壁上，已，投大池中以死。詞曰：「漢上繁華，江南人物，尚遺宣政風流。緑窗朱户，十里爛銀鈎。一旦刀兵齊舉，旌旗擁、百萬貔貅。長驅入、歌樓舞榭，風捲落花愁。清平三百載，典章人物，掃地俱休。幸此身未北，猶客南州。破鑑徐郎何在，空惆悵、相見無由。從今後、斷魂千里，夜夜岳陽樓。」《南村輟耕録》卷三。《東園友聞》。《西湖游覽志餘》卷六。《堯山堂外紀》卷五十七。《堅瓠丙集》卷四。《詞苑叢談》卷七。《宋稗類鈔》卷三。《詞林紀事》卷十九。

王氏

1　丞相偏師徇台。台之臨海民婦王氏者，美姿容，被掠至師中。千夫長殺其舅姑與夫，而欲私之，婦誓死不可。自念且被汙，因陽曰：「能俾我爲舅姑與夫服朞月，乃可事君。」千夫見其不難於死，從所請，仍使俘婦雜守之。師還，挈行至嵊，過上清風嶺，婦仰天竊嘆曰：「吾知所以死矣。」即嚙拇指出血，寫口占詩於崖石上曰：「君王無道妾當災，棄女抛男逐馬來。夫面不知何日見，此身料得幾時回。兩行清淚偷頻滴，一片愁眉鎖未開。迴首故山看漸遠，存亡兩字實哀哉。」寫畢，即投崖下以死。死之日，距今且將八九十年，石上血僨起，如始寫時，不爲風雨所剥蝕。予昔過其下，尚能讀所寫詩。嵊丞徐君端，樹石祠，刻碑於死所。浙東元帥白野泰不華公字兼善，狀元及第，守越日，爲立廟像。鄉之人私表曰貞婦。著作李五峯先生孝光爲記。《南村輟耕録》卷三。《宋詩紀事》卷八十七。

趙孟桂

1　乙亥歲，國事將危，忽傳當塗孟之縉妻趙氏孟桂見爲伯顔丞相次妻者，朝廷遂以太后命，遣人賫金帛與之，俾贊和議。繼得孟桂回奏云：「和議將成。」遂復賜手詔云：「勑孟桂，吾老矣，不幸遭家多難，嗣君在疚。不謂似道失信北朝，致開邊釁，生靈荼毒，宗社阽危，日夜思此，惟有流涕。忽覽來奏，知爾身在邊方，心存宗國，且拳拳以講信爲請，自非孝順一念，發於天性，疇克有此。得書喜幸，莫有云喻。已詔丞相遺使通問，以全兩國生靈之命。尚賴爾委曲贊助，速成議和，以慰老懷。」復遣人以金帛慰之，繼而寂然無報。及事定，孟桂南歸霅川，蓋未嘗爲伯顔次妻，亦未嘗得詔及賜物也。蓋奸人乘危造爲此説，以騙脱朝廷金帛耳。問探不明，有類兒戲，國安得不亡哉！孟桂乃趙忠惠與簉之妹，今爲尼，改名子桂，住湖州廣福寺云。《癸辛雜識》後集。

静順道人

1 静順道人，宋公主也。適駙馬戴氏，臨安再陷，徙避吴興，爲亂兵所掠，卒歸軍官張聿然，即少保族子。鼎革後，偕隱平江，築采香庵於東荷池畔，静順結茅於西荷池畔，削髮爲尼。能畫蘭竹，嗣有梅氏姊妹，爲達魯百花所偪，毁容依之，未一年同時化去。模按：南渡後無公主下降適戴氏者，是縣主。《燼餘録》乙編。

葉李

1 中書左丞葉公亦愚李，錢唐人，宋太學生，上書詆賈似道公田、關子不便，專權誤國。似道怒，嗾林德夫告公泥金飾齋匾不法，令獄吏鞫之，云：「只要爾做一箇麻糊。」公即口占一詩曰：「如今便一似麻糊，也是人間大丈夫。筆裏無時那解有，命中有處未應無。百千萬世傳名節，二十三年非故吾。寄語長安朱紫客，盡心好上帝王書。」遂遭黥流嶺南。及蒙恩放還，與似道遇諸途，公以詞贈云：「君來路，吾歸路，來來去去何時住。公田關子竟何如，國事當時誰汝誤。雷州户，厓州户，人生會有相逢處。客中頗恨乞蒸羊，聊贈一篇長短句。」《南村輟耕録》卷十九。《西湖游覽志餘》卷十二。《堯山堂外紀》卷六十二。《堅瓠己集》卷二、又《癸集》卷三。

2　葉亦愚上書後，朝廷捕之甚急。遂禱之霍山張王廟，是夕夢一白衣裹帽人，指庭下一雞爲蛇所纏，牢不可解。其後有鯨而王之，驗二物，巳酉合也。《癸辛雜識》續集上。

3　葉公李爲宋太學生時，上書極言賈似道權姦誤國，幾爲所害。及世祖平江南，即召見，官之，至中書右丞。凡有軍國大事，必問曰：「曾與蠻子秀才商量否？」蓋指李也。一日，議事大廷，乃不在列。問其故，則病足，遂以所御五龍車召之至，命坐而諮決焉。嘗於其孫以道處，見當時所畫《應召圖》，五龍車中，坐一山野質朴之老。其遭遇有如此者。《南村輟耕録》卷二十六。

4　葉亦愚名李，先爲葉山所攻，後爲李性學所窘，遂以此飲恨而死，蓋二人正寓其姓名云。《癸辛雜識》續集上。

5　葉亦愚右丞辛卯八月初四日夜，忽夢一老人，曰：「汝前爲文昌相，坐漏泄天機遭謫，能悔過，當復職。」引之至通明、大明二殿，俾爲主殿之職，於是賦詩四章以謝。及覺，僅記其一，云：「通明殿逼紫微垣，一朵紅雲擁至尊。下土小臣勤稽首，願將惠澤溥元元。」於是作詩以記其事，云：「宋時豪士石曼卿，帝命作主芙蓉城。我才比石萬無一，半世虛負狂直名。年來似有喪心疾，薦共引穌辜蒼生。天誅未加公論沸，日夕惟待鼎鑊烹。何哉異夢出非想，忽遇仙老談真情。謂予夙是文昌相，漏泄輕舉遭彈抨。帝令謫墮飽憂患，且使兩足蹣跚行。追思善步不可得，飛昇妙術矧敢輕。當時廷議祇如此，汝悔當復惟相迎。稽首老仙謝慈愍，臣罪當死天子明。久之寂滅一大樂，蓋棺待盡無他營。老仙笑許汝可教，引領直上朝玉京。通明大明二宫殿，林木蓊萃皆瑶瓊。芙蓉爛漫錦欲似，帝皇錫以主殿名。賦詩奏謝九拜起，玉音嘉獎傍觀榮。痴人説夢聊一快，我獨知命不少驚。只恐才非曼卿敵，相見慚汗應如傾。從今閉目需帝召，玉樓續記時當成。兒孫自有兒孫福，與農報國須勤耕。」明年壬辰二月初六卒。《癸辛雜識》續集上。

胡長孺

1 胡長孺，字汲仲，婺州永康人。少博經史，下逮百氏。宋咸淳中，監重慶府酒税。至元初，以知者薦入翰林修撰，出爲揚州教授，遷建康録事、台州寧海簿，所至輒有異政。以疾辭歸，寓武林城中。長孺爲人，光朗宏偉，明於心學，慨然以孟軻自許。……趙子昂嘗爲羅司徒奉鈔百錠爲潤筆，請作乃父墓銘，汲仲怒曰：「我豈爲近官作墓銘耶！」是日，汲仲絶糧，其子以情白，坐上諸客咸勸受之，汲仲卻愈堅。惟平生不苟取於人，故寧凍餒有所不顧。《西湖游覽志餘》卷八。《東園友聞》。《宋稗類鈔》卷三。

鄭陶孫

1 處州鄭陶孫與兄滁孫皆舉宋季進士。至元間，陶孫徵至闕下，奏對稱旨，授翰林國史院編修官，纂修國史。至德祐末年事，陶孫曰：「臣實事宋，宋是年亡，義不忍書，書之非義矣。」終不書。世祖嘉之。《樵書》二編卷九。

陳謽

1 〔陳謽〕向在鄂渚，定值己未透渡之變。至辛酉閏十一月二十一日解圍，嘗作《鄂渚百詠》，以記一時之事，多歸功於賈老。中間有一首云：「久戍胡兒已念家，將軍何不奏胡笳。今朝忽報嚴圍解，白雪紛紛亦散花。」賈見散花之語大怒，捕陳甚急，陳窘甚，求救於趙晦巖。晦巖爲解釋，乃免。《癸辛雜識》續集下。

2 陳謽，字古直，號埜水，嘗爲越學正，滿替，往婺之廉司取解由。歸途偶憩山家，有長鬚野叟方搗柏子作油，見客至，遂少輟，相問勞，曰：「君亦儒者邪？」持盃茶飲之，遂問今將何往。陳對以學正滿替，欲倒解由，别注他缺。鬚叟忽作色而起，曰：「子自倒解由，我自搗柏油。」遂操杵臼，不復再交一談。陳異而詢於隣人，云：「此傅秀才，隱者也。惡君言進取事，故耳！」陳心甚愧之，因賦詩云：「忽遇深山避世翁，居然沮溺古人風。老來一出爲身計，不滿先生一笑中。」《癸辛雜識》續集下。《堅瓠壬集》卷二。

王應麟

1 陸子玄《聲雋》：宋鄞人王某，以販馬爲業。畜一獼猴，其妻夏日醉卧，適猴在側，因據腹而合焉。妻以爲夫，不之拒，及醒，乃大恚，捶殺之，埋於屋後。自是有娠，生二子，即應麟、應龍也。厥狀肖焉。長而精敏好學，不獲登第。一夕，二子夢白衣老父謂曰：「爾父葬處甚佳，能移上丈許，立至富貴。」二子以父尚在，不解其旨，以告其母。母夜半潛移其穴，如言葬之。未幾並登科，仕通顯，爲名臣。《堅瓠壬集》卷四。

2〔王應鳳〕與應麟生同日，兄弟麗講矻矻忘寢食。……父性嚴急，每授題設巍坐，命與應麟坐堂下，刻燭以俟，少緩輒叱怒。由是爲文稱敏捷，援筆立就。《宋史翼》卷十六。

3吾鄉盛時，比屋皆故家大官。咸淳，賈相擅國，絶惡四明，由是衣冠皆爲月集，悉不敢議時事，卒至國亡，無賣降於外者。當至元末年，諸老先生猶無恙。時則有深寧王先生師表模範，世倫雅集，猶有洛社耆英之遺意。甫三十有四年，風塵變更，乘虬上征，無有一人在者。覽先郡公之遺墨，不勝悲慕。《清容居士集》卷五十。《研北雜志》卷上。

周密

1見趙孟頫15。

2杭社試燈花詩，周弁翁擅場，云：「燈花不結三春夢，零落空餘寸草心。」《佩楚軒客談》。

3余嘗於南濼作小日閣，名之曰獻日軒。幕以白油絹，通明虚白，盎然終日，四體融暢不止須臾而已。適有客戲余曰：「此所謂天下都綿襖者。」相與一笑。《齊東野語》卷四。

張炎

1錢塘張炎，字叔夏，自號玉田。長於詞曲，嘗賦《孤雁》詞，有云：「寫不成行，書難成字，只寄得相思一點。」人皆稱之曰「張孤雁」。《至正直記》卷四。《詞林紀事》卷十六。

2 鄧牧心云：「玉田《春水》一詞，絶唱今古，人以張春水目之。」《宋詩紀事》卷八十。《詞林紀事》卷八。

仇遠

1 見方回1。

陳觀國

1 陳觀國，字用賓，永嘉勝士也。丙戌之夏，寓越，夢訪余於杭。壁間有古畫數幅，嚴壑聳峭，竹樹茂密，瀑飛絶巘，匯爲大池。池中菡萏方盛開，一翁曳杖坐巨石上，仰瞻飛鶴翔舞。煙雲空濛中，髣髴有字數行，體雜章草。其詞曰：「水聲兮激激，雲容兮茸茸，千松拱緑，萬荷奏紅。爰宅茲巖，以逸放翁。屹萬仞與世隔，峻一極而天通。予乃控野鶴，追冥鴻，往來乎蓬萊之宫。披海氛而一笑，以觀九州之同。」旁一人指云：「此放翁詩也。」用賓驚悟，亟書以見寄。《齊東野語》卷十九。

方回

1 方回，字萬里，號虚谷，徽人也。其父南游，殂於廣中，回，廣婢所生，故其命名及字如此。魏明己遇爲守，愛而異遇之。忽與倡家有訟，遂俱至於庭，魏見之甚駭，而方力求自直，魏爲主張而敬則衰矣。後以别頭登第，爲池陽提領茶鹽所幹官。居與大家並，其家實寡婦主人，回以博游其家，且道其長，吕師夔亦往焉。旋以言去。喜作詩，以放肆爲高……其處鄉專以騙脅爲事，鄉曲無不被其害者，怨之切齒。遂一向寓抗之三橋旅樓而不敢歸。老而益貪淫，凡遇妓則跪之，略無羞耻之心。有二婢曰周勝雪、劉玉榴，方酷愛之，而二婢實不樂也。既而方游金陵，寄二婢於其母周姬之家，恣開杜陵之門，勝雪者竟爲豪客挾去。方歸，惟悵惋而已。遂作二詩云：「鸚鵡籠開綵索寬，一宵飛去爲誰歡。早知黠嫗心腸別，肯作佳人面目看。忍著衣裳辜舊主，便塗脂粉事新官。丈夫能舉登科甲，可得妖雛膽不寒。」「一牝猶嫌將兩雄，趨新背舊片時中。陟忘前主能爲叛，作事他人更不忠。玉碗空亡無易馬，絳桃猶在未隨風。何須苦問沙吒利，自是紅顏薄老翁。」自刻之梓，揭之通衢，無不笑者。既而復得一小婢曰半細，曲意奉之。每出至親友間，必以荷葉包飲食、肴核於袖中，歸而遺之。一日遇客於途，正揖間，荷包墜地，視之乃半鴨耳。路人無不大笑，而方略不爲耻。每夕與小婢好合，不避左右。一夕痛合，床脚摇拽有聲，遂撼落壁土。適隣居有北客病卧壁下，遂爲土所壓。次日訴於官，方爲追逮到官，朋友間遂爲勸和，始免。未幾，此婢滿，求歸母家，拳拳不忍捨，以善價取之以歸。時年登古希之歲，適牟獻之與之同庚，其子成文與乃翁爲慶，且徵友朋之詩，仇仁近有句云：「姓名不入六臣傳，容貌堪傳九老碑。」且作方句云：「老尚留樊素，貧休比范丹。」方嘗有句云：「今生窮似范丹。」於是方大怒，褒牟而貶己，遂摭六臣之語，以此比今上爲朱温，必欲告官殺之。諸友皆爲謝過，不從。仇遂謀之北客侯正卿，正卿訪之，徐扣曰：「聞仇仁近得罪於虛谷，何邪？」方曰：「此子無禮，遂比今上爲朱温，即當告官殺之。」侯曰：「仇亦止言六臣，未嘗云比上於朱温也。今比上爲朱温者，執事也。告之官，則執事反得大罪矣。」方色變，侯遂索其詩之元本，手碎之乃已。《癸辛雜識》别集上。

2 〔方〕回爲庶官時，嘗賦《梅花百詠》以諛賈相，遂得朝除。及賈之貶，方時爲安吉倅，慮禍及己，遂反鋒上十可斬之疏，以掩其迹。時賈已死矣，識者薄其爲人。有士人嘗和其韻，有云：「百詩已被梅花笑，十斬空餘諫草存。」所謂十可斬者，蓋指賈之倖、詐、貪、淫、褊、驕、吝、專、謬、忍十事也。以此遂得知嚴州。未幾，北軍至，回倡言死封疆之説甚壯。及北軍至，忽不知其所在，人皆以爲必踐初言死矣。偏尋訪之不獲，乃迎降於三十里外，韃帽氈裘，跨馬而還，有自得之色。郡人無不唾之。遂得總管之命，遍括富室金銀數十萬兩，皆入私槖。有老吏見其無耻不才，極惡之。及來杭，復見其跪起於北妓之前，口稱小人，食猥妓殘盃餘炙。遂疏爲方回十一可斬之説，極可笑。大略云：「在嚴日，虐斂投拜之銀數十萬兩。專資無益之用，及其後則鬻於人，各有定價。市井小人求詩序者酬以五錢，必欲得錢入懷，然後漫爲數語。市井之人見其語草草，不樂，遂以序還，索錢，幾至揮拳，此貪也。寓杭之三橋旅舍，與婢宣淫，撼落壁土，爲隣人訟於官，淫也。一人譽之，則自視天下爲無人，大言無當，以前輩自居，驕也。一人毁之，則呼號憤怒，略無涵養，褊也。在嚴日，事皆獨斷以招賂，不謀之同寅，專也。有鄉人以死亡告急者，數日略不之顧，吝也。凡與人言，率多妄誕，詐也。回有乞斬似道之疏以沽名，及北兵之來，外爲迎拒之説，而遠出投拜，是徼倖也。昔受前朝高官美職，今乃動輒非罵以亡宋稱之，是可忍也孰不可忍也？年已七旬，不歸田野，乃棄其妻子，留連杭邸，買少艾之妾，歌酒自娱。至於拜張、朱二宣尉以求保解，日出市中買果殽以悦其婢，每見猥妓，必跪以進酒，略不知人間羞耻事，此非老謬者乎，使似道有知，將大笑於地下矣。」

《癸辛雜識》别集上。

趙孟堅

1 諸王孫趙孟堅，字子固，號彝齋，居嘉禾之廣陳。脩雅博識，善筆札，工詩文，酷嗜法書。多藏三代以來金石名蹟，遇其會意時，雖傾囊易之不靳也。又善作梅竹，往往得逃禪、石室之妙，於山水爲尤奇，時人珍之。襟度瀟爽，有六朝諸賢風氣。時比之米南宫，而子固亦自以爲不歉也。東西薄游，必挾所有以自隨。一舟横陳，僅留一席爲偃息之地，隨意左右取之，撫摩吟諷，至忘寢食。所至，識不識望之，而知爲米家書畫船也。庚申歲，客輦下，會菖蒲節，余偕一時好事者邀子固，各攜所藏，買舟湖上，相與評賞。飲酣，子固脱帽，以酒晞髪，箕踞歌《離騷》，旁若無人。薄暮，入西泠，掠孤山，艤櫂茂樹間。指林麓最幽處瞪目絶叫曰：「此洪谷子、董北苑得意之筆也。」鄰舟數十，皆驚駭絶歎，以爲真謫仙人。異時，蕭千岩之姪滚，得白石舊藏五字不損本《禊叙》，後歸之俞壽翁家。子固復從壽翁善價得之，喜甚，乘舟夜泛而歸。至霅之昇山，風作舟覆，幸值支港，行李衣衾，皆渰溺無餘。子固方被濕衣立淺水中，手持《禊帖》示人曰：「《蘭亭》在此，餘不足介意也。」因題八言於卷首云：「性命可輕，至寶是保。」蓋其酷嗜雅尚，出於天性如此。後終於提轄左帑，身後有嚴陵之命。其帖後歸之悦生堂，今復出人間矣。《齊東野語》卷十九。《南村輟耕録》卷九。《何氏語林》卷三十。《賢弈編》卷三。《堯山堂外紀》卷六十一。《西湖游覽志餘》卷十。《宋稗類鈔》卷八。《宋詩紀事》卷八十五。

2 趙子固，宋宗室也。入本朝，不樂仕進，隱居州之廣陳鎮。時載以一舟，舟中琴書尊杓畢具，往往泊蓼汀葦岸，看夕陽，賦曉月爲事。嘗到縣，縣令宣城梅㪍到船謁公，公飛櫂而去。梅佇立岸上言曰：「昔人所謂名可聞，而身不可見，殆謂先生歟？」公從弟子昂自苕中來訪，公閉門不納，夫人勸之，始令從後門入。坐定，第問：「弁山、笠澤，近來佳否？」子昂云：「佳。」公曰：「弟奈山澤佳何？」子昂慚退。公便令蒼頭濯其坐具。《樂郊私語》。《識小録》卷三。《佩文齋書畫譜》卷三十五。《宋詩紀事》卷八十五。

3　趙子固清放不羈，好飲酒。醉則以酒濡髮，歌古樂府，自執紅牙以節曲，其風流如此。《研北雜志》卷下。《何氏語林》卷十一。《宋稗類鈔》卷四。

4　吾友趙子固以諸王孫負晉宋間標韻，少游戲翰墨，愛作蘭蕙。酒邊花下，率以筆硯自隨。《鐵網珊瑚》卷十二。

5　諸王孫趙孟堅，字子固，善墨戲，於水仙尤得意。晚作梅，自成一家。嘗作《梅譜》二詩，頗能盡其源委。《癸辛雜識》前集。

6　〔趙子固效湯叔雅〕又作水仙一百一窠，中一枝最大，號曰「百花朝王」。其後自跋云：「效湯所爲，流落北方，子昂得之。」《雲煙過眼録》卷三。

7　相傳紹興間，有海鹽丞簡傲不羈，志輕一世。嘗謁一鄉大夫，主人偶遲遲而出，丞故好睡，比主人出，則丞已鼾聲如雷矣。主人以客睡不敢呼，亦復就睡。及丞覺，亦以主睡不敢呼，更復就睡如初。究之主客更相卧醒，至日没，丞起而去，竟不交一言。趙子固愛其事，爲作圖，紀其説於上，置之座右曰：「此二人大有華胥風氣，足以箴世之責望賓主者。」《樂郊私語》。

8 朱希真自謂：「加數年，吾當如鬼矣。」趙子固曰：「書成鬼，當是楊風子鬼。」《研北雜志》卷下。

9 見楊纘6。

10 趙子固、向伯升，錢塘二佳士，其先太原人。靖康之初，攜家南渡，兩家各有中原田契兩籠。其初南渡時，日望恢復還中原，憑契書復故業，至今七十餘年，藏契待時，竟成無用。《經鉏堂雜志》卷一。《南宋雜事詩》卷四。

趙孟頫

1 謝后既北遷，其支裔在杭者固多，謝君退樂，一人也。退樂嘗言江南始内附，有所謂李信卿者自北來，謂其能相人，能望氣，崖岸倨甚。退樂以貴官咸敬之，亦設早饌以延致之。李至即中坐，省幕官皆下坐，不得其一言以及人禍福。時趙文敏公謂之七司户，固退樂姻戚也，屈公來同飯，時文敏風瘡滿面，李遥見，即起迎文敏，謂衆人曰：「我過江僅見此人耳。瘡愈，即面君，公輩記取。異時官至一品，名滿四海。」《遂昌雜録》。《南村輟耕録》卷四。

2 揚州有一趙氏，富而好客。家有明月樓，一時諸名公題詠，多未嘗其意。後趙子昂過揚，主人知之，迎至樓上，盛筵相欵，所用皆銀器。酒半，出紙筆求作春題。子昂援筆書曰：「春風閬苑三千客，明月揚州第一樓。」主人得之甚喜，撤酒器爲贈。《何氏語林》卷二十一。《堯山堂外紀》卷七十。《堅瓠補集》卷一。

3 趙子昂善書，有文名。元世祖聞而召見之。子昂丰姿如玉，照映左右。世祖心異之，以爲非人臣之相，使脱冠，見其頭尖鋭，乃曰：「不過一俊書生耳！」遂命書殿上春聯。子昂題曰：「九天閶闔開宫殿，萬國衣冠拜冕旒。」又命書應門春聯，題曰：「日月光天德，山河壯帝居。」因出宋藝祖神像命之題贊，以觀其志。子昂踧踖良久，題曰：「玉帶緋袍色色新，一回展卷一傷神。江南江北新疆土，曾屬當年舊主人。」世祖大喜。《堅瓠補集》卷五引《濯纓亭筆記》。

4 相傳松雪肌膚極細潤，常服止用軟綾絹，遇絺葛，肌即傷擦。元主以其儀觀非常，且宋宗室，懼爲衆望所歸，竊忌之。一日，步至館閣，松雪適據案書讀，乃默從後相其肩背，笑云：「此不過秀才官耳。」自是信任不疑。《堯山堂外紀》卷七十。

5 趙文敏公神觀焕爛，容儀軒舉。每一入朝，則光映殿廷。世祖常目送之，語左右曰：「此神仙中人。」《何氏語林》卷二十二。《山堂肆考》卷一百十三。

6 鮮于伯機目趙子昂神情閑遠，爲神仙中人。《研北雜志》卷下。

7 趙子昂入覲之初，上命作詩嘲留忠齋云：「狀元曾受宋朝恩，目擊權姦不敢言。往事已非那可説，好將忠孝報皇元。」留以此銜之終身云。《癸辛雜識》續集上。

8 錢塘老儒葉森景修，嘗登趙松雪之門。……家住西湖，婦女頗不潔，蓋杭人常習也。所藏王右軍《籠鵝帖》石刻，後有唐人復臨一帖副之，誠爲妙品。張外史每戲之，一日賦詩以貽之，有云：「家藏逸少籠鵝字，門繫龜蒙放鴨船。」世以鴨比喻五奴也。至正丁酉秋八月，予往錢塘訪妻母於西山普福寺，時景修數相過，每舉松雪遺事助笑談。有云：松雪一日以幅紙界畫十三行，行數十字，字各不等，問景修曰：

「爾謂何物？」景修曰：「非律度式乎？」松雪曰：「也虧你尋思，惜太過耳。」乃臨《洛神賦》界式也。一日，又侍行西湖上，得一太湖石，兩端各有小竅，體甚平。松雪命景修急取布綫一縷至，扣於兩竅，而以石令人滌淨扶立矣。久之，清風颯至，其聲如琴，即命名曰「風篁」。他日歸霅川，當易以細絲縷上之，爲小齋前松下之玩。景修曰：「此是前人爲之，而相公見之乎？」松雪曰：「否！我自以意取之也。」其敏慧格物理、參造化之巧如此者。……但亦愛錢，寫字必得錢，然後樂爲之書。一日，有二白蓮道者造門求字。門子報曰：「兩居士在門前求見相公。」松雪怒曰：「什麽居士？香山居士，東坡居士邪？個樣吃素食的風頭巾，什麽也稱居士！」管夫人聞之，自内而出，曰：「相公不要恁地焦躁，有錢買得物事吃。」松雪猶愀然不樂。少頃，二道者入，謁罷，袖攜出鈔十錠，曰：「送相公作潤筆之資。有庵記，是年教授所作，求相公書。」松雪大呼曰：「將茶來與居士吃！」即歡笑逾時而去。蓋松雪公入國朝後，田産頗廢，家事甚貧，所以往往有人饋送錢米肴核，必作字答之。人以是多得書，然亦未嘗以他事求錢耳。《至正直記》卷一。

9 松雪晚年家居，名重四遠，有稱雪庵居士書刺謁公，公曰：「青蓮居士耶？香山、東坡耶？」不許見。公一日送客，不覺出門外，見一人伏於地，問之，跼蹐不敢言，但致願見之誠。公曰：「爾非昨來雪庵居士者乎？」遂呼便入，贄見之禮頗豐。又出彩筆兩枝，王右丞《雪裏芭蕉》一軸，公遽言：「爾來，欲吾題此畫耶？」濡筆題而歸之。《詞林紀事》卷二十一引《吴興掌故集》。《霏雪録》卷下。

10 趙子昂學士言，嵇侍中廟在湯陰縣西門外二里。延祐元年十一月十九日，彰德朱長孺，道邦人之意，求書「晉嵇侍中之廟」六字。趙每敬其忠節，不辭而書之，運筆如飛，若有神助。是夜，京口石民瞻，館於書室中，夢一丈夫，晉人衣冠，蓬首玄衣，血流被面。謂民瞻曰：「我嵇侍中，今日趙子昂爲余書廟額，故來謝之。」言訖而去，有聲甚遠。民瞻既覺，猶汗流。《研北雜志》卷上。

11〔趙魏〕公偶得米海岳書《壯懷賦》一卷，中闕數行，因取刻本摹搨，以補其闕，凡易五七紙，終不如意，乃歎曰：「今不逮古多矣！」遂以刻本完之。《南村輟耕録》卷七。

12《十七帖》，其唐人所臨本，沈著清勁，蓋未易得，間缺數行，而吳興趙松雪補之。《清河書畫舫》卷二上。

13 趙〔子昂〕有琴曰「松雪」，但時出横牀，未嘗撫弄。《研北雜志》卷下。《何氏語林》卷十一。

14 趙子昂學士在京師得古玉辟邪二，製作精妙，世罕其比。一牡者爲李叔固藏去，遂失其偶，趙夫婦不懌者累日。一尚在其子雍處。《研北雜志》卷下。《吳興備志》卷二十五。

15 趙魏公刻私印曰「水晶宫道人」，錢唐周草窗先生密，以「瑪瑙寺行者」屬比之，魏公遂不用此印。後見先生同郡崔進之藥肆懸一牌曰「養生主藥室」，乃以「敢死軍醫人」對之，進亦不復設此牌。魏公語人曰：「吾今日方爲水晶宫吐氣矣。」《南村輟耕録》卷十。《何氏語林》卷二十七。《堯山堂外紀》卷七十。《堅瓠甲集》卷一。

16 趙仲穆者，子昂學士之子，宋秀王之後也，能作蘭木、竹石。有道士張伯雨題其墨蘭，詩曰：「滋蘭九畹空多種，何似墨池三兩花。近日國香零落盡，王孫芳草遍天涯。」仲穆見而愧之，遂不作蘭。《草木子》卷四。

管道昇

1　松雪夫人管仲姬，生泖西小蒸，至今其路名管道。工詩，善畫竹，亦能小詞，嘗題《漁父圖》云：「人生貴極是王侯，浮利浮名不自由。争得似，一扁舟，弄月吟風歸去休。」松雪和之云：「渺渺煙波一葉舟，西風木落五湖秋。盟鷗鷺，傲王侯，管甚鱸魚不上鈎。」《詞苑萃編》卷六。《太平清話》卷二。《詞林紀事》卷二十一。

2　趙魏公夫人管道昇善書畫，吾竹房嘗題其所畫竹石。竹房有一私印，是「好嬉子」三字，即以此印倒用於跋尾，人皆以爲竹房之誤。魏公見之曰：「此非誤也，這瞎子道婦人會作畫，倒『好嬉子』耳。」《荻樓雜鈔》。《何氏語林》卷二十一。

釋子温

1　宋僧温日觀，居葛嶺瑪瑙寺。人但知其畫蒲萄，不知其善書也。今世傳蒲萄多假，其真者枝葉鬚梗皆草書法也。酷嗜酒，楊總統以名酒啗之，終不一濡唇，見輒忿詈曰：「掘墳賊，掘墳賊！」惟鮮于伯機父愛之，温時至其家，袖瓜啗其大龜。抱軒前支離叟，或歌或笑。每索湯浴，鮮于公必躬爲進澡豆。其法中所謂散聖者。《遂昌雜録》。《南村輟耕録》卷五。《珊瑚網》卷三十一。《宋稗類鈔》卷六。

2　日觀僧子温善作墨蒲萄，時書詩文句於上，或有可喜者。嘗在朱宣慰家作畫，訖，遂寫一詩在上云：「昔有朱買臣，今有朱宣慰。兩箇擔柴夫，並皆金紫貴。」朱老欣然曰：「朱清果是賣蘆柴出身，和尚説得我着。」遂饋贐資五錠酬之。《癸辛雜識》續集下。《西湖游覽志餘》卷十四。

3〔日觀〕好著恢帽、短衣，囊錢菓，猖翔街陌，探囊投市中人，問：「識温相公否？」由是進止輒擁，小兒呼「温相公」。時有賓肖羅漢，醉則繫筆竿杪，草聖芬媚。詩人遂有「長竿醉草賓羅漢，短褐佯狂温相公」之句。《珊瑚網》卷三十一。

4〔日觀〕喜畫葡萄，鬚梗枝葉皆草書法也，世號「温葡萄」。《珊瑚網》卷三十一。《宋詩紀事》卷九十三。

蔡起莘　陳　壁

1 永嘉有蔡起莘，嘗爲海上市舶。德祐之末，朝廷嘗令本處部集舟檝，以爲防招之用。其處有張曾二者，頗黠健，蔡委以爲部轄。既而本州黠撞所部船，有違闕，即欲置張於極刑。蔡力爲祈禱，事從減。明年，張宣使部舟欲入廣，又以張不能應辦，欲從軍法施行。蔡又祈免之，遂命部舟入廣以贖罪。未幾，厓山之敗，張盡有舟中所遺而歸覲，驟至貴顯。蔡既歸温，遂遭北軍所擄，家遂破焉。因挈家欲入杭，謁親故，道由張家濱，偶懷張曾二部轄者居此，今不知何如，漫扣之酒家，云：「此處止有張相公耳。」因同酒家往謁之，張見蔡，即下拜稱爲恩府，延之入中堂，命兒女妻妾羅拜，白曰：「我非此官人，無今日矣。」遂爲造宅置田，造酒營運，遂成富人。張即今宣慰也，名瑄。同時繼蔡爲市舶者，姓陳，名壁，天台人。有方元者，世居上海，謹徒也。因事至官，陳遂槌折方手足，棄之於沙岸。後醫治復全，革世後，隸張萬下爲頭目。因部糧船往泉南，至台境值大風不行，遂泊舟山下。因取薪水登岸，望數里外有聚屋，扣之土人，則云：「前上海陳市舶家也。」方生意疑爲向所見殺者，即攜酒往訪之。陳出迎，已忘其爲人，扣所從來，方以阻風告。陳遂置酒，酒半酣，方笑曰：「市舶還記某否？某即向遭折手足方元也。」陳方愕，遜謝。三鼓後，方哨百人秉炬挾刃而來，陳氏一家皆不得免焉。《癸辛雜識》續集下。

楊璉真珈

1 乙酉楊髡發陵之事，起于天衣寺僧福聞號西山者，成於剡僧演福寺允澤號雲夢者。初，天衣乃魏惠憲王墳寺，聞欲媚楊髡，遂獻其寺。繼又發魏王之冢，多得金玉，以此遽起發陵之想，澤一力贊成之。遂俾泰寧寺僧宗愷、宗允等詐稱楊侍郎、汪安撫侵占寺地爲名，出給文書，將帶河西僧及凶黨如沈照磨之徒，部領人夫發掘。時有宋陵使中官羅銑者猶守陵不去，與之極力争執，爲澤率凶徒痛箠，脅之以刃，令人擁而逐之。銑力敵不能，猶拒地大哭。遂先發寧宗、理宗、度宗、楊后四陵，劫取寶玉極多。獨理宗之陵所藏尤厚，啓棺之初，有白氣竟天，蓋寶氣也。理宗之尸如生，其下皆藉以錦，錦之下則承以竹絲細簟，一小厮攫取，擲地有聲，視之，乃金絲所成也。或謂含珠有夜明者，遂倒懸其尸樹間，瀝取水銀，如此三日夜，竟失其首。或謂西番僧回回，其俗以得帝王髑髏，可以厭勝，致巨富，故盗去耳。事竟，羅銑買棺製衣收歛，大慟垂絶，鄉里皆爲之感泣。是夕聞四山皆有哭聲，凡旬日不絶。至十一月復發掘徽、欽、高、孝、光五帝陵，孟、韋、吴、謝四后陵。徽、欽二陵皆空無一物，徽陵有朽木一段，欽陵有木燈檠一枚而已。高宗之陵，骨髮盡化，略無寸骸，止有錫器數件，端硯一隻。孝宗陵亦蜕化無餘，止有項骨小片，内有玉瓶爐一副，及古銅鬲一隻。嘗聞有道之士能蜕骨而仙，未聞併骨而蜕化者，蓋天人也。若光、寧諸后，儼然如生，羅陵使亦如前棺斂，後悉從火化，可謂忠且義矣。惜未知其名，當與唐張承業同傳否？金錢以萬計，爲尸氣所蝕，如銅鐵，以故諸凶棄而不取，往往爲村民所得，間有得猫眼金剛石異寶者。獨一村翁於孟后陵得一髻，其髮長六尺餘，其色紺碧，髻根有短金釵，遂取以歸，以其爲帝后之遺物，庋置聖堂中奉事之，自此家道漸豐。其後凡得金錢之家，非病即死，翁恐甚，遂送之龍洞中。聞此翁今爲富家矣。方移理宗尸時，允澤在旁以足蹴其首，以示無懼。隨覺奇痛，一點起於足心，自此苦足疾，凡數年，以致潰爛雙股，墮落十指而死。天衣聞僧者既得志，且富不義之財，復倚楊髡之勢，豪奪鄉人之産，後爲鄉夫二十餘輩俟道間，屠而臠之。《癸辛雜識》别集上。

2 楊髡發陵之事，人皆知之，而莫能知其詳。余偶録得當時其徒互告狀一紙，庶可知其首尾，云：「至元二十二年八月内，有紹興路會稽縣泰寧寺僧宗允、宗愷，盗斫陵木，與守陵人争訴。遂稱亡宋陵墓有金玉異寶，説誘楊總統，詐稱楊侍郎、汪安撫侵占寺地爲名，出給文書，將帶河西僧人，部領人匠丁夫，前來將寧宗、楊后、理宗、度宗四陵，盗行發掘，割破棺槨，盡取寶貨，不計其數。又斷理宗頭，瀝取水銀、含珠，用船裝載寶貨，回至迎恩門。有省臺所委官攔擋不住，亦有臺察陳言，不見施行。其宗允、宗愷并楊總統等發掘得志，又於當年十一月十一日前來，將孟后、徽宗、鄭后、高宗、吴后、孝宗、謝后、光宗等陵盡發掘，劫取寶貨，毁棄骸骨。其下本路文書，只言争寺地界，並不曾説開發墳墓，因此江南掘墳大起，而天下無不發之墓矣。其宗愷與總統分贓不平，已受杖而死。有宗允者，見爲寺主，多蓄寶貨，豪霸一方。」

《癸辛雜識》續集上。

3 西僧楊璉真伽啓掘宋帝諸陵寢。徽宗陵得走馬烏玉筆箱、銅涼撥、繡管，高宗陵得真珠戲馬鞍，光宗陵得交加百齒梳、香骨案，理宗陵得伏虎枕、穿雲琴、金貓睛爲徽，龍肝石爲軫。緑玉磬。楊貴妃物。度宗陵得五色藤絲盤、影魚黄瓊扇柄。《南宋雜事詩》卷七引《解酲語》。

4 至元十三年丙子，宋鼎北上，園林虛曠闃衛。越二年，羌僧賊楊萌惡，躪籍后妃皇族體魄，皆沈壓塔下。塔在臨安，密近故内。至正十九年己亥，雷火震燄壞塔，太尉海陵公飭勵徒旅，浚發塔下深石，奉陟沈壓，疏理藻雪，潔嚴虔栗，設禮陳樂，皀送歸舊園陵，后妃皇族體魄皆往焉。《宋遺民録》卷六。

宋人軼事彙編卷三十九

李退夫

1 冲晦處士李退夫者，事矯怪，攜一子游京師，居北郊別墅，帶經灌園，持古風外飾。一日，老圃請撒園荽，即《博物志》張騫西域所得胡荽是也。俗傳撒此物，須主人口誦猥語播之則茂。退夫者固矜純節，執菜子於手撒之，但低聲密誦曰：「夫婦之道，人倫之性」云云，不絶於口。夫何客至，不能訖事，戒其子使畢之。其子尤矯於父，執餘子呪之曰：「大人已曾上聞。」皇祐中，館閣以爲雅戲，凡或淡話清談，則曰：「宜撒園荽一巡。」《湘山野録》卷中。

楊　異

1 楊叔賢，自强人也，古今未嘗許人。頃爲荆州幕，時虎傷人，楊就虎穴磨巨崖大刻《誡虎文》，如《鱷魚》之類。其略曰：「咄乎，爾彪，出境潛游。」後改官知鬱林，以書託知軍趙定基打《誡虎文》數本，書言「嶺俗庸獷，欲以此化之」。仍有詩曰：「且將先聖詩書教，暫作文翁守鬱林。」趙遣人打碑，次日，本耆申某月日磨崖碑下大蟲咬殺打碑匠二人。荆門止以耆狀附遞寄答。《湘山野録》卷上。《宋稗類鈔》卷六。

2 楊叔賢郎中異，眉州人，言頃有眉守初視事三日。大排，樂人獻口號。其斷句云：「爲報吏民須慶賀，災星移去福星來。」新守頗喜。後數日，召優者問：「前日大排，樂詞口號誰撰？」其工對曰：「本州自來舊例，只用此一首。」《湘山野録》卷上。《宋稗類鈔》卷六。

耿仙芝

1 大名進士耿仙芝，以詩著，其一聯云：「淺水短蕪調馬地，淡雲微雨養花天。」爲人所稱。《温公續詩話》。

張 湍

1 張湍爲河南司録，府當祭社，買猪以呈尹，而猪輒突入湍家，湍即捉殺之。湍對尹云：「律云，猪無故夜入人家，主人登時殺之，勿論。」尹笑之，爲别市猪。《中山詩話》。《宋朝事實類苑》卷六十六。《宋稗類鈔》卷六。

蔡 繩

1 京兆醴泉主簿蔡繩，余友人也，亦得饑疾，每饑立須啖物，稍遲則頓仆悶絶。懷中常置餅餌，雖對貴官，遇饑亦便龁啖。繩有美行，博學有文，爲時聞人，終以此不幸。無人識其疾。《夢溪筆談》卷二十一。《墨客揮犀》卷六。

陳有方

1　太子中書舍人陳有方知蘄水縣，臨水創亭，名「必觀」，蓋取荀况「君子必觀於水」之義。或者解曰：「必觀亭者，必停官也。」後有方竟以罪免官而去。《青箱雜記》卷七。

郭　朏

1　郭朏，字景初，泉州人。少有才學，而性甚輕脱。嘗夜出，爲醉人所誣。太守詰其情狀，朏笑曰：「諺所謂『張公吃酒李公醉』者，乃朏是也。」太守怪其言不屈，命取紙筆，使作《張公吃酒李公醉賦》一首。朏操紙立就，其略云：「事有不可測，人當防未然。何張公之飲也，乃李老之醉焉。清河丈人，方肆酒盤之樂；隴西公子，俄遭酩酊之愆。」太守見而大笑，乃釋之。《墨客揮犀》卷六。《類説》卷四十七引《遯齋閒覽》。《何氏語林》卷二十七。

李居仁

1　進士李居仁與鄭輝爲友。居仁年踰耳順，鬚盡白，輝少年輕侮，乃呼之爲李公。居仁於是盡摘其鬚去之。輝一日見居仁，陽驚曰：「數日不見而風彩頓異，何也？」居仁整容喜曰：「如何？」曰：「昔日皤然一公，今日公然一婆矣。」《墨客揮犀》卷六。《類説》卷四十七引《遯齋閒覽》。《宋稗類鈔》卷六。

崔球

1 池州崔球爲太學生，苦學久不歸。一日，晝夢至其家，見其妻正憑几寫字，呼之不應，與之言亦不答，若耳不聞焉。所書乃詩一首也，云：「數日相望極，須知意思迷。夢魂不怕嶮，飛過大江西。」既覺，歷歷憶其詩，乃書之藏於笥。後月餘，家問至，其妻寄此詩，一字無差，有其書之月日，乃球得夢之日也。《續墨客揮犀》卷二。

章珉

1 章學士珉爲布衣，以宰相自許，高蓋大馬，盛服群從而後出，潤人謂之「三品秀才」。《後山談叢》卷二。

寇昌齡

1 寇昌齡嗜硯墨得名，晚居徐，守問之，曰：「墨貴黑，硯貴發墨。」守不解，以爲輕己。《後山談叢》卷二。

包鼎

1 宣城包鼎，每畫虎，埽溉一室，屏人聲，塞門塗牖，穴屋取明，一飲斗酒，脱衣據地，卧起行顧，自視真虎也。復飲斗酒，取筆一揮，意盡而去，不待成也。《後山談叢》卷二。

張鍔

1 祕書丞張鍔嗜酒，得奇疾，中身而分，左常苦寒，雖暑月，巾韈袍袴，紗緜相半。《後山談叢》卷二。

周約

1 周約夢登科作尉，就舍，於堂牖間得女子隻履，竈間得筆墨。後數歲中第，爲延州一尉，既入廨舍，皆夢所見，求二物，皆得之於其處。《後山談叢》卷三。

侯穆

1 侯穆有詩名，因寒食郊行，見數少年共飲於梨花下。穆長揖就坐，衆皆哂之。或曰：「能詩者飲。」乃以梨花爲題。穆吟曰：「共飲梨花下，梨花插滿頭。清香來玉樹，白蟻泛金甌。妝靚青娥妒，光凝粉蝶羞。年年寒食夜，吟繞不勝愁。」衆客擱筆。《雲齋廣録》。《堯山堂外紀》卷五十三。《宋詩紀事》卷三十。

曹琰

1 曹琰郎中，滑稽之雄者，一日，因食落一牙，戲爲詩曰：「昨朝飯裏有粗砂，隱落翁翁一箇牙。爲報妻兒莫惆悵，見存足以養渾家。」《倦游雜録》。《宋朝事實類苑》六十七。《類説》卷十六。

2 郎中曹琰亦滑稽辯捷，嘗有僧以詩卷投獻，琰閲其首篇《登潤州甘露閣》云：「下觀揚子小。」琰曰：「何不道卑吠狗兒肥？」次又閲一篇《送僧》云：「猿啼旅思悽。」琰曰：「何不道犬吠張三嫂？」座中無不大笑。《青箱雜記》卷一。《堅瓠癸集》卷四。《宋稗類鈔》卷六。

曹　奎

1 有進士曹奎，屢掇上庠，南宫高選，居常自負，作大袖袍衣之，袖廣數尺。時有進士楊衛怪之，謂曰：「袖何廣耶？」奎曰：「要盛天下蒼生。」衛答曰：「此但能盛一箇耳。」《倦游雜録》。《宋朝事實類苑》卷六十五。《續墨客揮犀》卷六。

劉　積

1 進士劉積未第，居德州孔子廟中，嘗市一雁，翅雖折而尚生，不忍烹。聞自然銅治折傷，乃市數兩，燔而淬之末以飼焉。至春晚，遂飛去。是年秋深，忽有群雁集積所居之後圃，家僮執梃往擊，諸雁悉驚飛，一雁不去，因棰殺之。燖剥毳羽，見翅骨肉壞，剖之，中皆若銀絲，乃向所養者。積咨嗟累日。《倦游雜録》。

張退夫

1　張客省退夫自言，應舉時，因醉，乘驢過市，誤觸倒雜賣擔子，其人喧争不已，視擔中，只有《樂記疏》一册，遂五十錢市之，其人乃去。張初不攜文籍而行，遇醉醒，止閲所買《樂記疏》。無何，省試《黄鍾爲樂之末節論》，獨《樂記》爲詳，論擅場南省，遂高選，明年擢甲第。《倦游雜録》。

楊　孺

1　楊孺尚書以耳聾致仕，居鄠縣别業。同里高氏貲厚，有二子，小字大馬、小馬。一日，里中社飲，小馬攜酒一榼就楊公曰：「此社酒，善治聾，願持杯酌之無瀝。」楊書絶句與之云：「數十年來雙耳聵，可將社酒使能醫。一心更願青盲子，免見高家小馬兒。」《倦游雜録》。

楊獻民

1　關右人或有作京師語音，俗謂之獠語，雖士大夫亦然。有太常博士楊獻民，河東人，是時鄜州修城，差望青斫木，作詩寄郡中寮友。破題曰：「縣官伐木入煙蘿，匠石須材盡日忙。」蓋以鄉音呼「忙」爲磨，方能叶韻，士人而徇俗不典，亦可笑也。《倦游雜録》。《宋朝事實類苑》卷六十七。

史沆

1 史沆以進士第，爲著作佐郎，累坐事羈房州，移襄以卒。沆仕不得志，好持人短長，世亦凶人目之，然亦竟以此敗。常過江州琵琶亭，作詩牓于棟，其略曰：「坐上騷人雖有詠，江邊寡婦不難欺。若使王涯聞此曲，織羅應過賞花詩。」《倦游雜録》。《宋朝事實類苑》卷七十。

于令儀

1 曹州于令儀者，市井人也，長厚不忤物，晚年家頗豐富。一夕，盜入其家，諸子擒之，乃鄰舍子也。令儀曰：「汝素寡悔，何苦而爲盜邪？」曰：「迫於貧耳。」問其所欲。曰：「得十千足以衣食。」如其欲與之。既去，復呼之，盜大恐，謂曰：「汝貧甚，夜負十千以歸，恐爲人所詰。」留之，至明使去。盜大感愧，卒爲良民。鄉里稱君爲善士。《澠水燕談録》卷三。《宋朝事實類苑》卷五十三。《厚德録》卷二。

張文寶

1 張文寶，永州人，博學有文。從子仲達以詩一軸示文寶，自衒《鷺鷥》詩最爲得意，云：「滄浪最深處，鱸魚初得時。」文寶云：「更宜雕琢。」仲達云：「如何雕琢？」文寶云：「詩固佳矣，但鷺鷥脚太長爾。」仲達赧服。《澠水燕談録》卷十。

張獻圖

1 有張獻圖者，應舉久不第，好嘲戲，以王年推恩，得三班奉職，以詩寄其妻云：「吾今爲奉職，子莫怨鸞孤。」《澠水燕談録》卷十。

2 張獻圖主簿，潁人，善嘲謔，以老榜得班行，寄書于家人曰：「汝作鸞孤，我爲奉職，不忝矣。」又譏州縣官之貪污者云：「棒頭舊血添新血，篋裏黄金壓白金。」《詩話總龜》前集卷四十。《唐宋分門名賢詩話》卷二。

李　譯

1 李譯諫議知鳳翔，卒，有蝴蝶之祥，自殯所以至府宇，蔽映無下足處。府官尊卑接武不相辨，揮拂不開，踐踏成泥，其大者如扇，喪行踰日方散。至今岐人能言之。《畫墁録》。

李　演

1 淳祐間，丹陽太守重修多景樓，高宴落成。一時席上皆湖海名流。酒餘，主人命妓持紅牋徵諸客詞。秋田李演廣翁詞先成，衆人驚賞，爲之閣筆。其詞云：「笛叫東風起。弄尊前、楊花小扇，燕毛初紫。萬點淮峯孤角外，驚下斜陽似綺。又婉娩、一番春意。歌舞相繆愁自猛，捲長波、一洗空人世。閒熱我，醉時耳。　緑蕪冷葉瓜洲市。最憐予、洞簫聲盡，闌干獨倚。落落東南牆一角，誰護山河萬里。問人在、玉闗歸未。老矣青山燈火客，撫佳期、漫灑新亭淚。歌哽咽，事如水。」《浩然齋雅談》卷下。

楊大均

1 道士楊大均，蔡州人。善醫，能默誦《素問》、《本草》及兩部《千金方》四書，不遺一字。與人治病診脈，不出藥，但云此病若何，當服何藥，是在《千金》某部第幾卷，即取紙書授之，分兩不少差。《石林避暑録話》卷一。

2 《石林避暑録》載蔡州道士楊大均善醫，能默誦《素問》、《本草》、《千金方》，其問藥名分量皆不遺一字。因問其，此有何義理而可記乎？大均曰：「苟通其義，其文理有甚於章句偶儷，一見何可忘也。」《癸辛雜識》後集。《宋稗類鈔》卷七。

郎忠厚

1 錢塘郎忠厚，游當塗諸公間，頗稔熟，好叙親舊，見勢位無不納拜者。至人失勢，則相疎。時人目之爲「富貴親情」。《萍洲可談》卷三。

任　昉

1 太學生任昉，字少明，□一官妓，五夜未嘗暫離。昉既善限所拘，而妓以老媪間隔。妓曰：「吾二人情意若此，莫若尋一利刃共死處。」昉姑諾之。後以一木刀裹以銀紙，密卷紙數重，置於枕下，擇日就行，妓深諾之。昉遂遷延時日，妓乃生疑，開紙觀之，乃一木刀也，遂大慟絶昉。昉懷惓惓，遂作《雨中花》以貽妓曰：「事往人離，還似暮峽歸雲，隴上流泉。奈向分羅帶，已斷么弦。長記歌時酒畔，難忘月夕花前。相攜手處，瓊樓朱户，觸目依然。從來慣共，錦衾屏枕，長效比翼紋鴛。誰念我、而今清夜，長是孤眠。入户不如飛絮，傍懷争及爐煙。這回休也，一生心性，爲你縈牽。」妓得歌之，遂復如初。《古今詞話》。《緑窗新話》卷下。

楊端臣

1 楊端臣嘗買一妓，契約三年。二返而比鄰富者賂其父母，奪而有之。端臣追恨，作《漁家傲》曰：「有個人人情不久，而今已落他人手。見説近來伊也瘦。好教受，看誰似我能擱就。蓮臉能匀眉黛皺，相思淚滴殘妝透。總是自家爲事謬。從今後，這回斷了心先有。」嗣逢妓者，復有密會，再作《漁家傲》曰：「樓鼓數聲人跡散，馬蹄不響街塵軟。門户深深扃小院。簾不卷，背燈盡燭紅條短。歸路恍如春梦斷，千愁萬恨知何限。昨夜月華明似練。花影畔，算來惟有嫦娥見。」其后主人稍知之，防閑甚嚴，絶無消息，遂作《阮郎歸》曰：「□□今日那人家，瑣窗紅影斜。髻雲散亂不勝花，偷匀殘臉霞。　梁燕老，石榴花。佳期今已差。憑欄思想入天涯，暮雲重疊遮。」《古今詞話》。《緑窗新話》卷上。

楊師純

1 廬陵楊師純，登第年，泊舟江岸。鄰舟有一姝，美而豔，與師純目色相投，未嘗有一語之接。一日，師純乘酒醉，跳爲鄰舟，徑獲一歡。因作《清平樂》詞以遺：「羞蛾淺淺，秋水如刀剪。窗下無人自針線，不覺郎來身畔。　相將攜手鴛幃，匆匆不許多時。耳畔告郎低語，共郎莫使人知。」後師純之官，復經故地，問其人，已生數子矣。師純感舊，再作《清平樂》以遺懷曰：「小庭春院，睡起花陰轉。往事舊歡離思遠，柳絮隨風難管。　等閑屈指當時，欄干幾曲誰知。爲問春風桃李，而今子滿芳枝。」《古今詞話》。《緑窗新話》卷上。

石藏用　劉寅

1 石藏用、劉寅俱擅醫名，石喜用熱藥，劉喜用涼藥，京師爲之語云：「藏用簷中三斛火，劉寅匣内一壺冰。」《說詩雋永》。《苕溪漁隱叢話》前集卷三十六。《宋詩紀事》卷一百。

劉皓

1〔劉皓〕商父質直有守，初仕趙州林城令，決事嚴明。會鞫劫盜，獄吏令盜僞通買物者十數人以狀稟，乞追證，意欲乘時規利。商父佯爲無能者，判曰：「並要正身，違限重斷。」及期，如數勾至，皆衣服鮮潔，豪子也。商父命屏鞫獄吏，别以他吏引賊至庭下認之，皆無識者。商父曰：「爾能通姓名而有不識者乎？」賊愕然實告。命盡釋之，當行吏置重法，一境欽畏不敢欺。商公謂諸吏曰：「我河北村秀才，深知民間利病，爾乃敢爾，宜屏縮以俟來者。」《過庭録》。

2 劉皓商父，河北人，質直有守，爲耀之倚郭縣令。郡醫姚生，以術賂結權貴，豪恣莫比，監司憚之。郡縣僚吏居職能媚姚生者，雖上位有隙，亦必善終，或升改而去，反是者禍亦不測。遠邇畏恐。後，郡僚有老母疾篤，哀求冀一就視，姚漫不加恤，使人謂曰：「我不可往，可遣而母來。」群僚不得已舁母往。姚之田畝，貢賦未嘗納，商父聞其風久矣，至官深嫉之，檢姚所欠賦税，以公引追納，承行吏以死辭。劉怒叱曰：「有禍我當爾。」吏持引至其家。姚大怒，毁其公引，逕親訴於守。吏歸以告，劉笑曰：「何敢爾！」乃遣彎者四人令之曰：「知姚醫謁守，可以我命請至，不從則奪舁而來。爾等能辦此，吾爲爾惠，否則當挈而妻子出吾境爾。」彎者如其言，舁姚至縣。劉即戒閽者謹守不外通，立姚庭下，詰問曰：「爾庸醫，賦税敢不納耶！」姚厲聲與劉相抗。後問曰：「郡官母老病篤，汝寄跡郡中，不就視而使其來，此何理也？」遂命吏械之。姚虞勢弱，即解容俛首，曰：「某愚無知，爲上位優容至此，不意明公威嚴若是，幸見恕。」命繃於廡下，凡累日。姚以病告，劉曰：「爾罪人，不可歸。」家人欲視，令此來。其母八十餘，還追至視疾，僚屬咸快其事，就告劉曰：「此奇事也，然不爲已甚，幸容自新。」懇之再三，始從。太守與姚善，頗不自潔，怒劉之暴，欲劾，而劉先奏守過，伏辜，劉竟無罪。劉因慨然曰：「此何時哉，吾不可以居此。」即解印去。先子崇寧初官河北，見之，常衣布袍，往來閭里中，浩然自樂，竟不仕。而姚亦悔過自克，終身稱爲長者。《過庭録》。

方　偕

1　方偕善飲，酒後聰明過常時。宰福清，吏嘗乘醉白事，明日覆之，吏隱其一，偕曰「更有某事在」，吏叩頭謝罪。《莆陽比事》卷五。

朱希亮

1　朱希亮，潁川人，爲鄧州教官。有喬世賢者，恃才輕忽，偶與朱相值，遽問之云：「君名希亮，謂希何亮？」朱報云：「何世無賢？今未問君名，姓將何出？」喬愕然不能答。蓋古惟有橋姓，而省「木」莫知其由。《雞肋編》卷下。

李廷彦

1　李廷彦曾獻百韻詩于一上官，其間有句云：「舍弟江南没，家兄塞北亡。」上官惻然，憫之曰：「不意君家凶禍重併如此。」廷彦遽起自解曰：「實無此事，但圖對屬親切耳。」上官笑而納之。《遯齋閒覽》。《拊掌録》。

羅　可

1　〔羅可〕以踈放自適，鄉人共以師禮事焉。嘗有竊刈其園中蔬者，可適遇見，因躡足伏草間避之，以俟其去。又有攘殺其雞者，可乃攜壺就之，其人慙悚服罪。可執其手曰：「與子幸同里閈，不能烹雞以待子，我誠自愧。」乃設席，呼其妻孥環坐，盡醉而歸。終不語人，人由是相誡無犯。《遯齋閒覽》。《何氏語林》卷三。《宋稗類鈔》卷三。

楊　勔

1　陳正敏《遯齋閒覽》載：　楊勔中年得異疾，每發言應答，腹中有小聲效之。數年間，其聲寖大。有道士見而驚曰：「此應聲蟲也。久不治，延及妻子。宜讀《本草》，遇蟲不應者，當取服之。」勔如言，讀至雷丸，蟲忽無聲。乃頓餌數粒，遂愈。《能改齋漫録》卷八。

危拱辰

1　元豐中，光禄卿危拱辰爲進士時，遇五臺山僧，號稱知人。拱辰以前程問之，僧以手帕裹一大錢贈之曰：「謹守終有所見。」拱辰秘而俟之。其後登第，死於饒州鑄錢監。《能改齋漫録》卷十八。《宋稗類鈔》卷八。

張孝基

1　許昌士人張孝基，娶同里富人女，富人只一子，不肖，斥逐之。富人病且死，盡以家財付孝基，與治後事如禮。久之，其子匄於塗，孝基見之，惻然謂曰：「汝能灌園乎？」答曰：「如得灌園以就食，何幸！」孝基使灌園，其子稍自力。孝基怪之，復謂之曰：「汝能管庫乎？」答曰：「得灌園已出望外，況管庫，又何幸也！」孝基使管庫，其子頗馴謹，無他過。孝基徐察之，知其能自新，不復有故態，遂以其父所委財産歸之。此似《法華》窮子之事。其子自此治家勵操，爲鄉閭善士。《泊宅編》十卷本卷六。《仕學規範》卷三十。《自警編》卷四。《言行龜鑑》卷三。

潘勺

1　潘勺，字叔治。登進士第，爲吳興郡掾。後絶意禄仕，徧游天下佳山水，嘗爲《雁蕩百詠》，其末云：「都爲畫工圖不得，一時收拾作詩歸。」自號癸甲先生，或問其故，曰：「始終之義也。」後果以癸日亡，甲日殮。《中吳紀聞》卷三。

翟超

1　崑山弓手翟超，數以勇力奮，而酷嗜《金剛經》，晝夜誦之不輟。邑有盜，尉責其巡警失職，撻之。

退而憤然曰：「他人被盜，而我乃受杖！」不復還家，坐於一廟中，誦經達旦。至「應無所住，而生其心」，忽若有悟，遂棄俗而投禮東齋謙老，名之曰道川。俄爲僧，見處日明，因行脚江西。途中遇虎，無懼色，虎馴伏其旁，逡巡引去。晚注《金剛經》，超乎言句之外。名禪老衲，皆以爲不可及。其後圓寂之際，大書四句云：「我有一條鐵楖栗，縱横妙處無人識。臨行撥轉上頭關，轟起一聲春霹靂。」今葬於山中。《中吴紀聞》卷六。

釋智儼

1 承平時，有蝦子和尚，好食活蝦，乞丐于市，得錢即買蝦，貯之袖中，且行且食。或隨其所往，密視之，遇水則出哇，群蝦皆游躍而去。後不知所終。《中吴紀聞》卷五。

2 鰕子和尚名智儼，居華亭静安寺。七月十五日，村郭設盂蘭盆，寺僧赴請殆盡，惟儼在寺，有胥村人嗣來召僧，而無僧可召，欲拉儼往，儼曰：「但歸辦置，吾隨來也。」乘小舠而行，見捕鰕者，儼從買一斗，索水噉之無遺，謂漁者曰：「齋回，還汝直。」且叮嚀舟子勿泄。至村，舟子不能忍，齋家聞此，厭薄之，不請上坐，席地一飯而無襯，以辱焉。師懽然納受，還，見漁者，曰：「何饒舌，今日齋無錢，奈何？」漁者曰：「無錢，但還我鰕。」曰：「此易。」復索水飲，隨吐出活鰕盈斗，還之。人以爲異，因呼名鰕子和尚。儼異迹頗多，海濱人皆能言之。及將滅，斂蒲草爲萬餘繩，懸廊廡間，謂人曰：「與諸君作緣事。」遂坐脱。人争赴施錢，懸繩皆滿，用建佛閣於寺中。至今寺稱鰕子道場。《補續高僧傳》卷十九。

張鼎

1 張鼎爲太常博士，用雞肋爲雞肘，時輩譏曰「雞肘博士」。《可書》。《茶香室叢鈔》卷三。

程昶

1 程昶爲鎮江府節推，刻薄而不練，其形似猴、鼠，一時號爲「乙巳居士」。《可書》。

鄧知剛

1 鄧知剛任待制，守軍器監，形貌魁偉，每以横金銜衆，未嘗衣衫。京師諺曰：「不着涼衫，好個金稜快活三。」蓋一時目肥人爲快活也。《可書》。

胡卓明

1 里中士人胡卓明父祖好棋，挾此藝者日至。其母夜卧忽驚起，問其故，云：「夢吞一枯棋也。」初意日所嘗見，是以形於夢寐。已而生卓明，年至七八歲，厥祖與客對弈而敗，卓明忽從旁指曰：「公公誤此一著耳！」其祖敗而不平，怒謂曰：「小子何知！」推局付之，卓明布數着，果勝。厥祖大驚，因與對棋。其布置初若無法度，既合，則皆是。數日間，遽能與厥祖爲敵。迨十餘歲，遂以棋名，四方之挾藝者纔争先耳。《獨醒雜志》卷八。

孔仁謙

1 杭州有雕木匠孔仁謙，一時之絶手。嘗於杭州菩提寺造千手千眼大悲觀音像，既畢，度置千手不能盡。凡數日，沉思如醉，一夕夢沙門語之曰：「何不分形於寶燄之上？」仁謙豁然大悟，如其置列焉，特爲奇妙。後又於明州開元寺造一軀，如其法。千手之制，取於襄州畫像，凡五百手各持物器，五百手結印，本神迹也。《宋朝事實類苑》卷五十一。

李　某

1 李京兆諸父中，有一人嘗爲博守者，不得其名，其人極廉介。一日，迓監司於城門，吏報酉時，守急命閉關。已而使者至，不得入，相與語於門隙。使者請入見，曰：「法當閉鑰，不敢啟關。」請以詰朝奉迎。又京遞至，發緘視之，中有家問，即令滅官燭，取私燭閲書。閲畢，命秉官燭如初。當時遂有「閉關迎使者，滅燭看家書」之句。廉白之節，昔人所高，矯枉太過，則其弊遂至于此。《竹坡詩話》。

杜大中

1 杜大中自行伍爲將，與物無情，西人呼爲杜大蟲。雖妻有過，亦公杖杖之。有愛妾才色俱美，大中餞表，皆此妾所爲。一日，大中方寢，妾至，見几間有紙筆頗佳，因書一闋寄《臨江仙》，有「彩鳳隨鴉」之語，大中覺而視之，云：「鴉且打鳳。」於是掌其面，至項折而斃。《苕溪漁隱叢話》前集卷六十引《今是堂手録》。

丘舜元

1 殿中丞丘舜元，閩人也。舟泝汴，遇生日，艤津亭。家人酌酒爲壽，忽昏睡，夢登岸，過林薄至一村舍，主人具飲食。既覺，行岸上，皆如夢中所見。至村舍，有老翁方撤席，如賓退者。問之，曰：「吾先以是日亡一子，祭之耳。」舜元默然，知前身爲老翁子也，厚遺之以去。《邵氏聞見後録》卷三十。

韓南老

1 閩人韓南老就恩科，有來議親者，韓以一絶示之：「讀盡文書一百擔，老來方得一青衫。媒人卻問余年紀，四十年前三十三。」……或云陳君向也。《清波雜志》卷七。

張　珙

1 張廷老，名珙，唐安江原人。年七十餘，步趨拜起健甚。自言夙興必拜數十，老人血氣多滯，拜則支體屈伸，氣血流暢，可終身無手足之疾。《老學庵筆記》卷二。

釋行持

1 僧行持，明州人，有高行，而喜滑稽。嘗住餘姚法性，貧甚，有頌曰：「大樹大皮裹，小樹小皮纏。庭前紫荆樹，無皮也過年。」後住雪竇，雪竇在四明，與天童、育王俱號名剎。一日，同見新守，守問天童覺老：「山中幾僧？」對曰：「千五百。」又以問育王諶老，對曰：「千僧。」末以問持，持拱手曰：「百二十。」守曰：「三剎名相亞，僧乃如此不同耶？」持復拱手曰：「敝院是實數。」守爲撫掌。《老學庵筆記》卷三。

常　瓌

1 常瓌，字子然，河朔人，本農家。一村數十百家皆常氏，多不通譜。子然既爲御史，一村之人名皆從玉，雖走史鈴下皆然，無如之何。子然乃名子曰任、佚、美、向，謂周任、史佚、子美、叔向也，意使人不可效耳。《老學庵筆記》卷四。

但中庸

1 姓「但」者，音若「檀」。近歲有嶺南監司曰但中庸者是也。一日，朝士同觀報狀，見嶺南郡守以不法被劾，朝旨令但中庸根勘。有一人輒歎曰：「此郡守必是權貴所主。」問：「何以知之？」曰：「若是孤寒，必須痛治，此乃令但中庸根勘，即是有力可知。」同坐者無不掩口。其人悖然作色曰：「拙直宜爲諸公所笑！」竟不悟而去。《老學庵筆記》卷七。

蔣寧祖

1 蔣寧祖者，待制瑎之子，年四十，官至朝請郎。當遷大夫，不肯就。父母强之，不得已自列。既受命，即丐致仕，自是不御朝衣，常著練布道服，請于下闕。《夷堅甲志》卷五。

趙公衡

1 宗室公衡居秀州，性質和易，善與人款曲，但天資滑稽，遇可啓顔一笑，銜口輒嘲之。里閭親戚以至倡優伶倫，無所不狎侮，見之者無敢不敬畏。素寡髮，俗目之爲趙葫蘆，遂爲好事者作小詞詠之曰：「家門希差，養得一枚依樣畫。百事無能，只去籬邊纏倒藤。幾回水上，軋捺不翻真箇强。無處容他，只好炎天噉作巴。」讀者無不絶倒。《夷堅支志》景卷四。《堯山堂外紀》卷五十九。《詞苑叢談》卷十一。《堅瓠乙集》卷四。案：《堯山堂外紀》、《詞苑叢談》「好事者」作小詞，改爲「洪景盧」。

江永之　劉文伯

1 劉文伯晚景次需之暇，於所居之側妝飾一軒，瀟灑可人，其中一壁但畫竹、石而已。劉酷愛之，日游其中。江永之一日來訪，劉乃具酒，拉親舊飲於是軒。永之既醉，忽舉筆題兩句於畫壁之旁云：

「此石拳然，此君蕭然。」劉意殊不樂。江久乃再續云：「是謂歲寒之操，人與物以俱堅。」劉乃大喜，遂題兩句於江所題之後壁云：「壁上有人題好句，天應錫我老何難。」飲坐客，爛醉乃散。《新編醉翁談録》卷一。

徐觀國

1　江左士子徐觀國，就館于鄱陽尉王君家。以館翁被本部告訐，減請于州，連及觀國，被録到庭，遂作《驀山溪》詞曰：「儒官措大，是官曰都得做。宰相故崇下，呼召也須同。太原公子，能武又能文，閑暇裏，抱琴書，車馬時相過。樽開北海，減請還知麽。叵耐這點徒，剛入詞，把人點污。儒冠屈辱，和我被干連，累告訐，孟嘗君，帶累三千箇。」《白獺髓》。

游子西

1　龍溪游子西，赴江西漕試，登酒樓，逢諸少年聯座，不知其爲文人。酒酣，諸少年題詩於樓壁，旁若無人。子西起借韻，諸子笑之。既而落筆，詞意高妙，諸子怳然潛遁。「暑塵收盡，快晚來急雨，一番初過。是處涼飆回爽氣，直把殘雪吹破。星律飛流，銀河摇蕩，只恐冰輪墮。雲梯穩上，瓊樓今夜無鎖。便覺浮世卑沈，回翔偃薄，似蟻空旋磨。想得九天高絶處，不比人間更大。獨立乾坤，浩歌春雪，可惜無人和。廣寒宫裏，有誰瀟灑如我。」《詩人王屑》卷二十一。

南嶽僧

1 嘗聞南嶽昔有住山僧，每夜必秉燭造𧨏林，衆生打坐者數百人，或拈竹篦痛箠之，或袖中出餅果置其前，蓋有以窺其中之静不静，而爲是懲勸也。《鶴林玉露》丙編卷三。

時億

1 予來東湖，見時億一中者，修水人也，耿介尤可畏。家貧甚，或以數千楮售其文於科場者，辭焉。在學舍當得之物，亦恥於扣人而不取。臺府有饋，至再四而亦不受，其他可知。然稍裕財即樂予。布衣終歲，湛如也。《懷古録》卷中。

王德

1 餘干有王德者，僭竊九十日爲王。有一士被執，作詔云：「兩條脛腚，馬趕不前。一部髭髯，蛇鑽不入。身坐銀校之椅，手執銅鎚之鍒。翡翠簾前，好似漢高之祖；鴛鴦殿上，有如秦始之皇。一應文武百官，不許著草屨上殿。」王德就擒，此士人得以作詔免。《貴耳集》卷下。

謝耘

1 謝耕道耘，天台人，自號曰「謝一犁」，有《犁春圖》。諸公喜于納交。善滑稽，三十年間，天下詩人未有不至其室。詩軸不知幾牛腰，巾高二尺餘，方口大面，行于市，孰不曰「謝一犂」，因是名滿京洛。《貴耳集》卷上。《宋詩紀事》卷六十九。

王萬年

1 王萬年副都統，因貽書岷峨山拗牛和尚，不答書，但與來人説：「傳語太尉早歸！」人至，問和尚有書無書，堅不肯説，萬年云：「我已知了，爾直説。」久而方云：「和尚請太尉早歸。」三日後，盥漱間即逝。人問拗牛，云：「王太尉是第六洞萬年鬼王，所以姓王名萬年。」《貴耳集》卷下。

許左之

1 吾鄉許左之、右之二公兄弟，落筆皆不凡。左之公一夕寓飲妓坊，醉欲狎之，妓密有所歡在矣。公提筆賦詞而起，云：「誰知花有主，誤入花深處。直放下，酒杯乾，便歸去。」又代他妓小詞：「憶你當初，惜我不去。傷我如今，留你不住。」去客聽此，戀戀踰時，妓迄後謝。《深雪偶談》。《堯山堂外紀》卷五。《南宋雜事詩》卷五。

釋寶鑑

1 平江有張省幹者，病傷寒，眼赤，舌縮有膏，唇口生瘡，氣喘，失音，臟腑利已數日，勢甚危。此證傷寒家不載，諸醫皆欲先止臟腑。忽秀州醫僧寶鑑大師者過，投以茵陳五苓散、白虎湯而愈。諸醫問出何書，僧曰：「仲景云：『五臟實者死。』今賴大腸通，若更止之，死可立而待也。五苓以導其小腸，白虎以散其邪氣也。」諸人始服。《雲麓漫鈔》卷五。

釋思業

1 〔思業禪師〕世爲屠宰。一日戮猪次，忽洞徹心源，棄業爲僧，述偈云：「昨日夜叉心，今朝菩薩面。菩薩與夜叉，不隔一條線。」《五燈會元》卷二十。

徐子勉

1 衢人徐子勉假館浙西，主人調官都城，與之偕。主人買妾以歸，舟中置酒奏伎，歌闌酒罷，深夜就寢。徐夢一士云：「君輩方盡歡，而鬼趣有苦饑者，獨不能以餘瀝見及乎？」因哦詩一章，徐驚寤忘之。已而復夢如初，乃盡憶其語云：「鬼嘯猩吟沸簧笛，碎板玉盤珠亂擲。二八佳人舞倦時，蝶困東風斂雙翼。」《浩然齋雅談》卷中。

樊紀

1 岐山縣樊紀登第，其父亦以喜而頤脱，有聲如破甕。《齊東野語》卷六。

陳愷

1 趙時杖爲平江僉幕，其訓名不雅。凡書判决杖，吏輩皆用紙貼之，此亦可笑。其押字，作一大口字，而申其下一畫。陳子爽愷作守，初到見之，書其側云：「僉判押字大空空，請改之，庶幾務實。仍請别押一樣來。」聞者無不大笑。《齊東野語》卷八。

王叔

1 王叔知吴門日，名其酒曰徹底清。錫宴日，伶人持一樽誇於衆曰：「此酒名徹底清。」既而開樽，則濁醪也。旁誚之云：「汝既爲徹底清，卻如何如此？」答云：「本是徹底清，被錢打得渾了。」《齊東野語》卷十三。

張乂　林叔躬

1 張乂，延平人。少負才入太學，有聲，爲節性齋長，既又爲時中齋長。其人眇小而好作爲，動以苛禮律諸生，同舍多不平之。莆田林叔躬，亦輕浮之士也，於是以其名字作詩賦各一首嘲之。其警聯云：「身材短小，欠曹交六尺之長；腹空内虚，乏劉乂一點之墨。」詩警句云：「中分爻兩段，風使十横斜。文上元無分，人前强出些。」曲盡形容之妙，聞者絶倒。《齊東野語》卷十三。

陳無損

1 會稽有富人馬生，以入粟得官，號馬殿幹。喜賓客，有姬美豔能歌，時出佐酒。客有梁縣丞者頗黠，因與之目成。一旦馬生殂，姬出，梁捐金得之。它日，置酒觴客，陳無損益之在坐。酒酣，舉杯屬梁曰：「有儷語奉上。」梁諦聽之，即琅然高唱曰：「昔居殿幹之家，爰喪其馬。今入縣丞之室，毋逝我梁。」一坐大呼笑，而主人憮然不樂。無幾，梁亦死焉。《齊東野語》卷二十。

楊昊

1 楊昊，字明之，聚江氏少艾，連歲得子。明之客死之明日，有蝴蝶大如掌，徊翔於江氏傍，竟日乃去。及聞訃，聚族而哭，其蝶復來繞江氏，飲食起居不置也。蓋明之未能割戀於少妻稚子，故化蝶以歸爾。李商嘗作詩記之曰：「碧梧翠竹名家兒，今作栩栩蝴蝶飛。山川阻深網羅密，君從何處化飛歸。」《癸辛雜識》前集。《宋詩紀事》卷七十七。

楊大芳

1 楊大芳娶謝氏，謝亡未殮，有蝶大如扇，其色紫褐，翩翩自帳中徘徊，飛集窗户間，終日乃去。……余嘗作詩悼之云：「帳中蝶化真成夢，鏡裏鸞孤枉斷腸。吹徹玉簫人不見，世間難覓返魂香。」《癸辛雜識》前集。

陳仲濳

1 永嘉平陽陳仲濳健啖過人，仕至邑宰。偶臨安，會北使至，亦健啖，求爲敵者，使與館伴，陳聞而自衒，因獲充選。食已，復索，乃各以半豚進。使者辭不能容，陳獨大嚼，由是得湘陰庾節。使還不爲生計，每飯必肉數斤，未幾所畜一空。其妻告以饑，愁中吐出一蟲，如小黿，金色，遂殂。《癸辛雜識》别集上。

鄭文妻

1 太學服膺齋上舍鄭文，秀州人。其妻寄以《憶秦娥》云：「花深深，一勾羅襪行花陰。行花陰，閑將柳帶，試結同心。日邊消息空沉沉，畫眉樓上愁登臨。愁登臨，海棠開後，望到如今。」此詞爲同舍見者傳播，酒樓妓館皆歌之。《古杭雜記》。《西湖游覽志餘》卷十六。《宋稗類鈔》卷四。

劉鼎臣妻

1　宋時婺州劉鼎臣者，僦省試於行都，瀕行，其妻自製彩花一枝贈之，侑以《鷓鴣天》詞云：「金屋無人夜翦繒，寶釵翻過齒痕輕。臨行執手殷勤送，襯與蕭郎兩鬢青。　聽囑付，好看承，千金不抵此時情。明年宴罷瓊林晚，酒面微紅相映明。」《西湖游覽志餘》卷十六。《古杭雜記》。《宋稗類鈔》卷四。

陳襲善

1　宋有陳襲善游錢唐，與營妓周子文甚狎，挾之遍歷湖山。後襲善去爲河朔掾，宿奉高驛，夢子文搴幃嚬蹙，挽之不可，冉冉悲啼而没。久之，得故人書云：「子文死矣。」按其月日，則宿奉高驛時也。既歸，游鷲嶺，作《漁家傲》以寄情焉：「鷲嶺峯前欄獨倚，愁眉促損愁腸碎。紅粉佳人傷别袂。情何已，登山臨水年年是。　常記同來今獨至，孤舟晚颺湖光裏。衰草斜陽無限意。誰與寄，西湖水是相思淚。」《西湖游覽志餘》卷十六。《詞林紀事》卷十七。

2　見釋仲殊6。

趙不敏　盼奴　小娟

1　宋宗室趙不敏，與錢塘名娼盼奴甚洽。久之，不敏日益貧，盼奴周給之，使篤於業。遂捷南省，得官授襄陽府司户。赴官三載，想念成疾而卒。有禄俸餘資，囑其弟院判某均分之：一以膳院判，一以遺盼奴。且言盼奴有妹小娟，俊雅能詩，可謀致佳偶也。院判至錢塘，則盼奴亦以憶司户一月前死矣。小娟以於潛官絹誣攀繫獄。院判素與杭倅善，託倅從獄中召出，詰之曰：「汝誘商人官絹百匹，何以償之？」小娟叩頭言：「此亡姊盼奴事，乞賜周全。」倅喜其詞气婉順，以趙司户所寄付之。小娟啓柬，惟一詩云：「當時名妓鎮東吴，不好黄金只好書。借問錢塘蘇小小，風流還似大蘇無。」小娟得書默然。倅索和，援筆書云：「君住襄江妾住吴，無情人寄有情書。當年若也來相訪，還有於潛絹也無。」倅大喜，盡以所寄物與之。免其償絹，且言於太守，謀爲脱籍，歸院判，得偕老焉。《宋稗類鈔》卷四。《西湖游覽志餘》卷十六。《七修類稿》卷二十七。《宋詩紀事》卷九十七引《武林紀事》。

陳蒙

1 宋國學正陳蒙，輕財尚義，家世清白。一日，有布衣持紙扇來謁，上書云：「出韻不駐思。」蒙以酸字爲韻，令賦梅花，輒應聲云：「影摇溪脚月猶冷，香滿枝頭雪未乾。只爲傳家太清白，致令生子亦辛酸。」蒙大悦，厚贈之。《宋詩紀事》卷九十六引《蓉塘詩話》。

吕洞賓

1 唐《異聞集》載沈既濟作《枕中記》云：「開元中，道者吕翁，經邯鄲道上邸舍中，以囊中枕借盧生睡事。」此之呂翁，非洞賓也。蓋洞賓嘗自序，以爲呂渭之孫。渭，仕德宗朝；今云開元中，則呂翁非洞賓，無可疑者。而或者又以爲「開元」想是「開成」字，亦非也。開成雖文宗時，然洞賓度此時未可以稱翁。案本朝國史稱：「關中逸人呂洞賓，年百餘歲，而狀貌如嬰兒。世傳有劍術，時至陳摶室。」若以國史證之，止云百餘歲，則非開元人明矣。《雅言系述》有呂洞賓傳云：「關右人，咸通初，舉進士不第。值巢賊爲梗，攜家隱居終南，學老子法」云。以此知洞賓乃唐末人。《能改齋漫録》卷十八。

2 呂洞賓嘗自傳，岳州有石刻，云：「吾乃京兆人，唐末，累舉進士不第。因游華山，遇鍾離，傳授金丹大藥之方；復遇苦竹真人，方能驅使鬼神；再遇鍾離，盡獲希夷之妙旨。吾得道年五十，第一度郭上竈，第二度趙仙姑。郭性頑鈍，只與追錢延年之法。趙性通靈，隨吾左右。吾惟是風清月白，神仙會聚之時，常游兩浙、汴京、譙郡。嘗著白襴角帶，右眼下有一痣，如人間使者筋頭大。世言吾賣墨，飛劍取人頭，吾聞哂之。實有三劍：一斷煩惱，二斷貪嗔，三斷色慾，是吾之劍也。世有傳吾之神，不若傳吾之法；傳吾之法，不若傳吾之行。何以故？爲人若反是，雖握手接武，終不成道。」《能改齋漫録》卷十八。

3 大梁景德寺峨眉院，壁間有呂洞賓題字。寺僧相傳，以爲頃時有蜀僧號峨眉道者，戒律甚嚴，不下席者二十年。一日，有布衣青裘，昂然一偉人來，與語良久，期以明年是日復相見於此，願少見待也。明年是日，日方午，道者沐浴端坐而逝。至暮，偉人果來，問道者安在，曰亡矣。偉人嘆息良久，忽復不見。明日書數語於堂壁間絶高處，其語云：「落日斜，西風冷。幽人今夜來不來，教人立盡梧桐影。」字畫飛動，如翔鸞舞鳳，非世間筆也。宣和間，余游京師，猶及見之。《竹坡詩話》。

4 見張洎12。

5 見丁謂9。

6 見黄覺1。

7 見滕宗諒10。

8《東坡詩話》云：熙寧元年八月十九日，有道士過沈東老飲酒，用石榴皮寫絶句壁上，自稱回道人。出門，至石橋上，先度橋，數十步不知所在。或曰：「此吕洞賓也。」詩云：「西鄰已富憂不足，東老雖貧樂有餘。白酒釀來緣好客，黄金散盡爲收書。」此東坡倅錢塘之日，今在石村沈家，畫壁猶存，所畫之像，藤蔓交蔽其體，惟面貌獨出，余往來苕、霅，屢見之。《西塘集耆舊續聞》卷六。

毛女

1 見陳摶27。

2 見陳摶28。

3 見蔡京20。

4 見蔡京21。

5 見蔡京102。

宋人軼事彙編卷四十

雜録

1 國朝故事，天子誕節，則宰臣率文武百僚班紫宸殿下，拜舞稱慶。宰相獨登殿捧觴，上天子萬壽，禮畢，賜百官茶湯罷，於是天子還内。則宰臣夫人在内亦率執政夫人以班福寧殿下，拜而稱賀。宰臣夫人獨登殿捧觴，上天子萬壽，仍以紅羅綃金鬚帕繫天子臂，退復再拜，遂燕坐於殿廊之左。此儒臣之至榮。《鐵圍山叢談》卷二。

2 太祖初郊，凡闕典大儀，修講或未全備，至於勘契之式，次郊方舉。大禮畢，鑾輅還至闕門，則行勘箭之儀，内中過殿門，則行勘契之儀。勘箭者，其箭以金銅爲鏃，長三寸，形若鑿枘。其笴香檀木爲之，長三尺，金鏤飾其端，以絳羅泥金囊韜之，金吾仗掌焉。其鏃以紫羅泥金囊貯之，駕前司掌焉。每大駕還，闔中扇，駐蹕少俟，有司聲云：「南來者何人？」駕前司告云：「大宋皇帝。」行大禮畢，禮儀使跪奏曰：「請行勘箭。」金吾司取其笴，駕前司取其鏃，兩勘之罷，即奏曰：「勘箭訖。」有司又聲曰：「是不是？」贊喝者齊聲曰：「是。」如是者三，方開扇分班起居迎駕。大輅方進，勘契者以香檀刻魚形，金飾鱗鬣，别以香檀板爲魚形，坎而爲範。其魚則駕前司掌焉，其範則宫殿門司掌焉。鑾輿過宫殿門，以魚合範，然後開扇迎駕。其贊唱喝迎拜，一如勘箭之式。《玉壺清話》卷二。

3 舊制，郊祀禮成，駕還闕門，有勘契之儀。其制：以劄爲箭，長三尺，鏤金飾其端，緘以泥金絳囊，金吾掌之。金塗銅爲鏃，長三寸，其端所以合符者也，貯以泥金紫囊，駕前掌之。駕至端門，閤吏闔扉以問曰：「南來者爲誰？」駕前司告曰：「天皇皇帝。」奏請行勘箭之儀，交勘，奏曰：「勘訖。」又審曰：「是否？」贊者齊聲曰：「是。」三審，乃啓扉，列班起居，駕乃入。契刻檀爲魚，金飾鱗鬣。别刻檀板爲坎，足以容魚。駕前掌魚，殿前掌板，駕過殿門，合魚乃啓扉，其制如勘箭之儀。熙寧中，詔罷其制。《澠水燕談録》卷五。

4 熙寧以前，凡郊祀，大駕還内，至朱雀門外，忽有緑衣人出道上，蹒跚潦倒如醉狀，乘輿爲之少抳，謂之天子避酒客。及門，兩扇遽闔，門内抗聲曰：「從南來者是何人？」門外應曰：「是趙家第幾朝天子。」又曰：「是也不是？」應曰：「是。」開門，乘輿乃進，謂之勘箭。《畫墁録》。

5 竊按舊史，中書、門下、御史臺謂之三署，爲侍從供奉之官。今常朝之日，侍從官先次入殿庭，東西立定，俟正班入，一時起居，其侍從官則東西對拜，甚失北面朝謁之禮。今請准舊儀，侍從官先次入，起居畢，在左右分行，侍立於丹墀之下，故謂之蛾眉班。然後宰相率正班入起居，庶免侍從官有東西對拜之文，得遵正禮。《儒林公議》。

6 唐制：兩省供奉官東西對立，謂之蛾眉班。國初，供奉班於百官前横列。王溥罷相，爲東宫一品，班在供奉班之後，遂令供奉班依舊分立。慶曆，賈安公爲中丞，以東西班對拜爲非禮，復令横行。至今，初叙班分立，百官班定，乃轉班横行，參罷復分立，百官班退乃出。參用舊制也。《夢溪筆談》卷一。《宋朝事實類苑》卷二十五。

7 百官入殿門，閤門輒促之曰：「那行。」予去國二十七年復還，朝儀寖有不同，唯此聲尚存。《老學庵筆記》卷四。

8 〔元旦侵晨〕上御正衙，有緑衣吏執儀劍突趨殿前，聲諄厲不可曉，乃大璫走辦耳。宰執百僚聽召宣，領班蹈舞，皆稱壽再拜，聲傳折檻邊。禁衛人高聲嵩呼，聲甚震，名爲「繞殿雷」。《夢粱録》卷一。

9 德壽、孝宗在御時，閤門多取北人充贊喝，聲雄如鐘，殿陛間頗有京洛氣象。自嘉定以來，多是明、台、温、越人在閤門，其聲皆鮑魚音矣。《貴耳集》卷下。

10 舊傳三歲拜郊或明堂大禮，所有在前誤國姦臣首級在大理寺者，必以致祭。蓋訛傳謂以汚穢之物祭之，其實乃少牢也。其文云：「國家於三年恩霈，汝雖誤國，然今亦不忘汝之舊，特用豕以祭。」《古杭雜記》。

11 朝，辨色始入，前此集禁門外。宰執以下，皆用白紙糊燭燈一枚，長柄揭之馬前，書官位於其上，欲識馬所在也。朝時自四鼓，舊城諸門啓關放入，都下人謂「四更時，朝馬動，朝士至」者，以燭籠相圍繞聚首，謂之「火城」。宰執最後至，至則火城滅燭。大臣自從官及親王駙馬，皆有位次，在皇城外仗舍，謂之待漏院，不與庶官同處。火城每位有翰林司官給酒果，以供朝臣，酒絶佳，果實皆不可咀嚼，欲其久存。

先公與蔡元度嘗以寒月至待漏院，卒前白有羊肉酒，探腰間布囊，取一紙角，視之，鸛也。問其故，云「恐寒凍難解，故懷之」。自是止令供清酒。《萍洲可談》卷一。

12 文德殿，百官常朝之所也。宰相奏事畢，乃來押班，常至日旰。守堂卒好以厚朴湯飲朝士，朝士有久無差遣，厭苦常朝者，戲爲詩曰：「立殘階下梧桐影，喫盡街頭厚朴湯。」亦朝中之實事也。《温公續詩話》。

13 元祐中，哲宗旬日一召輔臣於延英閣聽講讀。……邇英、延義皆祖宗所建講讀之所。記注官賜坐飲茶，將罷，賜湯，仍皆免拜，無復外廷之禮。故〔曾〕子開詩云：「二閣從容訪古今，諸儒葵藿但傾心。君臣相對疑賓主，誰識昭陵用意深。」邇英閣前槐後竹，雙槐極高，而柯葉拂地，狀如龍蛇，或謂之鳳尾槐。子開詩云：「鳳尾扶疎槐影寒，龍吟蕭瑟竹聲乾。漢皇恭默尊儒學，不似公孫見不冠。」〔蘇〕子由詩云：「銅瓶灑遍不勝寒，雨點匀圓凍未乾。回首曈曨朝日上，槐龍對舞覆衣冠。」並謂此也。《墨莊漫録》卷七。

14 邇英閣，講諷之所也。閣後有隆儒殿，在叢竹中，制度特小。王原叔久在講筵而身品短，同列戲之曰：「宜爲隆儒殿學士。」《春明退朝録》卷上。

15 禁中帝及兩宫，各有尼道并女冠各七人，選于諸寺觀年三十以上能法事者充，隨本殿内人居處。每早輪一尼一道，導上于佛閣前讚念。導上燒香佛道者各兩拜，又導下殿燒天香四拜，又導至殿門後殿出，視朝方退。《藾堂野史》。《澗泉日記》卷上。

16 都下飛鳶至多，而大内中爲最。每集英殿下燕，則飛鳶動千百爲群，翔舞庭中，百官燕食至，則多爲所掠。故事，遇燕設，乃於隣殿置肉以賜鳶，後稍稍得引去，然尚多有之也。《鐵圍山叢談》卷六。

17 玉輅始作自唐高宗，繇高宗、武后、明皇及聖朝真宗皇帝，凡三至岱宗，一至崧高。然行道摇頓，仁廟晚患之，詔創爲一輅。及告成，因幸開寶寺，垂簾於寺門，命有司按行於通衢，親視之焉。新輅既先，次引舊輅，而舊輅輒有聲如牛鳴，不肯前，衆力挽之，堅不動而止。仁廟未幾登遐，終不克御前新輅也。其後，神祖苦風眩，每郊祀，益惡舊輅之不安。又詔别創之，乃更攷古制，加以嚴飭甚美。新輅既成，天子未及御。元豐八年之元日，適大朝會，有司宿供張，設輿輅、儀物於大慶殿下，新輅在焉。遲明撤去幕，屋壞，遂毁，玉輅爲之碎，因殺傷儀鸞司士數十人。未幾，神祖復登遐。是後有司乃不敢易，但進舊輅，以奉至尊。靖康中，議者將持玉輅以遺金人，然地遠不得聞厥詳，舊輅之能神否也。《鐵圍山叢談》卷二。《夢溪筆談》卷十九。

18 仁宗朝作新玉輅既成，與舊輅同呈於崇政殿，舊輅在後，忽有大聲隱隱如海獸狀。仁宗訝之，乃令新輅在後，遂無聲。既出殿門，舊輅復在後，又有大聲如前。《文昌雜録》卷三。

19 大駕玉輅，世傳爲唐高宗時物，堅壯穩利，至今不少損。元豐間，禮文既一新，有司請别造新輅，詔宋用臣董之，備極工巧珠寶之飾。既成，以正旦大朝會，宿陳於大慶殿庭，車人先以幕屋覆之。將旦徹屋，忽其上一木墜，盡壓而碎。一木之勢，蓋不能至此，人以爲異。自後竟乘舊輅。《石林燕語》卷五。

20 金明池，始太宗以存武備，且爲國朝一盛觀也。其龍舟甚大，上級一殿曰「時乘」。既歲久，紹聖末詔名匠楊談者新作焉。久之落成，華大於舊矣。獨鐵費十八萬斤，他物略稱是。蓋樓閣殿既高巨，艦得重物乃始可運。先是，池北創大屋深溝以貯龍舟，俗號「龍奥」者。既納新舟，而舊舟第棄之西岸而已。

都城忽累夕大風，異常不止，衆懼爲烖，雖哲廟頗亦僝。頃風息，方知新舊二舟即池中戰，且三日矣。新龍毁一目，舊龍所傷尤甚。後得上達，哲廟怒，降敕悉杖之，始得寧帖。《鐵圍山叢談》卷四。

21 金明池龍舟，太宗時造，每歲春駕上池必登之。紹聖初，亦嘗命别造形制，有加於前，亦號工麗。……哲宗臨幸，是日大風晝冥，池水盡波，儀衛不能立，竟不能移跬步。自後遂廢不用。《石林燕語》卷五。

22 内中舊有玉石三清真像，初在真游殿。既而大内火，遂遷於玉清昭應宫。已而玉清又大火，又遷於洞真。洞真又火，又遷於上清。上清又火，皆焚蕩無孑遺，遂遷於景靈。而宫司道官相與惶恐，上言：「真像所至輒火，景靈必不免，願遷他所。」遂遷於集禧宫迎祥池水心殿。而都人謂之「行火真君」也。《歸田録》卷一。

23 治平甲辰歲，於景靈宫建孝嚴殿，奉安仁宗神御，乃鳩集畫手，畫諸屏扆、牆壁。先是，三聖神御殿兩廊，圖畫創業戡定之功及朝廷所行大禮，次畫講肄文武之事、游豫宴飨之儀，至是又兼畫應仁宗朝輔臣吕文靖已下至節鉞凡七十二人。時張龍圖燾主其事，乃奏請於逐人家取影貌傳寫之，鴛行序列，歷歷可識其面，於是觀者莫不歎其盛美。《圖畫見聞志》卷六。

24 賞花釣魚會賦詩，往往有宿搆者。天聖中，永興軍進「山水石」，適置會，命賦「山水石」，其間多荒惡者，蓋出其不意耳。中坐，優人入戲，各執筆若吟詠狀。其一人忽仆于界石上，衆扶掖起之，既起，曰：「數日來作一首賞花釣魚詩，準備應制，卻被這石頭擦倒。」左右皆大笑。翌日，降出其詩，令中書銓定。秘閣校理韓羲最爲鄙惡，落職，與外任。《東齋紀事》卷一。《詩話總龜》前集卷四十八。

25 皇朝追褒先賢，皆有所因。仁宗景祐元年九月，詔封扁鵲爲神應侯，以上疾愈，醫者許希有請也。徽宗崇寧元年二月，封孔鯉泗水侯、孔汲沂水侯，崇先聖之嗣也。六月，封伯夷爲清惠侯、叔齊爲仁惠侯，重節義之風也。宣和元年五月甲申，封列禦寇沖虚觀妙真君、莊周微妙元通真君，尚虚無之教也。《燕翼詒謀録》卷四。

26 宰相，自唐以來謂之禮絶百僚，見者無長幼皆拜，宰相平立，少垂手扶之。送客，未嘗下堦。客坐稍久，則吏從傍唱「相公尊重」，客踧踖起退。《涑水記聞》卷十五。

27 宰相禮絶庶官，都堂自京官以上則坐，選人立白事；見於私第，雖選人亦坐，蓋客禮也。唯兩制以上點茶湯，入脚牀子，寒月有火爐，暑月有扇，謂之「事事有」；庶官只點茶，謂之「事事無」。《萍洲可談》卷一。

28 百官於中書見宰相，九卿而下，即省吏高聲唱一聲「屈」，則趨而入。宰相揖及進茶，皆抗聲贊唱，謂之「屈揖」。待制以上見，則言「謂某官」，更不屈揖，臨退仍進湯。皆於席南横設百官之位，升朝則坐，京官已下皆立。後殿引臣寮，則待制已上，宣名拜舞，庶官但贊拜，不宣名，不舞蹈。中書略貴者，示與之抗也。上前則略微者，殺禮也。《夢溪筆談》卷一。

29 百官赴政事堂議事，謂之「巡白」。侍從即堂吏至客次請某官，既相見，讚曰：「聚廳請不拜就座。」則揖座，又揖免笏，茶湯乃退。餘官則堂上引聲曰「屈」，一啜湯耳。若同從官則侍湯。京官自下聲喏而升，立白事訖退，或有久次無差遣者，聞堂吏聲「屈」，乃曰：「不於此叫屈，更俟何所邪？」《麈史》卷下。

30 宗室至一品殯葬，朝廷遣禮官輤祭。舊制，知太常禮院官以次行事，得絹五十匹。陳侗、陳汝羲俱在禮院，因朝會，見一皇親年老行遲，侗私語曰：「可輤矣。」汝羲自後排之曰：「次未當公，此吾物也。」傳者以爲笑。自元豐官制行，太常博士專領輤祭，所得絹，四博士共之，行事十四匹，餘十二匹。有數皇親聯騎而出，呵殿甚盛，一博士戲謂同列曰：「此皆輤材也。」《孔氏談苑》卷一。

31 大臣及近戚有疾，恩禮厚者多宣醫。及薨，例遣内侍監護葬事，謂之「敕葬」。國醫未必皆高手，既被旨，須求面投藥爲功，病者不敢辭，偶病藥不相當，往往又爲害。「敕葬」，喪家無所預，一聽於監護官，不復更計費，惟其所欲，至罄家資有不能辦者。故諺云：「宣醫納命，敕葬破家。」近年「敕葬」多上章乞免，朝廷知其意，無不從者。《石林燕語》卷五。

32 貴臣有疾宣醫及物故勑葬，本以爲恩，然中使挾御醫至，凡藥必服，其家不敢問，蓋有爲醫所誤者。勑葬則喪家所費，至傾竭貲貨，其地又未必善也。故都下諺曰：「宣醫納命，勑葬破家。」慶曆中，始有詔：「已降指揮勑葬，而其家不願者聽之。」《老學庵筆記》卷九。

33 國朝翰林學士佩金帶，朱衣吏一人前道。兩府則兩人，笏頭帶佩魚，曰重金。居兩制久者則曰：「眼前何日赤，腰下甚時黄。」處内庭久者又曰：「眼赤何時兩，腰黄甚日重。」《孔氏談苑》卷四。

34 學士院第三廳學士閣子，當前有一巨槐，素號「槐廳」。舊傳居此閣者多至入相。學士争槐廳，至有抵徹前人行李而强據之者。予爲學士時目觀此事。《夢溪筆談》卷一。

35 内制名色不一。儤直時或未詳其體式，故凡詞頭之小者，院吏必以片紙録舊作於前，謂之屏風兒。

《淳熙玉堂雜記》卷下。

36 周平園《玉堂雜記》云：草后妃、太子、宰相麻，硯匣、壓尺、筆格、糊板、水滴之屬，計金二百兩，既書除目，隨以賜之。乾道以後，止設常筆硯。退則有旨，打造不及，賜牌子金一百兩。立后升儲，則倍其數。紹興二十四年，王公綸暫權內制，草劉婉儀進位貴妃制，高宗稱其有典誥體，潤筆萬緡，賜硯尤奇。《庶齋老學叢談》卷二。

37 內外制，凡草制除官，自給諫、待制以上，皆有潤筆物。太宗時，立潤筆錢數，降詔刻石於舍人院。每除官，則移文督之，在院官下至吏人院騶，皆分霑。元豐中，改立官制，內外制皆有添給，罷潤筆之物。《夢溪筆談》卷二。《宋朝事實類苑》卷二十九。

38 沈存中云：館閣每夜輪校官一人直宿，如有故不宿，則虛其夜，謂之「豁宿」。故事，豁宿不得過四，遇豁宿，曆名下書「腸肚不安，免宿」。故館閣宿曆，相傳謂之「害肚曆」。余爲太學諸生，請假出宿，前廊置一簿，書云「感風」，則「害肚曆」可對「感風簿」。《西塘集耆舊續聞》卷十。《夢溪筆談》卷二十三。

39 翰苑有雙鵲，嘗棲於玉堂後海棠樹，馴熟不畏人。每鳴噪，即有大詔令。晁迥詩云：「都聞靈鵲心驚喜。」錢思公詩云：「靈鵲先依玉樹棲。」謂此也。《金坡遺事》。

40 宋時紫微舍人謂之小鳳，翰林學士謂之大鳳，丞相謂之老鳳。《南宋雜事詩》卷三引《詞林海錯》。

41 舊制，直龍圖閣謂之「假龍」，龍圖閣待制謂之「小龍」，龍圖直學士謂之「大龍」，龍圖閣學士謂之「老龍」。然帶此職例呼「龍圖」。近歲，本閣學士朝廷尤重之，少曾除授，有授此職者，遂呼「龍圖」。近歲除直秘閣者尤多，兩浙市舶張苑進篤禄香得之，時號「篤禄學士」。運判蔣彝應副朱沖葬事得之，號「仵作學士」。越州通判魏志崇獲盜黄烏觜得之，號「賊學士」。《泊宅編》三卷本卷上。

42 龍圖閣學士世謂之「大龍」，直龍圖爲「假龍」，直學士爲「小龍」，或有得直閣久之不遷而卒，因曰「死龍」。《麈史》卷下。

43 狨座，文臣兩制、武臣節度使以上許用，每歲九月乘，至三月徹，無定日，視宰相乘則皆乘，徹亦如之。……政和中，有久次卿監者，以必遷兩制，預置狨座，得躁進之目，坐此斥罷。《萍洲可談》卷一。

44 元豐既新官制，建尚書省於外。而中書、門下省、樞密、學士院，設於禁中，規摹極雄麗。其照壁屏下，悉用重布，不糊紙。尚書省及六曹皆書《周官》，兩省及後省樞密、學士院，皆郭熙一手畫，中間甚有傑然可觀者。而學士院畫《春江曉景》爲尤工。後兩省除官未嘗足，多有空閑處，看守老卒以其下有布，往往竊毁盜取。徐擇之爲給事中時，有竊其半屏者，欲付有司，會竊處有刃痕，議者以禁廷經由，株連所及多，遂止。然因是毁者浸多，亦可惜也。《石林燕語》卷四。

45 政、宣間，除擢侍從以上，皆先命日者推步其五行休咎，然後出命。故一時術者，謂士大夫窮達在我可否之間。朝士例許於通衢下馬從醫卜，因是此輩益得以憑依。《清波雜志》卷三。

46 熙寧以前，臺官例少貶責，間有補外者，多是平出，未幾復召還。故臺吏事去官，每加謹焉，其治行及區處家事，無不盡力。近歲臺官進退既速，貶責復還者無幾，然吏習成風，獨不敢懈。開封官治事略如外州，督察按舉必繩以法，往往加以笞責，故府官罷，吏率掉臂不顧，至或欺侮之。時稱「孝順御史臺，忤逆開封府」。《石林燕語》卷十。

47 舊日官爲中允者極少，唯老於幕官者，累資方至，故爲之者多潦倒之人，近歲州縣官進用者多除中允，遂有冷中允、熱中允。又集賢殿修撰，舊多以館閣久次者爲之，近歲有自常官超授要任，未至從官者，多除修撰，亦有冷撰、熱撰。時人謂「熱中允不博冷修撰」。《夢溪筆談》卷二十三。

48 自元豐官制，尚書省復二十四曹，繁簡絶異。在京師時，有語曰：「吏勳封考，筆頭不倒。户度金倉，日夜窮忙。禮祠主膳，不識判硯。兵職駕庫，典了袴。刑都比門，總是冤魂。工屯虞水，白日見鬼。」及大駕幸臨安，喪亂之後，士大夫亡失告身、批書者多，又軍賞百倍平時，賂賄公行，冒濫相乖，饟軍日滋，賦斂愈繁，而刑獄亦衆，故吏、户、刑三曹吏胥，人人富饒，他曹寂寞彌甚。吏輩又爲之語曰：「吏勳封考，三婆兩嫂。户度金倉，細酒肥羊。禮祠主膳，淡喫虀麪。兵職駕庫，齩薑呷醋。刑都比門，人肉餛飩。工屯虞水，生身餓鬼。」《老學庵筆記》卷六。

49 七寺閑劇不同，太府爲「忙卿」，司農爲「走卿」，光禄爲「飽卿」，鴻臚爲「睡卿」。蓋忙卿所隷場務，走卿倉庾，飽卿祠祭數頒胙醴，睡卿掌四夷賓貢之事。《麈史》卷下。

50 世傳京師謂光禄爲「飽卿」，衛尉爲「煖卿」，鴻臚爲「睡卿」，司農爲「走卿」，宗正爲「冷卿」。煖卿，謂其管儀鑾供帳之類。冷卿，謂其管玉牒所。《東坡詩集注》卷十五。

51 先君言：鴻臚舊號爲睡卿，謂所掌止道、釋及四夷朝貢之事，極爲簡静也。政和以後，尊尚方士，建議者因謂：「釋教出於西域，鴻臚掌之可也；道教以黄帝、老子爲宗，豈夷狄耶！」於是改命秘書省掌之。其後，高麗屢入貢，於是又詔升高麗視夏國，隸樞密院，而鴻臚益無事，至終日不置一字，謂之夢中作夢。《家世舊聞》卷下。

52 三班院所領使臣八千餘人，涖事于外。其罷而在院者，常數百人。每歲乾元節醵錢飯僧進香，合以祝聖壽，謂之「香錢」，判院官常利其餘以爲餐錢。群牧司領内外坊監使副判官，比他司俸入最優，又歲收糞墼錢頗多，以充公用。故京師謂之語曰「三班喫香，群牧喫糞」也。《歸田録》卷二。

53 京師輦轂之下，風物繁富，而士大夫牽於事役，良辰美景，罕獲宴游之樂，其詩至有「賣花擔上看桃李，拍酒樓頭聽管絃」之句。西京應天禪院有祖宗神御殿，蓋在水北，去河南府十餘里。歲時朝拜，官吏常苦晨興，而留守達官簡貴，每朝罷，公酒三行，不交一言而退。故其詩曰：「正夢寐中行十里，不言語處喫三杯。」其語雖淺近，皆兩京之實事也。《六一詩話》。

54 京師百司胥吏，每至秋必醵錢爲賽神會，往往因劇飲終日。蘇子美進奏院會正坐此。余嘗問其何神，曰「蒼王」，蓋以蒼頡造字，故胥吏祖之，固可笑矣。官局正門裏，皆於中間用小木龕供佛，曰「不動尊佛」，雖禁中諸司皆然。其意亦本吏畏罷斥，以爲禍福甚驗，事之極恭。《石林燕語》卷五。

55 國初，州郡自置邸吏散在都下，外州將吏不樂久居京師，又符移行下率多稽遲，或漏泄機事。太平興國初，起居郎何保樞奏置鈐轄諸道都進奏院以革其弊，人給銅朱記一紐。院即石熙載舊第也。《澠水燕談録》卷五。

56 太祖既廢藩鎮，命士人典州，天下忻便。於是置公使庫，使遇過客，必館置供饋，欲使人無旅寓之歎。此蓋古人傳食諸侯之義。下至吏卒，批支口食之類，以濟其乏食。承平時，士大夫造朝不齎糧，節用者猶有餘以還家。歸途禮數如前，但少損。《揮麈後録》卷一。

57 宋京畿各郡激賞庫，郡有慈幼局。……貧家子多，輒厭之，故不育，乃許其抱至局，書生年月日時，局有乳媼鞠育之。他人家或無子女，卻來取於局。歲祲，子女多入慈幼局，故道無拋棄子女。《遂昌雜録》。

58 崇寧間……置居養院、安濟坊、漏澤園，所費尤大，朝廷課以爲殿最，往往竭州郡之力，僅能枝梧。諺曰：「不養健兒，卻養乞兒。不管活人，只管死尸。」蓋軍糧乏，民力窮，皆不問，若安濟等有不及，則被罪也。《老學庵筆記》卷二。《宋詩紀事》卷一百。

59 帝女號公主，婿爲駙馬都尉，近親號郡主、縣主，而婿俗呼郡馬、縣馬，甚無義理。近世宗女既多，宗正立官媒數十人掌議婚，初不限閥閱。富家多賂宗室求婚，苟求一官，以庇門户，後相引爲親。京師富人如大桶張家，至有三十餘縣主。《萍洲可談》卷一。

60 元豐間，駕往國子監，出起居，有旨：人賜酒二升。諸齋往往置以益之，曰：「奉聖旨得飲。」遂自肆，致有乘醉登樓擊鼓者。因是遇賜酒即拘賣，以錢均給。以是知自昔國學有酒禁也。《清波雜志》卷四。

61 太學古語云：「有髮頭陀寺，無官御史臺。」言其清苦而鯁亮也。嘉定間，余在太學，聞長上同舍言，乾淳間，齋舍質素，飲器止陶瓦，棟宇無設飾。近時諸齋，亭榭簾幕，競爲靡麗，每一會飲，黄白錯落，非頭陀寺比矣。國有大事，鯁論間發，言侍從之所不敢言，攻臺諫之所不敢攻，由昔迄今，偉節相望。近世以來，非無直言，或陽爲矯激，或陰有附麗，亦未能純然如古之真御史矣。《鶴林玉露》丙編卷二。

62 太學先達歸齋，各有光齋之禮，各刻于齋牌之上。宰執則送真金碗一隻，狀元則送鍍金魁星杯柈一副，帥漕新除，各齋十八界二百千、酒十尊。《癸辛雜識》後集。

63 學舍燕集必點妓，乃是各齋集正自出帖子，用齋印，明書「仰弟子某人到何處祗直本齋燕集」。專有一等野猫兒、卜慶等十餘人，專充告報，欺騙錢物，以爲賣弄生事之地。凡外欲命妓者，但與齋生一人相稔，便可借此出帖呼之。此事不知起於何時。《癸辛雜識》後集。

64 國學以古者五祀之義，凡列齋扁榜，至除夕，必相率祭之。遂以爲爐亭守歲之酌，祝辭惟祈速化而已。群儒執事者帽而不帶，以縚代之，謂之叨冒。爵中皆有數鴨脚，每獻則以酒沃之，謂之僥倖。《桯史》卷二。

65 太學除夜各齋祀神，用棗子、荔枝、蓼花三果，蓋取「早離了」之讖。遇出湖，則多不至三賢堂，蓋以樂天、東坡、和靖爲「落酥林」故也。《癸辛雜識》後集。

66 〔太學〕有鼓，占云：「此非宴游之地，乃是多文之所。」學中燕未嘗來巢，蚊獨多他處。《貴耳集》卷中。

67 京師試於禮部者，皆禱於二相廟，二相者，子游、子夏也。……今行都試禮部者，皆禱於皮場廟。皮場即皮剥所也。《燕翼詒謀録》卷四。

68 舊制，試院門禁嚴密，家人日遣報平安，傳數人口，訛謬皆不可曉，常苦之。皇祐中，王罕爲監門，始置平安曆，使吏隔門問來者，詳録其語於曆。傳入院中，試官復批所欲告家人之語及所取之物於曆。罕遣吏隔門呼其人讀示之，往來無一差失。自知舉至封彌、謄録、巡鋪共一曆，人皆見之，不容有私，人甚便之。是後遵以爲法。《涑水記聞》卷十四。

69 禮部貢院試進士日，設香案於階前，主司與舉人對拜，此唐故事也。所坐設位，供張甚盛，有司具茶湯飲漿。至試經生，則悉徹帳幕氈席之類，亦無茶湯，渴則飲硯水，人人皆黔其吻。非故欲困之，乃防氈幕及供應人私傳所試經義，蓋嘗有敗者，故事爲之防。歐文忠有詩：「焚香禮進士，徹幕待經生。」《夢溪筆談》卷一。《墨客揮犀》卷七。《東齋紀事》卷一。《古今詩話》。

70 景祐元年九月二日，詔先朝免解者，候將來省試，與特奏名。時有無名子，改王元之《昇平詞》以嘲曰：「舊人相見問行年，名説真宗更已前。但看緑衫包裹了，這迴含笑入重泉。」《倦游雜録》。《詩話總龜》前集卷三十七。《宋朝事實類苑》卷六十三。

71 余見貢院謄録人説，每日抛下卷子若干，限以時刻，遲則刑責隨之。日夜不得休息，飢困交攻，眼目澀赤。見試卷有文省字大塗注少，則心開目明，自覺筆健，樂爲抄寫。《吹劍四録》。

72 本朝自祖宗以來，進士過省赴殿試，尚有被黜者。遠方寒士殿試下第，貧不能歸，多至失所，有赴水而死者。仁宗聞之惻然，自此殿試不黜落，雖雜犯亦收之末名，爲定制。《邵氏聞見録》卷二。

73 國初尚《文選》，當時文人專意此書，故草必稱「王孫」，梅必稱「驛使」，月必稱「望舒」，山水必稱「清暉」。至慶曆後，惡其陳腐，諸作者始一洗之。方其盛時，士子至爲之語曰：「《文選》爛，秀才半。」《老學庵筆記》卷八。《宋詩紀事》卷一百。

74 科舉自罷詩賦以後，士趨時好，專以三經義爲捷徑，非徒不觀史，而於所習經外他經及諸子，無復有讀之者。故於古今人物及時世治亂興衰之迹，亦漫不省。元祐初，韓察院以論科舉改更事，嘗言臣於元豐初差對讀舉人試卷，其程文中或有云「古有董仲舒，不知何代人」，當時傳者莫不以爲笑。此與定陵時省試舉子於簾前上請云「堯舜是一事，是兩事」絶相類，亦可怪也。《曲洧舊聞》卷三。

75 南渡以來，太學文體之變，乾、淳之文，師淳厚，時人謂之「乾淳體」，人材淳古，亦如其文。至端平江萬里習《易》，自成一家，文體幾於中復。淳祐甲辰，徐霖以書學魁南省，全尚性理，時競趨之，即可以釣致科第功名。自此非《四書》、《東西銘》、《太極圖》、《通書》、《語録》不復道矣。至咸淳之末，江東李謹思、熊瑞諸人倡爲變體，奇詭浮艷，精神焕發，多用《莊》、《列》之語，時人謂之换字文章，對策中有「光景不露」、「大雅不澆」等語，以至于亡，可謂文妖矣。《癸辛雜識》後集。

76 宋時狀元生多同歲，徐奭、梁固皆生於己酉，王曾、張師德皆生於戊寅，吕溱、楊寘皆生於甲寅，賈黯、鄭獬皆生於壬戌，彭汝礪、許安世皆生於辛丑，陳堯咨、王整皆生於庚午。《玉芝堂談薈》卷五。

77 宋制，薦舉限以五員。以初薦爲「破白」，末薦爲「合尖」，亦曰「合穎」。《四六標準注》。

78 本朝及五代以來，吏部給初出身官，付身不惟著歲數，兼説形貌，如云「長身品，紫棠色，有髭髯，大眼，面有若干痕記」；或云「短小，無髭，眼小，面瘢痕」之類，以防僞冒。至元豐改官制，始除之。靖康之亂，衣冠南渡，承襲僞冒、盗名字者，多矣，不可稽考，乃知舊制不爲無意也。《揮麈録》卷三。

79 初入仕，必具鄉貫户頭、三代名銜、家口年齒、出身履歷，若注授轉官，則又加舉主有無過犯。崇、觀間，即云：「不係元祐黨籍。」紹興間即云：「不係蔡京、童貫、朱勔、王黼等親屬，召保官結罪。」慶元間人，加「即不是僞學」，近漸次除去。《朝野類要》卷三。

80 皇祐、嘉祐中，未有謁禁，士人多馳騖請託，而法官尤甚。有一人號「望火馬」，又一人號「日游神」，蓋以其日有奔趨，聞風即至，未嘗暫息故也。《青箱雜記》卷二。

81 世語虚僞爲「何樓」，蓋國初京師有何家樓，其下賣物皆行濫者，非沽濫稱也。……世謂事之陳久爲「瓚」，蓋五代時有馬瓚，爲府幕，其人魯戇，有所聞見，他人已厭熟，而乃甫爲新奇道之，故今多稱瓚爲「厭熟」。《中山詩話》。

82 東坡詩注云：有一貧士，家惟一甕，夜則守之以寢。一夕，心自惟念，苟得富貴，當以錢若干營田宅，蓄聲妓，而高車大蓋，無不備置，往來於懷，不覺歡適起舞，遂踏破甕。故今俗間指妄想者爲「甕算」。《梅磵詩話》卷中。

83 汴渠舊例，十月閉口，舟楫不行。王荆公當國，欲通冬運，遂不令閉口，水既淺澁，舟不可行，而流冰頗損舟楫。于是以船脚數千，前設巨碓，以擣流冰，而役夫苦寒，死者甚衆。京師有諺語云：「昔有磨法磨漿水，今見巨碓擣冬凌。」《東軒筆録》卷七。《宋朝事實類苑》卷六十四。《宋詩紀事》卷一百。

84 俚語有「張、王、李、趙」之語，猶言是何等人，無足挂齒牙之意也。宣和間，王將明、張子能、王履道、李士美、趙聖從俱在政府。是時，「張、王、李、趙」之語，喧於朝野，聞者莫不笑之。《曲洧舊聞》卷七。

85 祖宗澶淵未修好以前，志在取燕，未嘗不經營。故流俗言其喜而不可致者，皆曰「如獲燕王頭」。宣和末，北方用師，其大酋夔離不，嘗王燕，爲邊患，朝論必欲取之。未幾，大將乃捕斬夔離不，函其首以獻，詔藏之太社頭庫，天下皆上表賀，而其實非也。士大夫爲慶者每相視笑曰：「遂獲燕王頭耶！」《石林避暑録話》卷三。

86　宣和末，有故契丹臣夔離不者，號四軍大王，或謂之燕王，收餘衆犯景、薊。朝廷命郭藥師出兵敗之，遂函夔離不之首來獻，以大旗引首函，曰：「僞燕王夔離不首級。」京師少年爭往陳橋門觀之。大臣建言御殿受賀。然夔離不實未嘗死，雖部送諸卒，亦自竊笑。識者皆憤黠胡敢欺朝廷，而歎大臣之阿諛也，附會也。先君偶以書問晁叔用都城近事，叔用報曰：「亦別無他，但聞捉得燕王頭耳。」京師舊諺謂張大矜伐者曰「恰似捉得燕王頭」，初莫知何謂也。《家世舊聞》卷下。

87　大遼謂天使爲「赦例郎君」，依赦例，日行五百里也。《甲申雜記》。

88　唐人號武后爲「阿武婆」。婦人無名，第以姓加「阿」字。今之官府婦人供狀，皆云阿王、阿張，蓋是承襲之舊云。《雲麓漫鈔》卷十。

89　都城相國寺最據衝會，每月朔望、三八日即開，伎巧百工列肆，罔有不集，四方珍異之物悉萃其間，因號相國寺爲「破贓所」。《塵史》卷下。

90　天下苦蚊蚋，都城獨馬行街無蚊蚋。馬行街者，都城之夜市酒樓極繁盛處也。蚊蚋惡油，而馬行街人物嘈雜，燈火照天，每至四鼓罷，故永絶蚊蚋。上元五夜，馬行南北幾十里，夾道藥肆，蓋多國醫，咸巨富，聲伎非常，燒燈尤壯觀。故詩人亦多道馬行街燈火。《鐵圍山叢談》卷四。

91　京師溝渠極深廣，亡命多匿其中，自名爲「無憂洞」。甚者盜匿婦人，又謂之「鬼樊樓」。國初至兵興，常有之，雖才尹不能絶也。《老學庵筆記》卷六。

92 凡京師酒店，門首皆縛綵樓歡門，唯任店入其門，一直主廊約百餘步，南北天井兩廊皆小閤子，向晚燈燭熒煌，上下相照，濃妝妓女數百，聚於主廊槏面上，以待酒客呼喚，望之宛若神仙。《東京夢華録》卷二。

93 舊京工役，固多奇妙，即烹者槃案，亦復擅名。如王樓梅花包子、曹婆婆肉餅、薛家羊飯、梅家鵝鴨、曹家從食、徐家瓠羹、鄭家油餅、王家乳酪、段家爊物、石逢巴子南食之類，皆聲稱于時。若南遷，湖上魚羹宋五嫂、羊肉李七兒、奶房王家、血肚羹宋小巴之類，皆當行不數者。宋五嫂，余家蒼頭嫂也，每過湖上時，進肆慰談，亦他鄉寒故也。《楓窗小牘》卷下。

94 闤闠門外通衢有食肆，人呼爲「張手美家」。水産陸販，隨需而供。每節則專賣一物，偏京輻湊，號曰「澆店」。偶記其名，播告四方事口腹者： 元陽臠元日、油畫明珠上元油飯、六一菜人日、涅盤兜二月十五、手裹行厨上巳、冬凌粥寒食、指天餕餡四月八、如意圓重午、緑荷包子伏日、辣雞臠二社飯、摩睺羅飯七夕、玩月羹中秋、盂蘭餅餤中元、米錦重九糕、宜盤冬至、萱草麪臘日、法王料斗臘八。《清異録》卷下。

95 大駕初駐蹕臨安，故都及四方士民商賈輻輳，又創立官府，扁牓一新。好事者取以爲對曰：「鈐轄諸道進奏院，詳定一司勑令所」，「王防禦契聖眼科，陸官人遇仙風藥」，「乾溼脚氣四斤丸，偏正頭風一字散」，「三朝御裏陳忠翊，四世儒醫陸太丞」，「東京石朝議女婿，樂駐泊樂鋪；西蜀費先生外甥，寇保義卦肆」，如此凡數十聯，不能盡記。《老學庵筆記》卷八。

96 西湖天下景，朝昏晴雨，四序總宜，杭人亦無時而不游，而春游特盛焉。……而都人凡締姻、賽社、會親、送葬、經會、獻神，仕宦恩賞之經營，禁省臺府之囑託，貴璫要地，大賈豪民，買笑千金，呼盧百萬，以至癡兒騃子，密約幽期，無不在焉。日縻金錢，靡有紀極。故杭諺有「銷金鍋兒」之號。此語不爲過也。《武林舊事》卷三。

97　城中語音，好於他郡，蓋初皆汴人，扈宋南渡，遂家焉。故至今與汴音頗相似。《七修類稿》卷二十六。

98　錢塘男女尚嫵媚，號「籠袖驕民」。當思陵上太皇號，孝宗奉太皇壽，一時御前應制多女流也。《太平清話》卷上。

99　〔尤〕公每出，見杭士女出游，仍故都遺風，前後雜沓。公必停輿或駐馬戒飭之曰：「汝輩尚瞢瞢睡耶？今日非南朝矣。勤儉力作，尚慮不能供繇役，而猶若是惰游乎！」是時三學諸生困甚，公出，必擁遏叫呼曰：「平章今日餓殺秀才也。」從者叱之，公必使之前，以大囊貯中統小鈔，探囊撮與之。《遂昌雜録》。

100　湖州長興縣啄木嶺金沙泉，即每年造茶之所也。湖、常二郡接界于此。其上有境會亭。每茶節，二牧畢至。斯泉處沙中，居嘗無水，將造茶，太守具犧牲祭泉，頃之發源清溢。造御茶畢，水則微減。供堂者畢，水已半矣。太守造茶畢即涸矣。《詩話總龜》前集卷三十六。

101　熙寧後，茶禁日嚴，被罪者衆，乃目茶籠爲「草大蟲」，言其傷人如虎也。《拊掌録》。

102　前輩遇通家子弟，初見請納拜者，既受之，則設席望其家遥拜其父祖，乃始就坐。蓋當時風俗尚厚，雖執政之於庶官亦講此禮，不以爲異也。自南渡以後，則世道日薄矣。然余幼時，猶見親舊通家初見日，必先拜其家影堂，後請謁，此禮今亦不復見也。《齊東野語》卷九。

103 茶褐、黑緑諸品間色，本皆胡服，自開燕山始有至東都者。《癸辛雜識》别集上。

104 禮文亡闕，無若近時，而婚喪尤爲乖舛。如親王納夫人，亦用拜先靈、合髻等俗禮。李廣結髮與匈奴戰，謂始勝冠年少時也，故杜甫《新婚别》云「結髮爲君婦」。而後世初婚嫁者，以男女之髮合梳爲髻，謂之「結髮」，甚可笑也。其不經不可以概舉。南方之俗，尤異於中原故習。如近日車駕在越，嘗有一執政家娶婦，本吳人也，用其鄉法。以灰和蛤粉，用紅紙作數百包，令婦自登輿，手不輟擲於道中，名曰「護姑粉」。婦既至門，以酒饌迎祭，使巫祝焚楮錢禳祝，以驅逐女氏家親。婦下輿，使女之親男女抱以登牀。尊章會客，三爵之後，其子出拜坐。人設席子父傍，飲三杯，乃行合髻等諸禮，頗多畢事。如民家女子，不用大蓋，放人縱觀。處子則坐於榻上，再適者坐於榻前。其觀者若稱歡美好，雖男子憐撫之，亦喜之而不以爲非也。喪家率用樂，衢州開化縣爲昭慈太后舉哀亦然。今適鄰郡，人皆以爲當然，不復禁之。如士族力稍厚者，棺率朱漆。又信時日，卜葬嘗遠，且惜殯攢之費，多停柩其家，亦不設塗墍，至頓置百物於棺上，如几案焉。過卒哭則不祭，唯旦望節序，薄具酒莽祭之，亦不哭，是可怪也。《雞肋編》卷上。

105 西北人生子，其儕輩即科其父，首使作會宴客而後已，謂之捋帽會。江、浙人家生女多者，俟畢嫁，亦大會親賓，謂之倒箱會。廣南富家生女，即蓄酒藏之田中，至嫁方取飲，名曰「女酒」。貧家終身布衣，惟娶婦服絹三日，謂爲「郎衣」。《雞肋編》卷下。

106 陝西鳳州伎女，雖不盡妖麗，然手皆纖白。州境内所生柳，翠色尤可愛，與他處不同。又公庫多美醞。故世言鳳州有三出，謂手、柳、酒也。宣州士人李愈曰：「吾鄉有四出。」問何物，答云：「漆、栗、筆、蜜。」《墨客揮犀》卷六。《宋稗類鈔》卷六。

107 承平時，鄜州田氏作泥孩兒，名天下，態度無窮，雖京師工效之，莫能及。一對至直十縑，一床至三十千，一床者或五或七也。小者二三寸，大者尺餘，無絶大者。予家舊藏一對卧者，有小字云：「鄜畤田玘製。」紹興初，避地東陽山中，歸則亡之矣。《老學庵筆記》卷五。

108 建炎之後，江、浙、湖、湘、閩、廣，西北流寓之人徧滿。紹興初，麥一斛至萬二千錢，農獲其利，倍於種稻。而佃户輸租，只有秋課。而種麥之利，獨歸客户。於是競種春稼，極目不減淮北。《雞肋編》卷上。

109 饒州自元豐末，朱天錫以神童得官，俚俗争慕之。小兒不問如何，粗能念書，自五六歲即以次教之五經，以竹籃坐之木杪，絶其視聽。教者預爲價，終一經償錢若干，晝夜苦之。流俗因言饒州出神童，然兒非其質，苦之以至於死者，蓋多于中也。《石林避暑録話》卷二。

110 江、浙間路岐伶女，有慧黠，知文墨，能於席上指物題詠，應命輒成者，謂之「合生」；其滑稽含玩諷者，謂之「喬合生」。蓋京都遺風也。《夷堅支志》乙卷六。《青泥蓮花記》卷十二。

111 嶺南風俗，相呼不以行第，唯以各人所生男女小名呼其父母。元豐中，余任大理丞，斷賓州奏案，有民韋超，男名首，即呼韋超作「父首」，韋遨男名滿，即呼韋遨作「父滿」，韋全女名插娘，即呼韋全作「父插」，韋庶女名睡娘，即呼韋庶作「父睡」、妻作「嬸睡」。《青箱雜記》卷三。

112 蜀有痎市，而間日一集，如痎瘧之一發，則其俗又以冷熱發歇爲市喻。《青箱雜記》卷三。

113 余嘗行役，元日至鄧州順陽縣，家家閉户，無所得食。令僕叩門糴米，其家輒叫怒，謂驚其家親。卒不得。賴蔓菁根有大數斤者，煮之甘軟，遂以充腸。寧州臘月八日，人家競作白粥，於上以柿栗之類染以衆色，爲花鳥象，更相送遺。浙人七夕，雖小家亦市鵝鴨食物，聚飲門首，謂之「喫巧」。不慶冬至，惟重歲節。澧州除夜，家家爆竹。每發聲，即市人群兒環呼曰：「大熟。」如是達旦。其送節物，必以大竹兩竿隨之。廣南則呼「萬歲」，尤可駭者。寧州城倚北山，遇上元節，於南山巔維一繩，下達其麓，以瓦缶盛薪火，貫以環索，自上墜下，遥望如大奔星，土人呼爲「彗星燈」。襄陽正月二十一日，謂之「穿天節」，云交甫解佩之日。郡中移會漢水之濱，傾城自萬山泛綵舟而下。婦女於灘中求小白石有孔可穿者，以色絲貫之，懸插於首，以爲得子之祥。湖北以五月望日謂之「大端午」，泛舟競渡。逐村之人，各爲一舟，各雇一人凶悍者於船首執旗，身挂楮錢。或争駛毆擊，有致死者，則此人甘鬬殺之刑。故官司特加禁焉。成都自上元至四月十八日，游賞幾無虚辰。使宅後圃名西園，春時縱人行樂。初開園日，酒坊兩户各求優人之善者，較藝于府會。以骰子置於合子中撼之，視數多者得先，謂之「撼雷」。自旦至暮，唯雜戲一色。坐於閲武場，環庭皆府官宅看棚。棚外始作高橙，庶民男左女右，立於其上如山。每諢一笑，須筵中閧堂，衆庶皆噱者，始以青紅小旗各插於墊上爲記。至晚，較旗多者爲勝。若上下不同笑者，不以爲數也。浣花自城去僧寺忘其名。凡十八里，太守乘綵舟泛江而下。兩岸皆民家絞洛水閣，飾以錦繡。每綵舟到，有歌舞者，則鉤簾以觀，賞以金帛。以大艦載公庫酒，應游人之家，計口給酒，人支一升。至暮遵陸而歸。有騎兵善於馳射，每守出城，必奔驟於前。夾道作棚爲五七層，人立其上以觀，但見其首，謂之「人頭山」，亦分男左女右。至重九藥市，於譙門外至玉局化五門，設肆以貨百藥，犀麝之類皆堆積。府尹、監司，皆武行以閲。又於五門之下設大尊，容數十斛，置杯杓，凡名道人者，皆恣飲。如是者五日。云亦間有異人奇詭之事。方太平盛時，公私富實，上下佚樂，不可一一載也。如澧州作「五瘟社」，旌旗儀物，皆王者所用，唯赭傘不敢施，而以油冒焉。以輕木製大舟，長數十丈，舳艫檣柁，無一不備，飾以五采。郡人皆書其姓名年甲及所爲佛事之類爲狀，以載於舟中，浮之江中，謂之「送瘟」。成都元夕，每夜用油五千斤，他可知其費矣。《雞肋編》卷上。

114 《後漢禮儀志》：「立春之日，夜漏未盡五刻，京師百官，皆衣青衣。郡國縣道下至斗食令史，皆服青幘立青旛，施土牛耕人於門外，以示兆民。」而今世遂有造春牛毛色之法，以歲干色爲頭，支色爲身，納音色爲腹。立春日干色爲角耳尾，支色爲脛，納音色爲蹄。至於籠頭、繮索與策人衣服之類，亦皆以歲日爲别。州縣官吏執鞭擊之，以示勸農之意。而庶民遂碎其牛，又不知何理所在。小人莫不争奪，而河東之人乃謂土牛之肉宜蠶，兼辟瘟疫，得少許則懸於帳上，調水以飲小兒，故相競有致損傷者。處處皆用平旦，而衢州開化縣須俟交氣時刻，有至立春日之夜。而土牛么麽，僅若狗大，其陋尤可笑也。《雞肋編》卷上。

115 寒食火禁，盛於河東，而陝右亦不舉爨者三日。以冬至後一百四日謂之「炊熟日」，飯麪餅餌之類，皆爲信宿之具。又以糜粉蒸爲甜團，切破暴乾，尤可以留久。以柳枝插棗䭔置門楣，呼爲「子推」，留之經歲，云可以治口瘡。寒食日上冢，亦不設香火，紙錢挂於塋樹。其去鄉里者，皆登山望祭，裂冥帛於空中，謂之「擘錢」。而京師四方因緣拜掃，遂設酒饌，攜家春游。或寒食日陰雨，及有墳墓異地者，必擇良辰，相繼而出。以太原本寒食一月，遂謂寒食爲一月節。浙西人家就墳多作庵舍，種種備具，至有簫鼓樂器，亦儲以待用者。《雞肋編》卷上。

116 昔有爲河北三鴉鎮官者，宦況蕭條，僅有蒲藕可買，乃作詩曰：「二年憔悴在三鴉，無米無錢怎養家。每日兩餐都是藕，看看口裏出蓮花。」又有監吳中市征者，因羊價絶高，作詩曰：「平江九伯一斤羊，俸薄如何敢買嘗。只把魚蝦供兩膳，肚皮今作小池塘。」聞者捧腹。余嘗過括之馮嶺，見旅舍壁間一絶，亦效前體爲之。詩云：「東甌倦客又西征，路入芝田已絶腥。每日三厨都是筍，看看滿腹萬竿青。」亦可一笑。《梅磵詩話》卷下。

117 李絢公素，有詩贈同姓人曰：「吾宗天下著。」王勝之輒取注之曰：「居甘泉者以謳著，京師名倡李氏居甘泉坊，善謳。賣藥者以木牛著，京師李家賣藥，以木牛自表，人呼爲李木牛。圍棋者以憨著，李乃國手，而神思昏濁，人呼李憨子。裁幞頭者以拗著，李家幞頭，天下稱善，而必與人乖剌，歲久自以拗李呼。作詩者以豁達著。豁達老人喜爲詩，所至輒自題寫，詩句鄙下而自稱豁達李老。嘗書人新素牆壁，主人憾怒，訴官杖之，拘執，使市石灰更杇漫乾，告官乃得縱舍，聞者哂之。」此數人因勝之有云，遂自託不朽。《中山詩話》。

118 皇祐中，長沙有三拗。開福寺長老有璉，每季一剃頭，而致仕樊著作，一日一開頂，一拗也。蘇推官居父喪，蹴踘飲樂，而林察推喪妻廬墓，二拗也。時有邊城爲郡守，非賂不行，孔目官陸静，平生不受賕遺，三拗也。《倦游雜録》。

119 熙寧三年，京輔猛風大雪，草木皆稼，厚者冰及數寸，既而華山震，阜頭谷圮折數十百丈，蕩摇十餘里，覆壓甚衆。唐天寶中冰稼而寧王死，故當時諺曰「冬凌樹稼達官怕」，又詩有「泰山其頹，哲人其萎」之說，衆謂大臣當之。未數年，而司徒侍中魏國韓公琦薨，王荆公作輓詞，略曰：「冰稼嘗聞達官怕，山頹今見哲人萎。」蓋謂是也。《東軒筆録》卷五。

120 熙寧中，京師久旱。按古法，令坊巷各以大瓮貯水，插柳枝，泛蜴蜥，使青衣小兒環繞呼曰：「蜴蜥蜴蜥，興雲吐霧。降雨滂沱，放汝歸去。」開封府准堂劄，責坊巷、寺觀祈雨甚急，而不能盡得蜴蜥，往往以蝎虎代之。蝎虎入水即死，無能神變者也。小兒更其語曰：「冤苦冤苦，我是蝎虎。似恁昏昏，怎得甘雨？」《墨客揮犀》卷三。

121 崇寧初，斥元祐忠賢，禁錮學術，凡偶涉其時所爲所行，無論大小，一切不得志。伶者對御爲戲，推一參軍作宰相據坐，宣揚朝政之美。一僧乞給公憑游方，視其戒牒，則元祐三年者，立塗毀之，而加以冠巾。一道士失亡度牒，問其披戴時，亦元祐也，剥其羽衣，使爲民。一士人以元祐五年獲薦，當免舉，禮部不爲引用，來自言，即押送所屬屏斥。已而主管宅庫者附耳語曰：「今日於左藏庫請得相公料錢一千貫，盡是元祐錢，合取鈞旨。」其人俯首久之，曰：「從後門搬入去。」副者舉所持梃扶其背曰：「你做到宰相，元來也只好錢。」是時至尊亦解顏。《夷堅支志》乙卷四。

122 崇寧間，立《元祐奸黨碑》於宣和殿，蔡京書立於諸長吏廳。事未幾，星變，一夕大雷雨，碎宣和殿碑石，遂並諸州者去之。《步里客談》卷上。

123 幽、薊數州，自石晉敗戎後，懷中華不已。有使北者，見燕京傳舍壁畫墨鴉甚精，旁題詩曰：「星稀月明夜，皆欲向南飛。」《古今詩話》。《詩話總龜》前集卷二十。

124 政和七年，詔脩神保觀，俗所謂二郎神者，汴人素畏之。自春及夏，傾城男女負土以獻，揭榜通衢云：「某人獻土。」又有飾形作鬼使巡門催納土者，或以爲不祥，禁之。後金人斡離不圍京師，其國謂之二郎君云。《汴京遺蹟志》卷十三。

125 宣和初，收復燕山以歸朝，金民來居京師，其俗有《臻蓬蓬歌》。每扣鼓和臻蓬蓬之音，爲節而舞，人無不喜聞其聲而効之者。其歌曰：「臻蓬蓬，外頭花花裏頭空。但看明年正二月，滿城不見主人翁。」本虜讖，故京師不禁。然次年正月，徽宗南幸，次年二聖北狩。又有伎者以數丈長竿繫椅於杪，伎者坐椅上。少頃，下投於小棘坑中，無偏頗之失。未投時，念詩曰：「百尺竿頭望九州，前人田土後人收。後人收得休歡喜，更有收人在後頭。」此亦虜讖，而兆禍可怪。《宣政雜録》。《堯山堂外紀》卷五十五。《汴京遺蹟志》卷十三。

126 昔江南李重光，染帛多爲天水碧。「天水」，國姓也。當是時，藝祖方受命，言天水碧者，世謂逼迫之兆。未幾，王師果下建鄴。及政和之末，復爲天水碧，時争襲慕江南風流，然吾心獨甚惡之。未幾，金人寒盟，豈亦逼迫之兆乎？《鐵圍山叢談》卷三。

127 自宣政間，周美成、柳耆卿輩出，自製樂章，有曰《側犯》、《尾犯》、《花犯》、《玲瓏四犯》。八音雜律，宫吕奪倫，是不克諧矣。……宣和之曲皆曰犯，犯者，侵犯之義，二帝北狩。曲中之讖，深可畏哉！《貴耳集》卷上。

128 宣和之季，京師士庶競以鵝黄爲腹圍，謂之腰上黄。婦人便服不施衿紐，束身短製，謂之不製衿。

始自宮掖，未幾而通國皆服之。明年，徽宗内禪，稱上皇，竟有青城之邀，而金虜亂華，卒于不能制也。斯亦服妖之比歟！《桯史》卷五。

129 宣和末，婦人鞖底尖以二色合成，名「錯到底」。竹骨扇以木爲柄，舊矣，忽變爲短柄，止插至扇半，名「不徹頭」，皆服妖也。《老學庵筆記》卷三。

130 宣和五六年間，上方織綾，謂之「遍地桃」，又名「急地綾」。漆冠子作二桃樣，謂之「並桃」，天下效之。香謂之「佩香」。至金兵犯闕，無貴賤皆逃避，多爲虜去。《汴京遺蹟志》卷十三。

131 靖康以前，汴中家户門神多番樣，戴虎頭盔，而王公之門至以渾金飾之。識者謂虎頭男子是虜字，金飾更是金虜在門也。《楓窗小牘》卷下。

132 宣和五年，初復九州，天下共慶而識者憂之也。都下盛唱小辭曰：「喜則喜，得入手。愁則愁，不長久。忻則忻，我兩個廝守。怕則怕，人來破鬬。」《苕溪漁隱叢話》後集卷三十九。《堯山堂外紀》卷五十五。

133 宣和五年間，每夜漏三鼓，街衢稍寂，滿耳聞犬吠聲，勢若舉禁城内百萬之犬俱吠，無復聞人聲。每深夜獨行，附近察遠，傾耳聽之，不見犬也，當時已爲異。及靖康末，虜犯京師，至今都人始悟其兆。《宣政雜録》。《汴京遺蹟志》卷十三。

134 靖康元年正月，金人犯邊，求言之詔凡幾下；往往事緩，則阻抑言者。當時民謡言：「城門閉，言路開；城門開，言路閉。」《宣和遺事》利集。《宋詩紀事》卷一百。

135 靖康初，京師織帛及婦人首飾衣服，皆備四時。如節物則春旛、燈毬、競渡、艾虎、雲月之類，花則桃、杏、荷花、菊花、梅花皆併爲一景，謂之一年景。而靖康紀元果止一年，蓋服妖也。《老學庵筆記》卷二。

136 金人今春既出境，朝廷措置多不急之務，如復《春秋》科，太學生免解，改舒王從祀之類，時爲語曰：「不管肅王，卻管舒王。不管燕山，卻管聶山。不管山東，卻管陳東。不管東京，卻管蔡京。不管河北界，卻管秀才解。」《避戎夜話》卷下。《堅瓠己集》卷二。《宋詩紀事》卷一百。

137 靖康初，罷舒王王安石配享宣聖，復置《春秋》博士，又禁銷金。時皇弟肅王使虜，爲其拘留未歸，种師道欲擊虜，而議和既定，縱其去，遂不講防禦之備。太學輕薄子爲之語曰：「不救肅王廢舒王，不禦大金禁銷金，不議防秋治《春秋》。」其後，胡人連年以深秋弓勁馬肥入寇，薄暑乃歸。遠至湖、湘、二浙，兵戈擾攘，所在未嘗有樂土也。自是越人至秋亦隱山間，逾春乃出。人又以《千字文》爲戲曰：「彼則寒來暑往，我乃秋收冬藏。」《雞肋編》卷中。

138 粘罕軍前禁不可殺人，故無人敢犯。其恣殺戮者，乃吾軍中人耳。高后宅掠去婦女七十餘人，左言妻被虜，以金百兩贖之。東北一帶殺傷頗多，乃黑衣人。城中不逞之徒，有髡首易衣爲番人而剽掠者，吏捕得之，梟首通衢。虜人見之曰：「此南人治犯法者。」《三朝北盟會編》卷七十。

139 太祖皇帝時封樁庫。太祖不忍燕雲之地陷於契丹，以每歲用度之餘，置封樁庫以貯之，欲俟貨財豐殖，即用賞戰士，以取燕雲之地。有詔誓子孫不得別用。後爲內藏庫。真宗皇帝有御制詩頌曰：「五季失圖，玁狁孔熾。藝祖造邦，基以募士。毋暢侈心，要遵遺業。予不勝茲，何以成捷。」「龍虎興昌運，山河鎮國都。龜疇延寶祚，鳳德顯靈符。道盛堯咨岳，功高禹會塗。九重方執象，萬里定寰區。」凡七十二字，每一字榜爲一庫之號，皆王章所書。金銀錦綺寶貨，積累一百七十年，皆充滿盈溢。金人遣使來檢視，吴幵、莫儔相引入庫中。使人唯看逐庫字號，方至「五季失圖，玁狁孔熾」即止，遽索馬歸。又二日，别遣使人來封閉諸庫，遂使燕人李縣丞坐庫中監搬運，提舉官内侍王若沖同官吏役、禁軍，津搬三日不絶。《三朝北盟會編》卷七十一。

140 金人索太學生博通經術者三十人……太學生皆求生附勢，投狀願歸金國者百餘人。元募八十人，而投狀者一百人，皆過元數。其鄉貫多係四川、兩浙、福建，今在京師者。比至軍前，金人脅而誘之曰：「金國不要汝等作大義策論，各要汝等陳鄉土方略利害。」諸生有川人、閩浙人者各争持紙筆陳山川險易，古今攻戰據取之由以獻。又妄指娼女爲妻妾，取詣軍前。後金人覺其無能苟賤，復退者六十餘人。委無才能，不足以爲師法。復欲入學，司業博士集衆榎楚而屏之。《三朝北盟會編》卷八十一。

141 金朝北京營制宫殿，其屏扆窗牖皆破汴都輦致。於此汴中工匠有名燕用者，製作精巧，凡所造，下刻其名，及用之於燕而名已爲先兆。《春明夢餘録》卷六。

142 曲阜先聖舊宅，自魯共王之後，但有增葺。莽、卓、巢、温之徒，猶假崇儒，未嘗敢犯。至金寇遂爲煙塵，指其像而詬曰：「爾是言夷狄之有君者！」《雞肋編》卷中。

143 自靖康丙午歲，金狄亂華，六七年間，山東、京西、淮南等路，荆榛千里，斗米至數十千，且不可得。盗賊、官兵以至居民，更互相食。人肉之價，賤於犬豕，肥壯者一枚不過十五千，全軀暴以爲臘。登州范温率忠義之人，紹興癸丑歲泛海到錢唐，有持至行在猶食者。老瘦男子，廋詞謂之「饒把火」，婦人少艾者，名爲「不羨羊」，小兒呼爲「和骨爛」，又通目爲「兩脚羊」。《雞肋編》卷中。

144 建炎後俚語，有見當時之事者。如「仕途捷徑無過賊，上將奇謀只是招」。又云「欲得官，殺人放火受招安。欲得富，趕著行在賣酒醋」。《雞肋編》卷中。

145 紹興間，盜賊充斥，每招至，必以厚爵。又行朝士子，多鬻酒醋爲生。故諺云：「若要富，守定行在賣酒醋。若要官，殺人放火受招安。」《可書》。

146 金人自侵中國，惟以敲棒擊人腦而斃。紹興間，有伶人作雜戲，云：「若要勝其金人，須是我中國一件件相敵乃可。且如金國有粘罕，我國有韓少保。金國有柳葉鎗，我國有鳳凰弓。金國有鑿子箭，我國有鎖子甲。金國有敲棒，我國有天靈蓋。」人皆笑之。《可書》。

147 宋南渡後，人主書「金」字俱作「今」，蓋與完顏世仇，不欲稱其國號也。至高宗之劉貴人、寧宗之楊后，所寫「金」字亦然。《萬曆野獲編》卷二。

148 向者黄河埽決，幾至汴京，都人欲導水入汴。謡語云：「天水歸汴，復見太平。」於此益可見遺民思漢之心。《清波雜志》卷十二。

149 宋淳熙中，河決入汴，梁、宋間爲之語曰：「黄河災，天水來。」天水，國姓也。遺黎以爲恢復之兆。《文獻通考》卷三百九。《宋詩紀事》卷一百引《古今風謡》。

150 大相國寺舊有六十餘院，或止有屋數間，簷廡相接，各具庖爨。每虞火災，乃分東西各爲兩禪兩律。自入金源，未知今存幾院。煇出疆日，往返經寺門，遥望浮屠峻峙，有指示曰：「此舊景德院也。」匆匆攬轡徑過，所可見者，棟宇宏麗耳，固不暇指顧問處所。紹興初，故老閒坐，必談京師風物，且喜歌曹元寵「甚時得歸京裏去」一小闋，聽之感慨，有流涕者。五六十年後，更無人説著。蓋耆舊日就淪謝，言之可勝於悒。《清波別志》卷中。

151 王叔明畫《憶秦娥》詞意：「余觀《邵氏聞見録》，宋南渡後，汴京故老，呼妓於廢圃中飲，歌太白《秦樓月》一闋，坐中皆悲感，莫能仰視。」《趙氏鐵網珊瑚》卷十三。

152 驛路有白塔橋，印賣朝京里程圖，士大夫往臨安，必買以披閱。有人題於壁曰：「白塔橋邊賣地經，長亭短驛甚分明。如何只説臨安路，不數中原有幾程。」《古杭雜記》。

153 故都李和煼栗，名聞四方。他人百計效之，終不可及。紹興中，陳福公及錢上閤愷出使虜庭，至燕山，忽有兩人持煼栗各十裹來獻，三節人亦人得一裹，自贊曰：「李和兒也。」揮涕而去。《老學庵筆記》卷二。

154 南渡之初，中原士大夫之落南者衆，高宗愍之，昉有西北士夫許占寺宇之命。今時趙忠簡居越之能仁，趙忠定居福之報國，曾文清居越之禹跡，汪玉山居衢之超化。他如范元長、吕居仁、魏邦達甚多。曾大父少師亦居湖之鐵觀音寺，後選天聖寺焉。《癸辛雜識》後集。

155 朝廷在江左，典籍散亡殆盡。省曹、臺、閣，皆令老吏記憶舊事，按以爲法，謂之「省記條」。皆臨時徇私自便。而敵騎自浙中渡江北歸，官軍敗於建康江中，督將尚奏功，云其四太子幾乎捉獲，亦爲之推賞。時謂以「省記條」推「幾乎賞」。《雞肋編》卷中。

156 紹興和議既堅，淮民始知生聚之樂，桑麥大稔。福建號爲樂區，負戴而之者，謂之「反淮南」。或士民一至其地，其淮民遇夏則先以漿餽之，入秋剥棗則蒸以寘諸門，任南人食之，不取價。或遇父老烹牲于社，即命同坐，有留鏹者，即誚何爲留，堅卻不受。自開禧兵變，淮民稍徙入于浙、于閩，至閉肆窖飯以竢之。既歸而語故老，南人游淮者不復有壺漿、剥棗之供矣。《四朝聞見録》戊集。

157　臨安中瓦在御街中，士大夫必游之地，天下術士皆聚焉。凡挾術者，易得厚獲之來。數十年間，向之術行者皆多不驗，惟後進者，術皆奇中。有老於談命者，下問後進：「汝今之術，即我向之術，何汝驗，我若何不驗？」後進者云：「向之士大夫之命，占得禄貴生旺，皆是貴人。今之士大夫之命，多帶刑殺衝擊，方是貴人。汝不見今日爲監司、守帥閫者，日以殺人爲事，汝之術所以不驗也。」老者歎服而去。《貴耳集》卷下。

158　淳熙十六年二月登極赦，凡民間所欠債負，不以久近多少，一切除放。遂有方出錢旬日，未得一息，而並本盡失之者，人不以爲便。何澹爲諫大夫，嘗論其事，遂令只償本錢。《容齋三筆》卷九。《搜采異聞録》卷四。

159　嘉泰元年辛酉三月二十八日，寶蓮山下御史臺吏楊浩家失火，延燒御史臺、司農寺、將作監、進奏文思院、太史局、皇城司、法物庫，及軍民五萬二千四百家，綿亘三十里，凡四晝夜乃滅。其時術者言：年號嘉之文如三十五萬口，泰之文如三月二十八。又都民市語，多舉紅藕二字，藕有二十八絲，紅者火也，皆爲讖云。《西湖游覽志餘》卷二十五。

160　〔咸淳五年〕詔禁珠翠，都人以碾玉爲首飾，宫中簪琉璃花，都下人争效之。時有詩云：「京城禁珠翠，天下盡琉璃。」識者以爲流離之兆。《宋季三朝政要》。《宋詩紀事》卷一百。

161 余曩在太學，嘗館于一貴人之門。一日，命市薪六百券，有卒微哂，謂其徒曰：「朝士今日不知明日事，乃買柴六百貫耶！」余因竊歎：士大夫之見，有不如此卒者多矣。《露林玉露》乙編卷一。

162 趙丞相鼎，庚申生。繼之者韓平原，壬申生。繼平原者史衛王，甲申生。繼衛王者，鄭太傅清之，丙申生。每一相，各長一紀。《玉芝堂談薈》卷五。

163 本朝年號或者皆曰有讖諱于其間。太平有一人六十卒字，太宗五十九而止。仁宗、劉后並政，天聖曰二聖人，明道曰日月同道。徽宗崇寧錢上字，蔡京書崇字，自山字一筆下，寧字去心。當時有云：「有意破宗，無心寧國。」靖康曰十二月立康王。嘉泰曰士大夫皆小人，有力者喜。《貴耳集》卷中。

164 嘗聞吴興老儒沈仲固先生云：「道學之名，起於元祐，盛於淳熙。其徒有假其名以欺世者，真可以噓枯吹生。凡治財賦者，則目爲聚斂；開閫扞邊者，則目爲麄材；讀書作文者，則目爲玩物喪志；留心政事者，則目爲俗吏。其所讀者，止《四書》、《近思録》、《通書》、《太極圖》、《東西銘》、《語録》之類，自詭其學爲正心、修身、齊家、治國、平天下。故爲之説曰：『爲生民立極，爲天地立心，爲萬世開太平，爲前聖繼絶學。』其爲太守，爲監司，必須建立書院，立諸賢之祠，或刊註《四書》，衍輯語録。然後號爲賢者，則可以釣聲名，致膴仕，而士子場屋之文，必須引用以爲文，則可以擢巍科，爲名士。否則立身如温國，文章氣節如坡仙，亦非本色也。於是天下競趨之，稍有議及，其黨必擠之爲小人，雖時君亦不得而辨之矣。其氣燄可畏如此。然夷考其所行，則言行了不相顧，卒皆不近人情之事。異時必將爲國家莫大之禍，恐不在典午清談之下也。」余時年甚少，聞其説如此，頗有嘻其甚矣之嘆。其後至淳祐間，每見所謂達官朝士者，必憒憒冬烘，弊衣菲食，高巾破履，人望之知爲道學君子也。清班要路，莫不如此，然密而察之，則殊有大不然者，然後信仲固之言不爲過。蓋師憲當國，獨握大柄，惟恐有分其勢者，故專用此一等人，列之要路，名爲尊崇道學，其實幸其不才憒憒，不致掣其肘耳。以致萬事不理，喪身亡國，仲固之言，不幸而中。嗚呼，尚忍言之哉！《癸辛雜識》續集下。《宋稗類鈔》卷六。

165 伊洛之學行於世，至乾道、淳熙間盛矣。其能發明先賢旨意，遡流徂源，論著講解卓然自爲一家者，惟廣漢張氏敬夫、東萊呂氏伯恭、新安朱氏元晦而已。朱公尤淵洽精詣，蓋以至高之才，至博之學，而一切收斂，歸諸義理。其上極於性命天下之妙，而下至於訓詁名數之末，未嘗舉一而廢一。蓋孔孟之道，至伊洛而始得其傳，而伊洛之學，至諸公而始無餘藴。必若是，然後可以言道學也已。此外有横浦張氏子韶、象山陸氏子静，亦皆以其學傳授。而張嘗參宗杲禪，陸又嘗參杲之徒德光，故其學往往流於異端而不自知。程子所謂今之異端，因其高明者也。至於永嘉諸公，則以詞章議論馳騁，固已不可同日語。世又有一種淺陋之士，自視無堪以爲進取之地，輒亦自附於道學之名。裒衣博帶，危坐闊步，或抄節語録以資高談；或閉眉合眼號爲默識。而扣擊其所學，則於古今無所聞知；考驗其所行，則於義利無所分别。此聖門之大罪人，吾道之大不幸，而遂使小人得以藉口爲僞學之目，而君子受玉石俱焚之禍者也。韓侂冑用事，遂逐趙忠定。凡不附己者，指爲道學盡逐之。已而自知道學二字，本非不美，於是更目之爲僞學。臣僚之薦舉，進士之結束，皆有「如是僞學者，甘伏朝典」之辭。一時嗜利無恥之徒，雖嘗附於道學之名者，往往旋易衣冠，强習歌鼓，欲以自别。甚者，鄧友龍輩，附會迎合，首啟兵釁。而向之得罪於慶元初者，亦皆從而和之，可嘆也已。《齊東野語》卷十一。

166 至元丙子，三宫赴北行者，俘三學生一百人從行，責齋臧足其數。時見機者悉已竄徒……諸生趦趄不行，人箠以棍棒三下。登舟餒甚，得飲一桶，無匕筯，乃於河邊拾蚌蛤之殼，争攫而飲之，饑寒困苦，道亡者多皆身膏草野。後放回，授諸路府教授，僅餘十七八人耳。《雪舟脞語》。

167 括之縉雲有葉醫，挾術頗精。一夕，忽夢追至城隍，主者戒云：「凡今北之人虐南人，蓋有數，若南人恃北勢以虐南人者，此神明之所甚怒，罪無赦。趙某者，昔在福州日，殺人至多，獲罪於天，今使之得瘖疾而死。或以穀二石、酒二斗、雞四隻相邀，汝慎毋往。不然，逆天之罪，不可違也。然於次日必有葉氏亦以此數相償，且有重獲也。」既覺，惴惴然遂往廟中炷香。甫歸家，而趙氏之家令人果以物至相邀，遂辭以疾，不往。次日，葉府召醫，疾愈，以物酧謝，乃鷄、酒、穀如夢中之數。收功獲謝，而趙則殂矣。《癸辛雜識》續集上。

168 天聖丁卯秋八月十五日夜，月有濃華，雲無纖迹，靈隱寺殿堂左右天降靈實，其繁如雨，其大如豆，其圓如珠，其色白者黄者黑者，殼如芡實，味辛。識者曰：「此月中桂子也。」……又張君房爲錢唐令，夜宿月輪山寺，僧報曰：「桂子下塔。」遽起望之，紛如煙霧，回旋成穗，散墜如牽牛子，黄白相間，咀之無味。《西湖游覽志餘》卷二十四。

169 紹定間，舒岳祥讀書館中，會中秋月色皎然，聞瓦上聲如撒雹，甚怪之。其祖拙齋啓門視之，乃曰：「此月中桂子也，我嘗得之天台山中。」呼童子就西庭中拾得二升，其大如豫章子，無皮，色如白玉，有紋如雀卵，其中有仁，嚼之作芝麻氣味。囊之，雜菊花作枕，清芬襲人。其收拾不盡，散落磚罅者，旬輒出樹，子葉柔長，經冬猶秀。《湧幢小品》卷二十七。

170 成都劉備廟側，有諸葛武侯祠，前有大柏，圍數丈。唐相段文昌有詩，石刻在焉。唐末漸枯，歷王建、孟知祥二僞國，不復生，然亦不敢伐之。皇朝乾德五年丁卯夏五月，枯柯再生，時人異焉。三國至乾德丙寅，歷年一千二百餘年，枯而復生。予皇祐初守成都，又八十年矣。新枝聳雲，拜舊枯干，存者若老龍之形。《儒林公議》卷下。

171 宋淳熙三年二月，如皋縣桑子河堰東孝里莊園，有牡丹一本，無種而生。明年三月花盛開，則紫牡丹也，過者皆往觀之。有杭州觀察推官東過，見花甚愛，欲移分一株，掘土深尺許，見一石如劍，長二尺，題曰：「此花瓊島飛來種，只許人間老眼看。」遂不敢移。以是鄉老有生旦值花開時，必造花下，飲酒爲壽。間亦有約明日造花所而花一夕凋者，多不吉。惟有李嵩者，三月八日初度，自八十看花直至一百九歲而終。《湧幢小品》卷二十七。

172 上虞釣臺山上雙筍石，其頂有杜鵑花，春夏照爛，望之若人立而飾其冠冕者。宋太祖、太宗、真宗遏密之時，花枯瘁三載乃復。仁宗崩，三年不榮。高宗崩，花忽變白。孝宗崩，三年若枯，既而復茂。《湧幢小品》卷二十七。

173 維揚后土廟有花潔白而香，號爲「瓊花」。宣和間，起花石綱，因取至御苑。逾年不花，乃杖之，遣還其地，花開如故。《獨醒雜志》卷九。

174 瓊花，海内無二本，唐人謂「玉蘂花」，乃比其色。……煇家海陵，海陵昔隸維揚，亦視爲鄉里。自幼游戲無雙亭，未見甚奇異處。不識者或認爲「聚八仙」，持以名品素高爾。后土祠前後地土膏腴，尤宜芍藥。歲新日茂，及春開，敷腴盛大，纖麗富豔，遂與洛陽牡丹並驅角勝。孔毅父嘗譜三十有三種。《清波雜志》卷三。

175 揚花瓊花，天下衹一株，晏元獻守揚，作無雙亭于其側。宋德祐乙亥，北兵至，花遂不榮。趙棠國炎有詩曰：「他年我若修花史，合傳瓊花烈女中。」《香祖筆記》卷七。

176 大庾嶺上有佛塔廟，往來題詩多矣，有婦人題云：「妾幼年侍父任英州司寇，既代歸，父以大庾本有梅嶺之名而反無梅，遂植三十株于道之右，因題詩于壁。今隨夫之任端溪，復至此寺，前詩已污漫矣，因再書之云：英江今日掌刑回，上得梅山不見梅。輟俸買將三十本，清香留與雪中開。」好事者因以夾道植梅矣。《倦游雜録》。《詩話總龜》前集卷二十。

177 鄜延境内有石油。舊説高奴縣出脂水，即此也。生於水際沙石，與泉水相雜，惘惘而出。土人以雉尾裛之，乃採入缶中。頗似淳漆，燃之如麻，但烟甚濃，所霑幄幕皆黑。予疑其烟可用，試埽其煤以爲墨，黑光如漆，松墨不及也，遂大爲之，其識文爲「延川石液」者是也。此物後必大行於世，自予始爲之。蓋石油至多，生於地中無窮，不若松木有時而竭。今齊、魯間松林盡矣，漸至太行、京西、江南，松山太半皆童矣。造煤人蓋未知石烟之利也。石炭烟亦大，墨人衣。《夢溪筆談》卷二十四。

178 熙寧九年，恩州武城縣有旋風自東南來，望之插天如羊角，大木盡拔。俄頃，旋風卷入雲霄中。既而漸近，乃經縣城，官舍民居畧盡，悉卷入雲中。縣令兒女奴婢卷去復墜地，死傷者數人，民間死傷亡失者不可勝計。縣城悉爲丘墟，遂移今縣。《夢溪筆談》卷二十一。

179 治平元年，常州日禺時，天有大聲如雷，乃一大星幾如月，見於東南，少時而又震一聲，移著西南，又一震，而墜在宜興縣民許氏園中。遠近皆見，火光赫然照天，許氏藩籬皆爲所焚。是時火息，視地中只有一竅如杯大，極深，下視之，星在其中熒熒然，良久漸暗，尚熱不可近。又久之，發其竅，深三尺餘乃得一圓石，猶熱，其大如拳，一頭微鋭，色如鐵，重亦如之。州守鄭伸得之。送潤州金山寺，至今匣藏，游人到則發視。《夢溪筆談》卷二十。

180 嘉祐中，揚州有一珠甚大，天晦多見。初出於天長縣陂澤中，後轉入甓社湖，又後乃在新開湖中，凡十餘年，居民行人常常見之。予友人書齋在湖上，一夜忽見其珠甚近，初微開其房，光自吻中出，如横一金線，俄頃忽張殼，其大如半席，殼中白光如銀，珠大如拳，爛然不可正視，十餘里間林木皆有影，如初日所照，遠處但見天赤如野火，倏然遠去，其行如飛，浮於波中，杳杳如日。古有明月之珠，此珠色不類月，熒熒有芒焰，殆類日光。崔伯易嘗爲《明珠賦》。伯易高郵人，蓋常見之。近歲不復出，不知所往。樊良鎮正當珠往來處，行人至此，往往維船數宵以待現，名其亭爲「玩珠」。《夢溪筆談》卷二十一。

引用書目

二畫

二老堂詩話　〔宋〕周必大　中華書局《歷代詩話》本

二老堂雜志　〔宋〕周必大　《學海類編》本

二程外書　〔宋〕程顥、程頤　中華書局《二程集》本

二程遺書　〔宋〕程顥、程頤　中華書局《二程集》本

十國春秋　〔清〕吴任臣　中華書局排印本

十駕齋養新録　〔清〕錢大昕　江蘇古籍出版社排印本

丁晉公談録　〔宋〕丁謂　《百川學海》本

七修類稿　〔明〕郎瑛　中華書局上海編輯所排印本

入蜀記　〔宋〕陸游　江蘇廣陵古籍刻印社《筆記小説大觀》本

三畫

三柳軒雜識　〔元〕程棨　上海古籍出版社景印《説郛三種》之宛委山堂本

三朝北盟會編　〔宋〕徐夢莘　上海古籍出版社景印清刻本

三朝野史　〔元〕吴萊　《古今説海》本

大金國志 〔宋〕宇文懋昭 上海古籍出版社景印文淵閣《四庫全書》本

上庠録 〔宋〕呂榮義 上海古籍出版社景印《説郛三種》之宛委山堂本

上蔡語録 〔宋〕謝良佐 上海古籍出版社景印文淵閣《四庫全書》本

小草齋詩話 〔明〕謝肇淛 北京大學出版社《珍本明詩話五種》本

小畜集 〔宋〕王禹偁 商務印書館《四部叢刊》本

小學紺珠 〔宋〕王應麟 中華書局《四部備要》本

小隱書全帖 〔明〕敬虛子 《古今説部叢書》本

山谷詩話 〔宋〕黄庭堅 江蘇古籍出版社《宋詩話全編》本

山房隨筆 〔元〕蔣子正 上海古籍出版社《宋元筆記小説大觀》本

山居新語 〔元〕楊瑀 上海古籍出版社景印《説郛三種》之宛委山堂本

山家清供 〔宋〕林洪 上海古籍出版社景印《説郛三種》本附

四畫

王公四六話 〔宋〕王銍 《百川學海》本

王氏談録 〔宋〕王洙 《百川學海》本

王文正公筆録 〔宋〕王曾 《百川學海》本

王直方詩話 〔宋〕王直方 中華書局《宋詩話輯佚》本

王荆公詩箋注 〔宋〕李壁 上海古籍出版社景印明活字本

天中記 〔明〕陳耀文 上海古籍出版社景印文淵閣《四庫全書》本

元城語録 〔宋〕馬永卿 上海古籍出版社景印文淵閣《四庫全書》本

五代史補　〔宋〕陶岳　《豫章叢書》本
五燈會元　〔宋〕普濟　中華書局《中國佛教典籍選刊》本
五總志　〔宋〕吴炯　《知不足齋叢書》本
五雜組　〔明〕謝肇淛　上海書店出版社《歷代筆記叢刊》本
太平清話　〔明〕陳繼儒　《説庫》本
友古居士詞　〔宋〕蔡伸　《汲古閣六十名家詞》本
友會談叢　〔宋〕上官融　《宛委别藏》本
日損齋筆記　〔元〕黄溍　上海古籍出版社景印文淵閣《四庫全書》本
日聞録　〔元〕李翀　《守山閣叢書》本
中山詩話　〔宋〕劉攽　中華書局《歷代詩話》本
中吴紀聞　〔宋〕龔明之　上海古籍出版社《宋元筆記叢書》本
水東日記　〔明〕葉盛　中華書局《元明史料筆記叢刊》本
仇池筆記　〔宋〕蘇軾　上海書店出版社景印《宋人小説》本
月河所聞集　〔宋〕莫君陳　《吴興叢書》本
六一詩話　〔宋〕歐陽修　中華書局《歷代詩話》本
六研齋筆記　〔明〕李日華　上海古籍出版社景印文淵閣《四庫全書》本
文昌雜録　〔宋〕龐元英　《學津討原》本
文憲集　〔明〕宋濂　上海古籍出版社景印文淵閣《四庫全書》本
文獻通考　〔元〕馬端臨　中華書局景印本
方輿勝覽　〔宋〕祝穆　上海古籍出版社景印文淵閣《四庫全書》本
孔氏談苑　〔宋〕孔平仲　上海古籍出版社景印文淵閣《四庫全書》本

五畫

玉海　宋　王應麟　清　浙江書局刻本
玉堂嘉話　〔元〕王惲　中華書局《元明史料筆記叢刊》本
玉壺清話　〔宋〕文瑩　中華書局《唐宋史料筆記叢刊》本
玉照新志　〔宋〕王明清　上海古籍出版社《宋元筆記叢書》本
玉澗雜書　〔宋〕葉夢得　商務印書館張宗祥整理《説郛》本
古今詞話　〔宋〕楊湜　中華書局《詞話叢編》本
古今詩話　〔宋〕李頎　中華書局《宋詩話輯佚》本
古事比　〔清〕方中德　黄山書社《安徽古籍叢書》本
古杭雜記　〔元〕李有　商務印書館張宗祥整理《説郛》本
古杭雜記詩集　〔元〕佚名　《武林掌故叢編》本
古謡諺　〔清〕杜文瀾　中華書局排印本
可書　〔宋〕張知甫　中華書局《唐宋史料筆記叢刊》本
石林詩話　〔宋〕葉夢得　中華書局《歷代詩話》本
石林燕語　〔宋〕葉夢得　中華書局《唐宋史料筆記叢刊》本
石林避暑録話　〔宋〕葉夢得　上海書店出版社《宋人小説》本
北行日録　〔宋〕樓鑰　《知不足齋叢書》本
北狩行録　〔宋〕蔡鞗　《學海類編》本
北狩聞見録　〔宋〕曹勛　《學海類編》本
北軒筆記　〔元〕陳世隆　上海古籍出版社《宋元筆記叢書》本
北窗炙輠録　〔宋〕施德操　《學海類編》本

甲申雜記　〔宋〕王鞏　《知不足齋叢書》本

四六談塵　〔宋〕謝伋　《百川學海》本

四朝聞見録　〔宋〕葉紹翁　中華書局《唐宋史料筆記叢刊》本

史餘萃覽　〔清〕楊家麟　清光緒上海《申報》館本

仕學規範　〔宋〕張鎡　上海古籍出版社景印文淵閣《四庫全書》本

白石道人歌曲　〔宋〕姜夔　《彊邨叢書》本

白獺髓　〔宋〕張仲文　《歷代小史》本

六畫

老學庵筆記　〔宋〕陸游　中華書局《唐宋史料筆記叢刊》本

西清詩話　〔宋〕蔡絛　江蘇古籍出版社《稀見宋人詩話四種》本

西畲瑣録　〔宋〕孫宗鑑　《學海類編》本

西湖游覽志　〔明〕田汝成　上海古籍出版社排印本

西湖游覽志餘　〔明〕田汝成　上海古籍出版社排印本

西湖夢尋　〔明〕張岱　《武林掌故叢編》本

西塘集耆舊續聞　〔宋〕陳鵠　中華書局《唐宋史料筆記叢刊》本

西園聞見録　〔明〕張萱　哈佛燕京學社排印本

西溪叢話　〔宋〕姚寬　中華書局《唐宋史料筆記叢刊》本

有宋佳話　〔宋〕佚名　上海古籍出版社景印《説郛三種》之宛委山堂本

成都文類　〔宋〕扈仲榮等　上海古籍出版社景印文淵閣《四庫全書》本

夷堅志　〔宋〕洪邁　中華書局排印本

至正直記　〔元〕孔齊　上海古籍出版社《宋元筆

記叢書》本

曲洧舊聞　〔宋〕朱弁　《知不足齋叢書》本

呂氏雜記　〔宋〕呂希哲　上海古籍出版社景印文淵閣《四庫全書》本

同話録　〔宋〕曾三異　上海古籍出版社景印《説郛三種》之宛委山堂本

朱子語類　〔宋〕黎靖德編　中華書局《理學叢書》本

先公談録　〔宋〕李宗諤　商務印書館張宗祥整理《説郛》本

竹坡詩話　〔宋〕周紫芝　中華書局《歷代詩話》本

竹莊詩話　〔宋〕何汶　中華書局排印本

自警編　〔宋〕趙善璙　上海古籍出版社景印文淵閣《四庫全書》本

伊洛淵源録　〔宋〕朱熹　上海古籍出版社景印文淵閣《四庫全書》本

行都紀事　〔宋〕楊和甫　商務印書館張宗祥整理《説郛》本

行營雜録　〔宋〕趙葵　《古今説海》本

名臣碑傳琬琰集　〔宋〕杜大珪　上海古籍出版社景印文淵閣《四庫全書》本

名賢氏族言行類稿　〔宋〕章定　上海古籍出版社景印文淵閣《四庫全書》本

江西詩派小序　〔宋〕劉克莊　中華書局《歷代詩話續編》本

江西詩派宗派圖録　〔清〕張泰來　上海古籍出版社《清詩話》本

江行雜録　〔宋〕廖瑩中　商務印書館《叢書集成》本

江湖紀聞　〔元〕郭霄鳳　國家圖書館《中華再造善本叢書》本

江鄰幾雜誌　〔宋〕江休復　《寶顔堂秘笈》本

汲古閣書跋　〔明〕毛晉　上海古籍出版社《中國歷代書目題跋叢書》本
池北偶談　〔清〕王士禛　中華書局《清代史料筆記叢刊》本

七畫

攻媿集　〔宋〕樓鑰　商務印書館《叢書集成》本
折獄龜鑑　〔宋〕鄭克　上海古籍出版社景印文淵閣《四庫全書》本
投轄録　〔宋〕王明清　上海古籍出版社《宋元筆記叢書》本
志雅堂雜鈔　〔宋〕周密　《粤雅堂叢書》本
花草粹編　〔明〕陳耀文　陶鳳樓景印本
芥隱筆記　〔宋〕龔頤正　商務印書館《叢書集成》本
李希聲詩話　〔宋〕李錞　中華書局《宋詩話輯佚》本
步里客談　〔宋〕陳長方　上海古籍出版社景印文淵閣《四庫全書》本
吴中舊事　〔元〕陸友仁　《墨海金壺》本
吴郡志　〔宋〕范成大　中華書局《宋元方志叢刊》本
吴郡圖經續記　〔宋〕朱長文　中華書局《宋元方志叢刊》本
吴船録　〔宋〕范成大　《知不足齋叢書》本
吴禮部詩話　〔元〕吴師道　中華書局《歷代詩話》本
困學紀聞　〔宋〕王應麟　商務印書館《四部叢刊》本
吹劍録全編　〔宋〕俞文豹　中華書局上海編輯所張宗祥校訂本
秀水閒居録　〔宋〕朱勝非　上海古籍出版社景印

《説郛三種》之宛委山堂本

何氏語林　〔明〕何良俊　上海古籍出版社景印文淵閣《四庫全書》本

言行龜鑑　〔元〕張光祖　上海古籍出版社景印文淵閣《四庫全書》本

冷齋夜話　〔宋〕釋惠洪　中華書局排印本

汴京遺蹟志　〔明〕李濂　中華書局《中國古代都城資料選刊》本

宋元學案　〔清〕黄宗羲原著　〔清〕全祖望補修　中華書局排印本

宋史紀事本末　〔明〕馮琦原編　〔明〕陳邦瞻增訂　上海古籍出版社景印本

宋史翼　〔清〕陸心源　中華書局景印清光緒刊本

宋四六話　〔清〕彭元瑞　上海古籍出版社《續修四庫全書》本

宋名臣言行録前集、後集　〔宋〕朱熹　上海古籍出版社景印文淵閣《四庫全書》本

宋名臣言行録續集、别集、外集　〔宋〕李幼武　上海古籍出版社景印文淵閣《四庫全書》本

宋季三朝政要　佚名　《粤雅堂叢書》本

宋朝事實類苑　〔宋〕江少虞　上海古籍出版社排印本

宋景文公筆記　〔宋〕宋祁　《百川學海》本

宋稗類鈔　〔清〕潘永因　書目文獻出版社排印本

宋詩紀事　〔清〕厲鶚　上海古籍出版社排印本

宋詩紀事補遺　〔清〕陸心源　上海古籍出版社《續修四庫全書》景印光緒刻本

宋詩鈔　〔清〕吴之振等編、管庭芬等補　中華書局排印本

宋遺民録　〔明〕程敏政　《知不足齋叢書》本

邵氏聞見録　〔宋〕邵伯温　中華書局《唐宋史料筆記叢刊》本

邵氏聞見後録　〔宋〕邵博　中華書局《唐宋史料筆記叢刊》本

八畫

武林舊事　〔宋〕周密　中華書局排印本

青泥蓮花記　〔明〕梅鼎祚　黄山書社《安徽古籍叢書》本

青瑣高議　〔宋〕劉斧　上海古籍出版社《宋元筆記叢書》本

青箱雜記　〔宋〕吴處厚　中華書局《唐宋史料筆記叢刊》本

長溪瑣語　〔明〕謝肇淛　清鈔本

坦齋筆衡　〔宋〕葉寘　商務印書館張宗祥整理《説郛》本

拙齋文集　〔宋〕林之奇　上海古籍出版社景印文淵閣《四庫全書》本

范文正公集　〔宋〕范仲淹　商務印書館《四部叢刊》本

直齋書録解題　〔宋〕陳振孫　上海古籍出版社校點本

苕溪漁隱叢話　〔宋〕胡仔　人民文學出版社《中國古典文學理論批評專著選輯》本

茅亭客話　〔宋〕黄休復　《説庫》本

林下偶談　〔宋〕吴子良　商務印書館張宗祥整理《説郛》本

林泉隨筆　〔明〕張綸言　商務印書館《叢書集成》本

林間録　〔宋〕釋惠洪　上海古籍出版社景印文淵閣《四庫全書》本

抒情録　〔宋〕盧懷　上海古籍出版社景印《説郛三種》之宛委山堂本

拊掌録　〔元〕元懷　《學海類編》本

東山談苑　〔明〕余懷　廣陵書社景印《福建叢書》本
東坡志林十二卷本　〔宋〕蘇軾　大象出版社《全宋筆記》本
東坡志林五卷本　〔宋〕蘇軾　中華書局《唐宋史料筆記叢刊》本
東坡詩話録　〔元〕陳秀明　《學海類編》本
東坡題跋　〔宋〕蘇軾　商務印書館《叢書集成》本
東京夢華録外四種　〔宋〕孟元老　中華書局排印本
東南紀聞　〔元〕佚名　《守山閣叢書》本
東都事略　〔宋〕王稱　上海古籍出版社景印文淵閣《四庫全書》本
東軒筆録　〔宋〕魏泰　中華書局《唐宋史料筆記叢刊》本
東原録　〔宋〕龔鼎臣　上海書店景印《宋人小説》本
東皋雜録　〔宋〕孫宗鑑　商務印書館張宗祥整理《説郛》本
東萊吕紫微師友雜志　〔宋〕吕本中　《十萬卷樓叢書》本
東園友聞　〔元〕佚名　《學海類編》本
東齋記事　〔宋〕范鎮　中華書局《唐宋史料筆記叢刊》本
雨村詩話十六卷本　〔清〕李調元　巴蜀書社本
雨航雜録　〔明〕馮時可　上海古籍出版社景印文淵閣《四庫全書》本
兩山墨談　〔明〕陳霆　明嘉靖李檠刻本
兩浙名賢録　〔明〕徐象梅　明天啓徐氏光碧堂刻本
明一統志　〔明〕李賢等　上海古籍出版社景印文淵閣《四庫全書》本

明道雜志　〔宋〕張耒　《學海類編》本
明詩紀事　〔清〕陳田　上海古籍出版社排印本
侍講日記　〔宋〕吕希哲　商務印書館張宗祥整理《説郛》本
佩文齋書畫譜　〔清〕孫岳頒等　上海古籍出版社景印文淵閣《四庫全書》本
佩韋齋輯聞　〔宋〕俞德鄰　《學海類編》本
佩楚軒客談　〔元〕戚輔之　商務印書館張宗祥整理《説郛》本
徂徠集　〔宋〕石介　中華書局排印本
金小史　〔明〕楊循吉　明萬曆十三年徐景鳳刻本
金石録　〔宋〕趙明誠　上海書畫出版社校證本
金坡遺事　〔宋〕錢惟演　商務印書館張宗祥整理《説郛》本
金華徵獻略　〔清〕王崇炳　《率祖堂叢書》附
采石瓜州斃亮記　〔宋〕蹇駒　《奇晉齋叢書》本
庚溪詩話　〔宋〕陳巖肖　中華書局《歷代詩話續編》本
泊宅編十卷本、三卷本　〔宋〕方勺　中華書局《唐宋史料筆記叢刊》本
宗門統要續集　〔宋〕釋宗永集、〔元〕釋清茂續集《嘉興藏》本
建炎以來朝野雜記　〔宋〕李心傳　中華書局《唐宋史料筆記叢刊》本
建炎以來繫年要録　〔宋〕李心傳　中華書局排印本
建炎時政記　〔宋〕李綱　嶽麓書社《李綱全集》本
建炎復辟記　〔宋〕佚名　《學津討原》本
居易録　〔清〕王士禛　上海古籍出版社景印文淵閣《四庫全書》本
陔餘叢考　〔清〕趙翼　江蘇古籍出版社排印本
姑溪題跋　〔宋〕李之儀　商務印書館《叢書集

成》本
姑蘇志　〔明〕王鏊　上海古籍出版社景印文淵閣《四庫全書》本
姑蘇筆記　〔宋〕羅志仁　上海古籍出版社景印《説郛三種》之宛委山堂本

九畫

春明退朝録　〔宋〕宋敏求　中華書局《唐宋史料筆記叢刊》本
春明夢餘録　〔清〕孫承澤　上海古籍出版社景印文淵閣《四庫全書》本
春渚紀聞　〔宋〕何薳　中華書局《唐宋史料筆記叢刊》本
珍席放談　〔宋〕高晦叟　上海古籍出版社景印文淵閣《四庫全書》本
珊瑚鉤詩話　〔宋〕張表臣　中華書局《歷代詩話》本
珊瑚網　〔明〕汪砢玉　上海古籍出版社景印文淵閣《四庫全書》本
括異志　〔宋〕張師正　中華書局《古小説叢刊》本
草木子　〔明〕葉子奇　中華書局《元明史料筆記叢刊》本
茶香室叢鈔　〔清〕俞樾　中華書局《學術筆記叢刊》本
茶餘客話　〔清〕阮葵生　江蘇廣陵古籍刻印社《筆記小説大觀》本
南村輟耕録　〔元〕陶宗儀　中華書局《元明史料筆記叢刊》本
南宋市肆紀　〔宋〕周密　上海古籍出版社景印《説郛三種》之宛委山堂本
南宋書　〔明〕錢士升　清嘉慶掃葉山房刻本
南宋雜事詩　〔清〕厲鶚等　浙江古籍出版社《南

宋文化叢書》本

南部新書　〔宋〕錢易　《學津討原》本

南游紀舊　〔宋〕曾紆　商務印書館張宗祥整理《説郛》本

南窗紀談　〔宋〕佚名　《知不足齋叢書》本

南濠詩話　〔明〕都穆　中華書局《歷代詩話續編》本

柳南隨筆、續筆　〔清〕王應奎　中華書局《清代史料筆記叢刊》本

柳亭詩話　〔清〕宋長白　上海古籍出版社《續修四庫全書》本

咸淳臨安志　〔宋〕潛説友　中華書局《宋元方志叢刊》本

研北雜志　〔元〕陸友　《寶顔堂秘笈》本

厚德録　〔宋〕李元綱　《百川學海》本

省齋集鈔　〔宋〕周必大　中華書局排印《宋詩鈔》本

昨非庵日纂　〔明〕鄭瑄　北京圖書館出版社景印明刊本

昭忠録　〔宋〕佚名　《粤雅堂叢書》本

香東漫筆　〔民國〕況周頤　《蕙風叢書》本

香祖筆記　〔清〕王士禛　上海古籍出版社《明清筆記叢書》本

秋澗集　〔元〕王惲　中華書局《元詩選》初集本

皇宋書録　〔宋〕董史　《知不足齋叢書》本

侯鯖録　〔宋〕趙令畤　《知不足齋叢書》本

後山詩話　〔宋〕陳師道　中華書局《歷代詩話》本

後山談叢　〔宋〕陳師道　上海古籍出版社《宋元筆記叢書》本

後村詩話　〔宋〕劉克莊　中華書局排印本

卻掃編　〔宋〕徐度　《津逮秘書》本

風月堂詩話　〔宋〕朱弁　中華書局排印本

負暄野録　〔宋〕陳櫄　《知不足齋叢書》本
彥周詩話　〔宋〕許顗　中華書局《歷代詩話》本
帝京景物略　〔明〕劉侗　上海古籍出版社景印《説郛三種》之宛委山堂本
洛陽名園記　〔宋〕李格非　《學津討原》本
宣和畫譜　〔宋〕佚名　上海古籍出版社景印文淵閣《四庫全書》本
宣和遺事　〔宋〕佚名　《士禮居叢書》本
宣政雜録　〔宋〕江萬里　《古今説海》本
宣靖妖化録　〔宋〕孔倜　商務印書館張宗祥整理《説郛》本
郡齋讀書志　〔宋〕晁公武　上海古籍出版社校證本
退齋筆録　〔宋〕侯延慶　《歷代小史》本
韋居聽輿　〔宋〕陳直　商務印書館張宗祥整理《説郛》本

姚氏殘語　〔宋〕姚寬　上海古籍出版社景印《説郛三種》之宛委山堂本
癸巳類稿　〔清〕俞正燮　商務印書館排印本
癸辛雜識　〔宋〕周密　中華書局《唐宋史料筆記叢刊》本

十畫

華陽宫紀事　〔宋〕釋祖秀　《學海類編》本
西山文集　〔宋〕真德秀　上海古籍出版社景印文淵閣《四庫全書》本
桂故　〔明〕張鳴鳳　上海古籍出版社景印文淵閣《四庫全書》本
桐江集　〔元〕方回　《宛委别藏》本
桐江詩話　〔宋〕佚名　中華書局《宋詩話輯佚》本
桐陰舊話　〔宋〕韓元吉　《學海類編》本
軒渠録　〔宋〕吕本中　上海古籍出版社景印《説

郛三種》之宛委山堂本

晁氏客語　〔宋〕晁説之　《百川學海》本

倦游雜録　〔宋〕張師正　上海古籍出版社《宋元筆記叢書》本

烏臺詩案　〔宋〕朋九萬　西南師範大學出版社《東坡詩話全編箋評》本

師友談記　〔宋〕李廌　中華書局《唐宋史料筆記叢刊》本

徐氏筆精　〔明〕徐𤊹　福建人民出版社排印本

豹隱記談　〔宋〕佚名　商務印書館張宗祥整理《説郛》本

高齋詩話　〔宋〕曾慥　中華書局《宋詩話輯佚》本

高齋漫録　〔宋〕曾慥　上海古籍出版社景印文淵閣《四庫全書》本

席上腐談　〔宋〕俞琰　《寶顔堂秘笈》本

唐宋分門名賢詩話　〔宋〕佚名　江蘇古籍出版社《稀見宋人詩話四種》本

唐宋諸賢絶妙詞選　〔宋〕黄昇　商務印書館《四部叢刊》本

剡溪野語　〔宋〕程正敏　上海古籍出版社景印《説郛三種》之宛委山堂本

涑水紀聞　〔宋〕司馬光　中華書局《唐宋史料筆記叢刊》本

浩然齋雅談　〔宋〕周密　中華書局《唐宋史料筆記叢刊》本

海陵三仙傳　〔宋〕佚名　《古今説海》本

浮溪文粹　〔宋〕汪藻　上海古籍出版社景印文淵閣《四庫全書》本

浪語集　〔宋〕薛季宣　上海古籍出版社景印文淵閣《四庫全書》本

悦生隨抄　〔宋〕賈似道　商務印書館張宗祥整理《説郛》本

家世舊事　〔宋〕程頤　上海古籍出版社景印《説郛三種》之宛委山堂本

家世舊聞　〔宋〕陸游　中華書局《唐宋史料筆記叢刊》本

容齋隨筆　〔宋〕洪邁　中華書局《唐宋史料筆記叢刊》本

書史會要　〔元〕陶宗儀　上海古籍出版社景印文淵閣《四庫全書》本

書影　〔清〕周亮工　上海古籍出版社《明清筆記叢刊》本

孫公談圃　〔宋〕孫升述、劉延世録　《百川學海》本

娱書堂詩話　〔宋〕趙與虤　中華書局《歷代詩話續編》本

能改齋漫録　〔宋〕吴曾　上海古籍出版社《宋元筆記叢書》本

十一畫

捫虱新話　〔宋〕陳善　上海書店景印《宋人小説》本

萊公遺事　〔宋〕佚名　《歷代小史》本

黄氏日抄　〔宋〕黄震　上海古籍出版社景印文淵閣《四庫全書》本

黄嬭餘話　〔清〕陳錫路　《古今説部叢書》本

菊坡叢話　〔明〕單宇　齊魯書社《全明詩話》本

萍洲可談　〔宋〕朱彧　上海古籍出版社《宋元筆記叢書》本

梧溪集　〔元〕王逢　上海古籍出版社景印文淵閣《四庫全書》本

桯史　〔宋〕岳珂　中華書局《唐宋史料筆記叢刊》本

梅磵詩話　〔宋〕韋居安　中華書局《歷代詩話》本

堅瓠集　〔清〕褚人穫　江蘇廣陵古籍印社《筆記小説大觀》本
雪舟脞語　〔元〕邵桂子　商務印書館張宗祥整理《説郛》本
雪履齋筆記　〔元〕郭翼　《函海》本
雪橋詩話　〔民國〕楊鍾羲　北京古籍出版社排印本
虚谷閑鈔　〔元〕方回　《古今説海》本
野老紀聞　〔宋〕王大成　中華書局《學術筆記叢刊》本《野客叢書》附
野客叢書　〔宋〕王楙　中華書局《學術筆記叢刊》本
野説　〔宋〕佚名　商務印書館張宗祥整理《説郛》本
異聞總録　〔宋〕佚名　《稗海》本
鄂國金佗稡編續編　〔宋〕岳珂　中華書局排印本
國老談苑　〔宋〕王君玉　《百川學海》本
唾玉集　〔宋〕俞文豹　商務印書館張宗祥整理《説郛》本
過庭録　〔宋〕范公偁　《稗海》本
偃曝餘談　〔明〕陳繼儒　《寶顔堂秘笈》本
脚氣集　〔宋〕車若水　上海書店《宋人小説》本
庶齋老學叢談　〔元〕盛如梓　《知不足齋叢書》本
清夜録　〔宋〕俞文豹　《歷代小史》本
清河書畫舫　〔明〕張丑　上海古籍出版社景印文淵閣《四庫全書》本
清波别志　〔宋〕周煇　《知不足齋叢書》本
清波雜志　〔宋〕周煇　中華書局《唐宋史料筆記叢刊》本
清虚雜著補闕　〔宋〕王鞏　《知不足齋叢書》本
清異録　〔宋〕陶穀　《寶顔堂秘笈》本
清暑筆談　〔明〕陸樹聲　上海古籍出版社景印

《説郛三種》之宛委山堂《續説郛》本

渚山堂詞話　〔明〕陳霆　中華書局《詞話叢編》本

淳祐玉峰志　〔宋〕淩萬頃、邊實　中華書局《宋元方志叢刊》本

淳熙玉堂雜記　〔宋〕周必大　《百川學海》本

深雪偶談　〔宋〕方岳　《顧氏文房小説》本

梁溪漫志　〔宋〕費衮　上海古籍出版社《宋元筆記叢書》本

十二畫

堯山堂外紀　〔明〕蔣一葵　泰山出版社《中華野史》本

搜采異聞録　〔宋〕永亨　《稗海》本

搜神秘覽　〔宋〕章炳文　上海古籍出版社景印《説郛三種》之宛委山堂本

揮麈録　〔宋〕王明清　上海書店出版社《歷代筆記叢刊》本

萬柳溪邊舊話　〔元〕尤玘　《知不足齋叢書》本

萬曆野獲編　〔明〕沈德符　中華書局《元明史料筆記叢刊》本

敬齋古今黈　〔元〕李治　中華書局《學術筆記叢刊》本

朝野僉言　〔宋〕夏少曾　大象出版社《全宋筆記》本

朝野遺記　〔宋〕佚名　《古今説海》本

朝野類要　〔宋〕趙升　中華書局《唐宋史料筆記叢刊》本

葦航紀談　〔宋〕蔣津　上海古籍出版社景印《説郛三種》之宛委山堂本

棗林雜俎　〔明〕談遷　中華書局《元明史料筆記叢刊》本

硯崗筆志　〔宋〕唐稷　上海古籍出版社景印《説

郛三種》之宛委山堂本

雲谷雜記 〔宋〕張淏 中華書局張宗祥校録本

雲莊四六餘話 〔宋〕楊囦道 《宛委別藏》本

雲烟過眼録 〔宋〕周密 遼寧教育出版社《新世紀萬有文庫》本

雲齋廣録 〔宋〕李獻民 中華書局《古小説叢刊》本

雲麓漫鈔 〔宋〕趙彦衛 中華書局《唐宋史料筆記叢刊》本

紫微雜記 〔宋〕吕祖謙 上海古籍出版社景印《説郛三種》之宛委山堂本

棠陰比事 〔宋〕桂萬榮 上海古籍出版社景印文淵閣《四庫全書》本

閒窗括異志 〔宋〕魯應龍 《稗海》本

閒燕常談 〔宋〕董弅 《歷代小史》本

貴耳集 〔宋〕張端義 汲古閣《津逮秘書》本

啽囈集 〔元〕宋无 中華書局《元詩選》初集本

無用閒談 〔明〕孫緒 上海古籍出版社景印《説郛三種》之《説郛續》本

傅幹注坡詞 〔宋〕傅幹 巴蜀書社排印本

粤西金石略 〔清〕謝啓昆 清刊本

鈕非石日記 〔清〕鈕樹玉 《滂喜齋叢書》本

詞品 〔明〕楊慎 中華書局《詞話叢編》本

詞源 〔宋〕張炎 中華書局《詞話叢編》本

童蒙訓 〔宋〕吕本中 上海古籍出版社景印文淵閣《四庫全書》本

善誘文 〔宋〕陳録 《百川學海》本

道山清話 〔宋〕佚名 《百川學海》本

道命録 〔宋〕李心傳 《知不足齋叢書》本

遂昌雜録 〔元〕鄭元祐 《稗海》本

湛淵静語 〔元〕白珽 《知不足齋叢書》本

湖山便覽 〔清〕翟灝 上海古籍出版社《西湖文

獻叢書》本

湖海新聞夷堅續志　〔金〕佚名　中華書局《古小説叢刊》本

湖壖雜記　〔清〕陸次雲　《古今説部叢書》本

湘山野録　〔宋〕文瑩　中華書局《唐宋史料筆記叢刊》本

湘山録　〔宋〕佚名　上海古籍出版社景印《説郛三種》之宛委山堂本

温公日記　〔宋〕司馬光　中國社會科學院出版社排印本

温公瑣語　〔宋〕司馬光　中國社會科學院出版社排印本

温公續詩話　〔宋〕司馬光　中華書局《歷代詩話》本

渭南文集　〔宋〕陸游　中華書局《四部備要》本

淵穎集　〔元〕吴萊　商務印書館《四部叢刊》本

游宦紀聞　〔宋〕張世南　中華書局《唐宋史料筆記叢刊》本

湧幢小品　〔明〕朱國楨　上海古籍出版社《明代筆記小説大觀》本

寓簡　〔宋〕沈作喆　《知不足齋叢書》本

畫品　〔宋〕李廌　《寶顔堂秘笈》本

畫墁録　〔宋〕張舜民　《稗海》本

畫繼　〔宋〕鄧椿　上海古籍出版社景印文淵閣《四庫全書》本

畫繼補遺　〔元〕莊肅　人民美術出版社排印本

絶妙好詞箋　〔宋〕周密輯　〔清〕查爲仁、厲鶚箋　〔清〕徐楙愛日軒刊本

十三畫

瑞桂堂暇録　〔宋〕佚名　商務印書館張宗祥整理《説郛》本

勤有堂隨筆　〔元〕陳櫟　《學海類編》本
幕府燕閒録　〔宋〕畢中詢　商務印書館張宗祥整理《説郛》本
夢溪筆談、補筆談　〔宋〕沈括　上海古籍出版社胡道静校證本
夢粱録　〔宋〕吴自牧　中華書局《東京夢華録外四種》本
蓉塘詩話　〔明〕姜南　齊魯書社《全明詩話》本
蓉槎蠡説　〔清〕程哲　康熙刻本
楊公筆録　〔宋〕楊彦齡　大象出版社《全宋筆記》本
楊文公談苑　〔宋〕楊億　上海古籍出版社《宋元筆記叢書》本
楓窗小牘　〔宋〕袁褧　《寶顔堂秘笈》本
歲時廣記　〔宋〕陳元靚　商務印書館《叢書集成》本
暇日記　〔宋〕劉跂　上海古籍出版社景印《説郛三種》之宛委山堂本
稗史　〔元〕仇遠　上海古籍出版社景印《説郛三種》之宛委山堂本
稗史彙編　〔明〕王圻　北京出版社景印明刻本
筠廊偶筆　〔清〕宋犖　上海古籍出版社《清代筆記小説大觀》本
鼠璞　〔宋〕戴埴　《百川學海》本
艅艎日疏　〔元〕凌準　上海古籍出版社景印《説郛三種》之宛委山堂本
愛日齋叢鈔　〔宋〕葉寘　泰山出版社《中華野史》本
詩律武庫　〔宋〕吕祖謙　《金華叢書》本
誠齋揮麈録　〔宋〕楊萬里　《學海類編》本
誠齋集　〔宋〕楊萬里　商務印書館《四部叢刊》本
誠齋詩話　〔宋〕楊萬里　中華書局《歷代詩話續

編》本

誠齋雜記　〔元〕林坤　《津逮秘書》本

該聞録　〔宋〕李畋　上海古籍出版社景印《説郛三種》之宛委山堂本

靖康紀聞　〔宋〕丁特起　《學海類編》本

靖康稗史　〔宋〕確庵、耐庵　中華書局排印箋證本

靖康緗素雜記　〔宋〕黄朝英　上海古籍出版社《宋元筆記叢書》本

新編分門古今類事　〔宋〕委心子　中華書局排印本

新編醉翁談録　〔宋〕金盈之　《宛委别藏》本

慈湖遺書　〔宋〕楊簡　《四明叢書》本

溪山餘話　〔明〕陸深　《寶顔堂秘笈》本

群書類編故事　〔元〕王罃　《宛委别藏》本

經鉏堂雜志　〔宋〕倪思　上海古籍出版社景印《説郛三種》之宛委山堂本

經筵玉音問答　〔宋〕胡銓　《知不足齋叢書》本

十四畫

碧雲騢　〔宋〕梅堯臣　《顧氏文房小説》本

碧湖雜記　〔宋〕謝枋得　《古今説海》本

碧鷄漫志　〔宋〕王灼　大象出版社《全宋筆記》本

嘉祐集　〔宋〕蘇洵　上海古籍出版社《中國古典文學叢書》本

嘉靖長沙府志　〔明〕張治、徐一鳴　中國書店景印《稀見中國地方志彙刊》本

嘉慶一統志　〔清〕潘錫恩、穆彰阿等　商務印書館景印清刻本

蔡寬夫詩話　〔宋〕蔡居厚　中華書局《宋詩話輯佚》本

摭青雜説　〔宋〕王明清　上海古籍出版社景印

《說郛三種》之宛委山堂本

熙豐日曆 〔宋〕王明清 上海古籍出版社景印《說郛三種》之宛委山堂本

蓼花洲閒録 〔宋〕高文虎 《古今說海》本

槁簡贅筆 〔宋〕章淵 上海古籍出版社景印《說郛三種》之宛委山堂本

睽車志 〔宋〕郭彖 《稗海》本

聞見近録 〔宋〕王鞏 《知不足齋叢書》本

閩小記 〔清〕周亮工 《說庫》本

圖畫見聞志 〔宋〕郭若虛 商務印書館《四部叢刊》本

圖繪寶鑑 〔元〕夏文彥 上海古籍出版社景印文淵閣《四庫全書》本

遯齋閒覽 〔宋〕范正敏 上海古籍出版社景印《說郛三種》之宛委山堂本

疑耀 〔明〕張萱 上海古籍出版社景印文淵閣

《四庫全書》本

說郛 〔元〕陶宗儀 上海古籍出版社景印《說郛三種》本

說略 〔明〕顧起元 上海古籍出版社景印文淵閣《四庫全書》本

說詩雋永 〔宋〕佚名 中華書局《宋詩話輯佚》本

齊東野語 〔宋〕周密 中華書局《唐宋史料筆記叢刊》本

養痾漫筆 〔宋〕趙溍 《古今說海》本

鄭思肖集 〔宋〕鄭思肖 上海古籍出版社排印本

滹南詩話 〔金〕王若虛 中華書局《歷代詩話續編》本

演繁露續集 〔宋〕程大昌 上海古籍出版社景印文淵閣《四庫全書》本

賓退録 〔宋〕趙與時 上海古籍出版社《宋元筆記叢書》本

實賓録　〔宋〕馬永易　上海古籍出版社景印文淵閣《四庫全書》本
隨手雜録　〔宋〕王鞏　《知不足齋叢書》本
隨園隨筆　〔清〕袁枚　江蘇古籍出版社《袁枚全集》本
隨隱漫録　〔宋〕陳世崇　中華書局《唐宋史料筆記叢刊》本
緑窗新話　〔宋〕皇都風月主人　上海古籍出版社《中國古典小説研究資料叢書》本

十五畫

增訂湖山類稿　〔宋〕汪元量　中華書局排印本
增訂遼詩話　〔清〕周春　嶽麓書社《全遼詩話》本
歐陽文忠公試筆　〔宋〕歐陽修　《百川學海》本
賢弈編　〔明〕劉元卿　《寶顔堂秘笈》本
醉翁談録　〔宋〕金盈之　《宛委別藏》本
賦話　〔清〕李調元　商務印書館《叢書集成》本
遺史記聞　〔宋〕詹玠　上海古籍出版社景印《説郛三種》之宛委山堂本
墨客揮犀　〔宋〕彭□　中華書局《唐宋史料筆記叢刊》本
墨莊漫録　〔宋〕張邦基　中華書局《唐宋史料筆記叢刊》本
樂郊私語　〔元〕姚桐壽　《寶顔堂秘笈》本
樂善録　〔宋〕李昌齡　《續古逸叢書》本
盤洲文集　〔宋〕洪适　上海古籍出版社景印文淵閣《四庫全書》本
潁川語小　〔宋〕陳昉　商務印書館《叢書集成》本
調謔編　〔宋〕蘇軾　上海古籍出版社景印《説郛三種》之宛委山堂本
談淵　〔宋〕王陶　商務印書館張宗祥整理《説郛》本

談輅　〔明〕張鳳翼　商務印書館《叢書集成》本

談撰　〔元〕虞裕　上海古籍出版社景印《説郛三種》之宛委山堂本

談録　〔宋〕李昉　商務印書館張宗祥整理《説郛》本

談藪　〔宋〕龐元英　《學海類編》本

慶元黨禁　〔宋〕佚名　《知不足齋叢書》本

遵堯録　〔宋〕羅從彦　大象出版社《全宋筆記》本

澗泉日記　〔宋〕韓淲　上海古籍出版社《宋元筆記叢書》本

澄懷録　〔宋〕周密　遼寧教育出版社《新世紀萬有文庫》本

潘子真詩話　〔宋〕潘淳　中華書局《宋詩話輯佚》本

履園叢話　〔清〕錢泳　中華書局《清代史料筆記叢刊》本

履齋示兒編　〔宋〕孫奕　《知不足齋叢書》本

豫章詩話　〔明〕郭子章　《豫章叢書》本

十六畫

隸釋　〔宋〕洪适　上海古籍出版社景印文淵閣《四庫全書》本

燕翼詒謀録　〔宋〕王林　中華書局《唐宋史料筆記叢刊》本

翰苑群書　〔宋〕洪遵　上海古籍出版社景印文淵閣《四庫全書》本

翰苑遺事　〔宋〕洪遵　《知不足齋叢書》本

橋西雜記　〔清〕葉名澧　《滂喜齋叢書》本

樵書　〔明〕來集之　〔清〕乾隆刊本

歷代吟譜　〔宋〕佚名　中華書局宋陳應行編《吟窗雜録》本

霏雪録　〔明〕鎦績　明弘治刻本

默記 〔宋〕王銍 中華書局《唐宋史料筆記叢刊》本

儒林公議 〔宋〕田況 上海古籍出版社景印文淵閣《四庫全書》本

錢氏私志 〔宋〕錢世昭 《學海類編》本

錢塘遺事 〔元〕劉一清 上海古籍出版社景印文淵閣《四庫全書》本

獨醒雜志 〔宋〕曾敏行 上海古籍出版社《宋元筆記叢書》本

諧史 〔宋〕沈俶 《古今説海》本

塵史 〔宋〕王得臣 上海古籍出版社《宋元筆記叢書》本

龍川別志 〔宋〕蘇轍 中華書局《唐宋史料筆記叢刊》本

龍川略志 〔宋〕蘇轍 中華書局《唐宋史料筆記叢刊》本

螢雪叢説 〔宋〕俞成 《儒學警悟》本

澠水燕談録 〔宋〕王闢之 中華書局《唐宋史料筆記叢刊》本

避戎夜話 〔宋〕石茂良 《説庫》本

避戎嘉話 〔宋〕石茂良 《歷代小史》本

避暑漫鈔 〔宋〕陸游 《古今説海》本

隱窟雜志 〔宋〕温革 上海古籍出版社景印《説郛三種》之宛委山堂本

十七畫

藏一話腴 〔宋〕陳郁 《豫章叢書》本

舊聞證誤 〔宋〕李心傳 中華書局《唐宋史料筆記叢刊》本

韓忠獻公遺事 〔宋〕强至 《百川學海》本

韓魏公家傳 〔宋〕佚名 正誼堂刻本

臨漢隱居詩話 〔宋〕魏泰 中華書局《歷代詩

話》本
磯園稗史　〔明〕孫繼芳　《涵芬樓秘笈》本
魏公譚訓　〔宋〕蘇象先　中華書局校點本《蘇魏公文集》附
輿地碑記目　〔宋〕王象之　上海古籍出版社景印文淵閣《四庫全書》本
優古堂詩話　〔宋〕吴幵　中華書局《歷代詩話續編》本
鮚埼亭集　〔清〕全祖望　上海古籍出版社《全祖望集彙校集注》本
甕牖閑評　〔宋〕袁文　上海古籍出版社《宋元筆記叢書》本

十八畫

藝林伐山　〔明〕楊慎　商務印書館《叢書集成》本
雙槐歲鈔　〔明〕黄瑜　中華書局《元明史料筆記叢刊》本
歸田録　〔宋〕歐陽修　中華書局《唐宋史料筆記叢刊》本
歸潛志　〔金〕劉祁　中華書局《元明史料筆記叢刊》本
雞肋編　〔宋〕莊綽　中華書局《唐宋史料筆記叢刊》本

十九畫

燼餘録　〔元〕徐大焯　傳鈔本
蘆浦筆記　〔宋〕劉昌詩　中華書局《唐宋史料筆記叢刊》本
羅湖野録　〔宋〕釋曉瑩　《寶顔堂秘笈》本
籀史　〔宋〕翟耆年　上海古籍出版社景印文淵閣《四庫全書》本
識小録　〔明〕徐樹丕　《涵芬樓秘笈》本

識小録　〔清〕姚瑩　黄山書社《安徽古籍叢書》本
韻石齋筆談　〔清〕姜紹書　《知不足齋叢書》本
韻語陽秋　〔宋〕葛立方　中華書局《歷代詩話》本
類説　〔宋〕曾慥　上海古籍出版社景印文淵閣《四庫全書》本
懷古録　〔宋〕陳模　中華書局校注本
嬾真子録　〔宋〕馬永卿　上海書店景印《宋人小説》本

二十畫以上

藕堂野史　〔宋〕林子中　上海古籍出版社景印《説郛三種》之宛委山堂本
蘭亭考　〔宋〕桑世昌　《知不足齋叢書》本
蘭亭續考　〔宋〕俞松　《知不足齋叢書》本
鐵圍山叢談　〔宋〕蔡絛　中華書局《唐宋史料筆記叢刊》本
鶴林玉露　〔宋〕羅大經　中華書局《唐宋史料筆記叢刊》本
續夷堅志　〔金〕元好問　中華書局《古小説叢刊》本
續東軒筆録　〔宋〕魏泰　上海古籍出版社景印《説郛三種》之宛委山堂本
續明道雜志　〔宋〕張耒　《學海類編》本
續書畫題跋記　〔明〕郁逢慶輯　清抄本
續湘山野録　〔宋〕文瑩　中華書局《唐宋史料筆記叢刊》本
續博物志　〔宋〕李石　巴蜀書社排印本
續資治通鑑長編　〔宋〕李燾著　〔清〕黄以周等輯補　上海古籍出版社景印本
續資治通鑑　〔清〕畢沅　中華書局校點本
續墨客揮犀　〔宋〕彭□　中華書局《唐宋史料筆記叢刊》本

攤飯續談　〔清〕崔應榴　《屑玉叢譚》二集本
聽雨紀談　〔明〕都穆　民國《説庫》本
鷗陂漁話　〔清〕葉廷琯　清同治刊本
巖下放言　〔宋〕葉夢得　大象出版社《全宋筆記》本
讀書鏡　〔明〕陳繼儒　《寶顔堂秘笈》本

欒城先生遺言　〔宋〕蘇籀　《百川學海》本
麟臺故事　〔宋〕程俱　中華書局《唐宋史料筆記叢刊》本
觀林詩話　〔宋〕吴聿　中華書局《歷代詩話續編》本

人名索引

二畫

丁大全 二五六三
丁文果 四四〇
丁　石 一七八七
丁仙現 一七八五
丁　度 八三一
丁常任 二三八二
丁野堂 二六五一
丁　慶 四四五
丁　謂 五〇六
丁　諷 八三三
丁寶臣 一一七五
刁　衎 四一八
刁　約 九九六

三畫

于令儀 二七二〇
于　龘 一〇〇六
万俟卨 二一〇三
上官均 一四三七
上官悟 二〇一九
小　娟 二七四二

四畫

王十朋 二三六九
王小波 四〇六
王之望 二三六二
王子韶 一五七五
王　元 三〇九
王元甫 一五八四
王中正 一三五一
王化基 三六九
王　介(中甫) 一二五〇
王　介(元石) 二五二六
王公衮 二二三五
王公瑾 二五四五
王　氏 二六九二
王世則 五五七
王　平 八五〇
王　旦 四七二
王仔昔 一九六四
王　令 一二五一
王永年 一三四三
王　吉 九四〇
王老志 一九六二
王　存 一五〇五
王延範 三七五
王延禧 一三七一
王仲嶷 一二八二
王　份 一九四九
王　向 一一七六
王次翁 二一〇三
王安中 一八六二
王安石 一一九一
王安石女 一二四六
王安石妹 一二四六
王安國 一二三五
王安禮 一二四〇
王　阮 二一八三
王　羽 二四五九
王孝迪 二〇〇九
王孝嚴 二二六二
王克明 二五四六
王克謙 二五九〇
王　佐 二二三三
王伯起 一一五六
王希吕 二三七五
王　沔 三六四
王　汾 一三四四
王　罕 九五六
王　青 一一五八
王茂剛 二三二〇
王英英 一一一三
王　林 二一六六
王　奇 六三〇
王　叔 二七三九
王　昇 一九〇九
王　明 二九〇
王明清 二二八七
王　迥 一六八七
王　佾 二三三六
王炎午 二六七七
王居安 二五三三
王居卿 一三六五
王拱辰 八四八
王　革 一八八九
王　厚 一三一六
王昭明 九六五
王昭素 二九三
王昭儀 二一六
王　秬 一八六六
王禹偁 四二四
王　俊 二一六〇
王俊乂 一九一〇
王俊民 一一八二
王俊明 一九〇七
王庭珪 二二一〇
王彦昇 二五三
王彦超 二五五
王　洙 一一二五
王　祐 四七一

人名	頁碼
王　泰	一三六二
王　珪	一二七六
王　素	八三六
王時雍	二〇四〇
王　倫	二一八四
王　訓	二三三七
王　益	二三三四
王益柔	八〇二
王　涇	二三二九
王　陶	一三二六
王　逵	九五四
王　逵	九八〇
王　著(成象)	二八五
王　著(知微)	四三八
王處訥	二九六
王　過	二三七七
王　喚	二二四二
王　庶	二〇七六
王麻胡	一四三六
王　翊	一六八六
王　淮	二三五四
王惟忠	二一六五
王　寀	一三一六
王婉容	一五一
王　琪	一一六八
王堯臣	八九九
王博文	八二八
王萬年	二七三七
王朝雲	一六六九
王　雱	一二四三
王貽永	二四一
王貽孫	二四一
王　鼎	一九八九
王閎孚	一八七三
王景仁	一〇二八
王景咸	三〇八
王　鈇	二二五八
王欽臣	一一二八
王欽若	四九六
王道亨	一九四一
王　曾	六五五
王　淵	二一五三
王　寔	一三二八
王　寓	二〇二八
王嗣宗	五三〇
王　嵩	九四八
王　詵	一六八一
王　溥	二三九
王嘉祐	四三三
王　銍	二二八六
王廣淵	一三二四
王　韶	一三一四
王齊叟	一五〇七
王漢忠	五五一
王　寧	一三二八
王　隨	六八二
王　絢	二〇七一
王　鞏	一六八〇
王　邁	二六〇三
王　質(子野)	八三八
王　質(景文)	二三八二
王　德	二一六〇
王　德	二七三六
王德用	九三五
王　磐	一九九三
王　毅	二一八四
王審琦	二五〇
王　履	二〇二一
王　樵	六四三
王舉正	三七一
王　隱	三八三
王　縉	二二五一
王　橚	二六四九
王　曙	八〇〇
王　襄	一八六一
王應麟	二六九六
王　濟	五七七
王　繕	九七九
王　蘋	二二五〇
王　黼	一八六七
王　疇	八二九
王獻可	一四四一
王獻臣	二三三八
王繼先	二三二六
王繼忠	五五一
王繼恩	三七六
王　瓊	二一五七
王　躍	二二四一
王　權	二一五八
王　覿	一四二五
王巖叟	一五〇七
王　顯	三七一
王　觀	一四二四
元　絳	一三〇四
木待問	二三七四
尤　著	二四二四
尤　袤	二四二四
尤　焴	二六四七
尤　輝	二四二三
毛　女	二七四五
毛　友	一八九三
毛　文	二二四五

毛　亢　一三七五
毛君卿　一一八三
毛國英　一七七二
毛惜惜　二六一四
毛　滂　一七七一
仇　悆　二二二四
仇　遠　二六九八
文及甫　八七〇
文及翁　二六四六
文天祥　二六六一
文天禎　二六六七
文　同　一六七七
文彦博　八五五
方大猷　二六一一
方　圭　一一八九
方　回　二六九八
方　岳　二六〇六
方信孺　二五二六
方勉妻許氏　一三三五
方逢辰　二六一〇
方　通　一五八三
方　偕　二七二六
方惟深　一二五二
方　滋　二二三九
方　資　一三七六
方　翥　二三三二
方　疇　二二一〇
方　臘　一九〇四
尹直卿　二五〇六
尹　洙　一〇七二
尹　焕　二五八〇
尹　焞　一四一五
尹温儀　一九八九
尹　穡　二三七三
尹繼倫　三七四
孔仁謙　二七三一
孔文仲　一七六二
孔平仲　一七六二
孔延之　一七六一
孔　旼　六四七
孔　旻　六四七
孔宗旦　九五九
孔宗翰　八三五
孔彦舟　二〇四三
孔道輔　八三四
孔嗣宗　一三七五
孔　暠　六四七

五畫

艾　穎　三〇七
左　鄯　二一六一
左　譽　二二九九
石中立　八二四
石　介　一一一九
石斗文　二四一四
石用之　一七九四
石延年　一〇八二
石余亨　二六八八
石宗昭　二四一四
石　砒　六四六
石　竘　二〇二五
石　普　五五二
石蒼舒　一一七三
石熙載　三四九
石藏用　二七二四
石　鑑　九六〇
申國長公主　二三二
田　况　八九九
田重進　二七二
田　衎　一九〇九
田　晝　一五五一
田　琮　四四一
田　爲　一九一九
田　登　一八九九
田端彦　一九四五
田　錫　三八四
史　千　二三八九
史　吉　九四一
史延壽　六五〇
史守之　二五五八
史宅之　二五五七
史　序　六五一
史　沆　二七二〇
史　浩　二三三九
史康民　二一六六
史達祖　二五四二
史嵩之　二五五五
史彌遠　二四九二
丘舜元　二七三二
丘　瑃　一一〇八
丘　濬　一一〇八
白閣道者　三〇五
令狐揆　一一七〇
包　拯　九一四
包　恢　二六四二
包　鼎　二七一六
司馬朴　一四六八
司馬光　一四四五
司馬先　一四七〇
司馬池　一四六七
司馬通國　一四六八
司馬康　一四六八

司馬櫄 一七七〇
皮仲容 一一八四

六畫

邢居實 一五七六
邢 昺 五九七
邢俊臣 一九二四
邢 恕 一五七五
邢 惇 六四二
曲 端 二一五四
吕士隆 一一八八
吕大防 一四九三
吕大忠 一四九三
吕升卿 一二六二
吕公著 一四七一
吕公弼 一四七〇
吕文仲 五六二
吕文焕 二六五四
吕文德 二五七三
吕本中 二〇一五
吕夷簡 六七二
吕 同 一四四一
吕延年 二四〇六
吕好問 二〇一四
吕希哲 一四七七
吕希純 一四八〇
吕 直 一五八二
吕居簡 九八一
吕洞賓 二七四三
吕祖謙 二四〇四
吕夏卿 一〇〇八
吕惠卿 一二五五
吕温卿 一二六二
吕蒙正 三三四
吕 溱 一〇〇九
吕 誨 一〇二三
吕廣問 二二五一
吕 端 三四五
吕頤浩 二〇四五
吕 憲 六五二
吕徽之 二六八六
朱夫人 二一八
朱 弁 二一七七
朱台符 五九〇
朱光庭 一四一九
朱 后 一五一
朱希亮 二七二六
朱長文 一七六八
朱 松 二四〇一
朱 昂 四一三
朱 肱 一九八三
朱 服 一五七一
朱承逸 一五七〇
朱 倬 二一一〇
朱 浚 二四〇二
朱 勔 一八七三
朱象先 一七八二
朱 翌 二二三七
朱勝非 二〇四九
朱敦儒 二三〇二
朱 富 二六五三
朱 巽 一九〇九
朱壽昌 一四二二
朱 維 一九四一
朱 震 二四一二
朱 熹 二三九三
朱 謂 一八五六
朱 臨 一五七一
朱 嚴 四四四
任 布 八三〇
任 并 五九四
任伯雨 一八八四
任 玠 六二九
任 昉 二七二二
任忠厚 一九九一
任 淵 二二六九
任盡言 二二五四
向子諲 二二一七
向 后 一一六
向宗厚 二三三六
向敏中 四九三
向 滈 二五三五
全 后 二一五
危 序 一一八〇
危拱辰 二七二七
米友仁 一九四〇
米 芾 一九二七
米 信 二七一
江公著 一三六八
江公望 一八八五
江永之 二七三四
江休復 一〇九二
江直木 六四三
江致和 一九二六
江萬里 二六四〇
江 暐 二二六七
江端友 一七八一
江 漢 一九一八
江 緯 一五八四
江 翱 五八六
宇文虚中 二一八六
宇文紹節 二四九二

安　丙　二五三三
安　惇　一八五五
安鴻漸　四一九
安　燾　一三一〇
阮　逸　一一二九
牟子才　二五七七

七畫

芮　燁　二三七八
杜大中　二七三一
杜　杞　九八五
杜　衍　七〇二
杜莘老　二二三〇
杜　彬　一一七五
杜　常　一三六七
杜　範　二五五八
杜　默　一〇九一
杜　鎬　五六五
李士寧　一四三一
李士衡　五五八
李大有　一七九八
李大臨　一三三〇
李　及　五六〇
李之才　一一二四
李之儀　一七六四
李天才　二三〇七
李元亮　一五四〇
李元膺　一七六八
李少雲　一九七三
李公寅　一七八五
李公麟　一七八二
李允則　五五二
李　石　二三八三
李　平　一四一二
李邦彦　二〇〇二
李　成　二〇四四
李　成　三〇八
李　至　三六三
李　光　二〇七七
李　回　二〇一一
李廷彦　二七二六
李仲容　五七五
李仲寧　一七九四
李　后　一九七
李行簡　五六八
李　全　二五三二
李冲元　一七八五
李孝壽　一八八九
李　芾　二六七〇
李　邴　二〇六八
李伯宗　一八九五
李　沆　四四七
李若水　二〇一九
李若谷　八一八
李昌齡　三六九
李　昉　三二七
李　迪　五二三
李　迥　一九四六
李　制　一一八七
李知剛　一七九七
李　京　八五一
李宗易　一一六七
李宗勉　二五五四
李宗諤　三三二
李　定（仲求）　八五〇
李　定（資深）　一三二一
李居仁　二七一五
李承之　五二七
李孟博　二〇七八
李　珏　二六五一
李　某　一一六〇
李　某　二七三一
李南公　一三六八
李南金　二二六五
李昭述　三三三
李昭遘　三三四
李　畋　五九二
李重貴　三七三
李彦高　一四二八
李退夫　二七一三
李師中　一〇二〇
李師師　一九八七
李　唐　二三一四
李宸妃　六五
李　教　九五四
李萊老　二六〇六
李虚己　五六八
李　常　一五三九
李　符　三七六
李　偕　一五六二
李清臣　一三一一
李清照　一九二〇
李　淑　八一八
李　參　九九五
李琵琶　一一一四
李　彭　一七八一
李彭老　二六〇六
李　植　一一二九
李　順　四〇七
李復圭　八二〇
李舜舉　一三五一
李　巽　五七一

人名	頁碼
李　概	一一三〇
李傳正	八二一
李　頎	一六九七
李　廌	一七五四
李　溥	一一八六
李肅之	五二七
李殿丞	一〇二八
李端行	一九八四
李端愿	九六三
李端懿	九六三
李漢超	二七三
李　演	二六〇六
李　演(廣翁)	二七二一
李　察	一三六七
李　綱	一九九五
李　維	四五三
李　璋(公明)	九六四
李　璋	一一八五
李　鄴	二〇二八
李　稷	一三六六
李　質	一九二二
李餘慶	九八〇
李　劉	二五八一
李慶孫	四一八
李遵勗	九六一
李　潛	一四一八
李　穆	三四九
李　燔	二四一一
李　壁	二四八五
李　靚	一一三一
李霜涯	二六一三
李謙溥	二七五
李彌遜	二二二一
李　燾	二四一五

人名	頁碼
李　瀆	六四〇
李獻可	二四五三
李　譯	二七二一
李　寶	二一六九
李繼隆	二七六
李　瓘	二六五二
李　權	一一九〇
李顯忠	二三六五
李　觀	一一七七
吴元美	二二六一
吴用中	一九八四
吴　幵	二〇二九
吴有方	一四三五
吴　后	一七三
吴　充	一二七四
吴孝宗	一一七六
吴　玠	二一四五
吴　昊	九五一
吴知古	二一七四
吴　育	八三一
吴居厚	一八五四
吴　革	二〇一三
吴　奎	九一三
吴待問	一二七四
吴　敘	二〇〇五
吴柔勝	二五六五
吴虔裕	二七二
吴　倜	一九八五
吴　益	二一七一
吴處厚	一三二八
吴　敏	二〇〇四
吴　進	二一六〇
吴淑姬	二四五八
吴　琚	二一七二

人名	頁碼
吴鼎臣	八五一
吴　曾	二二八六
吴　感	一一〇七
吴　説	二三一二
吴遵路	九七三
吴　潛	二五六六
吴　璘	二一四七
吴　儔	一五八二
吴　激	二一九〇
吴　曦	二五三〇
邱　浚	一一〇八
何中立	一一五八
何正臣	一一八三
何仙姑	一一五七
何　兑	二〇一七
何宏中	二〇二六
何宗一	一七〇八
何　郯	一〇一三
何　掄	二二三七
何執中	一八五一
何得一	一九五九
何　群	一一五三
何　㮚	二〇〇六
何簑衣	二四五四
何　澹	二四八四
但中庸	二七三三
余天錫	二五四八
余　中	一四三七
余　晦	二五六九
余　深	一八五四
余　童	二二五五
余　靖	八三九
余　儔	二五四四
余　嶸	二五〇四

余應求 一九八六
狄　青 九二七
狄　詠 九三五
狄遵度 六二五
辛永宗 二一六七
辛有儀 一一二九
辛仲甫 三六二
辛次膺 二三六二
辛　炳 二三三五
辛棄疾 二四三八
汪元量 二六八五
汪立信 二六六八
汪伯彦 二〇四五
汪　革 二三九〇
汪　革(信民) 一七七九
汪　勃 二一〇五
汪輔之 一三六九
汪應辰 二二二七
汪　藻 二二九三
沈士龍 一一七一
沈之才 二三一七
沈　括 一三五九
沈　夏 二三六三
沈　唐 一一七四
沈　晦 二二一八
沈　偕 一六九五
沈　喜 二一六一
沈　遘 一〇一〇
沈　畸 一五七九
沈　詵 二五〇二
沈　該 二一〇六
沈義倫 二八九
沈　樞 二二二九
沈　遼 一〇一二
沈　邈 八五二
沈　瀛 二三八二
宋之瑞 二三七七
宋五嫂 二三二九
宋太宗 三五
宋太祖 一
宋仁宗 六九
宋　白 四一二
宋　朴 二一〇五
宋光宗 一九四
宋　江 一九〇四
宋守約 一三五〇
宋　祁 八七八
宋孝宗 一七七
宋英宗 一〇二
宋　迪 六三一
宋　咸 九九五
宋度宗 二一三
宋　庠 八七〇
宋帝昺 二二〇
宋神宗 一〇八
宋哲宗 一一七
宋恭帝 二一八
宋真宗 四九
宋高宗 一五三
宋理宗 二〇六
宋敏求 八〇八
宋敏修 八〇八
宋　琪 二八九
宋喬年 一八九四
宋欽宗 一四七
宋道方 一九八三
宋　湜 五三〇
宋　煇 二二三〇
宋齊愈 二〇三二
宋寧宗 二〇〇
宋　綬 八〇六
宋　禧 八五三
宋徽宗 一二四
初虞世 一七九四
邵伯温 一三九四
邵　博 一三九五
邵　雍 一三八一
邵　溥 一三九四
邵　曄 五八四
邵　澤 二六〇九

八畫

武宗元 六三〇
幸思順 一一五二
苗仲先 一六九七
苗　振 一〇〇一
苗繼宣 九四〇
范天順 二六五三
范文虎 二六五六
范文度 一五二七
范正平 一四九一
范令孫 二三九
范百嘉 一五三四
范成大 二四二五
范　同 二一〇四
范仲淹 七一九
范直方 二二五八
范　杲 四二四
范　周 一四九二
范　育 一〇〇二
范宗尹 二〇四七
范　恪 九三九

范祖禹 一五三四
范致虛 一八六一
范師道 一〇〇六
范　祥 一〇〇二
范純仁 一四八〇
范純佑 七四一
范純粹 一四九〇
范純禮 一四八九
范　温 一五三八
范　雍 八〇四
范端臣 二三七六
范端杲 二三七六
范　寥 一九五一
范　質 二三七
范　諷 九八三
范　瓊 二一五三
范　鎮 一五二八
范　鏜 一四四〇
林　外 二二六八
林　存 二五六九
林安宅 二三六三
林　希 一五二三
林希逸 二五九九
林叔躬 二七三九
林　洙 一一八九
林　逋 六四四
林　特 五九三
林景曦 二六八一
林　復 二二五八
林　瑀 一一二九
林　積 一〇二六
林興宗 二五八七
林　攄 一八五七
林靈素 一九六五
來之邵 一五七七
來　梓 二三八九
明達劉貴妃 一四一
明節劉貴妃 一四一
明　縞 二三三五
易　祓 二五二〇
呼延通 二一五九
呼延贊 三七三
和　詵 一九〇三
侍其淵 九五八
岳　珂 二一二九
岳　飛 二一一五
岳　雲 二一二八
岳　霆 二一二八
岳　震 二一二八
金　淵 二五六八
周三畏 二二四一
周子雍 一九二七
周日章 二三二〇
周文謨 二五三六
周必大 二三五四
周邦彦 一九一一
周　沆 九九〇
周長孺 一四一二
周　虎 二五二九
周彦榮 二六七一
周　約 二七一七
周　泰 二六七八
周　曼 二二五九
周　密 二六九七
周　貫 一四三〇
周　琬 四四三
周敦頤 一三九六
周　湛 九八五
周　渭 三八〇
周　廣 二七三
周　韶 一四四三
周端朝 二五〇三
周漢國公主 二三六
周　綱 二三三五
周震炎 二六一〇
周懷政 五五四
周麟之 二一一三
京　鏜 二四六五
宗　澤 一九九八
郎忠厚 二七二二
郎　簡 九六六
孟文龍 二六七七
孟　后 一一九
孟　珙 二五七一
孟　庾 二二二四

九畫

胡元質 二三六六
胡文柔 一七六五
胡世將 二二三一
胡　旦 四〇八
胡　仔 二二三三
胡安國 二二七一
胡　收 一三七四
胡克己 二三三三
胡　宏 二二七三
胡長孺 二六九五
胡卓明 二七三〇
胡　昉 二三八一
胡宗伋 一九〇七
胡宗炎 九一二
胡宗愈 九一二

胡　則　五七六
胡奕修　一九〇六
胡　恢　一一七三
胡時可　二四五二
胡　紘　二五〇七
胡　寅　二二七二
胡　宿　九一〇
胡順之　五七八
胡舜陟　二二三二
胡　滋　一二四六
胡　瑗　一一一六
胡夢昱　二五七六
胡　楚　一四四三
胡　榘　二五四八
胡　銓　二二〇二
胡稷言　五七六
胡　衛　二五〇四
胡　穎　二五八八
南嶽僧　二七三六
查　道　五六七
柳三復　一一〇二
柳　永　一一〇二
柳彦輔　一一〇七
柳虚心　二五三一
柳　開　四二〇
盼　奴　二七四二
种世衡　九四一
种　和　一五八〇
种　放　六三二
种師道　二〇一一
种　詁　九四七
种　諤　九四七
段少連　八三六
侯仁寶　三七九
侯　可　一〇二八
侯叔獻　一三七二
侯　蒙　一八六〇
侯　穆　二七一七
俞處俊　二二六七
俞國寶　二四五三
俞　淡　一二四八
俞紫芝　一二四七
俞獻卿　九六五
施士衡　二二六二
施　全　二二四六
施宜生　二一九二
施　宿　二五三六
姜　愚　一四一一
姜　遵　八〇六
姜　夔　二五四〇
洪天錫　二五七八
洪天驥　二五七九
洪　炎　一七七四
洪　适　二二七九
洪咨夔　二五七五
洪起畏　二六五六
洪　芻　一七七四
洪　皓　二二七六
洪　湛　五七五
洪　楀　二二八五
洪　邁　二二八一
洪　遵　二二八一
洪　擬　二二二四
祖無擇　九九九
祝不疑　一七八九
韋賢妃　一四四
韋　驤　一二五二
胥　偃　九七八
姚平仲　二〇一二
姚仲孫　五七九
姚孝錫　二三一九
姚　宏　二二四九
姚　坦　三七八
姚述堯　二三八三
姚　岳　二二四一
姚　祐　一八九〇
姚　勔　一四二三
姚　許　一五八三
姚　雄　一三四九
姚嗣宗　九四八
姚　鉉　六二三
姚福進　一三四九
姚　辟　一五七一
姚　寬　二二八五
姚　興　二一六八
姚　鏞　二五八九
姚　麟　一三四九
柔福帝姬　二三三

十畫

秦九韶　二五九二
秦再雄　二七六
秦同老　二一七五
秦　湛　一七四六
秦　塤　二一〇三
秦　熺　二一〇一
秦　檜　二〇七九
秦　覯　一七四六
秦　觀　一七三五
敖陶孫　二五二二
馬天驥　二五六九
馬正卿　一六八三

馬光祖　二五八四
馬廷鸞　二六四一
馬　伸　二〇一七
馬知節　五三四
馬　昐　一六九六
馬　亮　五五六
馬　涓　一七九五
馬　純　一三六六
馬　道　一一一二
馬　遂　九五五
馬　遠　二五四五
馬　遵　一〇〇七
馬　默　一三六五
馬　擴　二一六一
袁　孚　二三七七
袁宗善　二四五五
袁　廓　三七七
袁　樵　二五八四
袁　轂　一六八七
袁　燮　二四〇九
袁應中　一五八一
耿仙芝　二七一四
耿南仲　二〇〇九
耿聽聲　二三二三
華　岳　二五二三
莫　汲　二二六三
莫　崙　二六九〇
莫　儔　二〇三〇
莫　濟　二二六三
真德秀　二五九四
莊　綽　二二六一
連　庠　一一七一
連　庶　一一七一
夏守贇　九三八
夏侯嘉正　四一六
夏　倪　一七八二
夏　貴　二六五五
夏　竦　七九〇
夏　震　二五二六
晉士明　一七八九
柴中行　二五〇五
柴文元　六四八
柴宗慶　九六一
柴通元　六四七
柴　望　二六〇〇
柴蒙亨　二六〇〇
党　進　二六九
時　彥　一四三八
時　億　二七三六
畢士安　四五三
畢再遇　二五二八
畢仲游　一三七六
畢良史　二三一五
畢　逹　一〇二九
畢　漸　一七九八
晁公武　一七一八
晁冲之　一七一七
晁　迥　六二〇
晁宗慤　六二三
晁詠之　一七一五
晁補之　一七一〇
晁説之　一七一三
晁端友　一七一〇
晁端仁　一七〇九
晁端彥　一七〇八
晁端稟　一七一〇
晁端禮　一七〇九
晏安恭　二二六二
晏　殊　六八八
晏敦復　二二一三
晏幾道　七〇〇
晏　穎　七〇〇
倪　思　二四九九
師　驥　一九八六
徐子勉　二七三八
徐元杰　二五七九
徐邦憲　二五四七
徐仲謀　一〇一四
徐似道　二五〇二
徐守信　一九五六
徐　伸　一九一七
徐君寶妻　二六九一
徐　信　二六一三
徐　俯　一七七七
徐師仁　一九〇六
徐師閔　一三七四
徐處仁　二〇〇五
徐　常　一八九九
徐　逸　二四一三
徐康國　二二五六
徐　復　一一五三
徐　瑄　二五七六
徐　鉉　三一一
徐　奭　六五一
徐　履　二三三三
徐　遹　一九八五
徐　霖　二五九一
徐　積　一四二六
徐　禧　一三四七
徐　璹　一六八六
徐　璧　一七七九
徐　藺　二六一四

徐　鐸　一四三八
徐觀國　二七三五
翁孟寅　二六四八
翁彥國　二〇一三
翁蒙之　二二五四
翁　肅　六五三
留元剛　二五八七
留　正　二四六一
留夢炎　二六四五
高文虎　二五〇九
高似孫　二五一一
高　后　一〇五
高若訥　八三三
高　俅　一八八一
高　超　一一六六
高　閌　二二七三
高　登　二二五二
高　衛　二二二四
高遵裕　一三四六
高　懌　一一五三
高　瓊　五四七
高懷德　二五一
郭　永　二〇二五
郭延卿　四三九
郭仲威　二一六三
郭　后　九四
郭忠恕　二九四
郭知運　二二四六
郭　京　二〇三一
郭承祐　九三八
郭　朏　二七一五
郭　奕　二一九五
郭　倪　二五一八
郭祥正　一七五六
郭　逵　九五六
郭　進　二七四
郭從周　一一五八
郭　詎　一七七二
郭　震　六二九
郭　贄　三六一
席　平　八五一
席　旦　二〇七五
席　益　二〇七六
唐之問　一〇二〇
唐　介　一〇一五
唐文若　一九二四
唐仲友　二三八五
唐仲俊　二三八九
唐　坰　一三四二
唐　庚　一九二三
唐　珏　二六七八
唐　恪　二〇〇六
唐堯封　二三八五
唐　詔　九八三
唐　詢　九八二
唐　肅　九八一
唐嘉問　一〇一九
家安國　一九九〇
家鉉翁　二六七二
陸九淵　二四〇八
陸九韶　二四〇七
陸士規　二二四六
陸子遹　二四二三
陸元光　一九二六
陸升之　二三〇七
陸秀夫　二六六七
陸　佃　一八〇九
陸　東　一一八六
陸威中　二六五八
陸　珪　五七三
陸　起　六五三
陸　淞　二四一七
陸　参　五六九
陸　軫　五七一
陸　棠　二二六六
陸　傅　一八一二
陸　游　二四一八
陸　經　九九八
陸　叡　二五八八
陸凝之　二三二一
陳大雅　一四二五
陳之茂　二三一〇
陳之奇　一一七八
陳升之　一二六二
陳公輔　一九八六
陳文龍　二六六九
陳孔碩　二四一四
陳世卿　五八四
陳用中　二二六四
陳吉老　二三二六
陳有方　二七一五
陳仲潛　二七四一
陳自強　二四八一
陳次升　一五七〇
陳希亮　九九二
陳君行　一四一九
陳　亞　一〇九三
陳　東　二〇一五
陳　郁　二五八三
陳　杲　一九八七
陳宜中　二六四二
陳省華　五三九

陳俊卿　二三四四
陳　亮　二四四二
陳　彦　一九七六
陳彦章妻　二六一五
陳　洎　一七五〇
陳　恬　一九四四
陳　珣　一九〇〇
陳　起　二六〇四
陳耆卿　二五八二
陳　軒　一三七三
陳　烈　一一三三
陳剛中　二二一二
陳　脩　二三三一
陳師道　一七五〇
陳師錫　一五六三
陳　容　二六五一
陳　恕　三六五
陳執中　七一三
陳　桷　二二五五
陳　晦　二五〇一
陳過庭　二〇〇九
陳從易　五七九
陳從信　四四一
陳象輿　三七八
陳康伯　二一〇八
陳　貫　一一七〇
陳堯臣　一八八三
陳堯佐　五四〇
陳堯叟　五四〇
陳堯咨　五四四
陳博古　五四六
陳彭年　五三六
陳貴誼　二五六八
陳無損　二七四〇
陳傅良　二五三七
陳　蒙　二七四三
陳與義　二二八八
陳　誂　二五八八
陳　詢　一九九〇
陳　愷　二七三九
陳　慥　一六八四
陳　摶　二九九
陳　輔　一二五三
陳　戩　一八九六
陳　默　一一七七
陳　諤　二六九六
陳　壁　二七〇八
陳　縝　一五八二
陳　襄　一一三二
陳鵬飛　二二五〇
陳　繹　一三二五
陳　瓘　一五五二
陳襲善　二七四二
陳觀國　二六九八
陳　讜　二五一九
孫　升　一五七〇
孫用和　一一六七
孫守榮　二四五五
孫　抃　九〇六
孫　甫　九八九
孫　何　五八六
孫　沔　九〇一
孫良孺　一一八七
孫知微　四三九
孫　侔　一二五一
孫宗鑑　一八九四
孫　洙　一三三六
孫　冕　五七四
孫　賁　一六九〇
孫　復　一一一五
孫　僅　五八八
孫　奭　五九八
孫　薪　一九四四
孫　籍　六五三
孫　覺　一三四〇
孫　覿　二二九七
陶師兒　二四五九
陶　弼　九五六
陶節夫　一九〇一
陶　穀　二八〇
桑景詢　一八九六
桑　湜　一三五〇

十一畫

黄大臨　一七三五
黄中輔　二〇三二
黄仁榮　二二五五
黄公度　二二四七
黄　由　二五〇一
黄由妻胡氏　二五〇一
黄孝先　九九六
黄叔敖　二二二四
黄叔達　一七三五
黄宗旦　五八三
黄庭堅　一七一九
黄　庠　一一七九
黄　炳　二五九〇
黄　洽　二三六三
黄　振　二三一六
黄　翁　二二六四
黄　晞　一一三〇
黄　琮　一九〇七

黄葆光　一八八六
黄　詠　一九八七
黄　寔　一六八四
黄　蜕　二六〇八
黄嗣徽　一三七八
黄　裳　一八九〇
黄　震　五八六
黄　穎　一五八一
黄　豐　二三三一
黄龜年　二二一九
黄　覺　五八四
黄　鑑　三七一
菊夫人　二三一六
梅執禮　一八九二
梅堯臣　一〇六五
梅　詢　五八〇
梅　摯　九九一
曹　后　九五
曹利用　五四八
曹　泳　二二四二
曹　奎　二七一八
曹　彬　二五五
曹　焕　一四三三
曹　組　一九一六
曹　琰　二七一七
曹　勛　二一八三
曹　瑋　二六一
曹　筠　二二四四
曹　端　二一六六
曹　翰　二六六
曹　璨　二六一
曹　豳　二五七五
曹　覲　九五八
戚　方　二一六五
戚同文　二九七
戚　綸　五七〇
盛次仲　一五八〇
盛　度　八一四
盛　章　一八九〇
常　同　二三三五
常安民　一九八二
常　秩　一三一九
常　瓌　二七三三
崔子厚　一一七三
崔公孺　一一七二
崔唐臣　一一五六
崔　球　二七一六
崔貴妃　一四三
崔敦詩　二三七八
崔與之　二五五四
崔　福　二五七二
崔遵度　五六九
崔　翰　二六八
崔　鷗　一八九一
過　昱　一〇二七
魚周詢　八五〇
許及之　二四八四
許　元　九九四
許月卿　二六七八
許左之　二七三七
許安仁　一九〇六
許安世　一五六九
許志仁　二〇三一
許　我　六五〇
許　希　一一六七
許叔微　二三三〇
許　洞　六二六
許翁翁　二四五六
許　將　一五二一
許景衡　一八八四
許　渤　一一二三
許　幾　一三五九
許　顗　二三〇八
許懷德　九三八
許　驤　三八〇
麻仲英　四一七
麻衣道者　三〇五
麻希夢　四四〇
康　倬　二三〇四
康執權　二二三六
康與之　二三〇五
鹿　何　二三九〇
章友直　一一一三
章仲昌　六八七
章良能　二四八九
章　岵　一三七〇
章　珉　二七一六
章　持　一五二〇
章　俞　一五一九
章得象　六八三
章　康　二五四五
章　惇　一五〇九
章　援　一五二〇
章　綖　一五七九
章　詧　一一五五
章　粢　一五七八
章辟光　一三七九
章齊一　六四八
章　誼　二二二三
章　衡　一一八一
章　鑑　二五八〇
梁子美　一八五六

梁　介　二三八四
梁成大　二五四九
梁克家　二三四八
梁　固　五六三
梁周翰　四一三
梁宗範　一九二六
梁師成　一八七九
梁　棟　二六八九
梁　景　五六四
梁　楷　二五四四
梁　適　八九〇
梁　燾　一五〇八
梁　顥　五六三
寇昌齡　二七一六
寇　準　四五四
張　乂　二七三九
張九成　二一九六
張士遜　六六六
張才翁　一〇一三
張夫人　一二三
張　元　九五一
張元幹　二二九九
張友正　六七二
張巨濟　二五三六
張日新　二五四八
張中孚　二一六六
張中彦　二一六六
張　介　一四二三
張文寶　二七二〇
張　亢　九八六
張方平　九一八
張去華　二八九
張去惑　一〇一三
張世傑　二六六八
張　用　二一六五
張永德　二五一
張　耒　一七四六
張邦昌　二〇三五
張　在　六二七
張　存　五九四
張　先　一〇九七
張任國　二四五八
張次賢　二五四七
張守真　三〇六
張　祁　二一七九
張　聿　二二四七
張防禦　二六〇九
張　扶　二三三七
張孝祥　二一七九
張孝純　二一九一
張孝基　二七二八
張　抑　二四五三
張　甫　二三八八
張伯玉　一〇〇四
張　佖　三二〇
張希顏　五八六
張君房　五九〇
張　邵　二一七八
張表臣　二三〇八
張茂直　五六二
張茂實　五五五
張知白　六六四
張侍問　一〇〇二
張　炎　二六九七
張宗古　一〇〇二
張宗永　一一〇九
張宗誨　三四五
張　奎　九八六
張昭及　五八五
張　昪　九〇三
張　俊　二一四〇
張　衍　一七八九
張　俞　一〇一三
張風子　二三二二
張庭堅　一八八四
張　美　二七三
張　洎　三一七
張退夫　二七一九
張　珙　二七三二
張　耆　五五一
張　栻　二四〇二
張　根　二二二二
張師正　一一九〇
張師雄　一一八八
張師德　二九〇
張唐民　一一八〇
張唐英　一八五一
張唐卿　一一七九
張唐輔　六五四
張　浚　二〇五八
張　紘　二三三六
張　球　一一〇九
張　掄　二四五一
張虛白　一九七〇
張常先　二三三六
張　逸　五八五
張商英　一八四六
張　清　一九八四
張堯佐　九六四
張　鼎　二七三〇
張　景　一〇九〇
張景修　一七六九

張貴妃 一〇〇
張貴妃 一七六
張無夢 六四九
張　鈞 二一八九
張舜民 一五六四
張　詠 三八五
張　詔 二三六五
張　湍 二七一四
張　淵 二一五八
張　登 二二六〇
張　載 一三九七
張　嵲 二三〇〇
張　詡 四四三
張　亶 一四二四
張　雍 五八三
張　戩 一三九九
張　閣 一八九二
張　説 二三六五
張齊賢 三四〇
張　榮 二〇二八
張　綱 二一一二
張　維 六三〇
張　頡 一五八一
張　慤 二〇六八
張　震 二三七五
張　澂 一八九七
張　澄 二二六二
張　諤 一四四一
張　澹 二八九
張　璪 一三〇九
張　擴 二二三八
張　鍔 二七一七
張　鎡 二五二四
張瓊英 二一八
張　燾(景元) 九八九
張　燾(子公) 二二二二
張　蘊 五五四
張懷素 一九四九
張獻圖 二七二一
張　彍 一八九五
張繼能 九六五
張　續 一一二九
張　鑄 九九一
張　鑑 三八〇
張　觀 八二七
娼姥李氏 一四四四

十二畫

琴　操 一六九六
彭　几 九六八
彭大雅 二五七三
彭　止 二四五二
彭仲舉 二三八〇
彭汝礪 一五六八
彭思永 一〇一四
彭晉叟 二六一一
彭　乘 九六七
彭　齊 一一八五
彭　演 二三八四
彭舉正 一一一〇
葉　李 二六九三
葉宗諤 二二三三
葉　洪 二五二一
葉祖洽 一四三六
葉清臣 九八九
葉道人 二四五六
葉夢得 二二八九
葉夢鼎 二六三九
葉義問 二一一二
葉　適 二五三八
葉　齊 三七九
葉　衡 二三四九
葉謙亨 二二五三
葉　濤 一五七八
葉　顒 二三四三
葛天民 二五四六
葛長庚 二五四六
葛　郯 一八九八
葛　進 二一六三
葛勝仲 一八九七
葛道人 一九七二
董士廉 九四八
董宋臣 二五七〇
董敦逸 一五七七
董　槐 二五六三
董德元 二一〇六
董遵誨 二五三
董　穎 二三〇〇
董　儼 三七八
單　夔 二三七八
喻汝礪 二〇一九
喻南强 二五〇六
喻　陟 一五六四
喻　浩 四四二
喻　樗 二一九五
程大昌 二四一六
程公衡 一九七六
程宏圖 二三七九
程　松 二四八四
程昌寓 二〇二六
程　昶 二七三〇
程　珦 一三九九

程師孟 一三六二
程　堂 九七三
程　琳 八二一
程　覃 二四一六
程敦厚 二二四五
程　瑀 二二二〇
程　戡 九〇三
程　頤 一四〇四
程　顥 一三九九
喬行簡 二五五三
喬執中 一三六八
傅自得 二〇二三
傅伯壽 二四八五
傅崧卿 二二三六
傅堯俞 一五〇六
傅　察 二〇二二
傅　霖 四四〇
焦炳炎 二五八一
焦　德 一九四二
焦　蹈 一四三九
舒　亶 一三二二
鄒　浩 一五四八
馮　元 五六四
馮守信 五五三
馮　京 一三〇〇
馮　拯 五二七
馮　諤 二三三一
童　貫 一八七六
道山公子 一三九六
曾公亮 八九五
曾　布 一八〇三
曾　紆 一八〇八
曾致堯 五七六
曾從龍 二四九八
曾　極 二六〇四
曾　幾 二三〇一
曾　肇 一八〇七
曾　鞏 一一一〇
曾　撙 二五〇三
曾　懷 二三四八
曾　覿 二三六四
湯思退 二一〇六
湯鵬舉 二一一二
温仲舒 三六五
游子西 二七三五
游師雄 一五八〇
游　酢 一四一三
富直柔 二〇七一
富　弼 七七〇
强　至 一一七四
强淵明 一八九三
强　巖 二二六二
費孝先 一一五九
賀蘭歸真 六四九
賀　鑄 一七六五

十三畫

蒲大韶 一七九四
蒲宗孟 一三〇九
楚執中 一〇〇六
楊大均 二七二二
楊大芳 二七四一
楊允元 三七八
楊邦乂 二一七〇
楊　朴 六四一
楊存中 二一四九
楊延朗 五五三
楊　后 二〇二
楊次山 二五二三
楊汝南 二三三三
楊安宇 二六五一
楊安國 一一二三
楊　何 一九九一
楊　忱 一一五一
楊　孜 一一八八
楊長孺 二四三七
楊叔昉 二五八八
楊　昊 二七四〇
楊　政 二一六〇
楊　畏 一五七八
楊　适 一九二五
楊　信 二六九
楊　時 一四一四
楊師純 二七二四
楊師錫 一九八六
楊　勔 二七二七
楊　異 二七一三
楊國寶 一四一八
楊　進 二一六二
楊淑妃 六五
楊萬里 二四三〇
楊　覃 五九三
楊景宗 五五五
楊　嵎 五九一
楊無咎 二三一三
楊　備 一一〇九
楊　傑 一七六七
楊　遂 九五五
楊　瑋 六一二
楊　業 三七二
楊　寘 一〇〇三
楊璉真珈 二七〇九

楊　愿　二一〇四
楊　戩　一八八一
楊端臣　二七二三
楊　察　一〇〇三
楊　邁　二三三一
楊　震　一八八二
楊　億　六〇〇
楊　褒　一一五二
楊徽之　四一五
楊　孺　二七一九
楊　蟠　一七六一
楊　簡　二四一〇
楊　礪　五二九
楊　繪　一三四二
楊獻民　二七一九
楊繼勳　三七五
楊　纘　二六〇七
甄　履　一一九〇
甄龍友　二三七九
賈公望　二〇二七
賈　同　一一二二
賈似道　二六一七
賈　收　一六九三
賈昌朝　七一一
賈黄中　三五〇
賈衆妙　一一五八
賈　詢　五九五
賈　黯　一〇一〇
雷有終　二九二
雷孝友　二四八九
雷德驤　二九一
虞允文　二三四五
虞　祺　二三四五
虞　夔　一九四六
路　授　一一八三
詹大和　八二一
詹　玉　二六一四
詹丕遠　一八五六
詹　成　二三二九
詹體仁　二五〇三
解　習　二〇二七
解賓王　一一七〇
解　潛　二一六八
廉　布　二〇三九
雍孝聞　一九七〇
慎東美　一六八七
褚承亮　二一八九

十四畫

静順道人　二六九三
趙九齡　二二六六
趙士㒟　二二七
趙子崧　二〇三四
趙子晝　二一七四
趙子櫟　一八九八
趙元老　一四二二
趙元安　二二四
趙元僖　二二一
趙元儼　二二一
趙不敏　二七四二
趙公衡　二七三四
趙文度　三八一
趙　方　二五三四
趙以夫　二五九二
趙允良　二二三
趙允初　二二三
趙世長　一一八四
趙令畤　二二八
趙令裣　二二九
趙令鑠　二二八
趙　立　二〇二四
趙延進　三七五
趙延嗣　四一六
趙仲忽　二二七
趙仲湜　二二七
趙　企　一九一五
趙汝述　二五四八
趙汝愚　二四六一
趙汝騰　二五七九
趙安仁　五三三
趙孝參　二二九
趙　抃　一二九二
趙克寬　二二五
趙希元　二二九
趙　汾　二〇五七
趙良嗣　一八八三
趙抱一　六四八
趙　范　二五五九
趙東野　二五八九
趙昌言　三六八
趙昌國　四四四
趙明誠　一九二〇
趙宗晟　二二四
趙宗漢　二二五
趙孟奎　二五九三
趙孟桂　二六九二
趙孟堅　二七〇一
趙孟僴　二六七六
趙孟頫　二七〇三
趙挺之　一八四四
趙　某　一八〇〇
趙昴發　二六七〇

趙　禹　九五一
趙　竑　二三一
趙彥若　一四二一
趙彥端　二三八一
趙師旦　九五八
趙師民　一一二四
趙師秀　二五四四
趙師恕　二六一三
趙師睪　二五一四
趙　逢　二九〇
趙　逵　二二五二
趙　專　二三一
趙　禼　一五七九
趙崇模　二四六四
趙　涯　二五七七
趙　密　二一五九
趙　葵　二五六〇
趙　雄　二三四九
趙　鼎　二〇五一
趙善湘　二五三三
趙　普　二四二
趙　楷　二三〇
趙　棣　二三〇
趙　詢　二三一
趙　槩　九〇七
趙　廣　二三一四
趙鄰幾　四一六
趙　鞏　二五〇五
趙　樞　二三〇
趙樞女　二三五
趙　霈　二三三七
趙　稹　八〇六
趙德昭　二二〇
趙德昭女孫　二三五
趙德鈞　二二三
趙　諗　一七九九
趙　錫　二二六〇
趙　頵　二二六
趙　謐　二〇五七
趙　顥　二二五
綦崇禮　二二一七
蔡元定　二四一〇
蔡　卞　一八三八
蔡幼學　二五三八
蔡　抗　一三一二
蔡　攸　一八四二
蔡　伸　一九一九
蔡伯俙　一一六八
蔡　杭　二五六九
蔡　京　一八一二
蔡　挺　一三一二
蔡起莘　二七〇八
蔡　絛　一八四四
蔡　載　一二五〇
蔡　靖　二一九〇
蔡　齊　八〇九
蔡　肇　一二四九
蔡　確　一二八三
蔡　薿　一八八七
蔡　懋　一二九一
蔡　襄　八四二
蔡　繩　二七一四
蔣之奇　一五二五
蔣　堂　九七〇
蔣寧祖　二七三四
蔣興祖女　二〇三五
蔣　璨　二三一三
蔣　璯　二三二〇
聞人滋　二二八八
獃道僧　二四五四
管師復　一一五四
管道昇　二七〇七
廖正一　一六八五
廖　恩　一三七九
廖　剛　二二一三
廖　復　六五三
廖德明　二四一二
廖瑩中　二六四七
齊　唐　一一八〇
鄭文妻　二七四一
鄭文寶　三一六
鄭可簡　一九九〇
鄭　向　五六一
鄭　后　一四〇
鄭伯熊　二二六三
鄭叔熊　一四三五
鄭虎臣　二六五〇
鄭昌齡　二二六一
鄭居中　一八五三
鄭昭先　二四九八
鄭思肖　二六八二
鄭　俠　一三三八
鄭剛中　二二三一
鄭陶孫　二六九五
鄭清之　二五五一
鄭深道　一九九一
鄭　棫　二五二一
鄭雄飛　二五八一
鄭景平　一九〇二
鄭無黨　一七七〇
鄭　穀　二〇七〇
鄭　戩　八二九

鄭　僑　二四五八
鄭　廣　二一六八
鄭億年　二二四四
鄭　樵　二二八六
鄭　穆　一一三五
鄭　獬　一三三〇
榮德帝姬　二三三
翟汝文　二〇七二
翟院深　六三一
翟耆年　二〇七五
翟　超　二七二八
熊　本　一五六九
熊彦時　二〇三〇
鄧友龍　二五一三
鄧知剛　二七三〇
鄧　牧　二六八二
鄧　剡　二六七五
鄧　肅　二二一五
鄧　綰　一三二一
鄧潤甫　一三二四

十五畫

鞏　申　一三二九
樓　鏞　二四八八
樓　鑰　二四八七
樊知古　三〇九
樊　紀　二七三九
歐陽元老　一九四五
歐陽修　一〇三一
歐陽珣　二〇二三
歐陽景　一一八四
歐陽程　四四四
歐陽曄　一〇六四
黎　珣　一九九〇
黎　確　二二二四
黎　錞　一三七七
儂智高　九六〇
樂　史　四一二
樂　韶　一五五二
衛　涇　二四八六
滕元發　一三五四
滕　友　一五六七
滕中正　三七七
滕茂實　二〇二四
滕宗諒　九七四
滕　璞　二六七七
魯宗道　七八七
魯　璦　二三三四
劉一止　二二一九
劉　几　一三五一
劉三傑　二五一八
劉才邵　二二一四
劉子羽　二二七四
劉子翬　二二七五
劉夫人　一七六
劉元瑜　八五〇
劉少逸　四四四
劉卞功　一九四二
劉文伯　二七三四
劉文舜　二一六四
劉　平　九三九
劉　旦　二二六七
劉式妻陳氏　四四五
劉　吉　三八一
劉光世　二一四四
劉光祖　二四一三
劉仲甫　一七八七
劉　后　一二三
劉　后　六二
劉　汜　二一四九
劉安世　一五四一
劉安節　一八八六
劉克莊　二六〇〇
劉辰翁　二六七六
劉　岑　二二二五
劉　位　二一六三
劉　忱　一三五四
劉快活　一九五六
劉　沆　八九一
劉　述　一三三五
劉昌言　三六七
劉　易　一一五五
劉季孫　一六七九
劉　攽　一一四〇
劉　法　一九〇三
劉　定　一五七六
劉居中　二三一七
劉承規　五九四
劉　珏　一八八四
劉　弇　一七六三
劉勉之　二三一九
劉　庠　一三六四
劉洵直　二二六四
劉　朔　二三八八
劉　渙　九九〇
劉　恕　一四一九
劉娘子　一四七
劉　逵　一八五六
劉野夫　一九五四
劉　過　二四四六
劉　偁　五八二
劉清之　二四一三

劉混康 一九六〇
劉　淮 二五二二
劉　寅 二七二四
劉　敞 一一三五
劉　棠 一七九七
劉鼎臣妻 二七四二
劉貴妃 一七五
劉　皓 二七二四
劉　遁 六四九
劉舜卿 一三五〇
劉哀然 二六五八
劉温叟 二八五
劉　滋 五八五
劉　絢 一四一二
劉　筠 六一二
劉　煇 一一八一
劉　槩 一一五四
劉　燁 二八八
劉　隨 八三六
劉　綽 五五九
劉　綜 五五九
劉　瑾 八九五
劉　摯 一四九六
劉震孫 二五八二
劉　稹 二七一八
劉儀鳳 二三六六
劉德秀 二五〇七
劉　賡 一八八八
劉　潛 一〇八九
劉　軨 二〇二二
劉　豫 二〇四〇
劉　整 二六五三
劉　儗 二四五二
劉　錡 二一四七
劉羲叟 一一二五
劉　燾 一七九六
劉　彝 一三七一
劉　夔 九七三
劉　麟 二〇四三
潛説友 二六五九
潘大臨 一七七二
潘　匀 二七二八
潘　谷 一七九三
潘　兑 一八九四
潘良貴 二二一五
潘　昉 二六〇五
潘　美 二六五
潘　景 一九八二
潘　閬 四三四
潘興嗣 一四二八
練亨甫 一三七七

十六畫

燕　肅 九六六
薛　向 一三〇八
薛長孺 八〇四
薛　昂 一八五八
薛　奎 八〇二
薛　俅 九九六
薛　極 二五四八
薛　慶 二一六四
蕭守道 二一七五
蕭　注 一〇〇七
蕭定基 一一八四
蕭國樑 二四五七
蕭　貫 一〇九一
蕭　軫 二四五八
蕭　崱 二五九〇
蕭　楚 一九四四
蕭楚才 四〇六
蕭　照 二三一五
賴文政 二三九〇
霍端友 一九八四
盧士倫 一〇〇二
盧多遜 三二三
盧　秉 一三六四
盧祖皐 二五〇五
盧　億 三二七
閻士良 九六四
閻文應 九六四
閻貴妃 二一二
穆　修 六二四
穆彦璋 三八四
錢公輔 一三三七
錢伯言 一六九二
錢　即 一九〇三
錢若水 三五一
錢　昆 六一九
錢明逸 一〇〇八
錢　易 六一九
錢　昂 一八九六
錢象祖 二四八四
錢惟演 六一四
錢　紳 一九〇二
錢　熙 四一九
錢端禮 二三六三
錢　諗 二二五三
錢　勰 一六九〇
錢　遹 一八八七
鮑　當 六二七
龍太初 一七六〇
龍　靓 一四四三

十七畫

戴　恩　三八三
戴復古　二五四三
戴復古妻　二五四三
鞠　詠　八三五
藍　丞　一三七〇
韓大倫　二一四〇
韓之純　二三三七
韓元吉　二三六八
韓世忠　二一二九
韓　丕　五六一
韓存寶　一三五一
韓希孟　二六九〇
韓忠彦　一八〇一
韓侂冑　二四六七
韓宗武　一二七三
韓南老　二七三二
韓彦古　二一三八
韓　退　六四二
韓　絪　二二五一
韓　浦　四一七
韓　浩　一八〇二
韓國華　七四二
韓　淲　二三六九
韓　琦　七四二
韓　皓　一二七三
韓　絳　一二六三
韓粹彦　一八〇二
韓　維　一二六六
韓　綜　八一三
韓　璜　二二五七
韓　駒　一七八〇
韓　億　八一〇
韓　縝　一二七〇
韓　贄　一〇二三
魏了翁　二五九八
魏廷式　三八〇
魏　杞　二三四三
魏良臣　二一一一
魏　矼　二三三五
魏咸熙　三七九
魏　泰　一九〇八
魏　能　五五三
魏　野　六三七
魏　勝　二一六九
魏　廣　一〇二八
魏漢津　一九六〇
魏　瓘　九九四
鍾　相　二一七〇
鍾炤之　二三三五
鍾　傳　一九〇一
鮮于侁　一三四〇
鮮于廣　二三八五
謝公緒　二六七二
謝方叔　二五六二
謝　石　一九七三
謝　伋　二三一〇
謝　后　一九四
謝　后　二〇九
謝良佐　一四一三
謝　直　二三一一
謝枋得　二六七三
謝岳甫　二五〇五
謝　泌　五八九
謝　耘　二七三七
謝　逸　一七七三
謝深甫　二四六六
謝　悰　一七九五
謝景平　九七八
謝景初　九七七
謝景温　九七八
謝　絳　九七六
謝　曄　一一五一
謝舉廉　一六九五
謝　懋　一六九五
謝　濤　九七五
謝　翺　二六七五
蹇材望　二六五七
繆萬年　二六一一

十八畫

聶子述　二五四八
聶　昌　二〇一〇
聶崇義　二九四
豐　稷　一五四一
顏博文　二〇三三
顏　幾　一七九七

十九畫

蘇大璋　二五四七
蘇　丕　一一五六
蘇　序　一五八五
蘇　協　三五六
蘇　杲　一五八四
蘇易簡　三五七
蘇　京　一五〇五
蘇　庠　一九四七
蘇　洵　一五八六
蘇師旦　二五一二
蘇　過　一六七五
蘇　紳　九七九

蘇雲卿 二三一七
蘇舜元 一〇七六
蘇舜欽 一〇七六
蘇　軾 一五九一
蘇　頌 一四九八
蘇　邁 一六七五
蘇澄隱 二九八
蘇　曉 二九三
蘇　諤 二三八一
蘇　瓊 一九八九
蘇　轍 一六七一
闞　注 一九九二
闞　沼 一五六三
闞　澥 一三七八
嚴　粲 二六〇六
嚴　儲 四四二
嚴　蘂 二三八七
羅　可 二七二七
羅　相 二五四七
羅　椅 二六四九
羅　愷 一三三五
羅　點 二四九九
龐元直 八九〇
龐安時 一六八五
龐安常 一六八五
龐　籍 八八六

廿畫

釋子温 二七〇七
釋仁老 一九八一
釋化成 一四三四
釋文瑩 一一六一
釋文鑑 六五一
釋可遵 一七〇六
釋仲殊 一七〇四
釋行持 二七三三
釋　安 一七九一
釋如璧 一七七五
釋佛印 一七〇一
釋谷全 一一六二
釋妙應 一九八一
釋奉忠 一七九二
釋奉真 一一六三
釋法一 二三二四
釋法秀 一七九〇
釋法明 一一〇七
釋法遠 一九七六
釋法穎 一七〇一
釋法辨 二六〇九
釋法顒 一一六二
釋宗本 一一六四
釋宗回 二三二三
釋宗杲 二三二五
釋宗昂 二三二五
釋宗顒 一一六二
釋承皓 一七九二
釋契嵩 一一六五
釋思業 二七三八
釋思聰 一六九八
釋重喜 一四三五
釋浄師 二三二四
釋浄端 一七九二
釋浄輝 二四五七
釋祖可 一七七六
釋秘演 一一六一
釋海淵 一一六〇
釋晞顔 二三二六
釋清逸 一九八二
釋清順 一六九八
釋惟正 一一六五
釋惟白 一七九三
釋惠洪 一九七八
釋惠崇 四三七
釋智緣 一四三三
釋智儼 二七二九
釋善權 一七七七
釋道隆 一一六一
釋道楷 一九七七
釋道潛 一六九九
釋楚明 一七〇七
釋照僧 一七〇一
釋義了 一七六〇
釋義琛 一一六三
釋慈雲 一一六〇
釋維琳 一七〇七
釋慧持 一九八〇
釋慧辨 一一六六
釋慧蘭 二三二四
釋　靚 一九七七
釋曇穎 一一六三
釋願成 一四三四
釋贊寧 三〇六
釋寶鑑 二七三八
釋辯才 一七〇四
饒　瑄 一一八三
饒　餗 一四四二
竇元賓 四〇六
竇　偁 二七九
竇　儀 二七七
竇　儼 二七八

廿一畫

權邦彦 二〇七五

顧　方　一〇二六
顧主簿　二三二一
顧　臨　一六八八

廿二畫

龔　夬　一八八四
龔明之　二二六〇
龔宗元　一一七八
龔孟鎂　二六五〇
龔　開　二六八八
龔　程　一三七八
龔頤正　二五二一
龔　穎　三一〇